Un rêve de puissance

La France et le contrôle de l'économie allemande (1942-1949)

P.I.E. Peter Lang

Bruxelles · Bern · Berlin · Frankfurt am Main · New York · Oxford · Wien

Martial LIBERA

Un rêve de puissance

La France et le contrôle de l'économie allemande (1942-1949)

"Enjeux internationaux"
n° 23

Cet ouvrage a été publié avec le soutien du groupe de recherche des historiens internationalistes de l'Université de Strasbourg, FARE EA 4374 (Frontières, acteurs et représentations de l'Europe). La thèse, à l'origine de cet ouvrage, a par ailleurs été primée par le chapitre Saint-Thomas de Strasbourg, qui lui a décerné en 2008 le prix Christophe Guillaume Koch, attribué à la meilleure thèse en sciences humaines de l'Université de Strasbourg.

fare
frontières, acteurs,
représentations de l'Europe

Éditions scientifiques internationales
Brussels, 2012
1 avenue Maurice, B-1050 Brussels, Belgium
info@peterlang.com; www.peterlang.com

Imprimé en Allemagne

ISSN 2030-3688
ISBN 978-90-5201-859-1
D/2012/5678/62

« Die Deutsche Bibliothek » répertorie cette publication dans la « Deutsche Nationalbibliografie ».
Les données bibliographiques détaillées sont disponibles sur le site http://dnb.ddb.de.

À feu Giovanna Raschetti,
paysanne en Valteline dans les années 1920

Table des matières

Préface 13
Marie-Thérèse Bitsch

Remerciements 17

Liste des abréviations et sigles 19

Introduction générale 23

PREMIÈRE PARTIE.
LE TEMPS DES POSSIBLES (HIVER 1941/1942-ÉTÉ 1945)

Introduction de la première partie 39

CHAPITRE I. Les cadres de la réflexion 41
I. L'appareil administratif 41
II. Les acteurs 59
III. Les conceptions de la puissance 63

CHAPITRE II. Les projets initiaux 71
I. L'Allemagne intégrée à une fédération européenne (Jean Monnet) 72
II. Un État rhénan au service d'une fédération économique de l'Ouest européen (René Mayer) 78
III. L'occupation permanente de l'Allemagne de l'Ouest (état-major de la Défense nationale) 80
IV. Pour un détachement constructif de la Ruhr (Hervé Alphand) 86
V. Le « rêve sidérurgique » (Pierre Mendès France) 93

CHAPITRE III. Le processus décisionnel : les étapes de la politique allemande de la France pendant la guerre 103
I. L'Allemagne au cœur du débat européen de la France libre (juillet 1943-juin 1944) 104
II. Une politique allemande nationaliste (août 1944-juin 1945) 115
III. Une politique en butte à l'opposition des trois Grands 130

Conclusion de la première partie 141

Deuxième partie.
L'échec des rêves impérialistes (été 1945-été 1946)

Introduction de la deuxième partie 147

Chapitre IV. Des objectifs généraux ambigus 149
I. Le primat de la sécurité 151
II. Les réparations : second objectif français 165
III. Une politique d'expansion économique ? 171
IV. Un impérialisme politique 190

Chapitre V. La politique économique de la France en ZFO 207
I. Un système d'économie dirigée 208
II. L'économie au service des buts politiques 221
III. Une politique ambivalente 229

Chapitre VI. Des résultats en trompe-l'œil 251
I. Le rejet du plan français sur la Ruhr et la Rhénanie 251
II. Le bilan en demi-teinte des décisions interalliées 266
III. L'échec annoncé de la politique française d'occupation en Allemagne 286

Chapitre VII. Les raisons d'un échec : les défaillances de l'administration 297
I. Un déficit de structures et un manque de moyens 297
II. Un personnel « arlequin » 305
III. Un fonctionnement médiocre 318

Conclusion de la deuxième partie 341

Troisiéme partie.
Un lent et difficile retour aux réalités (été 1946-printemps 1948)

Introduction de la troisième partie 345

Chapitre VIII. Le poids des contraintes 347
I. Politique intérieure et politique étrangère 347
II. Faiblesse économique et dépendance extérieure 370
III. La France face à la politique allemande des Anglo-Américains 386

Chapitre IX. Les prémices d'une nouvelle politique 403
I. Les nouvelles voies de la sécurité française 403

II. La difficile reprise des relations économiques franco-allemandes 416
III. Les derniers feux de l'impérialisme économique français 429

Chapitre X. Les changements en ZFO 439
I. La réorganisation de l'administration française 439
II. Le transfert progressif des pouvoirs économiques aux autorités allemandes 453
III. La difficile évolution de la politique économique 466

Conclusion de la troisième partie 491

Quatrième partie.
Entre concurrence, coopération et contrôle
(printemps 1948-hiver 1949/1950)

Introduction de la quatrième partie 495

Chapitre XI. La persistance des craintes françaises 497
I. Les inquiétudes liées à la politique allemande des Anglo-Américains 497
II. Le retour de l'Allemagne dans le concert des nations 508
III. L'enlisement de la question des réparations 518

Chapitre XII. Sous le double signe de la coopération et du contrôle 533
I. La nécessité d'une nouvelle politique 534
II. Les compromis entre la France et ses Alliés occidentaux 544
III. La normalisation des rclations économiques avec l'Allemagne 565
IV. La France face à la République fédérale naissante 576

Conclusion de la quatrième partie 587

Conclusion générale 589

Sources et bibliographie 601

Table des cartes et tableaux 633

Index des noms de personnes 635

Préface

Pour les générations de jeunes Allemands et Français du début du XXIe siècle – et sans doute plus encore pour les jeunes Américains, Asiatiques ou Africains – il peut sembler étonnant que la France et l'Allemagne n'aient pas été de tout temps des pays amis, des voisins solidaires, unis dans une même destinée européenne. Leurs aînés et les historiens savent qu'il n'en était rien et que, pendant longtemps, ces deux peuples de part et d'autre du Rhin se sont affrontés, détestés et réciproquement perçus comme des ennemis héréditaires. Au lendemain de la Deuxième Guerre mondiale, le rapprochement entre ces deux pays – alternativement vaincus et vainqueurs, occupés et occupants, en 1940 et 1945 – puis leur coopération dans un cadre européen n'allaient donc pas de soi.

C'est la période cruciale de la fin de la guerre et de l'immédiat après-guerre, qui voit les relations franco-allemandes évoluer de l'inimitié traditionnelle vers un partenariat choisi, que Martial Libera présente dans cette thèse de doctorat, avec toute la rigueur souhaitée dans un travail universitaire mais avec une élégance de style qui en rend la lecture agréable sans jamais trahir l'érudition. L'intérêt de l'ouvrage est de montrer la transformation, lente et complexe, de la politique allemande de la France, depuis 1942 lorsque l'entrée en guerre des États-Unis rend probable la défaite de l'Allemagne nazie jusqu'à l'automne 1949 et la création de la République fédérale d'Allemagne.

C'est donc en pleine guerre que sont élaborés – par la France libre à Londres et par le Comité français de libération nationale à Alger puis à Paris – les premiers projets français pour l'organisation de l'Allemagne d'après-guerre. L'intérêt précoce accordé au problème allemand suffit à souligner l'importance vitale de cette question pour la France. Bien que désireux de ne pas renouveler les erreurs de 1919 et soucieux d'inscrire leurs visions dans une perspective européenne, les décideurs retombent en fait, dans un premier temps, dans les ornières de l'après-Première Guerre mondiale. La proposition audacieuse faite par Jean Monnet d'intégrer l'Allemagne vaincue dans une fédération économique européenne est écartée. S'impose au contraire une politique qui privilégie la recherche de la sécurité par des contraintes : occupation militaire, détachement de la Sarre, de la Ruhr et de la Rhénanie du reste de l'Allemagne, limitations des productions industrielles et réparations. C'est cette orientation que le général de Gaulle, chef du gouvernement provisoire, adopte en 1945, après la capitulation de l'Allemagne et les accords de Potsdam entre les trois Grands.

Dans ce projet, l'impératif de sécurité s'accompagne de visées impérialistes. Comme le montre Martial Libera, il s'agit d'affaiblir l'économie d'une Allemagne devenue dépendante, au bénéfice de la reconstruction de la France qui pourrait supplanter sa voisine en tant que grande puissance économique sur le continent. Encouragé par un large consensus dans l'opinion publique et dans la classe politique, cet « impérialisme du pauvre » n'a cependant pas les moyens de ses ambitions. Surtout, il se heurte à l'opposition des autres puissances d'occupation en Allemagne, notamment à celle des Britanniques et des Américains qui parviennent à imposer leurs vues. Par ailleurs, la politique française est marquée par l'ambivalence, voire l'ambiguïté. Ainsi, dans sa zone d'occupation, selon les moments ou les régions (les Länder), la France oscille entre politique d'exploitation et reconstruction économique. Elle voudrait à la fois s'attacher les populations et enraciner son influence dans la durée sans toutefois renoncer aux prélèvements des biens dont elle a besoin pour redresser sa propre économie et améliorer le niveau de vie de ses ressortissants, au risque de mécontenter les Allemands. Dès 1946, l'échec de cette politique est patent. La France doit abandonner ses illusions. C'est la fin du rêve de puissance.

Commence alors, dans le contexte de la guerre froide naissante, une lente et difficile réorientation des positions françaises. Entre l'été 1946 et l'été 1948, d'un infléchissement à l'autre, Paris se résout peu à peu à mener une politique plus réaliste, plus conforme aux exigences des Américains et moins punitive à l'égard des Allemands. L'évolution s'accélère au printemps 1948, printemps de tous les dangers. Après le coup de Prague du mois de février qui fait basculer la Tchécoslovaquie dans le bloc communiste et le blocus de Berlin imposé par les Soviétiques en juin, la France ratifie les accords de Londres entre les trois Puissances occidentales : leurs trois zones d'occupation en Allemagne sont regroupées en Trizone, une nouvelle monnaie, le Deutsche Mark, y est introduite et une Assemblée parlementaire est chargée d'élaborer la constitution – la Loi fondamentale – de la future République fédérale d'Allemagne. L'arrivée de Robert Schuman au Quai d'Orsay, en juillet 1948, marque la rupture décisive dans la politique allemande de la France. Le nouveau ministre des Affaires étrangères s'efforce de régler le problème allemand par la coopération négociée plutôt que les contrôles imposés et par l'intégration de la RFA dans une organisation européenne souhaitée aussi par les Américains. Après les tâtonnements de l'année 1949, cette nouvelle politique allemande, indissociable de la politique européenne, se concrétisera dans la déclaration du 9 mai 1950, préparée par Jean Monnet et assumée politiquement par Robert Schuman.

Martial Libera ne se contente pas de décrire l'évolution de cette politique. Avec une volonté d'expliquer qui n'est jamais prise en défaut, il analyse, à chaque étape, le processus décisionnel. Et son mérite est immense car les décideurs sont multiples et dispersés entre Paris où les différentes administrations centrales n'ont ni les mêmes intérêts ni les mêmes vues, Berlin où se trouve le Groupe français du Conseil de contrôle interallié et Baden-Baden, siège du Gouvernement militaire de la zone française d'occupation. Il n'est donc pas étonnant que chaque décision soit le fruit d'un compromis entre des objectifs parfois contradictoires et des contraintes incontournables – les forces profondes chères à Pierre Renouvin – que constituent la situation économique d'après-guerre, la mentalité dominante en France, largement imprégnée d'anti-germanisme alliant peurs et méfiances à l'égard du voisin, la pression des grands Alliés et, de plus en plus pesante, la tension qui s'aggrave entre l'Est et l'Ouest.

La volonté d'étudier à la fois la politique de la France à l'égard de l'Allemagne dans son ensemble et son action dans sa zone d'occupation a conduit Martial Libera à une investigation très large. Sans compter une abondante bibliographie qui permet de rappeler l'évolution de l'historiographie des relations franco-allemandes de cette période d'après-guerre, l'ouvrage s'appuie sur de nombreuses sources d'archives, françaises et allemandes, publiques et privées, parmi lesquelles les archives de l'occupation française en Allemagne méritent une mention toute particulière. C'est en s'appuyant sur ce fonds d'une extraordinaire richesse que l'auteur parvient, par exemple, à dresser un tableau passionnant de l'administration française à Baden-Baden. Non seulement il démonte son fonctionnement – et ses dysfonctionnements – mais il brosse une galerie de portraits de hauts-fonctionnaires formant un groupe assez hétéroclite, avec beaucoup d'hommes issus de la Résistance, mais aussi d'anciens vichystes, voire de vrais trafiquants.

Le livre de Martial Libera vient enrichir une littérature déjà abondante sur les relations franco-allemandes dans l'immédiat après-Deuxième Guerre mondiale. Son approche originale permet de montrer à quel point les objectifs politiques, diplomatiques, militaires et économiques sont étroitement imbriqués dans la politique allemande de la France. En suivant pas à pas l'évolution de cette politique, il met en évidence son caractère indécis et ambivalent. L'absence de stratégie claire, à la fois réaliste et novatrice, conduit d'abord à des aménagements continuels puis, assez rapidement, à l'échec d'une politique ambitieuse mais hors de portée. La prise de conscience des limites imposées à l'action de la France par de multiples contraintes, internes et internationales, ouvre enfin la voie à une réorientation radicale de sa politique vis-à-vis de l'Allemagne qui s'affirme dès 1948 avant d'être symbolisée par le plan Schuman de 1950. La quantité d'informations contenues dans cet ouvrage n'étouffe pas la réflexion mais la stimule. Elle aide à comprendre pourquoi la France a mis plusieurs années après 1945 avant de renoncer à sa politique traditionnelle à l'encontre de l'Allemagne vaincue et comment elle a finalement adopté, à la fin de la décennie, une nouvelle politique, à la fois allemande et européenne, préconisée par certains dès l'époque de la guerre. Ce livre permet ainsi de mesurer le chemin parcouru avant de faire définitivement le choix du partenariat et non celui de la revanche. Sa lecture ne manquera pas d'intéresser tous ceux qui s'interrogent sur la dynamique actuelle des relations franco-allemandes au sein de l'Union européenne.

Marie-Thérèse Bitsch

Remerciements

Cet ouvrage est issu d'une thèse de doctorat nouveau régime préparée sous la direction de Madame le professeur Marie-Thérèse Bitsch et soutenue en décembre 2007. Directrice de recherche attentive et exigeante, elle a, durant toutes ces années, été à l'écoute de mes interrogations et de mes doutes, me suggérant telle ou telle piste, recentrant le cas échéant mon travail, tout en me laissant toujours une grande liberté d'investigation. Ses encouragements renouvelés et la confiance qu'elle a bien voulu me témoigner ont été déterminants à tous points de vue. Qu'elle trouve ici l'expression de ma profonde gratitude et de ma fidélité. Elle sait la dette immense que j'ai contractée envers elle.

Toute ma reconnaissance va également aux autres membres de mon jury de thèse. Monsieur le professeur Rainer Hudemann, avec une grande disponibilité, m'a accueilli à plusieurs reprises à Sarrebruck pour discuter à bâtons rompus de mon sujet. Grâce à ses soutiens répétés, il m'a été possible de mener une campagne de recherche dans les archives allemandes et de séjourner à Mayence. Messieurs les professeurs Jean-François Eck et Sylvain Schirmann m'ont invité à venir présenter, à plusieurs reprises, les premiers résultats de mes recherches dans le cadre des manifestations scientifiques qu'ils animaient. Avec Madame Bitsch, ils en ont en rendu possible la publication. Messieurs les professeurs Éric Bussière et Sylvain Schirmann ont également proposé que cette thèse soit publiée dans la collection « Enjeux internationaux » aux éditions PIE Peter Lang. Enfin, en sa qualité de professeur à l'Université Robert Schuman, puis de directeur de l'Institut d'études politiques de Strasbourg, Monsicur le professeur Sylvain Schirmann a toujours veillé à ce que ma charge d'enseignement n'entrave pas la rédaction de ma thèse.

Par le soutien financier qu'ils m'ont apporté, le ministère français de l'Éducation nationale, de l'Enseignement supérieur et de la Recherche et le Deutscher Akademischer Austausch Dienst ont grandement facilité, au début de cette recherche, mes campagnes de dépouillement dans des centres d'archives très dispersés géographiquement. En Allemagne, l'Institut für Europäische Geschichte de Mayence, qui m'a chaleureusement accueilli pendant un an en tant que boursier doctorant, puis, en France, l'Université Robert Schuman de Strasbourg, au sein de laquelle j'ai exercé les fonctions d'Attaché temporaire d'enseignement et de recherche, ont permis l'achèvement de ce travail dans de bonnes conditions matérielles et intellectuelles.

Au quotidien, je dois beaucoup aux archivistes et aux conservateurs qui m'ont guidé dans les différents fonds, en Allemagne, en France et en Suisse. Sans prétendre les citer tous, je tiens particulièrement à remercier Madame Heiser, ancienne responsable du Centre des archives de l'occupation française en Allemagne et en Autriche à Colmar, Madame Callu, conservatrice aux Archives nationales, à Paris, le Docteur Becker, du Staatsarchiv Württemberg-Hohenzollern à Sigmaringen, Monsieur Dupuy et Madame Dijoux, du Service des archives économiques et financières, à Savigny-le-Temple, Mesdames Bas et Verdon, du Comité pour l'histoire économique et financière de la France, ainsi que Madame Nicod et Monsieur Nathussius, de la Fondation Jean Monnet pour l'Europe, à Dorigny, tout près de Lausanne.

La publication de cette thèse n'aurait pas été financièrement possible sans l'obtention du Prix Christophe-Guillaume Koch, décerné à ce travail en 2008 par le Chapitre Saint-Thomas de Strasbourg dans le cadre de son soutien à la recherche au sein des universités strasbourgeoises. L'aide du groupe de recherche en histoire des relations internationales de l'Université de Strasbourg FARE EA 4374 (Frontières, acteurs et représentations de l'Europe) a également été décisive. Que les uns et les autres trouvent ici l'expression de ma vive reconnaissance. Cette publication doit enfin beaucoup à la grande patience d'Émilie Menz et de l'équipe des éditions PIE Peter Lang.

Pour terminer, je voudrais dire ma profonde gratitude à Messieurs les professeurs Pierre Guillen et Henri Morsel, de l'Université Pierre Mendès France de Grenoble, qui m'ont fait découvrir et aimer l'histoire de l'Allemagne. Je dois également beaucoup à Anne Montenach. Son soutien et l'exemple qu'elle incarne à mes yeux m'ont aidé à garder le cap. Les encouragements de mes parents ont également été déterminants. Enfin, j'ai une très lourde dette envers Jean-Bernard Montenach, qui a accepté, avec une infinie gentillesse et une immense compétence, de relire – tâche lourde et ingrate – l'intégralité du manuscrit.

Merci à toutes et à tous ! Les meilleures pages de ce livre vous doivent beaucoup ; le reste me revient.

Liste des abréviations et sigles

Abréviations

AG	Aktiengeselleschaft
a/s	au sujet
C.	caisse
c.	carton
c r	compte rendu
d.	dossier
dir. éco.	direction économique et financière
dir. Eur.	direction d'Europe
DM	deutsche Mark
doc.	document
GmbH	Gesellschaft mit beschränkter Haftung
kWh	kilowattheure
m^3	mètre cube
p.	paquet
p.-v.	procès-verbal
RM	Reichsmark
s/dir. Eur. centr.	Sous-direction d'Europe centrale
t.	tome
tél.	télégramme
t./j.	tonne par jour
trad.	traduction

Sigles

ACC	Archives de la Cour des Comptes
ACE	Archives du Conseil d'État
ACCIP	Archives de la chambre de commerce et d'industrie de Paris
ACIA	Association pour le commerce et l'industrie français en Allemagne
AFIPA	Association française de défense des intérêts et participations en Allemagne
AFREA	Association française pour les relations économiques avec l'Allemagne
AIR	Autorité internationale de la Ruhr

AMAE	Archives du ministère français des Affaires étrangères – Archives diplomatiques du Quai d'Orsay
AMFA	Administration militaire française en Allemagne
AN	Archives nationales
AN-CAC	Archives nationales, Centre des archives contemporaines
AOFAA	Archives de l'occupation française en Allemagne et en Autriche
ARBED	Acieries réunies de Burbach-Eich-Dudelange
ASBIFE	Association pour la sauvegarde des biens et intérêts français à l'étranger
ASTO	Assimilés spéciaux pour les territoires occupés
ATIC	Association technique pour l'importation charbonnière
BAK	Bundesarchiv Koblenz
BDI	Bundesverband der deutschen Industrie
BEA	Bureau d'études de l'armistice
BIRD	Banque internationale pour la reconstruction et le développement
CCE	Commission consultative européenne
CCI	Chambre de commerce et d'industrie
CCFA	Commandement en chef français en Allemagne
CDU	Christlich-Demokratische Union
CEI	Comité économique interministériel
CFLN	Comité français de libération nationale
CFNR	Communauté française de navigation rhénane
CGAAA	Commissariat général aux affaires allemandes et autrichiennes
CGT	Confédération générale du travail
CIAAA	Comité interministériel pour les affaires allemandes et autrichiennes
CIEA	Comité interallié pour l'étude de l'armistice
CNF	Comité national français
CNPF	Conseil national du patronat français
CNRS	Centre national de la recherche scientifique
CRP	Commission restreinte des prélèvements
CSTO	Commandement supérieur des troupes d'occupation
CTO	Commission des territoires occupés
DCI	Direction de la coordination industrielle
DCTO	Dépôt central des territoires occupés
DAM	Division des affaires militaires
DCI	Direction de la coordination industrielle

DEF	Délégation économique et financière
DEFA	Direction étude et fabrication d'armement
DEFRA	Deutsche Vereinigung zur Förderung der Wirtschaftsbeziehungen mit Frankreich
DGAA	Direction générale des affaires administratives
DGEF	Direction générale de l'économie et des finances
DIDEG	Groupe de décartellisation et de déconcentration industrielle
DIHT	Deutscher Industrie- und Handelstag
DIVPI	Division de la production industrielle
DKBL	Deutsche Kohlenbergbauleitung
DPA	Division politique et administrative
DPI	Direction de la production industrielle
DREE	Direction des relations économiques extérieures
DRR	Direction des réparations et restitutions
ECO	European Coal Organisation
EMDN	État-major de la défense nationale
EMGDN	État-major général de la défense nationale
FJME	Fondation Jean Monnet pour l'Europe
GCA	Groupe de contrôle de l'acier
GCC	Croupe de contrôle du charbon
GFCC	Groupe français du Conseil de contrôle
GMZFO	Gouvernement militaire de la zone française d'occupation
GPRF	Gouvernement provisoire de la République française
HCRFA	Haut-commissariat de la République française en Allemagne
IARA	Inter-Allied Reparations Agency
IFOP	Institut français d'opinion publique
IG Farben	Interessengemeinschaft Farbenindustrie
IMPEX	Service français des importations et exportations
JEIA	Joint Export-Import Agency
JO-CCFA	Journal officiel du commandement en chef français en Allemagne
LAS	Landesarchiv Speyer
LHAK	Landeshauptarchiv Koblenz
MAE	Ministère (français) des Affaires étrangères
MCFA	Mission commerciale française en Allemagne
MEN	Ministère de l'Économie nationale
MMAA	Mission militaire pour les affaires allemandes
MPI	Ministère de la Production industrielle
MRP	Mouvement républicain populaire

NGCC	North German Coal Control
OCCC	Office de compensation des chambres de commerce et d'industrie du Rhin et de la Moselle
OFICOMEX	Office du commerce extérieur de la zone française d'occupation
OMS	Office militaire de sécurité
ONU	Organisation des Nations unies
PCF	Parti communiste français
RPF	Rassemblement du peuple français
SA	Secrétariat allié
SAAA	Service des affaires allemandes et autrichiennes (du MPI)
SAEF	Service des archives économiques et financières – Archives du ministère de l'Économie et des Finances
SFIO	Section française de l'Internationale ouvrière
SG	Secrétariat général
SGCIAAA	Secrétariat général du comité interministériel pour les affaires allemandes et autrichiennes
SHAEF	Supreme Headquarters of the Allied Expeditionnary Forces
SHAT	Service historique de l'Armée de Terre
SIE	Voir IMPEX
SNCF	Société nationale des chemins de fer français
SPD	Sozialdemokratische Partei Deutschlands
StA FR	Staatsarchiv Freiburg
StA SIG	Staatsarchiv Sigmaringen
UDSR	Union démocratique et socialiste de la résistance
UFIE	Union française des industries exportatrices
UNICHAR	Union charbonnière rhénane
URSS	Union des Républiques socialistes soviétiques
USA	United States of America
WABW	Wirtschaftsarchiv Baden-Württemberg
ZAO	Zone américaine d'occupation (en Allemagne)
ZBO	Zone britannique d'occupation (en Allemagne)
ZFO	Zone française d'occupation (en Allemagne)
ZSO	Zone soviétique d'occupation (en Allemagne)

Introduction générale

« Cette puissance, ah ! puisse-t-elle devenir la grande ambition nationale ! »[1] C'est sur cette exclamation que le général de Gaulle conclut – lors d'un discours qu'il prononce en mars 1945 à l'Assemblée nationale consultative – un long passage dans lequel il présente aux députés ses ambitions économiques pour la France. La reconstruction économique, martèle-t-il, est la condition première du renouveau national. Elle passe par l'accroissement et la rationalisation de la production ainsi que par la coopération de toutes les forces vives du pays. La reconstruction suppose aussi que la France, qui manque de charbon, bénéficie d'un approvisionnement suffisant. Or, à la faveur de la victoire, de Gaulle est convaincu que la France pourra à nouveau, comme après 1918, obtenir ce « complément nécessaire » des mines de la Sarre et de la Ruhr. Disposant du charbon allemand, possédant « les plus riches gisements de fer de toute l'Europe », la France, poursuit-il, sera alors à même de « se donner la très puissante industrie métallurgique d'où sortent locomotives, wagons, rails, navires, avions, machines, outillages, armements, charpentes des bâtiments et dont procède l'activité des entreprises mécaniques et chimiques »[2]. À n'en pas douter, de Gaulle rêve de voir la France transformée en une puissance sidérurgique. Il voit grand : « mais, du moment qu'il s'agit de la France et quelle que soit temporairement sa situation, c'est la sagesse et la raison de voir grand et de viser haut »[3]. De là à imaginer qu'il fonde la puissance française sur l'exploitation des ressources économiques allemandes, il n'y a qu'un pas. Et comme, dans le même temps, le Général réclame le détachement politique, militaire et économique de la Ruhr, de la Rhénanie et de la Sarre, la politique allemande de la France paraît empreinte d'ambitions démesurées, la victoire et l'occupation de l'Allemagne servant en quelque sorte de tremplin à l'expansion économique française.

Pour autant, les paroles du Général restent floues, ambiguës. Elles suggèrent plus qu'elles n'affirment. Ce manque de clarté, qui s'applique non seulement aux discours et aux déclarations des décideurs, mais aussi à la politique allemande de la France dans son ensemble, explique que, depuis une trentaine d'années, les finalités de cette politique continuent

1 « Discours prononcé à l'Assemblée consultative le 2 mars 1945 », de Gaulle, Ch., *Discours et messages 1940-1946*, Paris, Berger-Levrault, 1946, p. 572.

2 *Ibid.*, p. 571.

3 *Ibid.*, p. 572.

d'être au centre de l'historiographie. C'est particulièrement vrai pour les questions économiques – qu'il s'agisse de la politique allemande de la France dans sa globalité, de sa politique d'occupation ou des relations économiques franco-allemandes – moins étudiées, par exemple, que les thématiques culturelles[4]. Les interprétations, qui ont beaucoup évolué dans le temps[5], varient également en fonction des thèmes abordés.

Les études concernant la politique française vis-à-vis de la Ruhr donnent lieu à des lectures très différentes. Pour les uns, la politique de détachement, que Paris voudrait doubler d'une limitation de la production sidérurgique allemande et d'une augmentation des livraisons de

4 Pour un bilan historiographique présentant également les perspectives de recherche, voir Hüser, D., *Frankreichs « doppelte Deutschlandpolitik ». Dynamik aus der Defensive – Planen, Entscheiden, Umsetzen in gesellschaftlichen und wirtschaftlichen, innen- und aussenpolitischen Krisenzeiten 1944-1950*, Berlin, Duncker & Humblot, 1996, 791 p., et Hudemann, R., « L'occupation française après 1945 et les relations franco-allemandes », in Vincent M.-B. (dir.), *La dénazification*, Paris, Perrin et Presses de la Fondation nationale des sciences politiques, 2008, p. 189-210.

5 L'ouverture des archives françaises, au début des années 1980, a joué un rôle central dans l'accélération des recherches sur l'histoire de la politique allemande de la France. Voir les actes de colloques suivants : Scharf, C., Schröder, H.-J. (Hrsg.), *Die Deutschlandpolitik Frankreichs und die französische Zone*, Wiesbaden, Franz Steiner Verlag, 1983, 315 p. ; Institut Français de Stuttgart (Hrsg.), *Die französische Deutschlandpolitik zwischen 1945 und 1949*, Tübingen, Attempto, 1987, 171 p. ; Manfrass, K., Rioux J.-P. (dir.), *France-Allemagne 1944-1947*, Cahier n° 13-14 de l'Institut d'histoire du temps présent, décembre 1989-janvier 1990, 306 p. ; Martens, S. (Hrsg.), *Vom « Erbfeind » zum « Erneuerer ». Aspekte und Motive der französischen Deutschlandpolitik nach dem Zweiten Weltkrieg*, Sigmaringen, Thorbecke, 1993, 257 p. ; Jurt, J. (Hrsg.), *Die Franzosenzeit im Lande Baden von 1945 bis heute. Zeitzeugnisse und Forschungsergebnisse. La présence française dans le pays de Bade de 1945 à nos jours. Témoignages et résultats de recherche*, Freiburg im Breisgau, Rombach, 1992, 165 p. ; Jurt, J. (Hrsg.), *Von der Besatzungszeit zur deutsch-französischen Kooperation. De la période d'occupation à la coopération franco-allemande*, Freiburg im Breisgau, Rombach Verlag, 1993, 262 p. Parmi les actes de colloques portant sur les relations économiques franco-allemandes : Cohen, Y., Manfrass, K. (Hrsg.), *Frankreich und Deutschland. Forschung, Technologie und industrielle Entwicklung im 19. und 20. Jahrhundert*, München, Beck, 1990, XL-491 p. ; Poidevin, R. (ed.), « Problèmes économiques franco-allemands », in *Revue d'Allemagne et des pays de langue allemande*, n° 1, 1991, p. 1-86 ; Poidevin, R. (ed.), « Les relations économiques franco-allemandes au XXe siècle », in *Revue d'Allemagne et des pays de langue allemande*, n° 4, 1993, p. 465-615 ; Scholtz, W. (Hrsg.), *Aspekte der deutsch-französischen Wirtschaftsbeziehungen (1945-1957)*, Leipzig, Leipziger Universitätsverlag, 1993, 90 p. ; Wilkens, A. (Hrsg.), *Die deutsch-französischen Wirtschaftsbeziehungen 1945-1960. Les relations économiques franco-allemandes 1945-1960*, Sigmaringen, Jan Thorbecke Verlag, 1997, 355 p. ; Eck, J.-F., Schirmann, S. (ed.), « Aspects des relations économiques franco-allemandes au XXe siècle », in *Revue d'Allemagne et des pays de langue allemande*, n° 2, 2007, p. 147-291 ; Eck, J.-F., Martens, S., Schirmann, S. (dir.), *L'économie, l'argent et les hommes. Les relations franco-allemandes de 1871 à nos jours*, Paris, Comité pour l'histoire économique et financière de la France, 2009, 419 p.

coke et de charbon à destination de la France, témoigne des ambitions impérialistes de la politique française[6]. D'aucuns prétendent même que la réussite du plan Monnet était subordonnée à l'abaissement économique de l'Allemagne[7]. D'autres insistent au contraire sur l'ambivalence de la politique de la France vis-à-vis de la Ruhr, sur son double volet politique et économique, censé assurer à la fois sa sécurité militaire, en empêchant la reconstitution du principal arsenal de l'Allemagne, et ses intérêts économiques, en sécurisant son approvisionnement en charbon[8].

Analysé sous un angle plus politique, le détachement de la Rhénanie donne également lieu à des analyses contradictoires. Pour certains, la politique française en Rhénanie devait aboutir, sinon à une annexion, du moins à la pérennisation de l'influence française sur la rive gauche du Rhin[9]. Pour d'autres, la politique de détachement ne fut très vite qu'un

---

6 En France, cette interprétation est particulièrement prégnante dans les manuels présentant la politique étrangère de la France : Tacel, M. *La France et le monde au XXe siècle*, Paris, Masson, 1989, 285 p. ; Dalloz, J., *La France et le monde depuis 1945*, Paris, Armand Colin, 1993, 191 p. ; Dulphy, A., *La politique extérieure de la France depuis 1945*, Paris, Nathan, 1994, 128 p. ; Kaspi, A., *et al.*, *La libération de la France juin 1944-janvier 1946*, Paris, Perrin, 1995, 562 p. ; Bozo, F., *La politique étrangère de la France depuis 1945*, Paris, La Découverte, 1997, 123 p. ; Monnet, S., *La politique extérieure de la France depuis 1870*, Paris, Armand Colin, 2000, 240 p.

7 Lynch, F.M.B., « Resolving the Paradox of the Monnet Plan : National and International Planning in French Reconstruction », in *The Economic History Review*, n° 2, 1984, p. 229-243 ; dans le même sens, Lynch, F.M.B., « French reconstruction in a european context », in *European University Institute Working Paper*, n° 86, 1984, 39 p. ; Milward, A.S., « La planification française et la reconstruction européenne », in Cazes, B., Mioche, Ph. (ed.), *Modernisation ou décadence. Études, témoignages et documents sur la planification française*, Aix-en-provence, Publications de l'Université de Provence, 1990, p. 77-115 ; Milward, A.S., *The Reconstruction of Western Europe 1945-51*, 2e éd., London, Routledge, 1992, XXI-528 p. ; Mai, G., « Die Alliierten und die industrielle Abrüstung Deutschlands 1945-1948 », in Bald, D. (Hrsg.), *Rüstungsbestimmte Geschichte und das Problem der Konversion in Deutschland im 20. Jahrhundert*, Münster, Hamburg, Lit Verlag, 1993, p. 68-88.

8 Voir l'étude pionnière de Poidevin, R., « Frankreich und die Ruhrfrage 1945-1951 », in *Historische Zeitschrift*, Band 228, 1979, p. 317-334 ; Gillingham, J., « Die französische Ruhrpolitik und die Ursprünge des Schuman-Plans. Eine Neubewertung », in *Vierteljahreshefte für Zeitgeschichte*, n° 1, 1987, p. 1-24 ; Gillingham, J., *Coal steel, and the rebirth of Europe, 1945-1955. The Germans and French from Ruhr conflict to economic community*, Cambridge, New York, Cambridge University Press, 1991, XV-397 p. ; Bührer, W., « Frankreich und das Ruhrgebiet – Mythos und Realität », in Wilkens, A. (dir.), *Die deutsch-französischen Wirtschaftsbeziehungen 1945-1960*, *op. cit.*, p. 225-236 ; Defrance, C., « La France et l'Autorité internationale de la Ruhr jusqu'à l'annonce du Plan Schuman », in Wilkens, A. (dir.), *Le Plan Schuman dans l'Histoire. Intérêts nationaux et projet européen*, Bruxelles, Bruylant, 2004, p. 123-145.

9 Soutou, G.-H., « La politique française à l'égard de la Rhénanie 1944-1947 », in Hüttenberger, P., Molitor, H. (Hrsg.), *Franzosen und Deutsche am Rhein : 1789-1918-1945*, Essen, Klartext, 1989, p. 47-66. Dans ce sens, de nombreuses études por-

moyen de satisfaire l'opinion publique. Elle participait directement de la « double politique allemande » de la France[10].

La politique économique menée par les Français vis-à-vis de l'Allemagne dans le cadre interallié ne fait pas non plus l'unanimité. Difficiles à décrypter, les objectifs français peuvent sembler contradictoires : il s'agit tout à la fois de prendre des mesures qui assureront durablement la sécurité de la France et de l'Europe, d'obtenir des réparations et du charbon, d'affaiblir aussi, quand l'occasion s'en présente, la concurrence allemande et d'éviter que l'Allemagne soit réduite à la misère tout en empêchant que sa population soit mieux traitée que celle des pays libérés. Les appréciations varient surtout en fonction de l'importance accordée à chacun de ces objectifs. Aux études qui s'appliquent à montrer que la France privilégie les questions de sécurité tout en cherchant une sorte d'équilibre entre les autres buts[11] s'opposent les travaux qui donnent plus volontiers la priorité aux objectifs les plus « destructeurs »[12].

De la même façon, les études sur la politique économique des occupants en zone française d'occupation (ZFO) aboutissent à des conclusions d'ensemble très contrastées. Les analyses les plus anciennes, dont les auteurs n'ont, pour la plupart, pas eu accès aux archives de l'occupation française en Allemagne et en Autriche, s'opposent ici aux études plus récentes, fondées sur le dépouillement systématique des

---

tant sur la politique allemande du général de Gaulle : Lipgens, W., « Bedingungen und Etappen der Außenpolitik de Gaulles », in *Vierteljahreshefte für Zeitgeschichte*, n° 21, 1973, p. 52-102 ; Marcowitz, R., « Grundzüge der Deutschland-Politik de Gaulles und Bidaults von Herbst 1944 bis Frühjahr 1947 », in *Historische Mitteilungen*, Heft 2, 1988, p. 117-134 ; Dankert, J., « Deutschlandpolitische Vorstellungen de Gaulles », in *Zeitschrift für Geschichtswissenschaft*, 1991, Heft 3, p. 211-230.

10 Hüser, D., « Das Rheinland in der französischen Deutschlandpolitik. Realität und Rhetorik der Abtrennungsforderung 1943-1948 », in Koops, T., Vogt, M. (Hrsg.), *Das Rheinland in zwei Nachkriegszeiten 1919-1930 und 1945-1949*, Koblenz, Selbstverlag des Bundesarchivs, 1995, p. 103-128.

11 Poidevin, R., « La France et le charbon allemand au lendemain de la Deuxième Guerre mondiale », in *Relations internationales*, n° 44, 1985, p. 365-377 ; Bitsch, M.-Th., « Un rêve français : le désarmement économique de l'Allemagne (1944-1947) », in *Relations internationales*, n° 51, 1987, p. 313-329 ; Bitsch, M.-Th., « Un facteur de sécurité de l'Europe : le désarmement économique de l'Allemagne, 1945-1946 », in *Revue d'Allemagne et des pays de langue allemande*, numéro spécial, 1991, p. 27-35.

12 Par exemple, Bossuat, G., « Les conceptions françaises des relations économiques avec l'Allemagne (1943-1960) – Détruire, supporter, coopérer : le Quai d'Orsay et le Ministère des Finances entre l'illusion et la résignation », in Wilkens, A. (dir.), *Die deutsch-französischen Wirtschaftsbeziehungen 1945-1960*, *op. cit.*, p. 25-62.

archives de Colmar[13]. Aux yeux des premiers, la politique économique de la France en ZFO se résume à une politique d'exploitation à court terme, confinant à un véritable « cannibalisme industriel »[14], en tout cas résolument hostile aux intérêts allemands et à toute reprise économique en ZFO[15]. Dans son étude pionnière sur l'industrie chimique en ZFO, Marie-France Ludmann-Obier parvient à des conclusions plus nuancées[16]. De son côté, Sylvie Lefèvre met bien en valeur que, dès le début de l'occupation, les Français orientent certes la production de la zone en fonction des besoins de la France mais qu'ils s'appliquent aussi, pour ce faire, à relancer les secteurs nécessaires au redémarrage économique de la ZFO[17].

De façon assez surprenante, la question de la politique française en matière de réparations, pourtant centrale, n'a pas donné lieu à de grandes synthèses. Aux ouvrages généraux sur le sujet, parfois anciens[18], s'ajoutent quelques études de cas. Cyril Buffet montre le caractère

---

13 Les Archives de l'occupation française en Allemagne et en Autriche sont accessibles aux chercheurs depuis le début des années 1980. Le centre, ouvert à Colmar en 1986, se trouve aujourd'hui à La Courneuve.

14 Expression d'Abelshauser, W., « Wirtschaft und Besatzungspolitik in der Französischen Zone 1945-1949 », in Scharf, C., Schröder, H.-J. (Hrsg.), *Die Deutschlandpolitik Frankreichs 1945-1949*, *op. cit.*, p. 111-139 (ici, p. 129).

15 Dans ce sens, Manz, M., *Stagnation und Aufschwung in der französischen Besatzungszone von 1945-1949*, (Rer. pol. Diss., Mannheim, 1968), St Katharinen, Scripta Mercaturae Verlag, 1985, 130 p. ; Laufer, R., *Industrie und Energiewirtschaft im Land Baden 1945-1952. Südbaden unter französischer* Besatzung, Freiburg im Breisgau, München, Verlag Karl Alber, 1979, 411 p. ; Eschenburg, Th., *Geschichte der Bundesrepublik Deutschland*, Band I : *Jahre der Besatzung 1945-1949*, Stuttgart, Deutsche Verlags-Anstalt, 1983, 627 p. ; Boelcke, W.A., « Industrie und Technologie in der französischen Besatzungszone », in Manfrass, K., Rioux, J.-P. (ed.), *France-Allemagne 1944-1947*, *op. cit.*, p. 177-200 ; Wolfrum, E., Fässler, P., Grohnert, R., *Krisenjahre und Aufbruchzeit. Alltag und Politik im französisch besetzen Baden 1945-1949*, München, R. Oldenbourg Verlag, 1996, 296 p.

16 Ludmann-Obier, M.-F., *Le Contrôle de l'Industrie Chimique en Zone Française d'Occupation en Allemagne (1945-1949)*, thèse de doctorat (dir. Raymond Poidevin), Université Strasbourg III, 1986, 357 p.

17 Lefèvre, S., *Les relations économiques franco-allemandes de 1945 à 1955. De l'occupation à la coopération*, Paris, Comité pour l'histoire économique et financière de la France, 1998, XVIII-527 p. ; du même auteur, « Vers le rapprochement des économies française et allemande (1945-1955) », in *Relations internationales*, n° 93, 1998, p. 85-97.

18 Par ordre chronologique, Castillon, R., *Les réparations allemandes, deux expériences, 1919-1932 et 1945-1952. Essai d'étude comparée*, thèse de doctorat, Université de Strasbourg, 1951 (révisée en 1952), Baden-Baden, P.U.F., 1953, 198 p. ; Jerchow, F., *Deutschland in der Weltwirtschaft 1944-1947. Alliierte Deutschland- und Reparationspolitik und die Anfänge der westdeutschen Aussenwirtschaft*, Düsseldorf, Droste, 1978, 512 p. ; Fisch, J., *Reparationen nach dem Zweiten Weltkrieg*, München, C. H. Beck, 1992, 359 p.

extrêmement heurté et contradictoire de la politique des démontages visant l'usine Borsig de Berlin[19]. Marie-France Ludmann-Obier souligne l'âpreté des enlèvements de machines en ZFO durant les premiers mois de l'occupation[20]. En revanche, la politique française des restitutions a été étudiée en détail par Claude Lorentz[21].

Parallèlement à ces analyses, qui portent toutes sur la politique de l'État et des structures gouvernementales, les historiens ont également investi, depuis une quinzaine d'années, le champ du monde des affaires, des industriels et des entrepreneurs[22]. Étudiées sous cet angle, les relations franco-allemandes apparaissent sous un nouveau jour[23]. Le tableau qui en ressort, complexe et nuancé, montre en effet la singularité des intérêts et des motivations des entreprises par rapport à ceux de l'État.

---

19 Buffet, C., « L'affaire Borsig 1945-1950. Un exemple de la politique française des réparations », in *Revue d'Allemagne et des pays de langue allemande*, n° 1, 1991, p. 55-71.

20 Ludmann-Obier, M.-F., « Les prélèvements unilatéraux en zone française d'occupation (1945-1946) », in Jurt, J. (Hrsg.), *Von der Besatzungszeit zur deutsch-französischen Kooperation, op. cit.*, p. 110-120.

21 Lorentz, C., *La France et les restitutions allemandes au lendemain de la Seconde Guerre mondiale (1943-1954)*, Paris, Direction des Archives et de la Documentation, Ministère des Affaires étrangères, 1998, XXI-348 p. Du même auteur, « La France et la question des restitutions allemandes au lendemain de la Seconde Guerre mondiale », in *Guerres mondiales et conflits contemporains*, n° 189, 1998, p. 109-121.

22 Sur le bilan et les perspectives de la recherche, voir Hudemann, R., « Wirtschaftsbeziehungen im deutsch-französichen Verhältnis der Nachkriegsperiode : Stand und Perspektive der Forschung », in Wilkens, A. (Hrsg.), *Die deutsch-französischen Wirtschaftsbeziehungen 1945-1960, op. cit.*, p. 309-320 ; Eck, J.-F., « Acteurs et problèmes des relations économiques et financières franco-allemandes après 1945 », in Eck, J.-F., Schirmann, S. (ed.), « Aspects des relations économiques franco-allemandes au XXe siècle », *op. cit.*, p. 149-162.

23 Bührer, W. « Die französische Ruhrpolitik und das Comeback der westdeutschen Schwerindustriellen 1945-1952 », in Hüttenberger, P., Molitor, H. (Hrsg.), *Franzosen und Deutsche am Rhein, op. cit.*, p. 27-46 ; Bührer, W. « Wegbereiter der Verständigung : deutsch-französische Industriellenkontakte 1947-1955 », in *Revue d'Allemagne et des pays de langue allemande*, n° 1, 1991, p. 73-86 ; Eck, J.-F., « L'implantation industrielle française en Allemagne fédérale, de 1945 au début des années 1960 : une ambition renouvelée ? », in *Vingtième siècle. Revue d'histoire*, n° 51, 1996, p. 85-111 ; Wilkens, A., « Verständigung von Wirtschaft zur Wirtschaft. Interessenausgleich zwischen deutscher und französischer Industrie 1947-1955 », in Wilkens, A. (Hrsg.), *Die deutsch-französischen Wirtschaftsbeziehungen 1945-1960, op. cit.*, p. 189-223 ; Eck, J.-F., « Les contacts entre groupes de l'industrie chimique français et allemands de 1945 à la fin des années 1960. Entre compétition et coopération », in Dumoulin, M. (ed.), *Réseaux économiques et construction européenne. Economic Networks and European Integration*, Bruxelles, P.I.E.-Peter Lang, 2004, p. 217-234.

Les premières grandes monographies sur ces questions, dues à Françoise Berger[24] et Jean-François Eck[25], confirment ces tendances.

À ces différents travaux, il convient d'ajouter les grandes synthèses sur la politique allemande de la France. Les deux dernières en date, que l'on doit à Sylvie Lefèvre[26] et à Dietmar Hüser[27], confortent les évolutions historiographiques. Les résultats nuancés qu'elles apportent tranchent avec les conclusions abruptes de travaux plus anciens qui donnaient volontiers de la politique allemande de la France une image en noir et blanc[28]. Dietmar Hüser développe même le concept d'une « double politique allemande » de la France. De façon à tirer le meilleur parti des contraintes intérieures et extérieures qui pesaient sur le pays, les décideurs français auraient officiellement défendu des « positions maximalistes » alors que, dans la pratique, ils auraient mis en œuvre une politique beaucoup plus nuancée[29]. Le balancier de la recherche oscille donc entre des concepts opposés : la revanche et le partenariat[30], la démocratisation et l'exploitation[31]. Bref, depuis une vingtaine d'années,

---

24 Berger, F., *La France, l'Allemagne et l'acier (1932-1952). De la stratégie des cartels à l'élaboration de la CECA*, thèse de doctorat (dir. René Girault), Université de Paris I, 2000, 4 volumes, 1270 p. Du même auteur, « Les sidérurgistes français et allemands face à l'Europe : convergences et divergences de conception et d'intérêts 1932-1952 », in *Revue d'histoire de l'intégration européenne*, 1997, n° 2, p. 35-52 ; « Les patrons de l'acier en France et en Allemagne face à l'Europe (1930-1960) », in Bussière, É., Dumoulin, M. (ed.), *Milieux économiques et intégration européenne en Europe occidentale au XXe siècle*, Arras, Artois Presses Université, 1998, p. 179-195 ; « Les relations entre les sidérurgies française et allemande de 1870 à la CECA », in Eck, J.-F., Schirmann, S. (ed.), « Aspects des relations économiques franco-allemandes au XXe siècle », *op. cit.*, p. 163-199.

25 Eck, J.-F., *Les entreprises françaises face à l'Allemagne de 1945 à la fin des années 1960*, Paris, Comité pour l'histoire économique et financière de la France, 2003, X-656 p. ; du même auteur, « L'implantation industrielle française en Allemagne fédérale, de 1945 au début des années 1960 : une ambition renouvelée ? », in *op. cit.*, p. 85-111.

26 Lefèvre, S., *Les relations économiques franco-allemandes*, *op. cit.*

27 Hüser, D., *Frankreichs « doppelte Deutschlandpolitik »*, *op. cit.*

28 Nous reprenons ici l'expression de Dietmar Hüser.

29 Pour une explication plus nuancée de la thèse de Dietmar Hüser, forcément simplifiée dans le résumé extrêmement rapide qui en est donné ici, voir l'introduction et la conclusion de son livre, *Frankreichs « doppelte Deutschlandpolitik »*, *op. cit.*, p. 21-42 et p. 714-726.

30 Nous reprenons ici les premiers termes du titre d'un article de Hudemann, R., « Revanche ou partenariat ? À propos des nouvelles orientations de la recherche sur la politique française à l'égard de l'Allemagne après 1945 », in Krebs, G., Schneilin, G. (dir.), *L'Allemagne 1945-1955. De la capitulation à la division*, Asnières, Publication de l'Institut d'Allemand, 1996, p. 127-152.

31 De la même façon, nous empruntons à Stefan Martens les premiers mots d'une de ses contributions : Martens, S., « Zwischen Demokratisierung und Ausbeutung. Aspekte

grâce à l'ouverture des archives françaises, à la multiplication des recherches et à la diversification des angles d'études, l'historiographie sur la politique allemande de la France a gagné en complexité et en nuances.

Reste que si nombre d'articles et d'ouvrages insistent sur la politique économique ambitieuse que la France semble avoir voulu mener vis-à-vis de l'Allemagne dans l'immédiat après-guerre, notamment dans le domaine sidérurgique, aucune étude ne s'attache véritablement à montrer dans quelle mesure la France – au-delà des discours et des déclarations d'intention des responsables, comme celle du général de Gaulle, citée en début d'introduction, ou des notes élaborées dans les ministères – a réellement voulu devenir en 1945 la première puissance économique du Vieux Continent. En d'autres termes, la France a-t-elle tenté de profiter de la défaite de l'Allemagne et de son abaissement politique pour s'approprier ses atouts économiques et renverser à son profit l'équilibre industriel et sidérurgique européen ? C'est de cette interrogation que nous partirons.

Concrètement, il convient d'examiner si la France a véritablement poursuivi une politique impérialiste vis-à-vis de l'Allemagne, c'est-à-dire une politique d'expansion, tendant à placer l'ancien Reich sous sa dépendance économique[32]. Si de tels projets ont existé, quels en ont été la nature, le contenu et les objectifs ? Qui a cherché à les promouvoir ? Le suivi de leur élaboration conduit aussi à s'intéresser aux processus décisionnels qui ont prévalu dans les affaires allemandes. Ces objectifs impérialistes ont-ils été partagés par tous les décideurs français ? Ont-ils été avalisés par le gouvernement ? Les industriels ont-ils participé à leur mise au point ? Étaient-ils acquis à ces initiatives et, dans l'affirmative, quels rôles leur ont été confiés ? Bref, il s'agit de comprendre dans quelle mesure ces projets ont traversé la politique allemande de la France.

Une deuxième piste conduit à analyser les formes de contrôle que les Français ont voulu imposer à l'économie allemande et à en déterminer les buts. Certains objectifs, que ce soit le désarmement industriel ou la démocratisation de l'économie, ressortissent plus particulièrement au domaine du politique, tandis que d'autres – les réparations, les profits que la France espère tirer de l'Allemagne, la conquête de marchés, l'abaissement de la concurrence – sont plus clairement économiques. Il convient dès lors d'établir leur poids respectif dans la politique allemande de la France. Il faut tenter de comprendre s'il a existé, entre ces

und Motive des französischen Deutschlandpolitik nach dem Zweiten Weltkrieg », in Martens, S. (Hrsg.), *Vom « Erbfeind » zum « Erneuerer »*, *op. cit.*, p. 9-17.

32 Sur les formes de l'impérialisme français, voir Bouvier, J., Girault, R., Thobie, J., *L'impérialisme à la française 1914-1960*, Paris, La Découverte, 1986, 294 p.

différents objectifs, une sorte de hiérarchie et s'efforcer d'en percevoir les éventuels changements. En d'autres termes, il s'agit de définir si les objectifs politiques ont primé sur les ambitions économiques ou si, à l'inverse, l'économique a été la priorité des décideurs.

Il faut aussi analyser, sur le plus long terme, les évolutions des objectifs français, en discerner les possibles inflexions, identifier leurs auteurs et montrer la genèse des nouveaux projets. Il est alors nécessaire d'appréhender les raisons qui ont abouti à ces changements d'orientation. Ces derniers ont-ils été voulus par les décideurs ou résultent-ils davantage de contraintes, intérieures ou extérieures ?

Dans cette optique, il est nécessaire de montrer l'influence des contraintes nationales – qu'il s'agisse de l'opinion publique, de l'action des partis politiques ou du rôle de l'état économique et financier du pays – et des facteurs internationaux – notamment la situation de la France par rapport aux trois Grands – sur la politique française. Il convient en particulier de décrypter les effets contradictoires des contraintes économiques nationales et internationales sur l'évolution de la politique française dans sa zone d'occupation.

Reste à préciser rapidement la démarche adoptée. De façon à replacer les questions économiques dans le cadre plus général de la politique allemande de la France, celle-ci privilégie, autant que possible, la confrontation du « politique » et de l'« économique ». Cela vaut bien sûr, nous l'avons vu, pour les buts de la politique française, l'intérêt ici étant de savoir si le politique a primé sur l'économique. La même démarche est utilisée en ce qui concerne les acteurs. L'étude, centrée sur les milieux gouvernementaux, s'attache, on l'a dit, à confronter les objectifs des responsables politiques et des administrations et les buts poursuivis par le monde des affaires. Il s'agit de déterminer si les premiers correspondent aux seconds. Il convient aussi d'analyser les formes de coopération entre les services publics et les milieux industriels.

À la suite des travaux de Klaus-Dietmar Henke[33], d'Alain Lattard[34] et surtout de Dietmar Hüser[35], l'étude tente de préciser le parcours des hommes qui ont influé sur la politique allemande de la France et de définir les structures au sein desquelles ils ont travaillé. Dans la mesure

---

[33] Henke, K.-D., « Politik der Widersprüche. Zur Charakteristik der französischen Militärregierung in Deutschland nach dem Zweiten Weltkrieg », in Scharf, C., Schröder, H.-J. (Hrsg.), *Die Deutschlandpolitik Frankreichs und die französische Zone 1945-1949*, *op. cit.*, p. 49-89.

[34] Lattard, A., *Syndicalisme ouvrier et syndicalisme patronal allemands sous l'occupation française (1945-1949) : l'exemple de la Rhénanie-Palatinat*, thèse de doctorat de 3e cycle (direction Pierre-Paul Sagave), Université Paris X, 1983, 2 volumes, 306 p. et 124 p. (ici, p. 1-51).

[35] Hüser, D., *Frankreichs « doppelte Deutschlandpolitik »*, *op. cit.*, p. 112-171.

du possible, les processus décisionnels sont également analysés. Enfin, une attention particulière est portée aux jeux d'échelles, c'est-à-dire aux différents niveaux de l'administration française en Allemagne.

*

* *

Cette étude est en grande partie fondée sur l'analyse d'archives non publiées. Les perspectives de recherche choisies appelaient le dépouillement des principales sources gouvernementales françaises. L'examen croisé des archives du GPRF puis des gouvernements de la IVe République – déposées aux Archives nationales (AN) –, du ministère des Affaires étrangères (AMAE), du ministère de l'Économie et des Finances (SAEF), du ministère de la Production industrielle (AN et AN-CAC), du commissariat général au Plan (FJME) et de l'état-major de la défense nationale (SHAT) a permis de reconstituer la trame générale de nombreux dossiers et de mesurer les divergences d'appréciation qui existaient entre départements ministériels et, souvent, au sein même de leurs services.

Les archives de l'occupation française en Allemagne et en Autriche (AOFAA) ont été particulièrement précieuses : d'abord parce que le contenu des différents fonds ne se limite pas aux questions relevant *stricto sensu* de la zone française d'occupation (ZFO) ; les archives des affaires allemandes et autrichiennes et les dossiers rapatriés de l'ambassade de France à Bonn ont ainsi remarquablement complété les dossiers des archives diplomatiques du Quai d'Orsay ; ensuite parce que l'organisation des fonds a permis d'appréhender le point de vue des principaux décideurs de la zone (commandant en chef, conseiller politique, administrateur général, directeur général des affaires économiques et financières) ; enfin parce que la richesse des informations rassemblées dans ces dossiers bruts ne se retrouve nulle part ailleurs[36].

À bien des égards, l'apport des archives privées a été décisif. Au Service des archives économiques et financières, à Savigny-le-Temple, les papiers de Gaston Cusin ont éclairé tout un pan de la politique allemande de Pierre Mendès France. Aux Archives nationales, la consultation des papiers du général de Gaulle a confirmé des conclusions partielles sur la politique rhénane du chef de la France libre. Les documents inédits déposés à Colmar, par Maurice Grimaud, directeur de cabinet d'Émile Laffon (administrateur général de la ZFO) ont donné vie au conflit qui opposait ce dernier au général Koenig, commandant en chef de la zone.

---

36 La plupart des caisses, cartons et dossiers transmis aux lecteurs n'ont pas été archivés au sens traditionnel du terme et correspondent en fait à d'anciens dossiers de travail.

D'une manière générale, l'écoute d'archives orales, au centre de Colmar et au Comité pour l'histoire économique et financière de la France, à Paris, a été l'occasion de s'imprégner de l'ambiance de l'époque, de comprendre l'une ou l'autre des motivations des fonctionnaires partant pour l'Allemagne et de donner corps à certaines signatures et chair à des dossiers parfois arides. La confrontation des témoignages aux documents d'archives a également été riche d'enseignements et de surprises[37].

La réception de la politique française par les Allemands et les initiatives prises par ces derniers ont été appréhendées par le biais de certaines sources allemandes. Menée au début de la recherche, une campagne de dépouillement a porté sur les archives des différents gouvernements allemands de l'ancienne ZFO, à l'exclusion, toutefois, de la Sarre[38] : Landeshaupt Archiv à Coblence pour le Land de Rhénanie-Palatinat ; Staatsarchiv Freiburg pour l'ancien pays de Bade ; Staatsarchiv Sigmaringen pour l'ancien Land du Wurtemberg-Hohenzollern. Enfin, un séjour à Coblence a permis certains dépouillements au Bundesarchiv.

Par ailleurs, à Spire, il a été possible de procéder à quelques recherches dans les archives régionales et de dépouiller – avec des résultats limités – les fonds de deux groupements industriels du Palatinat. Pour appréhender le point de vue du monde des affaires, les sources des chambres de commerce et d'industrie ont été utiles. Par l'intermédiaire de ces organismes, il a été plus facile de connaître – plutôt qu'en passant par l'examen des archives de firmes – les prises de position les plus représentatives des milieux patronaux sur les problèmes allemands[39]. En France, les archives de la chambre de commerce et d'industrie de Paris ont permis de saisir l'opinion des chambres de commerce et d'industrie de toute la France[40]. En Allemagne, les archives de certaines chambres de commerce et d'industrie de la partie sud de la zone, rassemblées au

37 D'après les cassettes que nous avons pu écouter au Comité pour l'histoire économique et financière de la France, il ressort, qu'à de rares exceptions près, les témoignages des inspecteurs des finances ne sont guère fiables.

38 La politique française en Sarre a en effet beaucoup été étudiée. L'accent n'a donc pas été mis sur cette partie de la zone, même si certains développements lui sont consacrés dans le travail.

39 Nous sommes toutefois conscient que les archives des chambres de commerce, qui lissent en quelque sorte les conceptions particulières qui peuvent exister au sein de chaque entreprise, ne donnent qu'une image partielle des représentations des industriels et des entrepreneurs.

40 Le président de la chambre de commerce et d'industrie de Paris était par ailleurs président de l'assemblée des présidents des chambres de commerce de l'Union française. Aussi nombre de documents retrouvés au sein des Archives de la chambre de commerce et d'industrie de Paris émanent-ils de chambres de commerce françaises.

Wirtschaftsarchiv Baden-Württemberg (WABW) à Stuttgart-Hohenheim, ont pu être consultées.

*

* *

Après avoir présenté les pistes de la recherche et les sources sur lesquelles celle-ci est fondée, il convient d'évoquer rapidement le plan retenu.

Les éléments de rupture dans la politique allemande de la France, les évolutions considérables de la situation internationale entre 1942 et 1949, le fait aussi que l'étude débute en pleine guerre, bien avant que les projets français puissent être mis en œuvre, ont conduit à adopter un plan chronologique. Pour autant, au sein de chacune des quatre parties, c'est la démarche thématique qui sera privilégiée.

La première partie étudie l'élaboration de la politique allemande de la France libre pendant la guerre (début 1942-été 1945). Après une présentation des administrations concernées par les affaires allemandes, des acteurs et de leurs conceptions de la puissance, elle propose un examen des projets élaborés pour assurer le contrôle futur de l'Allemagne, en général centrés sur le bassin de la Ruhr. Sont ensuite analysés les processus décisionnels, grâce auxquels les grands axes de la politique allemande sont arrêtés au printemps 1945.

La deuxième partie est centrée sur la première année de l'occupation (été 1945-été 1946). La politique économique de la France en Allemagne est présentée dans un cadre double : celui de l'Allemagne dans son ensemble, puis celui, plus restreint géographiquement, de la ZFO. Il s'agit d'expliquer la complexité et l'ambiguïté des projets français à l'égard de l'Allemagne et de montrer que les ambitions politiques prennent le pas sur les projets économiques impérialistes. Il s'agit aussi de présenter la politique économique menée par la France dans sa zone d'occupation. Ce sera l'occasion de rappeler les diverses contraintes qui pèsent sur l'action des services français, de montrer que certains choix sont faits en fonction des ambitions politiques que la France nourrit à l'égard de l'Allemagne tout entière et de souligner les ambiguïtés et les ambivalences de la politique réellement mise en œuvre. Seront ensuite analysés les résultats de la politique allemande de la France. L'échec précoce qu'ils traduisent amènera à en examiner les raisons. Pour ce faire, il faut étudier le rôle des différents acteurs et des structures administratives ayant en charge les affaires allemandes.

La troisième partie (automne 1946-printemps 1948) s'interroge sur la volonté des Français de modifier leur politique initiale et leur capacité à le faire. Dans cette perspective, sont présentées les contraintes qui ont pesé sur les décideurs français. Cette partie montre aussi la précocité avec laquelle certains responsables ont pris conscience des échecs de cette politique et proposé, dès l'automne 1946, des ajustements et des modifications substantiels. Ce mouvement n'est cependant pas unanime. Dans le même temps, des projets économiques agressifs continuent d'être développés. La mise en œuvre des projets de réformes, étudiée à l'échelle de la ZFO sera l'occasion de confronter la volonté de changement des décideurs et les pesanteurs des contraintes économiques.

Une dernière partie, qui débute chronologiquement au moment même où l'aide Marshall commence à arriver en Europe et qui s'achève dans les mois qui suivent la création de la République fédérale d'Allemagne, tente de montrer que les débuts de la coopération occidentale ne mettent pas, loin de là, un terme aux inquiétudes de Paris quant à la renaissance d'un danger allemand, surtout économique. Pour le circonscrire, la France opte pour une politique d'intégration économique de l'Allemagne occidentale à l'Europe de l'Ouest, gage, selon elle, d'un développement sous contrôle.

PREMIÈRE PARTIE

LE TEMPS DES POSSIBLES (HIVER 1941/1942-ÉTÉ 1945)

Introduction de la première partie

Si l'Allemagne est après 1945 « le problème central de l'univers »[1], selon les mots désormais fameux du général de Gaulle, c'est la région rhéno-westphalienne qui est, entre 1942 et 1945, de tous les problèmes allemands qui se poseront après la défaite du Reich, la question qui préoccupe le plus les décideurs de la France libre[2]. Il est vrai que le bassin charbonnier et sidérurgique de la Ruhr constitue l'essentiel de l'arsenal de l'Allemagne en même temps que le centre de son économie[3]. Du sort qui lui sera réservé après la guerre dépendent par conséquent, aux yeux des Français, la sécurité et la reconstruction économique de la France[4]. Le détachement politique, militaire et économique de la région rhéno-westphalienne s'impose progressivement aux Français comme la seule mesure à même de répondre à ce double objectif. En février 1945, le général de Gaulle la rend publique[5]. Cette revendication est d'abord destinée à assurer la sécurité de la France. Priver l'ancien Reich de son industrie lourde interdirait en effet à l'Allemagne de préparer et de déclencher un nouveau conflit, dont la France, aux dires de certains décideurs[6], ne se relèverait pas. La thèse française sur

---

1 Discours de De Gaulle devant l'Assemblée nationale consultative, 22 novembre 1944, de Gaulle, Ch., *Discours et messages*, *op. cit.*, p. 523

2 Poidevin, R., « Frankreich und die Ruhrfrage 1945-1951 », in *op. cit.*, p. 317.

3 Bührer, W., « Die französische Ruhrpolitik und das Comeback der westdeutschen Schwerindustriellen 1945-1952 », in Hüttenberger, P., Molitor, H. (Hrsg.), *Franzosen und Deutsche am Rhein*, *op. cit.*, p. 27.

4 Articles cités et Bührer, W., « Frankreich und das Ruhrgebiet – Mythos und Realität », in Wilkens, A. (Hrsg.), *Die deutsch-französischen Wirtschaftsbeziehungen 1945-1960*, *op. cit.*, p. 225-227 ; Poidevin, R., « La France et le charbon allemand au lendemain de la Seconde Guerre mondiale », in *op. cit.*, p. 365-367 ; Gillingham, J., « Die französische Ruhrpolitik und die Ursprünge des Schuman-Plans. Eine Neubewertung », in *op. cit.*, p. 1-6.

5 Discours radiodiffusé du 5 février 1945, de Gaulle, Ch., *Discours et messages*, *op. cit.*, p. 561.

6 Note sur le « problème allemand », Maurice Dejean, mission diplomatique française auprès des gouvernements alliés, 21 août 1944, AOFAA, c. 217 d. G 0. Discours précédemment cité de De Gaulle devant l'Assemblée nationale consultative : après avoir dit que l'Allemagne était le problème central de l'univers, le Général ajoute : « Il est, en même temps, pour la France, une question de vie ou de mort », de Gaulle, Ch., *Discours et messages*, *op. cit.*, p. 523. Dans le même sens, « rapport fait au nom de la commission des affaires étrangères sur la proposition de résolution de Pierre-Olivier Lapie tendant à inviter le gouvernement à proposer l'organisation, suivant certains principes, du contrôle de l'économie de l'Allemagne », Pierre-Olivier Lapie, com-

la Ruhr répond aussi à des considérations économiques. Au sortir de la guerre, les livraisons de charbon et de coke allemands revêtent un caractère vital pour l'économie française. Détacher la Ruhr, l'intégrer à un groupement d'États de l'Europe occidentale ou la placer sous contrôle international, faciliterait les livraisons de charbon allemand à destination des pays européens et éviterait que l'Allemagne conserve la haute main sur sa distribution[7]. Mais la politique française semble soustendue par un troisième objectif, qu'il s'agit d'examiner ici. Le détachement de la Ruhr ne serait-il pas, pour les Français, au service d'une volonté de puissance ? Amputer l'Allemagne de son riche bassin reviendrait en effet à « s'approprier les atouts économiques de l'adversaire »[8] dans le but de renverser l'équilibre sidérurgique européen au profit de la France. Ce lien entre détachement de la Ruhr et ambition économique, évident au premier abord, est-il pour autant réel ? En d'autres termes, la France a-t-elle vraiment voulu profiter de la défaite allemande pour devenir, après 1945, la première puissance sidérurgique et industrielle en Europe ? Et cette ambition, si elle a existé, se confond-elle avec les projets de détachement de la Ruhr ?

L'étude de l'élaboration de la politique allemande de la France entre 1942 et la conférence de Potsdam, en juillet 1945, permet d'apporter certains éléments de réponse. Pour ce faire, il faut d'abord démêler l'écheveau des structures administratives, identifier les acteurs de la politique allemande de la France et préciser leur conception de la puissance. Il convient ensuite d'analyser les projets concurrents, en essayant de dégager leur portée économique. Il faut enfin expliquer le choix des décideurs. L'analyse du processus décisionnel permet ainsi de montrer leurs préférences, d'expliciter les rapports de force entre groupes opposés et de mettre au jour la politique allemande effectivement arrêtée.

---

mission des affaires étrangères de l'Assemblée consultative provisoire, annexe au procès-verbal de la 2e séance, 23 mars 1945, p. 2, AMAE, Y 1944/49, t. 369.

7 Poidevin, R., « La France et le charbon allemand au lendemain de la Seconde Guerre mondiale », in *op. cit.*, p. 366.

8 Kaspi, A. *et al.*, *La libération de la France*, *op. cit.*, p. 243.

CHAPITRE I

Les cadres de la réflexion

Il est difficile de comprendre les projets élaborés par les Français libres concernant l'Allemagne d'après-guerre sans connaître les cadres qui ont permis leur élaboration. Ces cadres sont d'abord institutionnels. Restituer les structures administratives et gouvernementales impliquées dans la réflexion, mesurer les difficultés et les problèmes de fonctionnement auxquels ces administrations sont confrontées, évaluer la manière dont la réflexion s'organise progressivement permet de comprendre la nature et l'ampleur du travail engagé. Mais il faut aussi tenter de cerner les hommes qui ont le plus contribué à la réflexion, en retracer les parcours professionnels, pour essayer de dégager les caractéristiques de ce groupe. Reste alors à comprendre le cadre intellectuel, celui des représentations mentales. Il convient surtout de voir quelle perception de la puissance française ont les hommes de la France libre et, plus largement, de comprendre la conception qu'ils ont de la puissance en général et de ses fondements.

I. L'appareil administratif

Que les Français libres réfléchissent dès l'automne 1941 au sort de l'Allemagne après la guerre est une véritable gageure. Tout s'oppose en effet à penser l'après-guerre. À commencer par l'incertitude sur l'issue militaire du conflit. Jusqu'à la fin 1942, les opérations militaires sont favorables aux puissances de l'Axe. La France libre est ensuite sollicitée par une multitude de tâches qui excèdent ses capacités. De Gaulle et ses collaborateurs sont confrontés au double défi de la guerre et de la quête de légitimité. D'un côté, ils doivent participer, aux côtés des Alliés, à l'effort de guerre jusqu'à la victoire, pour montrer que la France libre est de tous les combats. De l'autre, ils déploient une intense activité diplomatique, afin que ces mêmes Alliés les reconnaissent, eux plutôt que Vichy, comme représentant légal de la France[1]. Dans ces circonstances exceptionnelles, la France libre a-t-elle eu la possibilité de penser l'après-guerre ? Était-ce envisageable, alors que de Gaulle et ceux qui l'entourent peinent durablement à donner une structure gouvernementale

[1] Crémieux-Brilhac, J.-L., « La France Libre et l'État républicain », in Baruch, M.O., Duclert, V. (dir.), *Serviteurs de l'État. Une histoire politique de l'administration française 1875-1945*, Paris, La Découverte, 2000, p. 541-542.

à la France libre ? Pendant longtemps, les historiens se sont fait l'écho de la thèse selon laquelle l'élaboration de la politique allemande n'aurait débuté qu'en 1943, voire en 1944. Son unique artisan et inspirateur aurait été le général de Gaulle.

Cette vision est aujourd'hui battue en brèche. Non seulement la politique allemande n'a pas été pensée par le seul Général, mais la réflexion a débuté très tôt, dès 1941. L'impulsion en a été donnée par la transformation de la France libre, à partir de l'automne 1941, en un embryon d'État[2]. C'est au sein des structures administratives créées à Londres que débute la réflexion sur l'Allemagne. Les commissariats, relayés à Paris par les ministères à partir de septembre 1944, sont les cadres dans lesquels sont élaborés les premiers projets. La France libre, puis le Gouvernement provisoire de la République française (GPRF) se dotent par ailleurs de structures de réflexion. Enfin, le contexte particulier du conflit donne l'occasion aux Français de confronter leurs réflexions avec celles de certains de leurs alliés au sein d'une commission internationale créée à Londres en 1942, le Comité interallié pour l'étude de l'armistice. Durant toute la période, le travail de réflexion des Français libres puis des membres du GPRF est en butte à des problèmes matériels et humains, que le conflit exacerbe. Mais ces difficultés n'empêchent pas une rationalisation progressive des méthodes de travail et de l'organisation de la réflexion.

A. La multiplicité des services

1. Les départements ministériels

C'est au commissariat national aux Affaires étrangères, créé en septembre 1941, que revient, conformément au rôle traditionnel d'un ministère des Affaires étrangères, l'essentiel de la réflexion sur la politique allemande de la France après la guerre[3].

À Londres, le commissariat est dirigé par le diplomate Maurice Dejean. Pendant la guerre, la capitale britannique constitue un cadre favorable aux échanges diplomatiques. De nombreux gouvernements européens y sont en effet réfugiés. Les représentants français peuvent donc

[2] Muracciole, J.-F., *Histoire de la France libre*, Paris, PUF, 1996, p. 15-18.

[3] Sur l'histoire du ministère des Affaires étrangères de la France libre : Duroselle, J.-B., *L'Abîme 1939-1944*, 2e éd. revue, Paris, Le Seuil, 1990, p. 400-413 ; Baillou, J. (dir.), *Les Affaires étrangères et le corps diplomatique français*, tome II : *1870-1980*, Paris, Éditions du CNRS, 1984, p. 561-592. Sur la genèse du ministère pendant la guerre : Duroselle, J.-B., « Une création *ex nihilo* : le ministère des Affaires étrangères du Général de Gaulle (1940-1942) », in *Relations internationales*, n° 31, 1982, p. 313-332. Pour la période algéroise : Ulrich-Pier, R., « René Massigli et la réorganisation des Affaires étrangères à Londres et à Alger (1943-1944) », in *Relations internationales*, n° 108, 2001, p. 471-485.

confronter leurs points de vue sur l'avenir de l'Allemagne avec les idées de leurs homologues européens[4]. Mais les investigations du commissariat restent modestes. De tous, il est en effet le seul à exercer la quasi-totalité de ses activités du temps de paix[5]. Celles-ci absorbent l'essentiel de ses maigres moyens, regroupés autour d'une direction politique – divisée en quatre secteurs géographiques –, d'une direction administrative et d'un service de la représentation en Grande-Bretagne[6].

À Maurice Dejean succède en février 1943 René Massigli[7], diplomate alors au faîte de sa carrière. Il doit gérer le transfert du commissariat de Londres à Alger, où le Général et le Comité national français (CNF) s'installent progressivement pendant le premier semestre 1943. La réflexion s'intensifie grâce aux modifications qu'impose Massigli à son administration. Il veut transformer le petit service qu'est le commissariat aux Affaires étrangères en un véritable ministère[8]. Pour ce faire, il renforce ses effectifs et étoffe sa structure administrative. Secondé par Guy Girard de Charbonnière, son directeur de cabinet, et Jacques-Camille Paris, Massigli ne dispose à son arrivée à Alger que de la demi-douzaine de fonctionnaires du secrétariat aux relations extérieures du général Giraud[9]. Pour en augmenter les effectifs, il profite tout à la fois de l'arrivée du personnel de Londres et du ralliement à la France libre de nombreux diplomates, restés jusque-là au service de Vichy. Après le débarquement allié en Afrique du Nord le 8 novembre 1942 et l'occupation totale de la France par les Allemands, nombreux sont en effet les

4 Sur ces échanges : Lorentz, C., *La France et les restitutions allemandes*, *op. cit.*, p. 3-11.

5 L'activité des autres commissariats « se situe inéluctablement sur le territoire national », alors quasiment inexistant. Par contre, précise Jean Baillou, « l'objet du ministère des Affaires étrangères se situant par définition, hors de France, peut être en principe rempli à partir de n'importe où. La seule exigence est que ce point de départ soit considéré comme authentique et qu'il possède une crédibilité lui permettant d'être reconnu comme l'émanation de la France elle-même ». Ces quelques explications, qui valent pour l'activité du commissariat après son installation à Alger, s'appliquent aussi, dans une large mesure, à la période londonienne. Voir Baillou, J. (dir.), *Les Affaires étrangères et le corps diplomatique français*, *op. cit.*, p. 566-581.

6 La direction politique (Hervé Grandin de l'Éprevier) comprend quatre services : Europe, Afrique-Levant, Amérique du Nord et Extrême Orient ; la direction administrative (le diplomate Cancial) est composée d'un service des affaires administratives et consulaires ainsi que de comités et d'œuvres à l'étranger. Voir Duroselle, J.-B., « Une création ex nihilo : le ministère des Affaires étrangères du Général de Gaulle (1940-1942) », in *op. cit.*, p. 323-324.

7 René Pleven assure l'intermède entre le départ de Maurice Dejean en novembre 1942 et l'arrivée de René Massigli en février 1943.

8 Ulrich-Pier, R., « René Massigli et la réorganisation des Affaires étrangères à Londres et à Alger (1943-1944) », in *op. cit.*, p. 473-475.

9 Baillou, J., (dir.), *Les Affaires étrangères et le corps diplomatique français*, *op. cit.*, p. 582-583.

diplomates à rejoindre les rangs de la France libre[10]. Massigli s'attache aussi à renforcer sensiblement la structure du commissariat. Une direction des affaires politiques est confiée à Hubert Guérin, auparavant ministre de Vichy à Helsinki[11]. En août 1943, une direction des affaires économiques est créée pour Hervé Alphand, épaulé par Pierre Baraduc et Albert Lamarle[12]. Un an plus tard, le secrétariat général du commissariat est confié à Jean Chauvel[13]. Grâce à cette structure consolidée, que renforce l'augmentation des effectifs, les études sur l'Allemagne se multiplient.

L'organisation du commissariat à la fin de la période algéroise est reconduite à Paris après que le commissariat s'est installé au Quai d'Orsay en août 1944. Georges Bidault, président du Conseil national de la résistance, remplace en septembre Massigli, nommé ambassadeur de France en Grande-Bretagne. Jean Chauvel et Hervé Alphand sont maintenus à leur poste, tandis que Maurice Dejean devient directeur des affaires politiques. Deux fidèles du général de Gaulle s'ajoutent à ce petit groupe : François Coulet, chef de son cabinet en 1941-1942, est appelé à la tête de la direction d'Europe[14] ; Geoffroy de Courcel, chef du cabinet du Général jusqu'en 1941, puis directeur adjoint de son cabinet à partir de 1943, est nommé sous-directeur d'Europe centrale[15]. Une équipe de bons connaisseurs de l'Allemagne prend donc la direction du Quai d'Orsay.

La réflexion sur la politique allemande de la France n'est cependant pas le domaine réservé du commissariat aux Affaires étrangères. D'une

---

10 Sur le ralliement des diplomates à la France libre, voir Duroselle, J.-B., « Une création *ex nihilo* : le ministère des Affaires étrangères du Général de Gaulle (1940-1942) », *op. cit.*, p. 332. Beaucoup de ces diplomates sont issus du bureau d'études Chauvel, étudié par Boyer, R., « Les bureaux d'études du ministère des Affaires étrangères et l'Europe pendant la Seconde Guerre mondiale », in Girault, R., Bossuat, G., (dir.), *Europe brisée, Europe retrouvée. Nouvelles réflexions sur l'unité européenne au XXe siècle*, Paris, Publications de la Sorbonne, 1994, p. 151-153.

11 Baillou, J., (dir.), *Les Affaires étrangères et le corps diplomatique français*, *op. cit.*, p. 583.

12 *Ibid.*, p. 584 ; « note de service du commissariat aux Affaires étrangères sur les attributions et l'organisation de la direction des affaires économiques », 5 août 1943, AMAE, GU 1939/45, t. 732.

13 Ulrich-Pier, R., « René Massigli et la réorganisation des Affaires étrangères à Londres et à Alger (1943-1944) », in *op. cit.*, p. 475.

14 Sur François Coulet : Foulon, Ch.-L., « Coulet (François) », in Cointet, M., Cointet, J.-L. (dir.), *Dictionnaire historique de la France sous l'Occupation*, Paris, Tallandier, 2000, p. 211-212.

15 Sur Geoffroy Chodron de Courcel : Levisse-Touzé, Ch., « Courcel, Geoffroy Chodron de (1912-1992) », in Andrieu, C., Braud, Ph., Piketty, G. (dir.), *Dictionnaire de Gaulle*, Paris, Robert Laffont, 2006, p. 290-291.

manière générale, tous les commissariats sont amenés à donner leur avis sur la politique allemande.

À Alger, deux commissaires, René Mayer, aux Communications et à la Marine marchande, et Jean Monnet, à l'Approvisionnement, à l'Armement et à la Reconstruction, jouent un rôle de tout premier plan. Ils contribuent pendant l'été 1943 au renouveau de la réflexion française sur l'Europe d'après-guerre et la place que l'Allemagne y occupera.

Dans la plupart des cas toutefois, l'implication des commissariats dans la réflexion sur l'Allemagne est indépendante de la personnalité et des vues de leurs chefs. Les compétences des commissariats décident de leur participation aux projets. Ce sont finalement ceux qui ont des attributions économiques et financières qui sont concernés au premier chef par l'élaboration de la politique allemande la France.

Le rôle du commissariat aux Finances à Alger, qui devient à Paris le ministère des Finances, s'affirme progressivement. Dirigé par Maurice Couve de Murville puis par Pierre Mendès France à Alger, par René Pleven à Paris, le département des Finances dispose, dès Alger, d'un vivier de hauts fonctionnaires qui s'intéressent aux questions allemandes. Roger Goetze et Jean de Largentaye font partie du cabinet de Mendès France, tandis que Guillaume Guindey, Didier Gregh et Pierre Denis assurent la direction des services.

Le sort de l'Allemagne n'est pas non plus indifférent au commissariat à la Production, renommé, après la Libération, ministère de la Production industrielle. Sous la houlette d'André Diethelm puis de Pierre Giaccobi à Alger, il est dirigé par Robert Lacoste à Paris. À Alger comme à Paris, les commissaires et le ministre peuvent compter sur la compétence et le dévouement de Laurent Blum-Picard.

Mais c'est sans conteste le ministère de l'Économie nationale, institué en septembre 1944, qui prend, aux côtés du ministère des Affaires étrangères, la plus grande part à l'élaboration de la politique allemande de la France entre la Libération et la conférence de Potsdam. Le nouveau ministre, Pierre Mendès France, mène une réflexion intense sur l'avenir de l'économie allemande, secondé par Robert Marjolin et la direction des relations économiques extérieures.

2. Les commissions

À côté des ministères, la France libre puis le GPRF se dotent de structures de réflexion. Ces différents organismes, appelés pour la plupart commissions, ont des champs de réflexion plus ou moins larges. Si la tâche dévolue aux commissions pour l'étude des problèmes d'après-guerre dépasse très largement le cadre strict des questions allemandes, le bureau d'études de l'armistice et la commission pour les affaires allemandes sont spécialement créés pour réfléchir au problème allemand.

Les quatre premières commissions qui se consacrent à l'étude des problèmes d'après-guerre sont créées par un décret du 2 décembre 1941[16]. Hervé Alphand préside la commission pour l'étude des problèmes nationaux et internationaux d'ordre économique, financier et social, René Cassin celle qui est chargée de l'étude des problèmes intérieurs et internationaux d'ordre juridique et intellectuel, Maurice Dejean celle qui se consacre à l'étude des problèmes de politique extérieure générale. Une dernière commission a en charge les problèmes de la défense nationale et les aspects militaires du problème de la sécurité internationale[17].

À la seule lecture des noms des commissions, on mesure bien que la tâche qui leur est assignée englobe tout l'après-guerre. Les questions allemandes en font bien sûr partie. Pourtant, lorsque au printemps 1943 les commissions cessent toute activité, le bilan est maigre. Quelques études ont été projetées mais les résultats, si l'on excepte deux notes de réflexion, sont ténus[18]. Sans doute faut-il imputer cet échec relatif au fait que les commissions au sein desquelles la réflexion sur l'Allemagne semblait aller de soi n'ont pas été réunies[19]. Diverses difficultés, sur lesquelles nous reviendrons, ont aussi empêché le fonctionnement normal des commissions.

---

16 Décret n° 53 du 2 décembre 1941 relatif à la constitution des commissions pour l'étude des problèmes d'après-guerre, signé par le général de Gaulle, AMAE, GU 1939/45, t. 1487.

17 Tél. du CNF (Londres) aux délégations françaises au Caire, à Nouméa, à Brazzaville et à Beyrouth, AMAE, GU 1939/45, t. 172 ; « Étude des problèmes d'après-guerre », Pierre Maisonneuve, secrétaire des commissions, 10 octobre 1942, AMAE, GU 1939/45, t. 1487.

18 On trouvera le programme de travail des commissions dans la « liste des questions actuellement étudiées par la commission économique, financière et sociale, sans date (antérieure à février 1942) ; document n° 4 : note complémentaire au rapport préliminaire sur les questions économiques, financières et sociales d'après-guerre », France libre, Études, documentation, liaisons, 14 février 1942, AMAE, GU 1939/45, t. 174, et dans la note relative au « programme des travaux de la section des questions juridiques internationales », 11 juillet 1942, AMAE, GU 1939/45, t. 172. Sur les notes de réflexion : « note sur les problèmes d'après-guerre », professeur Vaucher, 10 juin 1942, AMAE, GU 1939/45, t. 172 ; « avant-projet d'un rapport relatif au point de vue français sur les problèmes économiques d'après-guerre », Hervé Alphand, juillet 1942, AMAE, GU 1939/45, t. 174 ; « note préliminaire sur le problème des réparations », Robert Marjolin, 26 mars 1943, AMAE, GU 1939/45, t. 1487.

19 Se reporter à l'étude du 10 octobre 1942, citée en note 17, et à la « liste des principaux documents résumant les activités des commissions d'études des problèmes d'après-guerre de la France combattante », secrétariat des commissions, 22 mai 1943, AMAE-, GU 1939/45, t. 1487.

Créé en mai 1944, le bureau d'études de l'armistice (BEA) est chargé d'une tâche beaucoup plus précise[20]. À la fin de l'année 1943, les Français libres ont décidé d'élaborer un projet français d'armistice[21]. Ce texte doit leur permettre d'une part de préciser les vues françaises avant la fin de la guerre, d'autre part d'échanger des informations avec les trois Grands sur l'avenir de l'Allemagne. Au début de 1944, les commissariats sont invités à faire connaître leurs vœux[22]. Devant la masse des études, il apparaît très vite nécessaire de créer une structure administrative pour superviser et centraliser l'ensemble des travaux. Le bureau est alors institué. Il est en outre chargé de mener, par ses propres moyens, les études nécessaires. Sa direction est confiée à l'état-major de la défense nationale (EMDN) en la personne du général Koeltz[23]. Dans le cadre de l'élaboration du projet français d'armistice, de très nombreuses notes de réflexion sont produites qui témoignent au premier chef des *desiderata* des différents commissariats civils et militaires[24]. Remanié à de nombreuses reprises au début de l'été 1944, le projet français d'armistice est arrêté au début du mois de juillet. Le bureau l'adresse au GPRF le 13 juillet 1944[25]. Entré en sommeil après la rédaction du projet, le bureau est transformé à l'automne en mission militaire pour les affaires allemandes (MMAA). Contrairement au bureau, qui était une

---

20 « Instruction particulière de la présidence du CFLN (état-major de la défense nationale) pour le général de corps d'armée Koeltz », 10 mai 1944, SAEF, B 8786.

21 « Projet de note pour le CFLN », 30 novembre 1943 (date manuscrite) ; « note sur les problèmes que pose l'armistice avec l'Allemagne », commissariat aux Affaires étrangères, 6 décembre 1943, AMAE, GU 1939/45, t. 653 ; « note sur l'armistice », Henri Queuille, 22 décembre 1943, et un « projet de note confidentielle à Massigli », 17 janvier 1944, AMAE, GU 1939/45, t. 1487. Voir aussi la nouvelle mouture que propose le commissariat aux Affaires étrangères dans sa note de décembre 1943 : « note sur les clauses essentielles d'un armistice avec l'Allemagne », 10 février 1944, AMAE, GU 1939/45, t. 716.

22 Lorentz, C., *La France et les restitutions allemandes*, *op. cit.*, p. 35. « Note sur le projet de convention d'armistice », commissariat aux Affaires étrangères, 13 juillet 1944, AMAE, GU 1939/45, t. 716.

23 Instruction particulière du 10 mai 1944, citée en note 20.

24 « Note sur les clauses préparatoires de la paix à insérer dans une convention d'armistice avec l'Allemagne », d'Albert Lamarle, adressée par Massigli à Pierre Viénot à Londres, 10 mars 1944, AMAE, GU 1939/45, t. 653 ; « note a/s des stipulations d'un armistice éventuel avec l'Allemagne », commissariat à la Production, 27 mars 1944, ainsi qu'une « note sur les clauses à insérer dans un éventuel armistice avec l'Allemagne », commissariat aux Communications et à la Marine marchande, 29 mars 1944, AMAE, GU 1939/45, t. 716.

25 « Projet français de convention d'armistice entre les Alliés et l'Allemagne », GPRF, EMDN, bureau d'étude de l'armistice, très secret, 13 juillet 1944 ; au projet est ajoutée une « note sur le projet de convention d'armistice », commissariat aux Affaires étrangères, 13 juillet 1944, AMAE, GU 1939/45, t. 716.

structure de réflexion, celle-ci est un organe d'exécution. Nous y reviendrons.

Après la Libération et la formation du gouvernement le 9 septembre 1944, la définition de la politique allemande de la France est prise en charge par les différents départements ministériels. Les ministères concernés sont nombreux. D'une manière générale, ceux qui ont des compétences économiques et financières jouent un rôle central. Les départements militaires ne sont pas en reste. Face à la multiplication des interlocuteurs concernés par les questions allemandes, les ministères des Affaires étrangères et de l'Économie nationale soulignent dès l'automne 1944 la nécessité impérative de créer une structure administrative capable de centraliser les réflexions des différents départements[26].

Dans les tout derniers jours de l'année, une commission pour les affaires allemandes est par conséquent créée, dont la direction est confiée au Quai d'Orsay[27]. La commission n'est pas établie de manière officielle. Son existence est brève. Ses séances de travail se déroulent de janvier à juillet 1945, après quoi elle est remplacée par une structure officielle, le comité interministériel pour les affaires allemandes et autrichiennes (CIAAA)[28]. Le rôle de la commission est pourtant sans commune mesure avec son absence de statut et la brièveté de son existence. Durant tout le premier semestre de l'année 1945, elle est la cheville ouvrière de la politique allemande de la France. Coordinatrice des projets des différents ministères, elle est aussi l'instigatrice des études à mener. C'est elle qui donne les orientations générales à suivre. La réflexion de ses membres suit deux directions. La politique allemande à moyen et long terme est au centre de la réflexion. Les membres de la commission planchent sur les problèmes politiques et économiques que soulèvera l'avenir de l'Allemagne. Mais la réflexion porte également sur la politique à court terme. La fin de la guerre approchant, Paris se préoccupe de la participation française à l'occupation de l'Allemagne après le

26 Courrier du MEN à MAE, 25 novembre 1944, qui est une réponse d'un courrier du Quai d'Orsay à l'Économie nationale en date du 23 octobre 1944, et une note, sans titre, qui récapitule les courriers échangés entre les deux ministères, MAE, dir. éco., 14 décembre 1944, AMAE, DE-AAA, t. 5. On pourra aussi se reporter à une note sur la « centralisation des questions allemandes ayant trait à la préparation de l'armistice et du traité de paix », MAE, secrétariat des conférences, 11 janvier 1945, AMAE, NU-OI, t. 81.

27 Sur la création de la commission, « réunion chez Monsieur Chauvel le 23 décembre », MAE, secrétariat des conférences, 26 décembre 1944, AMAE, NU-OI, t. 45. Sur l'octroi de la présidence à Chauvel, compte rendu de la première séance de la commission, « réunion sous la présidence de Chauvel », 27 décembre 1944, AMAE, DE-AAA, t. 8, ainsi qu'une « note a/s de la coordination des affaires allemandes », MAE, dir. pol., 21 juin 1945, AOFAA, p. 184 d. B I 0.

28 Note du 21 juin 1945, citée en note 27 ; Hüser, D., *Frankreichs « doppelte Deutschlandpolitik »*, *op. cit.*, p. 138.

conflit mais aussi pendant la phase dite opérationnelle, pour laquelle il faut préparer la sauvegarde des biens français en Allemagne et les programmes de prélèvements à opérer immédiatement[29].

Cette perception plus précise des questions allemandes se traduit dans l'organisation administrative de la commission. Une commission plénière, présidée par Jean Chauvel, secrétaire général du Quai d'Orsay, chapeaute deux sous-commissions[30]. La première, dite sous-commission politique, est dirigée par Maurice Dejean, directeur des affaires politiques au ministère des Affaires étrangères. Seuls des représentants du Quai d'Orsay et de la MMAA participent à ses travaux. En sont membres de droit, aux côtés de Maurice Dejean, Jean-Marc Boegner, représentant d'Hervé Alphand, Jacques Fouques-Duparc, secrétaire des conférences, Marcel Berthelot, chargé d'assurer la liaison entre la direction politique, la direction économique et le secrétariat des conférences, Jean Basdevant, jurisconsulte du Quai d'Orsay, et le général Koeltz, chef de la MMAA, accompagné d'un officier de la mission[31]. Des représentants de la plupart des ministères participent par contre aux travaux de la sous-commission économique, présidée par Hervé Alphand, directeur des affaires économiques au Quai d'Orsay. Y siègent ainsi Jacques Fouques-Duparc, Marcel Berthelot, François Coulet et Jean Wolfrom pour les Affaires étrangères, René Sergent, Robert Marjolin et Jean Richard pour l'Économie nationale, Guillaume Guindey pour les Finances, Laurent Blum-Picard pour la Production industrielle, un représentant du général Koeltz, habituellement le commandant Jeandet, pour la MMAA, le colonel Lassalle pour l'état-major de la défense nationale ainsi qu'Étienne Burin des Roziers, du cabinet du président du GPRF. En général, deux experts assistent également aux réunions : l'économiste Jean Chardonnet et le professeur Meary, géographe[32].

3. *La coopération internationale*

À ses débuts, le travail de la commission pour les affaires allemandes est facilité par les études que les Français libres avaient menées à Londres de l'automne 1942 à l'été 1944 dans un cadre international, celui du Comité interallié pour l'étude de l'armistice (CIEA).

Après le déclenchement de la guerre, des gouvernements européens, dont les pays sont occupés par l'Allemagne, se sont repliés à Londres.

---

29 Voir deux notes non datées, intitulées « attributions de la sous-commission économique » et « attributions de la sous-commission politique », AMAE, DE-AAA, t. 5.

30 Réunion du 27 décembre 1944, citée en note 27.

31 Réunion du 23 décembre, citée en note 27.

32 Note, sans titre, qui récapitule les courriers échangés entre les ministères des Affaires étrangères et de l'Économie nationale, MAE, dir. éco., AMAE, DE-AAA, t. 5 ; réunion du 23 décembre, citée en note 27.

La capitale britannique devient ainsi le refuge de nombreux gouvernements alliés. S'y trouvent réunis certains gouvernements de pays d'Europe occidentale – Belgique, Luxembourg, Pays-Bas –, certains gouvernements de pays d'Europe centrale et balkanique – Grèce, Pologne, Tchécoslovaquie, Yougoslavie –, mais aussi le gouvernement norvégien et la représentation de la France combattante. Ces différents gouvernements, rassemblés autour de valeurs communes, entrent rapidement en contact. Ils affirment, avec les Britanniques et certains dominions, leur volonté de lutter contre les puissances de l'Axe jusqu'à la victoire et adhèrent à la Charte de l'Atlantique. C'est donc tout naturellement que ces gouvernements repliés, comme on les appelle souvent, engagent une réflexion commune sur l'après-guerre. Le 23 octobre 1942, ils créent à cet effet le CIEA[33]. Le comité doit définir, comme son nom l'indique, les conditions de l'armistice. Sa première mission, qui intéresse au premier chef les gouvernements repliés, est plus pointue. Il doit en effet élaborer une véritable politique des restitutions, en réponse à la difficile question des spoliations, dont sont victimes tous les pays alors occupés par l'Allemagne. Ce problème occupe le comité pendant presque toute l'année 1943. Par l'intermédiaire de l'étude des restitutions, celui-ci est progressivement amené à s'intéresser aux problèmes économiques allemands dans leur ensemble. À partir de l'automne 1943, des questions aussi diverses que les réparations, le désarmement industriel et financier, le niveau de vie à laisser au peuple allemand sont à l'étude[34].

Pour participer aux travaux du comité, la France dispose à Londres de plusieurs organismes. La représentation du CFLN auprès du gouvernement britannique est assurée par Pierre Viénot, entouré de conseillers d'ambassade, d'un attaché commercial et d'un attaché financier, Pierre Denis, *alias* Rauzan. Les représentants de la France libre auprès de la Grande-Bretagne n'ont toutefois joué qu'un rôle très secondaire dans la réflexion sur la politique allemande. Il en va autrement de la Mission de coordination des études d'après-guerre, dirigée par André Monnier, *alias* André Duprat. Elle est subdivisée en deux comités d'études : l'un pour les questions politiques et sociales, l'autre pour les questions économiques, sous la houlette – jusqu'à son départ pour Alger, en juillet 1944 – de Jean Lageat, par ailleurs très actif au sein de la délégation française auprès du CIEA. Celle-ci est directement subordonnée à la mission diplomatique française auprès des gouvernements alliés que préside Maurice Dejean – lui-même délégué auprès du CIEA – à partir

---

33 Sur tous ces points, voir Lorentz, C., *La France et les restitutions allemandes*, *op. cit.*, p. 6-7.

34 *Ibid.*, 18-20 ; « note au sujet de la séance du CIEA du 2 juin 1943 », professeur Gros, 3 juin 1943, AMAE, GU 1939/45, t. 181.

d'août 1943[35]. La France dépêche plusieurs délégués auprès du CIEA. Leur nombre augmente rapidement. De deux à sa création, il passe à quatre dès février 1943. Félix Gouin, député socialiste, conseiller auprès du commissariat à la Justice et à l'Éducation, et André Duval, attaché du cabinet du général de Gaulle, sont les deux premiers nommés en novembre 1942. En février 1943, Jean-François Blondel, ministre plénipotentiaire, représentant du CNF auprès du gouvernement yougoslave, remplace Félix Gouin, tandis que sont nommés le lieutenant-colonel Pagès, membre de l'état-major particulier du Général, et André Gros, professeur de droit[36]. De nombreux experts épaulent les délégués. Le commandant Jacques Debré, polytechnicien, et Laurent Blum-Picard sont sollicités pour les questions industrielles, Tony Mayer et Hervé Alphand pour les questions financières. Jean Lévy, ancien directeur à la SNCF, intervient pour les questions impliquant les transports[37].

Le travail mené par le CIEA, de l'automne 1942 à l'été 1944, aboutit à des résultats impressionnants. Durant cette période, les 71 délégués et experts désignés par les neuf gouvernements, épaulés ponctuellement par plus de 200 experts, rédigent plus de 150 projets généraux et sectoriels relatifs aux problèmes économiques allemands d'après-guerre. Les rapports frappent par leur qualité et la hauteur de vue de leurs propositions. Loin de se limiter à des mesures d'ordre économique et technique, ils mettent en effet en avant des dispositions d'ordre politique[38]. Grâce aux travaux du CIEA, la France libre dispose, à partir de l'été 1944, d'une base documentaire considérable. Les très nombreuses difficultés auxquelles les Français sont alors en butte sont ainsi partiellement atténuées.

B. Une administration en proie aux difficultés

Les problèmes de fonctionnement de l'administration de la France libre puis du GPRF sont multiples. Dans les conditions exceptionnelles inhérentes au conflit et à la formation *ex nihilo* à Londres, puis à Alger, d'un embryon d'État français, les problèmes matériels que rencontre la Résistance extérieure vont presque de soi. Il en est de même pour les difficultés qu'éprouve la France libre à recruter les personnels compétents. Ce manque d'hommes n'empêche pas que la direction de l'élabo-

---

35 Sur les services français de Londres, « organigramme de l'organisation à Londres des services ou missions s'occupant de questions d'ordre économique », sans date (probablement 1944), AMAE, GU 1939/45, t. 732.

36 Sur la délégation française au CIEA, outre la note précédente, Lorentz, C., *La France et les restitutions allemandes*, *op. cit.*, p. 7.

37 Courrier de Jean Lageat à André Duprat, chef de la Mission de coordination des études à Londres, 9 mars 1944, AMAE, GU 1939/45, t. 714.

38 Rapport final du CIEA, doc. n° 556, 18 octobre 1945, AMAE, DE-AAA, t. 5.

ration de la politique allemande de la France fasse l'objet de conflits. S'ajoute enfin un déficit cruel de documentation.

1. Les problèmes matériels

De 1940 à 1944, la France libre manque en permanence de locaux. Comme à Londres les services se mettent lentement en place, l'exiguïté des bureaux pèse encore assez peu. À Carlton Gardens, « toutes les affaires extérieures avec leurs maigres dossiers tenaient dans deux ou trois pièces du building, au troisième étage, où l'on travaillait sur des tables de bois blanc. La chaudière du chauffage central ayant éclaté, de petits poêles à pétrole empestaient l'atmosphère sans beaucoup la réchauffer »[39].

Mais à Alger, les locaux octroyés à la France libre conviennent moins : le CFLN s'installe au lycée Fromentin, qui n'est guère adapté aux besoins d'un gouvernement. Les commissariats sont disséminés dans les pavillons du jardin, aux noms parfois poétiques. Le commissariat aux Affaires étrangères est ainsi affecté au « nid »[40]. Locaux peu adaptés donc et, d'une manière générale, trop exigus. En 1944, Jean Lageat, chef du comité d'études économiques de Londres, se plaint à son chef André Duprat de cette étroitesse. Les experts du comité sont contraints de s'entasser à trois ou quatre par pièce. Le travail s'en ressent[41].

Pour pénalisants qu'ils soient, les problèmes matériels pèsent cependant peu au regard du manque de personnel qualifié dont souffrent, de manière chronique, la France libre et, dans une moindre mesure, le GPRF.

2. Le manque de personnel qualifié

De 1940 à 1945, le manque de personnel sonne comme un leitmotiv. Toutes les structures de la France libre s'en plaignent. Il se prolonge bien souvent après la Libération. Le cas du commissariat aux Affaires étrangères est à cet égard exemplaire. Pendant de longs mois, le ministère des Affaires étrangères de la France libre reste une toute « petite chose »[42], alors même qu'il est le seul département à exercer l'essentiel de ses activités. À Londres, les services centraux totalisent à peine 40 personnes et seulement 6 agents de la carrière. À titre de comparai-

---

39 Soustelle, J., *Envers et contre tout*, tome I : *De Londres à Alger*, Paris, Robert Laffont, 1947, p. 203-204, cité par Duroselle, J.-B., *L'Abîme 1939-1944*, *op. cit.*, p. 403.

40 Ulrich-Pier, R., « René Massigli et la réorganisation des Affaires étrangères à Londres et à Alger (1943-1944) », in *op. cit.*, p. 474.

41 Courrier du 9 mars 1944, cité en note 37.

42 Duroselle, J.-B., *L'Abîme 1939-1944*, *op. cit.*, p. 402.

son, le Quai d'Orsay employait, en 1935, 650 agents, dont 230 fonctionnaires de la carrière, soit quinze fois plus[43].

À cette pénurie d'hommes s'ajoutent l'instabilité et la pluriactivité des personnels en place. L'instabilité découle de ce que beaucoup de Français libres sont envoyés en mission à l'extérieur. À la fin de l'année 1943, Jean Monnet quitte ainsi Alger pour Washington. Certains partent représenter la France libre au loin. D'autres encore gagnent la France pour de périlleuses missions[44]. L'instabilité des personnels se double par ailleurs d'une pluriactivité généralisée. Bon nombre de ceux qui réfléchissent à l'après-guerre cumulent les emplois. Ils manquent de temps pour se consacrer à l'ensemble des problèmes en cours et tentent de parer au plus pressé. Le fonctionnement du CIEA est révélateur de cette pluriactivité forcée qui prévaut alors au sein des instances londoniennes et algéroises. Deux des délégués, Jean-François Blondel et Pierre Pagès, sont en même temps représentants du CNF auprès des gouvernements yougoslave et tchécoslovaque en exil. La plupart des experts du CIEA assurent d'autres tâches en parallèle. Laurent Blum-Picard travaille au commissariat à la Production, Jean Lévy au commissariat aux Communications et à la Marine marchande, Hervé Alphand préside une commission pour l'étude des problèmes de l'après-guerre puis dépend du commissariat aux Affaires étrangères. Cette pluriactivité forcée aboutit à une présence en pointillé des personnels au sein des commissariats et des commissions[45]. Cette dernière est aggravée en 1943 par l'installation à Alger des services de la France libre. Londres reste en effet une capitale politique internationale. Le CIEA y a son siège. L'activité diplomatique y est intense. C'est là que les Français libres peuvent discuter avec les gouvernements repliés et les Britanniques. À partir de 1943, les Français libres sont donc amenés à aller et venir entre les deux capitales. Cette contrainte, qui concerne tout particulièrement ceux qui réfléchissent à l'après-guerre, est coûteuse en temps et en énergie.

Se pose aussi avec force pendant toute la période le problème des compétences des personnels. Pierre Maisonneuve, secrétaire des commissions pour l'étude des problèmes d'après-guerre, regrette ainsi que celles-ci n'aient joué qu'un rôle secondaire dans la nomination de la majorité des quelque cinquante membres des quatre commissions. Il en résume avec amertume les conséquences : « les personnes compétentes

[43] Duroselle, J.-B., « Une création *ex nihilo* : le ministère des Affaires étrangères du Général de Gaulle (1940-1942) », in *op. cit.*, p. 321-324.

[44] Duroselle, J.-B., *L'Abîme 1939-1944*, *op. cit.*, p. 403.

[45] Lorentz, C., *La France et les restitutions allemandes*, *op. cit.*, p. 6-7.

n'ont pas de temps à donner aux travaux ; celles qui ont du temps manquent généralement de compétence »[46].

Ce problème se pose dans toutes les instances de la France libre. Au commissariat aux Affaires étrangères, le déficit de cadres se fait d'autant plus sentir que les activités de cette structure se développent rapidement à partir de 1943. Pour y remédier, le commissariat privilégie le recrutement de fonctionnaires issus de la carrière, ce qui garantit les compétences. Mais en procédant ainsi, le commissariat est vite contraint d'embaucher des personnes ayant servi Vichy. Dans les premiers temps, cela ne soulève pas de difficultés majeures. Mais, après le 8 novembre 1942, de tels recrutements s'avèrent difficiles. C'est que le problème des compétences se double ici de celui de l'engagement idéologique. Comment recruter des diplomates qui ne soient pas des serviteurs zélés de Vichy ? Au commissariat, les résistants de la première heure voient d'un mauvais œil l'arrivée de ces « collaborateurs » : ces opportunistes ne sauraient être traités à égalité avec eux. L'Assemblée consultative d'Alger et les comités de la France libre, qui servent la cause de la Résistance extérieure dans le monde, s'émeuvent de tels recrutements. Le commissariat procède donc avec prudence. Les dossiers sont traités au cas par cas. Une épuration et un reclassement sont mis en place. Alger écarte les diplomates trop en vue de Vichy. On interdit par décret les ralliements trop tardifs à la France libre. Toujours préoccupé par la compétence des agents, le commissariat instaure en 1944 un cadre latéral pour favoriser un recrutement de qualité. Il permet avant tout de régulariser des agents non issus de la carrière diplomatique ou consulaire, qui ont servi la France libre depuis ses débuts. Quatorze personnes sont ainsi admises au printemps 1944[47].

3. Les conflits de compétence

Au manque de personnels qualifiés pour la gestion de la politique allemande viennent s'ajouter différents conflits de compétence. Ceux-ci se manifestent surtout à l'occasion de la création des commissions, dont la direction est convoitée.

Au printemps 1944, le commissariat aux Affaires étrangères et l'état-major de la défense nationale se disputent ainsi la direction du bureau d'études de l'armistice. Du fait du caractère essentiellement militaire que revêt tout projet d'armistice, la direction du bureau revient logique-

46 Cité par de Bellescize, D., *Les neuf sages de la Résistance. Le Comité Général d'Études dans la clandestinité*, Paris, Plon, 1979, p. 20.

47 Ce paragraphe reprend les analyses d'Ulrich-Pier, R., « René Massigli et la réorganisation des Affaires étrangères à Londres et à Alger (1943-1944) », in *op. cit.*, p. 475-479.

ment à l'état-major[48]. Des tensions n'en subsistent pas moins pendant toute la durée de la préparation du projet. La direction des affaires économiques du commissariat aux Affaires étrangères se plaint d'être tenue à l'écart de sa rédaction, au mépris de ses attributions. Chargée de « la préparation et de la conduite des négociations de caractère économique et financier »[49] entre le CFLN et les gouvernements étrangers, elle devrait avoir un droit de regard sur les dispositions économiques que proposent les différents commissariats. Ce droit lui est refusé et ses propositions ne sont pas prises en compte. Mais le comble est atteint lorsque le commissariat aux Affaires étrangères appuie des propositions en tous points contraires à celles de sa direction des affaires économiques[50].

Parfois, les enjeux de ces luttes sont beaucoup plus larges que ne le laisseraient supposer les compétences de la commission, dont la direction est l'objet de toutes les convoitises. Le conflit qui oppose en novembre 1944 le ministère des Affaires étrangères à celui de l'Économie nationale est de ce type. Officiellement, les deux ministères se disputent la direction de la commission pour les affaires allemandes[51]. En réalité, le ministère de l'Économie nationale cherche, par la prise de contrôle de cette commission, à se réapproprier, au moins en partie, la direction des négociations économiques internationales de la France[52]. Un mois auparavant, les deux ministères s'étaient en effet déjà heurtés à ce propos. Pierre Mendès France tenait à ce que de la direction de la diplomatie économique française revînt à son ministère. Il en avait fait la demande expresse en Conseil des ministres. Mais le général de Gaulle

---

48 « Projet de note pour le CFLN », 30 novembre 1943 (date manuscrite) ; « note sur les problèmes que pose l'armistice avec l'Allemagne », commissariat aux Affaires étrangères, 6 décembre 1943, AMAE, GU 1939/45, t. 653 ; « projet de note confidentielle à Massigli », 17 janvier 1944, AMAE, GU 1939/45, t. 1487 ; « instruction particulière de la présidence du CFLN (état-major de la défense nationale) pour le général de corps d'armée Koeltz », 10 mai 1944, SAEF, B 8786.

49 « Note de service sur les attributions et l'organisation de la direction des affaires économiques », commissariat aux Affaires étrangères, 5 août 1943, AMAE, GU 1939/45, t. 732.

50 « Note pour Massigli », MAE, dir. éco., 26 mai 1944, AMAE, GU 1939/45, t. 717.

51 Voir notamment la lettre du ministre de l'Économie nationale (direction des relations économiques extérieures) au ministre des Affaires étrangères, 25 novembre 1944, AMAE, DE-AAA, t. 5.

52 Sur la récurrence, pendant tout le XXe siècle, des conflits de compétence en vue d'obtenir la direction de la diplomatie économique de la France, voir, pour l'entre-deux-guerres, Jeannesson, S., « Jacques Seydoux et la diplomatie économique dans la France de l'après-guerre », in *Relations internationales*, n° 121, 2005, p. 12-13, et, pour la période qui nous concerne, Badel, L., « Les acteurs de la diplomatie économique de la France au XXe siècle : les mutations du corps des attachés commerciaux (1919-1950) », in *Relations internationales*, n° 114, 2003, p. 208.

avait tranché le conflit en faveur du Quai d'Orsay[53]. Pierre Mendès France revient donc à la charge par le biais de la commission pour les affaires allemandes. Mais la nouvelle tentative de l'Économie nationale pour reprendre pied dans la diplomatie économique de la France est un échec. Comme nous l'avons vu, le ministère des Affaires étrangères s'impose une nouvelle fois.

4. Le déficit de documentation

Dernier avatar de la France libre, le déficit de documentation est une constante pendant toute la durée du conflit. Création *ex nihilo*, la France libre ne dispose pas, au début tout au moins, d'archives complètes, de dossiers documentaires solidement constitués[54]. Ces manques entravent fortement le travail de réflexion sur l'après-guerre. À Londres, les services britanniques et les gouvernements alliés peuvent pallier ces insuffisances. Mais lorsque la France libre s'installe à Alger, la situation s'aggrave. Pour l'élaboration de notes documentées, le CFLN sollicite les services français de Londres, qui ont accès à la documentation constituée par la mission de coordination des études d'après-guerre et le CIEA. Les dossiers établis à Londres constituent d'ailleurs une précieuse base de données pour les services parisiens.

C. L'évolution des méthodes de travail

Malgré ces difficultés, le travail de réflexion sur l'après-guerre évolue sensiblement entre la fin de l'année 1941 et l'été 1945. On peut distinguer trois étapes, correspondant aux trois capitales – Londres, Alger et Paris – qui accueillent successivement la France libre.

1. Londres : un travail d'experts

À Londres, le travail de réflexion sur l'après-guerre se fait de façon éclatée. Les impulsions politiques manquent. Bien sûr, la création des quatre commissions pour l'étude des problèmes d'après-guerre procède de l'exécutif de la France libre, mais les commissions n'ont pas la confiance du Général. Les travaux envisagent l'avenir de l'Europe plutôt que celui de l'Allemagne et rares sont les projets à être effectivement développés. Pourtant, les sujets évoqués à Londres sont déjà ceux qui vont occuper les Français pendant plusieurs années : le rétablissement à

---

[53] Margairaz, M., *L'État, les finances et l'économie. Histoire d'une conversion 1932-1952*, Paris, Comité pour l'histoire économique et financière de la France, 1991, p. 781-782 ; du même auteur, « La mise en place de l'appareil de direction économique (1944-1947) : des objectifs lointains aux choix du moment », in *La France en voie de modernisation 1944-1952*, colloque de la FNSP des 4 et 5 décembre 1981, exemplaire multigraphié, p. 5.

[54] Duroselle, J.-B., *L'Abîme 1939-1944*, *op. cit.*, p. 403.

long terme de la sécurité européenne, le sort de la Ruhr et des bassins miniers allemands, les réparations[55]. Mais les études sont menées sans plan d'ensemble et la tâche de réflexion se résume à la somme de travaux d'experts.

Le point le plus positif découle sans doute des échanges de vues avec les gouvernements repliés. En mars 1942, Maurice Dejean rencontre ainsi Paul-Henri Spaak, le ministre belge des Affaires étrangères. Par le biais de la mise en œuvre d'une politique commune entre la France, la Belgique, les Pays-Bas et le Luxembourg, les deux diplomates abordent les questions allemandes et le sort futur des grands bassins industriels allemands[56].

2. Alger : le retour de l'État

À Alger, les études se poursuivent dans un premier temps sur le même mode. Mais bien vite les choses changent. Après la bataille de Stalingrad et celle de Koursk, l'issue du conflit ne fait plus de doute[57]. Il faut préparer l'après-guerre. La France libre, désormais reconnue par de nombreux gouvernements, dispose d'une structure gouvernementale étoffée[58]. Le général de Gaulle et le CFLN donnent désormais les impulsions politiques nécessaires. Au début de l'été 1943, le CFLN demande aux commissariats, vraisemblablement dans la perspective d'une réunion, de réfléchir à la reconstruction de l'Europe[59]. À l'occasion de ces réunions désormais périodiques, le CFLN prend position sur le problème allemand. En octobre, le général de Gaulle donne son avis sur la

---

55 « Avant-projet d'un rapport relatif au point de vue français sur les problèmes d'après-guerre », Hervé Alphand, juillet 1942, et « liste des questions actuellement étudiées par la commission économique, financière et sociale, sans date (antérieure à février 1942) ; document n° 4 : note complémentaire au rapport préliminaire sur les questions économiques, financières et sociales d'après-guerre », France libre, Études, documentation, liaisons, 14 février 1942, AMAE, GU 1939/45, t. 174. Sur les réparations : « note préliminaire sur le problème des réparations », Robert Marjolin, 26 mars 1943, AMAE, GU 1939/45, t. 1487 ; récit que fait Robert Marjolin de son activité au sein des commissions pour l'étude des problèmes d'après-guerre dans *Le travail d'une vie. Mémoires 1911-1986*, Paris, Robert Laffon, 1986, p. 122-131.

56 « Entretien entre Paul-Henri Spaak et Maurice Dejean », 6 mars 1942, AMAE, GU 1939/45, t. 172. Voir aussi Bossuat, G., « Jean Monnet et l'avenir de l'Europe 1940-1948 », in Dumoulin, M. (dir.), *Plans des temps de guerre pour l'Europe d'après-guerre 1940-1947. Wartime Plans for Postwar Europe 1940-1947*, Bruxelles/Bruylant, Milano/Giuffrè, Paris/LGDJ, Baden-Baden/Nomos Verlag, 1995, p. 345-346.

57 Girault, R., Frank, R., Thobie, J., *La loi des géants 1941-1964*, Paris, Milan, Barcelone, Bonn, Masson, 1993, p. 59-60.

58 Voir les développements *supra*.

59 Cohen, A., *Histoire d'un groupe dans l'institution d'une « communauté » européenne (1940-1950)*, thèse de doctorat en science politique (dir. Claude Emeri), Université de Paris I, 1999, p. 29-30.

politique européenne et allemande de la France[60]. Pour légitimer ses choix, il commande des études techniques complémentaires aux experts français de Londres. À la fin de l'année, le CFLN suscite l'étude d'un projet français d'armistice, qui mobilise tous les commissariats et crée, au printemps 1944, le bureau d'études de l'armistice pour assurer la coordination des différents travaux. L'activité diplomatique du CFLN s'intensifie. René Massigli reprend avec Paul-Henri Spaak les projets de politiques communes entre la France, la Belgique, les Pays-Bas et le Luxembourg, initiés par son prédécesseur[61]. À partir de la fin 1943, le CIEA entame l'étude du désarmement économique de l'Allemagne. Les projets français que Maurice Dejean présente aux délégués des gouvernements repliés sont considérés par Alger comme des ballons d'essai sur la scène internationale. Le CFLN, soucieux de l'accueil réservé aux thèses françaises, cherche à connaître le point de vue des petits pays constituant le CIEA avant de saisir les trois Grands. À Alger, la réflexion sur l'après-guerre s'apparente donc de plus en plus à celle qui est menée dans le cadre classique d'un État constitué.

3. Paris : la machinerie gouvernementale

Cette tendance s'affirme avec l'installation du GPRF à Paris. La machinerie gouvernementale se reconstitue. Les commissariats réintègrent les bâtiments des ministères de la IIIe République, renforcent leurs services, étoffent leurs effectifs, recouvrent leurs archives. Les décisions se prennent à l'occasion des réunions du Conseil des ministres. Bref, les rouages de l'État se remettent progressivement en place.

Deux transformations majeures touchent alors l'élaboration de la politique allemande. Une spécialisation des responsables des questions allemandes s'opère d'abord au sein des différents ministères. Cette spécialisation, déjà perceptible à Alger, s'accentue à Paris. Dans certains départements, la réflexion est confiée à une direction ou un service. Au Quai d'Orsay, ce sont plus spécialement les directions politique et économique qui en ont la charge ; au ministère de l'Économie nationale, la direction des relations économiques extérieures. Faute de moyens, la réflexion repose parfois sur les épaules d'un seul homme. C'est le cas au ministère de la Production industrielle, où Laurent Blum-Picard, secré-

---

60 « Compte rendu de la conversation du dimanche 17 octobre 1943, à Alger, chez le général de Gaulle », in Rieben, H., *Des guerres européennes à l'union de l'Europe*, Lausanne, Fondation Jean Monnet pour l'Europe, Centre de recherches européennes, 1987, p. 286-291.

61 Massigli, R., *Une comédie des erreurs 1943-1956. Souvenirs et réflexions sur une étape de la construction européenne*, Paris, Plon 1978, p. 29-30 ; Guillen, P., « La France libre et le projet de fédération ouest-européenne 1943-1944 », in Dumoulin, M. (dir.), *Plans des temps de guerre pour l'Europe d'après-guerre 1940-1947*, *op. cit.*, p. 153.

taire général à la production, qui centralise les travaux épars des divers services et propose des notes synthétiques, devient le « Monsieur Allemagne » du département.

L'élaboration de la politique allemande bénéficie surtout de la création de la commission pour les affaires allemandes. Durant le premier semestre 1945, la commission est la véritable instigatrice et coordinatrice de l'ensemble des études menées par les différents ministères. Elle constitue aussi une sorte d'« antichambre » aux décisions gouvernementales. L'organisation du travail de la commission traduit d'ailleurs bien cette double fonction. Lors des réunions, théoriquement bimensuelles, les participants présentent et discutent les études commandées par les présidents des sous-commissions. À terme, les deux sous-commissions doivent soumettre à la commission plénière le résultat de leurs travaux. La commission fait ensuite des propositions au gouvernement « aux fins de décisions »[62]. Pour autant, la commission n'a pas à établir, comme le souligne son président Jean Chauvel, « un seul projet, mais bien à préparer des solutions alternatives entre lesquelles le gouvernement décidera en connaissance de cause »[63].

Bien qu'elle soit confrontée à des difficultés de fonctionnement, aggravées par les conditions exceptionnelles dans lesquelles elle entreprend son action, la France libre engage donc très précocement la réflexion sur l'après-guerre. Les projets impliquent la quasi-totalité des départements ministériels. Des structures spécifiques – les commissions – sont même créées pour superviser les études. Leur instauration traduit l'évolution des méthodes de travail et la transformation progressive de la France libre en un véritable État.

II. Les acteurs

Des hommes se sont engagés au service de cette « deuxième France » à construire. Très vite, certains d'entre eux ont pensé l'après-guerre et le sort à réserver à une Allemagne vaincue. C'est ce groupe d'hommes qu'il s'agit à présent d'appréhender.

A. La permanence des hommes

Ce qui frappe au premier chef, c'est le nombre restreint de ceux qui élaborent la politique allemande de la France. À Londres puis à Alger, ils sont une quinzaine, tout au plus, à réfléchir à ces questions. À Paris, alors que les services ont tendance à se reconstituer et donc à s'étoffer, leur nombre s'accroît assez peu. En prenant comme référence la liste des

---

62 Réunion du 27 décembre 1944, citée en note 27.

63 *Ibid.*

responsables qui participent aux travaux de la commission pour les affaires allemandes, on ne dépasse guère la vingtaine de personnes.

Au-delà de ces effectifs réduits, c'est la permanence des hommes qui est remarquable. À partir de l'automne 1944, il apparaît que la grande majorité de ceux qui jouent un rôle déterminant dans la mise au point des projets français étaient déjà chargés de la politique allemande à Londres ou à Alger. Mis à part Georges Bidault, ministre des Affaires étrangères, et Robert Lacoste, ministre de la Production industrielle, les responsables qui pensent la politique allemande de la France après la formation du gouvernement le 9 septembre 1944 sont tous des hommes de la France libre.

Dressons l'inventaire de ce petit groupe. Au Quai d'Orsay, on retrouve, à la direction politique, Maurice Dejean, l'un de ceux qui, à ses postes successifs de président de commission, de commissaire national aux Affaires étrangères et de délégué français au CIEA, a le plus contribué à la réflexion menée au sein de la France libre. Hervé Alphand est maintenu à la direction économique. Les responsabilités qu'il a exercées à Londres et à Alger – expert, président de commission, directeur des affaires économiques aux Affaires étrangères – en font aussi un pilier de la réflexion menée par la Résistance extérieure. Alphand est aidé dans sa tâche par Pierre Baraduc, qui le secondait déjà à Alger. Deux autres diplomates, dont le rôle est moindre dans l'élaboration de la politique française, arrivent eux aussi d'Alger. Jean Chauvel, secrétaire général du commissariat aux Affaires étrangères à partir du printemps 1944, est reconduit dans ses fonctions à Paris. François Coulet, le tout nouveau sous-directeur d'Europe, est l'ancien chef de cabinet du général de Gaulle. Aux ministères de l'Économie nationale et des Finances, les postes clés sont tenus par des hommes de Londres. Les deux ministres, Pierre Mendès France à l'Économie et René Pleven aux Finances, sont des ténors de la France libre. Les directions chargées des relations avec l'étranger et donc les plus à même de se pencher sur la question allemande ont été confiées, elles aussi, à des fidèles. Le jeune et brillant Robert Marjolin est promu à la tête de la direction des relations économiques extérieures du ministère de l'Économie nationale, Guillaume Guindey à celle des Finances extérieures. C'est aussi un ancien de la France libre, Laurent Blum-Picard, expert au CIEA, membre important du commissariat à la Production, qui, par ses nouvelles fonctions de secrétaire général à la Production, a la haute main sur la politique allemande élaborée à la Production industrielle[64]. Du côté militaire, c'est au général Koeltz qu'est confiée la direction de la Mission militaire pour

[64] Décret du 30 septembre 1944 du *Journal officiel de la République française* « portant nomination d'un secrétaire général du ministère de la Production industrielle », AN, F[60] 357.

les affaires allemandes qui succède, en novembre 1944, au bureau d'études de l'armistice qu'il présidait déjà[65].

B. L'émergence d'un groupe

Le cercle très restreint des responsables qui élaborent activement la politique allemande de la France peut cependant être élargi à ceux qui, à un moment ou à un autre et de façon plus ou moins soutenue, ont participé aux réflexions. De Londres à Paris, une petite quarantaine de personnes est alors impliquée. La plupart d'entre elles ont rejoint la France libre à Londres ou à Alger. D'autres, moins nombreuses et souvent issues des rangs de la résistance intérieure, comme Georges Bidault ou Robert Lacoste, s'y agrègent après la Libération. Le cercle de ces responsables forme un véritable groupe[66].

L'engagement politique et idéologique lui donne une première homogénéité. Tous ont refusé la défaite de la France, l'occupation allemande, la collaboration française. Tous se sont par conséquent engagés dans la résistance pour continuer la lutte contre les puissances de l'Axe. À cet engagement initial s'ajoute une profonde homogénéité générationnelle, sociale et professionnelle. Les membres du groupe sont tous des hommes, assez jeunes pour la plupart. En 1942, seule une minorité a plus de cinquante ans. À cette date, l'âge moyen est de 42 ans. Le groupe est donc composé d'hommes dans la force de l'âge, encore jeunes, mais disposant déjà d'une solide expérience professionnelle. Beaucoup d'entre eux sont issus de milieux aisés, intellectuels, appartenant à la bourgeoisie parisienne. Les parcours scolaires illustrent cette homogénéité sociale. Souvent élèves de grands établissements parisiens du secondaire, du lycée Louis-le-Grand au lycée Janson-de-Sailly, les membres du groupe ont tous poursuivi des études supérieures, très souvent à Paris. Les parcours universitaires révèlent des choix dominants. Une grande majorité a étudié le droit et les sciences politiques et, de façon moins systématique, les lettres. Beaucoup sont passés par l'École libre des sciences politiques. Six d'entre eux ont réussi le difficile concours de l'Inspection des finances. Les élèves des grandes écoles *stricto sensu* sont par contre moins nombreux : un normalien, trois polytechniciens. Les vocations scientifiques et commerciales sont rares. Les carrières professionnelles confirment et accentuent l'homogénéité du groupe. Ces hommes ont en effet choisi, à une écrasante majorité, la haute fonction publique : diplomates et hauts fonctionnaires, aux Finances, à l'Économie, à l'Intérieur ou aux Transports, côtoient professeurs, souvent dans l'enseignement

---

65 Voir *supra*.

66 Les informations du paragraphe suivant sont tirées, pour l'essentiel, de Lafitte, J., et Taylor, S., *Who's who in France 1953-1954. Recueil de notices biographiques*, Paris, Éditions Jacques Lafitte, 1953, 999 p.

supérieur, et officiers. On compte même un membre du Conseil d'État. Inversement, ils ne sont que trois à avoir opté pour le privé. Trois également se sont engagés en politique avant 1940 : Pierre-Olivier Lapie, député en 1936 ; Pierre Mendès France, député depuis 1932, mais aussi président du conseil général de l'Eure et sous-secrétaire d'État au Trésor en 1938 ; Henri Queuille enfin, plusieurs fois ministre sous la IIIe République.

C'est donc ce groupe qui s'affirme à Londres et à Alger ; un groupe composé d'hommes plutôt jeunes mais expérimentés, issus des milieux bourgeois, unis par un même combat politique et que rapprochent des parcours universitaires d'excellence et des carrières au service de l'État. Contrairement à ce que l'on pourrait croire, la Résistance s'avère donc conservatrice dans le choix de ses cadres et ne promeut guère de nouvelles élites sociales. Bref, c'est un groupe de technocrates qui se constitue.

C. L'affirmation de la technocratie

Ce groupe s'impose sans peine à Londres, Alger puis Paris. Sa promotion est assurée par la France libre, comme elle l'avait été par la IIIe République finissante[67].

De 1940 à 1944, la France libre a besoin d'hommes compétents pour constituer et faire fonctionner cet État sorti des limbes. Le déficit chronique des compétences incite donc à désigner tous les experts disponibles à des postes à responsabilités. La promotion du groupe est d'autant plus rapide qu'il n'est confronté à aucune élite concurrente. Les représentants de la classe politique, on le sait, n'ont pas gagné massivement Londres.

À Paris, la promotion du groupe répond à deux logiques. En nommant la plupart de ses membres à des postes clés du fonctionnement de l'État, de Gaulle récompense la fidélité de ses compagnons de route. En même temps, il assied son autorité et s'assure de la bonne marche de l'État. En outre, en plaçant ces hommes aux parcours irréprochables à des postes de responsabilité, de Gaulle sait aussi qu'il ne prêtera pas le flanc aux critiques, alors que l'épuration des fonctionnaires est dans toutes les têtes.

Mais le point le plus remarquable tient certainement au fait que cette montée en puissance de la technocratie n'est pas circonscrite à la France libre. Elle s'opère aussi, avec beaucoup plus de force d'ailleurs, à

---

67 L'argumentation de ce paragraphe doit beaucoup à Dard, O., « Les technocrates : archéologie d'un concept, généalogie d'un groupe social », in Dard, O., Daumas, J.-C., Marcot, F. (dir.), *L'Occupation, l'État français et les entreprises*, Paris, Association pour le développement de l'histoire économique, 2000, p. 213-227.

Vichy[68]. Dans les deux France, les facteurs favorables à cette promotion de la technocratie sont au fond comparables : la mise entre parenthèses des institutions démocratiques ; l'adhésion à des valeurs politiques et idéologiques ; l'absence d'élites concurrentes et son corollaire, le besoin de compétences et de savoirs techniciens. Deux caractéristiques majeures différencient pourtant les technocrates de la France libre de ceux de Vichy. La technocratie de la France libre semble d'abord bien plus homogène que celle de Vichy, tiraillée entre de multiples courants. Surtout, le groupe issu de la Résistance extérieure irradie l'État sous la IVe République et préside à ses destinées alors que les technocrates de Vichy sont confrontés à l'épuration administrative. Transcendant les camps idéologiques, la promotion de la technocratie jusqu'aux plus hautes sphères de l'État, accélérée par le conflit mondial et les formes que prend alors le pouvoir politique en France, s'affirme comme un phénomène majeur de la France des années noires.

III. Les conceptions de la puissance

L'homogénéité du groupe d'hommes qui élabore la politique allemande de la France n'est pourtant pas sans limites. Ils n'ont en effet pas tous la même représentation de la puissance. Pour une majorité d'entre eux, à commencer par le général de Gaulle, les fondements de celle-ci sont politico-militaires ; pour une minorité, ils sont au contraire économiques. Les deux camps s'accordent cependant sur le rôle central que jouent les industries lourdes dans l'affirmation de la puissance d'un État. Ils ont également une perception commune – et plutôt optimiste – de la puissance française.

A. Une perception optimiste de la puissance française

La débâcle militaire de 1940 et l'autodissolution de la IIIe République au profit du régime de Vichy ne laissent aucun doute aux Français libres : la puissance française est défaite. Pour autant, ils n'envisagent pas, même au début de la guerre, que cette perte de puissance puisse durer et que la défaite de 1940 signifie un déclin irréversible. Pour les Français libres, il s'agit plutôt d'une éclipse. Avec la fin du conflit, ils en sont convaincus, la France recouvrera son rang.

Dès 1941, les travaux des commissions pour l'étude des problèmes d'après-guerre vont dans ce sens. Leurs projets doivent favoriser « la naissance et le développement d'une France plus forte qui reprendra

68 Voir par exemple Dard, O., *La Synarchie, le mythe du complot permanent*, Paris, Perrin, 1998, 294 p.

dans le monde la place dont elle est digne »[69]. Cet optimisme est conforté par l'interprétation qui est faite des témoignages de sympathie que les pays européens adressent à la France libre. Ils persuadent les représentants français que le monde attend beaucoup de la France. Dans cette période de crise profonde, son histoire, sa tradition démocratique en font un guide pour tous. Au début de 1944, Maurice Dejean, qui rend compte à René Massigli des propos tenus par les représentants des gouvernements repliés à Londres à l'occasion d'une réunion du CIEA, se fait l'écho de ce sentiment. Il souligne combien

> la séance a fait apparaître clairement que, malgré les multiples difficultés que rencontre la France renaissante, c'est manifestement vers elle que se tournent dès maintenant et de plus en plus, les regards des Nations du continent européen victimes de la même tourmente, exposées aux mêmes dangers et qui voient dans une France forte, un indispensable facteur de sécurité, d'équilibre et d'harmonie[70].

Pour les Français libres, il n'y a au fond pour la France qu'une destinée, celle d'un grand pays, vers lequel se tourne toute l'Europe. Dans ses *Mémoires de guerre*, le général de Gaulle résume cette idée-force : « Vers la France libérée, tous les États portaient leurs regards »[71].

Celle-ci se retrouve également dans les projets que les Français libres élaborent pour l'après-guerre. Deux exemples très différents traduisent bien la perspective qu'ont ces derniers de présider un jour aux destinées européennes. Pendant l'été 1943, Jean Monnet et René Mayer, qui ébauchent, dans deux notes connues, des formes nouvelles de coopération européenne, n'imagent pas que la direction d'une « communauté européenne » puisse revenir à un autre pays que la France. Au sortir de la guerre, seule la France, pour Monnet, sera capable de concevoir et de donner l'impulsion nécessaire à cette nouvelle Europe démocratique. Son passé historique, ses traditions démocratiques, l'effacement de l'Allemagne et de l'Italie, autres grandes puissances européennes, la désignent immanquablement comme première puissance continentale[72]. Un an plus tard, les militaires de l'état-major de la défense nationale réfléchissent, pour l'après-guerre, à la défense militaire de l'Europe occidentale face à l'Allemagne. La sécurité de ces pays européens –

---

69 Lettre d'Adrien Tixier à René Pleven, 9 septembre 1941, citée par Ghebali, V.-Y., *La France en guerre et les organisations internationales 1939-1945*, Paris, La Haye, Mouton, 1969, p. 149.

70 Tél. de Dejean à Alger, 3 janvier 1944, AMAE, GU 1939/45, t. 655.

71 De Gaulle, Ch., *Mémoires de guerre*, tome III : *Le Salut 1944-1946*, Paris, Plon, 1962, p. 43, cité par Lacouture, J., *De Gaulle*, tome II : *Le politique (1944-1959)*, Paris, Éditions du club France Loisirs, 1987, p. 77.

72 « Note de réflexion », Jean Monnet, 5 août 1943, in Rieben, H., *Des guerres européennes à l'union de l'Europe*, *op. cit.*, p. 272-285.

France, Belgique, Pays-Bas, Luxembourg et Grande-Bretagne – sera assurée par l'occupation militaire permanente des territoires situés à l'ouest de l'Allemagne. Dans la pratique, chacune des puissances occupantes dépêchera des divisions, affectées à des régions précises. Mais les généraux Juin et Koeltz soulignent bien dans leur projet que la France, étant donné la supériorité des moyens qu'elle aura engagés (6 divisions sur 15), devra assurer le commandement général de l'ensemble du dispositif[73].

Le jeu diplomatique traduit bien à son tour la perception qu'ont les Français libres de la puissance française. L'élaboration du projet français de convention d'armistice est à ce titre exemplaire. La décision des Français de concevoir un projet d'armistice strictement national peut surprendre. Ne participent-ils pas déjà à Londres aux travaux du CIEA, dont le but est précisément la rédaction d'un projet commun d'armistice ? Il est en fait impossible de comprendre cette décision sans faire intervenir l'idée de puissance. C'est en effet précisément en fonction de la perception qu'elle a de sa puissance que la France libre se désolidarise des « petits pays » du CIEA. Par la rédaction de ce projet, Alger veut montrer que la France, contrairement aux autres membres du CIEA, n'est en rien réductible à une petite puissance, mais qu'elle appartient bien plutôt au cercle étroit des Grands[74].

La perception qu'ont les Français libres de la puissance française correspond au fond très largement à celle de leurs contemporains. En 1944-1945, une grande majorité de Français estiment que la France est redevenue une grande puissance[75].

B. Deux vues opposées des fondements de la puissance

Par contre, cette communauté de vues ne vaut pas pour les fondements de la puissance. Pour le général de Gaulle, les militaires, les diplomates et en particulier les agents de la direction politique du Quai d'Orsay, les bases de la puissance sont politico-militaires. Aux ministères de l'Économie nationale, des Finances, à la direction économique du Quai d'Orsay, on estime au contraire que c'est la force économique qui confère la puissance.

---

73 « Mémorandum sur la frontière militaire de l'Ouest européen », EMDN, 1re section, commission d'étude de l'armistice, sans date (antérieur au 12 août 1944), et « extrait de la décision prise en séance du Comité de défense nationale », EMDN, cabinet, 12 août 1944, AMAE, DE-AAA, t. 8.

74 « Note sur le projet de convention d'armistice », commissariat aux Affaires étrangères, 13 juillet 1944, AMAE, GU 1939/45, t. 716 ; courrier de Pierre Viénot à René Massigli, 15 juillet 1944, AMAE, GU 1939/45, t. 653.

75 Frank, R., « Conclusions », in Frank, R., Girault, R. (dir.), *La puissance française en question (1945-1949)*, Paris, Publications de la Sorbonne, 1988, p. 466.

1. La puissance selon de Gaulle

Le général de Gaulle et la plupart des Français libres ont une conception classique de la puissance, héritée du XIXe siècle et du premier XXe siècle. Pour eux, cette dernière est avant tout fondée sur la politique et la force militaire. Elle découle donc de l'utilisation de la diplomatie et de l'armée. Après guerre, c'est grâce à ces « outils » que la France recouvrera son rang. Ils seront aussi au service de la politique allemande. Pour contrôler l'Allemagne, la France renouera avec sa politique d'alliances politiques et militaires. Une alliance franco-russe et une alliance franco-britannique permettront d'encercler et de contenir la puissance allemande. Ces alliances seront complétées par une politique de sécurité qui supposera l'occupation et le contrôle militaires d'une partie des territoires allemands. Les régions allemandes limitrophes des pays d'Europe occidentale constitueront une zone de sécurité, un glacis militaire protecteur face à l'Allemagne[76].

Cette conception de la puissance est aussi profondément nationaliste. Pour les gaullistes, c'est la grandeur de la France qui importe. Aussi n'approuvent-ils les projets européens que lorsque ceux-ci sont mis au service de la France. En fait, ils considèrent avant tout l'Europe comme un levier de la puissance française. L'Europe doit par ailleurs faciliter la mise en place d'une politique allemande favorable aux intérêts français. Les hérauts de la conception gaullienne estiment ainsi que certaines demandes formulées par un groupement ou une communauté européenne perdraient le caractère répressif ou nationaliste qu'elles ne manqueraient pas d'avoir si elles émanaient seulement de la France. Dans un cadre européen, un appel à la main-d'œuvre allemande pour reconstruire l'économie en ruines ne serait pas perçu comme une mesure répressive et « revancharde ». Que la demande vienne de la France susciterait par contre une certaine émotion. Les observateurs ne manqueraient pas d'y voir une sorte de nouveau service du travail obligatoire, doublé d'une politique excessivement répressive à l'égard du peuple allemand. Pour les « gaullistes », l'Europe permettrait donc de faire accepter par la communauté internationale des requêtes que cette dernière s'empresserait de refuser si elles émanaient de la seule France[77].

Le général de Gaulle et ses collaborateurs ne contestent pas, enfin, le rôle imparti à l'économie dans la conquête de la puissance. Ils affirment

---

[76] Mémorandum (antérieur au 12 août 1944), et extrait de la décision du 12 août 1944, cités en note 73 ; déclarations du général de Gaulle lors d'une conférence de presse, à Paris, le 25 janvier 1945 : la « force française [devra] être installée en permanence d'un bout à l'autre du Rhin », de Gaulle, Ch., *Discours et messages*, *op. cit.*, p. 546-547.

[77] « Note pour le Comité », Jean-Marc Boegner, 3 mars 1944, AMAE, GU 1939/45, t. 717.

cependant avec force le primat du politique sur l'économique, la supériorité de l'État sur les intérêts privés. En Allemagne, il faudra ainsi veiller à ce que les intérêts économiques des Alliés restent subordonnés aux organismes de contrôle interalliés[78]. Les tenants de la conception gaullienne craignent par-dessus tout les conséquences qu'aurait la politique allemande sur l'équilibre économique et social français[79]. Ils écartent donc tous les projets susceptibles de remettre en cause cet équilibre, y compris ceux dont l'application ferait de la France une grande puissance industrielle. Dans l'esprit des « gaullistes », politique allemande et politique de modernisation économique sont donc disjointes. En aucun cas, la politique allemande n'est envisagée comme un levier de la transformation économique et industrielle de la France.

2. La conception des « économistes »

Il en va autrement pour ceux que l'on qualifiera d'« économistes ». Ils voient dans l'économie, surtout dans l'industrie, le fondement essentiel de la puissance. Sans une économie modernisée, la France n'aura aucune chance d'accéder au statut de grande puissance. La politique allemande doit être mise au service de ce défi.

Deux tendances s'affirment. Pour les « économistes européens », la politique allemande devrait servir les projets de construction européenne, fondée sur la mise en commun des moyens de production de l'industrie lourde. Les nationalismes ainsi dépassés, la paix et la prospérité des peuples européens seraient assurées[80]. Les enjeux de la politique allemande sont aux yeux des « économistes nationalistes » bien différents. Celle-ci doit en effet permettre à la France de devenir une grande puissance industrielle, tout en abattant définitivement la concurrence allemande. Pour ce faire, la France aura tout intérêt à « enrôler ses propres hommes d'affaires au service de la nation »[81]. Sans participation des industriels à la politique allemande, la France ne sera pas en mesure de redevenir une grande puissance.

Tout oppose finalement, dans la conception de la puissance, les « gaullistes » aux « économistes » : les fondements de la puissance ; le lien entre la politique allemande et la modernisation économique de la France ; le rôle des industriels français dans la politique allemande. Les

[78] « Mémoire sur le contrôle de l'industrie allemande », MAE, dir. pol., 30 mars 1945, AOFAA, p. 221 d. G II 1.

[79] C'est ce qui ressort notamment du « compte rendu de la conversation du dimanche 17 octobre 1943, à Alger, chez le général de Gaulle », in Rieben, H., *Des guerres européennes à l'union de l'Europe*, *op. cit.*, p. 286-291.

[80] « Note de réflexion », Jean Monnet, 5 août 1943, in Rieben, H., *Des guerres européennes à l'union de l'Europe*, *op. cit.*, p. 272-285.

[81] « Note sur les problèmes d'après-guerre », professeur Vaucher, 10 juin 1942, AMAE, GU 1939/45, t. 172.

deux groupes s'accordent toutefois sur un point : l'industrie lourde constitue un facteur clé de la puissance.

C. L'acier, facteur décisif de puissance

C'est que l'industrie lourde est la base de la puissance économique comme de la puissance militaire. À Londres, les experts européens du CIEA confirment ainsi le rôle central qu'a joué et que sera amenée à jouer l'industrie lourde.

Dans le cadre de leurs travaux sur le désarmement économique de l'Allemagne, les experts du CIEA ont étudié avec attention l'économie allemande pendant l'entre-deux-guerres afin de déterminer les principaux facteurs de sa croissance. Leurs conclusions sont formelles. Si l'Allemagne est devenue entre 1919 et 1939 l'une des premières puissances économiques mondiales, c'est grâce, d'une part, à son immense potentiel en charbon qui, comme le rappelle un rapport des experts, est la « matière première fondamentale qui fournit à un État sa puissance industrielle »[82], et, d'autre part, à sa production d'acier. Cette dernière, qui atteignait 22,5 millions de tonnes en 1938 alors que la production française plafonnait à 6,1 millions de tonnes, a permis le développement de très nombreuses autres branches, à commencer par le secteur militaire allemand[83]. Pour l'ensemble des experts des gouvernements européens, il ne fait par conséquent aucun doute que le charbon et surtout l'acier continueront après la guerre à constituer des facteurs clés de la puissance industrielle et militaire.

Il n'est donc pas étonnant que tous les projets français accordent une place de choix au sort qui sera fait à l'acier allemand. Jean Monnet propose ainsi l'expropriation des industries lourdes des pays européens, y compris l'Allemagne, pour constituer une sorte d'État européen de la grosse métallurgie. D'autres entendent instaurer un contrôle strict des complexes sidérurgiques allemands, contrôle qui serait assorti d'une limitation de production. Certains penchent même, dans cette perspective, pour un détachement politique des principales régions sidérurgiques allemandes. D'autres enfin imaginent des mécanismes économiques complexes qui plafonneraient la production allemande d'acier en relançant celle des pays voisins[84].

Autant de projets qui, sur le fond, s'accordent à reconnaître le rôle décisif que joue l'industrie lourde dans la constitution de la puissance.

---

82 Rapport des experts du charbon (combustible solide) », CIEA, document n° 376, 19 juillet 1944, AMAE, GU 1939/45, t. 715.

83 « Mémoire de la délégation tchécoslovaque sur les industries lourde et houillère de l'Allemagne », CIEA, doc. n° 325, 16 mai 1944, AMAE, GU 1939/45, t. 715.

84 Voir le chapitre suivant.

*

* *

Les cadres institutionnels, humains et intellectuels de la réflexion française apparaissent en définitive instructifs à plus d'un titre.

Ce qui frappe tout d'abord, c'est la précocité, dès l'automne 1941, des premières réflexions. Le nombre et la diversité des structures administratives impliquées sont d'autant plus étonnants que la France libre est alors en butte à de nombreuses difficultés et que la guerre monopolise toutes les énergies. Il faut aussi remarquer la rapide évolution des méthodes de travail. La mission confiée par le GPRF à la commission pour les affaires allemandes traduit bien enfin le fait que, jusqu'en juillet 1945, la politique française n'est pas arrêtée, mais à l'étude sous différents angles.

Précocement entamée, la réflexion est conduite par une poignée d'hommes qui passent de capitale en capitale, jusqu'à Paris. À cette permanence des hommes s'ajoute l'homogénéité du groupe qu'ils forment. Commence alors à s'affirmer un pouvoir technocratique appelé à se renforcer sous la IVe République.

Ce groupe est convaincu, comme d'ailleurs la majorité des contemporains, que la France recouvrera sans peine sa place dans le monde d'après-guerre, même si ses membres sont en profond désaccord sur ce qui constitue les fondements de la puissance. Pour la plupart d'entre eux, ceux-ci sont d'ordre politico-militaire ; pour une minorité, ils sont, à l'inverse, de nature économique. Le plus intéressant reste sans conteste de constater à quel point, pour des considérations de politique intérieure, les premiers s'opposent à l'utilisation de la politique allemande comme levier de la modernisation française.

CHAPITRE II

Les projets initiaux

Évoquer la politique allemande de la France entre 1943 et 1945 revient habituellement à opposer deux projets. Le premier est l'œuvre de Jean Monnet. Il est résolument européen. Monnet désire qu'après-guerre la paix soit en Europe un état normal plutôt qu'un état d'exception. Pour éviter le renouveau des politiques nationalistes, sources de conflits, il préconise la constitution d'une Europe unie, incluant l'Allemagne, dotée dans certains domaines d'institutions supranationales. Le second projet, porté par la grande majorité des décideurs français, dont la paternité est souvent attribuée à de Gaulle, est plus nationaliste. L'Allemagne doit être contrôlée, abaissée, morcelée politiquement et démembrée économiquement. Ce programme répond à trois impératifs : premièrement, assurer la sécurité de la France par le contrôle, du triple point de vue politique, économique et militaire, du dangereux voisin ; deuxièmement, obtenir d'outre-Rhin la réparation des dommages et préjudices subis du fait de la guerre et de l'Occupation ; troisièmement, fonder une politique de grandeur, volontiers impérialiste, sur la défaite allemande et le rêve sidérurgique que symbolise le détachement de la Ruhr et de la Rhénanie.

Longtemps admise, cette interprétation de la politique française, aujourd'hui remise en cause, semble en effet réductrice. D'abord, on le verra, parce que le général de Gaulle, s'il joue effectivement un rôle central dans le processus de prise de décision, ne participe quasiment pas à l'élaboration de ces projets. Les auteurs en sont, pour l'essentiel, des hauts fonctionnaires, civils ou militaires, et des experts extragouvernementaux, universitaires pour la plupart. Ensuite, parce que le choix des décideurs français ne se limite pas à l'alternative entre le projet de Monnet et le projet dit d'« inspiration gaullienne ». Avant la conférence de Potsdam, cinq grands projets ont en réalité été élaborés. Pendant l'été 1943, Monnet n'est pas le seul à émettre des propositions. Quelques semaines plus tard, René Mayer élabore un projet sensiblement différent. En août 1944, c'est au tour des militaires de l'état-major d'exposer leurs vues sur la politique allemande de la France. Puis, à l'automne de la même année, Hervé Alphand et ses collaborateurs rédigent un quatrième projet. Enfin, en mars 1945, Pierre Mendès France et le ministère de l'Économie nationale proposent une politique bien différente encore. Cette vision traditionnelle doit enfin être revue parce que le lien communément établi entre la politique de puissance de la France et le détachement politique et économique de la région rhéno-westphalienne est abusif. Les plans qui envisagent ce détachement n'ont pas forcément des visées impérialistes. À l'inverse, les projets qui excluent le détachement ne prônent pas nécessairement une politique constructive à l'égard de l'Allemagne.

Si les projets français révèlent les intentions des décideurs à l'égard de l'Allemagne dans le domaine économique, ils montrent aussi la multiplicité des solutions envisagées pour la reconstruction du continent. Les grands débats sur les formes que devra prendre la construction européenne après 1945 sont déjà engagés. Les institutions et les dimensions de l'Europe à construire sont ainsi âprement discutées. Au sein de l'ensemble européen, la place de l'Allemagne fait débat. Plus fondamentalement, ces prises de position renvoient aux différentes conceptions qu'ont les acteurs français des relations internationales et de la puissance.

I. L'Allemagne intégrée à une fédération européenne (Jean Monnet)

Lorsque Jean Monnet est nommé, en juin 1943, commissaire à l'Armement, au Ravitaillement et à la Reconstruction, il s'est forgé, grâce à la variété d'expériences professionnelles qui l'ont mené aux quatre coins du monde, une conception nouvelle des relations internationales[1]. Cette conception personnelle structure les « réflexions sur la France et l'Europe d'après-guerre » que Monnet rédige à Alger[2]. Dans cette note du 5 août 1943, le commissaire à l'Armement livre sa vision de la politique européenne de la France. Pendant l'été 1943, celle-ci fait l'objet d'études et de discussions au sein du CFLN. Les Belges ont en effet proposé à la France d'entamer des discussions visant à créer une sorte de groupement occidental comprenant, outre la France et la Belgique, les Pays-Bas et, éventuellement, la Grande-Bretagne et certains territoires allemands[3]. La note de Monnet, inachevée, souvent laconique, traite avant tout de l'avenir de l'Europe. Si elle traduit la conception qu'a Monnet des relations internationales, elle permet en outre de saisir

---

1 Sur le parcours de Jean Monnet, se référer aux biographies récemment publiées : Duchêne, F., *Jean Monnet The First Statesman of Interdependence*, New York/ London, Norton & Company, 1994, 478 p., et Roussel, É., *Jean Monnet 1888-1979*, Paris, Fayard, 1996, 1004 p.

2 La « note de réflexion de Jean Monnet », 5 août 1943, in Rieben, H., *Des guerres européennes à l'union de l'Europe*, *op. cit.*, p. 272-285.

3 Massigli, R., *Une comédie des erreurs 1943-1956*, *op. cit.*, p. 29-30 ; Guillen, P., « La France libre et le projet de fédération ouest-européenne 1943-1944 », in *op. cit.*, p. 153.

la place qu'il réserve à l'Allemagne mais aussi à la France dans l'Europe d'après-guerre.

A. Une conception novatrice des relations internationales

La conception des relations internationales que s'est forgée Monnet au cours de sa carrière repose sur trois axes. Le principe d'égalité entre les États doit d'abord structurer les relations internationales. Les États – en Europe en tout cas – doivent ensuite dépasser le cadre étroit du nationalisme d'avant-guerre et envisager le futur en se regroupant dans des structures à caractère fédéral. Les aspects économiques priment enfin sur les questions d'ordre politique.

Pour Monnet, l'égalité des droits entre les États doit gouverner les relations internationales[4]. Il considère en effet que les discriminations imposées aux vaincus ont été responsables de la faillite de la paix après 1918. La politique étrangère de la France pendant l'entre-deux-guerres, empreinte d'arrogance et de supériorité, a aussi contribué à cet échec[5]. Monnet rejette par conséquent les relations internationales fondées sur la *Realpolitik*, les jeux d'alliance et d'équilibre entre les États. Dégager les intérêts communs entre les hommes et les États, trouver des solutions acceptables par tous, tels devraient être, selon lui, les objectifs des relations internationales[6].

Pour ce faire, Monnet prône la création d'institutions communes qui, à l'échelle de l'Europe, devraient avoir un caractère supranational. Il semble que c'est pendant la guerre qu'il prend toute la mesure des avantages que présenterait cette sorte de fédéralisme pour le continent européen[7]. Sans doute a-t-il eu connaissance des prises de position de plusieurs écrivains français – Georges Bernanos, Jules Romains, Jacques Maritain – qui, entre 1941 et 1943, rejettent le nationalisme et refusent le caractère absolu des souverainetés nationales[8]. Sans doute sait-il aussi qu'au sein de la Résistance extérieure, plusieurs mouvements politiques sont favorables à la constitution d'États-Unis d'Europe. Entre 1941 et 1943, des articles en ce sens sont publiés dans le journal

---

4 Voir notamment Gerbet, P., « Jean Monnet – Charles de Gaulle, deux conceptions de la construction européenne », in Bossuat, G., Wilkens, A. (dir.), *Jean Monnet, l'Europe et les chemins de la paix*, Paris, Publications de la Sorbonne, 1999, p. 412.

5 Duchêne, F., *Jean Monnet The First Statesman of Interdependence*, *op. cit.*, p. 371.

6 Gerbet, P., « Jean Monnet – Charles de Gaulle, deux conceptions de la construction européenne », in *op. cit.*, p. 412.

7 Roussel, É., *Jean Monnet 1888-1979*, *op. cit.*, p. 378.

8 Guillen, P., « Idéologie et relations internationales : les Français libres et l'idée européenne », in Friedländer, S., Kapur, H., Reszler, A. (ed.), *L'historien et les relations internationales. Recueil d'études en hommage à Jacques Freymond*, Genève, Institut universitaire des hautes études internationales, 1981, p. 297-298.

socialiste *France*, dans *La France Libre*, revue des démocrates de gauche animée par Antoine Labarthe et Raymond Aron, à laquelle Hervé Alphand prête parfois sa plume, et dans le journal démocrate chrétien *Volontaire pour la cité chrétienne*, dirigé par Maurice Schumann et François-Louis Closon[9]. Mais c'est véritablement aux États-Unis que la nécessité de l'union de l'Europe s'impose à Jean Monnet. Il côtoie certains fonctionnaires du département d'État – Sumner Welles, John Foster Dulles, George Kennan – favorables à l'unification de l'Europe. Il connaît aussi les prises de position publiques en faveur de la construction de l'Europe de Joseph Bech, homme politique luxembourgeois, et de l'ancien chancelier allemand Brüning[10]. Paul-Henri Spaak raconte ainsi dans ses *Mémoires* que, lors de leur première entrevue à Washington en 1941, Monnet lui a confié l'essentiel de son dessein européen[11].

Mais, plus que les discours et les prises de position de ces hommes politiques en faveur du fédéralisme européen, c'est l'observation du fonctionnement de l'économie américaine qui semble avoir convaincu Monnet de la nécessité de fédérer l'Europe sur le plan économique[12]. Pour John McCloy, il ne fait ainsi aucun doute que « Monnet forgea en grande partie son idée de Communauté européenne à partir des considérations que lui inspirèrent l'étendue et la profondeur continentale de l'économie américaine et de ses marchés »[13]. Monnet est en effet très conscient de l'interdépendance des économies européennes et des avantages qu'il y aurait à favoriser une politique de libre-échange entre les pays du continent. Les marchés nationaux des pays européens, trop étroits dans un cadre strictement national, deviendraient rentables s'ils étaient élargis à l'échelle du continent[14]. La création d'institutions supranationales, qui priveraient les États d'une partie de leur souveraineté économique, constituerait par ailleurs le moyen le plus sûr d'empêcher le renouveau des politiques nationalistes, sources de nouveaux conflits. Grâce à ces institutions supranationales, le bien-être des populations

---

9 *Ibid.*, p. 298-299.

10 Roussel, É., *Jean Monnet 1888-1979*, *op. cit.*, p. 378-379.

11 Spaak, P.-H., *Combats inachevés*, tome 2 : *De l'espoir aux déceptions*, Paris, Fayard, 1969, p. 38, cité par Roussel, É., *Jean Monnet 1888-1979*, *op. cit.*, p. 379.

12 Jean-Baptiste Duroselle souligne combien Monnet à la différence du général de Gaulle attache de l'importance aux facteurs économiques : Duroselle, J.-B., « Deux types de grands hommes : le général de Gaulle et Jean Monnet », in Duroselle, J.-B., *Itinéraires. Idées, hommes et nations d'Occident (XIXe-XXe siècles)*, Paris, Publications de la Sorbonne, 1991, p. 258.

13 Témoignange de John McCloy, cité par Roussel, É., *Jean Monnet 1888-1979*, *op. cit.*, p. 379.

14 Note de Jean Monnet, 5 août 1943, citée en note 2.

serait assuré en même temps que le premier pas vers une union politique[15].

B. L'Allemagne intégrée au projet d'union de l'Europe

La conception des relations internationales développée par Monnet se retrouve dans son projet européen. Elle conditionne aussi le rôle qu'il impartit à l'Allemagne dans cet ensemble.

Monnet estime qu'après-guerre la démocratie devra être généralisée en Europe et devenir le régime politique de tous les pays européens. Pour Monnet, ceux-ci devront ensuite se regrouper dans une « entité européenne » ou « fédération européenne » sur les plans politique et économique. L'adhésion des pays européens à cette fédération lui semble être le seul moyen d'assurer la paix et la prospérité économique et sociale du continent[16]. La constitution de cette entité européenne porte en soi le principe selon lequel les pays membres de la fédération seront traités sur un pied d'égalité, y compris les pays vaincus[17]. Ce principe conduit d'ailleurs Monnet à ne pas s'opposer au morcellement politique de l'Allemagne, que la sécurité de la France commanderait, à condition toutefois que tous les États allemands, qui naîtraient de cette dislocation politique, puissent faire partie de la fédération européenne[18].

Ce principe d'égalité, qui concerne au premier chef l'Allemagne, transparaît à nouveau clairement dans l'une des principales mesures du commissaire à l'Armement. On sait que Monnet veut empêcher la reconstruction d'une partie de la souveraineté économique des États. Celle-ci ne peut d'après lui conduire qu'à des politiques de prestige et de protection économique, elles-mêmes responsables de la constitution de puissants appareils militaires. En monopolisant une part substantielle des budgets des États, les dépenses militaires interdiraient les réformes sociales et pèseraient lourdement sur le niveau de vie des peuples. Bref, laisser, au sortir de la guerre, les États recouvrer l'intégralité de leur souveraineté économique condamnerait l'Europe à revivre les errements des années 1930[19].

---

15 *Ibid.* Voir aussi Roussel, É., *Jean Monnet 1888-1979*, *op. cit.*, p. 394.

16 Note de Jean Monnet, 5 août 1943, citée en note 2,

17 Duchêne, F., *Jean Monnet The First Statesman of Interdependence*, *op. cit.*, p. 127 et 371. Voir aussi Hirsch, É., *Ainsi va la vie*, Lausanne, Fondation Jean Monnet pour l'Europe, Centre de recherches européennes, 1988, p. 102-103.

18 « Compte rendu de la conversation du dimanche 17 octobre 1943, à Alger, chez le général de Gaulle, in Rieben, H., *Des guerres européennes à l'union de l'Europe*, *op. cit.*, p. 286-291 ; Alphand, H., *L'étonnement d'être. Journal 1939-1973*, Paris, Fayard, 1977, p. 168, Roussel, É., *Jean Monnet 1888-1979*, *op. cit.*, p. 394-395, et Fransen, F.J., *The Supranational Politics of Jean Monnet*, Westport, Greenwood Press, 2001, p. 89.

19 Note de Jean Monnet, 5 août 1943, citée en note 2.

Pour priver les États de certaines de leurs prérogatives économiques, Monnet préconise plusieurs mesures qui favoriseraient l'unité économique du continent. Certaines sont classiques. Elles ont pour objet la libéralisation du commerce européen. Le libre-échange devrait ainsi devenir la règle en Europe, les droits de douane et les contingents étant supprimés. Mais l'homme de Cognac veut aussi empêcher que les bassins houillers et sidérurgiques français et allemands, véritables arsenaux des deux pays, puissent à nouveau être utilisés contre la paix[20]. Il propose donc que tous les bassins situés sur l'axe rhénan aux confins de la France (Lorraine), de l'Allemagne (Ruhr, Rhénanie, Sarre), de la Belgique (Borinage, Campine), des Pays-Bas (Limbourg) et du Luxembourg soient soustraits à la souveraineté des États. Ces bassins formeraient un État européen de la grosse métallurgie, dont Monnet ne détaille pas l'organisation mais dont le fonctionnement ne semble pouvoir être que supranational[21]. Il envisage donc la participation de tous les pays européens à cette construction sur un pied d'égalité. Chacun de ces États doit en effet accepter qu'une portion de sa souveraineté lui soit soustraite. Monnet se démarque ainsi du point de vue défendu par les tenants de la *Realpolitik*. Pour ces derniers, des restrictions de souveraineté, qui ne pèseraient que sur l'Allemagne, suffiraient à assurer la paix, en même temps qu'elles affirmeraient la différence de statuts entre vainqueurs et vaincus[22]. Cette vision est incompatible avec les objectifs de Monnet. L'idée d'une « Lotharingie industrielle n'a d'ailleurs de sens que dans la mesure où elle conduit à cette "entité européenne", à cette "unité économique commune", dans lesquelles la France et l'Allemagne trouveront leur place en qualité de partenaires égaux »[23].

Pour Monnet toutefois, l'Allemagne ne devrait pleinement être intégrée à l'entité européenne qu'après la signature du traité de paix. Elle ne recouvrerait pas immédiatement tous ses droits. Entre la fin de la guerre et la signature d'un traité de paix, elle devrait être soumise à l'autorité des Alliés. Ils contrôleraient son commerce extérieur. Dans le même

---

20 *Ibid.* Voir aussi Hirsch, É., *Ainsi va la vie*, *op. cit.*, p. 78-79. Étienne Hirsch raconte comment il trouve un matin « Jean Monnet en profonde méditation devant une carte d'Europe posée sur son bureau et balafrée de traits de crayon. Me montrant la région de la Ruhr et de la Lorraine, il m'explique que de là venait tout le danger. C'était grâce aux productions de charbon et d'acier que l'Allemagne et la France forgeaient les instruments de la guerre. Pour empêcher un nouveau conflit, il fallait, sous une forme ou sous une autre, soustraire cette région aux deux pays qui, par trois fois en moins d'un siècle, s'étaient affrontés ».

21 Note de Jean Monnet, 5 août 1943, citée en note 2 ; Hirsch, É., *Ainsi va la vie*, *op. cit.*, p. 78-79.

22 Voir le chapitre III.

23 Rieben, H., *Des guerres européennes à l'union de l'Europe*, *op. cit.*, p. 87.

temps, l'Allemagne devrait aussi restituer les machines prélevées dans les pays occupés et pillés par son armée pendant la guerre[24].

C. La nécessaire impulsion de la France en faveur de la construction de l'Europe

Cette égalité de traitement des différents partenaires européens n'empêche pas Monnet de considérer que la France devrait jouer un rôle central dans cette fédération. À ses yeux, elle sera en effet la seule à même de donner une impulsion nouvelle à l'Europe[25].

Du point de vue géographique, l'Hexagone est le seul des grands Alliés à être véritablement européen. Les États-Unis d'Amérique, l'Union soviétique et même la Grande-Bretagne ne sont en effet pas véritablement ancrés sur le continent. Ils disposent de mondes à eux, où ils peuvent se retrancher, et ce n'est pas des trois Grands qu'une Europe détruite et désorganisée pourra attendre des propositions constructives concernant l'après-guerre. C'est par conséquent des initiatives de la France, liée militairement, matériellement et intellectuellement à l'Europe que dépendra l'avenir du continent[26].

La mission de la France en Europe sera d'autant plus évidente qu'elle sera, à la fin de la guerre, la seule grande puissance continentale. L'Allemagne et l'Italie seront vaincues et discréditées par leurs expériences totalitaires. Face à des États, soit disqualifiés moralement, soit trop petits ou trop affaiblis, la France pourra faire valoir son passé historique et ses traditions démocratiques pour proposer un nouveau projet européen à des peuples qui se tourneront vers elle.

Monnet ne cache d'ailleurs pas qu'en prenant la tête de cette « nouvelle Europe », la France renforcerait sa position sur le Vieux Continent et dans le monde, sa sécurité et sa prospérité[27].

En 1943, le projet de Jean Monnet est donc profondément novateur. Sa politique allemande s'inscrit totalement dans ses propositions, plus vastes, d'union de l'Europe. Traitée sur un pied d'égalité, l'Allemagne serait pleinement intégrée à l'ensemble européen. À l'instar des autres pays producteurs de charbon et d'acier, elle serait privée de son arsenal en même temps qu'elle ferait partie de l'État européen de la grosse métallurgie. Grâce à ces institutions supranationales, le potentiel sidérurgique européen profiterait à tous. Dans cet ensemble, Monnet réserve

---

[24] Note de Jean Monnet, 5 août 1943, citée en note 2.

[25] *Ibid.* Voir aussi Gruner, W.D., « La place de l'Allemagne dans l'Europe d'après-guerre selon Jean Monnet (1943-1950) », in Bossuat, G., Wilkens, A. (dir.), *Jean Monnet, l'Europe et les chemins de la paix*, *op. cit.*, p. 121-122.

[26] Note de Jean Monnet, 5 août 1943, citée en note 2.

[27] *Ibid.* ; Roussel, É., *Jean Monnet 1888-1979*, *op. cit.*, p. 394-395.

toutefois un rôle central à la France à laquelle il incombera de lancer ce projet d'union dont elle devrait assurer le leadership.

II. Un État rhénan au service d'une fédération économique de l'Ouest européen (René Mayer)

Le deuxième projet français est élaboré, à la fin septembre 1943, dans le même contexte que la note de Jean Monnet. René Mayer[28], commissaire aux Communications et à la Marine marchande du CFLN, en est l'auteur[29]. Son projet est cependant bien différent des propositions de Jean Monnet. La fédération de l'Europe de l'Ouest qu'il propose et la place qu'il attribue à l'Allemagne dans cet ensemble traduisent en effet une autre conception de l'avenir du continent et de la politique allemande de la France.

A. Un projet plus limité de fédération de l'Europe de l'Ouest

Comme Jean Monnet, René Mayer est d'avis que l'Europe d'après-guerre devrait être fondée sur de nouvelles bases. Dans le domaine économique, les deux hommes parviennent au même diagnostic. Comme son aîné, Mayer condamne en effet « le cloisonnement douanier, générateur de désordres ». Il voit aussi l'intérêt qu'il y aurait à constituer, au-delà de la généralisation du libre-échange, des groupements plus étroits entre certains pays. Il propose ainsi la constitution d'une fédération de l'Europe de l'Ouest[30].

Ce projet de fédération est toutefois bien différent de « l'entité européenne » de Jean Monnet. La fédération de l'Europe de l'Ouest de René Mayer serait d'abord plus étroite. Elle comprendrait certes la France, la Belgique, les Pays-Bas, le Luxembourg et un État rhénan incluant le bassin de la Ruhr, mais le reste de l'Allemagne en serait exclu. L'Italie et l'Espagne y participeraient éventuellement. Ensuite, le projet serait en priorité économique et écarterait, semble-t-il, tout regroupement de type politique. Mayer parle en effet d'une « entité économique ». Ce groupement économique pourrait être fondé sur une union douanière et monétaire. Enfin, Mayer ne tranche pas nettement la question des institutions. Alors que dans sa note, Monnet prend position pour la constitution d'une fédération européenne dotée de certaines institutions suprana-

---

28 Sur René Mayer, voir Mayer, D. (ed.), *René Mayer. Études, témoignages, documents*, Paris, PUF, 1983, 398 p.

29 La note de René Mayer est publiée sous le titre « Un ensemble fédéral continental : note de René Mayer », in Bossuat, G., *D'Alger à Rome (1943-1957). Choix de documents*, Louvain-la-Neuve, ULC/CIAO, 1989, p. 47-54.

30 *Ibid.* Sur la note de René Mayer, Poidevin, R., « René Mayer et la politique extérieure de la France (1943-1953) », in *Revue d'histoire de la Deuxième Guerre mondiale et des conflits contemporains*, 1984, n° 134, p. 73-97.

tionales, la question reste ici ouverte. Mayer se contente en effet d'évoquer les choix possibles : un « Super-État fédéral » ou une « organisation analogue au Zollverein »[31].

Le projet européen de René Mayer, fondé, pour l'essentiel, sur une coopération économique entre la France et les pays du Benelux, apparaît donc moins novateur que les propositions de Jean Monnet. Le rôle que Mayer impartit à l'Allemagne en Europe diffère aussi sensiblement de la vision de Monnet et renvoie avant tout à des considérations de sécurité et de contrôle.

B. Détacher l'État rhénan pour renforcer l'Europe de l'Ouest

La crainte que l'Allemagne puisse à nouveau attenter à la sécurité de la France commande en effet l'orientation générale du projet de Mayer, qui est avant tout fondé sur des mesures discriminatoires à l'encontre de l'ancien Reich. René Mayer est cependant tout à fait conscient que la réussite de son plan supposera le maintien en Allemagne d'un certain niveau de vie.

Dans sa « dimension allemande », le projet de René Mayer vise essentiellement à assurer la sécurité de la France. La création d'un État rhénan comprenant le bassin de la Ruhr en est la mesure-phare. Priver l'Allemagne de son principal arsenal reviendrait en effet à la désarmer. Rattacher ce bassin industriel à une fédération de l'Europe de l'Ouest renforcerait d'autant le potentiel économique et la puissance de cette dernière. Mais, dans le même mouvement, Mayer craint l'influence que l'État rhénan pourrait avoir au sein de la fédération de l'Ouest. Il redoute en effet que la fédération de l'Europe de l'Ouest, puissante Lotharingie industrielle assise sur le bassin minier qui s'étend de Lens à Essen, ait tendance à se germaniser. Il voit par conséquent dans l'élargissement de la fédération à l'Italie et à l'Espagne le meilleur moyen de réduire « l'influence relative des éléments germaniques »[32]. À vrai dire, Mayer redoute surtout les conséquences qu'aurait la constitution de cette fédération sur l'économie française et plus particulièrement sur celle de la France de l'Est.

À l'inverse du projet de Jean Monnet, celui de René Mayer introduit des mesures discriminatoires à l'encontre de l'Allemagne. La sécurité du continent n'est en effet plus fondée, comme c'était le cas dans la note de Monnet, sur la soustraction des bassins charbonniers et sidérurgiques à la souveraineté de l'ensemble des États membres de la fédération, mais sur une mesure de morcellement qui ne touche que l'Allemagne. Le

---

31 Note de René Mayer, 30 septembre 1943, citée en note 29.

32 *Ibid.* ; Poidevin, R., « René Mayer et la politique extérieure de la France (1943-1953) », *op. cit.*, p. 74.

projet de Mayer, porteur d'une mesure « discriminatoire », démarque par conséquent clairement les vainqueurs du vaincu. Cet abaissement est d'autant plus manifeste que le reste de l'Allemagne n'est pas appelé à faire partie de cette fédération de l'Europe de l'Ouest[33].

René Mayer n'envisage cependant pas de plonger l'Allemagne, privée de la Rhénanie, dans le chaos. Réduits à la misère, les Allemands seraient certainement porteurs de revendications nationalistes qui aboutiraient à un nouveau conflit. La création de l'État rhénan passe par le maintien d'un bon niveau de vie dans le reste de l'Allemagne ainsi qu'en Europe centrale et orientale. Pour ce faire, la fédération de l'Europe de l'Ouest devrait nouer des relations économiques avec l'Allemagne amputée. À cette condition, le détachement des pays rhénans d'avec l'Allemagne serait envisageable, d'autant que ces derniers, « de longue tradition culturelle occidentale », se sépareraient alors facilement de leur pays d'origine[34].

En prônant l'abaissement du vaincu, le projet de Mayer se réclame d'une conception plus classique des relations internationales. La mesure de détachement d'un État rhénan est avant tout commandée par des impératifs de sécurité. Il n'est pas question pour Mayer de s'approprier ainsi la puissance économique de l'Allemagne. Le potentiel économique de cet État rhénan devrait bénéficier à tous les pays membres de la fédération de l'Europe de l'Ouest. Au fond, ce projet relève, d'un point de vue européen, d'une politique constructive et, en ce qui concerne l'Allemagne, d'une politique dominatrice.

III. L'occupation permanente et indéfinie l'Allemagne de l'Ouest (état-major de la Défense nationale)

Le troisième projet émane de l'EMDN. Il est adopté par le Comité de défense nationale, que préside le général de Gaulle, le 12 août 1944[35]. Il complète le projet français de convention d'armistice élaboré, sous la direction du bureau d'études de l'armistice, par les différents commissariats de la France libre au début de l'été[36]. Tout comme Jean Monnet, les rédacteurs du projet militaire veulent à tout prix éviter le renouvellement des erreurs de l'entre-deux-guerres. Mais, à leurs yeux, c'est la clé-

---

33 Note de René Mayer, 30 septembre 1943, citée en note 29.

34 *Ibid.*

35 « Extrait de la décision prise en séance du comité de la défense nationale », très secret, EMDN, cabinet, 12 août 1944, AMAE, DE-AAA, t. 8. « Décisions prises à la séance du comité de défense nationale du samedi 12 août 1944 », GPRF, EMDN, cabinet, Charles de Gaulle, 12 août 1944, SHAT, 2 Q 3.

36 Voir, à ce sujet, le « projet français de convention d'armistice entre les Alliés et l'Allemagne », EMDN, Commission d'études de l'armistice, adressé par le général Koeltz aux membres du GPRF, 13 juillet 1944, AMAE, GU 1939/45, t. 716.

mence des dispositions du traité de Versailles et la politique trop douce des vainqueurs de la Première Guerre mondiale vis-à-vis de la République de Weimar qui ont conduit à la catastrophe. Leurs analyses de la situation se démarquent donc très nettement des réflexions de Jean Monnet. Leurs propositions aussi. Le projet de l'EMDN donne la priorité aux dispositions d'ordre militaire et territorial, les mesures à caractère économique ne jouant qu'un rôle secondaire. Pourtant, à l'instar des projets de Monnet et de Mayer, l'EMDN inscrit résolument ses propositions dans un cadre européen. Mais c'est d'une autre Europe, dirigée contre l'Allemagne, qu'il s'agit ici. Le projet de l'EMDN est en effet sous-tendu par une conception traditionnelle des relations internationales. Pour assurer leur sécurité, les vainqueurs, unis dans un système de défense commune, imposeront à l'Allemagne vaincue des mesures discriminatoires. Ils occuperont de façon permanente et indéfinie certaines parties de son territoire. Ils ne réclament en revanche le détachement d'aucun territoire allemand[37].

A. Un double système de défense européen dirigé contre l'Allemagne

Le principe de base du projet est simple. La France, la Belgique, les Pays-Bas et la Grande-Bretagne doivent envisager ensemble leur sécurité face à l'Allemagne. En effet, à l'heure de la mécanisation des moyens militaires, la France, la Belgique et les Pays-Bas ne forment plus face à l'Allemagne qu'un seul et même théâtre d'opérations. La Grande-

37 À la suite de la publication d'un article du général Pierre Lassalle qui, entre 1943 et 1946, fut membre du groupe des études générales du secrétariat du comité de défense nationale puis chef de la 1re section de l'EMDN, la thèse selon laquelle le comité de défense nationale du 12 août 1944 aurait demandé le détachement de la région rhénane a été reprise dans l'historiographie. Voir, à ce sujet, Lassalle, P., « Sécurité française à l'est dans l'immédiat après-guerre. Orientations prises en 1944-1945 », in Institut Charles de Gaulle (ed.), *De Gaulle et la Nation face aux problèmes de défense (1945-1946)*, Paris, Plon, 1983, p. 105-120 ; Soutou, G.-H., « La politique française à l'égard de la Rhénanie 1944-1947 », in Hüttenberger, P., Molitor, H. (Hrsg.), *Franzosen und Deutsche am Rhein*, *op. cit.*, p. 47-66. Dans un ouvrage collectif publié dès 1946, le contre-amiral Pierre Barjot, sous-chef d'état major général de la défense nationale, prétend, au contraire, que la France n'envisage qu'une occupation permanente et indéfinie de la région rhénane. Ses conclusions ont été reprises par certains historiens. Voir à ce propos, Barjot, P., « Le problème militaire du Rhin », in Dumont, J. (dir.), *Le Rhin, Nil de l'Occident*, Paris, Les Ordres de Chevalerie, 1946, p. 139-200, et Rollet, H., « L'intervention de la France dans la question allemande vue par les trois autres Grands », in Manfrass, K., Rioux, J.-P. (dir.), *France – Allemagne 1944-1947*, Cahier n° 13-14 de l'IHTP, décembre 1989-janvier 1990, p. 119-136. Les archives confirment, sans ambiguïté, que l'objectif des Français est l'occupation indéfinie des territoires allemands jouxtant les frontières françaises. Voir les « décisions prises à la séance du Comité de défense nationale du samedi 12 août 1944 », GPRF, EMDN, cabinet, Charles de Gaulle, 12 août 1944, SHAT, 2 Q 3.

Bretagne est liée au destin de ses trois Alliés. Une attaque contre ces derniers constitue en effet un préalable nécessaire à l'invasion des îles britanniques en même temps qu'une menace directe contre celles-ci. Les quatre puissances d'Europe occidentale devraient donc impérativement définir un dispositif commun de défense, seule possibilité d'assurer efficacement leur sécurité face à l'Allemagne[38].

Le projet de l'EMDN, qui préconise la défense de toute l'Europe face à l'Allemagne, ne se limite toutefois pas à ce seul système de défense de l'Ouest européen. Il propose qu'un système analogue soit constitué à l'est de l'Allemagne. Il serait fondé sur la communauté d'intérêts de la Russie, de la Tchécoslovaquie et de la Pologne. Ces trois puissances établiraient ensemble un système de défense de l'Est européen, également dirigé contre l'Allemagne[39].

B. Une philosophie héritée du premier après-guerre

L'EMDN fixe au système de défense de l'Ouest européen des objectifs défensifs et préventifs. Il s'agit d'empêcher que l'Allemagne, désarmée à l'issue du conflit, puisse ensuite se soustraire aux clauses de désarmement et reconstituer un appareil militaire, préalable à de nouvelles agressions.

Le système de défense de l'Ouest européen est fondé sur l'occupation militaire permanente et indéfinie d'une partie du territoire allemand. L'EMDN considère que cette occupation militaire devrait au moins s'étendre jusqu'au Rhin[40]. Le fleuve, large de plusieurs centaines de mètres, constitue en effet une barrière naturelle de premier ordre. L'état-major reprend ainsi à son compte les analyses des militaires français après la Première Guerre mondiale. Il considère que les événements des années 1930, qu'il s'agisse de la remilitarisation de la Rhénanie par l'Allemagne en mars 1936 ou de la campagne de France – le *Blitzkrieg* – au printemps 1940, ont démontré la justesse des revendications françaises au lendemain du premier conflit mondial[41].

Pour autant, l'EMDN refuse que la sécurité de la France et de l'Europe de l'Ouest repose sur un système défensif traditionnel, basé le long de la ligne défensive statique que constitue le Rhin. Il prône une

---

38 Extrait de la décision du 12 août 1944, cité en note 35 ; « mémorandum sur la frontière militaire de l'Ouest européen », EMDN, 1re section, commission d'études de l'armistice, sans date (antérieure au 12 août 1944), SHAT, 4 Q 11 dossier 3.

39 Mémorandum, antérieur au 12 août 1944, cité en note 38.

40 *Ibid.*

41 Note sur « la frontière occidentale de l'Allemagne », sans auteur, 2 juin 1944, adressée par la mission française auprès des gouvernements alliés à Londres à Maurice Dejean, direction politique du Quai d'Orsay, sans date (postérieure à août 1944), AMAE, PA-AP 288, t. 39.

couverture militaire plus profonde, englobant la rive gauche du Rhin, des têtes de pont sur le fleuve mais aussi une bande territoriale sur la rive droite. Pour les officiers français, la frontière militaire de l'Ouest européen devrait être fixée à une centaine de kilomètres à l'est du Rhin. Ainsi définie, la « frontière de l'Ouest européen » longerait, du nord au sud, Brême, Bielefeld, Paderborn, Marburg, Fulda, Würzburg et la haute vallée du Neckar, en passant à l'est du bassin de la Ruhr qu'elle engloberait donc[42].

L'occupation militaire répondrait ainsi à trois impératifs. En premier lieu, elle priverait l'Allemagne de la libre disposition de ses territoires situés sur la rive gauche du Rhin, qui constituent une véritable base d'opérations vers l'ouest[43]. L'EMDN s'inspire ici directement des réflexions formulées par les responsables politiques et militaires après 1918. Le maréchal Foch et André Tardieu, dont les écrits sont fréquemment cités dans les travaux préparatoires[44], avaient déjà souligné que la rive gauche du Rhin, dotée d'importantes infrastructures de transport routier et ferré, constituait un redoutable axe de pénétration vers l'Europe de l'Ouest qu'aucun obstacle naturel n'entravait. L'EMDN considère aussi que l'occupation militaire devrait aller au-delà du Rhin pour tenir compte du rôle central que jouent désormais les transports dans les guerres modernes. Étendue à l'est du fleuve, elle permettrait le contrôle des principaux nœuds de communication et les grands axes conduisant aux principaux centres industriels et politiques du pays[45]. Afin de limiter au minimum les charges qui pèseront sur l'Allemagne, seules les zones indispensables à la sécurité de l'Europe de l'Ouest devraient être incluses dans la zone d'occupation militaire. Il s'agirait des trois centres de communication ferroviaire et routière que constituent la Ruhr, Francfort et Mannheim. Enfin, l'EMDN prend en compte le rôle central de l'économie dans la préparation et la conduite de la guerre et propose que l'occupation militaire soit étendue aux principaux centres industriels du pays, dans la mesure où ceux-ci correspondraient aux principaux nœuds de communication. La Ruhr est ici clairement visée[46]. Ce bassin est en effet pour l'Allemagne, selon le comité de défense nationale, « la source principale d'alimentation d'un grand conflit ; les ressources industrielles de la Ruhr doivent donc être à la disposition des puissances occidentales

42 Extrait de la décision du 12 août 1944, cité en note 35.

43 Mémorandum, antérieur au 12 août 1944, cité en note 38.

44 Note du 2 juin 1944, citée en note 41.

45 Mémorandum, antérieur au 12 août 1944, cité en note 38 ; extrait de la décision du 12 août 1944, cité en note 35.

46 Mémorandum, antérieur au 12 août 1944, cité en note 38.

pour que celles-ci aient le moyen, dans tous les cas, d'empêcher toute hostilité allemande »[47].

Carte 1. La définition de la frontière militaire de l'Ouest européen par l'état-major de la défense nationale (août 1944)[48]

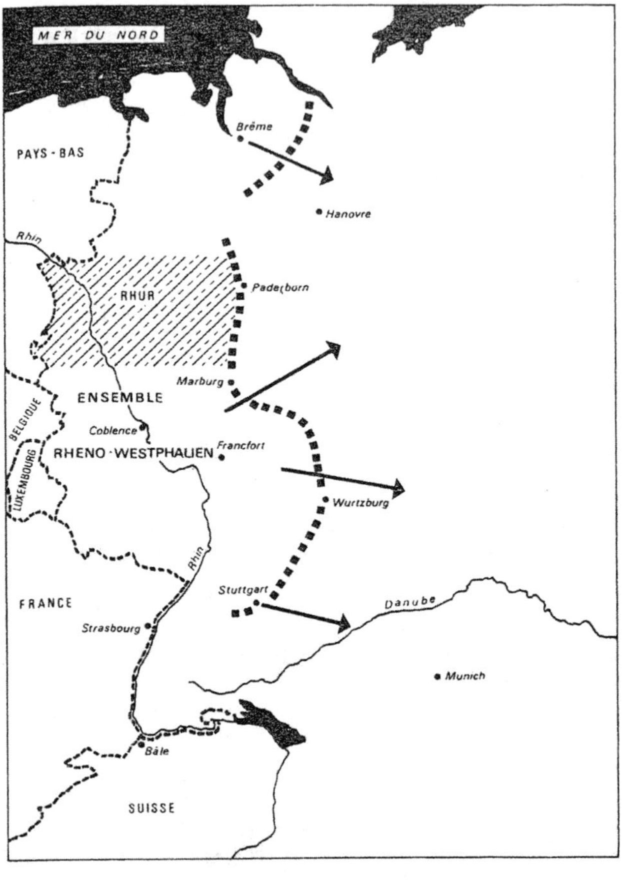

C. Une occupation internationale sans privation de souveraineté

Dans son projet, l'état-major établit que le dispositif d'occupation ne devra intervenir qu'à l'issue de l'occupation totale de l'Allemagne par les Alliés[49].

---

47 Extrait de la décision prise du 12 août 1944, cité en note 35.

48 Cette carte est tirée de Lassalle, P., « Note sur la délimitation de la zone d'occupation française en Allemagne », in Institut Charles de Gaulle (ed.), *De Gaulle et la Nation face aux problèmes de défense (1945-1946)*, *op. cit.*, p. 229.

L'état-major précise aussi les effectifs nécessaires à l'occupation et les formes de la coopération entre les troupes des différents pays alliés. La force d'occupation serait composée d'unités belges, britanniques, françaises et hollandaises. Elle comporterait 15 divisions, articulées en 5 corps d'armée. Les commandements de ces corps d'armée reviendraient aux trois nations engageant le plus de moyens. Les deux corps d'armée situés le plus au Nord – le corps du Bas Weser[50] et le 1er corps de la Ruhr[51] – seraient ainsi placés sous commandement britannique, le 2e corps de la Ruhr[52] sous commandement belge, les corps de Francfort[53] et de Stuttgart[54] sous commandement français. L'EMDN estime que la supériorité des moyens militaires français engagés devrait conduire la France à demander le commandement général de l'ensemble[55].

L'état-major établit enfin clairement les prérogatives de la force d'occupation internationale. Celles-ci seraient strictement militaires. Dans la zone d'occupation définie par la frontière militaire de l'Ouest européen, l'Allemagne serait privée de la souveraineté militaire qui reviendrait aux forces militaires d'occupation. Mais ce serait la seule limite à l'exercice de la souveraineté allemande à l'intérieur de ses frontières politiques, qui ne seraient nullement modifiées. La vie politique de l'Allemagne demeurerait donc autonome. Sa monnaie continuerait de circuler librement. Le régime des impôts serait identique pour tous ses citoyens, qu'ils résident ou non dans la zone d'occupation militaire. « En un mot, la souveraineté allemande [ne serait] mise en cause dans aucun des domaines essentiels, autres que celui des forces armées »[56].

Résolument dirigé contre l'Allemagne, le projet de l'EMDN renvoie à une conception classique des relations internationales, fondée sur l'abaissement du vaincu et sur une politique d'alliance entre les vainqueurs. Les conceptions de la puissance et de la sécurité développées dans le projet sont également traditionnelles. L'occupation militaire de l'Allemagne et la couverture militaire des frontières du nord-est de la France préviendraient toute nouvelle agression allemande. Cette concep-

49 « Aide-mémoire sur la participation française à l'occupation de l'Allemagne », EMGDN, 1re section, 23 novembre 1944, AMAE-Paris, NU-OI, t. 45. Cet aide-mémoire reprend le contenu de l'extrait de la décision prise en séance du comité de défense nationale le 12 août 1944 et précise les différentes périodes d'occupation.

50 Composé de deux divisions britanniques et d'une division hollandaise.

51 Composé d'une division britannique, d'une division belge et d'une division française.

52 Composé de deux divisions belges et d'une division hollandaise.

53 Composé de trois divisions françaises et d'une division britannique.

54 Composé de deux divisions françaises.

55 Mémorandum antérieur au 12 août 1944, cité en note 38.

56 *Ibid.*

tion traditionnelle de la puissance aboutit à ce que l'EMDN exclue tout détachement politique, économique et administratif de territoires allemands. Enfin, si le projet prend en compte le potentiel économique comme facteur de puissance, son contrôle n'a, semble-t-il, d'autres ambitions que de renforcer les mesures assurant la sécurité de la France et de l'Europe.

IV. Pour un détachement constructif de la Ruhr (Hervé Alphand)

Le quatrième projet mêle les questions de sécurité aux considérations économiques. Il répond à une demande précise du GPRF. En septembre 1944, ce dernier charge les hauts fonctionnaires de définir les mesures destinées à priver « définitivement l'Allemagne des moyens de reconstituer dans l'avenir une puissance industrielle qui la mettrait en mesure de forger à nouveau une machine militaire d'agression »[57]. Au début du mois de novembre 1944, la direction des affaires économiques du Quai d'Orsay résume, dans une note de synthèse, les conclusions auxquelles ont abouti les études engagées[58]. Les hauts fonctionnaires et les experts, regroupés autour d'Hervé Alphand, préconisent l'adoption par le gouvernement d'une mesure centrale, le détachement politique et économique de la région rhéno-westphalienne d'avec l'Allemagne. Cette mesure-phare n'est pas seulement, comme il est communément admis, synonyme d'une politique dure et punitive vis-à-vis de l'Allemagne. Elle constitue bien plus l'unique moyen de concilier les objectifs contradictoires – sécurité et réparations – de la politique française. Les conditions que fixent les hauts fonctionnaires à la création de cette région rhéno-westphalienne montrent par ailleurs que le projet, loin d'avoir des visées impérialistes, se veut constructif et s'inscrit dans une dynamique européenne.

A. Le détachement politique et économique de la région rhéno-westphalienne : seule solution à l'écheveau des questions allemandes

Lorsque Hervé Alphand et ses collaborateurs se saisissent du problème allemand, ils en mesurent, plus clairement que cela n'avait été le cas par le passé, la complexité. Les études rédigées avant l'automne

57 « Note a/s du désarmement économique de l'Allemagne », MAE, dir. éco., 9 novembre 1944, AMAE, Y 1944/49, t. 362.

58 *Ibid.* ; « procès-verbal de la réunion du 9 novembre 1944 sous la présidence de M. Alphand sur le désarmement économique », MAE, dir. éco., sans date, SAEF, B 8786.

1944 ont en effet montré le caractère contradictoire des objectifs français.

Ceux-ci visent en premier lieu à assurer la sécurité future de la France face à l'Allemagne. Cette sécurité passe par le désarmement économique de l'Allemagne, fondement de sa puissance militaire. Les Français veulent en second lieu obtenir des réparations. Mais ces réparations, qui doivent compenser, pour partie au moins, les destructions et spoliations dont la France a été victime pendant la guerre, supposent un développement de l'économie allemande, contraire aux objectifs de sécurité. L'accroissement de la production d'outre-Rhin est d'autre part commandé par la nécessité qu'il y aura à faire participer l'Allemagne à la reconstruction économique du continent. L'augmentation de la capacité productive de l'Allemagne s'impose enfin de telle sorte que le niveau de vie des Allemands reste suffisant. Plonger l'Allemagne dans la misère provoquerait inévitablement des troubles sociaux, qui pourraient s'étendre à l'ensemble du continent. Le paiement des réparations et la sécurité de la France seraient alors inéluctablement remis en cause.

La contradiction des objectifs français apparaît clairement. Au-delà des seuls buts français, c'est la complexité, l'écheveau des problèmes liés aux questions allemandes qui ressort plus nettement encore. Hervé Alphand et ses collaborateurs considèrent que seul le détachement politique et économique de la région rhéno-westphalienne permettrait de transcender ces contradictions.

Le détachement de la région rhéno-westphalienne réduirait d'abord l'opposition entre les objectifs visant à assurer la sécurité de la France et de l'Europe et la participation de l'Allemagne à la reconstruction économique du continent[59]. En privant l'Allemagne de la libre disposition d'une de ses principales régions industrielles, dont la production serait orientée en fonction des intérêts européens, les rédacteurs du projet s'assurent de sa contribution active au relèvement du continent tout en écartant le risque de voir la puissance industrielle et militaire de l'Allemagne renforcée par sa transformation « en une vaste usine travaillant à plein et avec le maximum de rendement »[60].

Le détachement de la région rhéno-westphalienne fournirait aussi un moyen pratique de régler les réparations allemandes. La solution envisagée – sans doute inspirée des propositions que Maurice Dejean avait faites à Paul-Henri Spaak en 1942 et des réflexions de Robert Marjolin

---

[59] Note du 9 novembre 1944, citée en note 57 ; note sur les clauses d'un projet d'armistice avec l'Allemagne, Francis Walter, 10 octobre 1944 ; courrier de Walter à Guindey et de Clermont-Tonnerre, 4 novembre 1944 ; projet de « mémorandum exposant le point de vue français concernant un armistice avec l'Allemagne », GPRF, sans date (antérieur au 30 décembre 1944), SAEF, B 8786.

[60] Note du 10 octobre 1944, citée en note 59.

et d'Henri Queuille en 1943[61] – consisterait à octroyer aux vainqueurs une participation privilégiée dans l'économie de la zone détachée en compensation, à titre forfaitaire, des dommages subis[62]. Ce règlement des réparations interdirait à l'Allemagne de se soustraire à l'ampleur de ses obligations, comme elle l'avait fait après 1918. Il éviterait en outre les difficultés et les contraintes que la mise en œuvre d'un système classique de réparations – notamment par transfert d'usines – ne manquerait pas d'entraîner[63].

Du point de vue de la sécurité, le détachement de la région rhéno-westphalienne ne présenterait que des avantages pour la France. Il prendrait toute sa signification après la fin de l'occupation totale de l'Allemagne et éviterait les inconvénients liés à des mesures conjoncturelles de contrôle. Pendant la période d'occupation totale de l'Allemagne, les experts du ministère des Affaires étrangères estiment que la sécurité de la France pourrait être assurée par des mesures à caractère technique, comme le contrôle direct de l'économie, le désarmement industriel, la direction du commerce extérieur. Mais lorsque l'occupation aura pris fin, de telles dispositions ne pourraient plus être appliquées qu'avec beaucoup de difficultés. Il paraîtrait en effet difficile de continuer à imposer des mesures de nature coercitive et discriminatoire à un pays qui aura recouvré tous ses droits. La reconstruction du potentiel économique et militaire ne pourrait plus être empêchée. Se contenter de mesures conjoncturelles de contrôle n'aurait donc « pour résultat que de prévenir les effets du mal, sans en détruire les racines »[64]. Le caractère permanent du détachement de la région rhéno-westphalienne, en privant définitivement l'Allemagne d'une part essentielle de son potentiel économique et militaire, interdirait la reconstitution du potentiel militaire allemand.

Le détachement de la région rhéno-westphalienne, où est concentrée une grande partie des industries clés de l'Allemagne – extraction charbonnière et production énergétique, industrie lourde et industrie de transformation –, permettrait en outre d'assurer l'essentiel du contrôle de l'économie allemande. Il allégerait aussi considérablement le désar-

---

61 Entretien de Spaak avec Dejean, 6 mars 1942, AMAE, GU 1939/45, t. 172 ; « note préliminaire sur le problème des réparations », Robert Marjolin, 26 mars 1943, AMAE, GU 1939/45, t. 1487 ; « procès-verbal de la réunion du comité économique », 17 décembre 1943, AMAE, GU 1939/45, t. 732 ; lettre circulaire de Queuille à l'intention de tous les commissariats, 15 décembre 1943, AMAE, GU 1939/45, t. 714.

62 Projet de mémorandum (antérieur au 30 décembre 1944) et note du 10 octobre 1944, cités en note 59.

63 C'est ce que soulignait déjà Robert Marjolin en 1943 : note du 26 mars 1943, citée en note 61, et Marjolin, R., *Le travail d'une vie*, *op. cit.*, p. 122-131.

64 « Note du 9 novembre 1944, citée en note 57.

mement économique à entreprendre dans le reste du pays. Les contrôles à y opérer s'en trouveraient en effet grandement facilités, l'Allemagne étant largement tributaire de la région rhéno-westphalienne pour son approvisionnement en produits de base. Le capital humain – ingénieurs et techniciens – nécessaire à la mise en œuvre du désarmement économique serait également réduit de façon sensible. Ainsi, le détachement de la région rhéno-westphalienne présenterait-il l'avantage de faire correspondre les effectifs alliés de contrôle aux possibilités et aux moyens réels des vainqueurs[65].

Enfin, le détachement de la région rhéno-westphalienne éviterait que la population allemande soit plongée dans la misère. Privée de ce riche bassin, l'Allemagne conserverait malgré tout, d'après Alphand, un potentiel économique permettant de nourrir sa population. Le risque serait ainsi écarté de voir l'ancien Reich et l'Europe entraînés dans une spirale de troubles qui fourniraient assurément à l'Allemagne un prétexte suffisant pour « éluder l'acquittement de ses obligations »[66]. Le détachement de la région rhéno-westphalienne constitue donc avant tout une réponse raisonnée à la complexité des problèmes allemands. Il ne traduit aucune ambition impérialiste.

B. Les conditions du détachement de la région rhéno-westphalienne : viabilité économique et intégration à l'Europe occidentale

La volonté constructive du projet de la direction des affaires économiques du Quai d'Orsay s'affirme d'ailleurs plus clairement encore à l'occasion de la délimitation de la région rhéno-westphalienne. Arrêtée avec l'aide d'universitaires, la frontière du bassin rhéno-westphalien est délimitée en fonction de critères économiques. Elle devrait être fixée de telle sorte que la région rhéno-westphalienne constitue une zone économiquement viable, tout en évitant que le reste de l'Allemagne, dont elle serait séparée, soit plongé dans le chaos économique et la misère.

Pour fixer les frontières, Hervé Alphand fait appel à des universitaires de renom : le politologue André Siegfried et deux géographes du prestigieux Institut de Géographie de Paris, Emmannuel de Martonne, son directeur, et Max Sorre, professeur[67]. Le Quai d'Orsay renoue ainsi directement avec ses méthodes du premier après-guerre. En 1917, Aristide Briand avait encouragé la constitution d'un comité d'études sur

65 *Ibid.*

66 Note du 10 octobre 1944, citée en note 59.

67 La liste des experts sollicités par Hervé Alphand est donnée dans le « procès-verbal de la réunion du 9 novembre 1944 sous la présidence de M. Alphand sur le désarmement économique », MAE, dir. éco., sans date, SAEF, B 8786 ; Kaspi, A., *et al.*, *La Libération de la France*, *op. cit.*, p. 245.

la frontière rhénane, composé d'illustres universitaires parisiens. Emmanuel de Martonne en était déjà le secrétaire[68].

Ces experts se retrouvent au Quai d'Orsay le 9 novembre 1944. Ils doivent définir laquelle des quatre entités géographiques établies par un professeur agrégé de géographie, Meary[69], leur semble la mieux à même de répondre aux critères fixés par le Quai d'Orsay[70]. La région, frontalière de la France, de la Belgique et des Pays-Bas, d'une superficie aussi réduite que possible mais contenant l'essentiel de la puissance industrielle de l'Allemagne, devrait disposer d'une structure économique équilibrée. Sa création ne devrait pas remettre en cause l'équilibre économique international. Enfin, privée de cette région, l'Allemagne devrait rester économiquement viable[71]. Lors de la réunion, les experts donnent leur préférence à la plus petite des zones proposées. Ainsi délimitée, la région rhéno-westphalienne comprendrait deux entités géographiques : « le bassin westphalien-rhénan avec sa bordure montagneuse à l'est et au sud et le couloir formé par les vallées de la Moselle et de la Lahn à travers le massif rhénan »[72]. Sa superficie, très réduite – 45 000 km² –, compterait le minimum de territoires correspondant aux objectifs fixés, tout en englobant « outre la Ruhr, les bassins houillers secondaires de l'Allemagne occidentale »[73]. La géographie économique de cette région très peuplée (14 millions d'habitants avec une densité de 280 habitants au km²) et très urbanisée (48 villes de plus de 100 000 habitants, dont 8 de plus de 300 000) serait marquée par la prépondérance de l'industrie[74].

Il est frappant de voir que le choix des experts pour cette entité est essentiellement commandé par deux considérations. La première, attendue, est liée à la sécurité. Les experts estiment que la région rhéno-westphalienne, ainsi délimitée, permettrait d'assurer le désarmement économique de l'Allemagne et, partant, la sécurité de la France et de l'Europe. Ce souci de sécurité se retrouve d'ailleurs dans une série de mesures complémentaires. Au contrôle des industries charbonnières et sidérurgiques, les experts proposent d'ajouter l'interdiction de production de matériel militaire[75]. Ils recommandent aussi que la région rhéno-

---

68 Bariéty, J., « Le "Comité d'études" du Quai d'Orsay et la frontière rhénane (1917-1919) », in Baechler, Ch., Fink, C. (dir.), *L'établissement des frontières en Europe après les deux guerres mondiales. The Establishment of European Frontier after the Two World Wars*, Bern, Peter Lang, 1996, p. 251-262.

69 Note, non signée (Meary), 8 novembre 1944, SAEF, B 8786 (un exemplaire daté par erreur du 20 novembre 1944 dans AMAE, Y 1944/49, t. 394).

70 Questionnaire sans titre, 23 octobre 1944, AMAE-Paris, DE-AAA, t. 8.

71 *Ibid.*

72 P.-v. de la réunion du 9 novembre 1944, cité en note 67.

73 Note de Meary, 8 novembre 1944, citée en note 69.

74 *Ibid.*

75 Note du 9 novembre 1944, citée en note 57.

westphalienne dispose d'un régime économique, douanier et monétaire propre. Les Alliés pourraient ainsi contrôler plus facilement son commerce extérieur, particulièrement les exportations de charbon et d'acier en direction de l'Allemagne. Ils estiment enfin que la sécurité de l'Europe supposera le maintien de forces alliées dans la région pendant au moins une génération[76].

La seconde considération est en revanche plus inattendue. Les géographes, qui soulignent la vitalité de la région ainsi délimitée et la viabilité économique du reste de l'Allemagne, proposent toute une série de mesures visant à soutenir l'activité économique de la région rhéno-westphalienne, à l'intégrer à l'économie européenne et à la protéger d'une concurrence excessive de la part des autres pays européens. Ces mesures sont sous-tendues par l'idée que la prospérité de la zone constituerait la meilleure assurance pour la pérennité de son détachement. Les États européens devraient d'abord ménager aux produits rhéno-westphaliens, par le biais d'accords commerciaux européens, des débouchés considérables de telle sorte que la région rhéno-westphalienne, surindustrialisée, puisse exporter ses productions charbonnières et industrielles, ce qui lui permettrait de financer ses importations de matières premières et de denrées alimentaires[77]. Les pays européens soutiendraient ainsi l'activité économique de la zone en même temps qu'ils favoriseraient son intégration à l'économie du continent[78]. Ils devraient aussi s'assurer que l'économie de la région rhéno-westphalienne soit protégée au sortir de la guerre, pour éviter que celle-ci, très affaiblie, soit trop exposée à la concurrence[79]. Dans tous les cas, les États européens devraient s'engager à bannir dans la zone toute politique économique impérialiste et refuser de la « considérer comme un débouché ouvert sans restriction à leur industrie »[80]. Les hauts fonctionnaires du Quai d'Orsay approuvent cette proposition des géographes. Ils refusent clairement toute tentation impérialiste. Ainsi n'entendent-ils pas profiter de la constitution de la zone pour modifier la nature des échanges économiques entre l'Allemagne et la France. Comme par le passé, cette dernière devrait recevoir de la région rhéno-westphalienne du charbon et des produits de l'industrie lourde. La France lui vendrait en retour des produits alimentaires, des produits coloniaux et du minerai de fer. Pour Meary, la France aurait la satisfaction de tirer de ces échanges un solde bénéficiaire conséquent.

---

76 *Ibid.* ; p.-v. de la réunion du 9 novembre 1944, cité en note 67.

77 P.-v. de la réunion du 9 novembre 1944, cité en note 67.

78 En l'absence d'intégration économique de la région rhéno-westphalienne à l'économie européenne, la mesure buterait sur la résistance de la population allemande : note du 9 novembre 1944, citée en note 57.

79 Note de Meary, 8 novembre 1944, citée en note 69.

80 *Ibid.*

Carte 2. Le projet de région rhéno-westphalienne retenu par Hervé Alphand et la direction des affaires économiques du Quai d'Orsay (novembre 1944)[81]

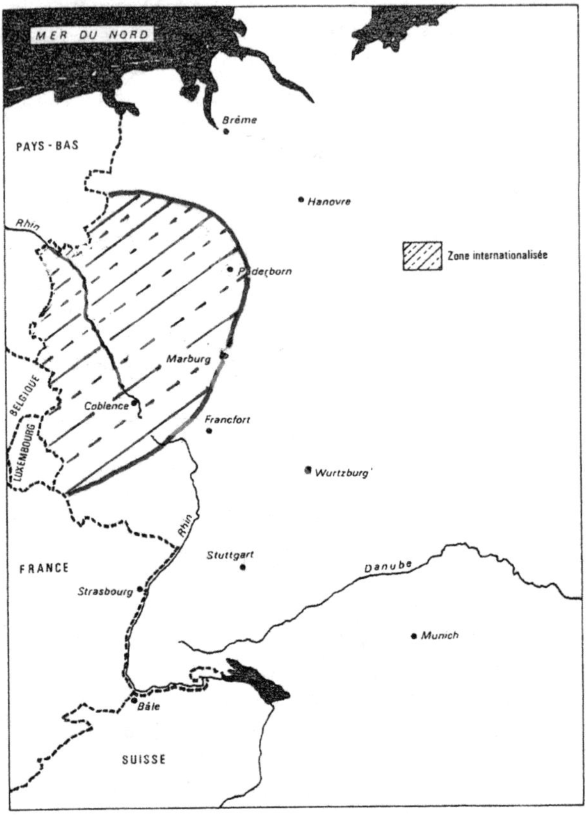

La pérennité du détachement dépendra aussi de la viabilité économique du reste de l'Allemagne. À ce sujet, les géographes se veulent rassurants. Le développement économique d'une Allemagne amputée ne semble pas condamné[82]. Celle-ci dispose en effet d'abondantes ressources en lignite et pourrait fonder sa croissance sur les grands centres industriels de Berlin et de Saxe. Aux yeux des experts, il faudrait cependant limiter autant que possible les détachements à l'est de l'Allemagne. Leur multiplication – détachements envisagés en Prusse orientale et en

[81] Carte réalisée à partir des indications contenues dans la note de Meary du 8 novembre 1944, citée en note 69.

[82] *Ibid.*

Silésie – risquerait en effet de peser trop lourdement sur l'économie allemande[83].

Comme le projet de l'EMDN, le projet d'Hervé Alphand repose sur une conception classique des relations internationales. Il s'appuie en effet sur une politique discriminatoire à l'égard de l'Allemagne, marquée par le détachement politique, économique et administratif de la région rhéno-westphalienne. Sa conception de la puissance, qui fait du potentiel économique le principal vecteur de puissance, est en revanche novatrice. Pour autant, au détachement de la région rhéno-westphalienne ne correspond pas l'ambition de dominer économiquement l'Allemagne, qui lui est souvent accolée. C'est bien la sécurité de la France et la reconstruction économique de l'Europe que celui-ci vise avant tout. Les raisons qui ont présidé au choix du détachement, le soin qui est pris d'intégrer la zone à l'économie européenne et le souci de maintenir le niveau de vie des populations allemandes montrent clairement que le projet ne se réclame d'aucun impérialisme économique. Ce n'est pas le cas de celui élaboré par Pierre Mendès France au début de 1945.

V. Le « rêve sidérurgique »[84] (Pierre Mendès France)

Le dernier grand projet français est rédigé pendant le premier semestre de l'année 1945. Il est l'œuvre de Pierre Mendès France et du ministère de l'Économie nationale. De façon étonnante, les objectifs du projet sont connus des Français avant d'être véritablement formalisés dans les bureaux du ministère. Il faut dire que Pierre Mendès France ne cache pas ses ambitions pour la France. En février 1945, le ministre de l'Économie nationale, « pourtant peu enclin à la grandiloquence, ne peut s'empêcher dans une de ses causeries radiodiffusées, de mesurer la double bataille du charbon et de la sidérurgie à l'aune de la puissance »[85]. Dans l'esprit de Mendès France, il ne fait aucun doute que la France remportera cette bataille grâce à l'Allemagne. « Surtout », déclare Mendès France,

> nous allons trouver en Allemagne, dans le bassin de la Sarre, dans le bassin de la Ruhr, des millions de tonnes de coke, de ce coke qui est complémen-

---

83 P.-v. de la réunion du 9 novembre 1944, cité en note 67.

84 Nous empruntons ce titre à Gerbet, P., *et al.*, *Le relèvement 1944-1949*, *op. cit.*, p. 138, et à Hüser, D., *Frankreichs « doppelte Deutschlandpolitik »*, *op. cit.*, p. 366.

85 Girault, R., « La France est-elle une grande puissance en 1945 ? », in Vaïsse, M. (dir.), *8 mai 1945. La victoire en Europe*, 2e édition, Bruxelles, Complexe, 1994, p. 202. On trouvera une analyse similaire dans Gerbet, P., *et al.*, *Le relèvement 1944-1949*, *op. cit.*, p. 138-139 ; Bossuat, G., *La France, l'aide américaine et la construction européenne 1944-1954*, 2e édition, 1997, *op. cit.*, p. 77. À notre connaissance, l'analyse la plus fouillée reste celle de Hüser, D., *Frankreichs « doppelte Deutschlandpolitik »*, *op. cit.*, p. 366-368.

taire de notre minerai de Lorraine. Au lieu d'envoyer, comme avant, du minerai lorrain dans la Ruhr pour qu'il soit traité dans les hauts fourneaux allemands, et qu'il contribue à la fortune de l'Allemagne, nous ferons venir le coke de la Ruhr pour le traiter dans nos hauts fourneaux, pour qu'il contribue à la reconstruction et à la prospérité françaises[86].

Le ministre poursuit en évoquant la modernisation qu'impliquera ce vaste projet :

> à cette fin nous aurons à renouveler notre équipement, à construire des hauts fourneaux et des laminoirs modernes, de capacité plus grande et de meilleur rendement. Nous aurons à concevoir et à exécuter des installations où seront appliqués les derniers progrès de la technique ; nous aurons à éliminer ce qui est désuet, à refondre et à concentrer ce qui est dispersé, à rationaliser un grand secteur de notre production »[87]. Et Mendès France de conclure : « Nous aurons à voir grand. Cette tâche devra être accomplie dans l'intérêt général, au profit du pays tout entier »[88].

Ce programme ambitieux, dans lequel la vision qu'a Pierre Mendès France de l'Allemagne transparaît clairement[89] et qui fait le lien entre la politique économique de la France à l'égard de l'Allemagne et la politique économique à mener au niveau national[90], constitue bien la base de la politique allemande du ministère[91]. Le contenu des causeries est en

---

86 Voir la « quinzième émission du 24 février 1945 », in Mendès France, P., *Œuvres complètes*, tome II, *Une politique de l'économie, 1943-1954*, Paris, Gallimard, 1985, p. 103.

87 *Ibid.*

88 *Ibid.*

89 Sur la vision qu'a Pierre Mendès France de l'Allemagne en 1945 et sur la politique économique qu'il préconise à l'égard de l'ancien Reich, outre les titres cités dans les notes précédentes, voir Guillen, P., « Pierre Mendès France et l'Allemagne », in Girault, R. (dir.), *Pierre Mendès France et le rôle de la France dans le monde*, Grenoble, Presses universitaires de Grenoble, 1991, p. 39-40 ; Bossuat, G., « Pierre Mendès France, une volonté pour l'Europe, 1944-1974 », in Margairaz, M. (dir.), *Pierre Mendès France et l'économie. Pensée et action*, Paris, Éditions Odile Jacob, 1989, p. 169-170.

90 Sur le programme économique de Pierre Mendès France, qu'il ne s'agit pas d'analyser ici, voir, entre autres, Lacouture, J., *Pierre Mendès France*, Paris, Éditions du Seuil, 1981, p. 162-181 ; Margairaz, M., *L'État, les finances et l'économie*, *op. cit.*, p. 781-793 ; Mioche, Ph., « La planification comme "réforme de structure" : l'action de Pierre Mendès France de 1943 à 1945 », in *Histoire, économie et société*, n° 3, 1982, p. 476-488 ; Bloch-Lainé, F., Bouvier, J., *La France restaurée 1944-1954. Dialogue sur les choix d'une modernisation*, Paris, Fayard, 1986, p. 66-71 et p. 76-84 ; Rizzo, J.-L., *Pierre Mendès France*, Paris, La Découverte, 1994, p. 18-23 ; Roussel, É., *Pierre Mendès France*, Paris, Gallimard, 2007, p. 169-175.

91 Faute de documents, le rapport entre les plans exposés dans les causeries radiophoniques et la politique allemande du ministère de l'Économie nationale semblait incertain, comme le rappelle Dietmar, D., *Frankreichs « doppelte Deutschlandpolitik »*, *op. cit.*, p. 367-368.

effet formalisé dans un projet du ministère. La première version du plan est rédigée en mars 1945[92], la seconde en mai 1945[93].

Comme les projets précédemment évoqués, celui du ministère de l'Économie nationale s'inscrit dans une logique européenne. Mais l'Europe de Pierre Mendès France n'est pas celle de Monnet, de Mayer ou d'Alphand, ni même celle de l'EMDN. Réduite à quatre États – la France, la Belgique, les Pays-Bas, le Luxembourg –, cette petite Europe a pour principaux objectifs l'harmonisation de la politique sidérurgique des quatre et le contrôle économique de l'Allemagne. Dans l'esprit de Mendès France, elle doit surtout servir de levier à la puissance française. La puissance, tel est au fond le grand dessein du ministre. Sa politique allemande n'a pas d'autre but. Il envisage ainsi le renversement de l'équilibre sidérurgique européen au profit de la France. La politique allemande du ministère n'est toutefois pas élaborée indépendamment de la politique économique nationale. L'une et l'autre concourent au redressement national. L'essor de la sidérurgie française, dopée par les livraisons allemandes, commandera ainsi la rénovation et la modernisation de l'économie nationale, chères à Mendès France. Mais pour parvenir à ses objectifs, il n'entend pas appliquer à propos de l'Allemagne les mêmes mesures que préconisent les autres projets. Il s'oppose ainsi de façon catégorique au détachement de la région rhéno-westphalienne. Il ne veut en effet en aucun cas se contenter de la rente de situation qu'apportera la victoire à la France pour contrôler une Allemagne vaincue et rabaissée. Bien sûr, la France devra exploiter la victoire, mais avec l'idée d'imposer à l'Allemagne « certaines mesures économiques "artificielles" qui lui [permettront] de renverser à son profit le rapport "naturel" des économies allemande et française » afin de « promouvoir la France au rang d'une puissance économique d'avant-garde »[94].

A. Le renversement de l'équilibre sidérurgique européen au profit de la France

La politique allemande de Mendès France est fondée, pour l'essentiel, sur une mesure à caractère artificiel. Son adoption permettrait de renverser l'équilibre sidérurgique européen au profit de la France et de promouvoir, grâce à l'essor de l'industrie sidérurgique qu'elle provoquerait, une profonde modernisation de l'économie nationale. À terme, c'est aux yeux de Mendès France le rang de la France qui est en jeu.

---

92 « Politique économique de la France à l'égard de l'Allemagne », MEN, 19 mars 1945, SAEF, 5 A 25.

93 « Note sur le problème allemand », MEN, 28 mai 1945, AMAE-Paris, DE-AAA, t. 7.

94 Note du 28 mai 1945, citée en note 93.

1. Une mesure économique artificielle

La mesure-phare du projet de Mendès France correspond à un véritable transfert d'une partie du potentiel sidérurgique allemand au profit de la France, de la Belgique et du Luxembourg, de telle sorte que cet ensemble de pays « puisse produire l'acier nécessaire à leurs propres besoins et à ceux de l'Allemagne »[95]. Concrètement, le projet vise à interdire à l'Allemagne de produire plus d'acier que ne permettrait le minerai de fer dont elle dispose sur son territoire[96]. Trois dispositions, insérées dans le traité de paix, devraient pérenniser ce nouvel équilibre sidérurgique européen. Premièrement, toute exportation de minerai de fer vers l'Allemagne serait interdite, cette dernière conservant cependant le droit de fabriquer des produits sidérurgiques – dont le volume serait strictement limité par les Alliés[97] – en utilisant son propre minerai. Deuxièmement, pour couvrir la part des besoins en produits sidérurgiques qu'elle ne parviendrait pas à satisfaire par sa production intérieure, elle serait obligée d'importer des produits sidérurgiques en provenance exclusive de l'ensemble France-Belgique-Luxembourg. Troisièmement, l'Allemagne serait contrainte, en contrepartie de ces livraisons d'acier, de fournir du charbon gras ou du coke « nécessaire à la production d'acier correspondant aux importations allemandes et aux besoins de l'ensemble France-Belgique-Luxembourg »[98].

Aux yeux de Pierre Mendès France, cette proposition se justifie économiquement. Il lui semble en effet « plus rationnel de faire venir le charbon de la Ruhr en Lorraine que d'exporter le minerai lorrain en Allemagne »[99]. D'ailleurs, avant 1914, les Allemands, qui contrôlaient la Lorraine, avaient « tendance à édifier leurs hauts fourneaux près des mines de fer »[100]. Cette mesure présenterait en outre de très nombreux avantages pour la France.

2. Une mesure au service de la puissance française

Elle renforcerait d'abord la sécurité nationale. Comme l'acier est l'une des principales matières premières nécessaires à l'industrie, la maîtrise de sa production permettrait à la France de répondre aux impé-

---

95 Note du 28 mai 1945, citée en note 93.

96 *Ibid.* Voir aussi les « recommandations du Conseil de coopération économique en matière de sidérurgie », commission tripartite de l'acier, annexe II à l'accord franco-belgo-néerlandais-luxembourgeois, sans date, (20 mars 1945), AN, F^{12} 10110.

97 Voir les deux notes citées ci-dessus.

98 Politique économique de la France, 19 mars 1945, citée en note 92 ; recommandations du Conseil de coopération économique, sans date, (20 mars 1945), citées en note 96 ; note du 28 mai 1945, citée en note 93.

99 Note du 28 mai 1945, citée en note 93.

100 Politique économique de la France, 19 mars 1945, citée en note 92.

ratifs du contrôle économique de l'Allemagne. Les très nombreux secteurs industriels qui dépendent de l'approvisionnement en acier, ceux de l'industrie d'équipement, des machines-outils, des matériels de transport et des produits manufacturés par exemple, seraient *ipso facto* sous la surveillance française[101].

Elle assurerait ensuite la puissance française, la production d'acier restant à cet égard déterminante, « non seulement parce que la sidérurgie est l'industrie fondamentale de la défense nationale, mais [aussi parce que] c'est d'elle que dépend la production de ce qui fait la richesse d'un pays »[102]. Une telle politique présenterait donc l'avantage, d'un point de vue militaire, de « maintenir l'industrie française constamment sur le pied de guerre en élevant, pour assurer l'approvisionnement en acier de l'Allemagne, sa capacité de production au-dessus des besoins intérieurs français »[103]. La supériorité militaire de la France serait d'autant moins discutable que les industries de guerre allemandes seront interdites et que la nouvelle organisation de la production sidérurgique permettrait de toute façon un contrôle efficace sur toute fabrication allemande d'armements[104].

3. *Un projet qui fait le lien entre rénovation économique et grandeur nationale*

Cette augmentation des capacités de production sidérurgique s'inscrirait par ailleurs pleinement dans le plan de reconstruction et de rénovation de l'économie française voulu par Pierre Mendès France. Soucieux de reconstruire le pays de façon cohérente, il estime en effet qu'il faudra hiérarchiser les besoins et consacrer la première phase du plan à l'industrie lourde et à l'équipement[105]. Le développement de l'industrie sidérurgique constitue donc une chance pour la modernisation de la France. Il obligerait en quelque sorte et de façon indirecte « la France à renouveler ses équipements, à devenir un État moderne »[106]. Il répondrait ainsi au souci de Pierre Mendès France de « lancer un programme de renouveau » avant que les habitudes anciennes ne reprennent le dessus[107].

---

101 *Ibid.*

102 Voir la « quinzième émission du 24 février 1945 », in Mendès France, P., *Œuvres complètes*, tome II, *Une politique de l'économie*, *op. cit.*, p. 103.

103 Politique économique de la France, 19 mars 1945, citée en note 92.

104 Voir les deux notes citées précédemment.

105 Margairaz, M., *L'État, les finances et l'économie*, *op. cit.*, p. 784.

106 *Ibid.*

107 Kuisel, R.F., *Le capitalisme et l'État en France. Modernisation et dirigisme au XXe siècle*, Paris, Gallimard, 1981, p. 322.

Surtout, le développement de la sidérurgie française sera crucial pour l'avenir de « la France [qui] joue en cette circonstance son rang de grande puissance »[108]. « Si le Gouvernement français admet une sidérurgie rhénane supérieure à l'industrie lorraine », prévient le ministère, « il est sûr, à plus ou moins brève échéance, de perdre son autorité en Europe »[109]. À terme, il s'agit donc d'écarter la concurrence économique allemande. Le ministère de l'Économie nationale se méfie en effet bien plus du danger économique que pourrait représenter l'Allemagne dans un avenir proche que du danger militaire, qui semble écarté pour une longue période[110]. Il considère aussi que les « puissances anglo-saxonnes auront besoin de reconstruire la partie occidentale du continent européen autour d'une grande puissance »[111]. Il s'agit donc d'éviter que « les faiblesses de l'économie française les incitent dans dix ans à se tourner vers l'Allemagne »[112]. Aussi est-il capital que la France devienne rapidement la première puissance industrielle en Europe. C'est d'ailleurs la raison essentielle qui conduit Pierre Mendès France à prendre position contre les autres projets.

B. Une critique sévère des autres projets

Ces critiques visent aussi bien le projet de l'EMDN que les plans qui proposent le détachement de la région rhéno-westphalienne.

Pierre Mendès France ne met certes pas en cause l'utilité de l'occupation militaire permanente de l'Allemagne, mais il estime illusoire de « penser que le problème franco-allemand pourrait être définitivement réglé par ces seules mesures militaires ». Une occupation durable et efficace imposerait en effet un coût humain à la France qui nécessiterait « de très lourds sacrifices »[113].

Pierre Mendès France et le ministère de l'Économie nationale sont par ailleurs opposés à la création d'un « État rhéno-westphalien ». Sur ce point, leur position évolue sensiblement de la première à la deuxième version de leur projet.

Dans la première mouture, le ministère n'est pas hostile à la création d'une entité rhéno-westphalienne. Pierre Mendès France estime toutefois vain de croire que « l'unité allemande [serait ainsi] définitivement brisée et que la prospérité comme la puissance économique d'un État

---

108 Politique économique de la France, 19 mars 1945, citée en note 92.

109 *Ibid.*

110 Recommandations du Conseil de coopération économique, sans date, (20 mars 1945) et note du 28 mai 1945, documents cités en notes 96 et 93.

111 Note du 28 mai 1945, citée en note 93.

112 *Ibid.*

113 Politique économique de la France, 19 mars 1945, citée en note 92.

rhénan ne [seraient] pas en réalité aussi un peu celles de l'Allemagne »[114]. Il considère par ailleurs que le regroupement de l'Allemagne centrale se fera, lorsque les circonstances le permettront, « autour des hauts fourneaux de la Ruhr »[115].

Dans la seconde version, le ministère adopte une position plus tranchée. Il s'oppose désormais catégoriquement à tout « démembrement de l'Allemagne [qui] est nécessairement artificiel »[116] et temporaire. Cette opposition farouche tient surtout au danger économique que représenterait pour la France la création d'un tel État. Le ministère redoute en effet que ce dernier bénéficie d'un régime de faveur, dès lors qu'il ne fera plus partie de l'Allemagne, ce que confirment les mesures préconisées par Hervé Alphand et ses collaborateurs. S'il devait de surcroît être internationalisé, « il y aura à l'étranger une tendance à le rendre prospère. Or, les possibilités de ce pays sont telles que même sans être réuni au reste de l'Allemagne, il peut présenter pour la France un danger économique très sérieux ». Le ministère de l'Économie nationale rejette donc catégoriquement la position adoptée par Hervé Alphand et ses collaborateurs, qui prônent la viabilité économique de ladite région comme condition nécessaire à la réussite du détachement. L'État rhéno-westphalien constituerait enfin inévitablement, par son haut degré d'industrialisation, « le centre d'attraction du futur Reich unifié »[117].

De tous les projets élaborés, celui de Pierre Mendès France, qui exclut tout détachement de la région rhéno-westphalienne, est le seul qui soit véritablement impérialiste. La France doit profiter de la défaite allemande pour s'approprier les atouts économiques de sa rivale et devenir, à sa place, la première puissance industrielle en Europe. Pierre Mendès France est aussi le seul à concevoir un projet qui lie intimement la politique économique à mener à l'égard de l'Allemagne et les réformes économiques à imposer en France. À la différence des autres acteurs, il ne croit nullement à la renaissance d'un danger militaire allemand. Il craint davantage la reconstitution du potentiel économique de l'Allemagne. Or, c'est du potentiel économique et industriel que découle, à ses yeux, la puissance. Faire de la France le *leader* économique du continent constituerait donc le meilleur moyen de redonner au pays son statut de grande puissance. Ce statut recouvré interdirait en outre aux Anglo-Américains de se tourner vers l'Allemagne pour reconstruire l'Europe.

*

* *

---

114 *Ibid.*

115 *Ibid.*

116 Note du 28 mai 1945, citée en note 93.

117 *Ibid.*

Proposer un bilan des projets français entre 1943 et 1945 n'est pas chose aisée. C'est qu'en effet, d'un projet à l'autre, les conceptions qu'ont les principaux acteurs français des relations internationales, de la puissance et de ses fins diffèrent sensiblement. De grandes tendances peuvent cependant être mises en évidence.

Dans leur ensemble, les décideurs français sont d'abord porteurs d'une conception classique des relations internationales. La victoire servira à abaisser le vaincu. Les mesures discriminatoires à l'encontre de l'Allemagne trouvent ici leur légitimité. Cette logique est particulièrement prégnante dans les projets de l'EMDN et du ministère de l'Économie nationale. Les projets de René Mayer et d'Hervé Alphand sont beaucoup plus modérés, dans le sens où l'abaissement de l'Allemagne, qui passe par le détachement de la région rhéno-westphalienne, est contrebalancé par une aspiration à la coopération européenne. Seul le projet de Monnet se démarque clairement de cette conception classique de la *Realpolitik*. Monnet prône en effet l'égalité des droits entre vainqueurs et vaincu et les privations de souveraineté qu'il propose devront toucher tous les pays sans discrimination aucune.

Les dispositions économiques constituent ensuite le cœur de presque tous les projets. Cela traduit remarquablement bien le fait que la majorité des décideurs a compris que la puissance repose désormais davantage sur le potentiel économique que sur la force militaire et l'occupation de territoires. Seul le projet de l'EMDN s'inscrit dans la droite ligne des conceptions qui ont prévalu après 1918.

Le contrôle de la région rhéno-westphalienne est également au cœur de tous les projets. Dans la plupart des cas, ce contrôle n'est pas au service d'une politique de domination. Les décideurs français l'envisagent bien plutôt comme un moyen d'assurer la sécurité de la France et de l'Europe et pour faire en sorte que l'Allemagne, désarmée, contribue au relèvement économique du continent, sans que la population allemande soit pour autant réduite à la misère. Seul le projet de Pierre Mendès France se démarque clairement de cette orientation. Opposé à toute coopération européenne poussée, adversaire de tout détachement de la région rhéno-westphalienne, il prône une politique économique impérialiste à l'égard de l'Allemagne, qui vise à renverser l'équilibre sidérurgique européen au profit de la France, pour faire de celle-ci la première puissance industrielle du continent.

Les finalités des projets sont assez variées. Tous sont sous-tendus par l'idée que la France sera un acteur de premier plan de l'après-guerre. Tous œuvrent en ce sens. Trois options, clairement identifiables, s'affirment cependant. Mendès France et l'EMDN sont porteurs d'une vision défensive, dominatrice et nationaliste, voire impérialiste. À leurs yeux, la France doit redevenir la puissance dominante en Europe. Alphand et Mayer défendent l'idée que la position de la France sera renforcée à condition qu'elle réussisse à se porter à la tête d'un groupement d'États en Europe occidentale. Au-delà de cette dimension dominatrice à l'égard de l'Allemagne, ils proposent une politique intégrative fondée sur la coopération européenne. Les buts de Monnet sont enfin très novateurs. Son projet est en grande partie visionnaire. Il propose la constitution d'un ensemble européen sur le plan économique mais aussi politique, fondé sur l'égalité des droits de tous les partenaires, et dont les institutions, supranationales, rompraient avec les coopérations étatiques traditionnelles. C'est dire qu'en 1943, il a peu de chance d'être retenu par les décideurs français.

CHAPITRE III

Le processus décisionnel

Les étapes de la politique allemande de la France pendant la guerre

Parallèlement à l'élaboration de projets initiaux, les décideurs français arrêtent, de juillet 1943 à juin 1945, les grands axes de la politique allemande de la France. L'enjeu est d'opérer un choix entre les grandes options – nationaliste, européenne – qui se font concurrence. Il s'agit d'analyser ici le processus décisionnel qui permet de passer des projets initiaux à la politique effectivement suivie. Contrairement à ce qui est souvent avancé, ce processus n'a pas pour seul acteur le général de Gaulle. Certes, le Général détient le pouvoir de décision. C'est lui qui tranche en dernier ressort. Pour autant, il est rarement le concepteur de la politique française. L'analyse du processus décisionnel permet ainsi de montrer que ce sont le plus souvent des hauts fonctionnaires ou des militaires de haut rang qui sont à l'origine des décisions. C'est cette complexité qu'il s'agit de restituer ici. L'étude du processus décisionnel est aussi l'occasion de mesurer les rapports de force entre défenseurs de visions opposées sur l'avenir de l'Allemagne. La définition de la politique allemande de la France, aussi difficile soit-elle, ne constitue qu'une première étape. Une fois arrêtée, il s'agit de la faire accepter par les Alliés. Leurs réticences conduisent bien souvent les décideurs français à revoir leur projet ou à ne compter que sur leurs propres forces pour tenter d'imposer leurs choix.

Entre juillet 1943 et juin 1945, deux phases distinctes peuvent être dégagées. Lors de chacune d'elles, deux des projets initiaux sont en balance[1]. De l'automne 1943 au printemps 1944, les décideurs ont le choix entre le projet de Jean Monnet et celui de René Mayer. De l'été 1944 à l'hiver 1945, ils confrontent les propositions de l'EMDN à celles d'Hervé Alphand. Conçue initialement dans un cadre européen, la politique allemande de la France prend, à partir du printemps 1945, un tour nationaliste.

1 Le projet de Pierre Mendès France n'est discuté par le GPRF qu'à partir du mois de juillet 1945. Il sera par conséquent analysé au chapitre IV.

I. L'Allemagne au cœur du débat européen de la France libre (juillet 1943-juin 1944)

Jusqu'en 1943, les membres du CFLN consacrent assez peu de temps à la définition de la politique étrangère de la France pour l'après-guerre. Les problèmes immédiats mobilisent toute leur énergie. En cet été 1943, plusieurs difficultés les préoccupent : obtenir des Alliés la reconnaissance officielle du CFLN ; préparer la participation des troupes françaises à la libération du territoire national ; planifier la reconstruction nationale[2].

Pourtant, l'année 1943 marque un tournant important dans la préparation de l'après-guerre. La situation militaire en Europe change en effet profondément. L'Allemagne, jusqu'alors conquérante sur tous les fronts, essuie de nombreux revers. En début d'année, les Allemands sont défaits à Stalingrad. Au printemps, les Soviétiques lancent une grande offensive blindée et écrasent l'armée allemande lors de la bataille de Koursk. Pendant l'été, les Anglo-Américains, qui ont débarqué en Afrique du Nord en novembre 1942, conquièrent la Sicile alors que la Corse, libérée, passe sous le contrôle de la France libre. En 1943 toujours, les Allemands perdent la bataille de l'Atlantique. Les Américains peuvent désormais ravitailler les Britanniques sans entrave. La défaite militaire de l'Allemagne, dès lors inéluctable, n'est plus qu'une question de temps[3].

Prenant pleinement conscience de ce tournant majeur, les États-Unis et la Grande-Bretagne engagent, après la conférence d'Anfa, en janvier 1943, une réflexion intensive sur l'après-guerre[4]. Les Français multiplient aussi les études. Une initiative de Paul-Henri Spaak, ministre belge des Affaires étrangères, leur donne l'occasion de préciser leur politique européenne et allemande. En juillet 1943, Spaak propose à Massigli, son homologue français, d'ouvrir à la France les négociations que la Belgique et les Pays-Bas ont entamées. La coopération entre les trois pays, d'abord militaire, serait dirigée contre l'Allemagne. Spaak envisage aussi des accords politiques et économiques. Il estime que le groupement formé par la France, la Belgique et les Pays-Bas, prolongé par leurs empires coloniaux, représenterait dans le monde une force réelle[5].

---

2 Crémieux-Brilhac, J.-L., *La France libre. De l'appel du 18 juin à la Libération*, Paris, Gallimard, 1996, p. 606-651 et p. 681-698.

3 Girault, R., Frank, R., Thobie, J., *La loi des géants*, *op. cit.*, p. 58-62.

4 Sur la conférence d'Anfa, près de Casablanca au Maroc, Duroselle, J.-B., *Histoire diplomatique de 1919 à nos jours*, 10e édition revue et augmentée, Paris, Dalloz, 1990, p. 369-370.

5 Massigli, R., *Une comédie des erreurs*, *op. cit.*, p. 29 ; Guillen, P., « La France libre et le projet de fédération ouest-européenne 1943-1944 », *op. cit.*, p. 153.

Avant de donner sa réponse, le CFLN veut étudier la question. Plusieurs notes sont ainsi rédigées pendant l'été : celle de Monnet[6] et celle de Mayer[7], étudiées au chapitre précédent, celle d'Alphand aussi[8]. Les membres du CFLN confrontent ces réflexions à l'occasion de trois réunions, les 12, 16 et 17 octobre 1943[9]. Le général de Gaulle définit à cette occasion les premières orientations de la politique allemande de la France pour l'après-guerre. Elle s'inscrit dans un contexte résolument européen.

A. De Gaulle opte pour le projet Mayer

Après avoir écouté les différents protagonistes – Massigli, Mayer, Monnet et Alphand – exposer leurs vues, le général de Gaulle prend la parole les 16 et 17 octobre. Il donne alors sa préférence au projet proposé par René Mayer et s'oppose, pour deux raisons, aux conceptions avancées par Jean Monnet.

Selon de Gaulle, la fédération qu'envisage le commissaire à l'Armement favoriserait le développement de l'industrie allemande et serait par conséquent au service de la puissance germanique. La création de cette entité européenne supposerait de plus une entente franco-allemande, que le Général estime impossible. « Jamais vous ne mettrez après cette guerre Français et Allemands dans un même tout », lâche-t-il à Jean Monnet[10]. Le projet de René Mayer, qui se propose de réunir des peuples aux traditions communes et d'agglomérer des économies complémentaires à l'ouest de l'Europe, lui semble mieux correspondre à la réalité. De Gaulle se déclare favorable à la création d'une fédération économique de l'Europe de l'Ouest qui compterait la France, la Belgique, les Pays-Bas, le Luxembourg et, éventuellement, la Rhénanie, la Suisse, l'Italie et l'Espagne[11].

Au-delà des arguments invoqués lors de la discussion, le général de Gaulle soutient le projet Mayer parce qu'il partage ses conclusions dans trois domaines importants : les institutions du groupement européen, le

6 « Note de réflexion », Jean Monnet, 5 août 1943, in Rieben, H., *Des guerres européennes à l'union de l'Europe*, *op. cit.*, p. 272-285.

7 « Un ensemble fédéral occidental », note de René Mayer, 17 septembre 1943, in Bossuat, G., *D'Alger à Rome (1943-1957)*, *op. cit.*, p. 47-54.

8 « Note », Hervé Alphand, 17 septembre 1943, AMAE, GU 1939/45, t. 728.

9 Outre Massigli, R., *Une comédie des erreurs 1943-1956*, *op. cit.*, p. 39-42 ; Guillen, P., « La France libre et le projet de fédération ouest-européenne 1943-1944 », in *op. cit.*, p. 159-162 ; « compte rendu de la conversation du dimanche 17 octobre 1943, à Alger, chez le général de Gaulle », in Rieben, H., *Des guerres européennes à l'union de l'Europe*, *op. cit.*, p. 286-291.

10 Citation des propos du général de Gaulle, rapportée par Alphand, H., *L'étonnement d'être*, *op. cit.*, p. 168.

11 Compte rendu de la conversation du 17 octobre 1943, citée en note 9.

traitement de l'Allemagne dans cet ensemble, la fonction véritable de la « fédération européenne ».

De Gaulle refuse ainsi le projet de Monnet parce qu'il impliquerait la création d'institutions supranationales. Certes, le Général n'est pas opposé à une coopération entre États, mais à la condition expresse qu'elle ne remette pas en cause leur souveraineté. Il le dit très clairement devant les députés de l'Assemblée nationale consultative en mars 1944 alors qu'il expose le projet de fédération de l'Europe de l'Ouest[12]. De Gaulle privilégie donc le projet de René Mayer qui, sur la question des institutions, reste ouvert. Ce dernier a d'autre part l'avantage de limiter la coopération au domaine économique qui, dans l'esprit du général de Gaulle, est subordonné aux décisions politiques, alors que le projet défendu par Jean Monnet propose une fédération économique mais aussi politique[13].

Le sort que les deux projets réservent à l'Allemagne incite aussi le général de Gaulle à choisir le projet de René Mayer. Il ne peut souscrire à la volonté de Monnet de traiter l'Allemagne sur un pied d'égalité. Selon lui, il faut au contraire rabaisser l'Allemagne au rang de vaincue. Le détachement de la Rhénanie y contribuerait en même temps que ce territoire aux riches industries constituerait une sorte de gage pour les pays de l'Europe de l'Ouest, qui conforterait leur statut de vainqueurs. Les traités d'alliance entre la France, la Grande-Bretagne et l'URSS, dirigés contre l'Allemagne, que le général appelle de ses vœux, renforceraient leur statut de vainqueurs[14].

Reste enfin que l'orientation de la politique européenne proposée par René Mayer correspond plus aux aspirations du général de Gaulle que le projet de Monnet. Pour ce dernier, il est clair que la France jouera un rôle central dans la fédération européenne. Mais, à ses yeux, l'Europe, qui ne serait pas au seul service du redressement national, devrait bénéficier à tous ses membres, y compris l'Allemagne[15]. Les objectifs traditionnels de puissance et de prestige s'effaceraient au profit d'une véritable coopération européenne. De Gaulle est opposé à cette vision. Il considère au contraire la politique européenne de la France comme un levier de la puissance nationale. Il défend par conséquent le projet de Mayer parce que, dans la fédération qu'il préconise, composée unique-

12 « Discours prononcé devant l'Assemblée consultative provisoire à Alger », Charles de Gaulle, 18 mars 1944, in de Gaulle, Ch., *Discours et messages*, *op. cit.*, p. 420-421.

13 Gerbet, P., « Jean Monnet – Charles de Gaulle, deux conceptions de la construction européenne », in *op. cit.*, p. 426 ; Duroselle, J.-B., « Deux types de grands hommes : le général de Gaulle et Jean Monnet », in *op. cit.*, p. 258.

14 Compte rendu de la conversation du 17 octobre 1943, cité en note 9.

15 Note de Jean Monnet, 5 août 1943, citée en note 6.

ment de petits pays affaiblis par la guerre, la France assurerait automatiquement le *leadership* de l'ensemble. Dans l'esprit du Général, la puissance de la France prime sur celle de la fédération. Sa vision est en effet avant tout nationaliste. À l'occasion du déjeuner du 17 octobre, le général de Gaulle rappelle que la France serait appelée à jouer un très grand rôle dans l'ensemble envisagé par Mayer. « C'est une considération que, malgré tout, on ne saurait oublier tout à fait, quand on est Français »[16], remarque-t-il avec malice.

Le général de Gaulle penche donc pour le projet de Mayer. Cependant, il considère que le CFLN ne saurait donner sa réponse sans « être mieux éclairé sur les conditions et les conséquences d'une pareille organisation de l'Europe »[17]. Les services français de Londres, disposant de la documentation et des statistiques qui font défaut à Alger, sont donc chargés d'étudier le fonctionnement de cet ensemble européen d'une part, les répercussions qu'il aurait sur les structures françaises d'autre part[18]. Les recherches à mener concernent aussi l'Allemagne. Il s'agira d'envisager le « rattachement, au moins sur le plan économique, de la Rhénanie à cet ensemble et d'examiner les moyens techniques d'assurer le contrôle de l'économie allemande »[19]. Parallèlement, Jean Monnet et Hervé Alphand sont chargés de recueillir les réactions des gouvernements américain et britannique ainsi que des pays alliés, membres du CIEA[20].

B. Des experts divisés

À Londres, l'étude des questions européennes est confiée à un comité d'experts spécialement créé à cet effet[21]. Il est composé de Laurent Blum-Picard, ancien directeur général des Mines, bon connaisseur des questions minières et sidérurgiques à l'échelle européenne, de Jacques Kayser, en charge des aspects politiques, d'André Gros, spécialiste des questions juridiques, et d'un expert des questions agricoles. La direction

---

16 Citation des propos du général de Gaulle, rapportée par Alphand, H., *L'étonnement d'être*, *op. cit.*, p. 169.

17 Compte rendu de la conversation du 17 octobre 1943, cité en note 9.

18 « Note concernant les études relatives à l'organisation de l'Europe occidentale », sans auteur, 25 octobre 1943, AMAE, GU 1939/45, t. 728.

19 Courrier de René Massigli à Pierre Viénot, 16 octobre 1943, cité par Guillen, P., « La France libre et le projet de fédération ouest-européenne 1943-1944 », in *op. cit.*, p. 160.

20 Compte rendu de la conversation du 7 octobre 1943, cité en note 9.

21 « Note pour Monsieur Massigli », CFLN, dir. éco., Hervé Alphand, 5 octobre 1943, AMAE, GU 1939/45, t. 728 ; tél. de Londres (Pierre Viénot) à Alger (commissariat aux Affaires étrangères), 30 octobre 1943, AMAE, GU 1939/45, t. 729.

des affaires économiques, qui servira d'intermédiaire entre Londres et Alger, coopère avec les experts[22].

1. Des avis divergents à propos du groupement économique de l'Europe occidentale

Les experts sont partagés quant à l'opportunité de créer une union économique de l'Europe de l'Ouest.

Dans un premier rapport rédigé au début du mois de décembre 1943, Laurent Blum-Picard, catégorique, y est fermement opposé[23]. L'Europe lui semble être « la fausse bonne solution qui séduit par son apparente simplicité »[24]. Mais son étude ne répond que très imparfaitement aux préoccupations du CFLN. D'une part, les cadres géographiques retenus ne correspondent pas à ceux fixés par le CFLN. Blum-Picard prend en compte l'Europe toute entière au lieu de se limiter à l'Europe de l'Ouest. D'autre part, il ne présente pas un bilan d'ensemble des conséquences économiques et démographiques qu'aurait la constitution d'une union économique européenne. Rejetant d'emblée la possibilité de toute union économique, il se limite à proposer des solutions alternatives.

Le travail de Blum-Picard n'est pas inutile pour autant. Il précise les conditions nécessaires à la constitution d'une union économique de l'Europe et décrit les conséquences qu'elle aurait sur l'économie française. Blum-Picard montre d'abord que l'union de l'Europe ne sera possible qu'entre des pays ayant des conditions de vie voisines, dotés de régimes politiques comparables et ayant atteint le même « niveau de civilisation »[25]. La coopération entre la France, la Belgique, les Pays-Bas et, éventuellement, la Suisse serait donc possible. Mais l'ancien directeur général des Mines craint qu'une telle union ait de graves répercussions sur l'économie française. Dans les domaines agricole, technologique et industriel, la France devrait en effet rattraper le retard pris sur ses partenaires[26].

L'association de la France à des voisins plus riches constituerait au contraire, pour Pierre Baraduc, membre de la direction des affaires économiques du commissariat aux Affaires étrangères, un formidable moyen pour développer l'économie française. Les réformes des structures économiques, qu'imposerait la création d'une union économique européenne, conduiraient à accroître considérablement, sur le long terme,

---

22 Note pour Massigli, 5 octobre 1943, citée en note 21.

23 « Premier mémoire sur l'organisation économique de l'Europe d'après-guerre », Comité d'études économiques (Londres), Laurent Blum-Picard, 1er décembre 1943, 36 p., FJME, AME 56/2/10.

24 *Ibid.*, p. 32.

25 *Ibid.*

26 *Ibid.*, p. 27.

le niveau de vie des Français, jusque-là très inférieur à celui des Belges et des Néerlandais[27].

Au début du mois de mars 1944, les implications qu'aurait la création d'une entité européenne pour l'économie française, dont une étude poussée reste à mener, ne permettent donc pas de trancher. Par contre, l'étude de la question allemande aboutit à des conclusions plus précises.

2. *Les experts favorables à l'inclusion de la Rhénanie dans la fédération européenne*

Dans un premier temps, la participation de la Rhénanie à ce groupement européen semble être désapprouvée par les experts. Laurent Blum-Picard y est très hostile[28]. Mais le CFLN rejette une nouvelle fois ses conclusions. L'ancien directeur des Mines a en effet écarté *a priori* la possibilité de rattacher la Rhénanie à la fédération de l'Europe de l'Ouest, parce que sa participation impliquerait un démembrement politique de l'Allemagne qu'il juge impossible[29].

Des bouleversements géopolitiques susceptibles d'intervenir en Europe relancent de toute façon la question de l'inclusion de la Rhénanie dans un groupement européen. En février 1944, le CFLN apprend que les Soviétiques comptent démembrer l'Allemagne[30]. Pour les Français, le détachement, d'un point de vue économique mais aussi politique, des régions industrielles de la partie orientale de l'Allemagne – la Silésie, la Saxe – appellerait des mesures correspondantes à l'ouest du pays. Aussi leur semble-t-il justifié que l'Europe de l'Ouest veuille attirer « dans son orbite économique la région rhéno-westphalienne »[31]. À la fin du mois de février 1944, le général de Gaulle relance donc les études sur le rattachement de la Rhénanie à l'Europe de l'Ouest. Il s'agit de préciser les conditions stratégiques, politiques et économiques qui seraient celles de la France, de la Belgique, des Pays-Bas et de la Grande-Bretagne dans le cas d'un tel rattachement[32]. Une Rhénanie séparée de l'Allemagne et rattachée économiquement et stratégiquement à l'Ouest européen serait-elle viable ?

En mars 1944, le CFLN ne dispose encore que d'informations superficielles. Les réponses des experts sont très partielles. Beaucoup de questions restent en suspens. Aucune étude n'a par exemple établi les

---

27 « Note pour Monsieur Massigli », CFLN, commissariat aux Affaires étrangères, dir. éco., Pierre Baraduc, 2 mars 1944, AMAE, GU 1939/45, t. 717.

28 Mémoire de Blum-Picard, cité en note 23, p. 16.

29 *Ibid.*

30 « Lettre du général de Gaulle à René Massigli », 24 février 1944, in de Gaulle, Ch., *Mémoires de guerre*, tome II : *L'unité 1942-1944*, Paris, Plon, 1956, p. 618.

31 Note pour Massigli du 2 mars 1944, citée en note 27.

32 Lettre du général de Gaulle à René Massigli, citée en note 30.

conséquences économiques du rattachement de la Rhénanie à l'ouest de l'Europe. Malgré ces incertitudes, les experts et les fonctionnaires de la direction des affaires économiques – Albert Lamarle, Jean-Marc Boegner, Pierre Baraduc – sont très favorables au rattachement de la Rhénanie à l'Europe de l'Ouest[33]. Leur réflexion s'est enrichie du fait que les problèmes allemands, notamment ceux liés au désarmement économique et aux réparations, commencent à être étudiés de façon plus systématique. À Londres, le CIEA s'est saisi, depuis l'automne 1943, du problème du désarmement économique[34]. À Alger, des fonctionnaires et des hommes politiques réfléchissent à la question des réparations[35]. De l'examen de ces différentes questions, il ressort qu'il convient d'envisager les problèmes posés par la défaite allemande et les questions liées à la fin de la guerre comme un tout. Les questions des réparations, du désarmement économique ne doivent être séparées ni de la question de la sécurité militaire de l'Europe, ni de la réorganisation politique et économique du continent[36]. Du triple point de vue militaire, politique et économique, le détachement de la Rhénanie ne présente, de l'avis des experts, que des avantages. Il interdirait à l'Allemagne d'utiliser sa puissance industrielle pour reconstituer une nouvelle machine de guerre. Aussi la sécurité de l'Europe serait-elle assurée. Toutefois, le détache-

---

33 Note pour Massigli du 2 mars 1944, citée en note 27 ; « note pour Monsieur Massigli au sujet des problèmes économiques de l'armistice », CFLN, commissariat aux Affaires étrangères, dir. éco., Jean-Marc Boegner, 3 mars 1944, AMAE, GU 1939/45, t. 717 ; note sur « le problème de la paix avec l'Allemagne », Albert Lamarle, 2 mars 1944, AMAE, GU 1939/45, t. 1092.

34 Sur la décision du CIEA de se saisir du problème du désarmement industriel de l'Allemagne : tél. de Londres à Alger, 7 septembre 1943, AMAE, GU 1939/45, t. 1532 ; tél. de Dejean à Alger, 15 septembre 1943, AMAE, GU 1939/45, t. 654 ; tél. de Londres à Alger, 1er octobre 1943, AMAE, GU 1939/45, t. 714 ; tél. de Dejean à Massigli, 15 octobre 1943, AMAE, GU 1939/45, t. 714 ; lettre de Dejean à Massigli, 25 novembre 1943, AMAE, GU 1939/45, t. 655 ; résumé des décisions de la 13e séance du CIEA, 30 décembre 1943, annexé à un courrier de Dejean à Massigli, 4 janvier 1944, AMAE, GU 1939/45, t. 714.

35 « Note relative au « programme des travaux de la section des questions juridiques internationales », 11 juillet 1942, AMAE, GU 1939/45, t. 172 ; « note préliminaire sur le problème des réparations », Robert Marjolin, 26 mars 1943, AMAE, GU 1939/45, t. 1487 ; « note pour Monsieur Massigli a/s des restitutions et dommages de guerre », CFLN, commissariat aux Affaires étrangères, dir. éco., 29 novembre 1943, AMAE, GU 1939/45, t. 714 ; « procès-verbal de la réunion du Comité économique », 17 décembre 1943, AMAE, GU 1939/45, t. 732 ; « projet de note à Maurice Dejean a/s des réparations et des dommages de guerre », 26 janvier 1944, AMAE, GU 1939/45, t. 717.

36 Outre les documents cités dans les notes précédentes, voir une « note pour le Comité », Jean-Marc Boegner, annexe à une « note pour Monsieur Massigli a/s des problèmes économiques de l'armistice », CFLN, commissariat aux Affaires étrangères, dir. éco., ainsi que le « projet de lettre de René Massigli pour Maurice Dejean », Jean-Marc Boegner, sans date (6 mars 1944), AMAE, GU 1939/45, t. 717.

ment laisserait un niveau de vie suffisant en Allemagne. Il permettrait en outre que les ouvriers et les employés de l'industrie conservent leur emploi, ce qu'un désarmement économique traditionnel interdirait. Il n'entraînerait donc pas de troubles politiques et sociaux. D'une manière générale, le détachement est considéré comme un facteur de paix sociale et politique. Il faciliterait enfin la participation de l'économie allemande à la restauration des pays libérés. À terme, l'économie allemande pourrait être intégrée à l'économie européenne. Ainsi, le développement économique de l'Europe serait fondé sur des bases solides[37].

Le détachement de la Rhénanie, intégrée à l'union économique de l'Europe de l'Ouest, constitue donc pour les Français une solution constructive aux problèmes de l'après-guerre. Les cercles dirigeants de la France libre y sont favorables. Mais l'avis des Alliés est plus partagé.

C. Les Alliés et le projet de fédération de l'Europe de l'Ouest

Parallèlement aux études qui sont menées par les experts français, le CFLN discute de ces questions avec ses Alliés. D'une part, les Français poursuivent avec les Belges et les Néerlandais les négociations concernant la création d'une union économique de l'Europe de l'Ouest, dont ce n'est pas le lieu ici de retracer l'évolution[38]. D'autre part, ils cherchent à sonder les « petits Alliés » et les trois Grands sur le détachement de la Rhénanie.

1. Les « petits Alliés » globalement favorables au détachement de la Rhénanie

Le CFLN passe par le CIEA pour connaître l'avis des « petits Alliés » sur son projet de détachement. Depuis l'automne 1943, le CIEA consacre en effet, comme il a déjà été dit, une partie de ses travaux au désarmement économique de l'Allemagne. Dans la pratique, les Français se servent d'un projet sur le contrôle et le désarmement économiques de l'Allemagne – que Maurice Dejean, délégué français auprès de l'institution alliée, présente en janvier 1944 au CIEA – pour connaître le point de vue des gouvernements repliés à Londres. Théoriquement, le projet français propose trois solutions pour assurer le contrôle de l'économie allemande. Lors des débats, Dejean donne cependant sa

[37] Aux documents cités dans les notes précédentes, il faut ajouter les « clauses préparatoires de la paix à insérer dans une convention d'armistice », Albert Lamarle, 10 mars 1944, document annexé à une lettre de Massigli pour Viénot, 10 mars 1944, AMAE, GU 1939/45, t. 653.

[38] Guillen, P., « La France libre et le projet de fédération ouest-européenne 1943-1944 », in *op. cit.*, p. 171-173.

préférence à la thèse du détachement[39]. Cette solution est bien accueillie par l'ensemble des délégations alliées. Seuls les Polonais se montrent résolument hostiles. Ils privilégient une occupation militaire de longue durée et des contrôles économiques drastiques[40]. Le débat au CIEA est donc tranché en faveur de la thèse française. Dans ses études sur le désarmement économique de l'Allemagne, il adopte en effet le détachement de la région rhéno-westphalienne comme hypothèse de travail[41].

2. *L'avis réservé des Américains et des Britanniques*

Le CFLN a en revanche plus de difficultés à connaître l'avis des trois Grands. Les Français savent pourtant que ceux-ci élaborent dans le cadre de la Commission consultative européenne (CCE) un projet d'armistice avec l'Allemagne[42]. À plusieurs reprises, le CFLN cherche à être informé de la teneur des plans alliés[43]. Son représentant à Londres en fait la demande expresse aux autorités britanniques[44]. En communiquant ses projets à la CCE, le CIEA tente également d'obtenir en retour des informations sur les intentions des trois Grands[45]. Ces tentatives restent vaines. Pour sonder les Grands sur le détachement de la Rhénanie, le CFLN s'en remet par conséquent à l'action de ses représentants en Grande-Bretagne et aux USA ainsi qu'à l'analyse de la presse étrangère.

---

39 « Mémoire sur le désarmement économique du Reich », Mission diplomatique française auprès des gouvernements alliés, (Maurice Dejean), 26 janvier 1944, AOFAA, DRAFB, c. 221 d. G II 5. Le mémoire français deviendra dans la nomenclature du CIEA le document n° 214. Maurice Dejean n'est pas le seul auteur de ce mémoire. Il en assure la direction et bénéficie de la coopération des services du professeur Edmond Vermeil et du Comité d'études économiques de Laurent Blum-Picard. En novembre et décembre 1943, les Français de Londres avaient déjà rédigé deux mémoires sur le désarmement économique : « mémoire sur le désarmement économique de l'Allemagne », CFLN, Comité d'études économiques, 8 novembre 1943, AN F[12] 10105, mémoire sur « le désarmement économique de l'Allemagne », CFLN, Mission diplomatique française auprès des gouvernements alliés, 18 décembre 1943, SHAT, 4 Q 35. Les archives de Maurice Dejean (AMAE-Paris, PA-AP 288, t. 39) contiennent de nombreux brouillons manuscrits du mémoire de janvier 1944.

40 « Mémoire de la délégation polonaise relatif au désarmement de l'Allemagne », CIEA, doc. n° 239, 23 février 1944, AMAE, GU 1939/45, t. 715.

41 Voir l'ensemble des travaux, qui sont tous fondés sur cette hypothèse.

42 Kowalski, H.-G., « Die "European Advisory Commission" als Instrument alliierter Deutschlandplanung 1943-1945 », in *Vierteljahreshefte für Zeitgeschichte*, n° 19, 1971, p. 261-293.

43 Courrier et tél. de Viénot à Massigli, 5 février, 24 février et 2 avril 1944, AMAE, GU 1939/45, t. 653 ; tél. de Dejean à Alger, 10 avril 1944, AMAE, GU 1939/45, t. 657.

44 Tél. de Viénot à Massigli, 24 février 1944, AMAE, GU 1939/45, t. 653.

45 *Ibid.* ; « Résumé des décisions », Comité interallié (des ministres) des Affaires étrangères, 13e séance, 30 décembre 1943, annexé à un courrier de Dejean à Massigli, 4 janvier 1944, et tél. de Londres à Alger (commissariat aux Affaires étrangères), 1er octobre 1943, AMAE, GU 1939/45, t. 714.

En mars 1944, les informations recueillies restent floues. Les réactions des sociétés anglo-américaines sont changeantes, tandis que les positions des gouvernements américain et britannique, qui ne semblent pas clairement définies, divergent sensiblement.

En Grande-Bretagne, les milieux gouvernementaux sont hostiles au détachement de la Rhénanie. Le Foreign Office considère que tout détachement entraînerait en Allemagne des revendications nationalistes[46]. Herbert Morrison, du Home Office, rejette les « solutions qu'on ne serait plus prêts, dans dix ou vingt ans, à défendre par la force »[47]. La presse apparaît plus partagée. L'*Observer* n'est pas opposé au détachement de la région rhéno-westphalienne. Il voit dans une dislocation de l'Allemagne et dans son intégration à une fédération européenne un moyen de reconstruire l'après-guerre sur des bases nouvelles, « en s'élevant au-dessus des mentalités étroites »[48]. Le *Times* croit en revanche impossible de briser l'unité allemande, voulue par la population. L'intégration de l'Allemagne tout entière à une fédération européenne semble par conséquent plus prometteuse et moins contraignante[49].

Le point de vue des Américains est beaucoup plus difficile à saisir. Henri Hoppenot, le représentant du CFLN à Washington, rapporte que les milieux gouvernementaux ne semblent pas avoir de politique claire quant à l'avenir de l'Allemagne et de l'Europe. L'administration n'aurait établi aucun plan. Elle serait en train de rassembler la documentation nécessaire. Hoppenot a la conviction que le département d'État n'a élaboré aucune doctrine concernant l'Allemagne. Les échéances électorales de la fin de l'année 1944 seraient à l'origine de cette paralysie de la machine gouvernementale. Cette absence de vision constituerait peut-être, d'après Hoppenot, une chance pour la France :

> une déclaration claire de nos « Buts de Guerre », un exposé de nos vues sur l'organisation de l'Europe occidentale, si elle apparaît à la fois comme constructive [et] désintéressée frapperait l'opinion et rallierait, ici et ailleurs, beaucoup d'esprits qui, constatant la carence américaine, craignent également [de] voir Londres ou Moscou orienter, au gré de leurs intérêts, le sort de l'Europe de demain[50].

De son côté, la presse d'outre-Atlantique semble faire peu de cas de l'avenir de l'Allemagne et de l'Europe. Ainsi, pour le *Saturday Evening*

46 Courrier de Viénot à Massigli, 5 février 1944, AMAE, GU 1939/45, t. 653.

47 Note a/s des « opinions britanniques et américaines sur le statut futur de l'Allemagne, le désarmement économique et moral et l'incidence des problèmes asiatiques », Albert Lamarle, 17 février 1944, AMAE, GU 1939/45, t. 717.

48 *Ibid.* ; dans le même sens, analyses contenues dans « le problème de la paix avec l'Allemagne », Albert Lamarle, 2 mars 1944, AMAE, GU 1939/45, t. 1092.

49 Voir les documents cités dans les deux notes précédentes.

50 Tél. de Hoppenot à Massigli, 24 mars 1944, AMAE, GU 1939/45, t. 717.

Post, hebdomadaire qui paraît à Washington, l'Allemagne ne sera plus, après-guerre, qu'une puissance de second ordre et l'Europe un continent en déclin. L'hebdomadaire considère que les véritables enjeux seront désormais liés à l'antagonisme entre l'URSS et les USA[51].

En mars 1944, les informations dont dispose le CFLN sont donc très lacunaires. Du strict point de vue des solutions à apporter au problème allemand, le détachement de la Rhénanie semble recommandable. Mais les conséquences que ferait peser sur l'économie française une fédération de l'Europe de l'Ouest restent difficiles à mesurer. Quant aux Alliés, ils semblent très partagés. L'accord des petits Alliés paraît certes acquis. Mais il est contrebalancé par l'indécision sinon l'hostilité des Anglo-Américains au plan français. Finalement, c'est l'opposition des Soviétiques qui condamne ce dernier.

3. *L'enterrement du projet de fédération de l'Europe de l'Ouest*

Ces diverses incertitudes expliquent sans doute la décision du général de Gaulle d'évoquer à Alger, le 18 mars 1944, le projet de fédération de l'Europe de l'Ouest devant l'Assemblée consultative provisoire[52]. Il veut ainsi amener les Alliés à prendre position. Leurs réactions, immédiates, sont très négatives.

Les Britanniques louvoient. Leur accord serait pourtant fondamental. En approuvant le projet de fédération de l'Europe de l'Ouest, ils favoriseraient les négociations franco-belgo-hollandaises qui achoppent sur les réticences des Néerlandais. Ces derniers refusent en effet de s'engager plus avant tant que le gouvernement de la France libre n'aura pas été reconnu officiellement par la Grande-Bretagne. L'approbation du plan par les Briänniques ne correspondrait certes pas à une reconnaissance officielle de la France libre, mais il renforcerait considérablement sa position. Quoi qu'il en soit, la diplomatie britannique n'est pas prête à ces concessions. D'abord parce que la reconnaissance du CFLN froisserait les Américains, dont l'appui est nécessaire aux Britanniques pour reconquérir leurs positions dans le monde[53]. Ensuite parce que le détachement de la région rhéno-westphalienne est contraire aux thèses du Foreign Office[54].

---

[51] Note du 17 février 1944, citée en note 47.

[52] « Discours prononcé devant l'Assemblée consultative provisoire à Alger », Charles de Gaulle, 18 mars 1944, in de Gaulle, Ch., *Discours et messages*, *op. cit.*, p. 420-421.

[53] Guillen, P., « La France libre et le projet de fédération ouest-européenne 1943-1944 », in *op. cit.*, p. 167-168.

[54] Tél. de Viénot à Massigli, 24 février 1944, cité en note 44 ; note du 17 février 1944, citée en note 47.

Les réactions des Soviétiques sont autrement plus hostiles. Le gouvernement de Moscou se plaint de ne pas avoir été mis au courant du projet, qui est considéré comme la reprise d'une politique visant à isoler l'URSS. Les Soviétiques se montrent même menaçants : toute organisation politique et économique de l'Europe faite sans leur accord serait considérée comme une construction anti-soviétique[55].

Dès lors, le projet de fédération de l'Europe de l'Ouest et la politique allemande qu'il sous-tendait sont condamnés. Le CFLN, « à ce moment en butte à l'hostilité de Washington, en froid avec Londres, ne peut s'aliéner Moscou »[56]. Les négociations avec les Belges et les Néerlandais se poursuivent pendant de longs mois, mais sur des bases désormais beaucoup plus réduites. Quant à la politique allemande de la France, elle ne semble plus pouvoir être fondée sur le détachement d'une région rhéno-westphalienne. Les militaires de l'EMDN tirent d'ailleurs tous les enseignements de l'abandon du projet de fédération de l'Europe de l'Ouest, consécutif à l'opposition des Soviétiques. Dans ses décisions du 12 août 1944, le comité de défense nationale substitue au détachement de la région rhéno-westphalienne l'occupation permanente et indéfinie d'une zone qui correspond *grosso modo* à la région dont le détachement était initialement envisagé[57]. Dans cette zone, l'Allemagne ne serait pas privée de sa souveraineté, excepté sur le plan militaire[58]. Cette nouvelle orientation de la politique allemande, loin d'être passagère, constitue la ligne officielle de la France entre août 1944 et février 1945.

II. Une politique allemande nationaliste (août 1944-juin 1945)

À partir de septembre 1944, la définition de la politique allemande de la France entre dans une phase active. L'évolution du conflit, qui ne laisse aucun doute sur l'issue de la guerre, amène les décideurs français à prendre rapidement position sur l'ensemble des questions allemandes. Avec la libération de Paris et d'une partie du territoire national, le GPRF, installé dans la capitale et reconnu officiellement par les Alliés, recouvre les prérogatives classiques d'un gouvernement. Il dispose ainsi de plus de moyens pour définir sa politique allemande[59]. Pourtant, dans

---

55 Guillen, P., « La France libre et le projet de fédération ouest-européenne 1943-1944 », in *op. cit.*, p. 168-169.

56 *Ibid.*, p. 169.

57 « Extrait de la décision prise en séance du comité de la Défense nationale », 12 août 1944, EMDN, cabinet, AMAE, DE-AAA, t. 8. « Décisions prises à la séance du Comité de défense nationale du samedi 12 août 1944 », GPRF, EMDN, cabinet, Charles de Gaulle, 12 août 1944, SHAT, 2 Q 3.

58 *Ibid.*

59 Sur ce point, voir le chapitre I.

un premier temps, le général de Gaulle s'en tient, dans ses nombreuses déclarations publiques, aux décisions à caractère strictement politique et militaire adoptées, le 12 août 1944, par le comité de défense nationale. S'adressant aux corps constitués[60], aux parlementaires[61], à la presse nationale et étrangère ainsi qu'à l'opinion publique[62], bref à la nation tout entière ainsi qu'aux Alliés, le général de Gaulle ne se départit pas, de septembre 1944 à février 1945, de la position arrêtée à l'été 1944. Il répète ainsi sans relâche que la force française sera installée en permanence d'un bout à l'autre du Rhin. Entre août 1944 et février 1945, la France ne préconise donc pas le détachement de la Ruhr et de la Rhénanie. Avant de renoncer éventuellement à cette politique, le général de Gaulle attend que les hauts fonctionnaires de plusieurs ministères aient rendu leurs conclusions. C'est que, dès le mois de septembre 1944, le GPRF a chargé les ministères des Finances et des Affaires étrangères d'étudier les questions allemandes sous un angle économique[63]. En novembre 1944, le groupe dirigé par Hervé Alphand rend ses conclusions. Elles s'opposent fondamentalement aux décisions arrêtées par le comité de défense nationale en août 1944.

Le GPRF est alors à la croisée des chemins. Soit il suit les militaires et opte pour une politique défensive, fondée sur une conception classique de la puissance, donnant le primat au politique et au militaire, soit il opte pour le projet Alphand, qui met en avant les questions économiques et s'inscrit dans une dynamique européenne constructive.

A. L'impossible arbitrage de la commission pour les affaires allemandes

Dans un premier temps, le GPRF confie l'examen des thèses en présence à la commission pour les affaires allemandes, créée en décembre 1944. Ses membres mesurent cependant très vite les différences considérables qui séparent les deux projets.

1. Des projets fondamentalement différents

Ces différences portent d'abord sur les espaces à contrôler et les statuts juridiques à leur conférer. Les économistes, on l'a vu, considèrent

60 Discours prononcé au palais de Chaillot, 12 septembre 1944, in de Gaulle, Ch., *Discours et messages*, *op. cit.*, p. 480-490.

61 Discours prononcés à l'Assemblée consultative, 22 novembre et 21 décembre 1944, in de Gaulle, Ch., *Discours et messages*, *op. cit.*, p. 520-531.

62 Discours prononcé au palais de Chaillot, 12 septembre 1944, et conférences de presse à Paris, 25 octobre 1944 et 25 janvier 1945, in de Gaulle, Ch., *Discours et messages*, *op. cit.*, p. 480-490, p. 494-509 et p. 544-558.

63 « Note a/s du désarmement économique de l'Allemagne », MAE, dir. éco., 9 novembre 1944, AMAE, Y 1944/49, t. 362. Le début de la note est à cet égard très explicite.

que la région rhéno-westphalienne devrait être aussi réduite que possible, sa superficie ne devant guère dépasser 45 000 km². Les militaires défendent une thèse opposée. La zone qu'ils entendent contrôler devrait englober toute la rive gauche du Rhin et une bande d'au moins 100 kilomètres de profondeur sur la rive droite. L'opposition entre les deux camps est plus profonde encore lorsqu'il s'agit de déterminer les statuts juridiques qui s'appliqueraient aux territoires à occuper. L'occupation militaire devrait s'exercer sur un territoire resté en pleine souveraineté allemande – la souveraineté militaire exceptée[64] – tandis que la zone économique serait séparée de l'Allemagne, tant du point de vue politique que du point de vue économique[65]. Les deux groupes s'opposent aussi sur les dates d'entrée en vigueur des mesures décidées. L'occupation militaire ne devrait intervenir qu'après la fin de l'occupation totale de l'Allemagne par les Alliés alors que, dans le « projet des civils », la question est en suspens[66].

En réalité, les oppositions concernant l'étendue des espaces à occuper et les statuts de ces territoires renvoient à des différences beaucoup plus profondes qui traduisent les conceptions antagonistes qu'ont les deux groupes de la puissance et de son corollaire, la sécurité. Pour les économistes, cette conception est relativement novatrice. À leurs yeux, la puissance d'une nation dépend de son potentiel économique. En le contrôlant, on assure la sécurité des pays voisins. La conception des militaires est plus classique. Elle se fonde en premier lieu sur la couverture militaire du territoire français, qui suppose l'occupation des espaces allemands frontaliers[67]. La sécurité est ici assurée par l'occupation militaire qui devrait priver, comme nous l'avons vu, l'Allemagne de ses bases traditionnelles d'invasion. Elle permettrait aussi aux forces alliées de contrôler le potentiel militaire allemand et de déboucher en Allemagne en cas de troubles[68]. Elle s'inscrit donc dans le droit fil des principes du maréchal Foch appliqués après 1918[69], d'autant plus que les

64 « Mémorandum sur la frontière militaire de l'Ouest européen », sans date, EMDN, 1re section, commission d'études de l'armistice, et « extrait de la décision prise en séance du comité de la Défense nationale », 12 août 1944, EMDN, cabinet, AMAE, DE-AAA, t. 8.

65 Note du 9 novembre 1944, citée en note 63.

66 Dès le 18 janvier 1945, les économistes estiment que, pour des raisons pratiques, la région rhéno-westphalienne devrait être instituée dès la capitulation. Voir la réunion de la sous-commission économique pour les affaires allemandes, 18 janvier 1945, AMAE, DE-AAA, t. 8

67 Mémorandum, sans date, et extrait de la décision du 12 août 1944, EMDN, cités en note 64. Voir aussi l'argumentation du général Koeltz, « réunion sous la présidence de Jean Chauvel », 27 décembre 1944, AMAE, DE-AAA, t. 8.

68 Voir les documents cités dans la note précédente.

69 Déclarations de Maurice Dejean et du général Koeltz, réunion de la sous-commission politique pour les affaires allemandes, 20 janvier 1945, AMAE, DE-AAA, t. 5.

régions qu'il est prévu d'occuper correspondent *grosso modo* au tracé de l'occupation maximale à l'issue de la Première Guerre mondiale[70]. Le projet des militaires s'appuie en second lieu sur la politique traditionnelle d'alliance avec la Russie. À la zone d'occupation prévue à l'ouest de l'Allemagne – délimitée par la frontière militaire de l'Ouest européen – devrait en effet correspondre une zone d'occupation à l'est de l'Allemagne, sous contrôle soviétique, tchèque et polonais, délimitée par une frontière militaire de l'Est européen[71]. « Un des buts essentiels de l'occupation de bases en Allemagne » consiste donc, comme le rappelle le général Koeltz, à mettre les puissances occidentales « en mesure de combiner efficacement des opérations militaires à l'Ouest avec les opérations que la Russie et ses alliés de l'Est entreprendraient elles-mêmes contre l'Allemagne »[72]. L'inclusion de la Ruhr dans la future zone témoigne assurément de la volonté des militaires d'en contrôler le potentiel industriel. Mais les aspects économiques, étroitement subordonnés aux données classiques de la stratégie et de la sécurité militaires, restent ici secondaires au regard d'un contrôle militaire des territoires allemands[73]. Pour dépasser ces différences, la commission essaie, à partir de janvier 1945, de trouver un compromis.

2. La fusion des deux projets : le compromis impossible

Pour aboutir à ce compromis, la commission propose de fusionner les deux projets et de créer une grande région rhéno-westphalienne.

Dans cette optique, les militaires tentent de convaincre leurs collègues économistes d'adopter leur zone comme base des territoires à occuper. Dès les premiers jours de janvier 1945, ils leur proposent en effet l'agrandissement de la zone économique de façon à ce qu'elle coïncide avec la zone d'occupation prévue par les décisions du 12 août 1944[74]. L'affaire est sérieuse, puisque le commandant Jeandet, directeur de cabinet du général Koeltz, rédige à cet effet un mémoire, qu'il vient défendre, accompagné du colonel Lassalle, lors d'une réunion de la sous-commission économique à la mi-janvier 1945[75]. Pour les militaires,

---

[70] C'est en tout cas la base de réflexion que Maurice Dejean préconise d'utiliser pour définir la future entité : réunion du 20 janvier 1945, citée en note 69.

[71] Mémorandum, sans date, cité en note 64.

[72] Réunion du 20 janvier 1945, citée en note 69.

[73] Dans l'ensemble des documents cités ci-dessus, c'est en effet l'occupation militaire qui prime.

[74] Les militaires rédigent un mémoire en ce sens, « note sur la constitution d'une Rhéno-Westphalie », MMAA, 10 janvier 1945, AMAE, DE-AAA, t. 8. Ses conclusions sont présentées le 18 janvier 1945 aux membres de la sous-commission économique par le commandant Jeandet, chef de cabinet du général Koeltz, et le colonel Lassalle, représentant de la 1re section de l'EMGDN : réunion du 18 janvier 1945, citée en note 66.

[75] Réunion du 18 janiver 1945, citée en note 66.

la coïncidence des deux zones ne présenterait que des avantages. L'identité même du but poursuivi dans les deux projets – le désarmement de l'Allemagne – et la similitude des solutions envisagées – le détachement ou l'occupation définitive de la Rhéno-Westphalie – la justifient[76]. Les militaires soulignent aussi l'unité intrinsèque, d'un point de vue économique, de cette grande Rhénanie[77]. Ils insistent enfin sur les conséquences très favorables qui découleraient d'une occupation militaire[78] et évoquent *a contrario* les nombreux inconvénients qu'entraînerait la constitution de deux zones : les contrôles à la frontière militaire devraient être doublés de contrôles à la frontière économique ; les industries de transformation rhénanes seraient séparées des centres de production charbonnière ; enfin, comment assurer le désarmement effectif de l'Allemagne si ces industries devaient être situées hors du territoire occupé[79] ?

De leur côté, les « économistes » craignent que l'extension de la zone qu'ils avaient initialement délimitée conduise à des difficultés de tous ordres. Son agrandissement risquerait d'accroître les résistances locales. Quant à la viabilité économique de l'Allemagne, elle s'en trouverait compromise[80]. Et puis l'administration de ce territoire considérable excéderait certainement la capacité des forces françaises[81].

Si les arguments des militaires visent à convaincre les tenants de la thèse économique d'agrandir leur zone[82], leurs véritables motivations ne sont pas d'ordre économique. Les officiers craignent en fait que les statuts très différents des deux zones aboutissent à terme à remettre en cause l'existence de la zone militaire. La présence de troupes françaises sur le Rhin moyen et supérieur, c'est-à-dire sur des territoires demeurés en pleine souveraineté allemande, risquerait alors de revêtir

> à bref délai, autant vis-à-vis de l'opinion internationale qu'à l'égard des Allemands, l'apparence d'une mesure excessive imputable à la France. La tentation deviendrait peu à peu irrésistible de considérer que cette occupa-

---

76 Note du 10 janvier 1945, citée en note 74.

77 Voir les deux notes citées ci-dessus.

78 Note du 10 janvier 1945, citée en note 74.

79 *Ibid.*

80 *Ibid.* Le colonel Pierre Lassalle précise alors que la vie de la future région rhéno-westphalienne agrandie, qui comprendrait donc des régions agricoles, serait plus facile. Quant à la crainte de voir l'Allemagne incapable de subvenir à ses besoins, elle serait *de facto* écartée puisque la future entité exporterait, sous contrôle allié, tout ce dont l'Allemagne aurait besoin.

81 Réunion du 20 janvier 1945, citée en note 69.

82 *Ibid.*

tion française serait en définitive destinée à rentrer dans les limites d'une Rhéno-Westphalie au-delà de laquelle elle déborderait indûment[83].

Dans le cas de la constitution de deux zones distinctes, la couverture militaire du territoire français risquerait donc d'être rapidement remise en cause. Une large partie de la frontière française se retrouverait alors directement en contact avec des territoires en pleine souveraineté allemande. Aussi est-il tout à fait clair, comme le rappelle le colonel Lassalle, que, d'un point de vue stratégique, « la coïncidence des frontières militaire et économique ne saurait être cherchée qu'en adaptant celle-ci à celle-là. Il ne saurait être question en effet, au point de vue militaire, de renoncer aux réduits constitués par la Ruhr, Francfort et Pforzheim »[84].

Toutefois, chacun des groupes campant fermement sur ses positions, les tentatives de compromis tournent court. Au-delà des enjeux liés à l'Allemagne, les tenants des deux projets s'efforcent en effet de montrer que leurs conceptions sont les plus adaptées à la situation.

Maurice Dejean, un des hérauts de la thèse militaire, suggère ainsi à plusieurs reprises de « prendre pour base d'études la zone d'occupation maxima, après la dernière guerre, qui a, sur toutes autres, l'avantage de répondre à des données concrètes dont la valeur est encore actuelle »[85]. Il refuse par ailleurs que la délimitation de la zone à occuper dépende au premier chef de considérations économiques. Il lui semble en effet que la pérennité de la zone dépendra plus de « l'établissement d'échanges féconds avec les pays environnants ou plus généralement avec l'étranger » que de la constitution d'une entité économiquement viable, laquelle lui apparaît d'ailleurs difficile à obtenir compte tenu de sa surindustrialisation[86].

Jean-Marc Boegner rétorque aux membres de la sous-commission politique que « les études poursuivies par la sous-commission économique ont pris pour base les données permanentes de la géographie et de l'économie, en particulier en ce qui concerne les richesses charbonnières de la Ruhr, élément fondamental de la puissance économique allemande »[87]. Et Boegner de marteler que « cette base [de réflexion] semble correspondre au but recherché beaucoup plus que celle qui est fournie par les zones soumises à occupation au lendemain de la dernière guerre »[88].

---

83 *Ibid.*

84 Réunion du 18 janvier 1945, citée en note 66.

85 Réunion du 20 janvier 1945, citée en note 69.

86 *Ibid.*

87 *Ibid.*

88 *Ibid.*

À la fin du mois de janvier, la commission pour les affaires allemandes est par conséquent obligée de reconnaître l'échec des tentatives de compromis. Il apparaît impossible d'aboutir à la fusion des deux zones[89]. L'idée même d'une région rhéno-westphalienne est donc abandonnée[90].

3. La solution adoptée : l'émergence de zones distinctes

Après avoir rejeté la création d'une unique région rhéno-westphalienne, la commission pour les affaires allemandes propose un second plan, n'avantageant *a priori* aucune des thèses en présence. Il cumule les propositions des deux projets. Les espaces à occuper correspondraient à la plus grande des zones, c'est-à-dire à celle préconisée par les militaires. Un consensus est trouvé en ce qui concerne les statuts. C'est désormais l'ensemble du territoire occupé qui devrait être soustrait, sur les plans politique, économique et militaire, à la souveraineté allemande, à l'exception des régions situées à l'est du Rhin. Mais pour concilier les nécessités économiques – constitution d'un territoire viable – et les impératifs stratégiques – assurer la couverture militaire de la France –, la commission estime qu'à l'intérieur de ce grand espace, il faudra « envisager différents régimes ; par exemple un régime spécial à définir pour la région de la Ruhr et un régime pour la rive gauche du Rhin où prévaudra l'influence française »[91].

Les propositions de la commission distinguent donc désormais avec soin le sort de la Ruhr et celui de la Rhénanie. La Ruhr devrait former une entité politique dotée d'un gouvernement interallié, auquel la France « et peut-être la Russie » participeraient. Elle serait occupée par des contingents fournis par les puissances continentales européennes, auxquels s'ajouteraient éventuellement des détachements américains. La Rhénanie – c'est-à-dire tous les pays de la rive gauche du Rhin au sud d'une ligne comprenant les villes d'Aix-la-Chapelle et de Cologne – devrait être confiée « à la France qui en assurera l'administration et l'occupation militaire », épaulée par la Belgique, les Pays-Bas et le Luxembourg[92].

Les deux sous-commissions formalisent, précisent et affinent ensuite ces directives. La sous-commission politique introduit ainsi des distinctions nominales. Le glacis protecteur, sur l'étendue duquel l'Allemagne serait uniquement privée de souveraineté militaire, est appelé « zone de contrôle direct », tandis que les territoires à détacher définitivement de l'Allemagne formeraient la « zone d'occupation permanente », elle-

89 *Ibid.* et réunion du 18 janvier 1945, citée en note 66.

90 Réunion du 20 janvier 1945, citée en note 69.

91 *Ibid.*

92 *Ibid.*

même scindée en une « zone internationale » – la Ruhr – et une « zone à prédominance française » – la Rhénanie[93]. C'est donc à la commission pour les affaires allemandes et autrichiennes et non aux responsables politiques que revient la proposition de constituer deux zones distinctes.

B. La victoire des « militaires »

La commission soumet ses conclusions au général de Gaulle fin janvier 1945. Il les reprend, pour l'essentiel, à son compte[94]. La ligne définie par la commission devient ainsi la politique allemande de la France. Elle est clairement formulée dans les directives que le Général arrête, le 1er février 1945, à propos de l'occupation de l'Allemagne[95]. Quelques jours plus tard, de Gaulle la rend publique dans un discours radiodiffusé[96]. Que le Général ait accepté la thèse du détachement n'est pas une surprise. Il la défend de longue date. Dès l'été 1944, il avait d'ailleurs sondé les Alliés à ce sujet – les Américains en juillet 1944[97], les Britanniques en novembre[98] et les Soviétiques en décembre[99]. En adoptant les conclusions de la commission, le général prend également clairement position contre ceux – Pierre Mendès France[100], Alphonse Juin[101] ou encore Laurent Blum-Picard[102] – qui considèrent le détachement de territoires allemands comme chimérique. De Gaulle et les tenants de la thèse militaire voient par ailleurs dans la constitution de deux zones distinctes la possibilité d'infléchir le projet de la commission et de donner la

---

93 Note sur « le problème rhéno-westphalien », MAE, dir. pol., 12 février 1945, AOFAA, AAA 1442/6.

94 Dans les deux projets, le glacis devrait perdurer après la fin de l'occupation générale de l'Allemagne alors que la question reste en suspens dans les directives du général de Gaulle. Voir la note ci-dessous.

95 « Directives du 1er février 1945 concernant l'occupation de l'Allemagne », EMGDN, 1re section, 3 février 1945, AOFAA, DRAFB c. 11 d. Pol I B 2 (1945).

96 Discours radiodiffusé, 5 février 1945, in de Gaulle, Ch., *Discours et messages*, *op. cit.*, p. 558-563.

97 Conférence de presse à Washington, 10 juillet 1944, in de Gaulle, Ch., *Discours et messages*, *op. cit.*, p. 450-459.

98 Soutou, G.-H., « La politique française à l'égard de la Rhénanie 1944-1947 », in Hüttenberger, P., Molitor, H. (Hrsg.), *Franzosen und Deutsche am Rhein*, *op. cit.*, 1989, p. 48.

99 Soutou, G.-H., « Le général de Gaulle et l'URSS, 1943-1945 : idéologie ou équilibre européen », in *Revue d'Histoire Diplomatique*, 1994, t. 58, p. 332-340.

100 Sur la position de Pierre Mendès France, voir le chapitre II. Cf. également les développements *infra*.

101 Le général Juin s'oppose au détachement de la Ruhr dans une note d'observations du 31 janvier 1945. Sur ce point, Kessel, M., *Westeuropa und die deutsche Teilung. Englische und französische Deutschlandpolitik auf den Aussenministerkonferenzen von 1945 bis 1947*, München, Oldenbourg Verlag, 1989, p. 20.

102 Voir les développements *supra*.

priorité à la Rhénanie. Ce glissement des préoccupations, qui relègue progressivement la Ruhr au second plan, traduit le penchant qu'ont les décideurs influents – de Gaulle, Bidault, Dejean – pour une conception classique de la puissance.

1. La priorité donnée à la Rhénanie et aux objectifs territoriaux et militaires

La priorité donnée à la Rhénanie apparaît d'abord dans la nouvelle délimitation qui est faite de la Ruhr, réduite à la portion congrue. Les projets d'organisation politique, administrative et économique élaborés pour les territoires de la Ruhr et de la Rhénanie traduisent ensuite clairement la volonté qu'ont les Français d'établir leur influence en Rhénanie.

À la mi-février 1945, la direction politique du Quai d'Orsay précise, dans un long mémoire, les décisions arrêtées au début du mois. Elle procède aussi à une nouvelle délimitation de la Ruhr et de la Rhénanie. Les nouvelles frontières de la Ruhr confèrent à ce territoire un rôle très secondaire dans le nouveau dispositif français, qui traduit bien l'évolution du projet gouvernemental. Dans l'esprit des décideurs, la politique allemande reposera dorénavant sur le projet rhénan. Le projet concernant la Ruhr n'a en effet plus rien à voir avec les propositions qu'avaient faites Hervé Alphand et les géographes de l'Institut de géographie de Paris. Sa superficie est divisée par quatre ou cinq. Au nord, la réduction profite à la zone rhénane qui devrait être contrôlée par les Britanniques, au sud, à celle dévolue à la France. Dans le nouveau projet, le territoire de la Ruhr n'est plus limitrophe de la France, de la Belgique, du Luxembourg et des Pays-Bas. Le lien géographique qu'avait voulu établir Hervé Alphand entre les pays de l'Ouest européen et ce territoire, en vue d'intégrer plus facilement son économie à l'Europe de l'Ouest, n'existe plus. La Ruhr n'est plus à cheval sur les deux rives du Rhin. Elle est cantonnée à la rive droite. La région allemande située entre le Rhin et la Belgique, les Pays-Bas, le Luxembourg et la France fait désormais partie de la Rhénanie. La priorité va clairement à la sécurité.

D'autre part, les statuts politiques, juridiques et économiques prévus pour les deux entités traduisent la volonté de la France d'étendre son influence en Rhénanie.

D'un point de vue politique, juridique et administratif, la Ruhr devrait être dirigée, comme le prévoyaient déjà les projets de l'automne 1944, par une commission gouvernementale interalliée, composée de cinq membres nommés par les gouvernements des États-Unis, de la Grande-Bretagne, de l'URSS, de la France, de la Belgique, des Pays-Bas et du Luxembourg[103].

---

[103] Annexe 2 (note concernant le statut politique du territoire de la Ruhr) à la note du 12 février 1945, citée en note 93.

Carte 3. La Ruhr dans les projets d'Hervé Alphand (novembre 1944) et de la direction politique du Quai d'Orsay (février 1945)[104]

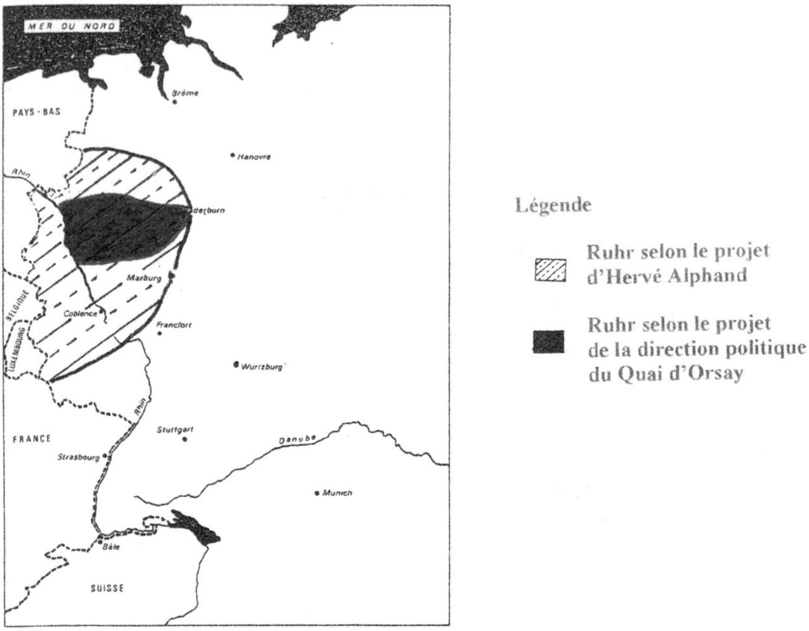

En Rhénanie en revanche, « la France devrait être admise à faire prévaloir son influence en raison des intérêts majeurs de sa sécurité, des charges qu'elle serait appelée à supporter et de l'étendue plus considérable des territoires qui lui seront assignés »[105]. Deux régimes sont imaginés. « Dans la première hypothèse, les zones d'occupation des différentes puissances, France, Belgique, Luxembourg, Hollande, conserveront leur autonomie et seront administrées séparément »[106]. Un système souple de coordination, qui assurerait une certaine unité au régime des quatre zones, serait établi entre les autorités alliées. Dans une seconde hypothèse, « le pouvoir sera exercé par une commission gouvernementale interalliée superposée aux différentes zones et où la prépondérance sera assurée par la France »[107]. Elle serait épaulée par la Belgique, le Luxembourg et les Pays-Bas. Le gouvernement de la future

104 Carte élaborée à partir de la carte 2 et à partir de la carte correspondant au projet de la direction politique du Quai d'Orsay, 12 février 1945, AOFAA, AAA 1442/6.

105 Note du 12 février 1945, citée en note 93.

106 *Ibid.*

107 *Ibid.*

entité serait ainsi dirigé par un haut-commissaire nommé par le gouvernement français, assisté de trois adjoints désignés par les gouvernements belge, luxembourgeois et néerlandais. Au nord de la Ruhr et de la Rhénanie enfin, « certains autres territoires pourraient (...) être placés sous un contrôle principalement britannique »[108].

Séparées politiquement, les deux zones devraient en revanche constituer, d'un point de vue économique et douanier, une seule et même entité. Pour la sous-commission économique, il est capital que l'ensemble de ces régions forme « un seul groupement économique, monétaire et financier »[109]. Les membres de la sous-commission politique sont plus réservés. Ils estiment toutefois que les territoires de la Ruhr et de la Rhénanie pourraient vivre « sous un régime analogue à celui de l'Union économique belgo-luxembourgeoise » avec la possibilité, qui « serait désirable, mais non indispensable », d'instituer « une monnaie unique pour l'ensemble de la région rhéno-westphalienne »[110]. Dans tous les cas, cette entité serait « séparée de l'Allemagne et des pays occidentaux, et sans barrières douanières intérieures »[111].

Cette union douanière, voire économique et monétaire, envisagée pour les deux zones, ne s'oppose cependant pas, selon la sous-commission politique, à l'existence de régimes différents. Les intentions des Français sont ici très claires. Dotée d'un régime particulier, la Ruhr devrait être au service de la sécurité et de la reconstruction européennes. En Rhénanie, le régime proposé est censé favoriser les intérêts français.

Dans la zone internationalisée, il est prévu de créer un système économique où les intérêts privés n'interviendraient pas, ce qui permettrait d'orienter la production de la zone en fonction des besoins des pays européens. Pour ce faire, un comité international de gestion, qui recevrait ses instructions de la commission gouvernementale interalliée, administrerait les entreprises situées dans cette zone, d'un triple point de vue technique, financier et commercial[112]. L'organisation très rigide de l'industrie allemande sous le régime hitlérien et le grand mouvement de nationalisation des entreprises alors mis en œuvre sont censés faciliter la tâche de la commission, qui se substituerait dans un premier temps « aux divers organismes allemands déjà en fonction »[113]. Il n'est évidemment

---

108 Annexe 2 (note concernant le statut politique de la zone à prédominance française) à la note du 12 février 1945, citée en note 93.

109 « Note sur la solution du problème rhénan », MAE, dir. éco., sans date (7 février 1945), AMAE, PA-AP, 288, t. 60.

110 Note du 12 février 1945, citée en note 93.

111 *Ibid.*

112 *Ibid.*

113 *Ibid.* Par exemple les services du « plan de quatre ans » ou l'*Organisation der gewerblichen Wirtschaft*.

pas question de laisser aux entreprises privées quelque initiative que ce soit. Aussi les propriétaires pourraient-ils être expropriés et indemnisés par le Reich. Les Alliés pourraient aussi se réserver la gestion des entreprises, « moyennant le versement d'une partie des bénéfices aux propriétaires », ou y acquérir des participations financières[114]. Le comité de gestion contrôlerait en tout cas le fonctionnement des entreprises, par l'intermédiaire de commissaires chargés de veiller à leur exploitation, et il aurait autorité sur toutes les questions relevant, par exemple, du crédit, de la production, de la vente ou de la main-d'œuvre. Il serait en outre chargé de proposer à la commission gouvernementale des mesures permettant l'adaptation de l'industrie de la zone à une économie de paix[115].

Dans la zone à prédominance française, la politique à suivre serait nettement moins stricte de manière à favoriser les intérêts français. Le contrôle des entreprises et le règlement de la propriété, prévus pour la Ruhr, pourraient certes s'y appliquer d'une façon générale, mais les intérêts privés devraient bénéficier d'un traitement plus clément. Il s'agit en effet de favoriser, par « un système de tarifs et d'accords commerciaux soigneusement étudié », un courant d'échanges régulier entre la zone et les pays occidentaux, « qui profitera aux deux parties et rapprochera progressivement leurs intérêts économiques »[116].

---

[114] Note du 12 février 1945, citée en note 93.

[115] *Ibid.*

[116] *Ibid.*

Carte 4. La Ruhr et la Rhénanie selon la direction politique du Quai d'Orsay (février 1945)[117]

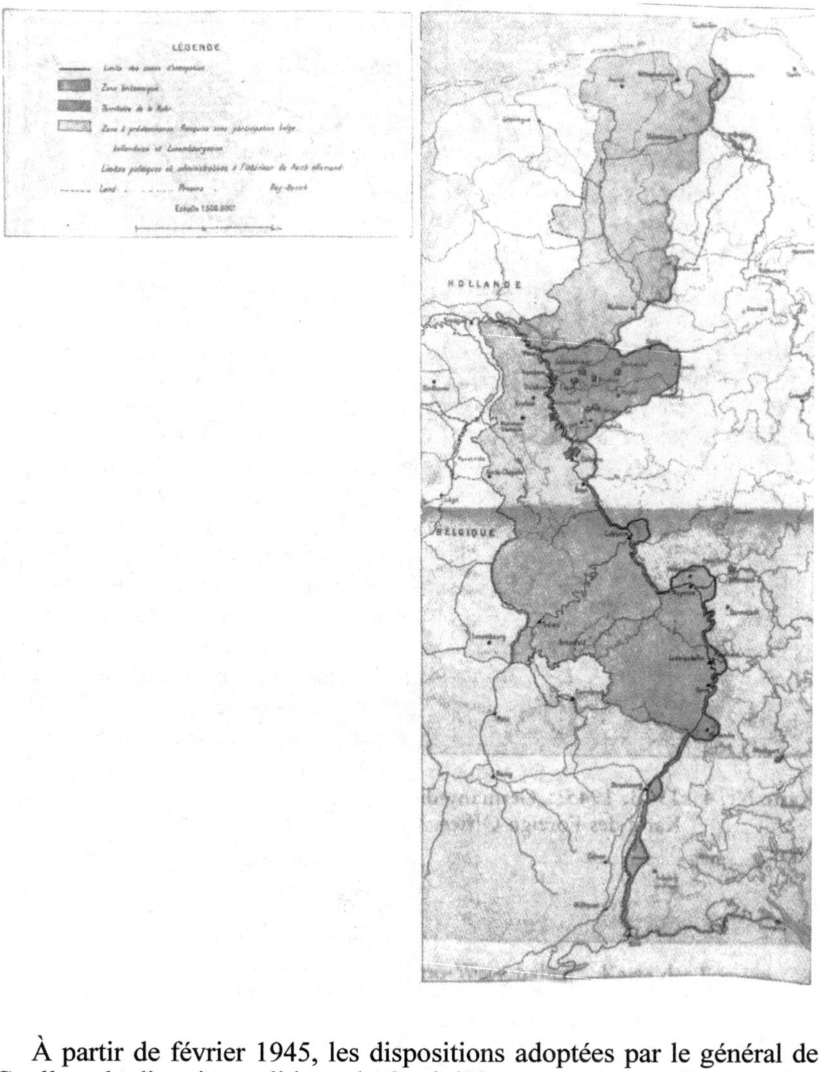

À partir de février 1945, les dispositions adoptées par le général de Gaulle et la direction politique du Quai d'Orsay concernant l'occupation allemande marquent donc un tournant dans la politique française. La

[117] Steininger, R., *Die Ruhrfrage 1945/46 und die Entstehung des Landes Nordrhain-Westfalen. Britische, französische und amerikanische Akten*, Düsseldorf, Droste Verlag, 1988, p. 1003.

conception traditionnelle de la puissance s'impose et se double d'un intérêt accru pour la Rhénanie.

2. Dislocation de l'Allemagne et rêve expansionniste

En 1945, la politique de la France à l'égard de la Rhénanie et de la Sarre ne manque pas d'ambiguïté. Les intentions françaises ne sont en effet pas dénuées d'arrière-pensées. La volonté du GPRF d'assurer la présence française en Rhénanie et en Sarre se conjugue avec l'espoir que la défaite de l'Allemagne entraînera sa désagrégation politique.

Le général de Gaulle et certains hauts fonctionnaires, notamment ceux de la direction politique du Quai d'Orsay, pensent en effet que la défaite allemande aboutira à de graves troubles en Allemagne. Paris espère que ces derniers ranimeront le séparatisme rhénan de l'entre-deux-guerres et amèneront les populations de ce territoire à se tourner vers la France. De l'avis de la direction politique du Quai d'Orsay, les conséquences « des perturbations qui agiteront [l'Allemagne] au lendemain de la défaite et qui risquent d'ébranler toute la structure politique, économique et sociale du pays » seront d'une tout autre ampleur que « les troubles restreints et vite apaisés que la crise de 1918-1919 avait provoqués »[118]. En région rhéno-westphalienne, à la faveur de la confusion générale et de la volonté de la population, « désemparée par l'écroulement de la force allemande », de trouver en hâte « des solutions qu'elle [la population] croira capables de lui procurer une stabilité provisoire », la direction politique tient pour possible le renouveau des tendances autonomistes, fédéralistes ou séparatistes. Une partie du personnel politique rêve donc de voir ces tendances « acquérir (...) de la consistance et (...) revêtir une forme qui nous permettrait de les utiliser à notre profit »[119].

À la faveur de ces événements révolutionnaires, le général de Gaulle et certains hauts fonctionnaires considèrent que la France pourrait étendre son influence en Rhénanie. Dans ses directives du 1er février 1945, le Général l'explique très clairement :

> la France, écrit-il, doit avoir "carte blanche" en Rhénanie. Personne ne peut dire ce que seront les mouvements intérieurs de l'ancien Reich. Initialement le gouvernement de la Rhénanie sera un gouvernement militaire sous l'autorité de la France. Plus tard, on tiendra compte de l'esprit des populations. Certaines fonctions administratives, voire une certaine autorité provinciale, pourront être confiées aux Rhénans. Le régime pourra être différent dans la Province Rhénane, dans le Palatinat ou dans la Hesse-Nassau. "On

---

118 Note du 12 février 1945, citée en note 93.

119 *Ibid.*

n'y verra peut-être pas clair avant vingt-cinq ans, mais qu'est-ce que vingt-cinq ans puisqu'il s'agit d'une séparation définitive du Reich"[120].

Ces espoirs de dislocation de l'Allemagne nourrissent assurément une certaine forme de nationalisme, plutôt « attentiste » qu'« offensif ». Pour les Français, il s'agit en effet de tirer parti de l'effondrement allemand, plutôt que de fomenter une révolution. La nature et l'ampleur des évolutions à venir, qui restent évidemment imprévisibles, commandent d'ailleurs aux décideurs français de masquer leurs véritables intentions. En dévoilant prématurément ses objectifs, la France risquerait de sacrifier « de prime abord une série de solutions dont un avenir proche ou lointain révélera peut-être l'utilité »[121]. Comme le rappelle la direction politique du Quai d'Orsay, « en nous engageant tout de suite dans une voie tracée à l'avance et en manifestant clairement nos intentions, nous courrions le danger d'éveiller l'hostilité d'une partie de la population du Reich qu'il y a intérêt, au contraire, à soumettre peu à peu [à] notre influence »[122]. De Gaulle confirme cette orientation attentiste en avril 1945 : « rien ne serait plus fâcheux que de prétendre dès à présent poser des principes et construire des modalités que les événements viendraient ensuite démentir. La solution sage et pratique consiste à contrôler, à faire vivre et à voir venir »[123].

Cette prudence n'est pas de mise en ce qui concerne la Sarre. Les Français en réclament l'occupation dès la rédaction du projet d'armistice au printemps 1944. À leurs yeux, le statut de la Sarre pendant l'entre-deux-guerres légitime les demandes du GPRF. De plus, comme le bassin sarrois a déjà été contrôlé par les Français pendant cette période, son occupation devrait « être immédiatement productive pour la France ». Les administrateurs et les techniciens français seront en effet « en mesure de prendre en main immédiatement l'administration du pays »[124]. Les nombreux intérêts que les Français ont investis en Sarre justifient par ailleurs la mise en place de mesures conservatoires au bénéfice de la France.

La volonté des décideurs du GPRF d'asseoir l'influence française en Sarre répond ainsi à des motivations économiques. Il s'agit d'obtenir le contrôle de l'économie sarroise. La gestion sinon la propriété des mines et des principales industries sidérurgiques devrait revenir à la France. La mainmise économique de la France sur ces territoires serait complétée par le contrôle des chemins de fer sarrois et celui de la navigation sur la

---

120 Directives du 1er février 1945 citée en note 95.

121 Note du 12 février 1945, citée en note 93.

122 *Ibid.*

123 « Note a/s du règlement rhénan », (révisée par le général de Gaulle), 17 avril 1945, AMAE-Paris, Y 1944/49, t. 689.

124 *Ibid.*

Moselle et la Sarre jusqu'à leur confluent. Dès 1944, les différents commissariats soulignent que l'occupation de la Sarre permettrait d'accélérer le redressement économique national. Cet objectif ne sera plus démenti. Grâce à l'exploitation des mines de la Sarre, Paris compte avant tout obtenir des livraisons de charbon qui atténueraient les « difficultés d'approvisionnement en charbon auxquelles la France se heurtera dès la libération » et qui seraient accrues dans le cas où les installations françaises auront subi des destructions importantes[125]. Les usines sarroises devraient également être exploitées au profit de la France, qu'elles soient maintenues sur place ou qu'elles soient démontées « à l'intention des usines françaises analogues »[126].

En Rhénanie, la prise d'influence française répond aussi à des objectifs économiques. Mais elle est avant tout motivée par des considérations politiques. La France compte bien sûr bénéficier des richesses rhénanes. La différenciation des régimes économiques que propose la sous-commission politique pour la Ruhr et la Rhénanie n'est en effet pas dénuée d'arrière-pensées. Le régime envisagé en Rhénanie est censé faciliter le développement de l'influence économique de la France sur la rive gauche du Rhin. C'est d'ailleurs l'avis du général de Gaulle. Si « le Bassin de la Ruhr [doit être] rattaché à l'ensemble du complexe occidental qu'il intéresse tout entier », écrit-il, « la rive gauche du Rhin [participera] plus spécialement à l'économie française »[127]. Mais la coopération économique envisagée s'inscrit dans un cadre plus large. Elle doit servir la prise d'influence politique de la France en Rhénanie et assurer, du même coup, sa sécurité. La « reconquête » d'un territoire contrôlé pendant l'entre-deux-guerres aurait par ailleurs valeur de symbole. La présence française sur la rive gauche du Rhin effacerait en partie l'humiliation nationale qu'a représentée la défaite de 1940 en même temps qu'elle symboliserait une sorte de retour à la normale. Une nation forte, influente au-delà de ses frontières, serait en effet une des marques du retour de la France sur la scène internationale.

Il n'en reste pas moins que la mise en œuvre de ces projets s'annonce difficile. Elle dépend en effet de l'accord des Alliés.

III. Une politique en butte à l'opposition des trois Grands

En ce domaine, les espoirs français se dissipent rapidement. Certes, jusqu'en février 1945, le gouvernement français croit pouvoir compter

125 « Note a/s des stipulations d'un armistice éventuel avec l'Allemagne », commissariat à la Production, 27 mars 1944, et « note sur les clauses à insérer dans un éventuel armistice avec l'Allemagne », commissariat aux Communications et à la Marine marchande, 29 mars 1944, AMAE, GU 1939/45, t. 716.

126 Note du 29 mars 1944, citée en note 125.

127 Note du 17 avril 1945, citée en note 123.

sur le soutien des Alliés pour obtenir le détachement de la Ruhr et de la Rhénanie. Mais très rapidement après la conférence de Yalta, il comprend que les Alliés s'y opposeront. Après mars 1945, Paris ne limite donc plus sa stratégie aux seuls échanges diplomatiques. Désormais, les Français comptent davantage sur leurs propres forces pour asseoir leur politique rhénane. Les troupes françaises qui pénètrent en Allemagne aux côtés des troupes alliées sont ainsi chargées d'occuper prioritairement la Rhénanie. En parallèle, de Gaulle et le GPRF continuent de négocier avec les Anglo-Américains pour y assurer la présence française. Ils font ainsi de la délimitation de la zone d'occupation française en Allemagne le cheval de Troie de leur politique rhénane. Les vœux que transmet Paris aux Alliés quant à la définition de la ZFO doivent en effet faire de celle-ci une base idéale pour une politique rhénane active.

A. L'appui hypothétique des Alliés à la politique rhénane de la France

Apparemment favorables aux projets français, les trois Grands s'opposent, dès le printemps 1945, à tout détachement de la Ruhr et de la Rhénanie.

1. Les espoirs de l'hiver 1944-1945

Entre novembre 1944 et février 1945, le gouvernement français croit comprendre, grâce à des informations parcellaires recueillies à l'occasion de rencontres avec des membres des gouvernements alliés ou lors de discussions entre diplomates, que les trois Grands sont décidés à priver l'Allemagne de la libre disposition de la région rhéno-westphalienne. Les Britanniques se sont exprimés en ce sens lors de leur visite officielle à Paris à l'occasion de la commémoration du 11 novembre 1918. Certes, Winston Churchill s'est fermement opposé au détachement de la Ruhr et de la Rhénanie, mais il s'est déclaré favorable à l'« occupation internationale permanente de ces deux régions à laquelle la France sera largement associée »[128]. Les Américains semblent vouloir aller plus loin encore. En janvier 1945, Philip Mosely, bras droit de John Winant, délégué américain à la Commission consultative européenne, explique à un collaborateur de René Massigli que la commission devrait envisager un système d'internationalisation du bassin rhéno-westphalien[129]. L'ambassadeur de France aux États-Unis, Henri Bonnet, rapporte même qu'à Yalta, le président Roosevelt se serait déclaré « favorable à la séparation définitive du bassin rhéno-westphalien de

---

[128] Soutou, G.-H., « La politique française à l'égard de la Rhénanie 1944-1947 », in *op. cit.*, p. 48.

[129] Courrier de Massigli à Bidault a/s de la « commission européenne en Allemagne », 22 janvier 1945, AMAE, Y 1944/49, t. 133.

l'Allemagne » et aurait demandé à ce qu'une place spéciale soit « faite à la France dans les arrangements à intervenir au sujet de cette région »[130]. Les Soviétiques, qui s'étaient montrés très réservés vis-à-vis des demandes françaises lors du voyage du général de Gaulle à Moscou[131], infléchissent eux aussi leur position. Lors de la conférence de Yalta, Staline aurait « donné à ses interlocuteurs l'impression qu'il tenait fermement à ce que l'Allemagne ne conservât aucun (des trois) éléments principaux de sa puissance industrielle »[132].

Après Yalta, les trois Grands semblent donc décidés à soustraire le bassin rhéno-westphalien à l'Allemagne. Il est prévu d'en discuter au niveau diplomatique[133]. À cet effet, un comité de démembrement est créé et se réunit à plusieurs reprises[134].

2. *Les désillusions du printemps 1945*

Cependant, les discussions que les représentants français ont avec leurs homologues alliés s'avèrent très vite décevantes. À Binderton, le 25 février 1945, les Français exposent à Anthony Eden, ministre britannique des Affaires étrangères, leur politique rhéno-westphalienne. Il réagit froidement[135]. L'hostilité du responsable britannique est relayée par la presse. En mars, deux journaux britanniques – le *Manchester Guardian* et *The Economist* – organisent une campagne de presse contre la politique de détachement voulue par la France[136]. Devant la violence des accusations formulées, le Quai d'Orsay enjoint à René Massigli et Henri Bonnet, ambassadeurs français en Grande-Bretagne et aux États-

[130] Tél. de Bonnet au Quai d'Orsay, 21 avril 1945, AMAE, Y 1944/49, t. 689. Voir aussi un courrier au sujet de la « conférence de Yalta », adressé par Roger Noiret, attaché militaire de la France à Londres, aux généraux Juin et Koeltz, 12 mars 1945, AOFAA, GFCC, SG 34 (documents de base).

[131] Soutou, G.-H., « Le général de Gaulle et l'URSS, 1943-1945 : idéologie ou équilibre européen », in *op. cit.*, p. 332-340 ; Soutou, G.-H., « Frankreich und die Deutschlandfrage 1943 bis 1945 », in Volkmann, H.-E. (Hrsg.), *Ende des Reiches – Ende des Zweiten Weltkriegs. Eine perspektivische Rückschau*, München, Zürich, Piper, 1995, p. 83-85.

[132] Tél. de Bonnet au Quai d'Orsay, 21 avril 1945, cité en note 130.

[133] Tyrell, A., *Großbritannien und die Deutschlandplanung der Alliierten 1941-1945*, Frankfurt am Main, Alfred Metzner Verlag, 1987, p. 526-527.

[134] *Ibid.*, p. 478-484. Voir aussi Castin-Chaparro, L., *Puissance de l'URSS, misères de l'Allemagne. Staline et la question allemande, 1941-1955*, Paris, Publications de la Sorbonne, 2002, p. 79-81.

[135] Projet de réponse du MAE au tél. de Massigli du 5 mars 1945, sans date, AMAE, Y 1944/49, t. 689.

[136] Tél. de Massigli à MAE, 5 mars 1945, et série d'articles consacrés à l'Allemagne par la revue britannique *The Economist* dans ses numéros des 10, 17, 24 et 31 mars 1945, MAE, service de presse et d'information, 29 mars, 6 et 7 avril 1945, AMAE, Y 1944/49, t. 689.

Unis, de rétablir la portée exacte du projet français. Rien n'y fait et la presse anglo-saxonne continue de se montrer très hostile à la politique de Paris[137]. L'opinion des Soviétiques est plus nette encore. Ils reprochent à la France ses visées annexionnistes en Allemagne. En mars 1945, Staline, en rappelant au général Catroux, ambassadeur de France en URSS, qu'il n'a pris aucun engagement sur la question rhénane, signifie clairement aux Français que l'URSS ne soutiendra pas leur projet[138]. Le 9 mai 1945, l'URSS fait d'ailleurs clairement savoir qu'elle s'opposera au démembrement de l'Allemagne[139]. Quant aux relations que la France entretient avec les Américains, elles sont au plus bas depuis que le général de Gaulle a refusé, en février 1945, l'invitation de Roosevelt. Le président américain, fatigué, usé par la maladie, avait proposé de rencontrer de Gaulle à Alger, alors qu'il rentrait par bateau de la conférence de Yalta. De Gaulle s'était offusqué qu'on pût l'inviter dans un port français et avait refusé l'entretien[140]. L'incident diplomatique n'est pas sans conséquence. Il déclenche aux États-Unis une vive campagne de presse contre le Général et nourrit une certaine hostilité à l'encontre des projets français[141].

Le changement d'attitude des trois Grands vis-à-vis de la politique rhénane de la France, perceptible dès février, achève sans doute de convaincre les dirigeants français qu'il leur faudra avant tout compter sur leurs propres moyens pour imposer leur politique rhénane. Le général de Gaulle en tire très vite les conséquences. La France ne peut en aucun cas s'en remettre aux seules négociations avec les Alliés pour obtenir satisfaction à propos de la Rhénanie.

B. L'armée française au secours de la politique rhénane

Dès le début de la dernière offensive alliée contre l'Allemagne, le général de Gaulle compte sur l'armée française pour installer la France sur le Rhin. Dans ses directives du 1er février 1945 concernant l'occupation militaire de l'Allemagne, il définit les territoires que la France entend occuper à titre permanent et indéfini dans le cadre de la paix future. Ces territoires comprennent, au sud d'une ligne Aix-la-Chapelle

---

137 Courrier du MAE aux ambassades de Londres et de Washington concernant « l'opinion internationale et le problème rhénan », 3 avril 1945, AMAE, DE-AAA, t. 7.

138 Kaspi, A., *et al.*, *La libération de la France, juin 1944-janvier 1946*, *op. cit.*, p. 254 et 257.

139 Castin-Chaparro, L., *Puissance de l'URSS, misères de l'Allemagne. Staline et la question allemande*, *op. cit.*, p. 81.

140 Kaspi, A., *et al.*, *La libération de la France, juin 1944-janvier 1946*, *op. cit.*, p. 256-257 ; Krautkämer, E., « Das Rhénanieprojekt und die Frage der territorialen Gestaltung der französischen Besatzungszone », in Jurt, J. (Hrsg.), *Von der Besatzungszeit zur deutsch-französischen Kooperation*, *op. cit.*, p. 78.

141 Voir les références citées dans la note précédente.

– Cologne, toute la rive gauche du Rhin et les têtes de pont que forment sur la rive droite les régions de Francfort et de Mannheim. L'armée française est chargée d'occuper ces territoires dès la phase d'opérations militaires[142]. L'objectif principal consiste, comme l'écrira plus tard le général Juin, à « inclure dans notre zone et malgré la place occupée par l'armée française à l'aile Sud du dispositif allié, les territoires rhénans dont nous envisagions pour nous-mêmes et dans l'avenir l'occupation permanente »[143]. Que les divisions françaises soient chargées de « libérer » le maximum de territoires que la France veut ensuite occuper revêt un caractère éminemment stratégique. En octobre 1944, le général de Gaulle et le général Eisenhower, général en chef des forces alliées, avaient en effet conclu par un échange de lettres que l'armée française serait « initialement chargée de l'administration des territoires qu'elle pourrait avoir à occuper en cours d'opération »[144]. Libérer les territoires rhénans revient donc à les administrer, même à titre temporaire. Une option sérieuse serait ainsi prise quant à leur occupation, à titre définitif cette fois. Pour les décideurs français, il s'agit bien d'essayer de devancer les Alliés pour ensuite les mettre devant le fait accompli.

Reste que cette politique bute sur la résistance américaine. Arrivés les premiers à Karlsruhe et à Stuttgart, les militaires français doivent céder l'administration de ces deux villes aux troupes américaines et les évacuer le 22 avril 1945. Les incidents de Stuttgart et de Karlsruhe, auxquels s'ajoutent, quelques jours plus tard, des heurts similaires dans le Val d'Aoste et à Vintimille, marquent l'échec de la stratégie française[145]. Pour obtenir gain de cause, les Américains vont jusqu'à menacer Paris de suspendre l'approvisionnement militaire des troupes françaises. La dépendance de la France vis-à-vis de son Allié d'outre-Atlantique l'oblige à s'exécuter[146].

---

142 Directives du 1er février 1945 citée en note 95.

143 « Mémoire » (très secret), EMDN, 1re section, Alphonse Juin, 8 avril 1946, SHAT, 4 Q 11 dossier 3.

144 Courrier du général de Gaulle au général Eisenhower, 10 octobre 1944 et réponse du général Eisenhower au général de Gaulle, 20 octobre 1944, SHAT, 4 Q 12 dossier 2 ; « exposé des motifs », sans date, SHAT, 4 Q 94 dossier 2 ; Gerbet, P., *et al.*, *Le relèvement 1944-1949*, *op. cit.*, p. 22-23.

145 Gerbet, P., *et al.*, *Le relèvement 1944-1949*, *op. cit.*, p. 22-23, p. 33.

146 *Ibid.*

Carte 5. La zone française d'occupation en Allemagne selon les instructions du général de Gaulle (1er février 1945)[147]

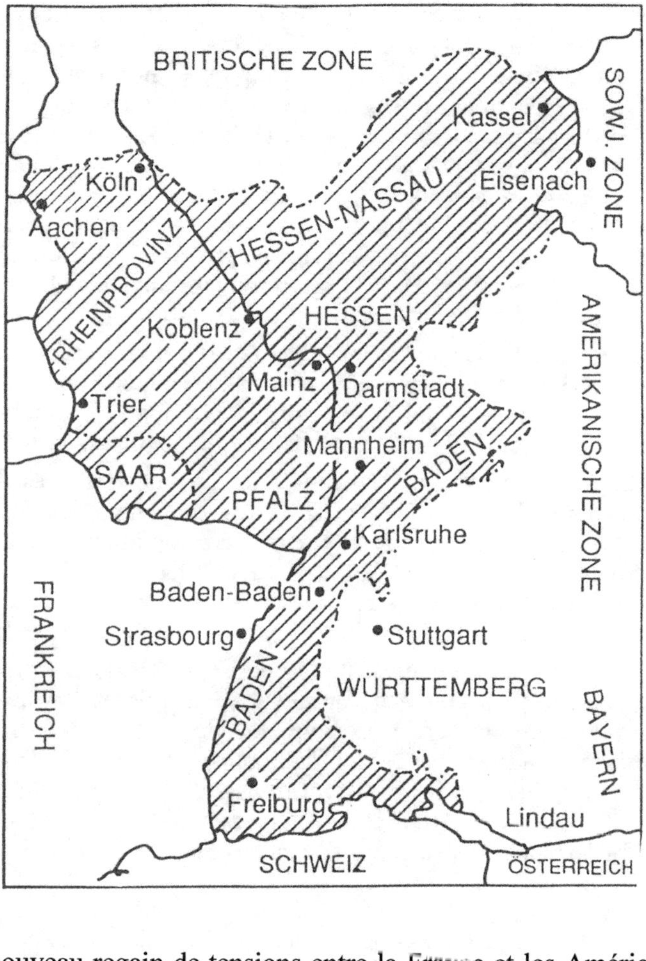

Ce nouveau regain de tensions entre la France et les Américains est très certainement défavorable à une délimitation de la zone française favorable aux intérêts français.

[147] Krautkrämer, E., « Das Rhénanieprojekt und die Frage der territoralien Gestaltung der französischen Besatzungszone », in Jurt, J. (Hrsg.), *Von der Besatzungszeit zur deutsch-französischen Kooperation, op. cit.*, p. 70.

C. *La délimitation de la ZFO, cheval de Troie de la politique rhénane de Paris*

Le gouvernement français, échaudé par les réactions alliées aux propositions françaises concernant le détachement de la région rhéno-westphalienne, compte aussi sur le gage que lui fournira une zone d'occupation en Allemagne pour mettre en œuvre sa politique rhénane. La ZFO doit donc être délimitée en conséquence. En février, le général de Gaulle transmet ses demandes aux Alliés. La France souhaite se voir attribuer, pendant la période d'occupation totale de l'Allemagne, une zone comprenant la rive gauche du Rhin jusqu'à Cologne inclus et, sur la rive droite, les Hesse (Hesse-Nassau, Hesse-Cassel, Hesse-Darmstadt) et le Bade[148]. Ainsi arrêtée, la ZFO serait un véritable cheval de Troie de la politique rhénane de la France.

Toutefois, la délimitation de la ZFO, dont les parties seront prélevées sur les zones d'occupation britannique et américaine, suppose l'accord des Anglo-Américains. Ceux-ci répondent, entre mars et juin 1945, aux demandes des Français. Ils rejettent catégoriquement leurs propositions.

Les Britanniques sont les premiers à émettre des réserves. Londres refuse de céder Cologne à la France. Les Anglais tiennent à l'occupation de la ville pour des raisons militaires et économiques. De l'avis du gouvernement britannique, il serait de toute façon difficile de faire renoncer l'armée anglaise, « après une campagne qui l'a portée jusqu'à l'Elbe », à l'occupation de la capitale rhénane, déjà occupée en 1919[149].

La réponse des Américains, plus tardive[150], est également négative. Tenant à contrôler les voies de communication utiles à l'armée américaine, Washington s'oppose à l'occupation de Cassel par la France et désire conserver la libre disposition de l'autoroute reliant le Rhin à Ulm et Munich, ce qui soustrait Darmstadt, Mannheim et Karlsruhe, capitale du Bade, à la ZFO. Les Américains veulent également conserver Francfort-sur-le-Main, quartier général d'Eisenhower. En échange de cette ré-

---

148 Tél. du MAE, dir. pol., à Massigli a/s de l'« occupation de l'Allemagne », 5 février 1945, AMAE-NUOI, t. 45. Les demandes françaises sont transmises officiellement à la Commission consultative européenne le 9 février 1945 : tél. de Massigli à MAE, 9 février 1945, AMAE-NUOI, t. 45 ; « note pour le ministre » concernant l'« état au 15 avril des négociations sur la délimitation de la zone française d'occupation en Allemagne », MAE, dir. pol., 17 avril 1945, AMAE, Y 1944/49, t. 133.

149 La contre-proposition britannique date du 23 mars 1945 : note du 17 avril 1945, citée en note 148 ; tél. de Massigli à MAE, 28 avril 1945, AMAE, Y 1944/49, t. 692 ; Sharp, T., *The Wartime Alliance and the Zonal Division of Germany*, Oxford, Clarendon Press, 1975, p. 170-171.

150 À la fin mars 1945, Paris demande à Henri Bonnet de relancer le gouvernement américain. Voir la « note pour le ministre » a/s de la « délimitation de la zone française d'occupation en Allemagne : état, au 24 mai, des négociations avec les États-Unis », MAE, dir. pol., 24 mai 1945, AMAE, Y 1944/49, t. 692.

duction de la partie nord de leur zone, ils proposent aux Français l'occupation de la partie sud du Wurtemberg et du cercle bavarois de Lindau[151].

De Gaulle insiste. Le 23 mai 1945, il confirme ses demandes initiales et semble se jouer du rapport de force défavorable à la France. À condition que ses demandes soient acceptées, le gouvernement français serait en effet prêt, selon lui, à abandonner Cassel et Francfort aux Américains[152]. La fermeté des positions britannique et américaine, à laquelle l'affaire de Stuttgart n'est pas étrangère, conduit finalement le gouvernement français à accepter, le 11 juin, le tracé de la ZFO qui lui est proposé[153]. Sans doute de Gaulle ne l'accepte-t-il qu'en raison de son caractère prétendument provisoire, les Américains ayant promis aux Français que les limites des zones seraient revues par la suite[154]. Il importe également au Général que l'administration militaire française détienne au plus vite le pouvoir dans la zone qui lui reviendra et qu'elle cesse d'être subordonnée aux directives du quartier général des forces expéditionnaires alliées – le Supreme Headquarters of the Allied Expeditionary Forces (SHAEF)[155].

Conclu à la fin juin 1945, entériné le 26 juillet par la Commission consultative européenne[156], l'accord sur les zones d'occupation constitue un revers sérieux pour la politique rhénane de Paris[157]. La ZFO, privée au nord de Cologne et d'Aix-la-Chapelle, limitée, quelques cercles

---

151 Voir la note citée dans la note précédente. Tél. de Massigli à MAE, 12 mai 1945, AMAE, Y 1944/49, t. 692 ; tél. de l'ambassade de France à Washington à MAE, 18 avril 1945, courrier de Bidault à Koeltz a/s de la « délimitation de la zone d'occupation française en Allemagne », 12 mai 1945, courrier du MAE à Koeltz a/s de la « ZFO et des lignes de communications américaines en Allemagne », 30 mai 1945, AMAE, Y 1944/49, t. 448.

152 Courrier de De Gaulle à Bidault, 23 mai 1945, et tél. du MAE à Bonnet, 25 mai 1945, AMAE, Y 1944/49, t. 692.

153 Courrier du général de Gaulle à Bidault, 11 juin 1945, AMAE, Y 1944/49, t. 692. Sur la fermeté des positions américaine et britannique, courriers de Bidault à Koeltz a/s de la « zone d'occupation française en Allemagne », 5 et 7 juin 1945, AMAE, Y 1944/49, t. 448. Sur les incidences de l'affaire de Stuttgart sur la délimitation de la ZFO, courrier de Bidault à Koeltz, 11 juin 1945, AMAE, Y 1944/49, t. 692.

154 Courrier du MAE (Jacques Tarbé de Saint-Hardouin) à Koeltz, 7 juin 1945, AMAE, Y 1944/49, t. 692 ; Gerbet, P., *et al.*, *Le relèvement 1944-1949*, *op. cit.*, p. 86.

155 Courrier de De Gaulle à Bidault, 11 juin 1945, AMAE, Y 1944/49, t. 692.

156 Tél. de Bidault à Massigli, 25 juin 1945, AMAE, Y 1944/49, t. 692. Jusqu'à cette date, des divergences concernant la répartition des secteurs à Berlin empêchent la signature de l'accord : Tyrell, A., *Großbritannien und die Deutschlandplanung der Alliierten 1941-1945*, *op. cit.*, p. 249. Sur l'accord, échange de lettres entre René Massigli, Ronald Campbell, pour la Grande-Bretagne, et John Winant, pour les États-Unis, 26 juillet 1945, AMAE, Y 1944/49, t. 448. Le protocole de l'accord en annexe de Sharp, T., *The Wartime Alliance and the Zonal Division of Germany*, *op. cit.*, p. 204-208.

157 Voir la carte de la ZFO à la page suivante.

exceptés, à la rive gauche du Rhin et par conséquent amputée de Darmstadt, Mannheim et Francfort, ne correspond nullement aux demandes françaises. En juin 1945, le rêve d'une zone d'occupation au service d'une politique active en Rhénanie s'est donc évanoui.

Carte 6. Les zones françaises d'occupation en Allemagne et en Autriche[158]

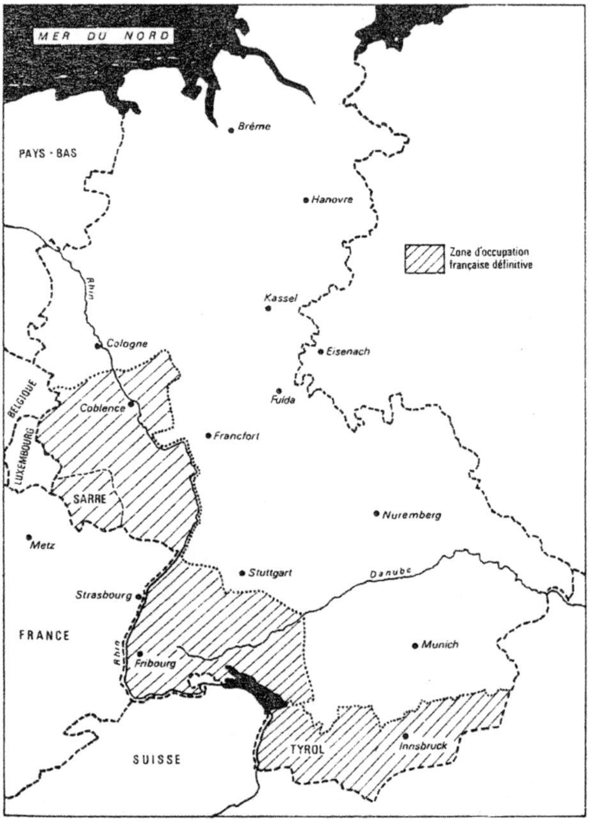

Pour le GPRF, la mise en œuvre de la politique allemande pendant le premier semestre 1945 est un échec. La France ne parvient à obtenir ni le détachement de la région rhéno-westphalienne, ni l'occupation de la Rhénanie. La faiblesse de ses moyens, sa dépendance matérielle et mili-

158 Lassalle, P., « Note sur la délimitation de la zone française d'occupation en Allemagne », in Institut d'histoire du temps présent, Institut Charles-de-Gaulle (ed.), *De Gaulle et la nation face aux problèmes de défense (1945-1946)*, Paris, Plon, 1983, p. 229.

taire à l'égard des Anglo-Américains, son manque d'audience auprès des trois Grands, bref son statut de « grande puissance de second rang » lui interdisent toute politique à laquelle les Alliés sont opposés. En juillet 1945, alors que les trois Grands se retrouvent à Potsdam, la politique allemande de la France reste à définir.

*

* *

De la libération de Paris à la conférence de Potsdam, l'analyse de la politique allemande de la France est riche d'enseignements. Le processus décisionnel s'avère d'abord d'une grande complexité. Le général de Gaulle prend certes les décisions en dernier ressort, mais il n'est pas le concepteur des projets. La paternité en revient aux hauts fonctionnaires et aux experts. Les luttes d'influence entre les divers courants marquent la période. Chacun tente de faire prévaloir sa conception de la puissance comme en témoigne la vivacité des échanges qui animent certains débats de la commission pour les affaires allemandes.

En ce qui concerne la politique allemande proprement dite, deux étapes peuvent être dégagées. Dans un premier temps, les Français envisagent leur politique allemande dans un cadre européen. L'Allemagne, vaincue, devra certes être abaissée. Mais la sécurité et la reconstruction du continent nécessiteront l'intégration, au moins sur le plan économique, de certains de ses territoires – la région rhéno-westphalienne – à une fédération des États de l'Europe de l'Ouest. La politique allemande de la France se confond alors avec sa politique européenne. Après l'échec de cette option, la politique allemande est envisagée dans un cadre plus national, voire nationaliste. Au sein des institutions dirigeantes, les partisans d'une conception traditionnelle de la puissance imposent leur point de vue. Les considérations politiques et de sécurité militaire prennent le pas sur les mesures à caractère économique. Le projet d'Hervé Alphand, qui reposait sur de savants équilibres incluant une délimitation très précise de la région rhéno-westphalienne, est conservé mais sa mise en œuvre est désormais subordonnée aux ambitions françaises en Rhénanie. Le général de Gaulle encourage la politique rhénane, empreinte de nationalisme et symbole de grandeur. Elle traduit le désir confus des Français d'un retour à la normale. Ce nationalisme diffus bute sur l'opposition des Alliés. Au printemps, le GPRF tente de la forcer : l'armée française s'empare de gages territoriaux tandis que Paris tente d'arracher aux Alliés une zone d'occupation qui lui permette d'affirmer ses ambitions rhénanes. En vain. En juin 1945, la France est confrontée à son impuissance. Elle est obligée d'accepter une zone d'occupation qui ne sert pas ses projets rhénans.

Conclusion de la première partie

L'élaboration de la politique allemande de la France entre 1942 et 1945 est éclairante à plus d'un titre.

Les hommes qui définissent cette politique sont d'abord plus nombreux qu'on le pensait à première vue. Ils forment un groupe assez homogène. Ce groupe de décideurs, qui s'affirme au sein des structures de la France libre, à Londres ou à Alger, se maintient à des postes de responsabilité à Paris. Ses membres animent divers organismes administratifs. La plupart des ministères participent ainsi à l'élaboration des projets français. Ces derniers sont aussi mis au point dans des commissions nationales et internationales, bien souvent créées à cet effet. Il est enfin frappant de constater que les projets économiques sont imaginés par les seuls serviteurs de l'État. Les forces vives de la société, si l'on excepte la participation ponctuelle de quelques universitaires, sont exclues de la réflexion sur l'avenir économique de l'Allemagne. L'avis des industriels, à commencer par les sidérurgistes, pourtant essentiel à la mise en œuvre de certains projets, ne semble pas compter pour les décideurs.

Que les projets économiques soient élaborés sans la participation des industriels est révélateur des traditions étatiques françaises. Les ministères travaillent en 1945 avec les mêmes méthodes qu'en 1918. Mais cette indifférence à l'égard du monde économique montre aussi combien les dispositions concernant l'économie allemande visent avant tout à assurer la sécurité de la France et de l'Europe. Les rapports supposés entre le détachement de la Ruhr, voire de la Rhénanie, et une certaine forme d'impérialisme économique méritent donc d'être réévalués. Dans l'esprit des décideurs français, le détachement de ces territoires constitue la solution la mieux à même de résoudre l'ensemble des problèmes allemands qui se poseront après guerre : assurer la sécurité, reconstruire les économies nationales et amorcer la construction européenne. D'ailleurs, la séparation de la Ruhr d'avec l'Allemagne, envisagée dans un cadre européen ou international, fait à l'époque consensus au sein des États membres du CIEA comme, pour un temps au moins, parmi les trois Grands. À l'inverse, le projet porté par Pierre Mendès France, qui n'envisage aucun détachement territorial, nourrit des ambitions économiques impérialistes. Il vise clairement au renversement de l'équilibre sidérurgique et industriel européen au profit de la France. Cette montée en puissance de l'industrie française passe par une réorganisation du marché des matières premières européennes au profit de la France, de la Belgique et du Luxembourg, une modernisation de l'appareil productif français et un abaissement durable de l'Allemagne.

La période qui s'étend de 1942 à 1945 voit aussi s'affronter deux conceptions de la puissance. Aux défenseurs d'une vision classique, fondée sur des mesures d'ordre politique et militaire, s'opposent les responsables pour lesquels l'économie est la base de la puissance. La guerre accélère l'évolution des mentalités. En 1945, il ne fait aucun doute que la majorité des décideurs français a pris la mesure du rôle prépondérant de l'économie comme facteur décisif de puissance. Pourtant, de façon paradoxale, ce sont les défenseurs des conceptions classiques – Charles de Gaulle, Maurice Dejean, les officiers de l'EMDN – qui imposent leurs vues dans le domaine de la politique allemande. Le glissement des préoccupations françaises de la Ruhr vers la Rhénanie traduit la perte d'influence des économistes. Le processus décisionnel les a desservis. Le consensus trouvé en février en 1945 au sein de la commission pour les affaires allemandes s'est en effet conclu à leurs dépens. Par ailleurs, le général de Gaulle, principal détenteur du pouvoir de décision, fait prévaloir les mesures classiques de sécurité.

Reste enfin à évoquer un phénomène diffus mais central pendant toute la période : l'incertitude. Le manque d'informations et l'incapacité à prévoir de quoi sera fait l'avenir pèsent lourdement sur la capacité de décision des Français. Cette incertitude prévaut pendant la guerre : si le sort des combats reste longtemps indécis, c'est ensuite leur terme qui semble peu prévisible. Elle vaut aussi pour l'avenir de la France libre. Jusqu'à la libération de Paris, la Résistance extérieure ne sait pas si elle pourra poursuivre son action sur le territoire national. Partenaire de second ordre, la France libre ne joue qu'un rôle secondaire dans le dispositif allié. Ce rang subalterne, dont elle peine à se défaire, même après la Libération, explique aussi que les Français n'obtiennent que des informations parcellaires sur les projets alliés. L'élaboration des projets français pâtit également du déficit chronique d'informations. Les choix des décideurs se font presque toujours sans que des études approfondies aient pu être menées. Les incertitudes qui pèsent sur l'avenir de l'Allemagne et les formes que prendra son contrôle par les Alliés compliquent la tâche des responsables. La fin de la guerre, l'admission de la France au Conseil de contrôle interallié sur un pied d'égalité avec les autres puissances occupantes et la délimitation de la ZFO mettent un terme à ce « temps des incertitudes », selon la belle formule de Raymond Poidevin[1].

---

[1] Poidevin, R. « La politique allemande de la France en 1945 », in Vaïsse, M. (dir.), *8 mai 1945 : la victoire en Europe*, 2e éd., Bruxelles, Complexe, 1994, p. 223. L'expression est ici utilisée dans un autre contexte chronologique.

Mais à la veille de la conférence de Potsdam (du 17 juillet au 2 août 1945), la politique allemande de la France n'est pas véritablement arrêtée. L'opposition des trois Grands aux projets français relatifs à la Ruhr et à la Rhénanie oblige les décideurs parisiens à repenser leur politique. Au début du mois de juillet, le GPRF examine aussi le projet impérialiste de Pierre Mendès France.

Deuxième partie

L'échec des rêves impérialistes (été 1945-été 1946)

Introduction de la deuxième partie

L'été 1945 constitue un tournant dans la politique allemande des Alliés. La Deuxième Guerre mondiale s'achève en Europe avec la reddition sans conditions de l'Allemagne les 7 et 9 mai 1945. Quelques semaines plus tard, le 5 juin, les Alliés promulguent quatre déclarations aux termes desquelles ils s'engagent à exercer en commun la souveraineté sur l'Allemagne. Réunis à Potsdam, du 17 juillet au 2 août, les trois Grands arrêtent les grands principes de leur politique. Les organismes interalliés, qui s'installent à Berlin, relaient leurs décisions. À partir du mois d'août, le Conseil de contrôle interallié est en mesure d'assurer ses prérogatives. Entre-temps, les Alliés ont pris possession de leurs zones d'occupation respectives. Après de longs mois de préparation, la politique allemande entre donc dans une phase active.

L'été 1945 marque aussi une rupture dans la politique allemande de la France. Pour la première fois en juillet, Paris arrête de façon officielle une série de directives, qui sont complétées et révisées en août lorsque les décisions prises à Potsdam sont connues. La définition de la politique française constitue une tâche immense. Les responsables politiques doivent hiérarchiser les objectifs français. De nombreux points n'ont pas encore été tranchés. Est-il par exemple préférable de donner la priorité à la reconstruction nationale, c'est-à-dire aux réparations allemandes, ou à la sécurité, c'est-à-dire au désarmement économique et industriel de l'Allemagne ? À la faveur de la défaite allemande, convient-il de promouvoir l'impérialisme économique, sous-tendu par le projet de Pierre Mendès France ? Ne serait-il pas plus avantageux de tirer parti de la victoire pour installer durablement la France en Rhénanie, ce qui correspondrait à une forme d'expansion politique ? Les dirigeants doivent aussi définir la politique française en ZFO. Cette dernière doit-elle être au service de la politique générale de la France vis-à-vis de l'Allemagne ou faut-il lui assigner des objectifs particuliers, notamment dans le domaine économique ?

Les deux premiers chapitres de cette partie expliquent comment les dirigeants français ont arrêté leur politique allemande, d'abord pour l'Allemagne dans son ensemble, puis pour la ZFO. Il s'agit ici d'expliciter la politique économique de la France vis-à-vis de l'Allemagne et, surtout, de définir dans quelle mesure la politique française est empreinte d'ambitions impérialistes. Il convient aussi de montrer comment s'articulent les objectifs politiques et les buts économiques. Le troisième chapitre s'intéresse à la mise en œuvre de la politique française et aux résultats auxquels celle-ci aboutit après une année d'occupation. Un dernier chapitre analyse les raisons de l'échec français en Allemagne.

CHAPITRE IV

Des objectifs généraux ambigus

À l'été 1945, le gouvernement français arrête officiellement sa politique allemande. Il procède en deux temps.

Avant même de connaître les résultats de la conférence des trois Grands, réunis à Potsdam du 17 juillet au 2 août 1945, il promulgue, le 19 juillet, des « directives pour notre action en Allemagne »[1]. Leur rédaction, amorcée le 20 juin par Jacques Tarbé de Saint-Hardouin, quelques jours avant la fixation des limites de la ZFO[2], est revue par la direction politique du Quai d'Orsay le 10 juillet[3], avant d'être définitivement arrêtée le 19 juillet[4]. Le lendemain, le GPRF les adopte[5], par l'intermédiaire du comité interministériel pour les affaires allemandes et autrichiennes (CIAAA)[6]. À ces directives à caractère essentiellement politique s'ajoutent deux notes qui définissent les grandes lignes de la politique économique de la France en Allemagne. Ces deux notes – la « note au sujet du désarmement économique et financier de l'Allemagne » et la « note générale sur le problème des réparations » – sont

---

1 Les « directives pour notre action en Allemagne » du 19 juillet 1945, ont été publiées par Lattard, A., *Gewerkschaften und Arbeitgeber in Rheinland-Pfalz unter französischer Besatzung 1945 bis 1949*, Mainz, v. Hase & Koehler, 1988, p. 314-327, et par Rainer Hudemann dans Ménudier, H. (dir.), *L'Allemagne occupée 1945-1949*, Bruxelles, Complexe, 1990, p. 169-182.

2 Note a/s d'une « politique de zone ou d'une politique de contrôle quadripartite en Allemagne ? », Jacques Tarbé de Saint-Hardouin, 20 juin 1945, AOFAA, p. 184 d. B I 0.

3 Dans les « directives pour notre action en Allemagne », il est précisé que la « note sur le problème allemand » date du 10 juillet 1945. Voir les « directives pour notre action en Allemagne », GPRF, secrétariat général du CIAAA (SGCIAAA), 19 juillet 1945, AOFAA, C. 164 p. 45. Pour plus de détails concernant la genèse de ces directives, Hüser, D., *Frankreichs « doppelte Deutschlandpolitik »*, *op. cit.*, p. 161.

4 Directives du 19 juillet 1945 citées en note 1.

5 C'est le 20 juillet, lors de la séance du CIAAA, que les « directives pour notre action en Allemagne » et que la « note sur le problème allemand » sont adoptées : « compte rendu de la séance du comité interministériel du 20 juillet 1945 », GPRF, SGCIAAA, sans date, AN, F^{60} 3034/2.

6 « Décret du 7 juillet 1945 portant création d'un comité interministériel pour les affaires allemandes et autrichiennes », GPRF, présidence du gouvernement, AMAE, Y 1944/49, t. 650.

adoptées par le comité économique interministériel (CEI) les 13[7] et 20[8] juillet 1945.

Concrètement, les directives françaises de juillet sont destinées à guider l'action des représentants français en Allemagne et à transmettre aux diplomates envoyés à Berlin les objectifs du gouvernement avant les premières réunions du Conseil de contrôle interallié. Elles constituent aussi une prise de position par rapport aux déclarations alliées du 5 juin 1945 qui introduisent un contrôle à deux niveaux en Allemagne[9]. Les Quatre exerceront en commun la souveraineté sur l'ensemble du pays par l'intermédiaire du Conseil de contrôle interallié mais chacun des commandants en chef aura « l'exercice de tous les pouvoirs pour [sa] zone avec la possibilité de prendre toutes les mesures qui ne seraient pas en contradiction avec les directives communes élaborées par le comité de contrôle »[10]. Pour le GPRF, il s'agit donc de préciser si la France aura plutôt intérêt à participer à la politique quadripartite ou à se replier sur sa zone d'occupation.

La publication de l'accord de Potsdam, qui contient de nombreuses dispositions contraires aux vues françaises, amène Le GPRF à signifier très rapidement aux trois Grands les points sur lesquels il s'oppose à l'accord tripartite[11]. Comparant leurs vues aux dispositions de l'accord

---

7 « Note a/s du désarmement économique et financier de l'Allemagne », (doc. n° 183 du CEI), MAE, dir. éco., 7 juillet 1945, AMAE, Y 1944/49, t. 369. Cette note est approuvée par le CEI, pour l'essentiel, le 13 juillet 1945 : « réunion du comité économique du 13 juillet », CEI, doc. n° 185, 19 juillet 1945, AN, F[60] 900.

8 « Note générale sur les réparations », (doc. n° 167 du CEI), 20 juillet 1945, AMAE, Y 1944/49, t. 369.

9 Le texte des quatre déclarations de Berlin est publié dans Deuerlein, E., *Die Einheit Deutschlands*, Band I : *Die Erörterungen und Entscheidungen der Kriegs- und Nachkriegskonferenzen 1941-1949. Darstellung und Dokumente*, 2. durchgesehene und erweiterte Auflage, Frankfurt am Main/Berlin, Alfred Metzner Verlag, 1961, p. 338-342. Ces déclarations, comme la capitulation sans condition voulue par les Américains, déstabilisent les chancelleries d'Europe occidentale. L'espoir d'un « retour à la normale », tant escompté par la France, s'évanouit en quelques jours. À ce sujet, Duroselle, J.-B., « Introduction générale », in Vaïsse, M. (dir.), *8 mai 1945 : la victoire en Europe*, *op. cit.*, p. 20-29.

10 Note du 20 juin 1945, citée en note 2. Grâce à Dietmar Hüser, on sait que l'auteur de cette note, dont de nombreux points se retrouvent dans les notes du 19 juillet 1945, est Jacques Tarbé de Saint-Hardouin : Hüser, D., *Frankreichs « doppelte Deutschlandpolitik »*, *op. cit.*, p. 161 ; Maelstaf, G., *Que faire de l'Allemagne ? Les responsables français, le statut international de l'Allemagne et le problème de l'unité allemande (1945-1955)*, Paris, ministère des Affaires étrangères, direction des archives, 1999, p. 15 note 1.

11 Voir la « lettre adressée aux ambassadeurs des États-Unis d'Amérique, du Royaume-Uni et de l'URSS par le ministre des Affaires étrangères du Gouvernement provisoire de la République française, relative aux "principes politiques qui devraient présider au traitement de l'Allemagne" », 7 août 1945, in *Documents relatifs à l'Allemagne (août 1945-février 1947)*, Paris, Imprimerie nationale, 1947, p. 8-9.

de Potsdam, les hauts fonctionnaires n'en affinent pas moins, pendant tout le mois d'août, la position française sur les réparations et sur le désarmement économique et mettent au point les statuts politiques et économiques des territoires à détacher de l'Allemagne[12]. Dans une interview qu'il donne au *Times* le 10 septembre, le général de Gaulle rend publique la politique allemande de la France[13]. Quatre jours plus tard, cette politique est officiellement exposée aux Alliés à l'occasion de la conférence des ministres des Affaires étrangères de Londres[14].

L'ensemble des notes et directives de l'été 1945 clarifient la politique allemande du gouvernement. Le primat de la sécurité, que des mesures politiques et techniques doivent assurer, est réaffirmé. Les réparations lui sont subordonnées. Pour autant, la politique du gouvernement se limite-t-elle à ces deux objectifs ? L'analyse des directives françaises met en lumière les positions ambiguës du GPRF sur deux questions restées en suspens : l'impérialisme économique vis-à-vis de l'Allemagne, incarné par le projet de Pierre Mendès France, et l'impérialisme politique, dont la manifestation la plus évidente se traduit dans la volonté de pérenniser la présence française sur la rive gauche du Rhin.

I. Le primat de la sécurité

À la veille de la conférence de Potsdam, le gouvernement français réaffirme avec force que la sécurité est l'objectif essentiel de sa politique allemande. La France veut avant tout empêcher que l'Allemagne puisse être en mesure de préparer tout nouveau conflit. Pour ce faire, Paris campe sur les positions arrêtées depuis le début de l'année. Le gouvernement français maintient son intention d'obtenir le détachement de la Ruhr et de la Rhénanie. Ces mesures à caractère politique sont complétées par des dispositions d'ordre technique, qui visent à assurer le désarmement économique et industriel de l'ancien Reich. Les Français prévoient également le contrôle de la recherche scientifique et de la propriété intellectuelle. Situées en amont de la production, ces activités commandent en effet l'essentiel du développement économique et, par conséquent, militaire d'une nation.

---

12 Voir *infra*.

13 « Déclarations au correspondant du *Times* le 10 septembre 1945 », in de Gaulle, Ch., *Discours et messages*, *op. cit.*, p. 663-669.

14 « Mesures relatives au contrôle et à l'administration de l'Allemagne », mémorandum de la délégation française lors de la conférence des ministres des Affaires étrangères de Londres, 14 septembre 1945, AOFAA, AAA 1440/1.

A. Le détachement de la Ruhr et de la Rhénanie : une mesure éminemment politique

En juillet 1945, le GPRF réaffirme sa volonté d'obtenir que les provinces rhénanes soient « détachées définitivement du reste de l'Allemagne, aux points de vue militaire, politique, administratif et économique », la France assurant le contrôle du Rhin[15]. La Ruhr, parfois dénommée Westphalie, devrait être soumise à un régime spécial au sein duquel la France serait représentée et « qui enlèverait à l'Allemagne le moyen d'utiliser, à des fins militaires, les ressources industrielles de cette région »[16]. Les accords de Potsdam s'opposent aux vues françaises. Mais, comme la France n'a pas été invitée à la conférence, ses dirigeants ne se sentent pas liés par les décisions qui y ont été prises[17]. Ils contestent d'ailleurs de nombreux points de l'accord[18]. Par conséquent, les dirigeants français maintiennent leurs revendications sur ces territoires et définissent, dans la perspective de la réunion du Conseil des ministres des Affaires étrangères des cinq puissances[19], qui doit avoir lieu à Londres en septembre, les grandes lignes de leurs régimes politiques et économiques[20]. Toutefois, cette politique suscite les critiques de certains hauts fonctionnaires.

1. Paris fermement opposé à certaines dispositions des accords de Potsdam

C'est pour des raisons de sécurité et de reconstruction économique que Paris s'oppose aux décisions prises à Potsdam, qui préconisent la

15 Directives du 19 juillet 1945, citée en note 1.

16 *Ibid.*

17 Voir la lettre aux ambassadeurs du 7 août 1945, p. 8-9, citée en note 11.

18 *Ibid.*, p. 9, et « lettre adressée aux ambassadeurs des États-Unis d'Amérique, du Royaume-Uni et de l'URSS par le ministre des Affaires étrangères du Gouvernement provisoire de la République française, relative au "conseil des ministres des Affaires étrangères des cinq grandes puissances et à la reconstitution d'un gouvernement central en Allemagne" », 7 août 1945, in *Documents français relatifs à l'Allemagne (août 1945-février 1947)*, *op. cit.*, p. 7-8, et l'« aide-mémoire remis par M. Massigli à M. Harvey », 28 août 1945, AOFAA, p. 185 d. B I 3-13.

19 Les cinq comprennent, outre les États-Unis d'Amérique, la France, le Royaume-Uni et l'Union des républiques socialistes soviétiques, la Chine.

20 Parmi les études qui sont réalisées par les services français avant la réunion des cinq ministres des Affaires étrangères à Londres : « note a/s du détachement des régions industrielles de l'Allemagne », MAE, dir. éco., 11 août 1945, AMAE, DE-AAA, t. 8 ; note a/s de la « ligne de démarcation à l'ouest », MAE, dir. pol., août 1945, AMAE, Y 1944/49, t. 394 ; « aide-mémoire a/s du détachement des régions industrielles de l'Allemagne », MAE, dir. éco., 6 septembre 1945, AMAE, Y 1944/49, t. 369 ; note sur « le régime politique de la région rhéno-westphalienne », MAE, dir. pol., 8 septembre 1945, AMAE, Y 1944/49, t. 689.

création d'un État allemand unitaire. Forts des études menées depuis 1942, les dirigeants français sont en effet convaincus que le détachement de la Ruhr et de la Rhénanie constitue la seule solution qui permettra d'assurer la sécurité future du continent européen en même temps que sa reconstruction[21]. Ils ne sont pas radicalement opposés à ce que des administrations allemandes soient constituées. Mais ils refusent d'entamer des discussions à ce sujet avant d'avoir obtenu que les territoires de la Ruhr, de la Rhénanie et de la Sarre[22] soient définitivement soustraits à la souveraineté allemande[23]. Admettre la création d'administrations centrales allemandes sans avoir obtenu gain de cause sur ces trois régions présenterait en effet trois inconvénients majeurs.

De l'avis des décideurs français, cela reviendrait d'abord à admettre l'existence d'un gouvernement centralisé ayant autorité sur elles. Autant dire qu'en avalisant la mise en place d'administrations centrales allemandes, les Français renonceraient pratiquement *de facto* au détachement de ces trois régions[24].

Des considérations géopolitiques expliquent aussi le refus français. À Potsdam, les trois Grands ont entériné le détachement de territoires situés à l'est de l'Allemagne. Pour le GPRF, la séparation de la Silésie commande donc une décision rapide concernant les territoires sis à l'ouest de l'ancien Reich, faute de quoi la population allemande croira à l'abandon de ces projets de détachement. Pour Paris, il est en effet essentiel de donner aux Allemands la certitude que le détachement de la Ruhr, de la Rhénanie et de la Sarre interviendra sans délai et qu'il aura un caractère définitif. En acceptant l'examen de la question des administrations allemandes avant que ne soit réglée la question des frontières à l'ouest de l'Allemagne, les Français laisseraient planer le doute sur leurs véritables intentions[25].

---

21 Voir *supra* les développements des chapitres II et III.

22 La Sarre, qui, pour les Français, doit également obtenir un statut particulier, est mentionnée ici. Voir les développements à ce sujet dans le chapitre V.

23 Le général de Gaulle le dit très clairement à un collaborateur d'Hervé Alphand en octobre : « j'ai, d'autre part, demandé si nous serions prêts à admettre la création d'administrations centrales allemandes, dans le cas où il aurait été entendu au préalable que le ressort territorial de ces administrations serait délimité à l'Ouest par une ligne de démarcation plaçant la Ruhr et la rive gauche du Rhin hors de la souveraineté de Berlin. Le Général m'a répondu par l'affirmative. Il pense toutefois qu'il importe en premier lieu de reconstituer des administrations d'États ». Sur ce point, « note pour Monsieur Alphand », sans auteur, 23 octobre 1945, AOFAA, AAA 1440/1.

24 C'est l'idée qui ressort de la plupart des documents déjà cités. Voir notamment l'aide-mémoire du 28 août 1945, cité en note 18, et la note au sujet de la ligne de démarcation à l'ouest, août 1945, citée en note 20.

25 « Mémorandum de la délégation française a/s des mesures relatives au contrôle et à l'administration de l'Allemagne » à la conférence des ministres des Affaires étrangères à Londres, 14 septembre 1945, AOFAA, AAA 1440/1.

L'opposition française résulte enfin du rôle que la France entend jouer à l'ouest de l'Allemagne. Aux yeux de bon nombre de décideurs français, le maintien de l'unité allemande après le choc considérable de la défaite reste en effet hypothétique[26]. Le général de Gaulle estime ainsi que l'unité allemande est étroitement liée à l'existence de la Prusse. Sa disparition en tant qu'État devrait donc s'accompagner de la renaissance des particularismes locaux[27]. De son point de vue, la décision des trois Grands, consistant à imposer l'unité allemande immédiatement après la défaite, est donc prématurée, en même temps qu'elle constitue une erreur politique majeure. Elle interdirait en effet aux Allemands d'exprimer leurs aspirations profondes et empêcherait *de facto* une décomposition probable de l'Allemagne en plusieurs États[28]. Or celle-ci serait favorable à la sécurité européenne. Elle faciliterait en outre les desseins du Général sur la rive gauche du Rhin. Nous y reviendrons.

En parallèle de leur refus d'accepter les principales décisions prises à Potsdam, refus qu'ils manifestent très vite aux Alliés, les Français précisent leur politique vis-à-vis de la Ruhr et de la Rhénanie. En août, les hauts fonctionnaires mettent au point les statuts politiques et économiques de ces territoires[29].

2. *Les propositions françaises pour le statut politique et économique de la Ruhr et de la Rhénanie*

Dans les différentes moutures conduisant à la refonte du projet français concernant la Ruhr et la Rhénanie, les hauts fonctionnaires du Quai d'Orsay reprennent, pour l'essentiel, les dispositions arrêtées avant l'été. Les deux régions devraient être séparées d'avec l'Allemagne sur les plans politique, militaire et économique. Elles constitueraient deux entités territoriales distinctes, chacune disposant d'un régime politique, économique et douanier. Pour la Rhénanie, les propositions antérieures à l'été 1945 sont intégralement reprises. C'est essentiellement sur la Ruhr que les réflexions françaises apportent des innovations importantes.

À partir de l'été 1945, la préoccupation essentielle des décideurs français est d'obtenir que la Ruhr soit soustraite à l'État allemand mais surtout aux intérêts privés, allemands ou européens, qui contrôlent son économie. En d'autres termes, c'est à un État international de la Ruhr que devraient être transférés les pouvoirs de l'Ancien Reich et de ses industriels. Pour les Français, il est en effet impératif que les Alliés aient

---

26 Voir, pour le détail, les développements du chapitre III.

27 « Entretiens du 8 octobre 1945 avec le général de Gaulle », MAE, dir. pol., 8 octobre 1945, AMAE, Y 1944/49, t. 394.

28 Lettre aux ambassadeurs du 7 août 1945, p. 8-9, citée en note 11, et la note au sujet de la ligne de démarcation à l'ouest, août 1945, citée en note 20.

29 Voir *infra*.

le contrôle des leviers politiques mais aussi économiques de la Ruhr. Obtenir le détachement politique du Territoire en laissant le contrôle de ses industries à ses anciens propriétaires empêcherait à coup sûr les Alliés d'orienter sa production selon l'intérêt général[30]. C'est pourquoi les Français prônent l'expropriation des industriels les plus puissants de la Ruhr, c'est-à-dire les propriétaires des mines et de la sidérurgie. La propriété de ces entreprises serait transférée à deux consortiums internationaux, l'un pour les mines, l'autre pour les industries lourdes, dont les actions seraient confiées aux Nations unies, c'est-à-dire aux États alliés[31]. Dans les autres grandes entreprises qui ne seraient pas nationalisées, le contrôle allié serait assuré par la présence d'un représentant à leur conseil d'administration[32]. D'une façon plus générale, l'orientation de la politique économique des entreprises de la Ruhr dépendrait d'un comité international de gestion à base gouvernementale, composé des seules puissances d'Europe de l'Ouest, qui recevrait ses directives de la commission gouvernementale interalliée, composée des puissances occupantes de l'Allemagne et de ses voisins occidentaux (Belgique, Pays-Bas, Luxembourg)[33]. Cette commission, qui incarnerait le pouvoir politique du territoire de la Ruhr, définirait les grands axes de politique générale, en même temps qu'elle aurait des compétences en matière de contrôle[34].

Grâce à ce dispositif, les Français considèrent que les Alliés seraient en mesure de contrôler efficacement l'activité économique du Territoire. Il leur serait ainsi possible de freiner, voire d'interdire, les productions présentant un danger pour la paix – chimie, acier, etc. – et, à l'inverse, ils pourraient encourager le développement de productions nécessaires à une économie de paix et à la reconstruction de l'Europe, en particulier

---

30 Note a/s de la ligne de démarcation à l'ouest, août 1945, citée en note 20. Dans le même sens, les arguments rappelés par Blum-Picard à Alphand dans sa « note pour Monsieur Alphand », Laurent Blum-Picard, 5 septembre 1945, AMAE-Paris, DE-AAA, t. 8. Les propositions de Blum-Picard sont avalisées et se retrouvent dans l'« aide-mémoire a/s du détachement des régions industrielles de l'Allemagne », MAE, dir. éco., 6 septembre 1945, AMAE-Paris, Y 1944/49, t. 369. Elles sont ensuite reprises dans l'« aide-mémoire n° II sur le futur régime économique et financier de la Ruhr », MAE, 22 octobre 1945, AOFAA, AAA 1407/1, qui présente aux Alliés la position officielle de la France lors des discussions bilatérales de l'automne et de l'hiver 1945.

31 Note du 11 août 1945, citée en note 20 ; « point de vue français concernant le régime économique de l'Allemagne de l'Ouest », MAE, dir. éco., 17 octobre 1945, AOFAA, AAA 1444/2 ; aide-mémoire n° II du 22 octobre 1945, cité en note 30.

32 Aide-mémoire du 6 septembre 1945, cité en note 30.

33 Notes du 11 août 1945 et du 8 septembre 1945, citées en note 20 ; « aide-mémoire n° I concernant le régime futur de la Rhénanie et de la Ruhr », MAE, sans date (mi-octobre 1945), AOFAA, AAA 1407/1.

34 Note du 11 août 1945, citée en note 20.

celle du charbon. Toujours grâce à ce contrôle interne de l'économie de la Ruhr, il serait possible aux Alliés d'empêcher que cette dernière devienne à nouveau autarcique en la faisant dépendre des productions de ses voisins[35].

Indirectement, ces propositions éclairent bien la mentalité des dirigeants français. Dans leur esprit, seule la puissance publique internationale serait à même de défendre l'intérêt général. Cette conviction explique que les Français excluent de confier le contrôle des grandes entreprises de la Ruhr à des industriels ou à des banques alliés. Des intérêts privés devraient certes assurer la gestion pratique des consortiums, mais ceux-ci devraient rester sous le contrôle étroit des États qui seraient les seuls actionnaires. Aux yeux des Français, ce contrôle public s'impose doublement. D'abord, parce que les bénéfices dégagés par ces entreprises pourraient être répartis entre les États actionnaires au titre des réparations. Ensuite et surtout, parce que si la Ruhr était confiée à des intérêts privés, même alliés, ceux-ci seraient tentés d'administrer ces entreprises en ne songeant qu'à leur essor. Ils seraient donc incapables d'adopter des mesures de désarmement économique et industriel, pourtant nécessaires à la sécurité du continent[36]. L'ensemble de ces mesures, qui constitue la politique officielle de la France, est vivement critiqué par deux hauts fonctionnaires.

3. Des réserves précoces

Dès le 7 septembre 1945, Hervé Alphand saisit personnellement Georges Bidault des réserves que lui inspire le projet français. Il est convaincu qu'il n'a aucune chance d'être accepté par les Alliés.

> Sur le plan diplomatique immédiat, explique-t-il, les gouvernements américain et britannique s'opposeront actuellement à une internationalisation de la Ruhr qui risque, à leurs yeux, de susciter une demande russe de participation au contrôle de ce territoire[37].

Et si d'aventure la thèse française était adoptée, Alphand doute qu'elle serve les intérêts français. Il lui semble que la création d'un gouvernement international de la Ruhr est une solution artificielle.

> Je ne le crois pas durable, explique-t-il. Pense-t-on que pendant une période de temps indéfinie, 6 à 7 millions d'Allemands vont devenir de bons et loyaux citoyens du “territoire international de la Ruhr” ? Cette hypothèse est

---

35 Aide-mémoire du 6 septembre 1945, cité en note 30. La politique alliée préconisée par les Français en Ruhr a été analysée en détail par Lefèvre, S., *Les relations économiques franco-allemandes*, *op. cit.*, p. 38-40.

36 Explications données dans l'aide-mémoire n° II du 22 octobre 1945, cité en note 30.

37 « Note pour le ministre, personnel et confidentiel », MAE, dir. éco., Hervé Alphand, 7 septembre 1945, AOFAA, AAA 1402.

peu vraisemblable. Elle ne tiendra pas longtemps devant l'opinion publique mondiale[38].

La création de ces entités – Ruhr et Rhénanie – pose ensuite « une série de questions d'ordre monétaire, douanier et commercial d'une extrême complexité auxquelles l'aide-mémoire du 6 septembre n'apporte que des réponses théoriques et souvent embarrassées »[39]. Alphand considère qu'en encourageant la création de ces différentes entités économiques et monétaires « au moment où nous cherchons avec raison à réduire le nombre de barrières douanières, à étendre l'espace des échanges libres en Europe, nous nous faisons les défenseurs d'un compartimentage économique qui ne correspond nullement aux intérêts d'une organisation efficace de l'économie européenne »[40]. Il doute aussi que la France soit à même d'assumer les immenses responsabilités administratives qu'elle revendique dans l'administration du territoire de la Ruhr. Enfin, il est certain qu'en Ruhr, les Britanniques et les Américains poursuivront une politique de relance économique « contrairement aux vues françaises sur la sécurité et le désarmement »[41]. Pour Alphand, l'Allemagne récupérera donc tôt ou tard « une richesse économique dont le potentiel industriel, grâce aux bons soins de la Commission internationale, aura été maintenu et peut-être même développé »[42]. Mais les mises en garde d'Alphand ne portent pas. Contrairement à ses vœux, Bidault ne semble pas avoir informé le général de Gaulle de ses réserves à moins que ce dernier les ait lui-même écartées. Toujours est-il que le projet français est adopté et présenté à la conférence de Londres.

À l'issue des premières conversations diplomatiques menées avec les Britanniques en octobre 1945[43], un militaire, le commandant Pierre Ollé-Laprune, chargé des questions économiques au cabinet civil du général Koenig à Baden-Baden, se fait plus critique encore. En marge d'une note précisant le point de vue français concernant le régime économique de l'Allemagne de l'Ouest, il s'étonne que la France puisse défendre pareille thèse. « Le projet présenté par la France, écrit-il, est un "monstre". Il apparaît que nos diplomates cherchent la "complication". Que sera cet "État international" ? Comment l'Angleterre acceptera-t-elle d'abandonner la plus grande partie de sa zone d'occupation ? »[44].

---

38 *Ibid.*

39 *Ibid.*

40 Note du 7 septembre, citée en note 37.

41 *Ibid.*

42 *Ibid.*

43 Voir le chapitre VI.

44 Commentaire de Pierre Ollé-Laprune du 31 octobre 1945 en marge d'un courrier adressé par le CGAAA au général Koenig a/s « des négociations franco-britanniques

Bref, aux yeux de ce haut fonctionnaire et de ce militaire, le verdict est sans appel. Inacceptable pour les Anglo-Américains, le projet français, qui n'est pas fondé sur des études solides, est artificiel et anti-économique. Il dépasse en outre les moyens français et risque, à moyen terme, d'être contre-productif. La thèse française n'en est pas moins maintenue. Les Français sont en revanche unanimes à prôner un désarmement économique poussé.

B. Le désarmement économique et industriel : un complément des mesures politiques

Contrairement aux décisions à caractère politique, les mesures de désarmement industriel adoptées à la conférence de Potsdam correspondent, dans l'ensemble, au projet français[45]. Celui-ci est défini, pour l'essentiel, par la « note sur le désarmement économique et financier », adoptée le 13 juillet 1945 par le comité économique interministériel[46]. Le contenu de cette note est en réalité une synthèse des travaux menés dans différents cadres institutionnels depuis l'automne 1943[47]. Pendant l'été 1945, les Français précisent les objectifs du désarmement, les mesures pratiques de sa mise en œuvre et les formes de contrôle qu'il appellera.

1. Les objectifs

Dans l'esprit des dirigeants français, le désarmement militaire, économique et financier de l'Allemagne joue un rôle central dans le maintien de la sécurité. Entrepris en complément du détachement de la Ruhr et de la Rhénanie, il doit être appliqué à l'économie allemande dans son ensemble. Il sera mené de telle sorte que la capacité de production de l'industrie allemande soit ramenée à un niveau suffisamment bas pour empêcher toute nouvelle agression allemande, mais dans le même temps

sur le régime de la rive gauche du Rhin et de la Ruhr », 29 octobre 1945, AOFAA, c. 11 d. POL I B 2.

45 C'est ce qui ressort d'une note du MEN (sans titre, sans auteur, sans date) qui compare les directives françaises aux accords de Potsdam, SAEF, 5 A 23. Une autre note de l'Économie nationale, rédigée par Roger Bloch, intitulée « insuffisance des accords de Potsdam en ce qui concerne le désarmement économique allemand » (sans date), souligne de son côté que le projet français prévoit des mesures plus sévères, SAEF 5 A 23. Voir aussi la note du 11 août 1945, citée en note 20.

46 Note du 7 juillet 1945 (doc. n° 183 du CEI), citée en note 7. Le CEI l'approuve, pour l'essentiel, le 13 juillet 1945 : réunion du 13 juillet, (doc. n° 185 du CEI), citée en note 7 ; « note a/s du désarmement économique et financier de l'Allemagne », MAE, dir. éco., 11 août 1945, AMAE, DE-AAA, t. 7.

47 Bilan des études menées à Londres dans le cadre du CIEA : « rapport », sous-comité de coordination pour le désarmement économique, doc. n° 556, 18 octobre 1945, 45 p., AMAE, DE-AAA, t. 5.

suffisamment haut pour faire vivre la population allemande. Motivée au premier chef par des considérations de sécurité, la philosophie du projet de désarmement est donc profondément malthusienne. Il s'agit de limiter le potentiel industriel allemand aux stricts besoins de la population. Cet impératif de sécurité explique aussi que les dirigeants français donnent clairement la priorité au désarmement sur les réparations. Les Français considèrent en effet que la politique des réparations ne pourra être entreprise que « dans la mesure où elle n'est pas en contradiction avec la mise en œuvre du désarmement »[48]. La politique de désarmement est, pour l'essentiel, fondée sur deux types de mesures – interdictions et limitations de production –, elles-mêmes doublées par différentes formes de contrôle.

2. Les mesures pratiques[49]

Les Français entendent d'abord interdire les industries de guerre proprement dites. C'est ainsi qu'ils proposent la suppression de la production d'explosifs, la destruction des usines d'armement ou l'arrêt de la construction aéronautique. La production d'aluminium, directement utile à la construction d'avions, sera également stoppée.

Les interdictions de production visent en second lieu l'activité des industries directement utiles à l'effort de guerre. Elles concernent surtout la chimie, dont de nombreux produits contribueront à la fabrication d'armes – le phosphore et le chlore par exemple, qui entrent dans la composition des différentes sortes de bombes –, et l'industrie des grosses forges et des laminoirs, qui servent avant tout à la production de canons. Les Français proposent que les usines dont les productions seraient interdites soient ou bien transférées aux Alliés à titre de réparation ou bien détruites.

Toutefois, dans la plupart des branches industrielles allemandes, il n'est pas envisageable d'interdire totalement la production. Il ne semble en effet pas possible de priver l'Allemagne de son potentiel industriel sans déséquilibrer profondément son économie. Dans les branches industrielles nécessaires à l'économie de paix, les Français préconisent par conséquent des limitations de production. Elles seraient d'autant plus sévères que les fabrications concernées sont utiles à la préparation d'un conflit. Le GPRF propose ainsi que la capacité de production d'acier de l'Allemagne soit réduite à 8 millions de tonnes par an tandis que sa pro-

---

48 Note du 11 août 1945, citée en note 46.

49 Dans les deux paragraphes suivants, les informations, sauf mention contraire, sont issues de : note du 7 juillet 1945 (doc. n° 183 du CEI), citée en note 7 ; Bitsch, M.-Th., « Un rêve français : le désarmement économique de l'Allemagne (1944-1947) », in *op. cit.*, p. 316-320 ; Lefèvre, S., *Les relations économiques franco-allemandes*, *op. cit.*, p. 25-30.

duction effective serait limitée à 5,8 millions de tonnes. Il réclame aussi le contingentement de la production de machines-outils, dont le rôle est essentiel dans la préparation de tout conflit, et la réduction drastique des productions chimiques. Paris prône même le contrôle des moyens de transport : « la reconstitution ou la constitution de grosses sociétés de transport routier devra être interdite »[50]. Dans le rationnement des pneumatiques et la limitation de la flotte marchande de haute mer, le gouvernement voit un moyen de réduire les échanges commerciaux de l'Allemagne.

Dans certains cas toutefois, ces limitations ou ces interdictions ne sauraient intervenir immédiatement. Les besoins mondiaux en caoutchouc et en carburant amènent ainsi les Français à recommander le maintien de leur production synthétique en Allemagne jusqu'à la fin du conflit avec le Japon. La production d'azote, utilisé pour la fabrication de fertilisants mais aussi d'explosifs, devrait certes être réduite mais ne saurait être totalement stoppée, tant les besoins mondiaux en engrais sont grands.

En plus de ces interdictions et de ces limitations de production, les Français préconisent d'autres mesures destinées à accroître la sécurité. La fabrication de certains produits pourrait être autorisée à condition que leur exportation soit interdite. C'est le cas des machines-outils, dont l'exportation présenterait, aux yeux des Français, un puissant moyen d'expansion économique pour l'Allemagne. Des fabrications autorisées mais jugées dangereuses devraient par ailleurs être « délocalisées ». Les productions d'azote et des machines-outils seraient ainsi transférées dans la Ruhr internationalisée, où leur contrôle serait plus aisé.

3. Les formes de contrôle

La capacité qu'auront les Alliés à contrôler le désarmement économique de l'Allemagne apparaît fondamentale. Pendant la guerre, les travaux du CIEA avaient déjà souligné le rôle crucial des contrôles pour le maintien de la sécurité. Les experts avaient alors montré que de leur qualité dépendraient l'effectivité du désarmement économique comme l'impossibilité de tout réarmement clandestin. En 1945, les hauts fonctionnaires français proposent trois formes de contrôle. Les premiers, directs, s'appliqueraient dans les entreprises. Les seconds, indirects, permettraient de s'assurer du bon fonctionnement de l'économie allemande à une plus grande échelle. Les derniers auraient un caractère international.

Les formes directes de contrôle varieraient en fonction des types d'installations industrielles. Des commissions militaires seraient constituées et s'assureraient de la destruction ou du démantèlement des usines

[50] Note du 7 juillet 1945 (doc. n° 183 du CEI), citée en note 7.

de guerre. Pour les industries civiles, deux types de contrôle sont envisagés. Des commissions d'ingénieurs et de techniciens seraient d'abord dépêchées dans les entreprises et les usines pour en surveiller le fonctionnement. Un contrôle sévère de la répartition des matières premières et des sources d'énergie permettrait ensuite d'empêcher tout dépassement des productions autorisées. Ce type de contrôle serait particulièrement adapté à certaines branches industrielles, dotées de grandes unités de production. Grâce à la répartition du charbon, des ferrailles et du minerai de fer, les Français estiment par exemple qu'il sera possible aux Alliés de contrôler efficacement la production allemande d'acier. Les contrôles directs s'avèrent cependant moins sûrs dès lors que les entreprises, de plus petite taille, sont disséminées sur l'ensemble du territoire allemand. Opérer une surveillance directe des entreprises fabriquant des machines-outils supposerait ainsi que les Alliés recrutent un nombre de contrôleurs sans commune mesure avec leurs moyens humains.

Par conséquent, les Français recommandent aussi des formes indirectes de contrôle. Pour les machines-outils par exemple, le contrôle pourrait s'exercer par le truchement des organismes économiques allemands existants, les *Wirtschaftsgruppen*. Il serait complété par la fixation de programmes de fabrication et par le contrôle des exportations. La décentralisation et la désétatisation des moyens de transport faciliteraient aussi le contrôle indirect de l'économie. Le GPRF propose d'exproprier le réseau allemand de chemin de fer, qui cesserait ainsi d'être la propriété de l'État, et de le morceler en de nombreux tronçons qui seraient remis à des organismes locaux, comme les provinces, à des entreprises nationales, voire à des sociétés internationales.

L'institution de contrôles à caractère international est proposée par les Français sous trois formes différentes. Le contrôle international « simple » est ainsi recommandé pour de très grandes entreprises, comme l'IG Farben. Une seconde forme, la prise de participations internationales, est envisagée pour l'optique, branche industrielle très concentrée, dont les productions sont jugées dangereuses. Un dernier type de contrôle, plus poussé, consiste en une véritable internationalisation de certains secteurs de l'économie allemande. Les Français préconisent tout particulièrement cette dernière solution dans le domaine des transports. Les chemins de fer de l'Allemagne de l'Ouest devraient ainsi être remis à une société internationale au sein de laquelle prédomineraient des capitaux alliés. La propriété des autoroutes allemandes serait transférée à une société internationale.

Au total, le désarmement économique de l'Allemagne constitue un élément central de la politique de sécurité voulue par la France. Pour autant, une sécurité effective appelle le contrôle d'autres activités en amont de l'industrie, au premier rang desquelles figurent la recherche scientifique et technique ainsi que la propriété intellectuelle.

C. Le contrôle de la recherche scientifique et technique et de la propriété intellectuelle[51]

1. Une priorité

La guerre a en effet clairement montré aux Français que « les recherches techniques et scientifiques peuvent avoir, en ce qui concerne le potentiel de guerre d'une Nation, une importance autrement considérable que le potentiel industriel »[52]. Aussi les Français libres ont-ils réfléchi, bien avant la fin du conflit, aux différents moyens de désarmer scientifiquement l'Allemagne[53]. Deux domaines retiennent particulièrement leur attention.

La recherche scientifique et technique d'abord. Ses remarquables résultats dans les décennies qui ont précédé la Deuxième Guerre mondiale ont entraîné en Allemagne des progrès technologiques considérables, souvent utilisés pour la préparation du conflit. La fabrication de caoutchouc et d'essence synthétiques a par exemple « permis au régime hitlérien de se lancer dans une guerre de conquête, sans avoir à se soucier d'être coupé, dès l'ouverture des hostilités, des sources d'approvisionnement traditionnelles en matières premières »[54].

La propriété intellectuelle ensuite. Aux yeux des dirigeants français, celle-ci est l'expression la plus parfaite de l'impérialisme économique allemand. Avant 1939, puis pendant la guerre, la politique allemande en matière de brevets, de licences et de marques de fabrique a en effet été l'instrument d'un affaiblissement progressif et « appréciable du potentiel industriel des Nations unies »[55].

---

51 Dans cette sous-partie, nous nous inspirons beaucoup Lefèvre, S., *Les relations économiques franco-allemandes*, *op. cit.*, p. 28-32 ; de Ludmann-Obier, M.-F., « Le contrôle de la recherche scientifique en zone française d'occupation en Allemagne (1945-1949) », in *Revue d'Allemagne et des pays de langue allemande*, n° 4, 1988, p. 397-414 ; du même auteur, « Le problème de la propriété industrielle en Allemagne après la Deuxième Guerre mondiale », *Revue d'Allemagne et des pays de langue allemande*, n° 1, 1991, p. 41-53.

52 Note sur « le problème de la recherche technique et scientifique allemande », MEN, service des affaires économiques allemandes, 10 mars 1946, AMAE, DE-AAA, t. 7.

53 Rapport final du CIEA, cité en note 47 ; « recommandations relatives à la propriété intellectuelle », CIEA, doc. n° 494, 22 novembre 1944, AMAE, DE-AAA, t. 5 ; « dossier sur la question des brevets allemands », AN, F[12] 10105.

54 Ludmann-Obier, M.-F., « Le contrôle de la recherche scientifique en zone française d'occupation en Allemagne (1945-1949) », in *op. cit.*, p. 397. Lefèvre, S., *Les relations économiques franco-allemandes*, *op. cit.*, p. 28-32.

55 Note du 7 juillet 1945 (doc. n° 183 du CEI), citée en note 7 ; note du 10 mars 1946, citée en note 52.

2. *Une politique « draconienne »*

Dans ces deux domaines, la politique du GPRF, qui entend éviter « de nouvelles et cruelles surprises », est par conséquent fondée sur « des mesures draconiennes »[56].

Le premier objectif est répété à l'envi dans différentes notes : obtenir la réduction au minimum du potentiel allemand de recherche scientifique[57]. La politique de sécurité doit en effet « viser théoriquement à détruire, à neutraliser ou à coiffer le potentiel considérable que représente l'organisation de la recherche technique en Allemagne »[58]. Par conséquent, toute recherche scientifique, qu'elle soit fondamentale ou appliquée, dont les buts sont militaires ou dont les découvertes pourraient être utilisées à des fins militaires, devrait être interdite[59]. « Cependant, comme le rappelle le ministère de l'Économie nationale, en matière de recherches, la destruction ou les interdictions n'ont pas de sens si elles ne s'accompagnent du transfert de techniciens et de la réduction générale du niveau de l'instruction scientifique et technique »[60]. Aussi les Français recommandent-ils le transfert de nombreux instituts et laboratoires de recherche dans les pays alliés et le contrôle des établissements d'enseignement supérieur. En outre, une stricte limitation des domaines de recherche autorisés devrait aboutir à la réduction du nombre et de l'importance des laboratoires de recherche allemands[61].

Le désarmement scientifique et technique de l'Allemagne passe ensuite par différentes mesures pratiques, applicables aux centres de recherches qui seraient maintenus. Une politique de décentralisation est ainsi prévue. Elle vise à fragmenter l'organisation de la recherche allemande, en brisant d'une part les liens qui existent entre la recherche scientifique et ses applications industrielles, en isolant d'autre part les uns des autres les différents acteurs de la recherche que sont les labora-

---

56 Note du 7 juillet 1945 (doc. n° 183 du CEI), citée en note 7 (la note est utilisée ici dans un sens large, puisque le texte cité ne fait référence qu'aux brevets allemands).

57 Note du 10 mars 1946, citée en note 52.

58 *Ibid.*

59 « Note du général Dassault, président du comité scientifique de la défense nationale », comité scientifique de la défense nationale, 25 mars 1946, SHAT, 4 Q 109 dossier 5 ; « projet de loi sur le contrôle de la recherche scientifique », Conseil de contrôle, comité interallié de liquidation du potentiel de guerre, 19 février 1946, (CLWP/Misc (46)303 révisé), AMAE, DE-AAA, t. 7.

60 Note du 10 mars 1946, citée en note 52.

61 Ludmann-Obier, M.-F., « Le contrôle de la recherche scientifique en zone française d'occupation en Allemagne (1945-1949) », in *op. cit.*, p. 398 ; note du 7 juillet 1945 (doc. n° 183 du CEI), citée en note 7 ; note du 11 août 1945, citée en note 20.

toires, les universités, les instituts et toutes les structures comprenant un organisme de recherche[62].

Les directives françaises concernant la propriété industrielle sont plus sévères encore. Il s'agit ni plus ni moins d'internationaliser la propriété industrielle allemande et de mettre sous tutelle le *Patentamt*, l'Office allemand des brevets. À cet effet, comme l'indique la note du 7 juillet 1945, « il conviendrait de former progressivement un personnel spécialisé, pour [le] contrôler étroitement »[63]. La propriété industrielle allemande devrait être placée sous séquestre. Les licences qui seraient concédées serviraient au paiement des réparations[64].

3. La difficile question des formes de contrôle

Dans le domaine de la recherche scientifique et technique, les modalités de contrôle, qui sont évidemment essentielles, posent, comme pour l'économie, des problèmes aigus.

Dans le cas des établissements de recherche, de nombreux contrôles administratifs sont prévus. Pour leur réouverture, les établissements devraient obtenir l'aval des autorités des zones d'occupation. Leurs domaines de recherche, leurs statuts, leurs personnels seraient également soumis à l'obtention d'une autorisation administrative. À intervalles réguliers, ils devraient en outre adresser aux autorités de leur zone d'occupation des rapports faisant état de leurs activités passées et à venir, de leurs sources de financement, de leurs dépenses effectives, de leurs équipements[65]. Pour autant, forts de l'expérience du premier après-guerre, les Français sont convaincus que ces dispositions seront incapables d'empêcher les fraudes et les dissimulations, si elles ne sont pas doublées par un contrôle permanent des installations de recherche. Son organisation et sa mise en œuvre poseraient toutefois des problèmes humains et financiers quasi insolubles[66].

Aussi le commandant Marchal, chef de la délégation française au comité interallié de liquidation du potentiel de guerre de l'Allemagne,

---

62 Procès-verbal de la 3e séance du comité de coordination scientifique de la défense nationale lors d'une réunion spéciale à la grande chancellerie de la légion d'honneur, sans date, SHAT, 4 Q 109 dossier 5 ; lettre du général Juin, chef de l'EMGDN, au CGAAA, a/s des « laboratoires et instituts de recherches techniques et scientifiques en Allemagne », 8 avril 1946, SHAT, 4 Q 99 dossier 1.

63 Note du 7 juillet 1945 (doc. n° 183 du CEI), citée en note 7 ; Lefèvre, S., *Les relations économiques franco-allemandes*, *op. cit.*, p. 28-32.

64 Voir les deux références citées dans la note précédente.

65 « Contre-projet sur le contrôle des recherches techniques et scientifiques », MPI, DCI, SAAA, 15 février 1946, SHAT, 4 Q 99, dossier 1.

66 Note a/s du « contrôle des recherches scientifiques et techniques tant dans les établissements d'enseignement que dans les laboratoires particuliers et les établissements industriels », commandant Marchal, 7 mars 1946, AMAE-Paris, DE-AAA, t. 7.

propose-t-il de faire appel à de jeunes diplômés français pour exercer ces contrôles permanents. Issus d'instituts, de grandes écoles ou de l'Université, ces jeunes scientifiques seraient affectés, dans le cadre de leur service militaire, dans des laboratoires de recherche allemands, qu'ils contrôleraient. La mesure serait fort avantageuse. Elle offrirait à ces jeunes scientifiques un complément de formation en même temps qu'elle permettrait la permanence du contrôle des établissements allemands. À terme, une telle politique favoriserait le caractère ininterrompu des contrôles. À l'issue de leur service, les jeunes diplômés obtiendraient en effet le titre d'ingénieur militaire de réserve et seraient renvoyés, au cours de leurs périodes de réserve, dans les établissements qu'ils avaient précédemment contrôlés. Ils y rencontreraient leurs successeurs[67]. La mesure est adoptée par le gouvernement français. Dès l'été 1946, de jeunes scientifiques français effectuent des stages dans les établissements de recherche de la ZFO[68]. Cette disposition constitue, dans une certaine mesure, une forme originale de réparations.

II. Les réparations, second objectif français

En matière de réparations également, les dirigeants français s'empressent d'analyser les décisions arrêtées par les trois Grands à Potsdam. Comme c'était déjà le cas pour les dispositions politiques et économiques, les Français doivent décider s'ils acceptent les conclusions de l'accord tripartite. Dès le 4 août 1945, la direction des affaires économiques du Quai d'Orsay estime qu'il convient d'adopter le règlement des réparations arrêté par les trois Grands[69]. Deux raisons plaident en ce sens.

L'accord de Potsdam correspond d'abord à certaines des thèses françaises en la matière, élaborées avant la conférence et résumées dans une « note sur les réparations », que le CEI a approuvée en juillet[70]. Conformément aux souhaits de Paris, l'accord de Potsdam ne fixe pas le montant des réparations. Il recommande par ailleurs que ces dernières prennent essentiellement la forme de livraisons de biens industriels. Ce point est vivement souhaité par les Français, qui font des réparations un prolongement du désarmement économique et un facteur de sécurité. Enfin, l'accord de Potsdam prévoit que les réparations devront être menées avec célérité et que les transferts de biens industriels devront

67 *Ibid.*

68 Échanges de lettres entre l'École supérieure d'électronique et de mécanique de Nancy et les services de la ZFO, 7 mai, 28 mai, 7 juin 1946, AOFAA, c. 126 d. ECO II 6a.

69 « Note a/s de l'accord de Potsdam sur les réparations » à l'intention de Maurice Dejean, MAE, dir. éco., 4 août 1945, AMAE, PA-AP 288, t. 60.

70 « Note générale sur le problème des réparations », 20 juillet 1945 (doc. n° 167 du CEI), AMAE, Y 1944/49, t. 369.

être opérés dans un délai de deux ans. Pour les Français, cette clause de rapidité est essentielle. Il est en effet impératif que la question des réparations soit réglée tant que l'opinion publique internationale demandera des sanctions exemplaires contre l'Allemagne. Passé ce délai, les réparations ne manqueraient pas d'être contre-productives. Certains hauts fonctionnaires considèrent qu'une sorte d'échange de rôles s'opérerait ensuite au détriment des puissances alliées. De pays agresseur, l'Allemagne deviendrait alors, aux yeux de l'opinion publique mondiale, une victime de l'âpreté des vainqueurs[71].

Une seconde raison pousse la direction des affaires économiques du Quai d'Orsay à recommander au GPRF d'accepter les décisions de Potsdam. L'accord d'août 1945 semble en effet beaucoup plus favorable à la France que ne l'étaient les décisions arrêtées lors de la conférence de Yalta. La part des réparations accordée à l'Union soviétique est moins importante et favorise par conséquent la situation des pays d'Europe occidentale[72]. L'URSS s'est par ailleurs engagée à ne prendre aucune participation financière et à renoncer à toute revendication sur l'or qui serait retrouvé dans les zones occidentales d'occupation. Les Britanniques et les Américains ont enfin renoncé à fixer, comme cela avait été le cas à Yalta, le pourcentage des réparations qui leur reviendra. Les Français nourrissent ainsi l'espoir que la part des petites puissances pourra être sensiblement accrue[73].

Pour autant, l'accord de Potsdam pose certains problèmes. Il laisse planer de nombreuses incertitudes sur des points chers aux Français. Il n'évoque pas les restitutions, pas plus qu'il ne mentionne les différentes formes de réparations – l'envoi de main-d'œuvre ou les réparations prélevées sur la production courante –, auxquelles les Français accordent une grande importance[74]. Toutefois, sur ces différents points, la France dispose depuis le 1er août d'un atout. Elle a en effet été admise comme quatrième membre à la Commission des réparations, qui siège à Moscou. À ce titre, elle participera à l'élaboration du règlement définitif des réparations et son représentant aura la possibilité de faire valoir la thèse française[75]. Le GPRF accepte donc les conclusions de Potsdam pour ce

71 *Ibid.*

72 *Ibid.* ; « note sur les réparations », MAE, dir. éco., 24 juillet 1945, AMAE, DE-AAA, t. 50. À Yalta, 56 % des réparations devaient aller aux Soviétiques. À Potsdam, ceux-ci prélèveront leurs réparations sur leur zone d'occupation. 25 % des réparations des zones d'occupation occidentales leur sera également attribué, 15 % sans contrepartie, 10 % contre des livraisons de produits alimentaires en provenance de leur zone d'occupation.

73 Note du 4 août 1945, cittée en note 69.

74 *Ibid.*

75 Voir *infra* chapitre VI ; « rapport sur la 1re session de la commission des réparations à Moscou du 9 au 18 août 1945 », sans date, AMAE, Y 1944/49, t. 690 ; « projet de

qui concerne les réparations. Dès lors, la « note sur les réparations », document n° 167 du CEI, devient la base de la doctrine française en la matière[76]. Elle fixe les principes et les objectifs des réparations en même temps qu'elle en arrête la nature.

A. Principe et objectifs des réparations

La thèse française en matière de réparations est fondée sur un principe de justice et poursuit, pour l'essentiel, deux objectifs. Les réparations doivent faciliter et accélérer la reconstruction économique des pays touchés en même temps qu'elles serviront à consolider la sécurité et la paix en Europe.

Un principe de justice amène les Français à demander que la réparation de la totalité des spoliations, des destructions, des dommages subis par les Nations unies incombe aux puissances qui ont déclenché le conflit, c'est-à-dire en fait à l'Allemagne[77]. Il est cependant clair pour les Français que l'ancien Reich ne sera pas en mesure de réparer l'ensemble des destructions et dommages qu'il a causés[78]. Les hauts fonctionnaires français considèrent par conséquent que les réparations devront être attribuées en fonction de leur utilité.

La priorité est ici avant tout économique. L'objectif essentiel est de hâter la reconstruction des économies ruinées par la guerre. De l'avis des Français, ce but suppose d'ailleurs que la nature et le montant des réparations soient fixés en fonction des besoins plutôt que des dommages subis. C'est pourquoi ces dernières devraient être affectées en priorité aux puissances qui auront des responsabilités particulières dans le maintien de la paix en Europe et aux nations qui poursuivront la guerre en Extrême-Orient. À long terme, il ne fait aucun doute pour les Français que de l'orientation retenue dépendront tout à la fois le relèvement économique de l'Europe et le rétablissement rapide d'échanges prospères entre les différentes parties du monde[79].

Les réparations devraient en second lieu contribuer à renforcer la sécurité du continent. Cet impératif explique que les Français les subordonnent clairement aux différentes mesures visant à assurer la sécurité

---

rapport sur les travaux des experts de la commission des réparations, session tenue à Moscou du 10 août au 6 septembre 1945 », sans date, AMAE, Y 1944/49, t. 362. La France participe aux travaux de la commission des réparations à partir du 9 août. Son représentant désigné, Robert Coulondre, souffrant, est rapidement remplacé par l'inspecteur général des finances, Jacques Rueff.

76 Note du 20 juillet 1945 (doc. n° 167 du CEI), citée en note 70.

77 *Ibid.*

78 Note sur les réparations allemandes, sans auteur, sans date (postérieure à août 1945), AOFAA, AAA 1444/2.

79 Note du 20 juillet 1945 (doc. n° 167 du CEI), citée en note 70.

future de l'Europe. Ils refusent en particulier leur mise en œuvre dès lors qu'elles iraient contre le désarmement industriel de l'Allemagne et renforceraient son potentiel économique[80]. Ce souci de sécurité commande d'ailleurs grandement la nature des réparations demandées par la France.

B. Nature des réparations

En ce domaine, les Français n'entendent pas répéter les erreurs du premier après-guerre. C'est pourquoi ils excluent d'emblée les réparations financières qui s'étaient soldées après 1918 par un véritable fiasco. Ce type de réparations risquerait surtout de favoriser le relèvement économique de l'Allemagne, que Paris considère comme un facteur d'insécurité pour l'Europe. Pour des raisons de sécurité, les différentes formes que pourraient prendre les réparations, envisagées depuis 1943, ne comprennent donc presque que des réparations en nature[81]. En juillet 1945, le CEI retient cinq catégories : les transferts de biens de capital ; les transferts de biens allemands à l'étranger ; les prises de participations dans les affaires allemandes ; les fournitures de services ; les fournitures de biens de consommation[82].

Paris propose que les réparations soient largement fondées sur des transferts de biens de capital. Ceux-ci pourraient être de toute nature mais comprendraient surtout des installations industrielles et des moyens de transport – locomotives, camions, bateaux, etc. Ces prélèvements devraient viser avant tout du matériel neuf et moderne. Ce dernier sera en effet le mieux à même de restaurer les capacités de production de la France, largement entamées pendant la guerre par des destructions, des spoliations et une chute de la productivité. Ce programme de transfert de biens en capital présenterait en outre l'avantage de correspondre parfaitement aux objectifs du désarmement économique de l'Allemagne[83].

C'est aussi le cas pour les transferts de biens allemands à l'étranger, seconde forme de réparations retenue par les hauts fonctionnaires français. À l'instar de ce qui advient en France, ces biens devraient être immédiatement placés sous séquestre. Ils seraient ensuite transférés aux Nations unies au titre des réparations ou serviraient au règlement des dettes allemandes antérieures à 1939[84].

80 *Ibid.*

81 « Note préliminaire sur le problème des réparations », Robert Marjolin, 26 mars 1943, AMAE, GU 1939/45, t. 1487 ; lettre circulaire de Queuille aux autres commissaires, 15 décembre 1943, AMAE, GU 1939/45, t. 714.

82 Note du 20 juillet 1945 (doc. n° 167 du CEI), citée en note 70 ; dans le même sens, note du 24 juillet 1945citée en note 72.

83 Note du 20 juillet 1945 (doc. n° 167 du CEI), citée en note 70.

84 *Ibid.*

Des prises de participations par les pays alliés ou par leurs ressortissants dans les affaires allemandes sont également envisagées. En ce domaine, les Français se montrent cependant prudents. D'abord, parce que « ces participations ne donneront droit qu'à des revenus en monnaie allemande pour lesquels se posera le problème du transfert »[85]. Leur importance ne saurait donc être surestimée. Ensuite, parce que les décideurs français ne font pas confiance aux intérêts privés. Comme cela a déjà été montré au sujet du contrôle des entreprises de la Ruhr, ils pensent que les intérêts privés, même s'ils sont alliés, auront inévitablement tendance à vouloir faire fructifier les entreprises dont ils deviendraient actionnaires. Leurs objectifs iraient par conséquent à l'encontre des impératifs de sécurité[86].

Tel ne sera assurément pas le cas des fournitures de services. Les deux formes envisagées par les Français correspondent en effet parfaitement aux objectifs de désarmement économique. L'Allemagne serait d'abord amenée, comme il en a déjà été fait mention, à transférer aux pays alliés ses brevets et procédés de fabrication. De l'avis des Français, ces transferts présenteraient une valeur considérable[87]. Conjuguée aux mesures de désarmement économique, la limitation de la production en Allemagne contribuerait ensuite à libérer une part importante de la main-d'œuvre outre-Rhin. Cette main-d'œuvre excédentaire devrait être envoyée dans les pays alliés, dont les besoins sont immenses. Dans la plupart des pays européens, l'emploi de main-d'œuvre allemande permettrait de faire face à la pénurie généralisée de bras et de rattraper les heures de travail perdues pendant le conflit. Pour la France, la sous-commission économique pour les affaires allemandes fait ainsi état des 12,5 milliards d'heures de travail perdues pendant la guerre, ce qui équivaut à l'emploi de deux millions d'hommes pendant trois ans[88]. De son côté, le ministre français de la Reconstruction, Raoul Dautry, estime qu'au titre des réparations la France devrait disposer, pour mener à bien sa reconstruction, d'un million et demi de travailleurs allemands pendant dix ans[89]. En août 1945, les membres de la sous-commission économique pour les affaires allemandes s'accordent pour demander l'envoi en France de 1 650 000 prisonniers allemands. Le profit que devrait en

---

85 Note du 20 juillet 1945 (doc. n° 167 du CEI), citée en note 70.

86 À ce sujet, procès-verbal de la séance du 4 août 1945 de la sous-commission économique pour les affaires allemandes, MAE, dir. éco., 29 août 1945, AN, F^{12} 10104. Pierre Lion souligne les dangers des prises de participation.

87 Note du 20 juillet 1945 (doc. n° 167 du CEI), citée en note 70.

88 « Réunion du 24 août 1945 du comité économique pour les affaires allemandes », MPI, DCI, SAAA, 24 août 1945, AN, F^{12} 10104.

89 « Note de Monsieur le ministre de la Reconstruction sur les récupérations à faire en Allemagne », SGCIAAA, 10 août 1945 (doc. n° 4), AN, F^{60} 3034/2.

retirer l'économie française est estimé à 100 millions de francs par jour, soit près de 90 milliards en trois ans[90].

Les Français comptent enfin sur la fourniture de toutes sortes de biens de consommation. Ces livraisons restent cependant hypothétiques. Elles dépendront d'abord de la rapidité et de l'ampleur de la reprise économique en Allemagne. Elles seront ensuite tributaires des décisions alliées fixant le niveau maximum autorisé pour la production allemande et ne pourront pas intervenir avant que la production allemande soit en mesure d'assurer aux Allemands le niveau de vie minimum fixé par les Alliés. Enfin, les marchandises livrées à ce titre ne devront pas entraîner un renforcement de l'industrie allemande[91]. Pour autant, ces biens de consommation figurent au premier rang des besoins des pays éprouvés par la guerre. En vertu du principe de justice inhérent aux réparations, les Français proposent donc que les pays victimes de l'agression nazie puissent « recevoir dans le plus bref délai les fournitures allemandes qui leur sont nécessaires »[92]. Cette demande semble d'autant plus justifiée qu'à Potsdam les trois Grands ont prévu que le règlement définitif des réparations pourrait intervenir jusqu'à six mois après la conférence, soit le 2 février 1946[93]. Les besoins immédiats des pays libérés appellent donc pour les Français la mise en place rapide d'un système d'avances sur réparations.

C. Les avances sur réparations et les livraisons de charbon

De l'avis des Français, les avances sur réparations devraient découler « des besoins les plus urgents des divers pays en vue d'allouer à chacun les prestations les plus propres à hâter la reconstruction de son économie et d'aider en particulier ceux qui, moyennant un apport de démarrage, pourraient être rapidement remis en état de contribuer à la restauration du monde »[94]. Dès le mois de juillet 1945, Jean Richard, directeur adjoint aux relations économiques extérieures, demande au ministère de la Production industrielle de dresser une liste des produits dont la France a besoin de toute urgence. La liste comprend des moyens de transport (camions et pneus, matériel ferroviaire) auxquels s'ajoutent des sources d'énergie (charbon, coke, électricité), des matières premières (bois, textiles, cuirs), des engrais, de l'outillage (pour les mines et les ports) et

---

90 Réunion du 24 août 1945, citée en note 88.

91 Note du 20 juillet 1945 (doc. n° 167 du CEI), citée en note 70.

92 *Ibid.*

93 Voir le « rapport officiel de la conférence tripartite de Potsdam (traduction du texte publié par le *Times* et le *New York Herald Tribune*) », ministère de l'Information, hors série n° 46, 3 août 1945, AOFAA, AEF 53/2.

94 Note du 20 juillet 1945 (doc. n° 167 du CEI), citée en note 70.

des machines-outils[95]. La directive n° 167 sur les réparations confirme ces demandes en y ajoutant des navires, des animaux de trait et de ferme ainsi que des prestations de services, notamment de la main-d'œuvre, « indispensable à la reconstruction des pays libérés »[96].

Dans le cas français, la reconstruction passe surtout par l'obtention de sources d'énergie, notamment du charbon. Ce besoin impératif explique d'ailleurs que la direction des affaires économiques du Quai d'Orsay préconise, dans sa note sur le désarmement économique, que la production allemande de charbon soit poussée au maximum. Il sera, « d'une part, l'élément essentiel des réparations et, d'autre part, une monnaie d'échange pour les importations indispensables à l'Allemagne »[97]. À cet effet, « les exportations de charbon à destination des pays occupés devront bénéficier d'une priorité sur les ventes destinées au marché intérieur »[98].

III. Une politique d'expansion économique ?

Il est incontestable que les Français, comme les Alliés d'ailleurs, comptent tirer profit de la défaite allemande. Au-delà des questions de sécurité, les mesures de désarmement économique permettraient en effet, pour certains produits au moins, de renforcer les positions commerciales des puissances alliées, la concurrence allemande étant affaiblie ou ayant même totalement disparu sur les marchés internationaux.

Mais les Français projettent-ils pour autant de profiter de la victoire pour inverser fondamentalement les rapports de force entre les économies française et allemande ? En ce domaine, la politique française est ambiguë. Trois projets font débat. Le premier a été élaboré par Pierre Mendès France au printemps 1945. Il nourrit assurément des visées impérialistes. Mais est-il adopté par le gouvernement français ? La même question se pose pour un second projet du ministère de l'Économie nationale, préparé pendant l'hiver 1945-1946, qui propose une série de mesures visant à profiter du désarmement économique de l'Allemagne pour renforcer la puissance industrielle française au détriment de sa concurrente allemande. Quant au dernier projet, qui n'est autre que le plan Monnet, il est, depuis de longues années, l'objet d'importantes controverses historiographiques. Vise-t-il réellement, comme cela est parfois avancé, à faire de la France un champion industriel au détriment de l'Allemagne ?

---

95 « Note pour Monsieur le secrétaire général », sans auteur, MPI, 5 juillet 1945, AN, F^{12} 10104.

96 Note du 20 juillet 1945 (doc. n° 167 du CEI), citée en note 70.

97 Note du 7 juillet 1945 (doc. n° 183 du CEI), citée en note 7.

98 *Ibid.*

A. L'abandon du projet sidérurgique de Pierre Mendès France

1. Une rhétorique de la puissance mais un projet vidé de sa substance

Ambitieux, les projets français le sont si l'on en croit les directives françaises de juillet 1945[99]. Elles reprennent les objectifs fixés par Pierre Mendès France. La France doit devenir la première puissance économique de l'Europe continentale. La note du 7 juillet précise ainsi qu'« il est nécessaire de ramener le potentiel industriel allemand à un niveau suffisamment bas pour rendre impossible toute nouvelle agression [et qu'] il convient de mettre à profit cette action pour modifier la structure économique de notre pays et pour en faire une grande puissance industrielle »[100]. À une époque où la suprématie économique découle de la puissance de l'industrie lourde, les directives ajoutent qu'il s'agit d'« assurer aux industries sidérurgiques de la France, de la Belgique et du Luxembourg une prépondérance durable sur la sidérurgie allemande »[101].

Ces formules saisissantes dissimulent pourtant mal l'abandon complet des mesures structurelles proposées par Pierre Mendès France qui devaient assurer la suprématie de l'économie française en Europe.

C'est essentiellement par l'obligation qui devrait être faite à l'Allemagne, pour une période indéterminée, de fournir à la France, à la Belgique et au Luxembourg, des quantités importantes de fines à coke que le projet de juillet 1945 entend instaurer une prépondérance durable des industries sidérurgiques de ces trois pays sur la sidérurgie allemande. Cette mesure n'est en soi pas différente de celle proposée par Mendès France. Mais, contrairement à son projet, la note de juillet n'envisage pas d'interdire à l'Allemagne d'importer du minerai de fer. Bien au contraire, il lui serait fourni par la France et le Luxembourg et livré à titre de fret de retour des fines à coke, ce qui permettrait de « lier étroitement la production sidérurgique allemande à la production franco-belgo-luxembourgeoise »[102]. Ce minerai servirait, et c'est là l'autre différence fondamentale avec le projet de Mendès France, à la fabrication d'acier allemand, dont la production, contrôlée grâce au détachement de la Ruhr et à une surveillance stricte, serait plafonnée à 8 millions de tonnes[103]. Contrairement à ce que proposait Pierre Mendès

---

99 *Ibid.*

100 *Ibid.*

101 *Ibid.*

102 *Ibid.*

103 *Ibid.*

France, l'Allemagne conserverait donc une part non négligeable de son potentiel sidérurgique.

En définitive, la structure de l'économie allemande ne serait pas profondément modifiée. La note du 7 juillet se borne donc à des limitations de production. Contrairement aux propositions de Pierre Mendès France, elle n'instaure pas un changement des rapports de production entre les sidérurgies française et allemande. Bref, en préférant ce nouveau projet à celui du ministère de l'Économie nationale, la France opte, en juillet 1945, pour une politique qui modifie, de façon conjoncturelle plutôt que structurelle, la puissance des économies française et allemande.

2. Les raisons du rejet

Le rejet du projet de Pierre Mendès France s'explique d'abord par le fait que le ministre de l'Économie donne sa démission en avril. Il vient alors de terminer la rédaction de la première version de son projet qu'il n'est ensuite plus en mesure de défendre correctement. Il est vrai que par son orientation iconoclaste, ce dernier avait peu de chance d'être accepté par les autres membres de la commission pour les affaires allemandes. Il s'oppose en effet au détachement de la Ruhr et de la Rhénanie alors que, depuis février 1945, la majorité des décideurs français se sont justement prononcés pour la décision inverse.

L'évolution des attributions réelles de la commission pour les affaires allemandes explique aussi le rejet de la politique de Mendès France en même temps qu'elle aboutit sans doute à doter le projet adopté par le GPRF en juillet 1945 d'une rhétorique ambitieuse. Initialement, la commission n'avait pas pour mission de présenter au gouvernement une synthèse des points de vue des ministères sur les questions allemandes. Elle devait au contraire lui transmettre les différentes propositions, de façon à ce qu'il arrête son choix définitif en connaissance de cause. En réalité, les deux sous-commissions et la commission plénière procédèrent à ce travail de synthèse. Dès janvier 1945, les deux sous-commissions ont tenté, comme nous l'avons vu, de concilier les partisans de deux projets que tout oppose. Par la suite, elles poursuivent ce travail de recherche de compromis. À la mi-juin 1945, les représentants des ministères concernés par la rédaction du projet économique décident que leurs rapports feront l'objet d'une note de synthèse, rédigée par la sous-commission économique. Cette note sera destinée à éclairer le CEI « sur l'ensemble des mesures à prendre pour contrôler l'économie allemande et pour assurer à l'économie française le plus grand bénéfice possible de ce contrôle »[104]. Dès lors, le projet de Mendès

---

[104] « Procès-verbal de la réunion de la sous-commission économique pour les affaires allemandes », 13 juin 1945, AN, F^{12} 10104.

France, qui n'est défendu que par le ministère de l'Économie nationale, est condamné. Qui plus est, la rédaction de la note de synthèse des questions économiques qui était confiée, jusqu'à la mi-mars 1945, à un fonctionnaire du ministère de l'Économie nationale[105], échoit, en juin, à un fonctionnaire du Quai d'Orsay[106], sans doute membre de la direction économique[107]. Ce changement de rédacteur, qui intervient après la démission de Pierre Mendès France, traduit la marginalisation du ministère de l'Économie nationale dans le processus décisionnel au sein de la commission pour les affaires allemandes.

Reste alors à tenter d'expliquer pourquoi le nouveau projet est toujours porteur d'une rhétorique ambitieuse. Le souci de synthèse entre les différentes propositions a peut-être conduit le nouveau rédacteur, fonctionnaire de la direction économique du Quai d'Orsay, à conserver les objectifs du plan de Mendès France. Et puis, dans le contexte de juillet 1945, un projet visant au redressement économique de la France, au recouvrement de sa puissance et donc de la grandeur nationale, en abaissant dans le même temps le dangereux voisin, ne pouvait être accueilli que très favorablement.

Le rejet du projet de Mendès France s'explique enfin par l'opposition des sidérurgistes français. Ils n'ont absolument pas été consultés lors de l'élaboration du projet de Pierre Mendès France. Or celui-ci a pour corollaire la modernisation des moyens de production sidérurgiques français, qui passe par l'accroissement considérable des équipements et un apport important de main-d'œuvre[108]. Pour le ministère, les enjeux de puissance inhérents à la transformation de la sidérurgie française imposent de prendre ces risques. Mais les sidérurgistes, qui seront les véritables acteurs de la politique du ministère, ont-ils les capacités et la volonté de mettre en œuvre le plan de Mendès France ?

Dans le contexte de production de la libération, ce plan ne correspond guère à leurs aspirations. Il suppose en effet la création de hauts fourneaux en Lorraine à un moment où les patrons de l'acier estiment à l'unanimité qu'il n'est pas nécessaire de « créer de nouvelles unités de production, mais [qu'] il conviendrait même d'en fermer quelques-unes »[109]. Cette modernisation appelle en outre des investissements

[105] Courrier d'Alphand à Rueff, 13 mars 1945, AMAE, DE-AAA, t. 5.

[106] C'est ce qui ressort du « procès-verbal de la réunion de la sous-commission économique pour les affaires allemandes et autrichiennes », 24 juillet 1945, AN, F[12] 10104.

[107] Procès-verbal du 13 juin 1945, cité en note 104.

[108] « Politique économique de la France à l'égard de l'Allemagne », MEN, 19 mars 1945, SAEF, 5 A 25.

[109] Berger, F., « Les sidérurgistes français et allemands face à l'Europe : convergences et divergences de conception et d'intérêts (1932-1952) », in *Revue d'histoire de l'intégration européenne*, volume 3, n° 2, 1997, p. 42.

massifs que les sidérurgistes, attendant la stabilisation politique et sociale du pays, retardent[110]. Et puis, au sein du groupe, les intérêts sont divergents[111]. Si certains sidérurgistes approuvent l'abaissement de la production allemande d'acier, quoique cette opinion autrefois attribuée à l'ensemble des sidérurgistes semble aujourd'hui devoir être sérieusement remise en question[112], nombreux sont les patrons de la branche qui considèrent très rapidement « l'Allemagne comme le principal et indispensable partenaire »[113]. Les sidérurgistes français sont donc défavorables à l'abaissement draconien de la production allemande d'acier prévu par le plan de Mendès France. Comment la sidérurgie française, affaiblie, pourrait-elle d'ailleurs entreprendre de remplacer en quelques années la sidérurgie allemande ?

3. Une réhabilitation partielle ?

Enterré en juillet 1945, le projet sidérurgique français renaît sous une autre forme en octobre 1945. Au lendemain de la conférence de Londres, les dirigeants français engagent des conversations diplomatiques bilatérales avec les trois Grands sur les questions de la Ruhr et de la Rhénanie[114]. À cette occasion, les hauts fonctionnaires français, au premier rang desquels Hervé Alphand et la direction économique du Quai d'Orsay, rédigent un projet de régime économique pour la Ruhr[115], intitulé « aide-mémoire n° II »[116], qui est adopté par le gouvernement et adressé aux Alliés pour servir de base aux discussions qui se poursuivent par voie diplomatique à Londres, Washington et Moscou.

Les objectifs affichés de l'aide-mémoire sont profondément européens. En privant l'Allemagne de son principal bassin industriel, dont la gestion serait remise aux Européens, il s'agit de faire participer la Ruhr à la reconstruction de l'Europe. L'aide-mémoire n'en contient pas moins des mesures qui relèvent du nationalisme économique. Elles s'inspirent très clairement du projet de Pierre Mendès France, écarté en juillet 1945.

---

110 Freyssenet, M., *La sidérurgie française 1945-1979. L'histoire d'une faillite. Les solutions qui s'affrontent*, Paris, Savelli – Éditions-librairie de La Joncquière, 1979, p. 11.

111 Bariéty, J., *Les relations franco-allemandes après la Première Guerre mondiale*, Paris, Pédone, 1977, p. 141-143.

112 Berger, F., « Les patrons de l'acier en France et Allemagne face à l'Europe (1930-1960) », in Bussière, É., Dumoulin, M. (ed.), *Milieux économiques et intégration européenne en Europe occidentale au XXe siècle*, Arras, Artois Presses Université, 1998, p. 190.

113 *Ibid.*

114 Voir le chapitre VI.

115 Aide-mémoire du 6 septembre 1945, cité en note 20.

116 Aide-mémoire n° II du 22 octobre 1945, cité en note 30.

Le projet français poursuit deux objectifs. Il s'agit d'une part d'augmenter la capacité de production d'acier et de fonte de la France ainsi que de ses voisins belge et luxembourgeois et d'amener, d'autre part, la sidérurgie de la Ruhr à devenir avant tout une industrie de transformation[117].

Pour ce faire, les hauts fonctionnaires du Quai d'Orsay et du ministère de la Production industrielle comptent, en s'inspirant du projet de Pierre Mendès France, transformer les courants d'échanges traditionnels entre la Lorraine et la Ruhr. Contrairement à ce qui se faisait avant-guerre, la Lorraine n'exporterait plus son minerai de fer vers la Ruhr pour y alimenter les hauts fourneaux allemands. C'est désormais la Ruhr qui livrerait des fines à coke et du coke à la Lorraine, en échange de quoi la France exporterait vers la Ruhr des semi-produits sidérurgiques.

Les bénéfices escomptés pour la France sont de trois ordres. Premièrement, le rapport de force franco-allemand en matière sidérurgique basculerait en faveur de la France, puisque le groupement France-Belgique-Luxembourg verrait sa production d'acier et de fonte augmenter alors que celle de l'Allemagne ou, plus exactement, de la Ruhr baisserait. Le projet devrait en second lieu renforcer la sécurité. La Ruhr ne pouvant plus fonctionner de façon autarcique, elle dépendrait désormais de l'extérieur pour l'approvisionnement de son industrie de transformation. Enfin, la France renforcerait sa position commerciale. D'abord, parce qu'elle aurait en Ruhr un débouché extérieur pour ses demi-produits sidérurgiques qui n'auraient pas trouvé preneur sur le marché intérieur. Ensuite, parce que les Français prévoient une sorte de répartition des aires d'influence pour l'exportation des produits finis. La Ruhr, qui devrait avoir le droit d'exporter une partie de sa production, pourrait le faire « dans le monde entier, mais tout particulièrement en Allemagne et en Europe orientale »[118]. En cantonnant les exportations de la Ruhr dans ces aires géographiques, l'aide-mémoire entend, semble-t-il, réserver à la France les autres marchés, à commencer par celui de l'Europe occidentale.

Comme l'aide-mémoire est destiné aux Alliés, qu'il s'agit de convaincre du bien-fondé de la thèse française, ce dernier avantage n'est évidemment pas clairement explicité. En associant la Belgique et le Luxembourg à la France, les hauts fonctionnaires du Quai d'Orsay pensent convaincre les Alliés de la dimension européenne de leur projet. Dans le cas contraire, celui-ci apparaîtrait vite impérialiste. L'aide-

[117] L'essentiel des dispositions du projet figure dans les deux notes du ministère des Affaires étrangères citées dans les deux notes précédentes. Voir aussi une note sur le « point de vue français concernant le régime économique de l'Allemagne de l'Ouest », MAE, sans date, AOFAA, AAA 1444/2.

[118] Aide-mémoire n° II du 22 octobre 1945, cité en note 30.

mémoire reste flou sur un autre point, qui est central. Il n'établit pas le tonnage d'acier que la Ruhr aura le droit de consommer pour ses industries de transformation. En effet, s'il fixe le tonnage annuel que la Ruhr aura le droit de produire – de l'ordre de 6 millions de tonnes –, il ne dit rien du volume de demi-produits importés de France, de Belgique et du Luxembourg, que les industries de transformation de la Ruhr auront le droit d'utiliser[119]. Faut-il voir dans cette lacune la volonté de dissimuler des informations aux Alliés ? S'agit-il d'un oubli ou d'une faiblesse du projet ? Il est difficile de le dire. Quoi qu'il en soit, force est cependant de constater que l'aide-mémoire introduit ici une mesure novatrice, puisqu'il envisage en quelque sorte, certes de façon implicite, qu'il puisse exister une différence entre le tonnage d'acier produit en Ruhr et le tonnage réellement utilisé par les industries du territoire. Cette différence entre le niveau de production d'acier et le « tonnage consommé » constitue l'un des fondements d'un second projet français, dont les objectifs sont beaucoup plus ambitieux.

B. Le projet du ministère de l'Économie nationale : désarmer l'industrie allemande pour renforcer la compétitivité de l'économie française

La rédaction du « plan pour les réparations et le niveau de l'économie allemande d'après-guerre » donne lieu à d'intenses négociations entre les Alliés, mais également entre les services français concernés par les questions économiques allemandes. Il s'agit de définir les niveaux de production autorisés pour les différentes branches industrielles, d'établir la balance commerciale de l'Allemagne et de s'accorder sur le désarmement économique et industriel. C'est à cette occasion que le ministère de l'Économie nationale présente, en février 1946, un projet censé transformer la France en une grande puissance industrielle. Le ministère critique vivement la position arrêtée par le gouvernement français, dont il conteste les retombées économiques. Il considère que la France doit modifier l'essence même de sa politique allemande. Il est temps de mettre un terme au primat de la sécurité et d'accorder aux considérations économiques la place qui leur revient. Ce changement de priorités sera, selon ses protagonistes, doublement avantageux pour la France, sur les plans économiques mais aussi de la sécurité[120].

---

[119] *Ibid.*

[120] Le projet du ministère de l'Économie nationale est développé dans trois documents : la « note sur l'établissement de la balance commerciale », MEN, 4 février 1946, SAEF, 5 A 25 ; le courrier du ministre de l'Économie nationale au ministre de la production industrielle a/s de la « fixation du niveau de l'industrie allemande », 13 février 1946, SAEF, 5 A 25 ; la « communication de Monsieur le ministre de l'Économie nationale, ministre des Finances, sur le taux et l'activité des industries allemandes » au CEI, 15 février 1946 (doc. n° 226 du CEI), AN, F^{60} 902.

1. Les priorités du gouvernement français

Au début de l'année 1946, le gouvernement français privilégie toujours les questions de sécurité. Dans les négociations alliées relatives au désarmement économique et industriel de l'Allemagne, la délégation française demande par conséquent une très forte réduction des branches industrielles susceptibles de constituer une menace pour la paix[121]. La sidérurgie et l'industrie mécanique sont particulièrement visées. Ainsi la délégation française demande que la consommation allemande d'acier n'excède en aucun cas sa capacité de production, qui sera ramenée à plus ou moins 6 millions de tonnes. Pour assurer la sécurité, l'industrie mécanique allemande devrait également être fortement réduite. Ces productions seraient en outre réservées au marché intérieur et ne pourraient en aucun cas être exportées. Pour financer ses importations alimentaires, l'Allemagne serait en revanche autorisée à exporter la production de ses industries légères et textiles, jugées inoffensives.

Pour la majorité des dirigeants français, cette nouvelle orientation de l'économie allemande présenterait deux séries d'avantages. Priver l'Allemagne de ses industries les plus dangereuses renforcerait d'abord la sécurité. Cette réorientation de l'économie allemande serait par ailleurs profitable d'un point de vue économique. Les hauts fonctionnaires, en particulier ceux du ministère de la Production industrielle, considèrent en effet que la limitation des industries sidérurgiques et mécaniques allemandes faciliterait le développement de leurs homologues françaises. Dans le domaine de l'industrie mécanique, les bénéfices seraient aussi d'un autre ordre. La France profiterait en effet de l'affaiblissement de l'Allemagne pour s'imposer sur les marchés qu'elle aurait libérés. Au total, la thèse gouvernementale semble donc très avantageuse[122].

2. Les critiques d'André Philip et de Gaston Cusin

Or, ce sont justement les retombées positives, attendues de cette politique, que critiquent, en février 1946, le ministre de l'Économie et des Finances, André Philip, et son secrétaire général, Gaston Cusin[123]. Ils considèrent que la position du gouvernement français, loin d'assurer la sécurité de la France et son rayonnement économique, l'affaiblira. Leurs critiques portent sur deux mesures clés. Il est d'abord dangereux de faire

---

[121] La position du gouvernement français est reprise dans une note du MPI : « position française relative au désarmement économique de l'Allemagne », MPI, SAAA, 6 février 1946, AMAE-Paris, DE-AAA, t. 7 ; sur cette thématique, Bitsch, M.-Th., « Un rêve français : le désarmement économique de l'Allemagne (1944-1947) », in *op. cit.*, p. 313-329.

[122] Position française du 6 février 1946, citée en note 121.

[123] Les arguments ci-dessous se réfèrent tous au projet de l'Économie nationale, constitué des trois documents, cités dans la note 120.

coïncider en Allemagne la production et la consommation d'acier. Si d'aventure les besoins allemands s'avéraient supérieurs à ceux autorisés initialement, l'adoption de la thèse gouvernementale conduirait inévitablement à augmenter la production d'acier, la sécurité étant alors remise en cause. Aux yeux de Philip et de Cusin, la modification des courants commerciaux des industries mécaniques mais aussi des industries textiles et légères constitue une seconde erreur. La France ne pourra en effet pas tirer parti de la libération des marchés de l'industrie mécanique : elle ne dispose sur son territoire ni de la main-d'œuvre, ni de l'organisation commerciale qui lui permettraient de devenir un grand pays producteur et exportateur de produits mécaniques. Ces marchés lui échapperont donc au profit de pays plus aguerris. Dans le même temps, la France devra affronter la concurrence allemande dans les secteurs des industries textiles et légères, secteurs qui pourraient par contre être immédiatement développés sur le territoire français. Pour l'Économie nationale, la thèse française est donc doublement pénalisante. Tôt ou tard, elle aboutira à la remise en cause de la sécurité et affaiblira, de surcroît, la position économique du pays.

3. Les dispositions prévues par l'Économie nationale

Pour Philip et Cusin, ce sont les fondements mêmes de la politique allemande de la France et, en particulier, le primat de la sécurité qu'il faut remettre en cause. Ils estiment par conséquent qu'il faut inverser les priorités de la politique allemande de la France. Les considérations économiques doivent désormais prévaloir sur les questions de sécurité. Concrètement, ils proposent deux mesures qui prendraient le contre-pied de celles défendues par le gouvernement. Il faudrait d'abord opérer un distinguo entre la production allemande d'acier et de fonte, qu'il convient de ramener à un niveau très bas, et sa consommation de demi-produits sidérurgiques, qui doit pouvoir évoluer en fonction des besoins allemands. Il faudrait ensuite autoriser l'exportation de produits mécaniques, génératrice de devises, dont l'Allemagne aura besoin pour financer ses importations, mais interdire les exportations allemandes des industries légères et textiles.

De l'avis des deux dirigeants, ces mesures seraient beaucoup plus avantageuses pour la France. Limiter en Allemagne les industries textiles et légères – optique, instruments de mesure, horlogerie, chirurgie, joaillerie, pelleterie – permettrait en effet aux industries françaises correspondantes, qui pourraient immédiatement se développer, de s'imposer sur les marchés libérés par l'Allemagne. Quant à la distinction qui serait faite entre la production et la consommation allemandes d'acier, elle serait profitable à un double titre. Elle encouragerait d'abord le développement de la métallurgie française en lui offrant un débouché permanent pour ses demi-produits sidérurgiques, débouché qui lui fait défaut sur le marché intérieur. Indirectement, elle renforcerait aussi la sécurité. En augmentant sa production sidérurgique, la France l'amènerait à un niveau nécessaire pour assurer sa défense. La production allemande d'acier resterait ensuite à un niveau très bas et l'Allemagne serait tributaire de l'étranger pour une bonne part de son approvisionnement en demi-produits sidérurgiques. Enfin, cette distinction permettrait à l'Allemagne d'assurer d'une part une production correspondant à ses besoins, d'autre part les exportations nécessaires au financement de ses importations. Les troubles politiques et sociaux qui risqueraient d'éclater en Allemagne si les exportations ne permettaient pas d'assurer des importations suffisantes seraient donc écartés.

Le projet du ministère de l'Économie nationale est toutefois très minoritaire. Pour la majorité des décideurs, les mesures défendues par le ministère de la Production industrielle sont plus adaptées parce que, selon eux, elles ne remettent nullement en cause la sécurité. Le projet de l'Économie nationale est par conséquent écarté.

Tel n'est pas le cas du plan Monnet. La création du commissariat général au Plan, en janvier 1946, officialise le lancement d'une grande entreprise de modernisation économique.

C. Le plan Monnet : un levier de la puissance française face à l'Allemagne ?

Le plan de modernisation et d'équipement, dit plan Monnet, élaboré en 1945-1946, mis en œuvre de 1947 à 1950, est bien connu. De nombreux travaux ont montré son rôle dans la modernisation et la reconstruction économiques de la France d'après-guerre[124]. Depuis le milieu des années 1980, les recherches historiques ont souligné que, loin de cantonner son action à la scène nationale, le plan Monnet avait en fait agi sur « le monde extérieur », afin d'assurer « ses buts d'ordre interne »[125]. Dans ce contexte élargi, certains historiens ont considéré que le Plan était un instrument de domination économique de la France sur l'Allemagne[126]. Le Plan aurait eu pour principaux objectifs d'accroître la

---

[124] Mioche, Ph., *Le Plan Monnet. Genèse et élaboration 1941-1947*, Paris, Publications de la Sorbonne, 1987, 323 p. ; Cazes, B., Mioche, Ph. (ed.), *Modernisation ou décadence. Études, témoignages et documents sur la planification française*, Aix-en-Provence, Publications de l'Université de Provence, 1990, 414 p. ; Rousso, H. (dir.), *De Monnet à Massé. Enjeux politiques et objectifs économiques dans le cadre des quatre premiers Plans (1946-1965)*, Paris, Éditions du CNRS, 1986, 245 p.

[125] Milward, A.S., « La planification française et la reconstruction européenne », in Cazes, B., Mioche, Ph. (ed.), *Modernisation ou décadence*, *op. cit.*, p. 77.

[126] Outre l'article cité d'Alan S. Milward, du même auteur, *The Reconstruction of Western Europe 1945-51*, 2e éd., London, Routledge, 1992, XXI-528 p. (chapitre IV), et Lynch, F.M.B., « Resolving the Paradox of the Monnet Plan. National and Interna-

compétitivité de l'économie française face à sa concurrente allemande et de faire de la France, toujours au détriment de l'Allemagne, le premier producteur européen d'acier. Pour ce faire, les concepteurs du Plan auraient profité des limitations drastiques du niveau de l'industrie allemande, prévues dans les accords de Potsdam, d'une part pour accroître les livraisons de charbon allemand à la France, nécessaires à la mise en œuvre du Plan, d'autre part pour prendre la place de l'Allemagne sur le marché de l'acier[127]. Trois séries de raisons s'opposent en fait à cette thèse.

1. *Rattraper le retard sur les économies américaine et britannique*

Le plan Monnet est avant tout une entreprise de modernisation de l'économie française. S'il vise à la rendre plus compétitive, ce n'est pas en priorité par rapport à l'Allemagne[128]. Pour ses concepteurs, le Plan doit en effet permettre à la France de rattraper son retard sur les grandes puissances économiques que sont les États-Unis et la Grande-Bretagne[129].

En 1945, Monnet et son équipe font un bilan de l'état de l'économie française. Le verdict est sévère. Les hommes du Plan constatent que l'écart entre les économies française et anglo-américaine, qui est apparu au lendemain de la Première Guerre mondiale, n'a plus cessé de s'accroître. En 1938, l'outil économique de la France était déjà vieilli. Les machines y avaient en moyenne vingt ans d'âge alors qu'elles n'en avaient que cinq aux États-Unis. D'une manière plus générale, c'est le rendement de l'économie française dans son ensemble qui était alors très médiocre. Il était trois fois moins élevé qu'aux États-Unis. La Deuxième Guerre mondiale aggrave ces écarts déjà considérables. Tandis que les États-Unis profitent du conflit pour accroître leur productivité et leur production, la France accumule les pertes. Au total, les destructions, les

---

tional Planning in French Reconstruction », in *The Economic History Review*, n° 2, 1984, p. 238-240.

127 Voir les textes des auteurs précédemment cités.

128 Dans les documents préparatoires au Plan, l'Allemagne n'est jamais présentée comme un concurrent à abaisser : « note de Jean Monnet sur le premier rapport de remise en marche de l'économie française en 1945, sur les objectifs pour 1946 et sur le but final à atteindre », 11 novembre 1945, FJME, AMF 1/6/1.

129 « Le Plan Monnet doit remettre la France dans la course », Jacques Gascuel, *France Soir*, 28 décembre 1945, FJME, AMF 1/8/7 ; note sur « l'amélioration de la productivité, clef du relèvement français. Réparations allemandes et concours américain », sans doute de Vergeot (commissariat général au Plan), 11 février 1946, FJME, AMF 1/6/13, transmise par Monnet à Gouin le 11 février 1946, FJME, AMF 1/6/12 bis ; dans le même sens, Marjolin, R., « Les perspectives de l'économie française dans l'économie mondiale », in *Politique étrangère*, n° 3, 1946, p. 263-277, FJME, ARM 2/1/18.

prélèvements allemands et le manque d'entretien de l'appareil productif français aboutissent à un désinvestissement que Monnet chiffre à près de 1 000 milliards de francs[130].

En 1945, la relance envisagée par Monnet n'a pas pour objectif de prendre le dessus sur l'économie allemande, mais bien d'éviter que l'économie française se fasse davantage distancer par les économies américaine et britannique. La relance proposée par Monnet suppose une reprise rapide de la production. Faute d'une production suffisante, la France sera en effet dans l'impossibilité de pourvoir à ses besoins courants et à ses importations, sans compter les charges supplémentaires inhérentes à la reconstruction et au rééquipement. Cet accroissement de la production passe par une mobilisation des moyens matériels et humains, mais aussi par une amélioration du rendement des machines et de la productivité du travail[131].

2. *Un plan fondé sur l'aide américaine plutôt que sur le concours allemand*

Cette reprise économique suppose des investissements conséquents, dont la France n'a pas les moyens sans concours extérieur. Privée de cette aide, la reconstruction de la France serait en effet beaucoup trop lente, ce qui contribuerait à aggraver le retard de son économie par rapport à celle des grandes puissances économiques mondiales[132]. Monnet pointe donc, tout au moins en théorie, l'alternative qui échoit à la France entre une modernisation sous influence et une indépendance dans la décadence[133]. Son choix est clair. Il faut avoir recours à l'aide extérieure. Cette dernière ne pourra provenir que de deux pays, l'Allemagne et les États-Unis. Mais c'est des seconds qu'il attend la contribution essentielle[134].

L'aide en provenance d'Allemagne, beaucoup plus limitée, comprendra, au titre des réparations, des transferts d'outillage. Toujours au titre des réparations, Monnet compte surtout sur d'importantes livraisons de sources d'énergie : du charbon, du coke et de l'électricité[135]. Faut-il

---

130 Note du 11 février 1946, citée en note 129.

131 *Ibid.*

132 Lettre de Monnet à Gouin, 11 février 1946, FJME, AMF 1/6/12 bis.

133 Nous reprenons ici, en le modifiant quelque peu, le titre d'un article de Frank, R., « Le dilemme français : la modernisation sous influence ou l'indépendance dans la décadence », in Girault, R., Frank, R. (dir.), *La puissance française en question 1945-1949*, Paris, Publications de la Sorbonne, 1988, p. 137-156.

134 Note du 11 février 1946, citée en note 129.

135 *Ibid.* ; « note sur les moyens à prendre pour atteindre les buts définis par le président du gouvernement », Jean Monnet, 3 février 1946, FJME, AMF 1/6/7 ; note sur les « mesures de première urgence », Vergeot, 12 février 1946, FJME, AMF 1/6/14 ;

voir dans cette revendication, comme le prétendent certains historiens, un objectif de politique extérieure, destiné à affaiblir le potentiel économique allemand[136] ? Il s'agit plus certainement d'une demande dictée par les impératifs économiques internes et par les profondes transformations du marché international du charbon.

En 1945, la reconstruction économique de la France passe par un approvisionnement suffisant en charbon. D'ailleurs, dès la Libération, le GPRF multiplie les efforts pour relancer la production nationale. Un vaste consensus aboutit au lancement de « la bataille du charbon »[137]. Pour autant, la France reste, comme avant-guerre, tributaire de l'extérieur pour une bonne part de son approvisionnement en combustibles solides. Pour relancer l'économie française, Monnet estime ainsi qu'en 1946 la France devra importer autant de charbon qu'en 1938, soit plus de 20 millions de tonnes[138]. Mais au lendemain de la guerre, le marché du charbon s'est profondément modifié. La pénurie domine. La France ne peut plus compter sur certains de ses fournisseurs les plus réguliers de l'entre-deux-guerres. La Belgique, les Pays-Bas et la Pologne, qui assuraient encore 37,5 % des importations françaises de charbon en 1938, ne lui en livrent plus en 1945[139]. De son côté, la Grande-Bretagne a fortement réduit ses exportations vers la France par rapport à l'avant-guerre. Qui plus est, cette situation ne semble pas devoir se modifier rapidement[140]. Dans ce contexte de pénurie, les États-Unis deviennent les principaux fournisseurs de la France. Mais les importations d'outre-Atlantique posent deux séries de problèmes. Elles sont d'abord aléatoires, d'une part en raison des difficultés de transport, de l'autre à cause

---

« note sur le Plan de modernisation et d'équipement de l'économie française : objectifs et action immédiate », Robert Marjolin, 16 février 1946, FJME, AMF, 1/6/15.

136 Milward, A.S., « La planification française et la reconstruction européenne », in *op. cit.*, p. 77 ; Milward, A.S., *The Reconstruction of Western Europe*, *op. cit.*, p. 127-129, p. 132, p. 137-138 ; Lynch, F.M.B., « Resolving the Paradox of the Monnet Plan. National and International Planning in French Reconstruction », in *op. cit.*, p. 238-240.

137 Trempé, R., *Les trois batailles du charbon (1936-1947)*, Paris, La Découverte, 1989, 256 p.

138 « Premier rapport du commissaire général et résolutions soumises au conseil du Plan », commissariat général au Plan, 15 mars 1946, FJME, AMF, 2/3/1 ; « Les résolutions adoptées le 19 mars par le Conseil du Plan (charbon) », in *Les Documents relatifs à la première session du Conseil du plan (16-19 mars 1946)*, Paris, Imprimerie nationale, 1946, p. 38.

139 *Notes documentaires et études*, n° 414 : « Le charbon de l'Allemagne occidentale », Paris, La Documentation française, 21 septembre 1946, tableau récapitulatif, page 4.

140 *Notes documentaires et études*, n° 414, citées en note 139 ; *Notes documentaires et études*, n° 261 : « Les ressources mondiales de charbon », Paris, La Documentation française, 16 mars 1946, p. 13-15 ; Frank, R., « France – Grande-Bretagne : la mésentente commerciale (1945-1958) », in *Relations internationales*, n° 55, 1988, p. 333-334.

des interruptions fréquentes des livraisons consécutives aux grèves des mineurs américains. Elles sont ensuite particulièrement onéreuses à cause des coûts liés au fret. Les Français se satisfont donc mal de l'incertitude et du prix des livraisons américaines[141]. Il leur semble alors d'autant plus justifié de se tourner vers l'Allemagne que cette dernière était pendant l'entre-deux-guerres leur principal fournisseur de charbon. Entre 1919 et 1938, la moyenne de ses livraisons annuelles se montait en effet à 12 millions de tonnes[142]. La pénurie de charbon, la recomposition du marché et les besoins pour le redressement national expliquent donc largement l'appel qui est fait au charbon allemand.

D'autres considérations s'ajoutent toutefois à ces premières raisons. Selon le principe de justice[143] qui leur est cher, les Français considèrent en effet que l'Allemagne doit réparer les dégâts et les destructions dont elle est responsable[144]. En vertu d'un second principe, celui de l'utilité économique des réparations[145], l'Allemagne devrait verser à la France des réparations sous la forme qui lui permettrait de se redresser au plus vite, c'est-à-dire, pour l'essentiel, sous la forme de charbon et de coke[146]. Côté français, l'attachement à ces livraisons de charbon allemand est d'autant plus grand que le président Truman avait prévu, dans une directive de juillet 1945, approuvée par Churchill et de Gaulle, que l'Allemagne devrait exporter vers les pays d'Europe occidentale 10 millions de tonnes de charbon en 1945 et 15 autres millions de tonnes avant avril 1946[147]. À la fin de l'année 1945, la directive est maintenue mais reste lettre morte. Ce revirement de la position américaine, motivé par l'insuffisante reprise de la production en Ruhr et par les besoins allemands, irrite d'autant plus les Français que ceux-ci parviennent assez vite à redresser la production charbonnière de la Sarre dont ils ont la

141 Dans ce sens, « premier projet de mémorandum de Jean Monnet pour le Conseil », 13 janvier 1946, FJME, AMF 2/1/1 ; réflexions d'André Philip lors de la « première séance de la première session du Conseil du Plan », 16 mars 1946, FJME, AMF 2/4/3.

142 Tableau « Imports of coal into France, by source 1919-1938 (metrics tons) », dont les chiffres sont issus de l'Office de réparation du charbon, *L'approvisionnement charbonnier de la France et la répartition des combustibles sous l'occupation allemande*, sans lieu, sans date, p. 8, FJME, AMF 4/3/126[b].

143 Voir *supra*, les développements consacrés aux réparations.

144 Note du 11 février 1946, citée en note 129. Voir aussi le chapitre VI.

145 Voir *supra*, les développements consacrés aux réparations.

146 *Ibid.* D'une manière générale, tous les documents insistent sur l'utilité économique de l'obtention de charbon.

147 « Proposed directive to the American Commander-in-chief in Europe », du président Truman, sans date, FJME, AMF 4/3/1 bis, jointe au « proposed cable to general de Gaulle », 20 juin 1945, FJME, AMF 4/3/1 ; traduction française : « directives envoyées par le président Truman au commandement en chef américain », août 1945, FJME, AMF 4/3/2.

charge[148]. Toutefois, comme les productions de charbon de la Ruhr et de la Sarre sont versées dans un pool, géré par l'Organisation européenne du charbon, qui décide de la part allouée à la consommation intérieure allemande et de celle exportée vers les pays d'Europe occidentale, les Français ont l'impression d'être privés des bénéfices de leurs efforts, dans la mesure où la part de la France reste inchangée[149]. Ce sentiment d'injustice s'accroît à la fin de l'année 1945. Le GPRF apprend en effet que les contingents de charbon allemand des Pays-Bas, du Portugal, de la Suède et de la Suisse viennent d'être augmentés, que ceux de la Belgique correspondent pleinement aux estimations, alors que les livraisons à destination de la France sont systématiquement inférieures aux allocations prévues[150].

Ce contexte de redressement économique fondé sur un charbon rare, doublé de fortes tensions internationales autour de la question de l'attribution du charbon allemand, doit être pris en compte pour expliquer la proposition faite par Monnet et ses collaborateurs au début de l'année 1946 et reprise, en mars, par le Conseil du Plan, visant à obtenir de façon régulière du charbon allemand. Monnet « demande au Gouvernement de faire inclure dans le traité de paix une clause stipulant pour l'Allemagne l'obligation de livrer à la France 20 millions de tonnes par an de charbon de la Ruhr pendant vingt ans »[151]. Le volume des livraisons allemandes demandées, largement supérieures à celles de l'entre-deux-guerres, pourrait laisser croire que les objectifs français visent à saper la concurrence allemande. Ces chiffres doivent cependant être relativisés. L'obtention de ces livraisons de charbon allemand constitue en effet un objectif à long terme, puisque ces dernières ne devraient intervenir qu'au moment de la signature du traité de paix. Dans l'immédiat, les décideurs français s'en tiennent à des demandes plus modestes. Lors de la première session du Conseil du Plan, en mars 1946, l'unanimité se fait sur un chiffre d'un million de tonnes de charbon par mois, ce qui correspond à la moyenne annuelle des livraisons allemandes dans l'entre-deux-guerres[152]. Encore les représentants du gouvernement ne sont-ils pas tous d'accord en ce qui concerne la date à laquelle cette augmentation des livraisons de charbon en provenance d'Allemagne devrait intervenir. René Mayer, commissaire général pour

---

148 Réflexions révélatrices de Philippe Lamour, membre de la confédération générale agricole, lors de la « première séance de la première session du Conseil du Plan », 16 mars 1946, FJME, AMF 2/4/3.

149 Sur le fonctionnement de l'Organisation européenne du charbon, Perron, R., *Le marché du charbon, un enjeu entre l'Europe et les États-Unis entre 1945 et 1958*, Paris, Publications de la Sorbonne, 1996, p. 55-78.

150 Remarques de Philippe Lamour du 16 mars 1946, citées en note 148.

151 Résolutions adoptées le 19 mars, p. 38, citées en note 138.

152 *Ibid.*

les affaires allemandes et autrichiennes, et Jules Moch, ministre des Transports, considèrent qu'il serait vain de réclamer immédiatement cette augmentation qui, de leur point de vue, ne pourra pas être honorée correctement avant le mois de juillet 1946[153].

Quoi qu'il en soit, il apparaît que les demandes françaises visant à obtenir des livraisons conséquentes de charbon allemand ne constituent pas, à tout le moins dans le cadre du plan Monnet, un objectif de politique extérieure. En effet, ces demandes s'inscrivent d'abord dans la continuité des livraisons allemandes de l'entre-deux-guerres, qui étaient nécessaires à la bonne marche de l'économie française. Elles découlent ensuite d'un principe de justice, qui fait de ces livraisons de charbon la forme la plus utile de réparations que les Français pourraient recevoir d'Allemagne. L'ampleur des livraisons exigées de l'Allemagne lors de la première session du Conseil du Plan s'explique aussi par l'accumulation de déceptions dans la répartition du charbon allemand jugée inéquitable et injuste par les Français. Cette demande de livraisons conséquentes de charbon allemand pendant vingt ans est enfin à replacer dans le cadre des négociations financières franco-américaines qui débutent au même moment à Washington. Pour les Français, il s'agit de faire état aux Américains, avec le plus de netteté possible, des besoins de l'économie française, nécessaires pour parvenir à un niveau de production satisfaisant. Une fois ce niveau atteint, la France serait en mesure de se passer de l'aide financière américaine et de participer pleinement au commerce international.

3. *Les objectifs sidérurgiques du plan Monnet : modernisation intérieure et compétitivité extérieure ou ambitions conquérantes et abaissement de l'Allemagne ?*

Il faut par ailleurs garder à l'esprit que les objectifs de production assignés à la sidérurgie française sont fixés en fonction d'une croissance globale, établie par les experts du plan. Mais cette dernière ne correspond pas nécessairement à des objectifs réalistes, ni à des niveaux de production souhaités par les industriels chargés de les atteindre. Appréhendés sous cet angle, les objectifs du plan Monnet remettent en cause la thèse selon laquelle le Plan aurait pour ambition de faire de la France la première puissance sidérurgique européenne.

La production française d'acier est en effet fixée en fonction des objectifs généraux de production que le plan Monnet a arrêtés selon l'évolution suivante : en 1948, la production française devrait atteindre son niveau de 1938 ; en 1949, c'est le niveau de 1929 qui devrait être rattrapé ; avant 1952 enfin, le plan Monnet envisage de dépasser de

153 Remarques de René Mayer et de Jules Moch lors de la « première séance de la première session du Conseil du Plan », 16 mars 1946, FJME, AMF 2/4/3.

25 % le niveau de 1929[154]. En 1948, la production française d'acier et de fonte devrait par conséquent se monter respectivement à 6 millions et 1 million de tonnes ; en 1949, à 10 et 2,5 millions de tonnes ; et, avant 1952, à 12 et 3 millions de tonnes[155]. La production d'acier à atteindre est ainsi établie de façon automatique. La fixation de ces niveaux de production n'est nullement liée à l'espoir de voir l'acier français s'imposer à la place de l'acier allemand. Cet objectif n'est d'ailleurs jamais envisagé, pas même mentionné[156].

Par ailleurs, les sidérurgistes de la commission de modernisation de la sidérurgie semblent, pour bon nombre d'entre eux, circonspects devant de telles perspectives de croissance. Henri Malcor, alors directeur des aciéries de la Marine et d'Homécourt, membre de la commission de modernisation de la sidérurgie, explique que les sidérurgistes ont beaucoup discuté, dans le cadre de la commission, de « la capacité de production d'acier à donner comme objectif à la sidérurgie française. Certains ne pensaient même pas raisonnables de viser la production de 1929 : 10 millions de tonnes. On finit par s'accorder sur un tonnage légèrement supérieur. Ce compromis marquait une volonté d'expansion modeste »[157]. L'accord des sidérurgistes pour porter en 1949 la production française d'acier à plus de 10 millions de tonnes découle toutefois plus de raisons intérieures que de stratégies de captation de marchés à l'étranger. Le potentiel sidérurgique français, peu touché par les destructions pendant la Deuxième Guerre mondiale, est en 1945 supérieur de 20 % à celui de 1929 et avoisine les 12 millions de tonnes[158]. En acceptant un volume de production correspondant *grosso modo* aux capacités de production de la sidérurgie française, les industriels entendent vraisemblablement poser le premier jalon de leur opposition à une réorganisation de la branche, qui se traduirait par des regroupements, voulus par le Plan, mais auxquels ils s'opposent vivement[159].

---

154 « Premier rapport du commissaire général au Conseil du Plan », in *Les Documents relatifs à la première session du Conseil du plan (16-19 mars 1946)*, Paris, Imprimerie nationale, 1946, p. 8-9.

155 Résolutions adoptées le 19 mars, p. 40, citées en note 138.

156 *Les Documents relatifs à la première session du Conseil du plan (16-19 mars 1946)*, Paris, Imprimerie nationale, 1946, 46 p., n'en font par exemple jamais mention. C'est d'ailleurs le cas dans la totalité des travaux préparatoires au Plan. Voir aussi, dans ce sens, Mioche, Ph., « Les plans et la sidérurgie. Du soutien mitigé à l'effacement possible (1946-1960) », in Rousso, H. (dir.), *De Monnet à Massé*, *op. cit.*, p. 128.

157 Mioche, Ph., *Le Plan Monnet, Genèse et élaboration*, *op. cit.*, p. 254.

158 *Ibid.*, p. 249.

159 *Ibid.*, 251-254 ; Mioche, Ph., « La reconstruction de la sidérurgie européenne, 1945-1949 : sérénité des uns, nouveau départ pour les autres », in Barjot, D. (dir.), « La reconstruction économique de l'Europe (1945-1953) », numéro spécial d'*Histoire, Économie et Société*, 1999, n° 2, p. 406.

À ces deux premières raisons qui tendent à démonter la portée supposée impérialiste du plan Monnet dans le domaine sidérurgique, il faut en ajouter une troisième. Au-delà des augmentations de production, les promoteurs du plan Monnet tentent d'encourager une véritable mutation qualitative de la sidérurgie française, qui passe par la construction d'un ou plusieurs laminoirs à train continu. L'introduction de ces laminoirs – dont un sera effectivement construit dans le Nord – doit permettre à la France d'envisager une modification profonde de sa production[160]. Cantonnée jusqu'alors à la fourniture de semi-produits, la France serait alors à même de produire des tôles fines, laminées, nécessaires, par exemple, à la production d'automobiles. Ainsi modernisée, la sidérurgie française serait capable de répondre aux demandes du marché français, lesquelles devraient rester fortes pendant toute la période de reconstruction[161]. Grâce à la modernisation de la branche, les produits français, à nouveau compétitifs à l'échelle internationale, gagneront aussi des parts de marché. Les promoteurs du plan ne comptent donc nullement sur un abaissement de l'Allemagne pour renforcer la sidérurgie, mais bien plus sur une profonde transformation interne.

Il apparaît ainsi qu'en 1945-1946, le monde de la haute administration et de la sidérurgie françaises est traversé par deux conceptions radicalement différentes de la puissance économique. Cette « querelle des anciens et des modernes »[162], comme elle est alors communément appelée chez les sidérurgistes, a deux origines : premièrement, la nature et l'ampleur de la modernisation de l'outil économique national ; deuxièmement, les moyens de s'affirmer sur la scène internationale. Pour les « modernes », c'est-à-dire pour Monnet et les sidérurgistes acquis au principe de modernisation, l'essentiel est de se doter d'un appareil productif compétitif. « Il s'agit moins désormais de chercher à dominer les marchés par des moyens artificiels que de construire une économie française capable de soutenir la libre concurrence industrielle »[163] et d'exporter ses productions. Pour les « anciens », la modernisation apparaît secondaire. La puissance continue de procéder

---

160 Mioche, Ph., « Les plans et la sidérurgie. Du soutien mitigé à l'effacement possible (1946-1960) », in *op. cit.*, p. 128 et suivantes.

161 Mioche, Ph., « La reconstruction de la sidérurgie européenne, 1945-1949 : sérénité des uns, nouveau départ pour les autres », *op. cit.*, p. 407-409 et tableau 4, p. 411.

162 L'expression est de Roger Martin. À ce sujet, Bouvier, J. « Le Plan Monnet et l'économie française 1947-1952 », in *European University Institute Working Paper*, n° 83, Florence, janvier 1984, p. 7-8.

163 Frank, R., « Le dilemme français : la modernisation sous influence ou l'indépendance dans la décadence », in *op. cit.*, p. 146.

de « l'impérialisme du pauvre », au sens où l'entend Georges Soutou[164] lorsqu'il analyse l'expansion économique et financière de la France en Europe centrale pendant les années vingt : faire dépendre l'influence économique à l'extérieur non pas de la puissance industrielle propre de la France mais de l'affaiblissement de l'Allemagne et des atouts politiques d'un pays vainqueur[165].

Le projet sidérurgique du Quai d'Orsay et la position de certains maîtres de forges sont, de ce point de vue, tout à fait exemplaires. À leurs yeux, la sidérurgie française ne doit pas tourner le dos à la production de semi-produits. Les mesures discriminatoires qui seront prises à l'égard de l'Allemagne permettront d'imposer les productions françaises sur le marché allemand, dont la dépendance à l'égard de la sidérurgie française sera maintenue artificiellement par l'interdiction qui sera faite aux sidérurgistes allemands de fabriquer eux-mêmes des semi-produits[166]. La logique des « anciens » est profondément défensive et malthusienne.

Au total, les projets visant à profiter de la victoire pour faire de la France la première puissance industrielle en Europe sont nombreux. Certains cercles gouvernementaux sont pétris d'ambitions impérialistes. À côté du plan de Pierre Mendès France, il existe en effet un « projet sidérurgique », développé par le Quai d'Orsay en annexe du plan français de détachement de la Ruhr, et un second projet de l'Économie nationale, qui entend tirer parti du désarmement industriel et des limitations de production imposées à l'Allemagne. Mais ces plans ne débouchent pas sur des décisions gouvernementales. Exception faite du projet sidérurgique du Quai d'Orsay, dont la mise en œuvre dépend de l'accord des Alliés, tous sont écartés. Quant au plan Monnet, il n'est nullement fondé, nous l'avons vu, sur l'exploitation des ressources économiques d'une Allemagne abaissée. Ses objectifs visent bien plus à moderniser le pays qu'à profiter d'une rente de situation issue de la guerre. Au fond, l'impérialisme économique, très présent dans les réflexions de certains responsables, reste marginal dans la politique effectivement pratiquée par la France. Il en va tout autrement des formes politiques de l'impérialisme français.

---

164 Soutou, G.-H., « L'impérialisme du pauvre : la politique économique du gouvernement français en Europe centrale et orientale de 1918 à 1929 », in *Relations internationales*, n° 7, 1976.

165 Frank, R., « Le dilemme français : la modernisation sous influence ou l'indépendance dans la décadence », in *op. cit.*, p. 144.

166 Voir ci-dessus le projet de la dir. éco. du Quai d'Orsay.

IV. Un impérialisme politique

Bien que la France n'ait pas réussi à imposer sa politique rhénane aux Alliés pendant le premier semestre 1945, le contrôle et la pérennisation de l'influence française sur la rive gauche du Rhin restent, à moyen terme, des objectifs essentiels. La France ne peut cependant affirmer haut et fort qu'elle entend contrôler indéfiniment la rive gauche du Rhin. Les trois Grands, les Allemands et l'opinion publique internationale condamneraient ce nationalisme agressif. Les directives et les notes de l'été 1945 restent donc floues. L'organisation de l'administration française en Allemagne et de l'administration allemande en ZFO lève toute équivoque : toutes deux sont au service d'une politique très active en Rhénanie. Quant au voyage qu'entreprend le général de Gaulle en ZFO, il vise bien plus à pérenniser la présence française en Rhénanie qu'à favoriser une véritable réconciliation franco-allemande.

A. Des directives ambiguës

Comme nous l'avons déjà souligné, les directives de juillet 1945 prônent le détachement de la Ruhr, de la Rhénanie et de la Sarre. Elles restent cependant floues sur l'avenir politique de la Rhénanie. De façon souvent implicite, elles révèlent que le but essentiel de Paris est d'installer la France sur la rive gauche du Rhin.

À la faveur de la défaite, la France compte toujours sur une dislocation politique de l'Allemagne.

> Il n'est pas en effet possible, affirme le gouvernement dans un aide-mémoire remis le 28 août à Oliver Harvey, de préjuger avec précision de ce que sera l'Allemagne de demain alors que sa chute a déjà commencé et continuera sans doute à apporter de profonds changements dans sa propre structure et dans la situation générale de l'Europe. Rien ne serait plus fâcheux que de prétendre dès à présent poser des principes que les événements viendraient ensuite démentir. La solution sage et pratique consiste à contrôler, à faire vivre et à voir venir[167].

Cet argument est utilisé par les dirigeants français pour critiquer l'intention des Alliés, avancée à Potsdam, de reconstituer rapidement un État allemand unique. Ce projet semble d'autant plus prématuré aux Français qu'« une division de l'Allemagne en plusieurs États, si elle se produisait non comme une solution imposée, mais comme la conséquence d'une évolution naturelle, serait favorable au maintien de la

---

[167] « Aide-mémoire remis par M. Massigli à M. Harvey le 28 août 1945 », AOFAA, c. 185 d. B I 3-13. Il n'est pas anodin que cette note reprenne les termes exacts – « La solution sage et pratique consiste à contrôler, à faire vivre et à voir venir » – de la « note a/s du règlement rhénan », révisée par le général de Gaulle, 17 avril 1945, AMAE, Y 1944/49, t. 689.

sécurité en Europe »[168]. Vis-à-vis des Alliés, les Français mettent donc en avant la sécurité.

Ils se gardent bien de leur signaler que la dislocation politique de l'Allemagne dépendra de la renaissance des tendances séparatistes ou autonomistes[169]. Ils taisent aussi que la France entend encourager ces mouvements en sous-main, particulièrement dans sa zone d'occupation[170]. La France a un intérêt évident à ce renouveau : il faciliterait son implantation en Rhénanie. À l'été 1945, Paris prône donc une politique plus volontaire qu'au printemps. Il était alors exclu que la France pût aider, de quelque façon que ce fût, la renaissance de mouvements séparatistes. Mais après les déconvenues du printemps et la publication des accords de Potsdam, Paris est décidé à forcer le destin[171].

Le GPRF tient par ailleurs pour provisoire la délimitation de la zone française d'occupation et envisage toujours des modifications. La ZFO, qui ne présente aucune unité politique, économique et administrative, englobe en effet des territoires dont la France n'envisage pas l'occupation permanente, mais ne comprend pas certaines régions, notamment sur la rive gauche du Rhin, dont elle réclame l'occupation définitive[172]. L'objectif est ici très clair. Il s'agit de refaçonner la ZFO de telle sorte qu'elle soit au service d'une véritable politique rhénane.

Dans les directives de juillet 1945, il apparaît ainsi que la France ne compte pas se replier sur sa zone d'occupation. Paris se déclare favorable à une politique de coopération avec les Alliés. Ce choix répond à une double préoccupation. La sécurité impose l'adoption d'une politique de coopération quadripartite. Opter pour une politique de zone reviendrait à oublier que l'essentiel de la population et du potentiel de guerre se trouve dans les zones alliées. Une politique de sécurité conduite dans la seule zone française serait donc grandement insuffisante. La France a d'ailleurs tout intérêt à ce que l'Allemagne constitue un gage commun pour les Alliés. Visant de manière implicite l'Union soviétique, les directives soulignent en effet le danger que représenterait pour la sécurité de la France l'annexion de l'Allemagne par l'une ou l'autre des puissances occupantes[173]. Il s'agit donc d'éviter, comme le souligne d'ailleurs

168 « Aide-mémoire du 28 août 1945 », cité en note 167.

169 Directives du 19 juillet 1945, citées en note 1, et « note sur le problème allemand », GPRF, SGCIAAA, 19 juillet 1945, AMAE, Y 1944/49, t. 650. D'après les « directives pour notre action en Allemagne », cette note date en réalité du 10 juillet 1945.

170 Pour avoir une chance d'aboutir, ces tendances séparatistes ne devront en aucun cas « porter la marque de l'étranger » : directives du 19 juillet 1945, citées en note 169.

171 « Compte rendu de la séance du comité interministériel du 20 juillet 1945 », GPRF, SGCIAAA, sans date, AN, F[60] 3034/2.

172 Directives du 19 juillet 1945, citées en note 1.

173 *Ibid.*

personnellement le général de Gaulle[174], que « des fractions considérables du potentiel allemand ne soient assimilées, dans leur intérêt exclusif, par d'autres puissances qui pourraient s'en servir de manière dangereuse pour la paix dans un avenir plus ou moins proche »[175].

Mais en jouant délibérément la carte de la coopération interalliée, les décideurs français poursuivent un second objectif. Ils veulent éviter que les Alliés puissent nourrir le moindre soupçon quant à leurs intentions réelles. En jouant le jeu de la coopération quadripartite, les Français comptent amener les trois Grands à ne pas intervenir en ZFO. Fort de cette liberté d'action, le GPRF pourra alors encourager les mouvements autonomistes ou séparatistes ou, du moins, favorables à la France[176]. Dans l'esprit de certains dirigeants français – Jacques Tarbé de Saint-Hardouin par exemple –, la participation à la politique interalliée servira *in fine* la politique rhénane de la France. Nombre de décideurs considèrent en effet que la lourdeur prévisible des procédures du Conseil de contrôle réduira son efficacité dans de nombreux domaines, ce qui laissera en réalité une grande latitude d'action à chacun des occupants dans sa zone d'occupation[177].

À moyen terme, l'ambition des Français est donc bien de renforcer les liens qui uniront la zone à la France[178] et de créer, grâce à la révision des limites de la ZFO (agrandies au Nord jusqu'à Cologne et Aix-la-Chapelle), les conditions politiques nécessaires au maintien de la France sur la rive gauche du Rhin[179]. Cette prise d'influence en Rhénanie commande une organisation particulière des services administratifs français et allemands dans les territoires sous contrôle français.

B. Les services français en Allemagne et les services allemands en ZFO : une organisation administrative au service de la politique rhénane de la France

L'organisation de ces services administratifs est loin d'être anodine. La politique que la France sera à même de mettre en œuvre en Allemagne dépendra en effet des choix qui seront faits en la matière. Il est donc essentiel de comprendre dans quelle mesure les décideurs ont façonné l'organisation de ces administrations en fonction de leurs objectifs concernant la Rhénanie.

---

174 Compte rendu du 20 juillet 1945, cité en note 171.

175 Note du 19 juillet 1945, citée en note 169.

176 Note du 20 juin 1945, citée en note 2.

177 *Ibid.*

178 *Ibid.*

179 Compte rendu du 20 juillet 1945, cité en note 171.

1. La séparation des services français de zone et de Berlin

Le 1er mai 1945, les Quatre s'accordent sur l'organisation des organismes de contrôle alliés en Allemagne[180]. Sous l'autorité de leur gouvernement respectif, les commandants en chef des quatre zones d'occupation exerceront conjointement l'autorité suprême en Allemagne. À ce titre, ils sont tous les quatre membres du Conseil de contrôle interallié. L'administration commune de l'Allemagne et la gestion de chacune des zones d'occupation conduisent par ailleurs les Alliés à prévoir deux niveaux administratifs distincts : le premier niveau, interallié, est celui du Conseil de contrôle. Installé à Berlin, il traite des questions concernant toute l'Allemagne. Le second niveau, propre à chacune des zones, est national. Chacun des Alliés a en effet la responsabilité de la zone d'occupation qui lui a été attribuée. Il l'administre dans le cadre des décisions arrêtées à Berlin. Pour assurer la liaison et l'unité de vues entre les services alliés du Conseil de contrôle et ceux des zones, les Quatre décident que les chefs de leurs divisions administratives à Berlin seront en même temps les responsables des services correspondants dans leurs zones. Les Alliés prévoient donc d'établir une sorte d'unité de commandement au sein de leurs administrations.

Dans un premier temps, le gouvernement français se range à cette conception. Il prévoit la nomination de chefs de division qui s'installeront à Berlin[181]. C'est dans cet état d'esprit que le Conseil des ministres arrête, le 29 juin 1945, la liste des principaux responsables administratifs mis à la disposition du général Koenig, commandant en chef français en Allemagne[182]. Ces derniers auront autorité aussi bien sur les services français de Berlin que sur ceux de la ZFO[183]. Dans le courant de l'été, vraisemblablement après la conférence de Potsdam, de Gaulle abandonne brutalement cette position[184]. Il estime qu'une telle organisation administrative serait « incompatible avec la politique de refus des

---

180 « Accord quadripartite de Londres sur les organismes de contrôle en Allemagne (1er mai 1945) », AOFAA, c. 184 d. B I O.

181 Les documents allant dans ce sens sont très nombreux. Voir les différentes notes prévoyant la nomination des chefs de service en Allemagne : courrier de Juin à de Gaulle a/s de l'« état-major de contrôle à Berlin et à Vienne. Délégation économique et financière », AOFAA, AAA 949/1.

182 Courrier de De Gaulle à Bidault comprenant un extrait des décisions prises au cours de la séance du Conseil des ministres du 29 juin 1945, 5 juillet 1945, AMAE, Y 1944/49, t. 433.

183 Le courrier, cité en note précédente, stipule clairement que les responsables « sont prévus pour l'état-major de contrôle et du gouvernement militaire de la zone française ».

184 « Note d'information », GMZFO, Émile Laffon, 1er septembre 1946, AOFAA, APR 6 1/b, 12. Dans sa note, Laffon explique que l'abandon de la position initiale fait suite à une décision du général de Gaulle, dont il ne précise pas la date.

administrations centrales et [la politique] de particularisme de zone que la France entend mener »[185]. En d'autres termes, les dispositions arrêtées lors de la conférence tripartite, qui sont contraires aux vues françaises – constitution d'administrations centrales ; maintien d'un État unitaire allemand ; détachement de territoires à l'est mais pas à l'ouest de l'Allemagne –, conduisent le général de Gaulle à compter en priorité sur les moyens français pour faire prévaloir sa politique rhénane. Dès lors, la mise en place de services administratifs distincts s'impose. Il faut en effet tout faire pour que la politique de zone ait le plus de latitude possible par rapport aux décisions prises à Berlin. Les services français de zone sont donc totalement séparés de ceux de Berlin. Les chefs de division nommés à Berlin n'auront autorité que sur les services du Groupe français du Conseil de contrôle, tandis que des directeurs sont désignés à Baden-Baden[186]. Pendant la première année d'occupation, le général Koenig est le seul lien entre les deux administrations. La mise en œuvre d'une politique rhénane active passe donc, dans l'esprit du général de Gaulle, par l'indépendance des services français de zone par rapport à Berlin. Elle appelle aussi la création de services administratifs allemands de zone très décentralisés.

2. *L'organisation des services administratifs allemands en ZFO*

La structure des administrations allemandes en ZFO est un enjeu important. La reconstitution de services allemands au niveau des Länder faciliterait la mise en œuvre d'une politique décentralisée et différenciée. Elle serait donc favorable aux objectifs français en Rhénanie. À l'inverse, la création d'administrations allemandes de zone contraindrait les Français à appliquer la même politique dans l'ensemble de leur zone. Cette seconde solution s'opposerait aussi à la volonté française d'obtenir que l'Allemagne soit décentralisée au niveau politique. La question semble donc ne pas devoir poser problème. C'est compter sans les avantages que présenterait d'un point de vue économique la création d'une administration allemande de zone centralisée. L'organisation des services administratifs allemands en ZFO oppose par conséquent les décideurs économiques aux responsables politiques.

Pour le directeur général de l'économie et des finances du GMZFO, Jean Filippi, qui a examiné pendant l'été 1945 trois modèles d'administrations allemandes[187], la constitution d'une administration économique

---

185 Note du 1er septembre 1946, citée en note 184.

186 Courrier de Koenig à de Gaulle a/s de « la discrimination entre les organisations de Berlin et celles de Baden-Baden », 6 août 1945, AOFAA, c. 184 d. B I 0.

187 Une première solution consisterait à opter pour une structure administrative très décentralisée : une administration économique allemande serait créée dans chacun des cinq Länder de la ZFO. Dans une seconde solution, Filippi tempère cette forte

allemande centralisée serait la solution la plus favorable d'un point de vue économique. Elle correspondrait d'abord parfaitement à l'organisation des services économiques français, qui sont très centralisés en ZFO. Elle serait ensuite la plus adaptée à la politique d'économie dirigée que les Français sont en passe d'adopter dans leur zone[188]. Enfin, elle reprendrait, pour l'essentiel, l'organisation économique qui prévalait sous le IIIe Reich, ce qui éviterait sans doute toutes sortes de désordres. Par contre, Filippi estime qu'une administration économique allemande centralisée serait un obstacle d'un point de vue politique. Elle risquerait en effet d'être une entrave aux projets politiques que la France nourrit pour certaines provinces de la ZFO[189]. Par conséquent, avant d'engager la reconstitution des services économiques allemands, Filippi attend les directives gouvernementales[190].

L'un de ses proches collaborateurs, Jacques de Chalendar, moins mesuré, n'hésite pas à provoquer une polémique qui remonte jusqu'à Paris. Il prend fait et cause pour la mise en place d'une administration économique allemande de zone et critique violemment la solution qui aboutirait à la décentralisation des services économiques allemands[191]. Selon lui, la création de services économiques allemands à l'échelon des Länder contraindrait en effet la France à multiplier le nombre de ses agents dans les provinces. Outre que cette politique excéderait ses moyens humains et financiers, elle obligerait les Français à pratiquer dans leur zone une politique d'administration directe. Celle-ci aurait un inconvénient majeur. En faisant des services français les véritables animateurs de la politique économique, elle les désignerait automatiquement à la population allemande comme les responsables de tout dysfonctionnement. À cause de l'organisation administrative des services français, les services économiques allemands se trouveraient protégés

décentralisation par l'introduction au niveau de la zone d'un service économique central qui chapeauterait les cinq administrations allemandes de provinces. Le rôle de ce dernier, à définir, pourrait n'être que strictement consultatif. Une troisième solution reviendrait à constituer une administration économique allemande centralisée à l'échelon de la zone. Sur les trois projets : note sans titre, Jean Filippi, 21 juin 1945, AOFAA, p. 190 d. B IV 0, modifiée le 26 juin 1945, AOFAA, AEF 367/3 ; « note sur l'organisation de la zone », Jean Filippi, 6 juillet 1945, AOFAA, AEF 367/3.

188 Sur ces points, voir le chapitre V.

189 Note du 6 juillet 1945, citée en note 187 : Filippi y est très explicite : « Il est toutefois possible que la création d'une telle administration [centrale allemande en ZFO] se heurte, pour le moment au moins, à des impossibilités de fait, et par ailleurs, Monsieur [Tarbé] de Saint-Hardouin m'a indiqué qu'à son avis, une telle condition devait être écartée en ce moment au moins, pour des considérations politiques qui doivent, en l'espèce, être déterminantes ».

190 *Ibid.*

191 « Note n° 1 sur la réorganisation des administrations allemandes », Jacques de Chalendar, 30 août 1945, AOFAA, p. 196 d. C III 0 R et S.

des critiques émises par la population allemande. Ce qui apparaît plus grave encore à de Chalendar, c'est qu'une telle organisation ne serait pas adaptée à la réalité. Il souligne en effet que de nombreux services économiques allemands – les chemins de fer, les organisations professionnelles du textile, des cuirs, les services de la *Reichsbank*, etc. – ont été reconstitués, pour des raisons techniques, à l'échelon de la zone ou de la demi-zone. En matière économique, il lui apparaît donc essentiel de reconstituer les services allemands centralisés. Cette solution serait la seule à même de mettre en place une véritable politique de contrôle, ne mobilisant qu'un nombre restreint de fonctionnaires français. Toutefois, conscient de la prépondérance des objectifs politiques sur les considérations économiques, de Chalendar estime que la meilleure des solutions consisterait sans doute à créer des services économiques allemands pour chacune des demi-zones françaises – la zone Nord, comprenant la Sarre, la Rhénanie, la Hesse-Nassau et le Palatinat, c'est-à-dire les territoires situés, pour l'essentiel, sur la rive gauche du Rhin ; la zone Sud, comprenant le Bade, le Wurtemberg, le Hohenzollern et le cercle bavarois de Lindau, c'est-à-dire les territoires situés sur la rive droite du Rhin.

Les arguments de Filippi et de Chalendar sont vivement contestés par Jacques Tarbé de Saint-Hardouin, haut fonctionnaire du ministère des Affaires étrangères, conseiller politique auprès du général Koenig, commandant en chef de la ZFO. Il s'insurge devant la volonté présumée des chefs de service français, en charge des questions économiques, de constituer les administrations allemandes en fonction d'objectifs strictement économiques[192]. Pour lui, il faut au contraire revenir aux directives du gouvernement qui, en juillet 1945, avaient clairement établi que l'autorité des administrations allemandes ne devrait pas dépasser le cadre du Land. Dans cette affaire, « l'intérêt politique [de la France] doit primer »[193] sur les considérations économiques. Pour les services économiques qui nécessiteront une organisation à l'échelon de la zone, Tarbé de Saint-Hardouin préconise la nomination de conseillers techniques allemands. Toutefois, ceux-ci ne devront en aucun cas disposer d'un quelconque pouvoir administratif sur les services correspondants des différents Länder.

Finalement, les administrations économiques allemandes sont, pour l'essentiel, créées sur le modèle proposé par Tarbé de Saint-Hardouin. En janvier 1946, une note de la direction générale de l'économie et des finances du GMZFO résume bien les objectifs que la politique française a suivis en la matière : « la remise en place des administrations allemandes a (…) [tenu] compte de la diversité des cinq provinces, de leurs

---

192 Courrier de Tarbé de Saint-Hardouin à Berthelot, secrétaire général du CIAAA, 3 septembre 1945, AMAE, Y 1944/49, t. 433.

193 *Ibid.*

constitutions traditionnelles, de leurs différenciations économiques et enfin des distinctions à créer ou à accentuer, suivant le régime économique auquel chacune des provinces devait être soumise en application de la politique du gouvernement (…) »[194]. Les services administratifs français et allemands en Allemagne sont donc constitués de façon à servir la présence française en Rhénanie que de Gaulle affirme lors de son voyage à travers la ZFO en octobre 1945.

C. Le voyage du général de Gaulle en ZFO : amorce d'une réconciliation franco-allemande ou instrument de la politique rhénane de la France ?

Les finalités du voyage du Général en ZFO sont complexes et ambiguës. S'il affirme clairement sa volonté de voir la France participer à la reconstruction matérielle et morale de la ZFO, cette politique de coopération franco-allemande, qu'il appelle de ses vœux, semble surtout destinée à pérenniser la présence de la France en Rhénanie. À la faveur des bouleversements profonds provoqués par la guerre, le Général estime même les conditions rassemblées pour mener à bien la « destinée de la France » sur ces territoires.

1. Un objectif affiché : la coopération franco-allemande[195]

Au début du mois d'octobre 1945, le général de Gaulle visite la ZFO. Le 3, il en parcourt la partie nord, sur la rive gauche du Rhin, et se rend à Sarrebruck, Trèves et Coblence. Le lendemain, il s'arrête à Mayence et Neustadt, puis gagne le Bade et fait étape à Fribourg-en-Brisgau. Le 5 octobre, il remonte à Baden-Baden, inaugure un monument en l'honneur de Turenne à Sasbach et clôt son voyage en France, par un discours à Strasbourg[196]. Cette visite est l'occasion pour le Général de délivrer aux populations allemandes des paroles bienveillantes, de présenter sa politique de reconstruction de la ZFO et, plus globalement, d'encourager les populations allemandes à coopérer avec la France.

---

194 « Résumé de l'activité de l'Économie générale [la section] depuis la constitution du GMZFO », Albert Balensi, directeur de l'Économie générale, janvier 1946, AOFAA, AEF 371/18.

195 Plusieurs historiens mettent en avant ce point : Hudemann, R., « La zone d'occupation française sous le premier gouvernement du Général de Gaulle (mai 1945 à janvier 1946) », in *Études gaulliennes*, n° 23/24, 1978, p. 33-34 ; du même auteur, « De Gaulle und der Wiederaufbau in der französischen Besatzungszone nach 1945 », in Loth, W., Picht, R. (Hrsg.), *De Gaulle, Deutschland und Europa*, Opladen, Laske und Budrich, 1991, p. 156 ; interprétation très positive également des « directives indirectes » que le Général donne lors de son voyage dans Hüser, D., *Frankreichs « doppelte Deutschlandpolitik »*, *op. cit.*, p. 433-451.

196 De Gaulle, Ch., *Lettres, Notes et Carnets. Mai 1945-Juin 1951*, Paris, Plon, 1984, p. 91.

À Trèves, Coblence ou Fribourg, la tonalité des discours du Général étonne les autorités et la population allemandes[197]. De Gaulle ne s'adresse pas aux Allemands en vainqueur, mais en homme d'État. Dans toutes les villes où il s'arrête, il délivre un message de compréhension, empreint de paroles bienveillantes[198]. Il prend soin de s'adresser à son auditoire en prononçant les premiers mots de ses discours en allemand[199]. Il s'applique à ne pas parler du passé, mais à concentrer son propos sur le présent et l'avenir[200]. Il rend systématiquement hommage à l'immense travail mené par les autorités locales et à la responsabilité qu'elles assument à l'égard des populations[201]. Ses discours sont accueillis avec enthousiasme. Les populations allemandes y voient l'annonce d'un futur meilleur et l'amorce d'une nouvelle politique allemande de la France.

Après avoir instauré ce climat de confiance, le Général présente sa politique. Elle tient en un mot : la reconstruction[202]. Elle est d'abord matérielle. Il faut relever les bâtiments, assurer l'alimentation, rétablir l'activité économique. Mais cette reconstruction est aussi morale et concerne aussi bien la justice, l'enseignement, la religion que l'adminis-

---

197 « Rapport établi par le secrétariat aux affaires allemandes, début novembre 1945 », qui fait état du choc psychologique qu'ont provoqué les discours du général de Gaulle sur les populations allemandes, très fortement impressionnées, SHAT, 4 Q 94 dossier 3 ; réactions très favorables des journaux allemands : extraits traduits du *Mittelrheinkurier* et des *Rastatter Nachrichten*, 6 octobre 1945, rassemblés dans les « extraits de la presse allemande de la zone d'occupation française traduisant l'impression favorable produite par les allocutions du général de Gaulle », Roland de Margerie, CCFA, 10 octobre 1945, AOFAA, p. 195 d. C II 4, et extraits traduits du *Freiburger Nachrichten*, 9 octobre 1945, et de la *Schwarzwalder Post* (sans date), Raymond Offroy, service d'impression et de presse du Quai d'Orsay, 19 octobre 1945, AMAE, Y 1944/49, t. 433. Des notables allemands de la ZFO font également part de l'enthousiasme qu'ont suscité les déclarations du général de Gaulle : courrier du Dr. Boden au lieutenant-colonel Gouraud, délégué supérieur pour la Rhénanie-Hesse-Nassau, 6 octobre 1945, LHA Koblenz, 860/1004 ; « impressions provoquées par la visite de M. le général de Gaulle et par l'allocution qu'il a adressée à cette occasion aux représentants des autorités et de la population allemandes », Dr. Pfister, Landrat de Fribourg-en-Brisgau, 6 octobre 1945, adressées par les services de Baden-Baden à de Gaulle, 26 octobre 1945, AMAE, Y 1944/49, t. 434.

198 Excellent résumé de l'attitude de De Gaulle dans les impressions provoquées par la visite du Général, 26 octobre 1945, citées en note 197.

199 Par exemple, « Le général de Gaulle à Sarrebruck », *L'Humanité*, 4 octobre 1945, AOFAA, AEF 361/1.

200 « Allocution prononcée à Coblence devant les autorités allemandes de Rhénanie le 3 octobre 1945 », in de Gaulle, Ch., *Lettres, Notes et Carnets*, *op. cit.*, p. 92-93, dans laquelle le Général l'exprime clairement à ses auditeurs : « vous remarquerez que j'ai parlé seulement de l'avenir et du présent, ce n'est pas sans intention ». Dans ses autres discours en ZFO, il n'évoque pas plus le passé immédiat de l'Allemagne.

201 Cela transparaît dans toutes ses allocutions. Voir, pour les discours de Trèves, Coblence et Fribourg, de Gaulle, Ch., *Lettres, Notes et Carnets*, *op. cit.*, p. 91-94.

202 *Ibid.*

tration[203]. Pour mener à bien ces lourdes tâches, de Gaulle assure les Allemands du soutien des autorités françaises. Comme il le dit à Trèves, « la France n'est pas ici pour prendre ; elle est ici pour faire renaître »[204]. Pour le Général, cette immense tâche qu'est la reconstruction ne se fera pas sans un travail commun des Français et des Allemands. Les progrès de cette coopération permettront aux Allemands de gagner la confiance, l'estime et la considération des Français[205]. Le général de Gaulle trace donc les voies d'une réconciliation progressive.

Pour autant, dans chacun de ses discours en ZFO, la part des non-dits reste considérable. Devant ses auditeurs allemands, le Général tait d'abord soigneusement que la reconstruction des villes allemandes ne sera pas immédiate, puisqu'elle passera après celle des villes françaises. Il l'affirme très clairement quelques jours plus tard – le 12 octobre – à l'occasion d'une conférence de presse à Paris. À un journaliste qui l'interroge sur l'existence d'un plan de reconstruction pour les villes détruites de la Ruhr et de la Rhénanie, le Général répond que celui-ci a été prévu. « Mais, ajoute-t-il, il y a beaucoup de constructions à faire ! Elles prennent leur place dans une série. Les villes dont vous parlez n'ont pas les premiers numéros ! »[206] Les propos de De Gaulle sur les formes de la coopération et de la réconciliation des territoires de la ZFO avec la France sont également ambigus et flous. À Trèves, de Gaulle « s'affirme convaincu que, dans cet effort [de reconstruction] qui est commencé et qui s'étendra sur de longues années dont nous ne pouvons prévoir le terme, vous serez avec nous »[207]. À Coblence, il ajoute :

> le temps passera, et au fur et à mesure les blessures se fermeront. Comme les blessures ont été graves, le temps sera long. Mais de toute façon nous aurons à travailler ensemble très longtemps. Quant à la suite des événements, on ne peut évidemment la prévoir, mais le monde change, il s'est produit de grands faits nouveaux et très importants, et je crois bien que dé-

---

203 Voir, par exemple, l'« allocution prononcée à Coblence devant les autorités allemandes de Rhénanie le 3 octobre 1945 », in de Gaulle, Ch., *Lettres, Notes et Carnets*, *op. cit.*, p. 92-93.

204 La citation est donnée dans un article de *Libres*, du 5 octobre 1945, intitulé « de Gaulle à Trèves : "La France n'est pas ici pour prendre mais pour faire renaître" », AOFAA, AEF 361/1. La version de l'« allocution prononcée à Trèves devant les membres du gouvernement local et les personnalités de la ville le 3 octobre 1945 », donnée dans les *Lettres, Notes et Carnets*, *op. cit.*, p. 91-92, est un peu différente : « La France n'est pas ici pour prendre, mais pour faire renaître et pour que vous renaissiez avec elle ».

205 Discours de Trèves, Coblence et Fribourg, in de Gaulle, Ch., *Lettres, Notes et Carnets*, *op. cit.*, p. 91-94.

206 « Conférence de presse du général de Gaulle du 12 octobre 1945 », ministère de l'Information, hors série n° 64, p. 4, AOFAA, p. 195 d. C II 4.

207 Allocution prononcée à Trèves le 3 octobre 1945, citée en note 204.

sormais, il y a toutes les raisons pour que vous soyez longtemps plus près que loin de nous[208].

Dans le Bade, les paroles du Général sont tout aussi ambiguës.

Ce que sera l'avenir, déclare-t-il à Fribourg, nous ne pouvons pas le prédire, puisque l'avenir ne dépend pas des hommes, il dépend de Dieu, mais dans les possibilités qu'offre ce monde nouveau où nous avons à travailler, il peut y avoir entre le pays de Bade et la France, entre le Wurtemberg et la France, des liens qui n'existaient pas, sinon il y a fort longtemps, et qui peut-être se renoueront[209].

À quels liens de Gaulle fait-il allusion ? Songe-t-il aux campagnes de Louis XIV qui firent de Fribourg une ville française ? Pense-t-il à la France révolutionnaire, à l'Empire et à ses marches ? Il est impossible de le dire. Ce qu'il est en revanche possible de supposer, c'est que cette politique de coopération avec les populations allemandes de la ZFO semble être un nouveau moyen pour faire aboutir les revendications traditionnelles de la France sur la Rhénanie. Les déclarations du Général à l'intention des forces françaises d'occupation vont en tout cas dans ce sens.

2. *Un objectif caché : pérenniser la présence française en Allemagne*

À Baden-Baden, siège du gouvernement militaire de la ZFO, de Gaulle s'adresse, le 5 octobre, aux autorités et aux troupes françaises d'occupation[210]. Son discours, prononcé au *Kurhaus*, y est d'une tout autre tonalité. S'agit-il pour le Général de s'adapter aux attentes d'un nouveau public, français en l'occurrence ? Sans aucun doute. Mais de Gaulle peut aussi livrer à un parterre d'administrateurs et de militaires français ses véritables objectifs avec plus de liberté qu'il ne l'a fait devant les autorités et la population allemandes. « Que faisons-nous ici au lendemain de notre victoire »[211], demande-t-il à son auditoire dès le début de son discours ? Et le Général de s'empresser de répondre :

---

208 Allocution prononcée à Coblence le 3 octobre 1945, citée en note 200.

209 « Allocution prononcée à Fribourg devant les autorités allemandes de Bade et de Wurtemberg le 4 octobre 1945 », in de Gaulle, Ch., *Lettres, Notes et Carnets*, *op. cit.*, p. 93-94. Voir aussi Hudemann, R., « La zone française d'occupation sous le premier gouvernement du Général de Gaulle (mai 1945 à janvier 1946) », in *op. cit.*, p. 34, et Lattard, A., *Syndicalisme ouvrier et syndicalisme patronal allemands sous l'occupation française (1945-1949) : l'exemple de la Rhénanie-Palatinat*, thèse de doctorat de 3e cycle (direction Pierre-Paul Sagave), Université Paris X, 1983, volume 1, p. 5-6 et volume 2, p. 2 note 17.

210 « Allocution prononcée "au Kurhaus" à Baden-Baden le 5 octobre 1945 », in de Gaulle, Ch., *Lettres, Notes et Carnets*, *op. cit.*, p. 95-98.

211 *Ibid.*, p. 96.

« notre action a pour but d'installer la France ici »[212]. C'est en convoquant l'histoire et la géographie qu'il justifie son projet. Il évoque d'abord les territoires rhénans – ceux de la rive gauche du Rhin –, puis les territoires de la rive droite :

> nous obéissons à une sorte de vocation historique de notre pays, rappelle-t-il, qui fut rompue dans le passé à plusieurs reprises et que nous venons, pour la dernière fois et selon l'occurrence la meilleure de réaliser enfin. Établir la France ici, cela veut dire d'abord donner à la France la disposition des territoires qui, de par leur nature, font corps avec elle. J'entends par là ceux de la rive gauche du Rhin, le Palatinat, la Hesse, la Prusse rhénane et la Sarre. Ces contrées, qui sont toutes dépendantes les unes des autres, ce Palatinat qui prolonge notre Alsace, cette Hesse qui est à l'endroit où arrivent sur le Rhin ces vallées qui nous mènent avec le Main vers le Danube, cet Eifel, qui, en fait, est le prolongement de nos Ardennes et encore cette ville de Cologne par où passe la ligne la plus courte entre Paris et Berlin, ces pays doivent, comme je viens de le dire, faire corps avec la France[213].

Pour autant, de Gaulle rejette toute idée d'annexion et précise la nature des relations entre la France et ces territoires rhénans : « ce doit être une union économique et morale, une présence, un contrôle indéfini »[214]. En ce qui concerne les territoires de la rive droite du Rhin, il se montre plus circonspect : quant aux « pays qui se trouvent immédiatement sur l'autre rive de cette route européenne qui s'appelle le Rhin, le Bade à coup sûr, et peut-être le Wurtemberg, et qui ont été moralement, intellectuellement et commercialement unis dans l'histoire de notre pays, pourquoi ne ferions-nous pas en sorte qu'ils se tournent vers nous cette fois encore ? »[215]. Toujours est-il que, dans la partie sud de la ZFO, de Gaulle attache plus d'importance au Bade qu'au Wurtemberg. De ce point de vue, son voyage en ZFO est éclairant. Il passe dans toutes les provinces de la ZFO sauf en Wurtemberg[216]. C'est qu'en octobre 1945, il compte bien, conformément aux promesses que lui avaient faites les Anglo-Américains au moment de la signature de l'accord fixant les limites de la ZFO, obtenir la révision des frontières de la partie sud de la zone[217]. Il s'agirait surtout d'étendre la ZFO à l'ensemble de la province du Bade, limitrophe des départements alsaciens. Pauvre en villes, la zone française gagnerait à cette modification Karlsruhe, capitale histo-

---

212 *Ibid.*

213 *Ibid.*

214 *Ibid.*

215 *Ibid.*

216 Fait significatif, le principal représentant politique du Wurtemberg, Carlo Schmid, est invité à venir écouter de Gaulle à Fribourg. Voir Wolfrum, E., « Französische und deutsche Neugliederungspläne für Südwestdeutschland 1945/46 », in *Zeitschrift für die Geschichte des Oberrheins*, Band 137, 1989, p. 433.

217 Voir *supra*, chapitre III.

rique du Bade et grand nœud ferroviaire de l'Allemagne de l'Ouest. En échange, les Français seraient prêts à céder le sud du Wurtemberg, moins intéressant à leurs yeux.

Le général de Gaulle se dit convaincu que ses objectifs se réaliseront. Il ne fait pour lui aucun doute qu'à l'avenir les territoires rhénans et le pays de Bade se tourneront vers la France. Il y voit trois raisons. L'unité allemande a d'abord fait long feu. Œuvre de la Prusse, l'unité de l'Allemagne est, selon lui, tributaire de l'existence de la Prusse en tant que puissance. Que celle-ci vienne à disparaître et celle-là se disloquera. Or tel est bien le cas en 1945. Pour de Gaulle, l'Allemagne est donc en train de s'effacer devant les Allemagne[218]. La seconde raison tient au fait qu'en occupant les provinces rhénanes, une partie du Bade et du Wurtemberg, la France dispose, en quelque sorte, d'une position avantageuse. Les populations allemandes soumises à l'autorité française doivent en effet vivre et composer avec elle. Or, en ZFO, les autorités et les représentants de l'opinion allemande se rendent bien compte de l'intérêt qu'il y a à cette coopération avec la France, « qu'évidemment ils n'ont pas souhaitée, mais dont la nécessité s'impose » et à laquelle ils ne semblent pas opposés[219]. De Gaulle pense enfin que les Allemands de l'Ouest, les Rhénans notamment, font résolument partie de l'Europe occidentale. Leur histoire, leur géographie, leur économie, leur civilisation lui sont intimement liées. Bref, en cas de dislocation de l'Allemagne, tout les poussera à se tourner vers les pays d'Europe occidentale – la France, la Belgique, les Pays-Bas – plutôt que vers les pays d'Europe centrale[220]. Il le dit aux officiers venus l'écouter à Baden-Baden : « il n'y a qu'à regarder la carte pour que cette vérité éclate. Si ces États de l'Allemagne rhénane viennent à participer vraiment à l'esprit occidental, je crois qu'ils abandonneront l'idée d'une Allemagne groupée autour de la Prusse maintenant écroulée, pour se retourner vers l'horizon qui leur apportera le plus d'espoir, vers l'Europe occidentale et avant tout vers la France »[221]. C'est d'ailleurs à dessein que le Général rappelle, lors de ses discours aux populations allemandes de la zone, cette communauté de destin d'Européens de l'Ouest, d'Occidentaux, qui lie Français et Allemands de la ZFO. Il s'agit bien de susciter la coopération et le rapprochement qu'il appelle de ses vœux[222].

---

218 Cf. les développements de la première partie de ce chapitre ; « conférence de presse du général de Gaulle du 12 octobre 1945 », ministère de l'Information, hors série n° 64, p. 2, AOFAA, p. 195 d. C II 4.

219 Conférence de presse du Général, 12 octobre 1945, citée en note 218.

220 *Ibid.*, p. 5

221 Allocution prononcée « au Kurhaus » le 5 octobre 1945, citée en note 210.

222 Cf. ses propos dans les discours de Trèves, Coblence et Fribourg, in de Gaulle, Ch., *Lettres, Notes et Carnets*, *op. cit.*, p. 91-94.

Au fond, les objectifs rhénans du Général n'ont pas changé. Comme au printemps 1945, il s'agit toujours d'assurer à la France le contrôle indéfini des territoires allemands qui bordent ses frontières et de créer, à la faveur de l'occupation, de nouvelles relations économiques, militaires, culturelles, voire politiques, entre la France et ces territoires rhénans. Les moyens ont en revanche profondément évolué. Jusqu'aux conférences de Potsdam et de Londres, de Gaulle semble croire, comme la majorité des dirigeants français d'ailleurs, que la France pourra obtenir des Alliés le détachement de la Rhénanie. Après l'échec de la conférence de Londres, il ne se fait plus d'illusion[223]. Il l'écrit au général Koenig, commandant en chef de la ZFO : « la conférence de Londres a abouti à un échec dont rien n'annonce qu'il puisse être réparé avant longtemps. D'autre part, les gouvernements anglais, américain et soviétique ne se décident aucunement à adopter les bases de règlement que nous avons proposées pour les questions de la rive gauche du Rhin, (…) »[224]. Ne pouvant s'appuyer sur une décision interalliée, de Gaulle entend désormais fonder l'influence française en Rhénanie sur des moyens strictement nationaux et sur l'occupation française de certains de ces territoires. Ce n'est d'ailleurs pas une coïncidence qu'il entreprenne sa tournée en ZFO au lendemain même de la fin de la conférence de Londres[225]. Replacée dans ce contexte international, l'annonce d'une politique constructive en ZFO, fondée sur une politique de reconstruction des villes et une coopération entre les autorités françaises d'occupation et la population allemande de la zone, prend une tout autre dimension. Elle constitue assurément un nouvel instrument de la politique rhénane de la France. Après avoir compté sur une décision juridique à caractère international pour asseoir l'influence française en Rhénanie, de Gaulle tente désormais d'amener les Allemands de la zone à se tourner « spontanément » vers la France, cette étape facilitant la pérennisation de l'influence française en Rhénanie. Tout doit donc être mis en œuvre pour favoriser les nouvelles formes de ce séparatisme. À commencer par la tenue et le comportement des troupes d'occupation, qui doivent être, comme le rappelle de Gaulle, irréprochables, « non seulement dans les revues, mais encore et surtout dans les exemples de la vie de chaque jour »[226]. Aux yeux du Général, la France a en effet « une très grande tâche (…) à jouer ». Il faut donc que tous, « jusqu'aux plus humbles de

---

223 « Lettre au général Koenig, commandant en chef de la zone d'occupation française en Allemagne, à Baden-Baden », in de Gaulle, Ch., *Lettres, Notes et Carnets*, *op. cit.*, p. 106-108 (ici p. 106).

224 *Ibid.*

225 La conférence de Londres s'achève le 2 octobre 1945. De Gaulle est en Allemagne du 3 au 5 octobre 1945.

226 Allocution prononcée « au Kurhaus » le 5 octobre 1945, citée en note 210.

nos soldats, en aient particulièrement conscience »[227]. Au vrai, la France joue dans cette affaire sa destinée.

3. *La destinée rhénane de la France*

Pour de Gaulle, la destinée de la France est en effet d'être présente sur les rives du Rhin. En revenant sur ces terres, la France renoue, selon lui, le fil de son histoire. Elle rétablit d'abord les liens avec son histoire récente, celle de l'entre-deux-guerres, qui l'a vue occuper la Rhénanie et la Sarre. Mais elle renoue aussi avec une histoire plus ancienne et plus glorieuse, celle du Grand Siècle. Ce n'est donc pas par hasard que de Gaulle établit par deux fois, lors de son voyage à travers la zone française, des ponts, certes symboliques, avec cette présence historique de la France sur le Rhin. À Sasbach, il inaugure le monument à la mémoire du maréchal de Turenne, reconstruit par les troupes françaises[228]. Lors de la guerre de Hollande, Turenne avait repris l'Alsace. Il avait surtout conquis le Palatinat. De Gaulle fait ensuite étape à Fribourg-en-Brisgau. Désire-t-il ainsi marcher dans les pas de Louis XIV, qui avait couché à Fribourg, en 1679, lors de la signature du traité de paix entre le royaume de France et l'Empire de Léopold Ier, qui faisait de Fribourg une ville française ? Il est évidemment impossible de le dire.

Toujours est-il qu'au-delà de ces parallèles avec le passé, de Gaulle considère que la tâche immédiate des Français est bien d'établir à nouveau la France sur les rives du Rhin. À Baden-Baden, il le rappelle aux officiers et aux administrateurs : « voilà la tâche qu'il nous reste à faire, tâche qui, il y a quelques années, avait paru inimaginable, impossible et qui est devenue aujourd'hui le bon sens même »[229]. Cette tâche échoit d'abord aux troupes d'occupation, aux militaires qui « sont les Ambassadeurs de l'Histoire, les Ambassadeurs de notre Pays dans son avenir comme dans son passé »[230]. Tâche impérative, pour de Gaulle, qui clôt son discours à Baden-Baden sur ces paroles : « possédant de telles possibilités, si nous ne réalisions pas notre programme, nous manquerions à notre destinée »[231]. De Gaulle ne s'en tient d'ailleurs pas à de simples discours. Il enjoint au général Koenig de faire étudier par ses services les incidences qu'auraient le rattachement économique et l'intégration à la France de la Sarre et de la Rhénanie[232]. À Strasbourg, der-

---

[227] *Ibid.*

[228] « Allocution prononcée à Sasbach, devant le monument élevé au Maréchal de Turenne, le 5 octobre 1945 », in de Gaulle, Ch., *Lettres, Notes et Carnets*, *op. cit.*, p. 95.

[229] Allocution prononcée « au Kurhaus » le 5 octobre 1945, citée en note 210.

[230] *Ibid.*

[231] *Ibid.*

[232] Courrier (secret absolu) du général Koenig au général de Gaulle, reçu à Paris le 7 novembre 1945, AN, 3 AG 4/8 dossier 8.

nière étape de son voyage, il exalte à nouveau la grande tâche rhénane de la France, mais aussi de l'Alsace et de Strasbourg, capitale rhénane[233], et termine son allocution par ce message programmatique : « Vive l'Alsace française ! Vive la France rhénane ! Vive la France ! »[234]

*

* *

À l'été 1945, les priorités françaises en ce qui concerne l'Allemagne sont claires. La sécurité prime. Des mesures considérables à caractère politique, économique et technique sont prévues à cet effet. Aux yeux de la majorité des Français, l'Allemagne constitue toujours un danger. Il faut donc l'affaiblir politiquement, militairement et économiquement. Forts de cette priorité, les décideurs français relèguent leurs objectifs économiques au second plan. Les mesures économiques – le désarmement industriel par exemple – sont d'ailleurs au service de la sécurité. Les buts économiques visent aussi à obtenir les réparations nécessaires à la reconstruction nationale.

À cette politique officielle s'ajoutent cependant un certain nombre d'objectifs moins avouables. La France compte en effet tirer profit de sa victoire pour renforcer sa puissance face à sa grande rivale continentale. Là aussi, le politique prime. Installer la France sur la rive gauche du Rhin, voilà le grand dessein français en 1945. Ce projet, conforme à une conception traditionnelle de la puissance, s'appuie sur la force militaire et le contrôle de territoires. Dans le domaine économique, les projets ambitieux ne manquent pas mais ils semblent difficilement réalisables. Le Quai d'Orsay propose ainsi une version édulcorée du grand projet sidérurgique de Mendès. Sera-t-il accepté par les Alliés ? Quant au nouveau projet de l'Économie nationale, qui prévoit de profiter du désarmement économique de l'Allemagne pour renforcer la position internationale de la France sur de nombreux marchés, il bute sur de fortes oppositions internes. Son adoption est largement compromise. En 1945, c'est donc surtout sur les plans politique et militaire que la politique allemande de la France est expansionniste.

233 « Texte de l'allocution prononcée à Strasbourg par le général de Gaulle au balcon de l'Hôtel de Ville le 5 octobre 1945 », in *Nouvelles de France*, 7 octobre 1945, AOFAA, AEF 361/1.

234 *Ibid.*

CHAPITRE V

La politique économique de la France en ZFO

L'ambiguïté de la politique allemande de la France se retrouve dans la politique économique que les décideurs français mettent en œuvre dans leur zone d'occupation. Ces derniers reprennent en ZFO les objectifs déjà fixés à l'échelle de l'Allemagne tout entière. Or les deux principaux volets de la politique française s'opposent. Il semble en effet difficile de concilier une politique de sécurité, fondée sur le désarmement industriel et l'obtention de réparations, et une politique constructive, tant du point de vue politique qu'économique, qui permettrait, entre autres, d'assurer un niveau de vie correct à la population allemande de la zone. De l'avis de nombreux historiens, l'opposition des objectifs français est en fait plus théorique que réelle. Dans la pratique, la France aurait très vite opté pour une politique économique favorisant exclusivement ses intérêts[1]. Nombreux sont d'ailleurs les chercheurs à condamner sévèrement la politique française et à parler d'« exploitation économique »[2] de la ZFO par ses occupants, voire d'un véritable « cannibalisme industriel »[3]. Bref, en ZFO, le seul objectif des Français aurait été le pillage économique. Pour ce faire, tous les moyens auraient été bons : les occupants auraient d'abord pratiqué, à très grande échelle et

---

1 La plupart des chercheurs en arrivent à ces conclusions : Willis, F.R., *The French in Germany 1945*-1949, Stanford, Stanford University Press, 1962, 308 p. ; Korff, A., *Le revirement de la politique française à l'égard de l'Allemagne entre 1945 et 1950*, thèse de doctorat, Ambilly-Annemasse, Imprimerie Franco-Suisse, 1965, 367 p. ; Wolfrum, E., Fässler, P., Grohnert, R., *Krisenjahre und Aufbruchzeit. Alltag und Politik im französisch besetzen Baden 1945-1949*, München, R. Oldenbourg Verlag, 1996, 296 p. ; Lefèvre, S., *Les relations économiques franco-allemandes*, *op. cit.* Pour une vision plus nuancée de la politique économique des Français, Hüser, D., *Frankreichs « doppelte Deutschlandspolitik », op. cit.*

2 Henke, K.-D., « Politik der Widersprüche. Zur Charakteristik der französischen Militärregierung in Deutschland nach dem Zweiten Weltkrieg », in Scharf, C., Schröder, H.-J. (Hrsg.), *Die Deutschlandpolitik Frankreichs und die französische Zone, op. cit.*, 1983, p. 67, ou Abelshauser, W., « Wirtschaft und Besatzungspolitik in der Französischen Zone 1945-1949 », in Scharf, C., Schröder, H.-J. (Hrsg.), *Die Deutschlandpolitik Frankreichs, op. cit.*, p. 118.

3 L'expression est utilisée pour la politique des démontages. Voir Abelshauser, W., « Wirtschaft und Besatzungspolitik in der Französischen Zone 1945-1949 », in Scharf, C., Schröder, H.-J. (Hrsg.), *Die Deutschlandpolitik Frankreichs, op. cit.*, p. 129.

de façon illégale, une politique de réquisitions et de prélèvements de biens industriels et de consommation ; ils auraient ensuite invoqué, de façon très excessive semble-t-il, la politique des restitutions pour transporter en France toutes sortes de biens (animaux de ferme, produits alimentaires, machines, œuvres d'art, etc.) ; ils auraient enfin mis en place dans leur zone un système d'économie dirigée dans le seul but d'optimiser les profits qu'ils pouvaient en tirer.

S'il n'est pas question ici de remettre en cause la thèse selon laquelle la France a voulu tirer profit de sa zone d'occupation et orienter sa production dans un sens conforme à ses intérêts, le caractère prédateur de son action doit toutefois être nuancé. Le système d'économie dirigée mis en place par les occupants mérite ainsi d'être reconsidéré. Il est certes un instrument de la politique d'exploitation de la France. Mais il constitue aussi un moyen adapté pour faire face aux conditions particulières de l'après-guerre et facilite la reprise rapide de la production en limitant les désordres économiques, facteurs d'injustice sociale. La politique économique de la France en ZFO reste par ailleurs très largement subordonnée à ses objectifs politiques. Aussi est-elle loin d'être uniforme. Enfin, cette différenciation des politiques économiques en fonction des ambitions politiques invite à mettre en lumière les aspects positifs de cette politique, trop souvent négligés. D'une manière générale, la politique de la France en ZFO est profondément ambivalente, fondée sur deux logiques contradictoires, l'une d'« exploitation », l'autre de « démocratisation ».

I. Un système d'économie dirigée

Pendant longtemps, le système d'économie dirigée mis en place par les Français dans leur zone d'occupation a été envisagé sous un angle exclusivement négatif. Ce système était avant tout considéré comme un instrument censé optimiser l'exploitation économique de la ZFO par les Français. Cette interprétation n'est pas fausse, mais elle est partiale et partielle. Le choix d'un système d'économie dirigée constitue en effet une réponse adaptée à la double contrainte que représentent la situation économique de l'Allemagne d'après-guerre et les règlements interalliés. Il permet d'obtenir des résultats positifs. La relance de l'économie en ZFO est ainsi plus rapide que dans les zones américaine et britannique. Avant d'évoquer ces deux questions, il convient de rappeler le fonctionnement de ce système économique.

A. Le choix de l'économie dirigée : une réponse adaptée aux circonstances[4]

Pour les Français, le système d'économie dirigée semble être le mieux à même de répondre aux différents défis que pose la gestion de la ZFO. Il doit permettre de maîtriser les conséquences négatives qui découlent de la délimitation de la zone. Il est aussi censé faciliter la gestion de la zone conformément à la législation alliée. Il est enfin l'instrument de la relance d'une économie paralysée par les combats et l'héritage de la politique économique du IIIe Reich.

1. Une zone d'occupation artificielle

Des quatre zones d'occupation, la zone française est, de loin, la plus petite. Prélevée sur les zones américaine et britannique, la ZFO ne présente pas d'unité au point de vue historique, administratif et économique. La délimitation de ses frontières, arrêtées en fonction d'impératifs militaires, constitue un frein à sa mise en valeur, sa structure économique n'étant pas très favorable.

Mis à part la Sarre et le Palatinat, la ZFO est composée de territoires qui ne présentent pas d'unité politique et administrative. Dans sa partie nord, elle ne comprend, sur la rive gauche du Rhin, qu'une partie de la Rhénanie et de la Hesse rhénane, territoires prussiens jusqu'en 1945, et, sur la rive droite du fleuve, seulement six cercles de Hesse Nassau, autrefois rattachés à Wiesbaden. Dans son secteur sud, elle n'englobe que les parties méridionales des provinces du Bade et du Wurtemberg et un cercle bavarois, autour de Lindau[5]. Les capitales historiques, politiques et économiques, que sont Karlsruhe pour le Bade, Cologne pour la Rhénanie et Stuttgart pour le Wurtemberg, se trouvent en dehors de la ZFO[6]. La zone française est pauvre en grandes villes. Mayence, la plus peuplée d'entre elles, ne compte que 158 000 habitants et seules trois autres cités – Fribourg, Ludwigshafen et Sarrebruck – dépassent le seuil

---

[4] Ces différents points, évoqués ici rapidement, ont déjà fait l'objet d'une analyse très fouillée par Hudemann, R., *Sozialpolitik im deutschen Südwesten zwischen Tradition und Neuordnung 1945-1953. Sozialversicherung und Kiegsopferversorgung im Rahmen französischer Besatzungspolitik*, Mainz, v. Hase & Koehler, Mainz, 1988, p. 31-123.

[5] Lefèvre, S., *Les relations économiques franco-allemandes*, *op. cit.*, p. 68-69 ; « la zone d'occupation française en Allemagne », in *Notes documentaires et études*, n° 255, 9 mars 1946, AMAE, Y 1944/49, t. 435 ; « l'organisation territoriale allemande et les délégations supérieures françaises », CCFA, sans date, AOFAA, p. 196 d. C III 0 R et S.

[6] Conférence de Halff, chef de la section plan et documentation de la DGEF, à destination des cadres des troupes d'occupation ayant pour thème les « généralités sur les problèmes d'occupation en Allemagne », sans date (probablement juin ou juillet 1946), AOFAA, AEF 53/2.

des 100 000 habitants. Cette situation contraste fortement avec les zones voisines. Dans le nord de la Rhénanie, Cologne, Dusseldorf et Essen, pour ne citer que des villes proches de la ZFO, dépassent chacune 500 000 habitants. En zone américaine d'occupation (ZAO) voisine, Francfort (553 000 habitants), Mannheim (285 000) et Stuttgart (458 000) sont d'une tout autre importance[7]. Au début de l'occupation, l'émiettement politique et administratif de la zone devra par conséquent être compensé par la prise en mains des rouages administratifs par les services français.

Ceux-ci devront aussi mettre en place une politique drastique de ravitaillement, la ZFO n'étant pas en mesure, malgré un profil agricole marqué, de nourrir sa population, soit environ 6 millions de personnes. Les exploitations, pour la plupart de petite taille, sont surtout familiales et dégagent peu d'excédents[8]. La production agricole de la zone française est par ailleurs déficitaire en produits de base. Les céréales, les matières grasses, la viande et le lait sont produits en quantités très insuffisantes[9]. Le sucre fait totalement défaut[10]. Cette situation n'est pas nouvelle. Par le passé, les territoires formant la ZFO dépendaient déjà des livraisons alimentaires en provenance de Westphalie, de Prusse et de l'est de la France[11]. Les experts du GMZFO estiment par conséquent que si la population allemande est nourrie uniquement à partir des productions de la zone, elle ne pourra guère compter sur un apport quotidien supérieur à 1 100 calories[12].

La situation commerciale et industrielle s'annonce un peu meilleure. Le morcellement administratif et le déficit en grands centres d'impulsions politiques et économiques, évoqués précédemment, présentent certes de grands inconvénients sur le plan économique. Pourtant la ZFO n'est pas, d'un point de vue industriel, moins bien lotie que le reste de l'Allemagne. Son territoire, qui s'étend sur environ 10 % de la superfi-

---

7 « Les industries de la zone française d'occupation et la déconcentration de l'économie allemande », GFCC, mars 1947, AOFAA, C. 522 d. 40.

8 Laurent, R., « La situation économique dans la zone française », in *Le Monde*, 6 septembre 1945, reproduit dans *Les nouvelles d'Allemagne* (revue de presse du bureau de documentation, section documentation), DGAA, direction de l'information, 7 septembre 1945, AOFAA, p. 196 d. C III 0 R et S ; « situation économique et activité de la zone française d'occupation », DGEF, section documentation, sans date (décembre 1945 ou janvier 1946), AOFAA, AEF 349/3.

9 *Cahiers français d'information* n° 77, « L'aspect économique de l'occupation française », bulletin bi-mensuel publié par la présidence du Conseil, 1er février 1947, p. 15, AMAE, Z Europe 1944/60, All., t. 82.

10 « Économie générale et finances », rapport d'activité de Jean Filippi pour le mois d'août 1945, 10 septembre 1945, AOFAA, c. 117 d. ECO I A 10.

11 La ZFO en Allemagne, 9 mars 1946, citée en note 5.

12 Note sans titre, (Jean Filippi), 8 décembre 1945, AOFAA, AEF 367/1.

cie de l'Allemagne et compte 10 % de sa population, représente également 10 % de sa capacité industrielle[13]. La structure industrielle de la ZFO est certes un peu différente de celle de l'ancien Reich. Les industries de base, fortement concentrées, comme l'exploitation minière, les industries sidérurgiques ou chimiques, y sont moins nombreuses que dans le reste du pays, à quelques exceptions près : les mines de charbon et les entreprises sidérurgiques de la Sarre ainsi que les industries chimiques à Ludwigshafen[14]. La ZFO compte par contre une multitude de petites et moyennes entreprises, aux activités extrêmement diversifiées, qui sont dispersées sur l'ensemble de son territoire[15]. Dans certains secteurs industriels, les usines de la ZFO ont une position-clé en Allemagne. Près de 75 % des horloges allemandes sont fabriquées en ZFO, 35 % des chaussures, 20 % des céramiques. Les industries de la soierie, des carrières, de la fonte et de l'acier ou du tabac présentent en ZFO un pourcentage très supérieur à l'importance relative de la zone. Certaines entreprises de renommée mondiale, à l'exemple de la maison Hohner à Trossingen, en Forêt-Noire, qui fabrique des harmonicas et des accordéons, ont aussi leur siège en ZFO[16].

Pour autant, la fixation des frontières de la ZFO constitue un handicap sérieux sur le plan économique. Amputée de ses principaux centres politiques, d'où provenaient également les impulsions économiques, la ZFO est coupée des sièges de la plupart des groupements professionnels et des syndicats, tant patronaux qu'ouvriers[17]. De nombreuses industries de la zone sont privées de leurs marchés traditionnels. La zone britannique d'occupation (ZBO) et de grandes villes, comme Cologne et Francfort, étaient les débouchés de bien des productions de la partie nord de la ZFO[18]. Dans sa partie sud, de nombreux secteurs industriels travaillaient essentiellement pour le nord du Bade et du Wurtemberg, désormais en zone américaine[19]. Par sa taille, son rôle politique et son

---

13 « Les ressources industrielles de la zone française d'occupation », GFCC, DEF, section études économiques et décartellisation, 28 octobre 1945, AOFAA, C. 522 d. 55.

14 « Possibilités économiques de la zone française ; source : presse allemande, *Schwäbisches Tagblatt* du 26 octobre 1945 », SGAAA, centre d'études et de documentation, 5 novembre 1945, AOFAA, c. 199 d. C III 20.

15 Les ressources industrielles de la zone, 28 octobre 1945, citées en note 13.

16 Les industries de la ZFO, mars 1947, citées en note 7.

17 « Bericht über die Zonengrenze in Württemberg », Eberhard Wildermuth, secrétaire d'État à l'Économie du Wurtemberg, 25 avril 1947, StA SIG, Wü 140, 2.

18 « Rapport du lieutenant Pregre sur la zone Limbourg-Montabaur », adressé le 11 août 1945 par le lieutenant-colonel Rotival à l'EMDN, AMAE, Y 1944/49, t. 692 ; rapport de la CCI du Palatinat, succursale de Pirmasens, au gouvernement provincial allemand, 22 décembre 1948, sur la situation de l'industrie de la chaussure, LAS, V 52, 396.

19 Bericht über die Zonengrenze in Württemberg, 25 avril 1947, cité en note 17.

dynamisme, Stuttgart, capitale historique du Wurtemberg, est de surcroît un marché et un centre d'affaires incontournables[20]. La fixation des frontières isole également de nombreuses entreprises de leurs fournisseurs traditionnels et entrave la production. Avant-guerre, la Sarre achetait par exemple son bois de mine dans toute l'Allemagne[21]. L'approvisionnement de l'industrie du cuir de la ZFO en peaux dépendait aussi de provinces qui lui sont désormais extérieures. La zone française participe en effet pour 55 % à la production allemande de cuir mais ne concentre sur son territoire qu'une part très insuffisante du cheptel allemand, nécessaire à la bonne marche de ses usines[22]. De la même façon, l'industrie chimique est tributaire, pour nombre de ses fabrications, en particulier celles d'engrais, de la livraison de produits originaires de tout l'ouest de l'Allemagne[23]. En outre, les limites de la zone correspondent mal à l'organisation des réseaux de communication, ce qui freine les échanges. Karlsruhe, grand nœud ferroviaire du sud de l'Allemagne, n'est pas en ZFO. Dans le Wurtemberg, les axes routiers et ferroviaires, structurés autour de Stuttgart, répondent mal au nouveau découpage et compliquent la circulation dans la partie sud du Wurtemberg. Les nouvelles capitales administratives de la zone, choisies par les autorités françaises – Tübingen par exemple – ne sont pas toujours bien desservies[24].

Cet extrême morcellement administratif et économique est aggravé par le legs de la guerre. Suite aux bombardements et aux combats, l'économie de la zone est paralysée. La défaite a, quant à elle, provoqué une profonde désorganisation de ses diverses administrations.

2. Une économie paralysée

À la fin du conflit, l'économie de la ZFO est paralysée. Les destructions, consécutives aux combats qui ont lieu sur son territoire et aux bombardements, sont importantes. Elles touchent cependant moins l'industrie que les moyens de transport et de communication, totalement coupés.

En ZFO, les destructions industrielles sont inférieures à celles enregistrées en ZBO mais légèrement supérieures à celles de la ZAO[25]. Au

---

20 *Ibid.*

21 Carrat, J., « L'économie de la zone française d'occupation », in *France-Illustration*, n° 21, 23 février 1946, AOFAA, AEF 53/2.

22 « Rapport mensuel de la DGEF », 10 octobre 1945, AOFAA, AAA 490.

23 *Ibid.*

24 Bericht über die Zonengrenze in Württemberg, 25 avril 1947, cité en note 17.

25 « Note pour Monsieur l'administrateur général », Jean Filippi, 27 septembre 1945, AOFAA, AEF 366/2 ; « exposé fait par Monsieur Filippi, directeur général de l'économie et des finances le 2 février 1946 devant la commission d'enquête parlementaire », AOFAA, p. 196 d. C III 0 R et S.

total, l'industrie de la ZFO est détruite dans une proportion de 25 %[26]. Les dommages sont toutefois très variables selon les provinces. La Sarre, la Rhénanie ou la Hesse Nassau enregistrent globalement plus de destructions que le Wurtemberg et le Bade[27]. À l'intérieur de la zone française, la situation est donc très contrastée. L'industrie de la Sarre est ainsi détruite à 32 %[28], tandis que celle du Wurtemberg ne compte que 13 % de destructions[29]. En Bade, les bâtiments industriels touchés ne représentent que 4 % du total des dommages[30]. Ces différences valent également à l'intérieur des provinces. En Sarre, les mines de charbon ont subi peu de dégâts et sont en état de marche. Par contre, les aciéries et laminoirs de Neunkirchen et Burbach devront être réparés avant de pouvoir reprendre leur production[31]. En Wurtemberg, les destructions sont surtout localisées autour de Friedrichshafen et du lac de Constance et touchent au premier chef des usines de guerre : Maybach, Zeppelin, la Zahnradfabrik, Dornier et les usines Mauser à Oberndorf[32]. Dans le Bade, certaines villes – Fribourg et Rastatt – concentrent à elles seules 70 % des destructions[33]. Fait aggravant pour les Français, la documentation allemande concernant la production industrielle a presque partout été détruite lors des bombardements[34].

La situation des moyens de transport et de communication est en revanche beaucoup plus mauvaise. Les destructions résultent ici non seulement des combats mais aussi d'actions volontaires de l'armée allemande lors de sa retraite militaire[35]. Les voies de communication sont par conséquent très largement inutilisables. 735 ouvrages d'art ont sauté.

---

26 « Destructions subies par l'industrie », DGEF, sans date (postérieur à novembre 1945), AOFAA, AEF 349/3. D'après cette note, l'ordre de grandeur des destructions industrielles varie de 25 % à 30 % en ZBO et de 20 % à 25 % en ZAO.

27 Exposé de Filippi, 2 février 1946, cité en note 25.

28 *Ibid.*

29 *Ibid.*

30 « Die wirtschaftlichen Wiederaufbauleistungen des Landes Baden von 1945 bis zur Gegenwart (abgeschlossen am 30. Juni 1950) », Badisches Ministerium der Wirtschaft und Arbeit, *Ministerialblatt der Landesregierung von Baden*, n° 16, 30. August 1950, p. 168, tableaux 12 et 13, StA FR, C 37/1, 332/1. Les destructions des bâtiments commerciaux et artisanaux, plus importantes, se montent à près de 16 % de l'ensemble des bâtiments endommagés ou détruits.

31 Rapport mensuel de la DGEF, 10 octobre 1945, cité en note 22.

32 « Kriegsschäden und Kriegsfolgeschäden der Industrie von Württemberg-Hohenzollern », Dr. Karl Albrecht, août 1947, WABW, A7, 436.

33 Die wirtschaftlichen Wiederaufbauleistungen des Landes Baden von 1945 bis zur Gegenwart, citées en note 30.

34 « Rapport sur la situation économique et de la zone française depuis les débuts de l'occupation », DGEF, DEG, section de la documentation, 5 septembre 1945, AOFAA, AEF 371/6.

35 Exposé de Filippi, 2 février 1946, cité en note 25.

De nombreuses gares de triage sont inutilisables. Sur les 7 650 km de voies ferrées de la zone, seuls 1 950 km sont praticables[36]. Encore ces 1 950 km ne représentent-ils pas un ensemble homogène. Morcelés en de nombreux tronçons, ils rendent impossible tout voyage à travers la zone[37]. Les routes sont également en mauvais état et les principales voies navigables – le Rhin, la Sarre – sont coupées en de multiples endroits. Le matériel roulant fait en outre défaut. Dans leur retraite, les Allemands ont emporté des locomotives, des wagons, des automobiles et même des chevaux[38]. Cette pénurie est aggravée par la politique des unités militaires françaises. Dès leur entrée en Allemagne, elles envoient en France les wagons qu'elles trouvent[39]. Au premier semestre 1945, le bilan est donc catastrophique : des 80 000 wagons circulant habituellement en ZFO, il n'en reste que 23 000[40]. Le parc automobile est également très inférieur à celui des autres zones d'occupation. Sur le Rhin, les bateaux manquent[41]. L'essence fait partout défaut[42]. Les communications sont enfin totalement coupées. Ni la poste, ni le téléphone, ni le télégraphe ne fonctionnent[43].

Les destructions de tous ordres et la désorganisation qui en résulte expliqueraient à elles seules la paralysie de l'économie. L'usure des facteurs de production et le manque de sources d'énergie, de matières premières et de main-d'œuvre ne font par conséquent qu'aggraver une situation déjà catastrophique[44]. En outre, la main-d'œuvre se concentre sur les travaux de déblaiement plutôt que sur les tâches productives. À l'été 1945, la production industrielle de la ZFO est par conséquent quasi nulle[45]. La production charbonnière des mines de la Sarre est presque arrêtée[46]. L'effondrement des structures politiques du Reich concourt à cette paralysie générale de l'économie.

---

36 *Ibid.*

37 Note de la DGEF, 9 novembre 1945, AOFAA, AEF 368/2.

38 Exposé de Filippi, 2 février 1946, cité en note 25.

39 Note du 9 novembre 1945, citée en note 37.

40 L'économie de la ZFO, 23 février 1946, cité en note 21.

41 Note du 27 septembre 1945, citée en note 25.

42 Rapport du 11 août 1945, cité en note 18.

43 « Résumé de l'activité de l'Économie générale depuis la constitution du GMZFO », DGEF, DEG, janvier 1946, AOFAA, AEF 367/6.

44 Rapport mensuel de la DGEF, 10 octobre 1945, cité en note 22.

45 Exposé de Filippi, 2 février 1946, cité en note 25.

46 « Rapport sur l'activité du gouvernement militaire de la ZFO », adressé le 15 octobre 1945 par le SGAAAA au MAE, AMAE, Y 1944/49, t. 433.

3. L'effondrement des structures du IIIe Reich

La disparition du Reich provoque à son tour une profonde désorganisation administrative, économique, financière et monétaire. Pour les Français, seule une politique de contrôles stricts et sévères sera par conséquent à même de stopper le développement de troubles qui risquent de devenir incontrôlables.

C'est que la défaite militaire se double d'une véritable dislocation du système administratif allemand. Les administrations centralisées cessent leur activité. À tous les niveaux, de nombreux fonctionnaires prennent la fuite. À l'issue du conflit et pendant plusieurs semaines, le système est totalement paralysé[47]. En ZFO, les Français ont le sentiment d'occuper une « terre brûlée administrative »[48]. Pour les occupants, il est fondamental de savoir quelles institutions allemandes assureront désormais des responsabilités administratives. La disparition des échelons centraux aboutit à une redistribution presque automatique des compétences. Ainsi, les collectivités locales héritent de nouvelles charges, autrefois dévolues au Reich. Dans le domaine financier, il leur revient par exemple de lever les impôts[49].

À cette désorganisation administrative s'ajoutent d'importants désordres financiers et monétaires. Le réseau bancaire de la *Reichsbank* est totalement désorganisé. Dans les succursales, les réserves numéraires sont très faibles. De leur côté, les encaisses sont très mal réparties sur le territoire. Sur le plan monétaire, la situation n'est pas meilleure. Le mark n'a plus de cours officiel par rapport aux monnaies étrangères[50].

Les Français redoutent les conséquences que ces désordres économiques et financiers risquent d'avoir sur les prix. Au lendemain du conflit, ces derniers ont certes peu augmenté. Leur stabilité n'en est pas moins factice. Pendant la guerre, le gouvernement du Reich a en effet multiplié la circulation monétaire par six. Dans le même temps, la dette de l'État a triplé. Or, depuis la défaite, l'offre a fortement diminué. Des restrictions alimentaires sont apparues[51]. Toutes les conditions sont donc réunies pour que l'inflation se développe. Pour la circonvenir, les Français bloquent prix et salaires et encouragent la population à effectuer des dépôts dans les banques[52].

---

47 Résumé de l'activité de l'Économie générale, janvier 1946, cité en note 43.

48 Exposé de Filippi, 2 février 1946, cité en note 25 ; conférence de Halff, juin ou juillet 1946, citée en note 6.

49 Rapport d'activité, 10 septembre 1945, cité en note 10.

50 *Ibid.*

51 Résumé de l'activité de l'Économie générale, janvier 1946, cité en note 43.

52 « Mesures à prendre dans la zone d'occupation française en ce qui concerne la surveillance des prix », Jean Filippi, 22 juin 1945, AOFAA, AEF 367/3.

La délimitation artificielle de la zone, les conséquences économiques de la guerre et le legs de la politique économique nazie sont donc lourds de menaces. Ils expliquent que les Français optent pour une politique de contrôle extrêmement rigoureuse. Le contrôle de l'économie de la zone apparaît de toute façon indispensable. Les Alliés promulguent en effet plusieurs lois très contraignantes pour les occupants.

4. Des règles interalliées contraignantes

Le Conseil de contrôle arrête dès le deuxième semestre 1945 quatre règles qui conditionnent largement la politique économique de chacune des puissances occupantes.

La première de ces règles, fixée initialement pour une période allant du 1er août au 31 octobre 1945, prolongée ensuite *sine die*, établit que chaque puissance occupante est responsable de l'équilibre de la balance des comptes de la zone qu'elle occupe[53]. Tout déficit en la matière incombera donc à l'occupant. Cette première règle est destinée à éviter, comme cela avait été le cas après 1918, que les importations de l'Allemagne soient réglées par « une cascade de crédits »[54]. Pour le second après-guerre, les importations devront être compensées par des exportations.

De ce principe découle une seconde règle – que le Conseil de contrôle arrête dès le mois de septembre 1945 – concernant le paiement des exportations allemandes. Évaluées sur la base des prix mondiaux, elles seront payables à 80 % en dollars[55]. Contrairement à ce que demandait le gouvernement français, les exportations allemandes en direction de la France ne pourront donc pas être considérées comme des réparations. Seuls les 20 % de leur montant, non réglés en dollars, pourront être comptabilisés au titre des réparations[56].

Le troisième principe établit les règles de répartition du charbon produit en Allemagne. Là encore, contrairement aux espoirs français, la production des différentes zones d'occupation n'est pas laissée à la libre disposition des puissances occupantes. Cette production, celle de la Sarre et de la Ruhr par exemple, est versée dans un pool[57]. Une partie du charbon de ce pool est exportée, l'autre partie est réservée à la consommation intérieure allemande. Cette dernière est ensuite répartie entre les

---

53 Résumé de l'activité de l'Économie générale, janvier 1946, cité en note 43.

54 *Cahiers français d'information*, n° 77, 1er février 1947, cités en note 7.

55 Décision du directoire de l'économie du Conseil de contrôle interallié du 14 septembre 1945 : à ce sujet, note de la direction de l'économie générale, sans date, AOFAA, AAA 490.

56 Exposé de Filippi, 2 février 1946, cité en note 25.

57 L'économie de la ZFO, 23 février 1946, cité en note 21.

différentes zones en fonction du pourcentage de l'industrie allemande que chacune d'elles représente[58].

La quatrième règle édictée par le Conseil de contrôle vise, conformément aux stipulations de Potsdam, à fixer le niveau de vie minimum de la population allemande. Le Conseil estime que les Allemands devront bénéficier d'une ration alimentaire quotidienne d'au moins 1550 calories[59].

Des deux premières mesures édictées par le Conseil de contrôle émerge une cinquième règle, cette fois-ci tacite, qui s'oppose à l'application des accords de Potsdam. À Potsdam, les trois Grands avaient en effet décidé que l'Allemagne devait être traitée comme une unité économique[60]. Or la règle selon laquelle chaque puissance occupante est responsable de la balance des comptes de sa zone d'occupation condamne en pratique l'unité économique allemande. Soucieuses de limiter au minimum le déficit de leur zone, les puissances occupantes opèrent en effet un contrôle strict à leurs frontières. La circulation interzone des personnes, des produits – notamment les matières premières – et des valeurs – par exemple bancaires – est étroitement surveillée. Diverses procédures – laissez-passer, autorisations – sont introduites tandis que des administrations de passage, de transit sont créées. Par conséquent, les frontières entre les zones se transforment rapidement en véritables barrières économiques. Pour prévenir toute déconvenue financière, chaque zone vit repliée sur elle-même[61].

Les différentes règles interalliées influent donc incontestablement sur les politiques économiques que les Alliés décident d'appliquer dans leurs zones d'occupation. Pour des raisons qui relèvent à la fois de la politique intérieure et de la situation financière du pays, il est inimaginable pour le gouvernement français d'envisager que la France doive financer le déficit de la balance des comptes de sa zone d'occupation. Le gouvernement et, plus encore, les partis politiques et les citoyens n'accepteraient pas que l'occupation de l'Allemagne soit en définitive à la charge du contribuable français[62]. Les Français préconisent par conséquent l'adoption d'une politique économique dirigée, doublée de con-

---

58 Exposé de Filippi, 2 février 1946, cité en note 25.

59 Note du 27 septembre 1945, citée en note 25.

60 Voir l'article 14 des principes économiques du « Rapport officiel de la conférence tripartite de Potsdam (traduction du texte publié par le *Times* et le *New York Herald Tribune*) », ministère de l'Information, hors série n° 46, 3 août 1945, 7 p., AOFAA, AEF 53/2.

61 À ce sujet, voir l'analyse de Jean Filippi à l'occasion d'une « réunion des délégués de cercle », 5 juin 1946, AMAE-Colmar, AEF 53 (2) ; Bericht über die Zonengrenze in Württemberg, 25 avril 1947, cité en note 17.

62 Voir *infra*, chapitre VIII.

trôles étendus, de telle sorte que la balance des comptes de leur zone reste équilibrée. C'est ce système d'économie dirigée qu'il s'agit à présent d'expliciter.

B. Une économie contrôlée et dirigée

L'organisation économique adoptée en ZFO est fondée sur différentes formes de contrôle. Dans la pratique, elles aboutissent à mettre en place un système généralisé et centralisé de rationnement.

1. Les formes du contrôle

Le contrôle de l'économie allemande revêt une double dimension : les Français exercent un contrôle étroit sur toutes les activités économiques de la zone et ils assurent le monopole de son commerce extérieur.

Le GMZFO a la charge, à partir de septembre 1945, du « contrôle de l'économie allemande dans son ensemble, à l'intérieur de la zone française »[63]. L'ordonnance n° 5 du commandant en chef français en Allemagne, datée du 4 septembre 1945, confère au gouvernement militaire de très larges prérogatives. Son pouvoir de contrôle s'exerce sur tous les secteurs d'activité – agriculture, industrie, commerce – et s'étend aux politiques des prix, du crédit, du ravitaillement, etc. Bref, aucun domaine ne lui échappe. La politique économique de la ZFO dépend entièrement de lui. Depuis septembre 1945, le GMZFO est en effet le seul organisme de la zone responsable des questions économiques. Les différents services militaires qui intervenaient jusqu'alors dans ce domaine sont dessaisis à son profit[64]. Émile Laffon, administrateur général de la ZFO, supervise le contrôle de l'économie allemande. Dans la pratique, ce dernier est assuré par les différents services de la direction générale de l'économie et des finances : direction de l'économie générale, direction de la production industrielle, etc.

Le GMZFO prend également part au contrôle du commerce extérieur de la ZFO[65]. Son organisation est complexe. Outre les différents services du GMZFO, elle fait intervenir des organismes créés au sein du GPRF à Paris.

À Baden-Baden, trois organismes ont un rôle prépondérant dans ce contrôle. Au sein de la DGEF, le service du commerce extérieur exerce des fonctions de direction et de contrôle. Il établit les programmes

---

63 « Ordonnance n° 5 concernant le contrôle de l'économie allemande à l'intérieur de la ZFO », Pierre-Marie Koenig, 4 septembre 1945, publiée dans le *Journal officiel du commandement français en Allemagne*, 17 septembre 1945.

64 *Ibid.*, articles 3, 4 et 5.

65 Lefèvre, S., *Les relations économiques franco-allemandes*, *op. cit.*, p. 98-102.

d'importation et d'exportation de la zone. Il démarche les pays étrangers dans le but de rétablir des échanges commerciaux et de préparer des accords ayant valeur de traités commerciaux. Il a enfin la haute main sur le commerce interzone de la ZFO, c'est-à-dire qu'il définit les échanges de cette dernière avec les autres zones d'occupation en Allemagne[66]. Comme il est interdit aux Allemands de pratiquer tout commerce avec l'étranger, les Français se dotent aussi de deux autres organismes qui exercent un véritable monopole sur le commerce extérieur de la zone. Le plus connu est l'Office du commerce extérieur de la ZFO (OFICOMEX). Il est créé à la fin de l'année 1945. C'est un organisme commercial d'exécution. Ses cadres, tous français, sont désignés par le GMZFO. L'OFICOMEX a deux tâches. Il est d'abord un intermédiaire obligatoire entre la ZFO et l'« extérieur ». C'est par lui que transitent toutes les marchandises que la ZFO importe et exporte. Comme les factures sont établies en marks pour les parties prenantes de la zone et en dollars pour les étrangers, l'OFICOMEX joue aussi le rôle d'une caisse de péréquation pour les prix en marks et en dollars[67]. D'une manière générale, les opérations financières et monétaires relèvent de l'Office des changes, créé en juillet 1946. Il assure le monopole de toutes les opérations financières de la ZFO avec l'étranger. Il gère les devises de la zone française et contrôle toutes les opérations de change (commerce extérieur, tourisme, salaires frontaliers, confiscations, achats et ventes de métaux précieux, etc.)[68].

À ces trois organismes principaux qui dépendent de la ZFO s'en ajoutent deux, dont les compétences sont plus limitées : l'Union charbonnière rhénane (UNICHAR) et la Compagnie française de navigation sur le Rhin (CFNR). L'une et l'autre exercent le monopole du commerce et du transport du charbon, d'une part entre la Sarre, la Ruhr et la ZFO, d'autre part entre l'Allemagne et la France. Toutes les deux sont contrôlées par l'État. UNICHAR est une filière de l'Association technique pour l'importation charbonnière (ATIC), société française contrôlée par l'État, qui a le monopole des importations de charbon en France[69]. De son côté, la CFNR est un groupement de plusieurs compagnies françaises de navigation, créée pour remplacer les compagnies allemandes. L'État, à l'origine de sa constitution, en assure le contrôle[70].

---

66 Arnold, J.M., *Le commerce extérieur de la Zone Française d'Occupation en Allemagne de 1945 à 1950*, mémoire du Centre d'études germaniques, Strasbourg, 1950, p. 6.

67 Cousin, R., *Le commerce extérieur de la Zone Française d'Occupation en Allemagne (1945-1948)*, thèse de doctorat en sciences économiques, Paris, 1952, p. 130-134.

68 Arnold, J.M., *Le commerce extérieur*, *op. cit.*, p. 10-11 ; Cousin, R., *Le commerce extérieur*, *op. cit.*, p. 133-134.

69 Lefèvre, S., *Les relations économiques franco-allemandes*, *op. cit.*, p. 96-98.

70 Arnold, J.M., *Le commerce extérieur*, *op. cit.*, p. 6.

En plus de ces organismes qui dépendent tous de la ZFO, deux services, créés au ministère de l'Économie nationale, représentent les intérêts français. La mission commerciale française en Allemagne (MCFA) est l'acheteur unique, pour le compte la France métropolitaine et d'outre-mer, dans les quatre zones d'occupation. La section Allemagne du service français des importations et exportations (IMPEX ou SIE) remplit quant à elle un rôle correspondant aux tâches assurées en zone par OFICOMEX et l'Office des changes[71].

2. Un système de rationnement généralisé

Forts du contrôle total qu'ils exercent sur l'économie de la zone, les Français instaurent un système d'économie dirigée fondé sur quatre impératifs techniques : le « blocage », le « contingentement », la « répartition » et la « programmation ».

Au début de l'occupation, les services français opèrent le blocage de l'ensemble des sources d'énergie, des matières premières, des produits semi-finis et des produits finis de la zone. Aucun d'entre eux ne peut être cédé ou acheté sans présentation de bons de déblocage délivrés au cas par cas par le GMZFO[72]. Ce blocage sert à mieux connaître la situation réelle de l'économie de la zone[73]. Les autorités françaises enjoignent en effet à tous les industriels, commerçants et artisans de procéder à une déclaration de leurs stocks[74].

Les services français procèdent ensuite au classement des produits en deux catégories : les produits « libres », qui sont abondants, et les produits « contingentés », qui jouent un rôle prépondérant dans la production et qui font le plus souvent défaut. Le commerce de ces derniers est réglementé par les autorités françaises. Pendant la première année d'occupation, la pénurie est telle que la plupart des produits sont rationnés[75].

---

71 *Ibid.* et Cousin, R., *Le commerce extérieur*, *op. cit.*, p. 128.

72 « Instruction provisoire relative aux déblocages » adressée par Émile Laffon aux délégués supérieurs des différents Länder de la ZFO, 13 septembre 1945, AOFAA, AEF 367/8 ; « instruction n° 1 sur le déblocage des produits industriels », DGEF, DPI, 20 octobre 1945, WABW, A 8, 1145 ; « Die Besetzung Württemberg-Hohenzollerns 1945-1952 », Dr. Maier, 28 mai 1952, StA SIG, Wü 2, 456/19.

73 « Politique des produits dans la zone française d'occupation », note adressée par André Allard, chef de la section répartition-rationnement du GMZFO, à Filippi, 8 octobre 1945, AOFAA, AEF 367/8 ; « Tätigkeitsbericht des Wirtschaftsministeriums des Landes Württemberg-Hohenzollerns 1945-1952 », sans date, StA SIG, Wü 2, 456/6.

74 Courrier de la CCI de Reutlingen aux autorités françaises (précisant les stocks de cuir dont elle dispose), 20 juillet 1945, WABW, A 7, 413.

75 « Entwurf. Die Wirtschaftspolitik in der französischen Besatzungszone », sans date, StA SIG, Wü 140, 244.

Tous les produits contingentés sont répartis par les services français. Comme l'attribution des sources d'énergie – en particulier le charbon – et des matières premières commande la reprise de l'activité, les autorités françaises disposent d'un formidable instrument pour orienter le redémarrage économique dans leur zone. Pendant la première année d'occupation, ils utilisent la répartition pour relancer la production dans les secteurs les plus utiles à la reconstruction française et, de façon secondaire, à la population allemande de la ZFO[76].

Les Français disposent encore d'autres moyens pour orienter la production de la zone. Ils établissent ainsi des programmes de fabrication dont la réalisation est confiée à des usines dites programmées. Il en existe environ 300 en ZFO[77]. Leurs attributions en sources d'énergie, en matières premières et semi-produits sont directement fixées par la direction de la production industrielle à Baden-Baden[78]. La même procédure est appliquée dans le cas des usines dites réservées, qui sont nommément désignées. Les programmes de fabrication qui leur sont confiés sont exclusivement destinés à la France[79].

Ce dernier exemple montre combien ces contrôles et ce système économique permettent à la France d'orienter l'économie de la ZFO conformément à ses intérêts. D'une province à l'autre, ceux-ci varient sensiblement.

II. L'économie au service des buts politiques

Que les Français aient adopté une politique différenciée dans leur zone d'occupation est connu. De nombreux travaux ont par exemple montré la spécificité de la politique française à l'égard de la Sarre[80].

---

76 Instruction n° 1, 20 octobre 1945, citée en note 72 ; Tätigkeitsbericht des Wirtschaftsministeriums, sans date (1952), cité en note 73 ; « compte rendu de la réunion du 11 janvier 1946 », 19 janvier 1946, AOFAA, AEF 352/2. À cette réunion sont présents, autour de Jean Filippi, les directeurs de l'économie et des finances du GMZFO ; Entwurf, sans date, cité en note 75.

77 « Note sur l'activité de la DPI », sans date (postérieure à octobre 1945), AOFAA, AEF 367/6.

78 *Ibid.* ; Entwurf, sans date, cité en note 75.

79 Die Besetzung Württemberg-Hohenzollerns, 28 mai 1952, citéé note 72.

80 Freymond, J., *Le conflit sarrois 1945-1955*, Bruxelles, Éditions de l'Institut de sociologie Solvay, 1955, 439 p., Heinen, A., *Saarjahre. Politik und Wirtschaft im Saarland 1945-1955*, Stuttgart, Franz Steiner Verlag, 1996, 603 p., Poidevin, R., Hudemann, R. (Hrsg.), *die Saar 1945-1955. Ein Problem der europäischen geschichte. La Sarre 1945-1955. Un problème de l'histoire de l'Europe*, München, R. Oldenburg Verlag, 1992, 438 p. ; Hudemann, R., Heinen, A., in Zusammenarbeit mit Großmann, J. u. Hahn, M., *Das Sarraland zwischen Frankreich, Deutschland und Europa 1945-1957. Ein Quellen- und Arbeitsbuch*, Saarbrücken, Kommission für Saarländische Landesgeschichte und Volksforschung e. V., 2007, XII-676 p.

Dans le domaine économique, il est frappant de constater qu'en 1945 la différenciation des politiques économiques est fonction des objectifs politiques que Paris s'est fixé selon les différents territoires de la zone. La primauté du politique sur l'économique se traduit d'abord par la rédaction de directives particulières pour la Sarre, différentes de celles qui sont adoptées pour le reste de la zone. Mais cette unité de la politique économique pour la zone, Sarre exceptée, n'est qu'apparente. La subordination des objectifs économiques aux projets politiques conduit en effet à une différenciation sensible des politiques économiques dans les différentes provinces de la ZFO.

A. Des directives économiques différenciées selon les territoires

À la fin du mois de septembre 1945, Émile Laffon, administrateur général de la ZFO, remet aux délégués supérieurs des provinces de la ZFO des directives de politique économique et financière[81]. L'essentiel est de relancer la production de la zone dans un sens conforme aux intérêts de la France. Ces directives économiques, valables pour toute la zone, laissent penser que la politique économique y sera uniforme. En fait, ce n'est pas le cas. La Sarre fait l'objet, dès le début de l'occupation, d'un traitement singulier. Dès le mois d'août 1945, les services du Quai d'Orsay préparent à son endroit des directives particulières[82]. Le GPRF les adopte au début du mois de septembre[83]. Elles fixent les grandes lignes de la politique que la France entend suivre en Sarre. Ces dernières, même si elles visent à préparer l'union économique de la Sarre avec la France, sont au fond éminemment politiques. Il s'agit en effet de pratiquer en Sarre une politique d'assimilation. La politique économique en est un instrument.

1. Les objectifs économiques de la France en ZFO

Les directives rédigées par Émile Laffon reprennent, dans le détail, les dispositions arrêtées en juillet 1945 par le CEI[84]. La politique économique doit d'abord contribuer à assurer la sécurité et la reconstruction économique de la France[85]. La sécurité passera par le désarmement

---

81 « Directives de politique économique et financière », Émile Laffon, 20 septembre 1945, AOFAA, AEF 361/5.

82 « Extrait des directives particulières concernant la Sarre », SGCIAAA, 25 août 1945, AOFAA, AEF 368/2 ; « projet de directives particulières concernant la Sarre », MAE, sans date, AMAE, Y 1944/49, t. 692.

83 « Décisions prises par le Comité interministériel pour les affaires allemandes et autrichiennes dans sa séance du 3 septembre 1945 », Marcel Berthelot, SGCIAAA, 9 septembre 1945, AN, F^{60} 3034/2.

84 « Note a/s du désarmement économique et financier de l'Allemagne », MAE, dir. éco., 7 juillet 1945 (doc. n° 183 du CEI), AMAE, Y 1944/49, t. 369.

85 Directives de politique économique, 20 septembre 1945, citées en note 81.

économique de la zone. Le second objectif est d'assurer l'entretien des armées d'occupation et la réparation des dommages de guerre. Le niveau de vie des populations allemandes constitue le troisième but français. Conformément aux directives du début de l'été, Émile Laffon considère que le niveau de vie de la population allemande de la ZFO ne devra en aucun cas être supérieur à celui des populations des autres pays européens. Il devra cependant être conforme aux décisions du Conseil de contrôle interallié, qui a fixé à 1550 calories la ration minimale quotidienne à assurer à chaque Allemand. Au début de l'automne, Laffon est conscient que la ration accordée aux populations allemandes en ZFO ne dépasse guère les 1 000 calories.

Les instructions précises en termes économiques font par contre défaut[86]. Seuls quelques objectifs généraux sont indiqués. Il convient de remettre les Allemands au travail. La production agricole doit être favorisée, tant en raison des objectifs de sécurité que dans le but de nourrir la population. Pour relancer l'économie, il faudra aussi rétablir les transports et les communications et veiller au redémarrage de l'activité des industries extractrices et à la reprise de la production industrielle. La pénurie de matières premières et de sources d'énergie, particulièrement de charbon, obligera toutefois le GMZFO à établir des priorités entre les différents secteurs[87].

Ces priorités devront être fixées en fonction des intérêts de la France plutôt qu'en fonction de ceux de la zone. Émile Laffon établit ainsi clairement le principe selon lequel la politique économique de la France dans sa zone devra avant tout servir le relèvement économique français. Ce principe, abondamment repris par la suite, se traduit par deux objectifs essentiels. Il convient d'une part pour les Français de profiter de la supériorité que leur confère leur statut d'occupant pour « orienter l'activité allemande dans un sens conforme aux intérêts de la France »[88]. Il s'agit d'autre part, toujours grâce au pouvoir lié à l'occupation, d'assurer l'influence de la France sur la zone, en y développant ce que certains décideurs appellent une « position privilégiée »[89] ou une « emprise économique »[90] et que d'autres qualifient de « contrôle à longue échéance de l'économie allemande »[91].

---

86 Voir la troisième partie de ce chapitre.

87 Directives de politique économique, 20 septembre 1945, citées en note 81.

88 *Ibid.*

89 Rapport mensuel de la DGEF, 10 octobre 1945, cité en note 22.

90 Exposé de Filippi, 2 février 1946, cité en note 25.

91 Lors d'une réunion avec les directeurs de l'économie et des finances de la ZFO, Jean Filippi rend ainsi compte d'une demande que lui fait René Mayer, commissaire général aux affaires allemandes et autrichiennes : « compte rendu de réunion », DGEF, 31 mai 1946, AOFAA, c. 196 d. CIII 0 R et S.

2. Les directives particulières concernant la Sarre

La relance de la production sarroise devra aussi se faire dans l'intérêt de la France. C'est d'ailleurs clairement l'existence du potentiel charbonnier et sidérurgique sarrois qui explique la volonté des Français d'obtenir son union économique avec la France. Mais cette volonté d'incorporation économique se double d'ambitions politiques. Les décideurs français refusent de parler d'annexion. Il n'en reste pas moins que leur politique en Sarre est bel et bien une politique d'assimilation. Elle passe par la rupture des liens qu'a la Sarre avec l'Allemagne et par le développement de ses relations avec la France[92].

Or cette politique d'assimilation conditionne très largement la politique générale à l'égard de la Sarre. Les politiques administrative et religieuse, les dispositions concernant la dénazification mais aussi la politique économique visent ainsi à distendre les liens existant entre la Sarre et l'ancien Reich. Aux points de vue administratif et religieux, les Français projettent de supprimer le lien de subordination de la Sarre au Palatinat et aux évêchés de Trêves et de Spire. La dénazification devra être menée avec la volonté d'épurer la population allemande de ses éléments nazis mais aussi avec l'objectif de « déprussianiser » la Sarre. Comme le rappellent les directives, « il importe, en effet, de débarrasser l'administration et la direction de l'économie d'éléments allogènes qui ont toujours suscité les plaintes de la population »[93]. La politique économique doit, elle aussi, contribuer à la rupture des liens avec l'Allemagne. Les frontières entre la Sarre et l'Allemagne feront l'objet d'une surveillance accrue. La circulation des personnes et les échanges seront rendus plus difficiles.

Libérée de ses liens avec l'Allemagne, la Sarre devra se tourner vers la France. Les politiques culturelles et économiques sont censées favoriser cette évolution.

L'encouragement de relations culturelles franco-sarroises sera soustendu par une politique d'échanges : octroi de bourses à des étudiants sarrois dans des universités françaises ; création de colonies de vacances sarroises en France ; organisation en Sarre de conférences animées par des professeurs français ; rencontres sportives franco-sarroises. La politique culturelle visera aussi à développer l'influence intellectuelle de la France en Sarre. L'enseignement du français sera introduit à l'école et des cours du soir seront organisés. Différents médias seront mobilisés : des cinémas seront rouverts, diffusant des films français ; des radios – Radio-Strasbourg et Radio-Luxembourg – organiseront des émissions

92 Directives particulières concernant la Sarre, 25 août 1945, citées en note 82.

93 *Ibid.*

spéciales à destination des auditeurs sarrois ; dans le domaine de la presse, un journal d'informations en langue allemande sera créé.

La politique économique devra aussi favoriser le rapprochement franco-sarrois. Là encore, la politique des transports jouera un rôle central. Ainsi,

> les voies de communication vers la France (chemins de fer, routes et Sarre canalisée) seront rétablies de toute urgence, non seulement parce qu'elles permettront l'accroissement des expéditions de charbon, mais parce que la population en éprouvera une impression presque physique d'union à notre pays et de détachement du reste de l'Allemagne[94].

La circulation des personnes entre la France et la Sarre sera assouplie et le trafic frontalier sera rétabli aussi rapidement que possible. La France encouragera par ailleurs la relance de l'extraction charbonnière et des industries nécessaires à la reconstruction : céramique, verrerie, travail du bois. Ces choix, faits en fonction des intérêts français, s'accompagnent d'une politique favorable à l'égard des populations. Pour relancer l'extraction des mines de la Sarre, il faudra en effet pouvoir acheminer les mineurs sur les carreaux et les nourrir correctement. Le gouvernement français prône par conséquent la reconstruction rapide des voies de communication à l'intérieur de la Sarre – routes, chemins de fer, tramways – et l'organisation d'une politique du ravitaillement à même d'accorder aux mineurs et à certains ouvriers une ration quotidienne d'au moins 3 000 calories.

L'intérêt que voue la France à la Sarre conduit en définitive à l'adoption d'une politique économique particulière sur le territoire, censée servir les objectifs politiques français.

B. Des politiques adaptées aux destinées politiques des différents *Länder* de la ZFO

La politique économique est en effet intimement liée aux ambitions politiques françaises en ZFO. Ainsi, dans les provinces sur lesquelles le GPRF entend pérenniser son influence, la France, adopte une politique plutôt constructive. Les Français encouragent la reprise rapide des activités et la mise en valeur économique à long terme. À l'inverse, dans les provinces qui n'intéressent pas Paris, la politique économique vise avant tout la satisfaction des besoins français à court terme. La politique économique adoptée favorise par conséquent des pratiques prédatrices. Il se dégage ainsi une sorte de typologie des différentes provinces de la ZFO. C'est en Sarre que la politique française semble être la plus constructive. Suivent les provinces de la rive gauche du Rhin – la Rhénanie, le Palatinat et la Hesse Nassau. Là aussi, la politique économique est,

[94] *Ibid.*

dans l'ensemble, favorable. Ce n'est en revanche pas le cas pour les provinces de la rive droite du Rhin. Si la politique adoptée en Bade comprend encore certains aspects constructifs, une stricte politique d'exploitation domine en Wurtemberg. La politique des prélèvements unilatéraux opérés par les occupants en 1945-1946 et la politique de ravitaillement à l'égard de la population allemande illustrent fort bien cette différenciation des politiques économiques.

1. Les prélèvements unilatéraux

Pendant un peu plus d'une année, les Français mènent dans leur zone d'occupation une politique de prélèvements unilatéraux de biens industriels, pour l'essentiel des machines et des machines-outils[95]. Ces prélèvements sont opérés, dans une première phase, par la Première Armée française. Dès son entrée en Allemagne, celle-ci enlève des machines, des biens de consommation, des stocks, des réserves alimentaires destinés, dans un premier temps, à soutenir l'effort de guerre français et allié puis, dans un second, à faciliter le relèvement de l'économie nationale. Lorsqu'en septembre 1945 le GMZFO commence à exercer son autorité sur la ZFO et prend le relais des militaires dans le domaine économique, il est question de stopper la politique des prélèvements. La France a certes besoin de machines mais elle entend respecter les décisions alliées. Et puis Paris compte sur l'adoption rapide par le Conseil de contrôle d'une loi qui définira un système d'avances sur réparations, dont la France pourra profiter[96]. Or ce système, qui tarde à être adopté, est complexe. Il ne permet guère d'espérer une participation rapide de l'Allemagne au redressement de l'économie française[97]. La France continue par conséquent d'opérer des prélèvements unilatéraux dans sa zone d'occupation. Toutefois, à partir de l'automne 1945, ils sont conduits de façon plus rationnelle. Une commission restreinte des prélèvements, présidée par le général Koenig et composée de représentants de la ZFO et des ministères parisiens compétents, examine les besoins

95 Sur la question des prélèvements unilatéraux en ZFO, Ludmann-Obier, M.-F., « Les prélèvements unilatéraux en zone française d'occupation (1945-1946) », in Jurt, J. (Hrsg.), *Von der Besatzungszeit zur deutsch-französischen Kooperation*, *op. cit.*, p. 110-120.

96 Voir notamment les discussions qui ont lieu lors d'une session de la sous-commission économique pour les affaires allemandes et autrichiennes : « procès-verbal de la sous-commission économique pour les affaires allemandes et autrichiennes, séance du 13 septembre 1945 », SAEF, 5 A 25.

97 Les Soviétiques revendiquent en effet l'ensemble des 22 usines déclarées disponibles au titre des avances sur réparations. Voir, à ce sujet, le « procès-verbal de la sous-commission économique pour les affaires allemandes et autrichiennes », 8 octobre 1945, AMAE, Y 1944/49, t. 650.

français en machines et organise leur enlèvement dans la zone[98]. Cette seconde phase de prélèvements prend fin en juin 1946[99]. Le bilan des deux campagnes est considérable. En un peu plus d'un an, la France a en effet déménagé au moins 40 000 machines[100].

Tableau 1. Bilan de la campagne de prélèvements unilatéraux en ZFO en 1945-1946[101]

	Machines prélevées par la 1re Armée		Machines prélevées par la CRP		Total	
Zone Sud	**12578**	**99,2 %**	**22036**	**79,0 %**	**34614**	**85,5 %**
Bade	2930	23,1 %	6999	25,0 %	9929	24,5 %
Wurtemberg	9648	76,1 %	15037	54,0 %	24685	61,0 %
Zone Nord	**96**	**0,8 %**	**5868**	**21,0 %**	**5964**	**14,5 %**
Palatinat	85	0,7 %	4294	15,4 %	4379	10,7 %
Rhénanie	10	0,1 %	1458	5,2 %	1468	3,5 %
Sarre	1	0,0 %	116	0,4 %	117	0,3 %
Total pour la ZFO	**12674**	**100 %**	**27904**	**100 %**	**40482**	**100 %**

L'examen des prélèvements par province fait apparaître que leur nombre est inversement proportionnel à l'influence durable que la France veut exercer sur chacune d'elles. La Sarre est ainsi épargnée, la Rhénanie à peine touchée. Le Palatinat l'est un peu plus. Sans doute est-ce dû au fait que l'IG Farben, dont beaucoup de machines intéressent l'industrie chimique française, y a son principal site industriel. Dans l'ensemble cependant, la partie nord de la ZFO, c'est-à-dire la Rhénanie, est très faiblement touchée. À l'inverse, la partie sud concentre l'essentiel des prélèvements. 85 % d'entre eux sont opérés en Bade ou en Wurtemberg. Sans doute une comparaison objective des prélèvements entre les deux parties de la ZFO conduit-elle à ne considérer que les enlèvements opérés après septembre 1945. Lors de la campagne militaire du printemps 1945, la Première Armée est en effet cantonnée dans

98 Sur la commission restreinte des prélèvements, « compte rendu de réunion », à laquelle assistent, outre Jean Filippi et les directeurs de l'économie générale et des finances, Jacques Rueff, 12 octobre 1945, AOFAA, p. 199 d. C III 2 e.

99 Parmi une foule de documents, une « note pour le général [Koenig] a/s des prélèvements », Pierre Ollé-Laprune, 30 juin 1946, AOFAA, c. 120 d. ECO I C 5 c. Ollé-Laprune explique que les prélèvements ont pris fin le 15 juin 1946. Quelques dérogations ont été concédées jusqu'au 27 juin 1946.

100 Voir le tableau 1, ci-dessous.

101 Le tableau a été établi à partir de l'inventaire des archives des prélèvements unilatéraux en 1945-1946 (Première Armée et commission restreinte), qui figure dans le tome IV, p. 1-79, de l'inventaire des archives économiques et financières du Centre des archives de l'occupation française en Allemagne et en Autriche. Par machines, on entend aussi bien les machines-outils que les machines à bois, les machines de maroquinerie, les machines textiles ou les autres machines et les matériels divers.

les territoires du Bade et du Wurtemberg et il faut attendre le mois de juillet 1945 pour qu'elle se déploie dans la partie nord de la zone.

Mais même en ne prenant en compte que la seconde phase des prélèvements, les proportions restent identiques. Près de 80 % concernent la zone sud. Le cas du Wurtemberg est exemplaire. Que plus de la moitié des prélèvements y soient opérés tient assurément au fait que le gouvernement français envisage, au moins jusqu'en mars 1946, de céder ce territoire aux Américains en échange de la partie nord du Bade. Si le gouvernement français entend se débarrasser rapidement du Wurtemberg, il compte profiter autant que faire se peut de son potentiel industriel avant de remettre la province aux Américains. À si court terme, seule une politique prédatrice semble adaptée. Les prélèvements en constituent un aspect, la politique du ravitaillement un autre.

2. *La politique du ravitaillement à l'égard des populations allemandes*

La politique du ravitaillement est également fonction des destinées politiques que les Français entendent réserver aux différentes parties de leur zone.

Pour des raisons politiques déjà évoquées, les Français favorisent clairement le ravitaillement des Sarrois. Les chiffres donnés dans le tableau ci-après montrent que les habitants de la Sarre touchent une ration alimentaire supérieure à celle des habitants des autres provinces de la zone. Tout au long de la première année d'occupation, la différence avoisine les 200 calories quotidiennes.

Encore ces chiffres ne prennent-ils pas en compte le fait que de nombreuses catégories de travailleurs de la ZFO, dont l'activité est considérée comme centrale dans la reprise générale de la production, ont droit à des rations supplémentaires. Il en est ainsi pour les mineurs de fond, pour les travailleurs de force. Les surplus alimentaires vont de 200 calories pour les travailleurs de force à plus de 2 000 pour les mineurs, dont le rationnement quotidien avoisine les 3 600 calories. Sont particulièrement concernés par ces suppléments les employés des mines, des entreprises sidérurgiques, des usines d'électricité et, d'une manière générale, des branches industrielles faisant partie des secteurs de base. Comme l'ensemble de ces activités se trouvent essentiellement dans la partie nord de la zone, le ravitaillement des Sarrois mais aussi des Rhénans s'en trouve majoré[102].

---

[102] Note sans titre (résultats de la politique économique et financière en ZFO), 1er juillet 1947, AOFAA, AEF 358/6. Voir aussi *Cahiers français d'information* n° 77, 1er février 1947, cités en note 7.

Dans le même temps, des prélèvements sont opérés en zone sud qui obèrent le ravitaillement des populations du Bade et du Wurtemberg. Certains sont destinés à nourrir la population sarroise et à couvrir les suppléments distribués aux catégories de travailleurs privilégiées. D'autres servent, et c'est plus étonnant, à nourrir la population de la zone française d'occupation en Autriche[103].

Tableau 2. Ravitaillement de la population allemande de la ZFO en 1945-1946[104] (nombre de calories par jour et par habitant)

	Zone française (sauf Sarre)		Sarre	
	Théorique	Effective	Théorique	Effective
Sept.-Oct. 1945	1100	-	1100	-
Novembre 1945	1340	-	1340	-
Décembre 1945	1350	-	1350	-
Janvier 1946	1340	1352	1550	-
Février 1946	1085	1192	1310	-
Mars 1946	1151	1112	1306	-
Avril 1946	941	994	1151	-
Mai 1946	949	993	1151	-
Juin 1946	1043	995	1276	-
Juillet 1946	1043	966	1276	-
Août 1946	1163	992	1340	-

Si la politique économique en ZFO varie donc d'une province à l'autre en fonction d'objectifs politiques, la politique économique proprement dite est en soi profondément ambivalente.

III. Une politique ambivalente

La politique économique de la France en ZFO semble être un « impensé ». Les directives manquent. Les priorités sont mal définies, les revirements incessants. Ces hésitations conduisent les Français à poursuivre des objectifs en partie contradictoires. D'un côté, ils exploitent les ressources économiques de leur zone d'occupation. De l'autre, ils contribuent, par de vastes réformes, à la démocratisation du fonctionnement de son économie.

---

103 Rapport mensuel de la DGEF, 10 octobre 1945, cité en note 22 ; procès-verbal de la « réunion de la s/com. éco. pour les affaires allemandes et autrichiennes du 19 octobre 1945 », AOFAA, AAA 1402 ; « décisions prises par la commission des territoires occupés dans sa séance du 18 avril 1946 », GPRF, CGAAA, 19 avril 1946, AMAE, Y 1944/49, t. 653.

104 Tableau établi à partir de deux notes sans titre (résultats de la politique économique et financière suivie dans la zone d'occupation française), 7 janvier 1947 et 1er juillet 1947, AOFAA, AEF 358/5 et 6.

A. Une suite d'hésitations

1. Des directives au compte-gouttes

À l'automne 1945, la politique économique que les responsables français en Allemagne sont censés mettre en œuvre découle exclusivement des directives n° 167 et n° 183, adoptées par le GPRF en juillet 1945. Après la conférence de Potsdam et les premières décisions des Quatre à Berlin, leur contenu, très théorique, est pour partie dépassé, pour partie inadapté. Ces directives s'avèrent en outre très insuffisantes. Elles ne constituent nullement les bases d'une véritable politique économique. Les mesures qu'elles préconisent sont en effet presque exclusivement envisagées sous l'angle du désarmement industriel et des réparations. Pour suppléer aux insuffisances parisiennes, Laffon arrête à la fin du mois de septembre 1945 des directives destinées aux délégués supérieurs. Mais ces dernières sont trop générales pour constituer les bases d'une véritable politique économique en ZFO[105].

Cette absence de directives en matière de politique économique suscite très vite, au sein de l'administration, une vague de critiques. À Paris, dès l'automne 1945, Hervé Alphand demande à ce que des directives plus précises, qui tiennent compte de la situation réelle en Allemagne, soient adressées au CCFA, pour compléter le contenu théorique des directives de l'été 1945[106]. Constatant que rien n'a été fait, Alphand réitère sa demande en janvier et en mars 1946[107]. De son côté, Marcel Berthelot, secrétaire général du CIAAA, fait rédiger par ses services une note qui souligne les conséquences graves de l'absence de politique économique[108]. En Allemagne, les critiques se multiplient également. À Baden-Baden, Jean Filippi est le premier à tirer la sonnette d'alarme[109]. Ses appels sont relayés par Émile Laffon qui, en février 1946, dans son rapport mensuel au général Koenig, fustige les hésitations et l'impéritie

---

105 Directives de politique économique, 20 septembre 1945, citées en note 81. Elles sont adressées le 21 septembre 1945 au général Koenig.

106 « Réunion du 13 octobre 1945 », MAE, dir. Eur., s/dir. Eur. centr., AMAE, Y 1944/49, t. 650 ; courrier du MAE, dir. éco, au général Koenig, 23 octobre 1945, AMAE, DE-AAA, t. 7.

107 Courrier d'Alphand à Mayer, 4 janvier 1946, AOFAA, AAA 1440/2 ; tél. de Mayer au général Koenig du 9 janvier 1946, AOFAA, c. 112 d. ECO I A 2 a. Pour le mois de mars, voir les « décisions prises par la commission des territoires occupés dans sa séance du 14 mars 1946 », GPRF, CGAAA, 15 mars 1946, SAEF, 5 A 25.

108 Courrier de Berthelot à Alphand, comprenant une « note relative aux problèmes économiques qui se posent actuellement en Allemagne », 1er octobre 1945, AN, F^{12} 10104.

109 « Note pour Messieurs les directeurs », Jean Filippi, 3 octobre 1945, AOFAA, AEF 366/3.

des décideurs parisiens[110]. Lors de son voyage en ZFO, la commission parlementaire d'enquête critique à son tour cette absence de politique économique[111]. À Berlin, René Sergent se plaint également depuis l'automne 1945 de ne pas recevoir de directives et d'orientations sur la politique économique à suivre[112].

2. Des priorités mal définies

Cette absence de directives précises résulte de ce que les décideurs français hésitent entre deux politiques, que le premier numéro de *La revue de la zone française*, paru en novembre 1945, résume parfaitement :

> prélever tout ce qui est prélevable sans s'occuper des besoins de l'économie des pays que nous occupons ; ou, au contraire, chercher à développer cette économie en vue d'en tirer des bénéfices futurs. L'une est une politique de résultats immédiats, celle qui consiste à tuer « la poule aux œufs d'or », l'autre est une politique à longue échéance qui exige la sécurité et la durée dans l'exploitation[113].

La revue poursuit en expliquant que la France adoptera une politique intermédiaire « qui, tout en procédant à des prélèvements immédiats, ne perd pas de vue le développement économique nécessaire aux bénéfices d'avenir »[114]. Dès le mois de septembre, Jean Filippi affirmait déjà qu'une politique de profits à court terme devait être évitée : « ni la mise en coupe réglée de la zone d'occupation au profit de l'industrie française, ni l'exploitation coloniale de la zone occupée ne sont possibles »[115]. Il n'en reste pas moins que cette politique de l'entre-deux semble difficile à appliquer. Il faudrait la concilier avec les contraintes qui pèsent sur le fonctionnement de l'économie de la zone, c'est-à-dire les destructions et la séparation de la ZFO d'avec ses aires traditionnelles d'approvisionnement et ses marchés d'exportation. Il faudrait

---

110 « Rapport de février », Émile Laffon, 8 février 1946, adressé au général Koenig le 11 février 1946, AOFAA, c. 11 d. POL I B 2.

111 « Rapport général fait au nom de la commission parlementaire chargée d'enquêter dans les zones d'occupation françaises d'Allemagne et d'Autriche » rédigé par Salomon Grumbach, p. 3, annexé au procès-verbal de la 3e séance de l'Assemblée nationale constituante du 9 avril 1946, AOFAA, AAA 953/5.

112 Marcel Berthelot l'explique très clairement : « nos représentants au Conseil de contrôle de Berlin ont fréquemment demandé qu'il leur soit adressé des directives précises sur un certain nombre de problèmes économiques » ; courrier de Berthelot à Alphand, 1er octobre 1945, AN, F12 10104.

113 *La revue de la zone française*, n° 1, 15 novembre 1945, p. 13. Cette revue, bimensuelle, est publiée par la direction de l'information du GMZFO.

114 *Ibid.*

115 « Note pour Monsieur l'administrateur général », DGEF, cabinet, sans auteur (sans doute Jean Filippi), 27 septembre 1945, AOFAA, AEF 366/2.

réussir à la mettre en œuvre alors que la France ne peut, d'un point de vue financier, investir le moindre dollar en ZFO. Il faudrait enfin faire face aux critiques qu'elle ne manquera pas de susciter en France comme en Allemagne[116]. Le voyage du général de Gaulle en ZFO, au début du mois d'octobre 1945, permet-il de clarifier les positions françaises et de préciser la politique économique de la France en ZFO ?

A priori oui. Les nouvelles directives, qu'adresse Émile Laffon aux délégués supérieurs le 25 octobre 1945, introduisent une volonté de rupture avec les débuts de l'occupation, marqués par une politique de prédation. L'administrateur général y reprend l'esprit des déclarations que le général de Gaulle a faites lors de son voyage dans la zone : « notre politique ne peut demeurer longtemps une politique de contrainte et d'assujettissement ; nos intérêts militaires, matériels et moraux étant sauvegardés, elle devra devenir une politique d'humanité »[117]. Ces changements incluent le domaine économique. Laffon l'annonce clairement :

> jusqu'ici notre répartition du charbon allait surtout vers les industries travaillant pour la France. Désormais l'importance de nos prélèvements va être réduite par l'obligation qui nous est faite de les payer en dollars. Dès lors et conformément à la politique définie par le général de Gaulle, nous allons être conduits à orienter la production en tenant un plus grand compte des besoins de la population allemande[118].

Au-delà des effets d'annonce, les objectifs poursuivis n'en demeurent pas moins aussi ambigus que par le passé. Laffon affirme que la priorité doit être donnée à la reconstruction. Il souligne néanmoins que « la reconstruction française doit passer avant la reconstruction allemande, de même que l'industrie française doit se trouver en plein démarrage avant le démarrage de l'industrie allemande, et que les cheminées françaises doivent fumer avant les cheminées allemandes »[119]. Puis il explique qu'« il est bien certain aussi que nous devons donner à ce pays l'espoir d'une renaissance économique et lui en apporter dès maintenant quelques gages. Une fraction à déterminer du ciment, des tuiles, du verre produits dans la zone devra être réservée à la Zone »[120]. Mais il ajoute que

> si d'une façon générale la production industrielle devra être employée à couvrir par priorité les besoins français, vous ne manquerez pas de faire re-

---

116 *La revue de la zone française*, 15 novembre 1945, p. 13, citée en note 113.

117 Courrier de Laffon aux délégués supérieurs de la ZFO relatif aux « instructions faisant suite au voyage du chef du Gouvernement provisoire de la République », 25 octobre 1945, AMAE-Colmar, APR 6 1/b, 6.

118 *Ibid.*

119 Courrier de Laffon, 25 octobre 1945, cité en note 117.

120 *Ibid.*

> marquer que les exportations vers la France ne constituent pas des prélèvements gratuits, mais des achats payés en dollars, de manière à permettre à la zone de régler les importations de denrées alimentaires indispensables à sa subsistance. Vous soulignerez que ces exportations ne constituent pas pour l'Allemagne une perte, mais un bénéfice, parce qu'elles lui permettent d'échanger le superflu contre le nécessaire[121].

Et Laffon de conclure :

> si, en matière de produits industriels nous accordons la priorité à l'exportation, le développement progressif de l'activité de la zone doit permettre un jour, non seulement d'assurer la contrepartie des importations vitales, mais encore de dégager un surplus disponible, dont une part sera mise à la disposition de la consommation allemande, et dont l'autre servira à assurer les réparations auxquelles nous avons droit[122].

Bref, Laffon plaide lui aussi pour une « politique de l'entre-deux ». Il annonce certes d'importantes réformes, mais il se garde d'indiquer avec précision la date de leur mise en œuvre. Au fond, les directives de Laffon n'apportent guère de nouveautés. Leur contenu est d'ailleurs démenti moins d'une semaine plus tard par les directives que le CIAAA se prépare à adopter le 31 octobre 1945. Ces dernières, qui n'apportent aucune précision sur les mesures économiques à adopter, se concentrent exclusivement sur les questions intéressant la France, à savoir les prélèvements de biens de consommation et de production ainsi que le ravitaillement des troupes d'occupation[123]. La France opte à nouveau pour une politique de profits immédiats.

3. Des revirements incessants

Ce renversement des préoccupations françaises traduit bien l'absence d'une ligne politique clairement définie. En 1945-1946, il touche, pour l'essentiel, trois domaines : les prélèvements et leur mode de paiement ; le ravitaillement des troupes d'occupation ; l'envoi de familles en Allemagne.

Le premier revirement du GPRF concerne le paiement des exportations allemandes en devises fortes. En septembre 1945, la France accepte, au Conseil de contrôle interallié de Berlin, la nouvelle réglementation proposée par les Anglo-Américains : 80 % du montant des exportations allemandes sont dorénavant réglés en dollars de façon à permettre à l'Allemagne de financer ses importations, les 20 % restants

---

[121] *Ibid.*

[122] *Ibid.*

[123] « Projet de directives économiques pour l'Allemagne », GPRF, SGAAA (doc. n° 36), 31 octobre 1945, AN, F^{60} 3034/2.

sont imputés au compte des réparations[124]. Cette mesure aboutit à une révision de la politique française. En matière d'importations allemandes, l'administration française opte en effet pour une politique plus rationnelle et rigoureuse[125]. La responsabilité des achats en Allemagne, qui étaient jusqu'alors opérés dans une confusion totale par une multitude d'administrations, ne relève plus désormais que de deux services. La commission des approvisionnements est chargée de prévoir dans les programmes généraux d'importations pour la France ce qui pourra être acheté avec profit en Allemagne[126]. À la même époque, une Mission commerciale française en Allemagne (MCFA) est créée. Ses membres, actifs en ZFO comme dans les autres zones, ont le monopole des achats français en Allemagne[127]. L'objectif de cette réforme est clair. Désormais contrainte de payer en dollars ses importations en provenance d'Allemagne, la France, qui manque de devises fortes, entend les économiser en rationalisant ses achats.

Cette politique est brutalement abandonnée le 7 novembre 1945. Le CIAAA revient sur l'accord donné au Conseil de contrôle. Seules les importations en provenance des zones d'occupation alliées continueront désormais d'être payées en dollars. Mais ce ne sera plus le cas des importations en provenance de la ZFO, qui ne seront plus payées en devises[128]. Comment expliquer ce revirement de la position française ? La réponse est malaisée. Les auteurs de cette volte-face ne sont pas nommément connus. Leurs motivations ne sont pas plus explicitées. La très mauvaise situation financière de la France et la lenteur de sa reconstruction ont certainement amené la majorité des dirigeants français à prendre une décision qui permette tout à la fois de faire des économies et de reprendre une politique de prélèvements intensifs en ZFO, censée accélérer la reconstruction nationale. Les réactions n'en sont pas moins immédiates. En ZFO, Jean Filippi et Hervé Alphand alertent Georges Bidault des conséquences désastreuses qu'aurait la confirmation de cette mesure quant à la position de la France vis-à-vis des trois Grands[129].

---

124 Projet de directives économiques, 31 octobre 1945, cité en note 123.

125 Note pour Laffon, 27 septembre 1945, citée en note 115 ; « procès-verbal de la 26e séance de la commission des approvisionnements (22 septembre 1945) », MEN, DREE, 3 octobre 1945, AN, F60 918.

126 « Régime des prélèvements en Allemagne », Robert Marjolin, 26 septembre 1945, annexe I au « Procès-verbal de la 26e séance de la commission des approvisionnements (22 septembre 1945) », MEN, DREE, 3 octobre 1945, AN, F60 918.

127 *Ibid.* ; Projet de directives économiques, 31 octobre 1945, cité en note 123.

128 « Décisions prises par le CIAAA dans sa séance du 7 novembre 1945 », GPRF, SGAAA, 12 novembre 1945, AN, F60 3034/2.

129 « Note pour Monsieur Alphand », Jean Filippi, 17 novembre 1945, AOFAA, AEF 365/6. Dans cette note, adressée le 19 novembre 1945, au directeur de l'Économie générale du GMZFO, Filippi précise qu'Alphand a rédigé, sur ce thème, un rapport pour Georges Bidault.

Bidault saisit à son tour de Gaulle du problème et marque sa très grande réserve[130]. Le 27 novembre 1945, lors d'une nouvelle séance, le CIAAA revient sur sa décision du 7 novembre[131]. L'affaire est close. La France rentre dans le rang. Ce mois de flottement n'en souligne pas moins, par contrecoup, l'absence de principes forts régissant la politique économique allemande. Il apparaît également, de façon claire, que si de tels principes existent, ils restent fragiles et ne pèsent guère en face de considérations financières.

Le gouvernement français s'avère en second lieu incapable de trancher la question du ravitaillement des forces d'occupation en Allemagne. La situation de la France est ici singulière, puisque les occupants français sont les seuls des trois puissances occidentales à vivre sur leur zone. *A priori* toutefois, la France, qui dispose d'une créance sur l'Allemagne au titre des frais d'occupation, est en droit de nourrir des rationnaires sur la zone. Le choix de cette politique semble d'ailleurs avantageux à plus d'un titre. Il évite aux Français d'avancer les frais d'occupation et règle *de facto* le problème de leur remboursement par l'Allemagne, en même temps qu'il dispense la France de procéder à des importations alimentaires en ZFO qui risqueraient de peser sur la balance commerciale de la zone, dont le déficit incombe à la France[132]. Bref, d'un point de vue strictement financier, la France a tout intérêt à nourrir ses rationnaires sur le pays. Reste que d'un point de vue alimentaire la zone n'est pas autosuffisante. Nourrir les rationnaires sur la ZFO n'est donc pas sans conséquence sur le ravitaillement de la population allemande. La réduction de son niveau de vie, déjà très bas, est impossible. À terme, c'est l'image de l'occupant qui est en jeu. Or une opposition massive de l'opinion publique jouerait contre les projets français sur la rive gauche du Rhin. En 1945, la question est donc de savoir s'il faut privilégier les intérêts financiers de la France ou s'il faut les sacrifier au profit d'un ravitaillement correct de la population locale, qui irait dans le sens des ambitions politiques françaises outre-Rhin.

À Paris, cette question est débattue à de nombreuses reprises. Elle est l'objet de plusieurs réunions de la sous-commission économique pour les affaires allemandes et autrichiennes, du CIAAA, puis de la commission des territoires occupés (CTO). Les solutions adoptées détermineront pour partie la politique allemande de la France. Faire vivre les troupes sur le pays, c'est opter pour une politique de bénéfices immé-

130 Courrier de Bidault à de Gaulle, 10 novembre 1945, retranscrit dans les « directives économiques particulières pour l'Allemagne et l'Autriche (paiement des exportations) », doc. du SGAAA, 20 novembre 1945, AOFAA, c. 11 d. POL I B 3.

131 « Décisions du CIAAA du 27 novembre 1945 », SAEF, 5 A 25.

132 « Procès-verbal de la s/com. éco. pour les affaires allemandes et autrichiennes ; réunion du 13 octobre 1945 », AOFAA, AAA 1402.

diats. L'approvisionner par des importations françaises, c'est choisir une politique de prise d'influence à plus long terme. Les représentants des ministères ne parviennent pas à s'entendre. Aux positions maximalistes des uns – pour lesquels les rations des militaires français devraient être portées au même niveau que les rations des troupes anglo-américaines et devraient être entièrement prélevées en ZFO – s'oppose l'avis plus modéré de nombreux décideurs, qui tentent de trouver un compromis permettant le ravitaillement des troupes d'occupation sur le pays sans porter trop gravement préjudice à l'approvisionnement de la population allemande. En novembre 1945, ils aboutissent à un accord transitoire qui ménage la chèvre et le chou[133]. Les troupes d'occupation seront nourries sur la zone pour les produits excédentaires, c'est-à-dire la viande, le vin, les laitages et les matières grasses. Quant aux autres denrées nécessaires à l'approvisionnement des troupes, pour lesquelles la ZFO est déficitaire, elles seront importées[134]. En optant pour une politique de l'entre-deux, les décideurs parisiens sacrifient en réalité l'image de l'occupant français aux yeux de la population allemande au profit d'avantages financiers à très court terme.

Pour alléger les prélèvements de denrées alimentaires en ZFO et de façon à proroger ainsi un système sans cela voué à l'échec, les instances parisiennes recommandent la diminution du nombre des rationnaires[135]. En 1945, il s'agit surtout de freiner, voire de stopper, l'envoi des familles de militaires et de fonctionnaires en Allemagne – 30 000 familles au total – dont il est inutile de rappeler les effets sur le ravitaillement et, plus encore, sur l'opinion publique allemande. Là encore, les décideurs se montrent velléitaires. Dans un premier temps, le CIAAA s'oppose effectivement à leur départ pour la ZFO et plaide même pour la diminution du nombre de rationnaires en zone[136]. Mais il revient très vite sur ses décisions et considère que le nécessaire devra être fait pour que l'envoi des familles en Allemagne ne provoque pas de dépenses superflues[137]. Le CIAAA refuse en fait de prendre position et laisse cette responsabilité au général Koenig. Or ce dernier, proche des soldats et des fonctionnaires du GMZFO, sensible à leurs attentes, défend un point

---

133 *Ibid.* ; « réunion de la s/com. éco. pour les affaires allemandes et autrichiennes du vendredi 19 octobre 1945 », AOFAA, AAA 1402.

134 Projet de directives économiques, 31 octobre 1945, cité en note 123. Ces directives sont approuvées par le GPRF le 7 novembre 1945 : décisions du CIAAA, 12 novembre 1945, citées en note 128. On notera que le GPRF considère comme excédentaires – viande, lait, matières grasses – des produits qui ne le sont pas si l'on en croit l'analyse des *Cahiers français d'information* n° 77, 1er février 1947, p. 15, cités en note 7.

135 Projet de directives économiques, 31 octobre 1945, cité en note 123.

136 *Ibid.*

137 Décisions du CIAAA, 12 novembre 1945, citées en note 128.

de vue opposé. Faute d'être véritablement tranchée, la question réapparaît ainsi périodiquement à l'ordre du jour de la CTO. En ZFO, elle concourt, au même titre que le ravitaillement des troupes d'occupation, à envenimer les relations entre occupants et occupés.

Au total, ces hésitations, ces revirements aboutissent presque toujours à privilégier le court terme. De façon plus générale, la politique économique de la France en Allemagne reste largement impensée. Reléguée au second plan par rapport aux projets politiques, elle ne fait l'objet d'aucune directive précise. Cette absence de principes directeurs est soulignée par les hésitations du GPRF sur certaines questions économiques pourtant essentielles, parce qu'elles déterminent l'orientation générale de la politique allemande. Faute de principes clairement établis, l'administration française a du mal à mettre en œuvre la politique gouvernementale. Deux politiques, largement antinomiques, sont menées en parallèle : la première est une politique d'exploitation ; la seconde, une politique de démocratisation.

B. La politique préférentielle

Le terme de politique préférentielle recoupe en réalité trois pratiques aux objectifs assez différents. La politique préférentielle renvoie d'abord à une politique d'exploitation économique, qui vise à dégager des profits immédiats pour la France. Elle a aussi pour objectif d'orienter l'activité de la ZFO dans un sens conforme aux intérêts de la France. Le dernier volet est de loin le plus ambitieux et renvoie à une forme d'impérialisme économique. Il s'agit ni plus ni moins pour la France d'exercer une véritable emprise économique sur sa zone, grâce à laquelle elle compte conquérir de nouveaux marchés, en Allemagne mais surtout à l'étranger.

1. Une « politique prédatrice »

La politique d'exploitation de la ZFO est à son tour multiforme. Les réquisitions que les militaires français pratiquent en Allemagne en sont un premier aspect. Ces réquisitions portent essentiellement sur des stocks de matières premières – textiles, métaux, etc. –, sur des vêtements et des véhicules[138]. Pour être réglementaires et donner lieu à une indemnisation, elles doivent s'opérer en échange de reçus de prestations ou de bons de saisies[139]. Au quotidien, les unités militaires puis les autorités d'occupation pratiquent souvent des prélèvements sans aucun justifica-

---

[138] C'est ce qui ressort de l'analyse de plusieurs listes de réquisitions établies par la chambre de commerce et d'industrie de Reutlingen, WABW, A 7, 420 ; rapport du lieutenant Pregre du 11 août 1945, cité en note 18.

[139] Exemplaire de reçu de prestations : « Première Armée française reçu de prestations ; Erste französische Armee, Quittung über Lieferungen », WABW, A 7, 417.

tif, qui sont en réalité de véritables actes de pillage[140]. Dans les régions frontalières, il n'est pas rare que ces délits soient également commis par des Alsaciens ou des Lorrains, qui se livrent, de nuit, à de véritables mises à sac[141]. L'ampleur de ces réquisitions irrégulières, qui restent évidemment difficilement chiffrables, ne doit toutefois pas être surestimée. Dans le cercle de Reutlingen par exemple, les actes de pillage ne représentent que 7 % de l'ensemble des réquisitions. Ces dernières sont en revanche pratiquées à très grande échelle. À la fin de l'année 1945, plus de deux cents industriels adressent une déclaration de réquisitions à la chambre de commerce et d'industrie de Reutlingen, qui estime à plus de 15 millions de Reichsmarks le montant des réquisitions opérées dans le cercle entre avril et novembre 1945[142].

Dans les tout premiers mois de l'occupation, ces réquisitions se confondent souvent avec les prélèvements illégaux de machines qu'opèrent les différents services français présents sur le sol allemand – l'Armée, la MMAA, certains ministères, différents organismes de recherche comme le CNRS – et certains industriels français[143]. Les Français agissent avec d'autant plus de célérité qu'ils veulent que leurs prélèvements soient considérés comme butin de guerre. La part des réparations devant ultérieurement revenir à la France ne serait ainsi nullement entamée. Ce calcul fait rapidement long feu. Les Alliés imposent en effet aux Français de faire avaliser leurs demandes de saisie de biens allemands par le SHAEF[144]. Toutefois, sur le terrain, les opérations se poursuivent. À partir du mois de septembre, cette politique est rationalisée. Un organisme dont il a déjà été question, la commission restreinte des prélèvements, est créé[145]. Il supervise la politique d'enlèvements illégaux de machines isolées et sert ainsi d'interface entre les ministères parisiens, les représentants de l'industrie française et les autorités d'occupation de la ZFO. Il centralise les demandes des premiers qu'il présente aux seconds et prend les décisions d'enlèvement. Son activité s'étend de

140 Courrier du secrétaire général de la CCI de Reutlingen aux entreprises commerciales et industrielles du canton de Reutlingen du 14 juin 1945. Il leur indique la marche à suivre en cas de réquisitions par les armées d'occupation et les prévient que de nombreuses réquisitions sont en réalité illégales, WABW, A7, 417.

141 Ludmann-Obier, M.-F., « Les prélèvements unilatéraux en zone française d'occupation (1945-1946) », in *op. cit.*, p. 112.

142 « Aufstellung über die Requisitionen im Landkreis Reutlingen », CCI de Reutlingen, 12 novembre 1945, WABW, A7, 420.

143 *Ibid.* Ce résumé comprend différents types de tableaux : réquisitions faites avec bons de saisie ; réquisitions opérées sans bons de saisie ou avec des bons incomplets ; pillages.

144 Ludmann-Obier, M.-F., « Les prélèvements unilatéraux en zone française d'occupation (1945-1946) », in *op. cit.*, p. 112.

145 Voir *supra*.

l'automne 1945 à juin 1946. À cette date, il devient impossible de poursuivre les prélèvements. La politique des réparations entre en effet dans une phase pratique. Des missions interalliées sont sur le point d'investir les différentes zones pour visiter et estimer la valeur des usines déclarées disponibles au titre des réparations. Il est par conséquent inenvisageable que ces équipes croisent des missions françaises en train d'enlever des machines[146]. Par ailleurs, les Américains, qui ont été informés des pratiques françaises, expriment, avec de plus en plus de véhémence, leur mécontentement au sein des instances du Conseil de contrôle[147]. Stoppée brutalement en juin 1946, la politique française de prélèvements unilatéraux n'en est pas moins fructueuse. Là encore, des estimations précises ne peuvent être données. Il est cependant raisonnable d'estimer à 40 000 le nombre de machines démontées et déménagées en France[148]. Leur valeur reste plus difficile à fixer. D'abord, parce que les chiffres que proposent Français et Allemands diffèrent sensiblement. Ensuite, parce que la valeur des machines dépend de leur âge, de leur état d'usure. Sur ce dernier point, il semble cependant établi que les Français privilégient l'enlèvement de machines récentes – construites après 1936 – et modernes[149]. Au total, le montant des prélèvements avoisine sans doute les 5 milliards de francs[150]. Cette campagne est donc génératrice de profits considérables pour la France.

Les frais d'occupation auxquels la France a droit permettent aussi aux occupants d'exploiter les ressources de la zone. L'armée d'occupation et le gouvernement militaire réquisitionnent d'abord les locaux qui leur sont nécessaires. Leur chauffage est à la charge de l'Allemagne[151]. Les soldats et les personnels du GMZFO, auxquels il faut ajouter les prisonniers de guerre et les personnes déplacées et réfugiées vivent en outre sur le pays. Leur nourriture est prélevée sur les ressources alimentaires de la zone. La ZFO compte entre 400 000 et 450 000 rationnaires en 1945[152]. Les troupes d'occupation profitent par

146 « Compte rendu sommaire de la réunion du 28 mars préparatoire à la réunion proposée par Monsieur Sergent », secrétariat général du CCFA, sans date, AOFAA, c. 120 d. ECO I C 5 c.

147 « Fiche pour le général a/s des prélèvements », secrétariat général du CCFA, 15 mai 1946, qui fait état des attaques américaines au Conseil de contrôle interallié, AOFAA, c. 120 d. ECO I C 5 c.

148 Voir *supra*, tableau 1.

149 « Note du gouvernement du Land du Wurtemberg-Hohenzollern concernant les démontages prévus », 30 décembre 1947, StA SIG, Wü 2, 1579.

150 « Généralités sur les problèmes d'occupation », commandant Halff, sans date (sans doute juin 1946), AOFAA, AEF 53/2.

151 Lefèvre, S., *Les relations économiques franco-allemandes*, *op. cit.*, p. 81-82.

152 Chiffres avancés dans la « situation de la zone française d'occupation au 22 octobre 1945 », grand conseil du gouvernement (GMZFO), 23 octobre 1945, AOFAA, c. 199 d. C III 2 0.

ailleurs de la production de biens de consommation en ZFO. La France n'a en effet aucun intérêt à ce que les militaires français transfèrent leurs soldes – payées en marks – en France, ce qui correspondrait à un décaissement pour le Trésor[153]. Tout est donc fait pour que les troupes d'occupation dépensent leurs soldes en Allemagne. Des titres de rationnement leur sont distribués. Ils leur permettent d'opérer de nombreux achats dans les magasins réservés aux Français – les économats, les foyers du soldat – pour lesquels une partie non négligeable des biens de consommation produits en ZFO est réservée[154]. Ces articles – qu'il s'agisse de chaussures, de vêtements, etc. – leur sont par ailleurs cédés à des prix avantageux[155].

La France tire enfin des profits financiers de l'occupation de la ZFO. Des touristes sont par exemple envoyés en Allemagne[156]. Des colonies de vacances sont organisées en zone[157]. Les avantages financiers que procure le séjour de ces Français outre-Rhin sont cependant minimes par rapport aux versements forfaitaires que la France exige des autorités allemandes des Länder de la zone. Ces versements, attestés pour le Wurtemberg, se montent à plusieurs centaines de millions de Reichsmarks par an[158]. Mais c'est assurément le monopole qu'exerce la France sur le commerce extérieur de sa zone qui lui permet de dégager les plus grands bénéfices. Les échanges commerciaux entre la France et la ZFO se font en effet toujours à l'avantage de la première. Deux moyens sont systématiquement utilisés pour favoriser la France : la fixation des prix et le jeu sur les taux de change. Les prix des produits qu'exporte la ZFO vers la France sont très souvent inférieurs aux cours mondiaux alors que la France surfacture ses exportations vers la zone. Le bois débité est par exemple cédé à la France 4 dollars le m^3 alors que le cours mondial est fixé à 9 dollars le m^3. Le bois sur pied de la ZFO est vendu à la Belgique, au Luxembourg, à la Suisse ou aux Pays-Bas à un prix moyen de 6 dollars le stère tandis qu'il est facturé 1 dollar à la France. Les produits textiles sont quant à eux vendus à la France au tiers du prix qui est

153 « Réunion du 13 octobre 1945 », AOFAA, AAA 1402 ; « réunion des délégués de cercle », Jean Filippi, 5 juin 1946, AOFAA, AEF 53/2.

154 Courrier de Laffon aux délégués supérieurs a/s des « dispositions générales relatives au commerce allemand vendant des produits d'usage courant et non alimentaires », 21 janvier 1946, AOFAA, C. 19, DGEF PI 1945-1946.

155 Réunion des délégués de cercle, 5 juin 1946, citée en note 153.

156 « Décisions prises par le CIAAA dans sa séance du 27 novembre 1945 », SGCIAAA, 28 novembre 1945, AOFAA, c. 187 d. B I 4.

157 P.-v. de la s/com. éco., 19 octobre 1945, cité en note 103.

158 Die Besetzung Württemberg-Hohenzollerns, 28 mai 1952, cité note 72 ; « Finanzpolitik in Württemberg-Hohenzollern 1945-1952. Abschlußbericht des Finanzministeriums vom Jahre 1952 », sans date, StA SIG, Wü 2, 456/2.

facturé à la Suisse[159]. La France bénéficie également de réductions de prix sur ses importations de chaussures et d'électricité[160]. Des avantages financiers sont également procurés par des jeux sur les taux de change qui se font, une fois encore, en faveur de la France : « le taux de conversion du mark en dollar pour les exportations vers la France n'a été que de 2,6 marks pour 1 dollar en moyenne, alors que vers l'étranger il était de 3,15 marks en moyenne (...) »[161]. Des avantages comparables sont accordés aux produits que la France exporte vers sa zone : « le taux de change en provenance de la France était de 3,39 marks pour un dollar alors que pour les produits en provenance de l'étranger il était inférieur à 3 marks »[162]. Au total, les avantages financiers consentis à la France après un an d'occupation se montent à près de 25 millions de dollars[163]. Parallèlement à cette politique d'exploitation, la France cherche à orienter l'activité économique de la ZFO en fonction de ses intérêts.

2. *L'orientation de la production de la ZFO dans un sens conforme aux intérêts français*

Pour ce faire, les autorités françaises donnent la priorité au redémarrage des branches industrielles de la ZFO les plus à même de satisfaire les besoins français. La production de la zone doit servir à relancer l'économie nationale. Une priorité absolue est donnée aux entreprises travaillant pour la France. La direction de la production industrielle établit à cet effet des programmes de production correspondant aux besoins les plus pressants de l'économie française[164]. En ZFO, la relance de la production d'énergie – charbon mais aussi électricité – est ainsi prioritaire[165]. L'IG Farben reprend de son côté sa production d'engrais[166] tandis que les usines directement utiles à la reconstruction sont rapidement remises en route. Les tuileries, les cimenteries redémarrent[167]. Les autorités françaises utilisent également au mieux des intérêts nationaux les potentialités de la zone. Un programme de construction de baraques

159 « Note pour le directeur général de l'économie et des finances », R. Monier, chef du service du commerce extérieur, 19 août 1946, AOFAA, AEF 355/4.

160 Note sur les « résultats de la politique économique et financière suivie dans la ZFO », DGEF, 7 janvier 1947, AOFAA, AEF 371/3.

161 Arnold, J.M., *Le commerce extérieur*, *op. cit.*, p. 23.

162 *Ibid.*

163 Note pour Filippi, 19 août 1946, citée en note 159.

164 Économie générale et finances, 10 septembre 1945, citée en note 10 ; Directives de politique économique, 20 septembre 1945, citées en note 81 ; « politique économique du gouvernement militaire », DGEF, 4 janvier 1946, AOFAA, AEF 368/2.

165 Note sur les résultats de la politique, 7 janvier 1947, citée en note 160.

166 L'économie de la ZFO, 23 février 1946, citée en note 21.

167 Note, DGEF, DPI, septembre ou octobre 1945, AOFAA, AAA 490.

en bois à livrer à la France est lancé dès 1945[168]. Le grand centre de production de chaussures de Pirmasens produit quasi exclusivement pour les ministères français, dont les commandes se chiffrent à plusieurs centaines de milliers de paires[169]. La France absorbe aussi l'essentiel des produits textiles fabriqués en ZFO, mais aussi ses papiers, son tabac[170].

Grâce à l'orientation de l'activité économique de la zone et au monopole sans partage qu'elle exerce sur son commerce extérieur, la France établit rapidement une véritable emprise économique sur l'économie de la ZFO. La répartition par pays du commerce extérieur de la zone l'illustre parfaitement. En 1945-1946, la France est en effet le premier partenaire commercial de la zone. Elle absorbe 80 % de ses exportations et lui fournit un quart de ses importations. La décomposition par produit de son commerce extérieur montre par ailleurs que la France a réussi à mettre en place avec sa zone un système d'échanges dont la nature s'apparente en partie au commerce colonial. La ZFO exporte vers la France surtout des produits énergétiques et des matières premières tandis que la France livre en retour à la zone des produits alimentaires, des services et des produits manufacturés[171]. Cette politique est sciemment établie. Les autorités françaises privilégient l'importation de produits bruts plutôt que de produits manufacturés, parce que ces derniers ont une valeur ajoutée supérieure. Le Trésor fait ainsi des économies de devises tandis que la transformation de ces produits participe à la baisse du chômage en France[172]. Ce système contribue aussi à créer une complémentarité entre l'économie française et celle de la zone en même temps qu'il renforce l'ascendant de la France sur sa voisine[173]. À vrai dire, cette sorte de magistère qu'exerce la France sur l'économie de la ZFO est au service, dans certains secteurs, d'une véritable politique impérialiste.

---

168 « Programmes de fabrication et de répartition 1946 », DPI, 4 janvier 1946, AOFAA, C. 1863 p. 2 d. 8 a.

169 Note, Jean Filippi, août ou septembre 1945, AOFAA, AEF 371/16 ; note sur les résultats de la politique, 7 janvier 1947, citée en note 160.

170 Note de la DPI, septembre ou octobre 1945, citée en note 167.

171 Note sur les résultats de la politique, 7 janvier 1947, citée en note 160 ; courrier du contrôleur général des territoires occupés à Filippi, 26 novembre 1947, AOFAA, c. 117 d. ECO I A 11. J. M. Arnold estime que la France absorbe 90 % des exportations de la ZFO et qu'elle lui livre près de 50 % de ses importations : Arnold, J.M., *Le commerce extérieur*, *op. cit.*, p. 29.

172 Courrier de Larre (chef de cabinet de Filippi) au rédacteur en chef de *La Semaine économique et financière*, 16 novembre 1945, AOFAA, AEF 365/4.

173 Politique économique du GM, 4 janvier 1946, citée en note 164.

3. *La ZFO, instrument d'une politique impérialiste de conquête de marchés extérieurs*

Les Français profitent de leur position dominante pour se débarrasser de la concurrence commerciale de la ZFO. Que l'OFICOMEX soit aux seules mains des Français permet d'empêcher les Allemands de reprendre pied sur les marchés extérieurs et donne à la France l'occasion de nouer des relations privilégiées avec les anciens clients des entreprises allemandes de la ZFO[174]. La France en profite aussi pour s'affranchir de la rivalité commerciale de la zone grâce à l'adoption d'une clause de non-concurrence. Cette clause interdit à la ZFO de vendre ses produits à l'étranger à des prix moins élevés que les produits français correspondants[175].

En fait, les projets français sont plus ambitieux. En s'appropriant les branches industrielles dont l'essentiel de la production allemande est concentré en ZFO, la France compte se servir de la zone pour conquérir de nouveaux marchés. Cette politique, dite de canalisation, ne concerne que certaines fabrications : les articles d'horlogerie de gros volume, les instruments chirurgicaux, certains produits chimiques, les textiles, les pierres précieuses et les vins[176]. Son fonctionnement est assez simple. Par des accords de canalisation, la France oblige la ZFO à lui céder systématiquement les productions en question. Celles-ci sont transformées en France, acquièrent le label « made in France », puis sont réexportées par la France vers les marchés que détenaient autrefois les producteurs allemands de la zone[177]. Cette politique de canalisation se double souvent de contrats de travail à façon. C'est particulièrement frappant pour les textiles[178]. Les groupements professionnels français fournissent aux industriels allemands la matière première. Après avoir

---

174 Note sur les résultats de la politique, 7 janvier 1947, citée en note 160.

175 Arnold, J.M., *Le commerce extérieur*, *op. cit.*, p. 23 ; « fiche pour le général : politique préférentielle de la ZFO à l'égard de la France », cabinet civil du CCFA, 27 décembre 1946, AOFAA, c. 112 d. ECO I A 2 a.

176 Cousin, R., *Le commerce extérieur*, *op. cit.*, p. 154-155 ; projets d'accords préparés par le ministère de l'Économie nationale pour la taille de pierres précieuses, le textile, les instruments de chirurgie, l'horlogerie de gros volume dans SAEF, B 8831.

177 Arnold, J.M., *Le commerce extérieur*, *op. cit.*, p. 24.

178 Note sur le « travail de coton à façon », MPI, SAAA, direction des textiles et cuirs, 19 mars 1946, SAEF, B 8831 ; « les problèmes généraux posés par le travail à façon », MEN, service des affaires écon. allemandes, 26 mars 1946, SAEF, B 8831 ; note sur les « textiles », MEN, service des affaires éco. allemandes, 26 mars 1946, SAEF, B 8831.

été transformée en Allemagne, elle est restituée aux groupements, qui exportent ensuite les produits finis[179].

C. Une politique de reconstruction et de démocratisation

Pour autant, la politique française en matière économique ne se limite pas à ces mesures agressives. Dès le début de l'occupation, les autorités d'occupation adoptent une politique constructive qui passe par la reconstitution des administrations économiques allemandes, la démocratisation de la vie économique et qui est aussi fondée sur une certaine exigence de justice et d'équité.

1. La reconstitution des administrations économiques allemandes

Dans les tout premiers mois de l'occupation, le GMZFO procède à la reconstruction des principales administrations économiques allemandes. Dans chaque Land, l'équivalent d'un ministère de l'Économie est reconstitué[180]. Les divers organismes de l'industrie et de l'artisanat sont en outre rétablis en veillant à se démarquer de l'organisation prévalant sous le IIIe Reich. Les *Gauwirtschaftskammern* – les chambres économiques régionales – qui rassemblaient, au niveau provincial, l'ensemble des intérêts de l'industrie et de l'artisanat, sont dissoutes et les divers organismes existant sous la République de Weimar sont rétablis. Les chambres de commerce et d'industrie et les chambres de métiers sont ainsi reconstituées de même que les organismes professionnels. Pour des raisons économiques, certains d'entre eux – pour le textile, les cuirs, la sidérurgie – sont organisés à l'échelon de la zone tout entière[181]. La reconstruction de ces différents services et organismes est la première étape d'une politique plus générale de démocratisation.

2. La démocratisation de la vie économique

Dans l'esprit des occupants, la reconstitution des différents organismes de l'administration économique allemande se double en effet d'une volonté de démocratisation. Celle-ci suppose la mise en œuvre d'une politique d'épuration. Elle passe aussi par une meilleure distribution des pouvoirs entre les différents acteurs de la vie économique.

La dénazification de l'économie s'annonce plus difficile que la dénazification politique. D'abord, parce qu'elle ne se limite pas à l'univers

[179] Note sur la « filature de cotons à façon par des usines allemandes de la zone sous le contrôle du gouvernement militaire français », Groupement d'importation et de répartition du coton, 29 octobre 1945 et 11 avril 1946, SAEF, B 8831.

[180] Rapport mensuel de la direction de l'Économie générale, sans date, AOFAA, AAA 490.

[181] Note de la DPI, septembre ou octobre 1945, citée en note 167.

administratif et politique. La dénazification concerne bien sûr le personnel des administrations économiques – personnel des administrations des Länder et employés des différentes organisations économiques semi-publiques que sont les chambres de commerce et d'industrie ou les organismes professionnels – mais aussi le monde des industriels, des commerçants, des artisans. Ensuite, parce que la politique de dénazification de l'économie est tiraillée entre deux exigences contradictoires. La première est un impératif de justice qui appelle une politique d'épuration sanctionnant sévèrement tous ceux qui, ayant adhéré au régime national-socialiste, l'ont activement soutenu. La seconde exigence est quant à elle liée à la reprise économique. Or la relance de l'économie allemande, qui nécessitera un personnel nombreux et compétent, suppose à l'inverse une politique de dénazification moins sévère. Le dilemme est donc patent. Privilégier l'exigence de justice priverait immanquablement l'économie de nombreux cadres et freinerait la reprise. Vu la gravité de la situation économique et le manque de personnel, cette option semble intenable. Favoriser la reprise économique en pratiquant une politique d'épuration plus douce ne semble pas plus envisageable. Les autorités s'exposeraient inévitablement aux critiques de la population qui ne comprendrait pas que des soutiens actifs du régime nazi ne soient pas sanctionnés[182].

Pour sortir de l'impasse, les autorités françaises prennent deux décisions. L'épuration devra d'abord être opérée au regard de l'engagement politique et des responsabilités qu'avaient les fonctionnaires et les industriels sous le IIIe Reich sans tenir compte de l'intérêt que présentent leurs compétences pour le présent. Bref, l'exigence de justice prime sur l'impératif de reconstruction[183]. Toutefois, devant l'impossibilité pratique de sanctionner tous les soutiens au régime national-socialiste, la dénazification devra être menée avec la plus grande sévérité à l'encontre des personnels dirigeants des administrations, des organismes professionnels et des grandes entreprises. Les directeurs de l'économie des Länder, les présidents et les secrétaires généraux des chambres de commerce et d'industrie devront donc être choisis avec soin en fonction de leurs prises de position politiques sous le régime nazi. Faute de pouvoir être globale, la dénazification doit au fond être irréprochable en ce qui concerne les dirigeants, les responsables. Les personnalités désignées pour exercer de telles fonctions seront en quelque sorte les garants d'une

---

182 « Note de Monsieur Filippi », 21 juin 1945, AOFAA, c. 190 d. B IV 4 0.

183 Rapport mensuel de la DGEF, 10 octobre 1945, cité en note 22. Dans un premier temps toutefois, la continuité des services prime sur l'épuration : note sur les « mesures immédiates à prendre dans la zone d'occupation française en ce qui concerne la surveillance des prix », Jean Filippi, 22 juin 1945, AOFAA, AEF 367/3.

démocratisation par le haut de la vie économique[184]. La mise en œuvre de la dénazification économique traduit indéniablement une volonté de démocratisation puisqu'elle est confiée aux autorités allemandes, les services français n'exerçant qu'un contrôle.

La politique de démocratisation passe aussi par une meilleure répartition des pouvoirs économiques entre patrons et employés. Pour ce faire, les autorités françaises favorisent d'abord la création des syndicats. Elles préconisent ensuite la constitution, dans les entreprises allemandes placées sous séquestre, de comités de gestion allemands, à majorité ouvrière. L'objectif est d'amener les employés de ces entreprises à participer activement à leur gestion. Selon le projet français, le comité de gestion doit jouir des prérogatives d'un conseil d'administration. Un administrateur séquestre français exercera de son côté des fonctions comparables à celles d'un président directeur général. Le comité de gestion et l'administrateur séquestre dirigeront l'entreprise en vertu des lois du Conseil de contrôle[185]. Dans le même état d'esprit, les autorités françaises créent, avec le concours des syndicats locaux, des sociétés de coopératives de production[186]. Elles procèdent aussi à la réouverture de l'Académie du travail à Fribourg et rétablissent les conseils d'entreprise après la proclamation d'une loi du Conseil de contrôle en ce sens[187].

Au-delà de ces objectifs, la politique de démocratisation se traduit aussi par l'adoption de certaines mesures, souvent symboliques, fondées sur un souci de justice et d'équité.

3. Une exigence de justice et d'équité

Ce double souci se manifeste tout d'abord à l'égard de certaines catégories spécifiques de la population allemande. Il vise ensuite à améliorer l'approvisionnement des populations allemandes de la ZFO en produits non alimentaires. Il se traduit enfin par une lutte contre les contrevenants, français ou allemands, qui enfreignent les lois en vigueur en matière de ravitaillement.

Dès le début de l'occupation, les Français adoptent des mesures particulières destinées à améliorer les conditions de vie de certaines catégo-

---

[184] « Projet de questionnaire (vraisemblablement élaboré lors de la visite de Henri Leboullenger, directeur adjoint de la production industrielle au sein du GMZFO) », Émile Laffon, 31 juillet 1945, et « note pour Monsieur Coste, chef de division à la Production industrielle », cabinet de l'administrateur général, sans date, postérieure au 31 juillet 1945, AOFAA, C. 18 ; note, (Jean Filippi), 8 décembre 1945, AOFAA, AEF 367/1.

[185] « Procès-verbal n° 2 de la réunion du comité technique pour l'étude des problèmes économiques et sociaux », DGEF, DEG, 24 janvier 1946, AOFAA, AEF 367/6.

[186] Exposé de Filippi, 2 février 1946, cité en note 25 ; conférence de Halff, juin/juillet 1946, citée en note 6.

[187] Résumé de l'activité de l'Économie générale, janvier 1946, cité en note 43.

ries de la population : personnes particulièrement vulnérables – les femmes enceintes, les nourrissons – et victimes du nazisme. Des contingents supplémentaires de produits non alimentaires leur sont ainsi distribués[188]. En septembre 1946, un paquetage vestimentaire est débloqué au profit des anciens déportés politiques de la ZFO[189]. Ces mesures de justice valent aussi pour les prisonniers de guerre. En septembre 1945, les services du général Koenig envisagent de publier la liste des prisonniers de guerre allemands originaires de la ZFO. Leurs familles cesseront ainsi d'être dans l'incertitude quant à leur sort. À l'approche de Noël, des cartes devraient être distribuées aux prisonniers pour qu'ils puissent donner des nouvelles à leurs familles. Il devrait d'ailleurs être permis à ces dernières de leur envoyer des colis alimentaires et vestimentaires[190].

Dans ce dernier domaine, la pénurie généralisée incite Émile Laffon à promouvoir la création de magasins et circuits d'échanges d'articles d'usage courant. Pour ce faire, Laffon prévoit la création de centrales d'échanges[191]. Cette mesure poursuit trois objectifs : d'abord, permettre aux Allemands d'échanger, dans les meilleures conditions possibles, toutes sortes de produits courants ; ensuite, canaliser le troc sous le contrôle de l'administration allemande, en évitant enfin que les échanges se fassent de manière irrégulière et que le marché noir gagne du terrain.

La lutte contre le marché noir est d'ailleurs une préoccupation constante du GMZFO. Les autorités françaises entendent réprimer aussi bien les contrevenants allemands que les fraudeurs français. Elles s'en prennent principalement aux commerçants et industriels allemands qui dissimulent des stocks de marchandises, accaparent certains produits, dans le but de les échanger ou de les revendre au marché noir[192]. Le

---

188 « Politique des produits dans la zone française d'occupation », note adressée par André Allard, chef de la section répartition-rationnement du GMZFO, à Jean Filippi, 8 octobre 1945, AOFAA, AEF 367/8 ; courrier de Laffon aux délégués supérieurs a/s des « autorisations d'achat accordées par les gouvernements militaires locaux pour les produits contingentés non alimentaires », 25 décembre 1945, AOFAA, C. 19 DGEF Cabinet 1945-1946 ; courrier de Laffon aux délégués supérieurs, 21 janvier 1946, cité en note 154.

189 Courrier de Laffon à Koenig a/s des « déblocages au profit des anciens déportés politiques », 13 avril 1946, et « note a/s des avantages en nature aux anciens déportés politiques », général Koenig, 11 septembre 1945, AOFAA, c. 127 d. ECO II 9. La note de Koenig fixe ces avantages : « 1 pardessus, 1 couverture, 1 complet, 2 paires de chaussures, 1 chandail, 4 paires de chaussettes, 4 chemises, 4 caleçons, 6 serviettes, 1 cravate, 12 mouchoirs, 1 sac genre marin ou valise ».

190 « Questions à poser au général (Koenig) », CCFA, 10 septembre 1945, AOFAA, c. 11 d. POL I B 2.

191 Courrier de Laffon aux délégués supérieurs a/s des « magasins et circuits d'échanges d'articles d'usage courant », 17 janvier 1946, AOFAA, c. 199 d. C 20.

192 Politique des produits en ZFO, 8 octobre 1945, citée en note 188.

commandant Halff déplore quant à lui que ce soient parfois les Français qui introduisent la pratique du marché noir[193]. De son côté, Émile Laffon s'insurge de ce que les troupes fassent trop souvent leurs achats dans des magasins allemands alors qu'ils ont obligation de les effectuer dans les économats et les foyers du soldat destinés aux seuls Français[194]. Pour les administrateurs français, il ne fait aucun doute qu'en se soustrayant aux règles générales de la répartition, ces fraudeurs en sapent le fonctionnement[195]. Laffon prend par conséquent plusieurs mesures pour lutter contre de tels agissements. Il renforce les contrôles opérés par les autorités françaises et procède à la création d'une véritable police économique allemande[196].

Les responsables français de l'administration économique tentent aussi de lutter contre toutes sortes d'abus perpétrés par les occupants eux-mêmes. Laffon ne cesse de rappeler à l'ordre les délégués supérieurs et le commandement des troupes d'occupation[197]. Le plus souvent, Laffon ne proteste pas à cause des conséquences que ces agissements risquent d'avoir sur les conditions de vie de la population allemande, mais parce qu'en multipliant les abus, les Français en Allemagne privent la France de livraisons qu'elle est en droit de recevoir. Il demande ainsi à Gilbert Grandval, délégué supérieur pour la Sarre, de lui expliquer pourquoi une grande partie de la production de voitures d'enfant d'une usine sarroise est distraite au profit de toutes les unités françaises de la Sarre et même de la population allemande, alors qu'elle doit être expédiée en France, où les poussettes font défaut[198]. Laffon s'en prend aussi aux agissements des militaires. Il critique ainsi vertement la politique industrielle de l'Intendance. Il dénonce tout à la fois la nature de certains programmes de fabrication – comment expliquer que l'Intendance et le service des sports des Armées aient commandé plusieurs milliers de

193 Conférence de Halff, juin/juillet 1946, citée en note 6.

194 Courrier de Laffon à Hettier de Boislambert a/s de la « mise en application dans les magasins ouverts à l'usage des Français des règles concernant le rationnement en produits contingentés non alimentaires », 14 décembre 1945, AOFAA C. 19 DGEF PI 1945/46.

195 Politique des produits en ZFO, 8 octobre 1945, citée en note 188.

196 « Note pour Jean Filippi », René Dejardin, contrôleur général de l'économie et des finances, 20 juin 1946, comprenant un projet de création de services de contrôles économiques français et allemands dans chacune des provinces de la ZFO, AOFAA, AEF 360/15 ; courrier de Laffon au général de Montsabert (à l'attention de l'intendant général Casangue), 3 août 1946, AOFAA, C. 19 DGEF PI 1945/46.

197 Courrier de Laffon à Grandval a/s de la « répartition des tuiles de Mittelbexbach », 3 décembre 1945, et courrier de Laffon au général Schwartz a/s de la « fabrication et de la répartition de produits détersifs pour le mois de février 1946 », 29 janvier 1946, AOFAA, C. 19 DGEF PI 1945/46.

198 Courrier de Laffon à Grandval a/s de l'« Union-Werk à Sarrelouis – voitures d'enfant », 17 août 1946, AOFAA, C. 19 DGEF PI 1945/46.

paires de chaussures de ski ?[199] – et les procédés employés. En donnant un caractère prioritaire à ces commandes, l'Intendance retarde en effet d'autres programmes de fabrication, destinés notamment à la France, qui lui semblent bien plus urgents[200]. En juillet 1946, il se plaint auprès du général Koenig de la généralisation, au sein de l'armée, d'un trafic à grande échelle de cartes individuelles de rationnement[201]. Depuis le début de 1946, chaque Français de ZFO s'est en effet vu attribuer une carte individuelle de rationnement dotée de points en échange desquels son titulaire peut acquérir, dans les économats et les foyers du soldat, des produits non alimentaires. En 1946, les effectifs militaires en ZFO sont très fortement réduits. Les cartes individuelles des soldats quittant la zone doivent être restituées à l'administration. En réalité, le nombre des cartes rendues reste très inférieur à celui des départs effectifs. De nombreux titres continuent donc à être utilisés par des personnes qui disposent déjà d'une carte individuelle. Laffon considère que ces détournements empêchent que les besoins des Français en ZFO – surtout des civils – soient satisfaits correctement. Il exige donc que les auteurs de ces fraudes soient sévèrement punis. Il demande aussi que les agents de distribution des économats, complices de ces abus, soient sanctionnés.

*

* *

La politique économique de la France dans sa zone d'occupation est profondément ambivalente. Si le système d'économie dirigée constitue une réponse adaptée aux difficultés structurelles et conjoncturelles que rencontrent les Français dans la gestion économique de leur zone, il est en même temps un formidable instrument de pouvoir entre les mains des Français, qui permet d'orienter la relance économique de la zone dans un sens favorable aux intérêts hexagonaux. Cette ambivalence est également due au fait que les buts économiques sont subordonnés aux objectifs politiques que la France poursuit sur la rive gauche du Rhin. Les provinces de la zone sont par conséquent traitées différemment selon l'intérêt politique et stratégique qu'elles représentent pour la France. Les objectifs de la politique économique de la France sont eux-mêmes très ambigus : il s'agit aussi bien d'exploiter l'économie de la zone que d'encourager la démocratisation de la vie économique alle-

[199] Courrier de Laffon au général de Montsabert a/s du « programme de fabrication de chaussures », 7 novembre 1945, AOFAA, AEF 365/6 ; courrier de Laffon au général de Montsabert (intendant, directeur de l'intendance des troupes d'occupation), 10 novembre 1945, AOFAA, C. 19 DGEF PI 1945/46.

[200] Courrier de Laffon au général de Montsabert, 10 novembre 1945, cité en note 199.

[201] Courrier de Laffon à Koenig a/s des « conditions d'application de la réglementation en matière de rationnement non alimentaire », 24 juillet 1946, AOFAA, C. 19 DGEF PI 1945/46.

mande. Lors de la première année d'occupation, la dimension « prédatrice » est toutefois davantage développée que la politique de démocratisation.

CHAPITRE VI

Des résultats en trompe-l'œil

Le 15 juin 1946, le commissariat général aux affaires allemandes et autrichiennes (CGAAA) inaugure à Paris, au palais Berlitz, une exposition sur l'occupation française en Allemagne[1]. Les panneaux présentés mettent en avant les résultats obtenus par les Français après une année d'occupation. Le bilan semble très positif. En ZFO, la vie, « étroitement contrôlée »[2] par les autorités françaises, renaît dans un sens favorable à la France. « L'Allemagne répare et restitue »[3]. « Les Français remettent la zone en ordre, avec le souci constant d'apporter une aide maxima à l'économie française »[4]. À la lecture de ces panneaux, la politique d'occupation de la France et, par extension, sa politique allemande semblent couronnées de succès. La réalité, qu'il s'agisse du plan français sur la Ruhr et la Rhénanie, du rôle de la France au Conseil de contrôle ou de la politique d'occupation, est beaucoup plus contrastée.

I. Le rejet du plan français sur la Ruhr et la Rhénanie

Les Français avaient pensé pouvoir discuter le sort de la Ruhr et de la Rhénanie lors de la conférence de Londres, en septembre 1945. Leurs espoirs sont déçus. La conférence est un échec[5]. Ernest Bevin propose cependant à Georges Bidault d'organiser des réunions d'experts français et britanniques, qui étudieront en détail les propositions françaises[6]. Les responsables français reprennent la démarche à leur compte et organisent des rencontres similaires avec les Américains et les Soviétiques[7].

---

1 Photographies de l'exposition dans Lorentz, C., *La France et les restitutions allemandes*, *op. cit.*, p. 138-139, figures 10 à 14.

2 *Ibid.*, partie de la légende de la figure 12.

3 *Ibid.*, légende de la figure 11.

4 *Ibid.*, partie de la légende de la figure 12.

5 Résumé de la conférence fait par Maurice Dejean, directeur des affaires politiques au Quai d'Orsay, dans un courrier adressé à Tarbé de Saint-Hardouin, 28 septembre 1945, AMAE, Y 1944/49, t. 690.

6 Courrier de Duff Cooper, ambassadeur de Grande-Bretagne à Paris, à Georges Bidault, 8 octobre 1945, AMAE, Y 1944/49, t. 394.

7 Note pour le ministre a/s des conversations sur l'Allemagne occidentale, MAE, dir. pol., 8 octobre 1945, tél. du MAE à l'ambassade de France à Moscou, 18 octobre 1945, tél. du MAE aux ambassades de France à Bruxelles et La Haye, 19 octobre

Grâce à ces négociations par voie diplomatique, le gouvernement français veut obtenir la convocation d'une conférence alliée, qui fixerait le sort des différentes régions d'Allemagne occidentale. L'objectif est évidemment d'obtenir le détachement de la Ruhr, de la Rhénanie et de la Sarre. Les conversations bilatérales débutent à Londres, se poursuivent à Washington et s'achèvent à Moscou.

A. L'échec des conversations bilatérales de l'automne 1945

1. Le scepticisme britannique

À Londres, les discussions s'échelonnent du 12 au 26 octobre 1945. Elles s'ouvrent par une réunion plénière. Des comités – politique et militaire, économique – examinent ensuite les multiples aspects de la question[8]. Les Français accordent une grande importance à ces échanges de vues. Les Britanniques, qui occupent la Ruhr et une grande partie de la Rhénanie, sont en effet les premiers concernés par les projets français. Le plan prévoit d'ailleurs leur participation très active au contrôle de la Ruhr et à celui d'une partie de la Rhénanie. Pour les Français, la réussite de ces premières conversations conditionnera l'attitude des deux autres Grands. La composition de la délégation française traduit l'importance que le GPRF accorde à ces discussions. Aux côtés de Maurice Couve de Murville, qui la préside, figurent des membres de l'ambassade de France à Londres (le premier secrétaire Olivier Wormser et un conseiller, Pierre Francfort) des militaires (les lieutenants-colonels Clémentin et Stehlin, le capitaine de vaisseau Rebuffel) mais aussi de nombreux experts des questions politiques et économiques (Hervé Alphand, Éric de Carbonnel et Geoffroy de Courcel du Quai d'Orsay, Jacques Rueff, délégué français à la commission des réparations, Pierre-Paul Schweitzer, des Finances, et Jean Chardonnet, un universitaire spécialiste d'économie industrielle)[9].

Les conversations s'avèrent très vite décevantes. Les deux délégations envisagent en effet la question en des termes radicalement différents. Pour les Français, le plan proposé répond à des exigences politiques de sécurité et non à des critères économiques. Dans leur esprit, il est avant tout essentiel de trouver un accord sur les questions d'ordre

---

1945, tél. du MAE à l'ambassade de France à Washington, 19 octobre 1945, AMAE, Y 1944/49, t. 394.

8 Après une première conversation, qui a lieu le 12 octobre 1945 au Foreign Office, deux autres sont organisées le 19 octobre ; un sous-comité politique et militaire se réunit les 20, 24 et 25 octobre tandis que trois réunions ont lieu à la Trésorerie, les 19, 24 et 25 octobre. Les conversations s'achèvent par une réunion plénière au Foreign Office le 26 octobre 1945.

9 Composition de la délégation française établie à partir des différents comptes rendus de réunions. Cf. *infra*.

politique. Il sera ensuite toujours possible de trouver des arrangements pour aplanir les difficultés économiques[10].

Cette conception n'est pas partagée par les Britanniques qui attachent au contraire une grande importance aux questions économiques. Ils s'intéressent ainsi aux conséquences que le plan aura sur la viabilité économique de la Ruhr et de l'Allemagne amputée. Ils essaient également de prévoir la réaction des populations intéressées. Aussi leurs réserves sont-elles avant tout d'ordre économique et social.

Du seul point de vue économique, le plan français est, pour les Britanniques, une aberration. Sir David Waley, secrétaire au Trésor, le dit tout de go dès la première réunion : les « propositions françaises impliquent de tels désavantages économiques et financiers, aussi bien pour l'Allemagne que pour l'Europe, que personne ne peut les recommander »[11]. Dès le début de la deuxième réunion, il rappelle qu'« après avoir amputé l'Allemagne à l'Est, il s'agit de l'amputer à l'Ouest » et que « du seul point de vue économique et financier, la conception est folle »[12]. Les Britanniques considèrent au fond que le plan français ne permettrait ni à la Ruhr ni au reste de l'Allemagne d'être économiquement viables.

Son adoption fragiliserait assurément l'économie de la Ruhr. Sa structure très déséquilibrée, à dominante industrielle, la rendra sensible aux crises économiques. Ces difficultés seraient accrues par l'absence d'union douanière avec l'Allemagne, ce qui freinerait les échanges traditionnels qui existaient entre la Ruhr et l'ancien Reich. Les limitations drastiques des industries de base mais aussi des industries de transformation, prévues dans le plan français, ne permettraient en aucun cas aux entreprises restantes d'avoir une activité suffisante pour faire vivre la Ruhr. Une grande partie de la main-d'œuvre serait contrainte au chômage. Faute de pouvoir exporter suffisamment, la balance commerciale serait inévitablement déficitaire. Dans ces conditions, il ne semble pas aux Britanniques, contrairement à ce qu'avancent les Français, que la Ruhr pourrait participer activement à la reconstruction économique de l'Europe[13].

---

[10] La thèse française est rappelée par Maurice Couve de Murville lors des premières conversations : « première conversation franco-anglaise relative à la Rhénanie et à la Ruhr (séance du 12 octobre 1945) », et « conversations franco-anglaises relatives à la Rhénanie et à la Ruhr ; séance du 19 octobre 1945 au Foreign Office », AOFAA, AAA 1440/1.

[11] Conversations franco-anglaises, 19 octobre 1945, citées en note 10.

[12] « Deuxième réunion au Foreign office au sujet de l'Allemagne occidentale, 19 octobre 1945 », AOFAA, AAA 1440/1.

[13] Interventions de Sir David Waley et de Turner lors des réunions à la Trésorerie : « réunion à la Trésorerie le 24 octobre 1945 », et « réunion à la Trésorerie le 25 octobre 1945 », AOFAA, AAA 1440/1.

Pour l'Allemagne, les conséquences économiques du plan français devraient être pires. L'industrie qui y sera maintenue ne permettrait pas d'assurer un niveau de vie correct à la population allemande, d'autant que cette dernière sera sans doute plus nombreuse que prévu[14]. L'absence d'union douanière avec la Ruhr constituerait, comme il a déjà été précisé, un obstacle aux échanges et précipiterait la faillite économique de l'Allemagne[15].

Pour les Britanniques, cette rupture des échanges séculaires entre l'Allemagne et la Ruhr aurait par ailleurs de graves conséquences géopolitiques en Europe. Sur le plan économique, l'État de la Ruhr se tournerait vers l'Ouest, tandis que l'Allemagne n'aurait d'autre choix que de chercher à se ravitailler à l'Est, dans les pays proches de la Russie[16]. Selon les Britanniques, le plan français risquerait donc de transformer l'Allemagne en une puissance orientale, « la frontière de la Ruhr [devenant] la frontière entre l'Occident et l'Orient »[17]. Que les Soviétiques établissent leur influence sur l'Allemagne grâce au détachement de la Ruhr n'est évidemment pas acceptable pour eux. Ils s'opposent d'ailleurs très vivement à toute participation soviétique à la gestion active de la Ruhr[18].

En plus de ces réserves d'ordre économique et géopolitique, les Britanniques s'inquiètent du regain de puissance que la France pourrait tirer du détachement de la Ruhr. À la lecture des documents français, ils comprennent immédiatement que le plan prévu à Paris est destiné à renforcer les sidérurgies française et belge au détriment de l'industrie lourde allemande[19]. Comme les Français n'ont cessé d'invoquer la sécurité pour justifier leurs demandes de détachement, les Britanniques feignent de s'étonner que les Français poursuivent aussi des objectifs économiques. Sir David Waley a dès lors beau jeu de souligner, non sans ironie, que le plan français accroîtrait sensiblement la puissance compétitive de la métallurgie hexagonale vis-à-vis de sa concurrente allemande mais aussi par rapport à l'industrie sidérurgique britannique. Ainsi, le plan français semble doublement pénalisant pour les Britanniques. D'un côté, il renforcerait la puissance économique française, tandis que de l'autre, il risquerait d'accroître la concurrence qui serait

---

14 Avec l'afflux des personnes déplacées et des réfugiés, en provenance notamment des territoires allemands cédés à l'URSS et à la Pologne, l'Allemagne devrait en effet compter, selon les calculs britanniques, près de 60 millions de personnes.

15 Voir les documents cités dans la note 13.

16 Intervention de Sir David Waley : réunion à la Trésorerie, 25 octobre 1945, citée en note 13.

17 Intervention de Turner : réunion à la Trésorerie, 25 octobre 1945, citée en note 13.

18 Réunions à la Trésorerie, 24 et 25 octobre 1945, citées en note 13.

19 Sur ce point, voir le chapitre IV.

faite aux Britanniques dans le secteur charbonnier. La Ruhr, qui exporterait son charbon vers les pays d'Europe de l'Ouest, deviendrait en effet un rival fort sérieux pour la Grande-Bretagne. Certes, à court terme, la question ne se poserait pas. La production britannique, qui se relève lentement, suffit à peine aux besoins intérieurs. Pendant toute la durée de la reconstruction économique de l'Europe, il y aurait d'ailleurs de tels besoins en charbon que les pays exportateurs ne devraient guère se faire concurrence. Mais la situation sera bien différente lorsque la phase de reconstruction sera achevée. Les productions de la Ruhr entreraient alors en concurrence directe avec leurs homologues britanniques[20].

Si l'on ajoute à ces différentes réserves le fait que les experts militaires britanniques ne s'expliquent guère pourquoi, du strict point de vue de la sécurité, le détachement politique de la Ruhr devrait être doublé de celui de la Rhénanie[21], il paraît clair, aux termes des conversations, que les Britanniques refuseront le plan français. Sir David Waley s'oppose d'ailleurs à la rédaction d'un rapport sur les questions économiques et, lors de la réunion plénière qui clôt les conversations, ne manque pas de rappeler les « sérieuses objections » que suscite ce plan[22]. Pour autant, les diplomates britanniques se veulent rassurants. Ils certifient à leurs homologues français qu'ils vont étudier plus en détail leurs propositions avant que leur gouvernement se prononce[23]. Mais il est clair que les Britanniques n'accepteront pas un projet auquel ils n'ont trouvé que des défauts.

2. Les réserves américaines

Un mois plus tard, en novembre 1945, Maurice Couve de Murville est dépêché à Washington. Accompagné d'Armand Bérard, conseiller à l'ambassade de France à Washington, il s'entretient à quatre reprises

20 Déclarations de Sir David Waley : réunion à la Trésorerie, 24 octobre 1945, citée en note 13.

21 « Discussions franco-britanniques sur la Ruhr et le Rhin ; sous-comité militaire ; réunion du 24 octobre 1945 », AOFAA, AAA 1440/1.

22 Déclaration de Sir David Waley : réunion à la Trésorerie, 25 octobre 1945, citée en note 13. En outre, Waley attaque très vivement les conséquences du plan français, d'un point de vue économique, lors de la dernière séance au Foreign Office. L'attaque est telle qu'Hervé Alphand se sent obligé de lui répondre : « séance du 26 octobre 1945 au Foreign Office ; déclaration de Sir David Waley », et « séance du 26 octobre 1945 au Foreign Office ; réponse de M. Alphand à Sir David Waley », AOFAA, AAA 1440/1.

23 Déclarations de Oliver Harvey lors de la réunion de conclusion : « conversations franco-britanniques au sujet de la Ruhr et de la Rhénanie (réunion plénière du 26 octobre 1945 au Foreign Office) », AOFAA, AAA 1440/1.

avec des experts américains[24]. *A priori*, leurs réactions sont moins négatives.

Dans le domaine économique, les Américains font part des mêmes réserves que les Britanniques. Ils redoutent par-dessus tout que le plan français plonge la population allemande dans la misère. Ils craignent aussi qu'il remette en cause les fondements mêmes de leur politique allemande. Il obligerait d'abord les États-Unis à soutenir très activement l'Allemagne. La baisse du niveau de vie qui résulterait du plan français les contraindrait en effet à aider massivement la population allemande. Or Washington ne veut pas avoir à subvenir aux besoins des Allemands. Les Américains estiment que les Alliés doivent leur donner les moyens de financer eux-mêmes leurs approvisionnements[25]. De plus, le plan français mettrait à mal les intérêts américains dans la Ruhr. Les experts américains regrettent par exemple que les Français envisagent la « nationalisation » de toutes les entreprises sidérurgiques et charbonnières de la Ruhr sans avoir prévu d'exceptions pour les entreprises à participations alliées. À leurs yeux, ces dernières devraient bénéficier d'un statut particulier, qui protégerait les intérêts étrangers[26]. Ils se méfient enfin du projet français parce qu'il remettrait en cause le système d'économie libérale auquel ils sont très attachés. C'est pourquoi la constitution de la Ruhr en un État indépendant leur semble préférable à la création d'un État sous contrôle international. Dans ce dernier cas, les grandes entreprises seraient en effet sous la tutelle des États et le libre jeu de la concurrence ne fonctionnerait plus. De toute façon, ils considèrent que les intérêts opposés des puissances représentées au sein de l'organisme de contrôle et de la commission de gouvernement de la Ruhr interdiraient, à moyen terme, de mener une politique économique cohérente[27].

---

24 À Washington, la délégation française rencontre les diplomates américains lors de quatre séances de travail – les 13, 15, 19 et 20 novembre 1945. La délégation américaine est composée, pour l'essentiel, de Dunn, de Freeman Matthews, de Thorp, « special assistant » de William Clayton, de Ben Cohen, « special assistant » de James Byrnes, de Culberston, chef de la division de l'Europe occidentale au département d'État, de Charles P. Kindelberger, chef de la division des territoires occupés à la direction des affaires économiques du département d'État, de James W. Riddleberger, chef de la division d'Europe centrale au département d'État, de Reinstein, expert économique, enfin de Walter Rostow, économiste.

25 Interventions de Kindelberger et de Thorp : « première séance d'études au sujet du statut de la Ruhr et de la Rhénanie tenue au Département d'État le mardi 13 novembre 1945 », AOFAA, AAA 1440/3.

26 Kindelberger et Dunn, 1re séance d'études, citée en note 25 ; interventions de Riddleberger et de Dunn lors de la « troisième séance d'études a/s du statut de la Ruhr et de la Rhénanie tenue au département d'État le lundi 19 novembre 1945 », AOFAA, AAA 1440/3.

27 Matthews et Kindelberger, 1re séance d'études, citée en note 25 ; intervention de Cohen : « deuxième séance d'études au sujet du statut de la Ruhr et de la Rhénanie tenue au département d'État le jeudi 15 novembre 1945 », AOFAA, AAA 1440/3 ;

Les préoccupations des Américains sont aussi d'ordre politique. Les experts veulent d'abord savoir quelles seront les prérogatives effectives des puissances faisant partie des organismes de contrôle et de gouvernement[28]. En réalité, ils veulent être sûrs que le système ne conférera pas trop de pouvoirs aux Soviétiques. Contrairement aux Français, qui prévoient que les membres des deux organismes agiront solidairement vis-à-vis de l'ensemble des nations alliées, ils doutent qu'il puisse exister un Russe pour se comporter ainsi[29]. Ils réfutent ensuite l'idée selon laquelle le détachement de la Ruhr constituerait la meilleure solution pour assurer la sécurité. De ce point de vue, la création d'un État plus vaste, groupant la Ruhr, la Rhénanie et la Westphalie, leur semblerait préférable[30]. À vrai dire, ils ne comprennent pas pourquoi les Français ne se satisfont pas, dans le domaine de la sécurité, des dispositions de Potsdam, qui leur paraissent amplement suffisantes[31]. De toute façon, le détachement de la Ruhr ne leur semble pas adapté aux enjeux de la sécurité à l'âge nucléaire. En effet, il n'empêchera nullement l'Allemagne de développer, même sur un territoire réduit, la technologie nécessaire à la construction de la bombe atomique. Plus fondamentalement, les Américains considèrent que les dispositions territoriales et économiques du plan français sont dépassées. Pour l'économiste Walter Rostow, la véritable puissance n'est plus déterminée, désormais, par les anciens facteurs traditionnels : chiffre de la population, ressources industrielles, superficie des États, etc.[32]

La principale opposition au plan français survient toutefois de façon indirecte lors des deux dernières conversations à l'occasion desquelles les Américains dévoilent aux Français leurs buts concernant l'Allemagne. Leur priorité est de réussir à gouverner de façon satisfaisante le pays. Pour ce faire, ils n'entendent pas remettre en cause les accords de Potsdam et considèrent la création d'administrations centrales comme le meilleur moyen d'arriver à leurs buts. Ils pressent donc les Français de les accepter. Il sera de leur point de vue toujours possible de discuter ensuite du sort à réserver à l'Allemagne occidentale. Pour l'heure, la priorité est de parvenir à une meilleure gestion quadripartite de l'Allemagne[33].

Riddleberger, Dunn et Kindelberger, 3e séance d'études, citée en note 26 ; tél. de Washington (Couve de Murville) à MAE, 16 novembre 1945, AOFAA, AAA 1440/3.

28 Matthews, 1re séance d'études, citée en note 25 ; Riddleberger, 2e séance, citée en note 27.

29 Matthews, 1re séance d'études, citée en note 25.

30 Cohen, 2e séance d'études, citée en note 27.

31 Riddleberger, 2e séance d'études, citée en note 27.

32 Kindelberger et Rostow, 3e séance d'études, citée en note 25.

33 Matthews, Dunn, Cohen et Rostow, 3e séance d'études, citée en note 25. C'est également ce que dit James Byrnes à Couve de Murville lors de leur entretien qui a sans

Devant le refus français d'accepter la création des administrations centrales avant d'avoir obtenu gain de cause pour le détachement des territoires d'Allemagne occidentale, Ben Cohen, conseiller spécial du secrétaire d'État américain, se fait menaçant. Il prévient Couve de Murville qu'en face d'une opposition persistante des Français, les États-Unis proposeront à leurs Alliés de créer des administrations centrales à trois, sans la France[34].

Le bilan des conversations franco-américaines est donc décevant. Après les négociations menées à Londres et à Washington, le rejet du plan français ne fait guère de doute.

3. L'attentisme soviétique

Une délégation française est cependant dépêchée à Moscou. Le Quai d'Orsay compte en effet sur l'appui des Soviétiques pour obtenir rapidement la convocation d'une conférence qui fixerait le sort de l'Allemagne occidentale. Un rapprochement entre Russes et Français sur la question de la Ruhr serait évidemment un atout de poids face aux réticences anglo-américaines.

Les conversations à Moscou s'annoncent cependant difficiles. D'abord, parce que le plan français ne doit en aucun cas donner le sentiment aux Soviétiques qu'il a pour objectif de créer, sous une nouvelle forme, une sorte de bloc occidental. Moscou le condamnerait sans appel. Ensuite, parce que la délégation française devra s'employer à montrer aux Soviétiques que la place qui leur serait faite dans l'organisme de contrôle leur conférerait de réels pouvoirs. En même temps, il s'agira de les dissuader de vouloir participer à la commission gouvernementale de la Ruhr, parce que les Américains et les Britanniques, qui y sont fermement opposés, refuseraient alors le plan français[35]. Bref, il faudra aux négociateurs français beaucoup d'habileté.

C'est à Hervé Alphand et au général Catroux, ambassadeur de France à Moscou, que revient cette délicate mission. Lors de deux entretiens, les 12 et 22 décembre 1945, les diplomates français s'emploient activement à convaincre Vyatcheslav Molotov, le commissaire soviétique aux

---

doute lieu le 20 novembre 1945 : tél. de Washington (Couve de Murville) à MAE, 20 novembre 1945, AOFAA, AAA 1440/3.

[34] Interventions de Cohen lors de de la « quatrième séance d'études a/s du statut de la Ruhr et de la Rhénanie tenue au département d'État le mardi 20 novembre 1945 », et tél. de Bonnet à MAE, 20 novembre 1945, AOFAA, AAA 1440/3.

[35] Courrier du général Catroux, ambassadeur de France à Moscou, à Bidault, concernant « le problème de l'Allemagne occidentale et l'URSS », 29 novembre 1945, AMAE-Paris, Y 1944/49, t. 395 ; courrier d'Alphand à Bidault qui fait le point sur les premières négociations, 18 décembre 1945, AOFAA, AAA 1440/2.

Affaires étrangères, des avantages du plan français[36]. Ils soulignent que le détachement de la Ruhr doit assurer la sécurité à long terme du continent européen, sécurité à laquelle Français et Soviétiques, qui ont été victimes à plusieurs reprises de l'agression de l'Allemagne, sont particulièrement sensibles. Ils certifient aussi à Molotov que la Ruhr ne sera pas aux mains de quelques puissances mais au service de la reconstruction de l'ensemble du continent. Ils insistent également sur les rapports cordiaux qui lient les deux pays, évoquent l'amitié des peuples français et russe et rappellent enfin le sens du traité franco-soviétique signé un an plus tôt. Bref, Alphand et Catroux font tout ce qu'ils peuvent pour créer un climat de confiance[37]. Sans succès. Les échanges, protocolaires, sont froids. Molotov, qui ne se départit pas d'une attitude fuyante, adopte une position attentiste[38]. Ses interventions se concentrent sur trois points.

Il demande d'abord à être informé en détail du rôle qu'aura l'organisme de contrôle de la Ruhr. L'URSS étant censée y prendre part, il veut en connaître les prérogatives exactes. Il s'informe aussi des moyens – en particulier militaires – dont il disposera réellement[39].

Il s'intéresse ensuite aux réactions des autres puissances. Il interroge d'abord les Français sur la position des Belges et des Néerlandais – qui doivent participer au contrôle de la Rhénanie, au nord de Cologne – et s'étonne qu'ils ne les aient pas encore consultés. Il demande ensuite si les Américains et les Britanniques ont donné leur accord aux propositions françaises. En s'enquérant des prises de position des Anglo-Américains, Molotov adopte une position résolument attentiste, qui ne peut tromper les négociateurs français. L'URSS ne s'engagera pas aux côtés de la France avant de savoir comment les autres puissances agiront. Les espoirs français sont donc déçus. Contrairement à ce qu'ils escomptaient, ils ne quitteront pas Moscou avec l'appui du Kremlin. En concentrant ses questions sur les réactions des deux autres Grands, Molotov signifie aussi à ses interlocuteurs qu'aux yeux des Soviétiques, la position de la France compte peu par rapport à celles de la Grande-

---

36 « Compte rendu des entretiens franco-soviétiques relatifs au régime de la Ruhr et de la Rhénanie », 12 décembre 1945, AMAE, Y 1944/49, t. 395 ; « compte rendu n° II des entretiens franco-soviétiques relatifs au régime de la Ruhr et de la Rhénanie », 22 décembre 1945, AMAE, Y 1944/49, t. 396.

37 Alphand, flatteur, déclare même à Molotov : « Je ne connais pas seulement M. Molotov par la renommée, mais aussi par les contacts personnels, que, naguère, mon père a pu avoir avec lui et dont il m'a dit combien ils ont été confiants et combien ils auraient pu être fructueux pour nos deux pays ». Voir le compte rendu du 12 décembre 1945, cité en note 36.

38 Courrier d'Alphand à Bidault, non daté (postérieur au premier entretien avec Molotov), AMAE, Y 1944/49, t. 396.

39 Compte rendu du 12 décembre 1945, et compte rendu n° II, 22 décembre 1945, cités en note 36.

Bretagne et des USA. Pour Moscou, la France reste une puissance de second rang[40]. Le constat est amer.

D'ailleurs, Molotov enterre définitivement les espoirs français en regrettant que Paris ne fasse pas siennes les propositions soviétiques concernant la Ruhr, formulées à Potsdam. Celles-ci prévoient l'internationalisation de la Ruhr, qui serait placée sous le contrôle des quatre puissances occupant l'Allemagne[41].

Au terme des trois séries de conversations bilatérales, le sort du plan français ne fait donc guère de doute. Les Britanniques le rejettent à cause de ses implications économiques et géopolitiques pour l'Allemagne. Ils ont par ailleurs percé à jour les arrière-pensées françaises et compris qu'en acceptant le plan français, ils confèreraient à leur allié continental une puissance économique renforcée, tandis qu'ils soumettraient leur propre industrie à la concurrence directe de la Ruhr. De leur côté, les Américains voient dans le plan français l'exact « négatif » de leur politique allemande. En l'acceptant, ils seraient contraints de soutenir massivement l'Allemagne. Ils mettraient aussi à mal leurs intérêts, notamment en Ruhr où les participations américaines devraient être internationalisées. Le plan français instaurerait enfin un système économique opposé au libéralisme que les Américains défendent. Quant aux Soviétiques, ils ont compris que les Français leur réservent en Ruhr un strapontin. La cause est donc entendue. Pourtant, à l'issue des conversations, le 22 décembre 1945, les gouvernements des Trois se gardent bien de donner un avis officiel.

B. L'enterrement du plan français

Au début de l'année 1946, les négociations piétinent. Les Français attendent que leurs Alliés prennent officiellement position sur leur plan. Mais les trois Grands restent silencieux. Un cercle vicieux, qu'Hervé Alphand avait déjà dénoncé à Moscou, s'installe : les Soviétiques refusent de donner leur avis avant les Britanniques et les Américains ; ces derniers considèrent que c'est aux puissances européennes de se prononcer en premier ; quant aux Britanniques, ils attendent de connaître la position des Américains et des Soviétiques avant de donner la leur[42]. Pour tenter de débloquer la situation, les Français prennent deux décisions. Ils continuent de souligner la nécessité de fixer sans attendre le statut de l'Allemagne occidentale et refusent par conséquent la création des administrations centrales allemandes tant qu'une décision concer-

---

40 *Ibid.*

41 Compte rendu du 12 décembre 1945, cité en note 36.

42 Déclaration d'Alphand à Molotov lors de leur seconde conversation (compte rendu n° II du 22 décembre 1945, cité en note 36), tél. de Catroux au MAE, 22 décembre 1945, AMAE, Y 1944/49, t. 396.

nant la Ruhr et la Rhénanie n'aura pas été prise[43]. Parallèlement, ils cherchent à dissiper les craintes de leurs interlocuteurs. Les experts de la direction économique du Quai d'Orsay présentent donc, dès janvier, une nouvelle étude sur l'économie de la Ruhr et de l'Allemagne, destinée à montrer que les conséquences économiques du plan français, loin d'être désastreuses, seront positives. Ses résultats soulignent en effet que la Ruhr serait en mesure de livrer à l'Allemagne les produits dont elle aura besoin, qu'elle participerait activement à la reconstruction européenne, grâce à l'exportation annuelle de 60 millions de tonnes de charbon, et qu'elle afficherait une balance commerciale largement excédentaire, chiffrée à 288 millions de dollars[44]. Mais les assurances françaises ne débloquent pas la situation.

1. La montée des oppositions

Pendant le premier semestre 1946, l'hostilité des Alliés au plan français s'intensifie. Britanniques et Américains continuent d'en fustiger les conséquences économiques. Lors de la conférence de Moscou[45], Freeman Matthews, du département d'État, résume parfaitement le point de vue des Américains : « nous ne souhaitons plus voir l'Allemagne se transformer en une soupe populaire, les États-Unis fournissant la soupe »[46]. Ce refus d'avoir à subventionner l'Allemagne vaut également pour les Britanniques. Ernest Bevin en parle à Massigli en janvier[47]. À deux reprises, il le redit à Bidault en février[48]. Il refuse d'accepter un plan qui imposerait une charge quelconque, si minime fût-elle, aux contribuables britanniques. Ces considérations économiques se doublent par ailleurs de préoccupations d'ordre moral et politique. Les Anglo-Américains s'élèvent contre la misère qui sévit en Allemagne et refusent de l'affaiblir et de la diviser davantage[49]. De leur côté, les Soviétiques restent inactifs. Contrairement à ce qu'ils avaient promis aux Français, ils tardent à prendre contact avec les Occidentaux pour discuter de la

---

43 Note remise par Massigli à Bevin, 12 janvier 1946, AOFAA, AAA 1444/2.

44 « Note sur les balances commerciales de la Ruhr internationale et de la future Allemagne », MAE, dir. éco., 12 janvier 1946, AOFAA, AAA 1444/2.

45 Elle réunit les trois Grands en décembre 1945. Ils y élaborent les traités de paix avec les satellites de l'Allemagne.

46 « Note pour Monsieur Chauvel », 5 février 1946, résumant une conversation entre Léon Pearson, représentant à Paris de l'*International News Service*, et François Coulet, directeur d'Europe au Quai d'Orsay, du 5 février 1946, AMAE, Y 1944/49, t. 396.

47 Tél. de Massigli à MAE, 3 janvier 1946, AMAE, Y 1944/49, t. 396.

48 « Conversation au Foreign Office le vendredi 1er février 1946 à 11 heures », et « entretien de M. Bidault avec M. Bevin le 18 février 1946 à Londres », AMAE, Y 1944/49, t. 396.

49 Note pour Chauvel, 5 février 1946, citée en note 46.

question[50]. En février, Molotov met un terme aux attentes françaises en réaffirmant la position soviétique sur la Ruhr et en regrettant que la France ne l'adopte pas[51].

L'opposition des Alliés au plan français reste donc officieuse, mais elle prend progressivement un tour si frontal qu'elle ne laisse plus de doute sur leurs intentions. De tous côtés, les critiques fusent. Chez les Américains, les réserves les plus marquées viennent du général Clay, commandant de la zone d'occupation américaine, de Robert Murphy, son conseil politique, et de William Draper, chef des services économiques. Murphy déclare ainsi à Jacques Tarbé de Saint-Hardouin, son homologue français, que les États-Unis n'accepteront jamais le plan français[52]. Comme les représentants américains à Berlin disposent d'une certaine autonomie de décision et d'une grande influence à Washington[53], leur avis n'est pas sans importance. Leurs réticences sont de toute façon partagées à Washington par plusieurs membres du département d'État. Pour James Dunn, secrétaire d'État adjoint pour les affaires européennes, et Freeman Matthews, il ne fait aucun doute que les États-Unis refuseront le plan français. James Byrnes n'est sans doute pas d'un autre avis[54]. Côté britannique, l'opposition au plan français fait également l'unanimité. À Londres, Ernest Bevin qui, jusqu'en février, ne semble pas avoir tranché[55], est ensuite critique. Il refuse que la zone britannique, sous prétexte qu'elle englobe la Ruhr, soit traitée différemment des autres zones d'occupation[56]. Le général Robertson, commandant de la zone britannique, et William Strang, son conseiller politique, sont également opposés au plan français qui, d'un point de vue économique, leur semble non viable[57]. Dès janvier 1946, un diplomate britannique expérimenté, l'ambassadeur Nichols, en poste à Prague, confie d'ailleurs à

---

50 Tél. de Bidault à Catroux, 14 janvier 1946, et tél. de Catroux à MAE, 2 février 1946, AMAE, Y 1944/49, t. 396.

51 Tél. de Catroux à MAE, 17 février 1946, AMAE, Y 1944/49, t. 396.

52 Tél. de Tarbé de Saint-Hardouin à MAE, 7 et 17 février 1946, AMAE, Y 1944/49, t. 396.

53 Déclaration Jefferson Caffery, ambassadeur des États-Unis à Paris, à Étienne Dennery, directeur d'Amérique au Quai d'Orsay, lors d'une conversation le 23 février 1946 ; « note pour le ministre », MAE, dir. Amérique, 25 février 1946, AMAE, Y 1944/49, t. 396.

54 Tél. de Bonnet à MAE, 20 février 1946, AMAE, Y 1944/49, t. 396.

55 Tél. de Catroux à MAE, 20 et 21 décembre 1945, qui évoquent les discussions d'Alphand avec Bevin, AMAE, Y 1944-1949, t. 396 ; tél. de Massigli à MAE, 22 février 1946, qui reprend les déclarations de Bevin du 21 février 1946 à la Chambre des Communes, AMAE, Y 1944/49, t. 397.

56 « Conversation au Quai d'Orsay le 26 avril 1946 entre M. Bidault et M. Bevin », AMAE, Y 1944/49, t. 397.

57 « Conversation de Pierre de Leusse, en poste au CGAAA, avec Sir William Strang », 9 mars 1946, AMAE, Y 1944/49, t. 397.

Maurice Dejean, son homologue français, que le gouvernement britannique ne se ralliera jamais aux thèses françaises parce que l'opinion publique anglaise n'accepterait pas que l'Allemagne occidentale soit amputée[58]. L'opposition soviétique est également patente. Molotov l'a exprimée sans ambiguïté en février[59]. En février toujours, les déclarations d'un représentant du bureau de l'information soviétique de Berlin vont dans le même sens. Il explique que les ouvriers russes ont récemment voté des résolutions demandant que la Ruhr reste allemande[60]. Le message est clair. En mars, le général Koenig avertit Paris que les Soviétiques de Berlin s'opposent fermement au morcellement de l'Allemagne[61].

2. *Un plan britannique concurrent*

La diversité des oppositions et leur caractère concomitant ne laissent aucun doute sur l'issue réservée au plan français. Les propositions concernant la Ruhr qu'émettent Britanniques et Américains en ce début d'année 1946 constituent une condamnation supplémentaire des thèses françaises. Pour les Britanniques, il s'agit de trouver un compromis qui puisse satisfaire l'ensemble des alliés occidentaux. Bien qu'opposés au détachement politique de la Ruhr, ils semblent convaincus « qu'il faut prendre des mesures pour que les Alliés sachent ce qui s'[y] fait »[62]. Pour ce faire, Bevin propose des mesures d'ordre économique. Il envisage la création d'une société internationale qui posséderait les installations industrielles et assurerait le contrôle de l'activité économique dans la Ruhr. Les gouvernements des Quatre seraient les seuls actionnaires de cette sorte de holding. La Ruhr n'en continuerait pas moins de faire partie intégrante de l'Allemagne sur le plan politique. Ce premier projet, ébauché en janvier[63], sert de base aux propositions que les Britanniques présentent aux Français à la fin avril[64]. Les usines de la Ruhr devraient être internationalisées en même temps qu'interviendrait leur socialisa-

---

58 Tél. de Dejean à MAE, 8 janvier 1946, AMAE, Y 1944/49, t. 396.

59 Tél. de Catroux à MAE, 17 février 1946, AMAE, Y 1944/49, t. 396.

60 Tél. de Tarbé de Saint-Hardouin à MAE, 28 février 1946, AMAE, Y 1944/49, t. 396. Dans cette interview donnée à des correspondants australiens a/s de la Ruhr, Bespalov déclare : « je ne puis vous faire part de la position officielle de mon gouvernement à ce sujet. Je puis cependant vous dire que de nombreuses réunions d'ouvriers se sont tenues récemment en URSS au cours desquelles des résolutions ont été votées demandant que la Ruhr reste allemande ».

61 Tél. de Koenig à MAE, 5 mars 1946, AMAE, Y 1944/49, t. 396.

62 Tél. de Massigli à MAE, 3 janvier 1946, AMAE, Y 1944/49, t. 396.

63 *Ibid.*

64 « Projet britannique n° I : propriété internationale des industries de la Ruhr » et « projet britannique n° II : régime de propriété allemande socialisée des industries de la Ruhr, sous contrôle allié », 28 avril 1946, AOFAA, AAA 1407/1.

tion. Mais Paris refuse le projet britannique. De l'avis de la direction économique du Quai d'Orsay, il est trop favorable aux intérêts allemands, les contrôles prévus sont trop lâches, la durée de son fonctionnement trop limitée et son entrée en vigueur, après la fin de l'occupation de l'Allemagne, trop tardive[65]. De leur côté, les Américains continuent d'exhorter les Français à assouplir leur position et à accepter la mise en place d'administrations centrales. Byrnes en fait la demande expresse à Bidault au début du mois de février[66]. Il explique que la gestion de l'Allemagne en serait grandement facilitée et il certifie que l'accord de Paris ne signifierait pas l'abandon du plan français, que les Alliés étudieront en détail. Quoi qu'il en soit de cette promesse, la demande de Byrnes traduit l'inquiétude américaine devant la politique des Soviétiques en Allemagne.

3. *Les prémices de la guerre froide : la mort annoncée du plan français*

À partir de février-mars 1946, Américains et Britanniques considèrent que les Soviétiques tentent d'étendre leur influence sur toute l'Allemagne à partir de leur zone d'occupation[67]. Cette montée des tensions entre Anglo-Américains et Soviétiques joue contre le plan français. Selon les premiers, le détachement de la Ruhr permettrait la soviétisation du reste de l'Allemagne. En se faisant les champions de l'unité allemande, les seconds auront beau jeu d'instrumentaliser à leur profit la montée du nationalisme allemand, qu'un détachement de la Ruhr ne manquerait pas de provoquer[68]. Par ailleurs, les Anglo-Américains reprochent à la politique d'obstruction française au Conseil de contrôle d'avoir permis aux Soviétiques d'exercer un contrôle sans partage sur leur zone d'occupation[69]. Robert Murphy est convaincu que la fusion des partis socialiste et communiste en ZSO aurait été impossible si des organes centraux avaient existé[70]. Au fond, les Anglo-Américains reprochent aux Français d'avoir masqué pendant de nombreux mois, par leur politique d'obstruction, les véritables intentions soviétiques en Allemagne. Pour les Américains, il n'est donc plus

65 « Observations préliminaires concernant la proposition britannique relative à la Ruhr », MAE, dir. éco., 29 avril 1946, AOFAA, AAA 1447/5.

66 Note de James Byrnes pour Georges Bidault relative aux administrations centrales en Allemagne, 5 février 1946, AMAE, Y 1944/49, t. 396.

67 Projet de note, CCFA, cab. civil, 20 mars 1946, AOFAA, c. 196 d. C III 0-1.

68 Conversation de De Leusse avec Murphy, 9 mars 1946, AMAE, Y 1944/49, t. 397 ; « note au sujet des conversations sur les problèmes allemands », MAE, dir. Eur., s/dir. Eur. centr., adressée aux ambassades de France à Londres, Moscou et Washington, 14 mars 1946, AMAE, Y 1944/49, t. 397.

69 Projet de note, 20 mars 1946, cité en note 67.

70 Conversation de Leusse-Murphy, 9 mars 1946, citée en note 68.

question de perdre du temps. Il faut sans attendre mettre en place les administrations centrales prévues à Potsdam pour exercer un droit de regard sur la zone soviétique et pour pousser les Russes, qu'ils soupçonnent de ne pas vouloir une administration quadripartite sur l'Allemagne, à la faute.

Les prémices de la guerre froide condamnent donc définitivement le plan français. Lors des deux sessions du Conseil des ministres des Affaires étrangères à Paris, en avril-mai, puis en juin-juillet, les désaccords entre les Alliés au sujet de l'Allemagne s'aggravent. Lors de la deuxième session du Conseil, les Alliés s'opposent au plan français sur la Ruhr et la Rhénanie. La délégation française ne parvient pas non plus à obtenir gain de cause sur la Sarre[71]. Elle continue cependant de défendre la même politique. Les Américains tirent alors les leçons de l'accroissement des tensions avec les Soviétiques et du refus français de créer des administrations centrales. Le 12 juillet 1946, ils proposent de s'entendre directement, de zone à zone, avec toute puissance qui partagera leurs vues sur l'Allemagne. Les Britanniques acceptent l'offre[72]. Dès juillet 1946, la Bizone est en passe d'être créée. Cinq jours plus tard, les Britanniques annoncent la création d'un nouveau *Land* dans leur zone d'occupation, la Rhénanie-du-Nord-Westphalie, issu de la fusion de la Rhénanie-du-Nord et de la Westphalie[73]. C'en est fini du plan français.

Le rejet du plan français traduit le décalage qui existe entre les conceptions françaises et celles des Alliés. La vision avant tout politique de la France n'est pas partagée par les Anglo-Américains, qui ont une approche beaucoup plus pragmatique, fondée sur l'économie. De la même façon, la vision du système économique protégé, contrôlé et régi par l'État, qui sous-tend le plan français sur la Ruhr, est battue en brèche par les Américains, qui défendent un modèle beaucoup plus libéral. Plus globalement, l'accent que mettent les Français sur les questions de sécurité révèle combien les décideurs français sont hantés par le danger que représente encore à leurs yeux l'Allemagne. Pour les Anglo-Américains, ce danger n'existe plus. Il est relayé par la menace que fait peser l'Union soviétique sur l'Allemagne et l'Europe, ce dont les Français semblent moins conscients. Les conceptions foncièrement différentes des Français et des Alliés sur l'avenir de l'Allemagne expliquent

71 « Note a/s des problèmes allemands », MAE, dir. éco., 18, juillet 1946, qui fait le point sur le résultat de la conférence, AOFAA, AAA 1402.

72 Note récapitulative, MAE, août 1946, AMAE, Y 1944/49, t. 370.

73 Courrier de Tarbé de Saint-Hardouin à Bidault relatif à la « création d'un pays Rhénanie septentrionale-Westphalie et à la presse berlinoise », 25 juillet 1946, AMAE, Y 1944/49, t. 398.

aussi les difficultés que rencontre la France à imposer son point de vue dans les négociations interalliées.

II. Le bilan en demi-teinte des décisions interalliées

Les négociations interalliées de la fin de l'année 1945 et du début de l'année 1946 portent sur le niveau de l'économie allemande d'après-guerre, sur les réparations et sur la répartition du charbon allemand. Elles fixent donc les cadres dans lesquels évoluera l'économie de l'Allemagne. Par voie de conséquence, elles déterminent aussi, tout au moins en partie, le rythme auquel les économies des pays européens se relèveront et la sécurité dont ils bénéficieront par rapport à l'Ancien Reich. Elles revêtent donc une importance cruciale pour les Français.

A. Le plan pour les réparations et le niveau de l'économie allemande d'après-guerre : un accord mort-né ?

À la lecture du plan pour les réparations et le niveau de l'économie allemande, arrêté le 27 mars 1946 par le Conseil de contrôle interallié, les dirigeants français peuvent se réjouir. Dans l'ensemble, il est conforme à leurs revendications. Il assure aux Français sécurité et réparations. L'industrie lourde, facteur de puissance économique et militaire, est limitée à un niveau très bas. La production d'acier est ramenée à 7,5 millions de tonnes par an. Quant aux industries directement utiles à la préparation d'un conflit, elles sont interdites. Le plan écarte aussi la crainte des Français de voir l'économie allemande se relever plus vite que celle de ses voisins. Sa production industrielle est plafonnée à 50 % de son niveau de 1938. Quant aux réparations, elles seront assurées par la livraison des capacités industrielles qui correspondent aux industries interdites ou qui se trouveront en excédent par rapport aux productions autorisées[74].

Le plan du 27 mars 1946 n'est pas pour autant synonyme de succès pour les Français. Dès sa publication, il est immédiatement critiqué par la presse britannique. Plusieurs grands quotidiens considèrent que les hypothèses et les statistiques retenues pour son élaboration sont aberrantes : tel quel, le plan plongerait l'Allemagne dans la misère[75]. Les autorités anglo-américaines évoquent rapidement sa révision.

---

74 « Plan pour les réparations et le niveau de l'économie allemande d'après-guerre, en application des accords de Potsdam », Autorité alliée de contrôle, 27 mars 1946, AOFAA, C. 2047 c. 2 d. 64.

75 Tél. de Massigli à MAE, 29 mars 1946, AMAE, Y 1944/49, t. 370 : Massigli donne un résumé des positions hostiles du *Times*, du *Manchester Guardian* et du *Daily Telegraph.*

En réalité, l'échec presque immédiat du plan ne tient pas aux seules difficultés que rencontrent les Alliés à déterminer des hypothèses satisfaisantes pour son fonctionnement, fondées sur des statistiques fiables. À Berlin, les négociations entre les délégations au Comité du niveau de l'industrie sont difficiles, parce que les Quatre sont en désaccord profond sur la politique économique à adopter en Allemagne. À l'issue de longues négociations, les Alliés finissent certes par trouver des compromis. Mais ces derniers traduisent surtout la volonté des Anglo-Américains d'arriver à un accord quadripartite alors que les oppositions avec les Soviétiques se multiplient. Ces accords sont par conséquent avant tout politiques et ne tiennent pas compte des équilibres économiques.

1. Des hypothèses de travail et des statistiques caduques

En élaborant le plan pour les réparations et l'économie allemande d'après-guerre, les Alliés ont à se prononcer sur trois questions : les réparations, le désarmement économique et le niveau de vie à laisser à la population allemande. Les principes directeurs retenus donnent la priorité au désarmement. Le niveau de vie à laisser à l'Allemagne passe au second plan[76]. Il n'en demeure pas moins que pour déterminer les installations industrielles excédentaires, destinées aux réparations, il faut d'abord fixer les besoins de la population allemande et le fonctionnement de l'économie allemande d'après-guerre. Or, en ce domaine, les hypothèses de travail retenues par les Alliés sont erronées.

La première concerne le chiffre de la population allemande. Les Alliés l'estiment à 66,5 millions d'habitants[77] alors qu'elle dépasse les 70 millions[78]. Cette erreur initiale empoisonne les négociations. Au cours de l'hiver 1945-1946, il apparaît de plus en plus clairement que les Allemands seront beaucoup plus nombreux que prévu. En février et en mars 1946, les Britanniques s'en inquiètent. Le général Robertson, adjoint au commandant en chef pour la ZBO, souligne que les mesures de désarmement déjà arrêtées sont beaucoup trop drastiques. Elles condamneront ces 3 à 5 millions d'Allemands supplémentaires au chômage.

---

76 « Historique des négociations relatives aux problèmes du niveau de l'industrie allemande et des réparations », DGEF, 29 janvier 1947, AOFAA, AEF 349/9.

77 *Ibid.*

78 Dès le mois de janvier 1946, il ne fait plus aucun doute que la population allemande comptera de 70 à 72 millions d'habitants : « note sur la détermination du niveau de l'industrie allemande », GFCC, DEF, Comité du niveau de l'industrie, 7 janvier 1946, AOFAA, c. 190 d. B IV 4 b ; note sur la « balance commerciale correspondant au niveau futur de l'industrie allemande », GFCC, DEF, Comité du niveau de l'industrie, 13 janvier 1946, AOFAA, c. 187 d. B I 8.

Au vrai, c'est l'Allemagne tout entière qu'elles risquent de plonger dans la misère[79].

La seconde hypothèse est que l'Allemagne doit constituer une unité économique. L'adoption du plan est d'ailleurs censée servir ce traitement unitaire de l'économie allemande en favorisant l'uniformisation des politiques alliées[80]. En réalité, dès l'hiver 1945-1946, les zones sont totalement isolées les unes des autres. Il semble d'ailleurs difficile d'obtenir l'unité économique de l'Allemagne tant que certaines décisions du Conseil de contrôle interdisent *de facto* sa mise en œuvre. Comment l'unité économique allemande pourrait-elle devenir une réalité tant que chacune des puissances occupantes sera responsable de la balance commerciale de sa zone ? Dans ces conditions, les Quatre n'ont en effet pas intérêt à prôner le libre développement du commerce interzone, véritable préalable à la constitution d'une unité économique, dont le déficit éventuel serait à leur charge.

La troisième hypothèse – les exportations allemandes seront autorisées sur les marchés internationaux – est, dans son principe, approuvée par les Quatre. Mais lorsqu'il s'agit de préciser les exportations qui seront autorisées, les Alliés manifestent de profondes divergences.

La dernière hypothèse concerne le niveau de production et de consommation à fixer pour l'Allemagne d'après-guerre. Les Alliés estiment d'abord que leur plan devrait entrer en vigueur en 1949, année considérée comme normale et date à laquelle le niveau de vie dans les divers pays d'Europe devrait avoir rattrapé ce qu'il était avant-guerre, c'est-à-dire son niveau de 1938. Conformément aux accords de Potsdam, les Alliés décident aussi qu'en 1949 le niveau de vie en Allemagne ne devrait pas être supérieur au niveau de vie moyen des pays européens en 1938, URSS et Grande-Bretagne exceptées. Toujours en vertu des accords de Potsdam, ils considèrent enfin qu'à cette date la balance commerciale de l'Allemagne devrait être équilibrée. Pour répondre à ces trois conditions, ils estiment, après d'âpres discussions, que le montant total des exportations et des importations allemandes autorisées s'élèvera à 6 milliards de Reichsmarks. Sur les 3 milliards dévolus aux importations, seule la moitié pourra être consacrée au ravitaillement. Les Anglo-Américains critiquent la faiblesse de ce dernier montant qu'ils estiment très insuffisant pour permettre de nourrir la population allemande[81].

---

79 « Note a/s de la 42e réunion du Comité de coordination », GFCC, DEF, 9 mars 1946, et « note a/s de la 22e réunion du Conseil de contrôle », GFCC, DEF, 11 mars 1946, AMAE, Y 1944/49, t. 364.

80 Historique des négociations, 29 janvier 1947, cité en note 76.

81 *Ibid.*

De telles erreurs d'appréciation ne seraient pas graves si les Alliés étaient d'accord sur la politique générale à adopter vis-à-vis de l'Allemagne. Or, tel n'est pas le cas.

2. De profonds désaccords entre les Alliés

Les désaccords constatés lors des négociations au Comité du niveau de l'industrie traduisent les objectifs différents qu'ont les Quatre quant à la politique économique à suivre en Allemagne.

Des objectifs opposés

La position des Soviétiques n'a pas changé depuis Potsdam. L'URSS veut assurer un désarmement poussé de l'Allemagne, quelles qu'en soient les conséquences pour la population allemande. Par une limitation drastique du potentiel industriel et par l'exportation de produits charbonniers, il s'agit pour les Soviétiques d'assurer tout à la fois la sécurité immédiate de l'URSS, l'octroi de réparations massives et la livraison abondante de matières premières nécessaires à la reconstruction de leur pays[82].

De leur côté, les Anglo-Américains ont profondément évolué depuis l'été 1945. Au début du mois de décembre, un mémorandum américain[83], adressé aux alliés de Washington, fixe les grands axes de la nouvelle politique allemande des États-Unis. Les priorités restent les mêmes. Il s'agit toujours d'éliminer le potentiel de guerre allemand, d'obtenir des réparations pour les Nations unies et de laisser à l'Allemagne une économie capable d'assurer un niveau de vie décent à sa population. Mais l'esprit du mémorandum est bien différent de la politique défendue par Washington à Potsdam. Le désarmement économique prévalait alors. Désormais, c'est le niveau de vie à laisser aux Allemands qui a la priorité. Les Américains s'opposent à la fixation de limitations permanentes à l'économie allemande avant la signature du traité de paix. Ils considèrent aussi que les niveaux de production et de consommation établis par le plan devront pouvoir être constamment révisés, notamment dans le cas où la population allemande augmenterait. Plus fondamentalement, les États-Unis prônent une politique qui s'organisera en plusieurs étapes. À Berlin, en décembre 1945, James Byrnes, le secrétaire d'État américain, les énumère[84]. Dans une première phase, jusqu'en mai 1946, la politique américaine poursuivra trois objectifs : favoriser la réorganisation et le relèvement de l'économie

---

[82] Détermination du niveau de l'industrie, 7 janvier 1946, citée en note 78.

[83] Mémorandum américain relatif au « règlement des réparations et à l'économie allemande en temps de paix », 10 décembre 1945, SAEF, B 33 884.

[84] « Fiche a/s des déclarations de M. Byrnes, secrétaire d'État, concernant le règlement des réparations et l'économie de temps de paix de l'Allemagne », GFCC, secrétariat général, colonel Rotival, 23 décembre 1945, AMAE, DE-AAA, t. 7.

allemande sous contrôle allié ; organiser le désarmement et fixer les réparations en faveur des victimes de l'agression allemande ; empêcher toute famine en Allemagne et en Europe. Dans une seconde phase, de mai 1946 à février 1948, les Américains veulent progressivement relever le niveau de l'économie allemande. Dans le même temps, les réparations seront mises en œuvre. À partir de février 1948, les Allemands devront avoir le contrôle de leur économie. Dès le début de l'hiver 1945, les Américains considèrent que la première phase de leur politique allemande arrive à son terme. Il faut désormais passer à la deuxième étape. C'est pourquoi la délégation américaine au Comité du niveau de l'industrie prône un juste partage des ressources allemandes en charbon entre besoins intérieurs allemands et exportations. Elle se démarque ainsi clairement des Soviétiques comme des Français, qui donnent la priorité aux exportations vers les pays européens. Elle préconise aussi le développement massif des exportations de toutes les productions allemandes qui ne tombent pas sous le coup des interdictions alliées, de façon à permettre à l'Allemagne de subvenir à ses besoins tout en tendant à équilibrer sa balance commerciale. Il s'agit évidemment pour les Américains de ne plus avoir à financer les besoins allemands[85]. À Berlin, la position des Britanniques est, dans une très large mesure, conforme à celle des Américains[86].

Les Français ont évidemment beau jeu de dénoncer les arrière-pensées américaines. En relevant l'économie allemande, en encourageant son insertion dans le système économique mondial, il semble clair que Washington désire faciliter la pénétration des produits américains sur le marché allemand. Les Français continuent de défendre leur politique, dans l'esprit des objectifs généraux arrêtés à Potsdam : le désarmement économique de l'Allemagne assurera la sécurité de l'Europe ; les réparations permettront d'amorcer la reconstruction des pays dévastés par l'Allemagne ; le besoin de justice et d'équité justifiera que le niveau de vie en Allemagne reste inférieur au niveau de vie moyen en Europe ; ce même souci de justice et de stabilité fixera des limites au désarmement économique de l'Allemagne de façon à préserver son équilibre économique et social[87]. Toutefois, cette politique n'est pas non plus dénuée d'arrière-pensées. Certains ministères – l'Économie nationale, la Production industrielle – comptent en effet profiter du plan concernant les réparations et le niveau de l'économie allemande d'après-guerre pour libérer, dans certains secteurs, l'industrie française de la concurrence de sa voisine et tirer parti du démantèlement de l'industrie

---

85 Mémorandum américain, 10 décembre 1945, cité en note 83.

86 Voir *infra* les délibérations au Comité du niveau de l'industrie.

87 Détermination du niveau de l'industrie, 7 janvier 1946, citée en note 78.

d'outre-Rhin pour augmenter, par contrecoup, sa propre puissance industrielle[88].

Vu leurs objectifs discordants, il n'est pas étonnant que les Alliés peinent à trouver des compromis qui les satisfont tous.

De nombreux désaccords

Au Comité du niveau de l'industrie, les divergences entre Alliés concernent presque toutes les branches industrielles. Les Quatre proposent par exemple des volumes de production et d'exportation très différents pour les carburants, l'électricité, la chimie, les métaux ferreux[89]. Les antagonismes les plus forts se cristallisent toutefois sur les fondements de la puissance économique allemande : l'acier et l'industrie mécanique. Les Soviétiques réclament une baisse drastique de la production allemande d'acier, qui serait ramenée à 4,6 millions de tonnes par an. Les Anglo-Américains estiment au contraire que la production allemande doit être relancée et que les limitations devront être moins sévères. Quant aux Français, ils se situent à un niveau intermédiaire et voudraient que la production allemande soit plafonnée à 7,1 millions de tonnes par an. Dans le cas de l'industrie mécanique, les désaccords sont tels que les négociations au sein du comité sont complètement bloquées[90].

Ces désaccords sont accentués par le problème des territoires allemands à prendre en compte dans les calculs. La question des frontières occidentales de l'Allemagne empoisonne des débats déjà difficiles. De l'avis des trois Grands, les chiffres de production proposés dans le plan final devront être valables pour l'Allemagne tout entière, selon les frontières arrêtées à Potsdam. Évidemment les Français s'y opposent catégoriquement. Ils considèrent que la fixation des frontières de l'Allemagne occidentale devra intervenir avant que soit fixé le niveau de l'industrie allemande d'acier. Dans le même temps, ils profitent des discussions du Comité du niveau de l'industrie pour tenter d'obtenir des Alliés que la Sarre soit rattachée économiquement à la France. Ces derniers refusent d'envisager cette hypothèse. La délégation française à Berlin se trouve alors contrainte de défendre une position paradoxale. Alors que les trois Grands veulent ramener le potentiel sidérurgique sarrois à 1 million de tonnes par an, elle demande qu'il soit maintenu à 3 millions de tonnes jusqu'à ce que le sort de la Sarre soit fixé. Mais, en prônant le maintien d'un potentiel sidérurgique supérieur à 10 millions de tonnes, la délégation française ne manquerait pas de prêter le flanc aux critiques des

88 *Ibid.* Cf. *infra* et chapitre IV.

89 « Réunion des délégués des sous-comités du Comité de l'industrie et du Comité des combustibles dans le bureau du Comité du niveau de l'industrie », GFCC, DEF, DIVPI, 8 décembre 1945, AOFAA, C. 1837 c. 3 d. 42.

90 Historique des négociations, 29 janvier 1947, cité en note 76.

Soviétiques, qui l'accuseraient de vouloir maintenir le potentiel de guerre allemand. Pour dépasser ce paradoxe, les Français de Berlin demandent que le potentiel sidérurgique de l'Allemagne soit fixé à 7,5 millions de tonnes d'acier, la Sarre étant exclue. Quoi qu'il en soit des difficultés supplémentaires induites par la question des frontières occidentales de l'Allemagne, les Alliés parviennent à s'entendre sur le potentiel de production d'acier à laisser à l'Allemagne. Il est finalement fixé à 7,5 millions de tonnes[91].

Des compromis indépendants de toute logique économique

Si les Alliés trouvent un accord sur la production allemande d'acier, il reste, au début du mois de mars 1946, de nombreux points de désaccords concernant plusieurs branches industrielles sensibles : les colorants, les produits pharmaceutiques, les textiles synthétiques, le ciment, la production d'électricité, les machines-outils. À cette date, les relations entre les Alliés se sont fortement dégradées. Les tensions entre Soviétiques et Anglo-Américains se font plus fréquentes et chacun suspecte l'autre de ne pas respecter les accords de Potsdam. Pour les Anglo-Américains, l'essentiel est alors de parvenir rapidement à un accord global, de façon à s'assurer que les Soviétiques appliqueront les décisions prises par les Quatre. Ils déploient par conséquent une intense activité pour trouver des compromis, dont la valeur est avant tout politique. À Berlin, le général Clay propose ainsi plusieurs arrangements, susceptibles d'aboutir à des accords. Le 8 mars 1946, il suggère que dans chacune des branches industrielles pour lesquelles aucun accord n'a pu être trouvé, la production allemande autorisée corresponde à la moyenne des chiffres proposés par les quatre délégations[92]. Le lendemain, il avance une autre solution : dans le cas de désaccords opposant trois délégations à une quatrième, qui défendrait des niveaux de production beaucoup plus limités, la production allemande autorisée pourrait correspondre à la proposition des trois délégations minorée de 25 %. Les quatre délégations seraient ainsi satisfaites[93]. Le maréchal Sokolovsky répond aux invites américaines par un marchandage plus classique. Il accepte de faire des concessions pour la plupart des branches industrielles à condition que ses chiffres pour la production de ciment et d'énergie électrique soient acceptés. Clay et Robertson donnent leur accord, sauf pour l'énergie électrique. Le 20 mars 1946, les quatre délégations finissent par trouver un terrain d'entente pour les deux dernières branches industrielles en suspens : l'énergie électrique et la production de machines-outils. Les Alliés réussissent donc à dépasser leurs diffé-

---

91 *Ibid.*

92 « Note pour le ministre », GFCC, 8 mars 1946, AMAE, Y 1944/49, t. 370.

93 « Note au sujet de la 42e réunion du Comité de coordination », GFCC, DEF, 9 mars 1946, AMAE, Y 1944/49, t. 364.

rends. Reste que les accords ne sont nullement fondés sur des bases économiques. À vrai dire, les enjeux économiques ont été purement et simplement ignorés. Les divergences entre les délégations ont été « tranchées par des compromis indépendants les uns des autres, de sorte que le résultat obtenu ne représente pas un ensemble cohérent. Certaines productions de base sont insuffisantes pour assurer le fonctionnement, au niveau prévu, des industries consommatrices, et vice versa »[94]. Le plan pour les réparations et le niveau de l'économie allemande d'après-guerre est donc un échec. Il n'en va pas différemment des négociations concernant le charbon.

B. L'échec des négociations sur le charbon

Au lendemain de la guerre, la France a impérativement besoin de charbon pour relever son économie. À Paris, le GPRF prend diverses mesures – nationalisation des mines, réformes sociales, etc. – destinées à accélérer le redémarrage de la production houillère[95]. Cependant, quels que soient les résultats de la bataille de la production qui est alors engagée, la France reste, comme cela a déjà été dit, tributaire de l'étranger, et particulièrement de l'Allemagne, pour son approvisionnement en produits charbonniers.

Pour obtenir ces livraisons en provenance d'Allemagne, la France dispose de deux atouts. Tout d'abord, elle occupe la Sarre, dont la propriété des mines lui est transmise à la fin 1945. Elle y supervise d'ailleurs la production, en pratiquant une politique d'administration directe. Elle influe donc directement sur le redressement de la production. La France ne bénéficie cependant pas vraiment des fruits de ses efforts, puisque le charbon sarrois est versé au pool allemand, avant d'être réparti entre une part destinée à assurer les besoins intérieurs à l'Allemagne et une part dévolue aux exportations. Mais la France fait partie, et c'est là son second atout, des deux organismes – le Conseil de contrôle interallié, à Berlin, et le Comité européen du charbon, à Londres – qui répartissent le charbon allemand. À partir de septembre 1945, elle participe, aux côtés des trois Grands, à cette répartition au sein du Conseil de contrôle. Le Comité quadripartite des combustibles et, en son sein, le Sous-comité du charbon établissent la part de charbon destinée à la consommation intérieure allemande et celle dévolue aux exportations. Le charbon attribué à la consommation intérieure est à nouveau réparti

94 Historique des négociations, 29 janvier 1947, cité en note 76.

95 Trempé, R., *Les trois batailles du charbon (1936-1947)*, *op. cit.*, Thuillier, J.-P., « L'Europe du charbon. Entre le marché et les États : l'exemple français », in *Belgisch Tijdschrift voor Nieuwiste Geschiedenes. Revue belge d'histoire contemporaine*, n° 1-2, 1988, p. 9-16.

par ce comité entre les différentes zones d'occupation[96]. Le charbon exporté est confié aux soins du Comité européen du charbon – European Coal Organisation (ECO)[97]. Au sortir de la guerre, ce comité comprend la plupart des pays européens. Alors que la pénurie de charbon est générale, ECO a pour tâche principale, en 1946 et en 1947, de centraliser les quantités de charbon mises sur le marché européen par les pays exportateurs et de les répartir, selon des critères complexes, entre les pays importateurs. La France joue un rôle non négligeable au sein d'ECO. Comme tous les pays membres, elle y a un délégué et le secrétaire général de l'organisation, Basile Aicard, est également un Français[98].

La France compte donc sur son statut, sur sa présence au sein des deux comités de répartition mais aussi sur son droit à bénéficier de justes réparations pour obtenir des livraisons de charbon allemand. L'essentiel pour les Français est que celui-ci permette la reconstruction économique de la France et des pays européens. Certains dirigeants considèrent aussi qu'en livrant une grande partie de son charbon, l'Allemagne se relèvera moins vite, ce qui confortera la sécurité et la supériorité économique de la France. Dans l'esprit des Français, il va en tout cas sans dire que les exportations de charbon allemand devront être prioritaires sur les attributions destinées à la consommation intérieure. Il leur paraît d'ailleurs inconcevable que l'Allemagne bénéficie d'allocations de charbon qui lui permettraient de se relever plus rapidement que ses voisins.

1. La directive Truman : les illusions de l'été 1945

Les premières décisions internationales sont favorables aux Français. Le 20 juin 1945, le président Truman, le général de Gaulle et le Premier ministre britannique, Winston Churchill, adressent une directive commune aux commandants en chef des trois zones occidentales de l'Allemagne, leur enjoignant de tout mettre en œuvre pour accroître la production allemande de charbon de façon à exporter 10 millions de tonnes avant la fin de l'année 1945 et 15 millions de tonnes supplémentaires pendant les quatre premiers mois de 1946. La directive donne par

96 Sur l'organisation de la répartition du charbon allemand : deux notes – vraisemblablement du MPI – sur l'« organisation générale de la mission de contrôle charbon en Allemagne », 4 septembre 1945 et sur « la nouvelle organisation du charbon en Allemagne », 15 septembre 1945, AN, F^{12}, 10105 ; tél. du MAE dir. éco., aux ambassades de France en Grande-Bretagne et aux Étas-Unis, 8 novembre 1945, SAEF, B 8853.

97 Sur le Comité européen du charbon : Perron, R., *Le marché du charbon, un enjeu entre l'Europe et les États-Unis*, *op. cit.*, p. 61-72.

98 Sur l'organisation précise et les pouvoirs d'ECO : Perron, R., *Le marché du charbon, un enjeu entre l'Europe et les États-Unis*, *op. cit.*, p. 73-78.

ailleurs clairement la priorité aux exportations sur la consommation intérieure de l'Allemagne[99].

En fait, la directive Truman reste lettre morte. Dès la fin juillet, le maréchal Montgomery, commandant en chef de la zone d'occupation britannique, émet de grandes réserves quant à la possibilité de respecter la directive Truman sans porter de graves préjudices à la population allemande[100]. À ces questions d'ordre politique s'ajoute la lenteur du redémarrage de la production, notamment dans la Ruhr. En septembre, le total des exportations n'atteint que 1,5 million de tonnes et les projections pour les trois derniers mois de l'année montrent que les exportations pour 1945 n'excéderont pas 5 millions de tonnes, soit 50 % au mieux des prévisions de la directive Truman[101].

Dès le mois de septembre, Jean Monnet pointe les difficultés qu'il faudrait dépasser rapidement pour accroître la production dans les mines allemandes : les mineurs sont mal approvisionnés, mal vêtus ; le matériel – bois de mine, outils – fait défaut ; les transports sont insuffisants ; surtout, les mines des différentes zones travaillent sans concertation et sont totalement isolées les unes des autres[102].

2. Le rejet du « dictateur du charbon »[103]

Monnet propose alors de reprendre un projet qu'Harold Ickes, secrétaire d'État américain à l'Intérieur, et lui-même avaient déjà envisagé au printemps 1945[104]. Pour Monnet, les difficultés seraient dépassées si la

---

99 Tél. de Washington au général de Gaulle, 20 juin 1945, FJME, AMF 4/3/1 ; « Proposed directive to the American Commander-in-Chief in Europe, annexée au télégramme, FJME, AMF4/3/1 bis, (traduction en français, datée d'août 1945, FJME, AMF 4/3/1 ter).

100 Lettre de Koenig à Berthelot, 12 août 1945, avec en annexe projet de lettre de Montgomery à Washington, AOFAA, p. 190 d. B IV 4 c.

101 Courrier de Monnet à Clayton, 24 septembre 1945, FJME, AMF 4/3/10.

102 Tél. de Monnet (Washington) à de Gaulle, 11 septembre 1945, AMAE, Y 1944/49, t. 690.

103 À notre connaissance, le premier à avoir évoqué le « dictateur du charbon » est Poidevin, R., « La France et le charbon allemand au lendemain de la Deuxième Guerre mondiale », in *op. cit.*, p. 367. Voir aussi les passages qu'y consacrent Perron, R., *Le marché du charbon, un enjeu entre l'Europe et les États-Unis*, *op. cit.*, p. 83-85, et Bossuat, G., *L'Europe des Français 1943-1959. La IVe République aux sources de l'Europe communautaire*, Paris, Publications de la Sorbonne, 1996, p. 39-40.

104 La paternité du projet est incertaine. Dans son télégramme, Monnet rappelle à de Gaulle qu'il avait déjà suggéré l'adoption de cette idée en juin 1945 : tél. de Monnet à de Gaulle, 11 septembre 1945, cité en note 102. Dans un télégramme, Bidault explique à Bonnet qu'Harold Ickes avait déjà proposé au président Truman, avant Potsdam, la création d'un tel comité : tél. de Bidault à Bonnet, 9 septembre 1945, AN, F^{12} 10042.

responsabilité de la production du charbon était confiée à une seule personne, dont la première tâche serait d'assurer l'accroissement de la production, et qui, pour ce faire, devrait pouvoir résoudre les problèmes de communication entre les bassins. Cette personnalité devrait donc avoir la possibilité de « faire prendre toutes les mesures nécessaires pour assurer la coordination et l'utilisation complète de toutes les ressources disponibles [dans les trois zones occidentales,] afin que les résultats fixés par le président Truman soient atteints »[105]. Ce responsable serait nommé conjointement par le président des États-Unis, le Premier ministre britannique et le chef du GPRF. Il présiderait un comité de trois membres, représentant les trois zones occidentales d'occupation. Ses prérogatives seraient considérables et ne tiendraient nullement compte des limites des zones. Il aurait ainsi le pouvoir de demander au commandant en chef de chacune des trois zones de prendre toutes les mesures qu'il jugerait utiles pour augmenter la production. Il aurait par ailleurs le droit d'en appeler directement aux chefs des trois gouvernements dans le cas où les commandants de zone ne donneraient pas suite à ses demandes[106].

Une fois le projet arrêté, Monnet utilise ses réseaux pour le transmettre aux Américains. Il le communique à William Clayton, secrétaire d'État adjoint pour les Affaires économiques, et à John McCloy, secrétaire d'État adjoint à la Guerre[107]. En Allemagne, McCloy en discute avec les généraux Clay et Eisenhower[108]. Ils y sont hostiles. Le président du comité serait à leurs yeux trop puissant, puisqu'il aurait pouvoir de directive sur les commandants en chef des zones. Il serait en réalité le véritable chef des trois zones d'occupation. Il est vrai que « la question de la production, des transports, de la répartition du charbon contrôle tellement toute l'économie allemande que ce serait en réalité remettre au directeur du charbon la direction même de toute la zone occupée de l'ouest »[109].

---

105 « Proposition destinée à assurer la coordination de la production de charbon allemand », FJME, AMF 4/3/10 bis annexée au courrier de Monnet à Clayton, 24 septembre 1945, FJME, AMF 4/3/10. Le projet est publié dans Bossuat, G., *Faire l'Europe sans défaire la France. 60 ans de politique d'unité européenne des gouvernements et des présidents de la République française*, Bruxelles, P.I.E.-Peter Lang, 2005, p. 253-254.

106 *Ibid.*

107 Courrier de Monnet à Clayton, 24 septembre 1945, cité en note 105 ; « résumé d'une conversation entre M. Monnet et M. Clayton », 25 septembre 1945, FJME, AMF 4/3/6 ; tél. de Monnet à de Gaulle, 29 septembre 1945, AMAE, Z Europe 1944/49, All., t. 90.

108 « Résumé d'une conversation entre M. Monnet et M. Clayton », 25 septembre 1945, FJME, AMF 4/3/6.

109 Note de Monnet a/s de la « production de charbon en Sarre et en Ruhr », 11 octobre 1945, FJME, AMF 4/3/17.

Les Américains n'enterrent pas pour autant le projet. Washington accepte la constitution d'un comité, composé de trois membres, qui aurait toute liberté de visiter les exploitations minières des trois zones. Les commandants de zone devraient aussi lui fournir toute facilité dans le but d'accroître « la production du charbon et d'améliorer sa distribution »[110]. Mais chacun des membres dépendrait de son commandant en chef et le comité n'aurait qu'un pouvoir de proposition. Le contre-projet américain n'est donc guère comparable aux propositions de Monnet[111]. Celui-ci est conscient que la solution de Washington n'est pas idéale, mais il conseille toutefois au GPRF de l'accepter, parce qu'elle constitue malgré tout un progrès[112].

En fait, les Français n'ont pas le temps de se prononcer. Les Américains font presque aussitôt volte-face[113]. Le revirement de Washington est dû à une analyse du département de la Guerre. Ses plus hauts représentants estiment que la faiblesse des exportations de charbon n'est pas conditionnée par un problème de production mais par l'insuffisance des moyens de transport. Or le problème des transports dépasse la question du charbon. Le comité aboutirait par conséquent, selon les représentants du département de la Guerre, à une « coordination centrale de l'Allemagne de l'Ouest alors que le Gouvernement américain se considère comme tenu selon l'accord de Potsdam d'organiser le contrôle des transports à Berlin »[114]. Poussé par le département de la Guerre et le général Clay, Washington donne donc la priorité à la question de l'unité allemande sur celle, plus limitée, de l'exportation de charbon. C'est également un moyen – en tout cas pour les responsables américains hostiles à la politique française, comme le général Clay – de faire payer à Paris son refus des administrations centrales à Berlin[115].

L'idée du comité n'est pas pour autant enterrée. En janvier 1946, les Américains reviennent à nouveau sur leur décision et proposent désormais la création d'un comité quadripartite[116]. Ce sont alors les Britanniques qui déclinent l'offre. Ils sont en effet absolument opposés à ce que les Soviétiques interviennent d'une quelconque façon dans la Ruhr[117]. Pour autant, le refus soviétique de participer au comité

---

110 Courrier du général W. Bedell Smith, chef d'état-major américain pour le théâtre européen, à Monnet, 2 novembre 1945, FJME, AMF 4/3/23.

111 *Ibid.*

112 « Note sur la production du charbon allemand », de Monnet pour de Gaulle, Bidault, Pleven, Lacoste et Mayer, 3 novembre 1945, FJME, AMF 4/3/24.

113 Tél. de Bonnet à MAE, dir. éco., 28 novembre 1945, FJME, AMF 4/3/42.

114 *Ibid.*

115 *Ibid.*

116 Trad. d'un tél. de Caffery à Bidault, 4 janvier 1946, FJME, AMF 4/3/51.

117 Tél. du MAE, dir. éco., pour les ambassades de France à Londres et à Washington, 7 février 1946, AMAE, Y 1944/49, t. 89.

n'entraîne pas de revirement britannique et le projet disparaît en février 1946[118]. À cette date, le problème des exportations de charbon allemand prend un tour bien plus dramatique pour la France.

3. L'échec des conférences sur le charbon

À partir du début de l'année 1946, les Français sont confrontés à deux problèmes. La crise mondiale de la production charbonnière s'aggrave. Après l'échec du projet de « dictateur du charbon » et de relance de la production des mines allemandes, la France tente bien de compenser la faiblesse de ses importations de produits charbonniers d'outre-Rhin par des importations américaines. Tout au long de 1946, ces dernières avoisinent les 500 000 tonnes mensuelles. Mais le charbon américain pose, comme nous l'avons vu, de nombreux problèmes : il est très cher ; il ne correspond qu'imparfaitement aux besoins de l'industrie française ; les grèves dans les mines américaines rendent ses livraisons aléatoires[119]. Pour assurer la reprise économique française, des solutions plus pérennes et moins coûteuses doivent donc être trouvées. Les besoins de l'économie nécessitent en effet l'importation de près d'un million de tonnes supplémentaires par mois. Pour les Français, ce charbon ne peut provenir que d'Allemagne. Il faut donc que les exportations de charbon allemand augmentent. De l'avis des Français, cette solution est tout à fait envisageable. Il faudrait simplement limiter, voire diminuer, les allocations destinées à la consommation intérieure allemande, qui leur paraissent excessives. Or, et c'est là le second problème, les revendications françaises butent au Comité des combustibles sur l'opposition des trois Grands[120]. Depuis le début de l'année, les Anglo-Américains donnent, comme on l'a vu, clairement la priorité à la satisfaction des besoins allemands. Les conséquences ne tardent pas à se faire sentir sur les exportations à destination de la France. Dès le début de 1946, la chute s'amorce. Après janvier, mois pendant lequel elles ont atteint 400 000 tonnes, elles tombent à 216 000 tonnes en avril, puis à 203 000 tonnes en août[121]. À ces difficultés s'ajoutent des perspectives d'avenir très sombres. Les Anglo-Américains estiment que les exporta-

---

118 Tél. de Bonnet à MAE, 11 février 1946, AMAE, Y 1944/49, t. 89.

119 Cf. chapitre V.

120 Nombreux échanges de courriers entre le MAE et les ambassades de France à Washington et à Londres a/s de la baisse décidée par les Anglo-Américains du volume des exportations allemandes (de 1 200 000 à 900 000 tonnes) dans FJME, AMF 4/3/ 32 à 48.

121 Perron, R., *Le marché du charbon, un enjeu entre l'Europe et les États-Unis, op. cit.*, annexe, p. 318-319.

tions de charbon allemand au second semestre seront plus basses encore[122].

Pour trouver une solution à ce problème lancinant, Ernest Bevin propose l'organisation de discussions franco-britanniques, qui ont lieu à Essen en avril 1946[123]. Français et Britanniques y discutent évidemment les deux principales revendications françaises. Il s'agit, d'une part, « d'étudier les meilleurs moyens à mettre en œuvre pour améliorer la production charbonnière de la Ruhr » et de procéder, d'autre part, à un « examen critique de la répartition du charbon allemand entre les zones occidentales et l'exportation »[124]. Mais sur ces deux points, les conceptions françaises et britanniques s'opposent.

La délégation française, emmenée par Marcel Paul, ministre de la Production industrielle, propose d'adopter en Ruhr les méthodes employées en France et en Sarre, dont les résultats sont attestés. Elle suggère ainsi d'améliorer en premier lieu les conditions de vie des mineurs et d'en augmenter le nombre. Il faudrait ensuite accroître le nombre de cadres alliés dans la Ruhr. Pour ce faire, la France propose de mettre des ingénieurs français à la disposition du North German Coal Control (NGCC) et de nommer des conseillers français auprès de sa direction. Ces ingénieurs auraient le même statut que leurs homologues britanniques. La délégation française compte enfin sur un changement complet de la gouvernance britannique dans la Ruhr. À son avis, il importe que les Britanniques prennent véritablement en mains la direction des mines et qu'ils abandonnent leur politique de contrôle indirect[125]. La délégation britannique accepte l'envoi d'ingénieurs français mais décline toutes les autres propositions. Elle refuse par exemple que les ingénieurs français bénéficient d'un statut comparable au personnel britannique ou que les conseillers français soient intégrés dans les cadres de l'organisation du NGCC. Les raisons en sont très claires : Londres s'oppose à ce que les Français interviennent, de quelque façon que ce soit, dans les prises de décision concernant les mines de la Ruhr. La délégation britannique refuse tout aussi catégoriquement une quelconque « modification des méthodes d'exploitation indirecte actuellement utilisées en Ruhr. Une prise en mains directe du commandement

---

122 Tél. de Sir Percy Mills à René Sergent, chef de la délégation économique et financière du GFCC, 25 mars 1946, AOFAA, c. 131 d. ECO II 17 a.

123 Tél. de Londres à Paris, 23 mars 1946, AOFAA, GMFB, c. 172 d. 57.

124 Tél. du MAE aux ambassades de France à Washington et Londres, 16 avril 1946, AMAE, Y 1944/49, t. 89.

125 « Propositions françaises relatives aux modalités de la coopération franco-britannique pour l'exploitation des mines de la Ruhr », note n° 1 de la délégation française, 13 avril 1946, FJME, AMF 4/3/88[d] ; « rapport sur la conférence charbonnière d'Essen », MAE, dir. éco., 15 avril 1946, FJME, AMF 4/3/88[a].

est entièrement contraire à la politique générale de la Grande-Bretagne en Allemagne »[126].

Les divergences de vues sont encore plus criantes à propos de la répartition du charbon allemand. Les Français plaident pour une augmentation des exportations vers les pays européens. Ils partent du principe qu'il serait possible de diminuer les allocations destinées aux trois zones occidentales tout en maintenant la croissance de la production charbonnière allemande. Pour ce faire, il faudrait simplement cibler les secteurs – les mines, l'agriculture – qui bénéficieraient d'allocations prioritaires de charbon. La nouvelle répartition profiterait aux pays libérés mais aussi à l'Allemagne, puisque tout serait mis en œuvre pour développer sa production de charbon, grâce à l'exportation de laquelle elle pourrait importer les produits alimentaires nécessaires à sa population[127]. De l'avis des Britanniques, la conception française est tout simplement chimérique. Ils sont convaincus qu'il sera impossible d'obtenir l'augmentation de la production allemande de charbon si par ailleurs la croissance des autres secteurs économiques est nulle. Pour obtenir une croissance durable de la production charbonnière de la Ruhr, il faut au contraire, dans un premier temps au moins, augmenter les allocations à la consommation intérieure des trois zones, pour relancer l'ensemble de l'économie allemande. En outre, d'un point de vue financier, la solution française contraindrait les Britanniques à accroître leur soutien à leur zone d'occupation. Ils s'y refusent donc catégoriquement[128]. L'échec de la conférence n'est certes pas total. Les Britanniques acceptent l'envoi d'ingénieurs français dans la Ruhr. Mais l'essentiel, à savoir la répartition de la production du charbon allemand, n'est pas modifié.

En juillet 1946, les Français tentent une nouvelle fois d'obtenir une amélioration de la répartition du charbon allemand. Une conférence tripartite – États-Unis, France, Grande-Bretagne – d'experts charbonniers se tient en effet en marge de la conférence des ministres des Affaires étrangères, réunie à Paris[129]. Les experts français considèrent alors que la position défendue par la France ne pourra plus être balayée d'un revers de main par les Anglo-Américains. Une conférence charbonnière européenne, qui s'est tenue à Paris en mai 1946 sous les auspices d'ECO, a en effet confirmé certaines des thèses françaises. La gravité de la crise de production charbonnière en Europe a d'abord été rappelée.

---

126 Rapport sur la conférence d'Essen, 15 avril 1946, cité en note 125.

127 *Ibid.* ; « position de la délégation française en ce qui concerne la répartition du charbon allemand entre la consommation intérieure et l'exportation », note n° 2 de la délégation française, 13 avril 1946, FJME, AMF 4/3/88e.

128 Rapport sur la conférence d'Essen, 15 avril 1946, cité en note 125.

129 Elle s'est tenue du 4 au 9 juillet 1946 : « note sur les entretiens de Paris du 4 au 11 juillet », secrétariat général du CCFA, 12 juillet 1946, AOFAA, c. 133 d. ECO II 17 a bis.

Quelles que soient les estimations, l'Europe manque cruellement de charbon : le déficit de production varie entre 17 et 42 millions de tonnes. La conférence confirme ensuite que ce déficit ne peut être comblé que par la production allemande. De façon plus nette encore, il apparaît que la répartition de la production du charbon allemand entre besoins intérieurs et exportations avantage très nettement l'Allemagne. Les statistiques fournies par ECO montrent que la part de charbon laissée à l'Allemagne correspond, dès les premiers mois de 1946, à près de 90 % des quantités fixées pour 1949 par le plan pour les réparations et l'économie allemande d'après-guerre alors que la part destinée aux exportations plafonne à 32 % seulement[130]. À la veille de la conférence des experts, la position française semble donc renforcée : la répartition du charbon allemand, qui sera évidemment discutée, doit être modifiée.

Mais les Britanniques refusent de l'évoquer en prétextant que les questions de répartition charbonnière sont du domaine du quadripartisme. Les problèmes liés à l'augmentation de la production ne sont pas plus approfondis. Comme les experts sont en nombre insuffisant, les Britanniques préfèrent remettre le débat. Ils estiment de toute façon plus sûr d'envoyer en Ruhr une commission alliée qui étudiera ces questions de façon plus complète[131]. Comme le relève amèrement Georges Parisot, directeur des mines au ministère de la Production industrielle et expert français pour le charbon, la conférence charbonnière s'achève, « sur les points essentiels de la production et de la répartition du charbon allemand, par un échec total, puisque nous sommes renvoyés devant le Conseil de contrôle de Berlin, où, depuis longtemps, nous essayons chaque mois, seul contre trois, sans aucun succès, de faire majorer les exportations de charbon »[132]. Que les Britanniques refusent de discuter les différents problèmes liés à la question du charbon allemand traduit bien que Londres, qui s'apprête à fusionner sa zone d'occupation avec celle des Américains, n'envisage nullement de donner satisfaction aux Français.

De tous les échecs enregistrés par la France, celui concernant le charbon pèse le plus directement sur le redressement économique national. Les Français espèrent que des réparations conséquentes viendront le compenser.

---

130 « Le charbon allemand et la reconstruction européenne », note n° 1 de la délégation française, juillet 1946, et « répartition de la production allemande entre la consommation intérieure et les exportations », note n° 3 de la délégation française, juillet 1946, AOFAA, c. 133 d. ECO II 17a bis.

131 Note sur les entretiens de Paris, 12 juillet 1946, citée en note 129.

132 *Ibid.*

C. La question des réparations : un succès avant tout diplomatique

La France remporte un succès diplomatique indéniable lors de la conférence de Paris (du 9 novembre au 21 décembre 1945), qui fixe le règlement des réparations, consacré par l'Acte final du 21 décembre 1945, rendu public en janvier 1946. Durant l'été 1945, la France s'est effectivement imposée aux trois Grands pour établir le règlement des réparations, qui lui est plutôt favorable. Mais ce succès n'est-il pas avant tout diplomatique ?

1. Le règlement des réparations : une victoire des thèses françaises

Avant le mois d'août 1945, la France est totalement écartée des négociations sur les réparations. Elle n'est pas invitée à Yalta. Ses représentants ne sont pas admis au sein de la Commission des réparations – créée après la conférence de Crimée et composée des délégations des trois Grands –, qui doit préparer un règlement global de la question. La France ne semble pas non plus devoir bénéficier de réparations substantielles. Les Alliés estiment que seul l'effort de guerre des nations devrait donner droit à des réparations. Ce critère la pénalise fortement. La répartition prévue par les Alliés à Yalta en témoigne : 90 % des réparations, estimées à 20 milliards de dollars, devraient aller aux trois Grands, les 10 % restants étant attribués aux pays tiers[133]. Autant dire que la part française serait très inférieure aux dommages qu'elle a subis pendant la guerre, principalement du fait de l'occupation allemande[134]. Pour renverser cette situation qui leur est très défavorable, les dirigeants français se fixent trois objectifs : premièrement, ils veulent faire admettre la France, aux côtés des trois Grands, au règlement des réparations ; deuxièmement, ils veulent obtenir l'élargissement des critères qui donneront droit aux réparations de façon à ce que, troisièmement, la part des réparations accordée à la France soit accrue.

Le premier objectif est atteint assez rapidement même si, après Yalta, les Français ne sont pas immédiatement admis à la Commission des réparations. Les Soviétiques s'y opposent tant que les demandes similaires de la Pologne et de la Yougoslavie ne seront pas satisfaites. Les Britanniques et les Américains refusant la proposition soviétique, la

[133] « Note a/s des négociations de Moscou et Potsdam concernant les réparations », MAE, dir. éco., 10 août 1945, AMAE-Paris, DE-AAA, t. 50.

[134] Pour la période qui s'étend de Yalta à Potsdam, Castillon, R., *Les réparations allemandes*, *op. cit.*, p. 81-87.

situation est alors bloquée[135]. Mais durant la conférence de Potsdam, l'URSS lève son veto et la France est admise à participer aux travaux de la Commission des réparations, qui siège à Moscou[136]. La délégation française, emmenée par Robert Coulondre, assisté de Jacques Rueff[137], prend part aux travaux à partir du 9 août[138]. Ce premier succès français est avant tout diplomatique. Il marque en effet le retour de la France sur la scène internationale. En étant admis à la commission des réparations, les Français pourront aussi peser sur les négociations dans un sens qui leur sera favorable.

Atteindre leur second objectif s'annonce plus difficile pour les Français. Les trois Grands maintiennent en effet leur position selon laquelle seul l'effort de guerre peut donner droit à réparations. Or, en ne retenant que des dépenses militaires, la part de la France restera très modeste. Même compté largement[139], son effort de guerre – 40 milliards de dollars – n'est pas comparable à celui des États-Unis – près de 300 milliards[140]. Pour la France, comme pour tous les pays occupés par l'Allemagne, il y aurait donc intérêt à ce que la répartition des réparations tienne également compte des dommages subis pendant la guerre[141]. Pour ce faire, les principaux responsables français en charge des questions économiques allemandes se réunissent à l'automne pour préparer leurs arguments[142]. L'objectif est d'arrêter la position officielle de la France avant que ne

---

135 « Note pour le ministre a/s de l'état au 1er mai des négociations relatives à l'entrée de la France à la Commission des réparations », MAE, dir. pol., sans date, AMAE, Y 1944/49, t. 690.

136 « Rapport sur les travaux des experts à la Commission des réparations. Session tenue à Moscou du 10 août au 6 septembre 1945 », sans date, « rapport sur la 1re session de la Commission des réparations. Moscou, 9-18 août 1945 », sans date, AMAE, Y 1944/49, t. 362.

137 L'ambassadeur de France Robert Coulondre étant tombé malade, c'est en fait Jacques Rueff, conseiller économique du général Koenig, qui prend la tête de la délégation : à ce sujet, deux coupures de journaux sans nom, sans date, dans AOFAA, p. 191 d. B IV 6-0.

138 Rapport sur la 1re session, 9-18 août 1945, cité en note 136.

139 C'est-à-dire à partir de 1933.

140 « Compte rendu d'une conférence a/s des réparations », 22 octobre 1945, SAEF, 5 A 24.

141 Castillon, R., *Les réparations allemandes*, *op. cit.*, p. 93, note 1.

142 Les hauts fonctionnaires qui se retrouvent pour étudier la question sont des habitués des questions économiques allemandes. Aux côtés de Raoul Dautry, ministre de la Reconstruction, sont présents Hervé Alphand, pour le Quai d'Orsay, Robert Marjolin et R. de Frondeville, pour l'Économie nationale, Pierre-Paul Schweitzer, pour les Finances. S'y ajoutent Jean Vergeot, statisticien à l'Économie nationale et membre de la Commission du coût de l'Occupation, Etienne Weill-Raynal, agrégé d'histoire, spécialiste des réparations allemandes, Jacques Rueff, représentant français à la conférence de Paris, et Jacques Tarbé de Saint-Hardouin, conseiller politique du général Koenig.

débute la conférence de Paris, au cours de laquelle les quotes-parts des nations seront décidées[143]. Les Français fondent leur argumentation sur deux points.

Devant le refus des Alliés de renoncer à l'effort de guerre comme critère de répartition, la France cherche en premier lieu à en proposer une définition qui lui permette d'accroître sa quote-part. Les Français constatent tout d'abord que si les dépenses militaires consenties par la France la défavorisent par rapport aux Anglo-Américains, elles la placent en position de force par rapport aux autres puissances, dont l'effort de guerre a été très réduit[144]. Les experts français estiment ensuite que seules les dépenses engagées en vue de la guerre en Europe devraient être prises en compte. Les efforts américains seraient ainsi réduits de près d'un tiers[145]. Il faudrait de plus que ces dépenses ne soient pas uniquement comptabilisées en chiffres absolus. Leur valeur relative a autant sinon plus d'importance[146]. Les calculs devraient aussi prendre en compte les dépenses engagées par certains pays européens depuis 1933, date à laquelle le réarmement face à Hitler a commencé[147]. L'effort de guerre passif des nations qui, comme la France, ont subi des destructions pour la cause alliée, ne devrait pas non plus être omis dans les calculs. La répartition des réparations devrait également tenir compte des conditions dans lesquelles l'effort de guerre a été financé et des conséquences qu'il a eues sur l'appareil productif des puissances. Aux États-Unis par exemple, l'effort de guerre a été doublement bénéfique. Il a d'abord permis l'emploi massif de chômeurs. Il s'est ensuite soldé par un accroissement considérable de l'appareil productif et une amélioration sans précédent des performances techniques. Dans le même temps, la France, occupée, a connu une véritable « perte de substance » économique. Elle a été spoliée d'une partie importante de son outillage, qui n'a de surcroît été ni entretenu, ni renouvelé. De l'avis de Robert Marjolin, ce désinvestissement devrait être comptabilisé de façon à « constituer l'un des fondements d'une répartition des réparations en bonne justice »[148].

De façon pragmatique, les Français considèrent ensuite que les réparations, qui seront limitées, devraient impérativement être réparties en

143 « Note pour le secrétaire général. Compte rendu de la conférence du 16 octobre 1945 sur la fixation des bases de la répartition des réparations allemandes », sans date, SAEF, 5 A 24.

144 Compte rendu du 22 octobre 1945, cité en note 140.

145 Note du 16 octobre 1945, citée en note 143.

146 Compte rendu du 22 octobre 1945, cité en note 140.

147 Note du 16 octobre 1945, citée en note 143.

148 Compte rendu du 22 octobre 1945, cité en note 140.

fonction de leur utilité économique[149]. De ce point de vue, le transfert d'installations industrielles à destination des États-Unis constitue une aberration. Ces réparations seraient beaucoup plus utiles à la France et aux pays voisins de l'Allemagne, dont la reconstruction serait ainsi facilitée. Cette reconstruction allégerait d'autant « l'assistance (...) [à] recevoir des États-Unis »[150]. De plus, le relèvement européen faciliterait le rétablissement des échanges économiques entre le vieux continent et l'Amérique.

Forts de ces arguments, les Français estiment que leur pays devrait obtenir, à égalité avec les États-Unis et la Grande-Bretagne, 25 % des réparations à prélever sur les zones occidentales, les autres pays se partageant les 25 % restants[151]. Si les premières négociations avec les Anglo-Américains s'avèrent décevantes[152], la répartition des réparations, arrêtée lors de la conférence de Paris, est finalement favorable à la France. Dans la catégorie A – qui comprend toutes les formes de réparations à l'exception de l'outillage industriel –, la France obtient 16 % des réparations, derrière les États-Unis et la Grande-Bretagne, tous deux crédités de 28 %. Ce pourcentage, modeste aux yeux des décideurs français, résulte notamment de ce que la France emploie de nombreux prisonniers de guerre, dont le travail doit être porté au compte des réparations. Dans la catégorie B – c'est-à-dire l'outillage industriel –, la part de la France est de 22,8 %, derrière la Grande-Bretagne (27,8 %), mais devant les États-Unis (11,8 %)[153].

En quelques mois, les Français ont donc réussi à renverser totalement une situation qui leur était initialement très défavorable.

2. Des réalisations décevantes

Au début de l'été 1946, les réparations effectivement obtenues par la France n'en restent pas moins décevantes. Une procédure d'avance sur réparations a certes été initiée à l'automne 1945. Les Français ont émis des demandes. Mais les résultats se font attendre.

Quant à la mise en œuvre des réparations, elle ne débute véritablement qu'en avril 1946, après que le Conseil de contrôle a fixé le niveau de l'économie allemande[154]. Le démontage des capacités industrielles excédentaires peut alors commencer. Les procédures, nombreuses, sont longues et fastidieuses. Les commandants de zone doivent d'abord

---

149 *Ibid.*

150 Note du 16 octobre 1945, citée en note 143.

151 Compte rendu du 22 octobre 1945, cité en note 140.

152 « Note pour Monsieur Cusin. Conférence sur les réparations du 20 novembre chez Monsieur Alphand », 20 novembre 1945, SAEF, 5 A 24.

153 Lefèvre, S., *Les relations économiques franco-allemandes*, *op. cit.*, p. 18.

154 Voir *supra* les développements consacrés au désarmement économique.

adresser à Berlin les listes des usines qu'ils déclarent disponibles pour les réparations. Des commissions quadripartites visitent ensuite les établissements, procèdent à leur estimation, établissent des inventaires. Lorsque le Conseil de contrôle confirme leur mise en disponibilité au titre des réparations, une première affectation intervient, qui octroie les établissements soit à l'URSS et à la Pologne, soit aux puissances occidentales. Dans le second cas, il revient alors à l'Agence interalliée pour les réparations – Inter-Allied Reparations Agency (IARA) –, sise à Bruxelles et présidée par le Français Jacques Rueff, de procéder à son affectation à l'une des 18 nations récipiendaires. Cette affectation est précédée de demandes d'attribution par les pays intéressés, de visites de commissions nationales. Une fois définitivement alloué à un pays, l'ensemble industriel peut enfin être démonté. Les travaux de démontage proprement dits – démontage, emballage – commencent effectivement. Puis viennent les transports. Bref, l'ensemble de la procédure prend de longs mois. Ce n'est qu'en juillet 1946 que l'IARA procède à sa première répartition d'équipements industriels. Encore celle-ci ne porte-t-elle que sur 13 établissements d'une valeur globale de 33 millions de Reichsmarks. La part de la France équivaut à 9 millions de Reichsmarks[155].

À l'été 1946, les réparations obtenues dans le cadre quadripartite restent donc minimes. Les profits que tire la France des réparations viennent surtout des prélèvements unilatéraux qu'elle a opérés en ZFO. La France y a prélevé environ 40 000 machines, soit 50 % des 80 000 machines spoliées par les Allemands en France ente 1940 et 1944.

Ces prélèvements unilatéraux invitent à examiner plus précisément le bilan de la politique économique de la France dans sa zone d'occupation.

III. L'échec annoncé de l'occupation française en Allemagne

Après une année d'occupation, les résultats de la politique française en ZFO sont contrastés.

A. Les progrès limités de la démocratisation

En ZFO, la conduite de l'épuration dans le domaine économique fait l'objet de nombreuses critiques. Les Allemands dénoncent massivement les lenteurs des procédures. Dans plusieurs provinces, c'est l'épuration politique qui a d'abord mobilisé les commissions. L'épuration économique n'intervient que dans un second temps. Qui plus est, elle se limite trop souvent aux employés d'administrations économiques sans inquiéter réellement industriels et commerçants. D'une manière générale, la

155 Lefèvre, S., *Les relations économiques franco-allemandes*, *op. cit.*, p. 18-19.

dénazification économique semble avoir été moins poussée que l'épuration politique. À la fin juin 1946, 187 000 dossiers politiques ont été examinés par les commissions d'épuration alors que, dans le domaine économique, leur nombre se limite à 83 000. Pour autant, les sanctions touchant le monde économique semblent plus fréquentes : 43,4 % des cas examinés dans le monde économique ont été sanctionnés contre 39 % seulement dans le monde politique[156].

Après un an d'occupation, les résultats de la politique sociale apparaissent plus probants. La politique de renaissance syndicale est une grande réussite. Il existe ainsi en ZFO 250 syndicats qui regroupent 235 000 salariés pour une population active d'environ 1 260 000 personnes[157].

B. Des résultats économiques positifs

1. Le maintien des grands équilibres

Les autorités françaises en Allemagne ont pour objectif de maintenir en ZFO les grands équilibres économiques, financiers et sociaux. Aussi, pour les Français, est-il primordial de prévenir tout phénomène inflationniste, d'obtenir l'équilibre de la balance commerciale de la zone et de ravitailler correctement la population allemande.

Maintenir l'équilibre financier et monétaire de la ZFO en 1945 peut relever d'une gageure. En ces domaines, la France doit en effet gérer le lourd passif de la politique du IIIe Reich. Les prix n'ont pas évolué depuis 1939 alors que, dans le même temps, la masse monétaire a considérablement augmenté et l'offre considérablement diminué. Pour circonvenir tout processus inflationniste, les occupants bloquent prix et salaires[158]. Ils encouragent par ailleurs les dépôts bancaires, de façon à réduire la masse monétaire en circulation[159]. Ils réussissent aussi à réduire sensiblement le montant des marks d'occupation[160]. Cette politique monétaire se double d'une politique d'assainissement financier, dont l'objectif est de donner aux collectivités locales les moyens de leur

---

156 « Bilan économique et social d'un an d'activité française en Allemagne », Halff, chef de la documentation auprès de l'administrateur général, 31 août 1946, AOFAA, c. 221 d. G II 0.

157 « Un an d'activité française en Allemagne », Halff, chef de la documentation auprès de Laffon, sans date, AOFAA, AAA 490.

158 « La zone française d'occupation en Allemagne », in *Notes documentaires et études*, n° 255, 9 mars 1946, AMAE, Y 1944/49, t. 435.

159 « Résultats de la politique économique et financière suivie dans la ZFO », sans auteur (DGEF), 7 janvier 1947, AOFAA, AEF 371/3.

160 *Ibid.* Leur montant passe de 750 millions de marks au début de l'occupation à 510 millions à la fin de l'année 1946.

politique quotidienne[161]. Pour ce faire, les autorités françaises augmentent considérablement les impôts directs et indirects[162]. Elles procèdent aussi à l'émission d'emprunts[163].

Le gouvernement militaire s'applique par ailleurs à maintenir l'équilibre de la balance commerciale de la zone. Au 31 décembre 1946, cette dernière est excédentaire de 4 millions de dollars[164]. Ce résultat est d'autant plus remarquable que, dans le même temps, les balances commerciales des zones britannique et américaine sont déficitaires d'environ 200 et 150 millions de dollars[165]. La France est par conséquent la seule des trois puissances occidentales à gérer sa zone d'occupation sans que cette dernière soit à sa charge.

Tout en réussissant à maintenir cet équilibre économique, financier et monétaire, les autorités françaises parviennent également à « assurer un niveau de vie minimum à la population allemande »[166] de leur zone. Celui-ci reste cependant très au-dessous des décisions du Conseil de contrôle, qui avait fixé le taux moyen de la ration quotidienne à 1 550 calories. En ZFO, les rations oscillent en 1945-1946, selon les provinces, selon la taille des agglomérations et selon les catégories de population, entre 950 et 1 300 calories[167]. Pour des raisons politiques, la Sarre est, on l'a vu, favorisée[168]. Les rations y avoisinent presque toujours les 1 300 calories quotidiennes. Dans les villes de plus de 20 000 habitants, les Français prévoient également des rations supérieures à la moyenne, de façon à compenser, pour partie au moins, l'absence de compléments alimentaires – jardins, basses-cours, cueillettes, etc. –, qui font la plupart du temps défaut aux citadins. Des cartes d'approvisionnement, qui donnent droit à des compléments alimentaires, sont enfin distribuées aux mineurs de fond et, plus globalement, aux travailleurs de force ainsi qu'à certaines catégories particulières de la population comme les nourrissons. La ration alimentaire des mineurs de la Sarre correspond ainsi à celle des mineurs lorrains (3 600 calories). La carte de travailleur de force de 1re catégorie donne droit à un supplé-

161 « La zone française d'occupation en Allemagne », in *Cahiers français d'information*, 1er février 1947, AMAE, Z-Europe 1944/60, All., t. 82.

162 *Notes documentaires et études*, n° 255, 9 mars 1946, citées en note 158.

163 Résultats de la politique économique, 7 janvier 1947, cités en note 159.

164 *Ibid.*

165 *Cahiers français d'information*, 1er février 1947, cités en note 161.

166 Résultats de la politique économique, 7 janvier 1947, cités en note 159.

167 Exposé de Jean Filippi lors du Grand conseil de gouvernement de la ZFO tenu le 28 mai 1946 : « procès-verbal de la réunion du Grand conseil tenue le 28 mai 1946 », CCFA, secrétariat général des conseils de gouvernement, 1er juin 1946, AOFAA, c. 187 d. B I 5.

168 Résultats de la politique économique, 7 janvier 1947, cités en note 159.

ment quotidien de l'ordre de 200 calories[169]. Des cantines sont également créées. Elles permettent de nourrir près de 50 000 ouvriers travaillant dans des usines prioritaires[170]. Au total, ce sont plus de 600 000 travailleurs qui bénéficient de rations alimentaires supérieures à la moyenne[171]. Le rationnement n'en reste pas moins insuffisant. Cette carence est cependant compensée par le profil rural de la ZFO. La majorité des habitants vit dans des villages ou dans de petites bourgades où il est possible de se procurer des compléments alimentaires. Les grandes villes, qui dépendent pour leur approvisionnement de livraisons extérieures, sont de surcroît peu nombreuses.

2. *Le rétablissement rapide des moyens de transport et de la production d'énergie*

La France réussit également à relancer assez rapidement la production en ZFO. Après un an d'occupation, le niveau de l'activité industrielle reste certes faible – un peu plus de 20 % du niveau d'avant-guerre – mais correspond, dans l'ensemble, aux taux d'activité enregistrés dans les zones voisines. Les autorités françaises concentrent leurs efforts sur le rétablissement des transports et la relance des industries productrices d'énergie[172].

La réfection des systèmes de communication conditionne en effet largement la reprise économique. La remise en état des transports ferroviaires est assez spectaculaire. Sur les 7 650 km de voies utilisées en 1939, 6 200 sont de nouveau en exploitation dès le mois de décembre 1945 contre moins de 2 000 en juillet. Plus de 50 % des 735 ouvrages d'art inutilisables sont également reconstruits. 85 % à 90 % des ateliers et dépôts détruits sont remis en état. Près de 40 % des locomotives sont de nouveau en état de marche contre 25 % en 1945[173]. Aussi la circulation ferroviaire reprend-elle et le nombre de wagons chargés passe progressivement de 64 000 en mars 1946 à plus de 200 000 un an plus tard[174].

La situation de la navigation fluviale s'améliore considérablement. Dès octobre 1945, le Rhin, qui était obstrué, de la Suisse à la mer du Nord, par une cinquantaine d'ouvrages d'art détruits et une centaine d'épaves, est rendu à la navigation jusqu'à Ludwigshafen. En novembre, la section Ludwigshafen – Strasbourg est dégagée. Enfin, en mars 1946, le fleuve est libre jusqu'à Bâle. La Lahr, jusqu'à Biez, et la Sarre ont

---

169 *Cahiers français d'information*, 1er février 1947, cités en note 161.

170 Résultats de la politique économique, 7 janvier 1947, cités en note 159.

171 *Cahiers français d'information*, 1er février 1947, cités en note 161.

172 *Ibid.*

173 Résultats de la politique économique, 7 janvier 1947, cités en note 159.

174 *Cahiers français d'information*, 1er février 1947, cités en note 161.

parallèlement été rendues au trafic[175]. L'activité de la flotte peut reprendre. Elle passe de 29 258 tonnes transportées en janvier 1946 à 260 000 tonnes en août[176]. Cette flotte jauge 92 000 tonnes (56 chalands, 1 automoteur, 12 remorqueurs)[177].

Dans cet effort de rétablissement, les communications routières ne sont pas oubliées. Des 648 coupures de plus de 5 mètres de portée recensées en 1945, 512 sont réparées en 1946. 32 000 km de routes ont par ailleurs été remis en état, 15 000 km entièrement regoudronnés[178]. La circulation des véhicules lourds correspond en moyenne à 47 000 tonnes par jour[179]. Pour utiliser au mieux des véhicules qui sont en nombre insuffisant, le gouvernement militaire crée dans chaque province une régie des transports dont les véhicules acheminent les produits nécessaires au développement de l'activité économique : bois de mine, ravitaillement, etc.[180]

Forts du rétablissement rapide des moyens de communication en ZFO, les Français s'appliquent à faire repartir les industries productrices d'énergie, nécessaire au redémarrage général de l'économie. La production des mines de la Sarre est ainsi fortement stimulée grâce à deux séries de mesures. Le gouvernement militaire augmente d'abord les effectifs des mineurs de fond « en renvoyant en Sarre des prisonniers de guerre d'origine sarroise ; en transférant aux mines une partie de la main-d'œuvre des usines non prioritaires ; en attirant aux mines une partie de la main-d'œuvre disponible dans le reste de la zone »[181]. Il procède ensuite à la revalorisation de la profession : versement d'une prime d'assiduité de l'ordre de 10 % du salaire mensuel ; remboursement des frais de transport pour les mineurs qui résident loin de la mine ; fixation de la ration alimentaire à 3 600 calories, prise pour partie sous forme de repas dans la mine ; versement d'une ration alimentaire, également supérieure à la moyenne, aux familles des mineurs ; attribution préférentielle, au titre d'une prime d'assiduité et de rendement, de produits de consommation[182]. Cette politique est couronnée de succès. L'extraction journalière des mines de la Sarre passe ainsi de 10 000 tonnes en juillet 1945 à 22 000 tonnes en janvier 1946 et à 32 000 tonnes en novembre 1946, soit 65 % du rendement d'avant-guerre. Dans le même temps, la production des mines de la Ruhr pla-

[175] Résultats de la politique économique, 7 janvier 1947, cités en note 159.

[176] *Cahiers français d'information*, 1er février 1947, cités en note 161.

[177] Résultats de la politique économique, 7 janvier 1947, cités en note 159.

[178] *Ibid.*

[179] *Cahiers français d'information*, 1er février 1947, cités en note 161.

[180] *Notes documentaires et études*, n° 255, 9 mars 1946, citées en note 158.

[181] *Cahiers français d'information*, 1er février 1947, cités en note 161.

[182] *Ibid.*

fonne à 50 % de sa production de 1938. Les autorités françaises encouragent également la production d'électricité. Les usines hydrauliques installées sur le Rhin permettent assez rapidement de parvenir à 60 % de la production d'avant-guerre[183].

Le rétablissement des moyens de communication et la relance des industries productrices d'énergie sont assez rapides. Cette reprise ne se fait cependant pas au bénéfice de la population allemande. Elle est avant tout au service de la reprise économique des seules branches industrielles utiles à la reconstruction française.

3. Une reprise au seul bénéfice de la France

La population allemande est « remise au travail dans les secteurs économiques jugés les plus intéressants, en particulier, les productions essentielles au démarrage de l'économie française »[184]. La ZFO exporte ainsi vers la France de l'énergie électrique, *via* deux lignes à haute tension, construites à cet effet. Dans l'ensemble, ces exportations sont loin d'être négligeables. Elles représentent « le tiers de la consommation parisienne ou encore 100 000 tonnes de charbon par mois »[185]. Par ailleurs, « la zone française d'occupation est une source précieuse pour la métropole de produits rares sur les marchés mondiaux »[186]. La France importe ainsi de la zone du bois et ses dérivés (bois de sciage, baraques, pâte à papier, papier journal), des produits chimiques (Buna, engrais), des produits de l'industrie du cuir (plus d'un million de paires de chaussures pour le premier semestre 1946) et des produits sidérurgiques (près de 50 % de la production de la zone). Un programme de travail à façon dans le textile est réalisé pour la satisfaction des seuls besoins français. Au total, il apparaît que la rapidité de la relance des branches industrielles dépend en grande partie des besoins de la France.

La France tire également d'importants bénéfices financiers de sa zone. De nombreuses opérations y concourent. Rappelons-les brièvement : les frais d'occupation ; les avantages consentis dans les exportations de la zone vers la France en matière de prix ; les manipulations des taux de change, qui se font toujours à la faveur de la France ; le travail à façon et les pratiques des canalisations. Tous ces avantages consentis par la zone à la France se montent pour 1946 à près de 25 millions de dollars.

---

183 Résultats de la politique économique, 7 janvier 1947, cités en note 159.

184 *Cahiers français d'information*, 1er février 1947, cités en note 161.

185 *Ibid.*

186 *Ibid.*

Tableau 3. Taux de marche des grands secteurs industriels de la ZFO par rapport à 1938 et besoins français[187]

Branches industrielles	Taux de marche des industries de la ZFO par rapport à 1938 (en %)			Part de la ZFO (en %) dans le progr. gén. d'import. français (1er sem. 1946)	Part des export. (en %) par rapport à la production de la zone 1945-1946
	Nov. 1945	Février 1946	Juin 1946		
Charbon (Sarre)	40	-	50		-
Mines de plomb et de zinc	-	-	-	7,4	100
Électricité hydraulique	100	100	100	Illimité. 1/12 prod. France de 1938	36
Électricité thermique	21	19	-		
Usines à gaz	28	28	35	-	-
Briqueteries	1	1	2	-	-
Cimenteries	7	7	20	-	-
Tuileries	15	-	16	-	-
Papiers	13	10	12	20	38
Bois de sciage	50	50	50	36	35
Baraques et meubles	-	-	-	24	100
Chaussures	20	20	20	-	-
Tanneries	20	20	20	-	-
Cellulose	-	-	-	25	75
Textiles	20	45	20	-	-
Chimie	17	17	25	58	42
Construc. méc. et élect.	20	18	20	-	-
Aluminium	3	2	40 (2e fusion)	-	-
Sidérurgie	6,5	6,5	7	7,8	50

Le personnel français vivant en ZFO, qu'il soit civil ou militaire, bénéficie aussi de nombreux avantages. Les troupes d'occupation sont ainsi ravitaillées sur le pays. Elles perçoivent une part importante de la production de la zone en légumes frais, beurre, fromage, viande et œufs. L'ensemble de leurs prélèvements n'excède toutefois pas 4 % de la production agricole de la ZFO[188]. Les distributions de produits textiles et de chaussures, qui sont faites tant aux militaires qu'aux civils, sont plus avantageuses qu'en France. Il est ainsi estimé que le personnel français en ZFO se voit attribuer 4 kg 800 de textile contre 3 kg seulement en France. Les personnels français reçoivent par ailleurs une paire de

187 Tableau établi à partir des données suivantes : « compte rendu de l'activité de la DPI pour les cinq mois de mise en place », 30 novembre 1945, AOFAA, C. 530 doc. 2 ; « résultats de six mois d'activité », brochure éditée par le GMZFO, mars 1946 ; « aperçu des résultats de deux ans et demi de production industrielle en ZFO », DGEF, DPI, 24 janvier 1948, AOFAA, c. 134 d. ECO II 19.

188 Résultats de la politique économique, 7 janvier 1947, cités en note 159.

chaussures par trimestre avec trois ressemelages, contre une paire par semestre en France. Ils obtiennent également des tickets leur permettant d'acquérir un article d'horlogerie par an[189].

C. Un avenir compromis

Ce bilan doit toutefois être nuancé. D'abord parce que ces résultats positifs sont en grande partie artificiels. Ensuite parce qu'ils ont été obtenus au prix d'un rationnement drastique de la population allemande. Faute d'amélioration significative de leurs conditions de vie, les Allemands sont, à partir du printemps 1946, de plus en plus critiques vis-à-vis de la politique française, à laquelle ils résistent de plus en plus ouvertement.

1. Des résultats économiques artificiels

Les autorités françaises ont réussi à relancer rapidement certaines productions de la zone et sont parvenues à équilibrer la balance commerciale de la ZFO. Mais ces succès sont en réalité artificiels.

La reprise s'est en effet opérée grâce à une ponction massive du charbon et des stocks de matières premières qu'avaient conservés les entreprises. Les échanges entre les zones d'occupation étant difficiles et par conséquent restreints, les industriels et commerçants de la ZFO ne peuvent pas renouveler les stocks utilisés. En pratique, la relance s'est donc faite au prix d'une perte de substance économique de la ZFO, que les réquisitions et les prélèvements unilatéraux ont aggravée. Faute d'échanges accrus avec les autres zones et les pays étrangers, les entreprises de nombreuses branches industrielles de la ZFO, qui ne peuvent s'approvisionner en matières premières ou en produits intermédiaires en zone, verront donc leur production stagner puis baisser. À court terme, la croissance économique de la ZFO est par conséquent condamnée.

L'équilibre de la balance commerciale de la ZFO est également artificiel. Il a en effet été obtenu grâce à une réduction sévère du niveau de vie des Allemands, qui ne saurait être maintenue à l'avenir. Les importations nécessaires à un approvisionnement correct de la population pèseront donc sur la balance commerciale. Les difficultés d'approvisionnement en céréales sur le marché mondial n'ont d'ailleurs pas permis d'importer en ZFO les quantités de blé qui avaient été prévues pour la première année d'occupation. Si ce programme d'importation avait pu être réalisé, l'équilibre de la balance commerciale de la ZFO n'aurait pas été atteint. En fait, dès 1946, cet équilibre est largement factice. Le commerce de la ZFO avec les zones britannique et américaine n'est en effet pas pris en compte dans le calcul de la balance commerciale de la

189 Exposé de Coste, directeur de la PI lors du Grand conseil de gouvernement de la ZFO : p.-v. de la réunion du 28 mai 1946, cité en note 167.

ZFO, parce qu'il est facturé en marks. Or ces échanges se font au détriment de la ZFO, qui est débitrice d'environ 65 millions de Reichsmarks, soit environ 20 millions de dollars[190]. Dès 1946, la balance commerciale de la ZFO est en réalité déficitaire.

2. *La montée des mécontentements*[191]

À partir du printemps 1946, la population résiste à l'occupant de plus en plus ouvertement. Cette résistance, pour être passive, n'en est pas moins réelle[192]. Elle touche surtout les industriels et les ouvriers. Cette opposition est la conséquence directe des difficultés matérielles que rencontrent au quotidien les habitants de la zone. Le ravitaillement reste en effet très précaire. Les rations alimentaires, qui avaient augmenté jusqu'en février-mars 1946, diminuent par la suite. La farine manque partout. Le sucre, la viande, les matières grasses sont très sévèrement rationnés. Les populations urbaines – ouvriers, fonctionnaires – sont touchées de plein fouet par la disette. Les médecins constatent l'amaigrissement général de la population. La situation alimentaire en zone américaine est regardée avec envie. Pour la population de la zone, il ne fait aucun doute que les responsables de l'insuffisance du ravitaillement en ZFO sont les Français. Les actes de pillage, les vols, parfois à main armée, de denrées alimentaires et les réquisitions illégales perpétrés par les troupes d'occupation, doublés du mauvais fonctionnement notoire du système de ravitaillement, confortent les Allemands dans leur opinion. Les difficultés rencontrées pour se loger, se chauffer, et les attributions, réduites au strict minimum, de vêtements et de chaussures cristallisent derechef les mécontentements.

La politique économique et financière du GMZFO suscite à son tour l'incompréhension, puis la colère des habitants. Les industriels, les artisans et les commerçants désirent reprendre leurs activités. Beaucoup d'entre eux se déclarent favorables à une coopération économique avec la France. Tous déplorent le système de déblocages, la rareté du charbon et des matières premières, la fréquence des coupures d'électricité, qui interdisent toute reprise effective de la production. Cette situation, admise au début de l'occupation, est ensuite l'objet de critiques de plus en plus vives. Les prélèvements unilatéraux de machines, qui s'opèrent principalement au printemps 1946, renforcent les tensions. L'enlèvement de certains matériels stoppe parfois la production d'usines entières. Les protestations d'industriels et d'ouvriers se multiplient. Tous con-

---

190 Résultats de la politique économique, 7 janvier 1947, cités en note 159.

191 Sauf mention contraire, les informations avancées ci-dessous sont tirées de comptes rendus de la Sûreté des différentes délégations supérieures pour la période qui va de l'automne, voire l'hiver 1945, à juillet-août 1946.

192 Exposé de Coste : p.-v. de la réunion du 28 mai 1946, cité en note 167.

damnent une politique qui s'oppose à toute reprise de l'activité. Les prélèvements unilatéraux ont des conséquences très négatives pour les occupants. L'opposition à la politique française se radicalise. Elle soude de nombreuses catégories sociales entre elles. Ouvriers et industriels se solidarisent ainsi dans la lutte pour la préservation de leurs outils de travail. Elle mobilise aussi l'ensemble des partis politiques. Ainsi, progressivement, l'opposition des habitants se durcit.

*

* *

Un an après la fin de la guerre, le bilan de la politique allemande de la France est sans appel. La France a échoué à faire admettre sa conception politique et sécuritaire des questions allemandes. Le détachement de la Ruhr et de la Rhénanie – pivot de la politique française – est définitivement rejeté par les Alliés. Son corollaire, le désarmement économique et financier, est certes adopté, dans son principe, par le Conseil de contrôle, mais il ne semble pas devoir être véritablement mis en œuvre. En s'arc-boutant sur ses revendications politiques et en refusant les administrations centrales allemandes, la France s'est mis à dos les Anglo-Américains. L'échec des négociations sur le charbon n'y est pas étranger. Le seul véritable succès concerne les réparations. Les Alliés acceptent les thèses françaises. Sans doute cela tient-il au fait que les Français ont, dans ce cas, avancé un argumentaire fondé sur des considérations économiques concrètes plutôt que sur des principes politiques généraux. En ZFO enfin, les résultats positifs que la France enregistre en termes économiques sont contrebalancés par un arrière-plan beaucoup plus sombre. S'y mêlent tout à la fois des perspectives économiques inquiétantes et une opposition de plus en plus résolue de la population allemande à l'occupant. Ce dernier est d'ailleurs en grande partie responsable des échecs enregistrés.

CHAPITRE VII

Les raisons d'un échec

Les défaillances de l'administration

L'échec de la politique allemande de la France tient avant tout – nous l'avons vu dans le chapitre précédent – à l'opposition des trois Grands aux projets français. Pour autant, les responsabilités internes ne sont pas négligeables. De ce point de vue, l'échec français est avant tout dû à l'incapacité des dirigeants à définir une politique claire (voir les chapitres IV et V). Il résulte aussi du piètre fonctionnement de l'administration. Son rôle central dans les affaires allemandes est déterminant, puisqu'il lui revient de gérer directement la zone confiée à la France et de participer par ailleurs, par l'intermédiaire du Conseil de contrôle interallié, au gouvernement de l'ensemble de l'Allemagne. Or cette administration n'est pas en mesure de remplir correctement ses missions. D'abord parce que, d'un point de vue structurel, elle manque d'unité et de moyens. Ensuite parce que son personnel est de qualité très inégale. Enfin parce que son fonctionnement reste médiocre.

I. Un déficit de structures et un manque de moyens

Le déficit du système politico-administratif en charge des affaires allemandes est double : l'administration française manque d'unité et de cohérence ; ses moyens matériels et humains sont insuffisants et mal utilisés.

A. Le manque d'unité et de cohérence

À Paris comme en Allemagne, l'administration des affaires allemandes est mal organisée : les centres décisionnels sont trop nombreux ; leurs missions restent floues.

1. À Paris : pas de « ministère pour l'Allemagne »

En tant que puissance occupante et membre du Conseil de contrôle interallié, la France doit se doter d'une administration des affaires allemandes qui assurera trois tâches : être un centre d'impulsion et de direction politique ; coordonner les intérêts des nombreuses parties prenantes ; assurer l'administration effective de la ZFO.

Dès le printemps 1945, certains hauts fonctionnaires réfléchissent à la forme que devrait prendre cette administration. Au Quai d'Orsay, Maurice Dejean, directeur des affaires politiques, pense qu'il faudrait créer un véritable ministère pour l'Allemagne. Le détenteur de ce portefeuille, qui aurait un rang élevé – secrétaire d'État ou ministre – participerait au conseil des ministres. Il disposerait ainsi d'une véritable autorité politique et d'une légitimité institutionnelle qui seraient de précieux atouts pour gérer les affaires allemandes. Ce ministre des Affaires allemandes s'appuierait sur une administration légère qui, en juin 1945, est en passe d'être constituée. À Paris, le ministère pour l'Allemagne pourrait ainsi être composé des membres de la commission pour les affaires allemandes. Outre-Rhin, il pourrait compter sur les cadres de la MMAA, qui fournissent l'essentiel du personnel d'administration français en Allemagne en cours de constitution[1].

Cette solution n'est pas retenue. Le général de Gaulle opte, le 7 juillet 1945, pour la création d'une structure beaucoup plus souple, le comité interministériel des affaires allemandes et autrichiennes (CIAAA)[2]. Ce comité, présidé par le général de Gaulle lui-même, comprend les principaux ministres intéressés par les questions allemandes. Le CIAAA a deux fonctions. Il est d'abord un véritable centre d'impulsions politiques. Il statue en effet sur les questions qui lui sont soumises et adresse des directives aux commandants en chef français en Allemagne et en Autriche. Le CIAAA est ensuite un organisme coordinateur. Entre ses séances hebdomadaires, un secrétariat général, présidé par Marcel Berthelot, assure le suivi des dossiers. Il prépare les réunions à venir, recueille les informations provenant des différents ministères et assure, en la centralisant, la transmission du courrier entre les services parisiens et les commandants en chef en Allemagne et en Autriche[3]. En décembre 1945, le CIAAA est, dans la pratique, remplacé par un autre organisme, le commissariat général pour les affaires allemandes et autrichiennes (CGAAA)[4]. Le fonctionnement de ce dernier est comparable à celui du CIAAA. La collégialité en reste le principe. En août, le

---

1 « Note a/s de la coordination des affaires allemandes », MAE, dir. pol., (probablement Maurice Dejean), 21 juin 1945, AOFAA, c. 184 d. B I 0.

2 « Décret du 7 juillet 1945 portant création d'un comité interministériel pour les affaires allemandes et autrichiennes », GPRF, présidence du gouvernement, AMAE-Paris, Y 1944/49, t. 650.

3 « Règlement intérieur du secrétariat général pour les affaires allemandes et autrichiennes », GPRF, présidence du gouvernement, 13 août 1945, SHAT, 4 Q 94 dossier 3.

4 « Décret du 26 décembre 1945 portant création du commissariat général aux affaires allemandes et autrichiennes et réorganisation du comité interministériel des affaires allemandes et autrichiennes », AOFAA, AEF 349/11.

cercle des ministres, membres du CGAAA, est élargi. Il passe de neuf à onze[5].

En réalité, ces organismes ne remplissent correctement aucune de leurs missions. Ils ne sont pas le centre d'impulsion pour les affaires allemandes, concurrencés en ce domaine non seulement par d'autres organismes interministériels – le comité économique interministériel, la commission des approvisionnements, les commissions *ad hoc* ayant en charge le dossier des réparations, du désarmement économique ou des prélèvements unilatéraux en zone française, etc. –, mais aussi par les ministères eux-mêmes, qui disposent presque tous de services traitant spécifiquement des questions allemandes. L'unité de la politique allemande est donc largement factice. Le fonctionnement collégial qui est le leur tend encore à les affaiblir. Même si, en leur sein, l'autorité du général de Gaulle ne fait guère de doute, bien des décisions sont le fruit de consensus, voire de compromis ou d'arrangements entre intérêts divergents, qui se font en général au détriment d'une ligne politique claire. Qui plus est, le CIAAA et le CGAAA sont plus des « organismes réactifs » que de véritables centres d'impulsion politique : leurs décisions sont très souvent consécutives à leur saisie par un ministère ou par le commandant en chef d'un problème particulier. Ils ne jouent donc que très imparfaitement le rôle de centre d'impulsion[6].

Ils ne sont pas non plus des organismes centralisateurs ou coordinateurs, puisque la plupart des ministères n'hésitent pas à les court-circuiter et à entrer directement en contact avec les services français en Allemagne, qui comprennent de nombreux fonctionnaires issus des départements. Ainsi, les ministères agissent bien souvent en fonction de leurs intérêts propres plutôt qu'en fonction d'un intérêt général supérieur[7].

---

5 « Décret du 23 août 1946 portant rattachement du commissariat général aux affaires allemandes et autrichiennes au ministère des Affaires étrangères, et réorganisation du comité interministériel des affaires allemandes et autrichiennes », 23 août 1946, AOFAA, AEF 349/11.

6 Voir *infra*. Sur la difficulté à définir l'action exacte du CGAAA, voir Prévot, M., *Alain Savary. Le refus en politique*, Tournai, La Renaissance du Livre, 2003, p. 83-86.

7 « Avant projet de décret réglant les conditions dans lesquelles les départements ministériels sont tenus informés de toutes questions intéressant les territoires allemands et autrichiens qui les concernent », GPRF, présidence du gouvernement, SGCIAAA, 1er septembre 1945, AMAE, Y 1944/49, t. 650. Les dispositions du projet soulignent bien que le CIAAA, organisme centralisateur, n'est pas le centre d'impulsion de la politique allemande de la France. L'article 1er stipule en effet : « les départements ministériels sont tenus strictement informés, par l'intermédiaire obligé du secrétariat du Comité interministériel des affaires allemandes et autrichiennes, de toutes questions intéressant les territoires allemands et autrichiens occupés qui les concernent. Tout projet de directives ou de correspondance à destination du Com-

Si, à Paris, le CIAAA et le CGAAA ont un rôle important dans la définition de la politique allemande, ils n'en ont pas, comme cela aurait dû être le cas, le monopole. Les directives officielles ou officieuses qui parviennent en Allemagne émanent en réalité de nombreux acteurs institutionnels, qui ne défendent pas forcément les mêmes intérêts. L'absence d'un ministère pour l'Allemagne contribue donc largement à la multiplication des centres d'impulsion à Paris, comme en Allemagne.

2. En Allemagne : l'« hydre »

En Allemagne, la répartition des pouvoirs n'est pas plus claire. Là aussi, les centres d'impulsion sont nombreux. Comme dans le cas des services parisiens, il faut opérer un distinguo entre la théorie des textes réglementaires et la réalité observable au quotidien.

Officiellement, le commandant en chef français en Allemagne, le général Pierre-Marie Koenig, exerce l'autorité suprême sur l'ensemble de l'administration française installée outre-Rhin[8]. Il est le seul centre d'impulsion de la politique française en Allemagne. Pour le seconder dans sa tâche, il dispose toutefois de trois adjoints. Le premier, le général Koeltz[9], remplacé en 1946 par le général Noiret[10], a en charge le groupe français du Conseil de contrôle (GFCC) de Berlin. Le GFCC constitue la partie française des services du Conseil de contrôle interallié. Il est composé de divisions qui correspondent plus ou moins à des départements ministériels français. Leurs membres siègent, aux côtés de leurs collègues américains, britanniques et soviétiques, dans les différents comités du Conseil de contrôle, au sommet desquels figurent le Comité de coordination et le Conseil de contrôle proprement dit, composé des quatre commandants en chef alliés. La tâche du GFCC est double. Il participe avec les Alliés au gouvernement général de l'Allemagne pendant la période d'occupation et prépare la période post-occupation[11]. Le second adjoint du général Koenig, le général Goislard

---

mandant en chef français en Allemagne ou du Commissaire militaire en Autriche est adressé ou transmis par l'intermédiaire obligé du même secrétariat ».

8 « Décret du 15 juin 1945 du, portant création d'un Commandement en chef français en Allemagne », *Journal officiel de la République française*, 27 juin 1945, AOFAA, AEF 349/11.

9 Né en 1884 à Besançon, Louis-Marie Koeltz s'engage dans l'armée en 1903. Général de corps d'armée en 1941, il dirige la MMAA à partir de 1944. Nommé général adjoint au commandant en chef français en Allemagne et membre du Comité de coordination du Conseil de contrôle, il est à ce titre le chef du GFCC. Il part à la retraite en juin 1946.

10 Successeur du général Koeltz, Roger Noiret, militaire de carrière, est né en 1895 dans la Marne. Il reste en poste à Berlin jusqu'à la fin de l'occupation en octobre 1949.

11 Sur le fonctionnement et les attributions du GFCC, « note sur l'administration française en Allemagne » MAE, dir. pol., 8 août 1945, AMAE, Y 1944/49, t. 433 ; « note sur l'organisation de l'administration française en Allemagne », GMZFO,

de Montsabert, exerce le commandement supérieur des troupes d'occupation (CSTO). Son rôle est strictement militaire[12]. Le troisième, l'administrateur général Émile Laffon, est responsable de l'administration de la ZFO et dirige, à ce titre, le Gouvernement militaire de la zone française d'occupation (GMZFO), dont les prérogatives, contrairement à ce que son nom semble indiquer, sont exclusivement civiles. La structure du GMZFO est calquée sur celle du gouvernement français. Émile Laffon est donc en quelque sorte le président du Conseil, le Premier ministre de la ZFO. Les directions du GMZFO correspondent à des ministères. Dans le domaine économique par exemple, la direction de l'économie générale correspond au ministère de l'Économie nationale, celle de la production industrielle au ministère éponyme, celle des finances à celui installé rue de Rivoli. Ces directions sont chapeautées par une direction générale de l'économie et des finances qui a en charge l'ensemble de la politique économique et financière de la ZFO. Elle est confiée à Jean Filippi, inspecteur général des finances. Les compétences du directeur général sont comparables à celles du ministre des Finances, lorsque ce dernier a la haute main sur l'Économie nationale. Dans les différentes provinces de la ZFO, le GMZFO est relayé par des administrations provinciales, dirigées par des délégués supérieurs qui, en France, pourraient être apparentés à des préfets[13]. Aux différents niveaux administratifs de chaque province – les districts et les cercles (arrondissements) –, le délégué supérieur est lui-même épaulé par des délégués de district et de cercle, qui dirigent des administrations plus réduites[14].

Dans la réalité, le général Koenig est loin d'être le seul centre d'impulsion de la politique française en Allemagne. Les centres de décision, plus ou moins indépendants du commandant en chef, sont en fait nombreux. Le GFCC dispose par exemple d'une grande latitude d'action tant vis-à-vis du général Koenig que vis-à-vis du GMZFO. En établissant son siège en ZFO, à Baden-Baden, Koenig fixe en effet le centre de gravité de l'administration française en ZFO. Il n'est par conséquent présent à Berlin qu'à intervalles irréguliers et pour de courtes périodes, lors des réunions du Conseil de contrôle. Son adjoint dispose dans les

DGAA, dir. de l'information, 11 avril 1948, AOFAA, AAA 478/2 ; conférence donnée à l'École supérieure de guerre par le général Noiret sur l'« organisation générale de l'administration de l'Allemagne », 5 décembre 1947, AOFAA, SG 34 (Noiret).

12 « Arrêté n° 2 du commandant en chef, portant délimitation des attributions du commandement des troupes et du gouvernement militaire », *Journal officiel du Commandement en chef français en Allemagne*, 22 août 1945, AOFAA, AEF 349/11.

13 « Arrêté n° 11 de l'administrateur général portant organisation des délégations pour le gouvernement des provinces », 14 septembre 1945, AOFAA, AEF 53/2.

14 Sur les différentes délégations de districts au sein de chaque délégation supérieure, « notice sur le gouvernement militaire (brochure) », CCFA sans date, AOFAA, AEF 53/2.

faits d'une marge de manœuvre importante. Le GFCC est par ailleurs totalement indépendant du GMZFO. Cette coupure entre les services de zone et les services de Berlin, on l'a vu, est une spécificité française. Les trois Grands ont en effet veillé à ce que les directeurs des services de leur zone soient en même temps les directeurs des services à Berlin. Cette unification par le haut des services alliés contribue à créer une unité de vues. Elle fait défaut dans l'administration française, le général Koenig étant le seul lien existant entre le GFCC et le GMZFO[15]. Au niveau de la ZFO, les centres d'impulsion autonomes sont également nombreux. L'administrateur général et le GMZFO disposent ainsi d'une relative indépendance vis-à-vis du général Koenig, ce qui provoque de fréquentes tensions. Nous y reviendrons[16]. De leur côté, les délégués supérieurs de la ZFO disposent aussi d'une certaine marge de manœuvre par rapport au GMZFO. Leur prestige – ce sont pour la plupart des gaullistes de la première heure, parfois doublés de militaires aux faits d'armes glorieux – et le mauvais fonctionnement des moyens de communication et des transports leur octroient une indépendance de fait non négligeable. Gilbert Grandval, délégué supérieur pour la Sarre, et Claude Hettier de Boislambert, délégué supérieur pour la Rhénanie, puis pour le Land de Rhénanie-Palatinat, en profitent pleinement et n'appliquent pas toujours, loin s'en faut, les directives venues de Baden-Baden[17]. À un niveau inférieur encore, il n'est pas rare que les délégués de district ou de cercle disposent de marges de manœuvre comparables et d'un pouvoir d'initiative très important[18].

Au total, huit centres de décisions existent en Allemagne : le général Koenig et son cabinet, Émile Laffon et le GMZFO, le GFCC et, enfin, les cinq délégués supérieurs. En y ajoutant les différents centres

15 Courrier de Koenig au secrétaire général du CIAAA a/s de la « discrimination entre les organisations de Berlin et celles de la zone », 6 août 1945, AOFAA, c. 184 d. B I 0.

16 Voir *infra* dans le point III de ce chapitre.

17 Gilbert Grandval, né en 1904, et Claude Hettier de Boislambert, né en 1906, bénéficient en effet d'un immense prestige au sortir de la guerre. L'un et l'autre ont été de grandes résistants : Grandval, à la tête d'unités de la Résistance intérieure dans le Grand Est ; Hettier de Boislambert, en étant le premier officier à rallier le général de Gaulle en 1940 ; aide de camp, puis membre du cabinet militaire du chef de la France libre, il participe, aux côtés de Leclerc, aux opérations de ralliement du Cameroun. Arrêté par les autorités de Vichy à Dakar en septembre 1940, il s'évade en 1942, rejoint Londres. Directeur-adjoint du cabinet du général de Gaulle de janvier à août 1943, commandant de la Mission militaire de liaison administrative d'août 1943 à août 1944, il est ensuite délégué à l'Assemblée consultative provisoire en 1944-1945.

18 Pour remédier à l'indépendance de fait des délégués de cercle, Laffon propose de les réunir au moins une fois par trimestre à Baden-Baden pour les mettre au courant de la politique générale de la France : courrier de Laffon au délégué supérieur du Wurtemberg, sans date, (antérieur au 24 avril 1946, date de la première réunion), AOFAA, AEF 368/2.

d'impulsion parisiens, il est clair que l'administration française manque d'unité. Ce manque d'unité se double d'une insuffisance de moyens très pénalisante.

B. Une insuffisance de moyens

Le manque de moyens se traduit surtout par des problèmes matériels qui touchent au premier chef les services français en Allemagne et, plus particulièrement, les administrations installées à Berlin et à Baden-Baden. Cette insuffisance est bien sûr liée, quelques mois après la fin du conflit, à la médiocrité générale des conditions matérielles en Allemagne. Elle découle aussi, et c'est plus grave, d'un manque flagrant de moyens financiers. À l'automne 1945, les administrations françaises en Allemagne sont pratiquement privées de toute liquidité. Le compte spécial de la MMAA pour les services français en Allemagne a en effet été clos le 1er octobre 1945 sans qu'aucun crédit soit alloué pour le dernier semestre de l'année[19]. À ce tarissement des moyens financiers s'ajoutent les difficultés inhérentes à la création de nouvelles administrations et à leur installation outre-Rhin. Au total, l'action des services français en Allemagne est entravée par deux séries de problèmes lancinants : le manque de locaux ainsi que des moyens de communication et de transport déficients.

1. La « course aux hôtels »

Trouver des locaux pour leurs services est la première des préoccupations des responsables administratifs français. Dans les villes bombardées, comme à Berlin, les locaux utilisables, souvent dénués de tout confort, font cruellement défaut. À Baden-Baden, intacte, c'est l'arrivée d'une administration nombreuse qui pose problème. La DGEF manque ainsi de locaux pour s'installer correctement. En septembre 1945, elle ne dispose que de 239 des 420 bureaux qui lui sont nécessaires[20]. La pression des occupants conduit aussi à une dispersion des services dans la ville et aux alentours, ce qui nuit fortement à la cohésion d'administrations alors en voie de constitution[21]. Il est également très difficile de loger les personnels dans des conditions de confort acceptables[22].

---

19 « Rapport mensuel de la DGEF », GMZFO, DGEF, cabinet, 10 octobre 1945, AOFAA, AAA 490.

20 « Note de Filippi pour Laffon », 25 septembre 1945, AOFAA, AEF 366/2.

21 « Exposé de Monsieur Filippi, directeur général de l'économie et des finances, devant la commission parlementaire d'enquête », 2 février 1946, AOFAA, c. 196 d. C III 0 R et S.

22 Note de Filippi pour Laffon, 25 septembre 1945, citée en note 20 ; note « pour Monsieur l'administrateur général a/s de l'affectation de locaux à la DGEF », Jean Filippi, 5 novembre 1945, AOFAA, AEF 366/2.

Bref, cette pénurie de locaux conduit à une véritable « course aux hôtels », chaque directeur tentant de se faire attribuer les établissements encore vacants ou ceux qui le sont de nouveau, suite à des mouvements de troupes ou de services. Il émane ainsi de l'implantation administrative de Baden-Baden un doux parfum de vacances : le général Koenig et ses services ont pris leur quartier à l'hôtel Brenner ; l'administrateur général Laffon est installé à l'hôtel Stéphanie, distant du Brenner de quelques centaines de mètres[23] ; Jean Filippi et certains des services de la DGEF sont « descendus » à l'hôtel de l'Europe[24]. Cette réquisition des établissements hôteliers au profit des services français n'est pas sans inconvénients. Les chambres ne font pas toujours de bons bureaux. Surtout, les moyens de communication sont particulièrement insuffisants.

2. *Une ville coupée du monde*

Les standards téléphoniques des hôtels ne répondent guère – quand ils fonctionnent[25] – aux besoins des administrations[26]. Les lignes extérieures sont également en nombre insuffisant et les autres moyens de transmission font cruellement défaut[27]. Faute de communications correctes avec l'extérieur, de machines à écrire et à ronéotyper en nombre suffisant[28], Baden-Baden est ainsi, dans la pratique, coupée de la ZFO mais aussi des services alliés de Berlin. Or ce manque flagrant de moyens de communication n'est en rien compensé par des moyens de transport performants, bien au contraire.

Les services français de Baden-Baden ne disposent pas d'un parc automobile richement doté. Il serait toutefois suffisant pour assurer leurs déplacements en ZFO si la moitié des véhicules n'était pas immobilisée[29]. Tout fait en effet défaut, à commencer par le carburant, les pneu-

23 Témoignage de Pierre Bolotte, AMAE-Colmar, AOR 13/1.

24 Les bureaux de la direction de la production industrielle ne sont, par exemple, pas à l'hôtel de l'Europe mais à l'hôtel Müller ; ses personnels sont logés à l'hôtel Tannenhof : « note de Filippi pour Laffon », 9 octobre 1945, AOFAA, AEF 366/2.

25 Ainsi le standard de l'hôtel de l'Europe, d'abord défectueux, devient très vite inutilisable : « note pour Laffon a/s du manque de moyens matériels de la DGEF », Jean Filippi, 20 août 1945, AOFAA, AEF 366/2.

26 *Ibid.* ; « rapport sur la situation de l'économie de la ZFO depuis le début de l'occupation », GMZFO, DGEF, DEG, section de la documentation, 5 septembre 1945, AOFAA, AEF 371/6 ; « note sur les résultats obtenus par l'administration française en Allemagne », 8 décembre 1945, AOFAA, AEF 367/1.

27 Note pour Laffon, 20 août 1945, citée en note 25.

28 Article de Julien Carrat dans *France Illustration* du 23 février 1946 sur « l'économie de la zone française d'occupation », AOFAA, AEF 53/2.

29 Note pour Laffon, 20 août 1945, citée en note 25 ; rapport mensuel de la DGEF, 10 octobre 1945, cité en note 19.

matiques et les pièces de rechange[30]. La ZFO n'a pas non plus à sa disposition d'atelier de réparation. Les véhicules en panne sont confiés à un garagiste allemand. Mais comme, à la fin 1945, l'argent manque, les réparations sont suspendues[31]. Les déplacements des services centraux de Baden-Baden sont donc limités au strict minimum. À vrai dire, les insuffisances du personnel français sont beaucoup plus préoccupantes que ces difficultés matérielles.

II. Un personnel « arlequin »

La qualité de l'occupation dépend assurément de la qualité du personnel d'occupation. Or, en ce domaine, le personnel français est, à n'en pas douter, hétérogène. À partir de 1945, les autorités françaises recrutent en effet des hommes aux compétences inégales, souvent insuffisantes, dont les parcours pendant la guerre ont parfois été troubles et dont les motivations pour servir en Allemagne ne sont pas toujours avouables.

A. Les difficultés du recrutement

Le recrutement du personnel d'occupation bute sur de nombreux problèmes. Le rythme et les étapes du recrutement, entamé du temps même du conflit, ne sont pas décidés par Paris. Ils sont dictés par l'avancée des troupes alliées en Allemagne et par l'adoption par ces mêmes Alliés de décisions concernant l'occupation. L'absence de statuts, la complexité et l'imprécision des modalités des candidatures, les tracasseries administratives et les disparités de salaires rebutent bien des candidats valables. Au fond, l'incertitude qui pèse sur le sort réservé aux futurs occupants pèse lourdement sur la qualité des recrutements.

1. Des embauches tributaires de conditions extérieures

Le recrutement débute immédiatement après la création de la MMAA. Cette mission a pour tâche de centraliser toutes les questions allemandes à traiter sur le terrain avec le haut commandement allié, dans le but de préserver les intérêts français en Allemagne. À cet effet, il lui faut embaucher des cadres pour son organisme de direction, qui compte cinq délégations, dont l'une a des compétences économiques et financières, mais aussi pour les deux services extérieurs qui lui sont rattachés[32]. Le premier est le service des liaisons auprès du haut commande-

---

[30] « Situation dans la ZFO au 22 octobre 1945 », grand conseil de gouvernement de la ZFO, 23 octobre 1945, AMAE, Série Y 1944/49, t. 433 ; exposé de Filippi, 2 février 1946, cité en note 21.

[31] Rapport mensuel de la DGEF, 10 octobre 1945, cité en note 19.

[32] « Note sur l'organisation initiale de la MMAA », EMDN, MMAA, cabinet, 10 décembre 1944, AOFAA, GMFB, C. 52.

ment allié. Le second est l'administration militaire française en Allemagne (AMFA). Ce second service extérieur a en particulier la charge d'administrer, sous l'autorité de SHAEF, le territoire que l'armée française occupe au fur et à mesure de son avancée en Allemagne. L'AMFA est constituée de détachements de gouvernements militaires placés auprès de la Première Armée française. Leur organisation est calquée sur celle de SHAEF et comprend cinq bureaux. Le 5e bureau a en charge les questions économiques[33]. Avant la capitulation allemande, le recrutement n'est suffisant ni en qualité ni en quantité. À la fin du mois de février 1945, seule une poignée d'officiers ou de spécialistes a pu être recrutée et instruite par l'AMFA[34].

La deuxième phase du recrutement débute le 1er mai 1945 lorsque la Commission consultative européenne parvient à un accord sur l'organisation administrative alliée en Allemagne[35]. Il revient alors au général Koeltz de « mettre sur pied les services français nécessaires pour assurer à la fois le gouvernement (à Berlin) et l'administration (à Baden) des territoires occupés en Allemagne et en Autriche »[36]. Un dépôt central pour les territoires occupés (DCTO) est créé pour assurer en France le recrutement et l'instruction du personnel nécessaire. Les besoins sont conséquents : 7 500 cadres – des fonctionnaires, des officiers, des industriels – et 19 000 employés – des sous-officiers, des hommes de troupe – doivent être recrutés[37]. L'absence de statuts clairs entrave cette nouvelle campagne de recrutement.

2. Le manque de perspectives

À Paris, les personnels en charge des questions allemandes sont pour la plupart des hauts fonctionnaires. Leurs conditions d'emploi, de rému-

33 *Ibid.* ; « ordonnance portant création d'un service d'administration militaire française en Allemagne », GPRF, présidence du gouvernement, Charles de Gaulle, 28 novembre 1944, SHAT, 4 Q 12 dossier 2 ; « schéma d'organisation de la MMAA », sans date, SHAT, 4 Q 94 dossier 3.

34 Courrier du général Juin au ministre de la Guerre a/s du « personnel pour l'administration militaire française en Allemagne », sans date, (entre le 20 décembre 1944 et le 15 février 1945), SHAT, 4 Q 12 dossier 1 ; Hüser, D., *Frankreichs « doppelte Deutschlandpolitik »*, *op. cit.*, p. 117 ; « fiche concernant les problèmes de la participation française au gouvernement, à l'administration et au contrôle de l'Allemagne et de l'Autriche », sans date (entre le 1er et le 21 avril 1945), AN F60 3034/2.

35 « Accord sur le mécanisme de contrôle en Allemagne approuvé par la Commission consultative européenne le 14 novembre 1944 et modifié le 6 avril 1945 par introduction de la France », Commission consultative européenne, 1er mai 1945, AOFAA, c. 184 d. B I 0.

36 « Fiche n° 2 sur l'évolution des effectifs de l'administration française pour les affaires allemandes et autrichiennes », CCFA, 17 juillet 1947, AOFAA, c. 117 d. ECO I A 11.

37 *Ibid.*

nération, d'avancement sont fixées avec soin. Les personnels devant servir en Allemagne ne bénéficient pas de la même sécurité. Jusqu'en mars 1945, les candidats n'ont en effet aucune indication sur les conditions contractuelles et matérielles qui seront les leurs en Allemagne[38]. La promulgation d'un statut pour les Assimilés spéciaux pour les territoires occupés (ASTO) ne lève qu'en partie les incertitudes[39]. Il stipule certes que les salaires des ASTO seront établis en fonction des soldes militaires, mais comme les montants de ces dernières ne sont alors pas arrêtés, les candidats ne disposent d'aucune information pratique sur leur traitement futur ou sur l'octroi éventuel de primes pour séjour à l'étranger. La durée de leur service en Allemagne n'est par ailleurs nullement précisée. Enfin, les candidats ne savent pas dans quelles conditions matérielles ils séjourneront outre-Rhin[40].

À ces incertitudes s'ajoutent la complexité et l'imprécision des procédures d'embauche. Le statut militaire des personnels d'occupation conduit en effet à toutes sortes de complications. Tout engagement suppose ainsi une mobilisation préalable. Mais, dans le même temps, les personnes appartenant aux classes mobilisées ne pourront pas faire acte de candidature avant la fin des hostilités[41]. Un flou total régit aussi la constitution des dossiers de candidature. La MMAA, qui recrute dans la pratique les agents devant servir en Allemagne, n'a obtenu aucune instruction sur les pièces que les candidats doivent fournir pour constituer leur dossier. Un autre facteur d'incertitudes découle de ce que les propositions faites par la commission de classement sont loin d'être systématiquement entérinées par le ministère de la Guerre, dont les décisions sont de surcroît prises avec beaucoup de lenteur, ce qui finit par décourager les meilleures volontés.

L'embauche de contractuels, qui viendraient compléter les effectifs des ASTO, s'avère elle aussi difficile. Le ministère des Finances refuse d'approuver le contrat proposé, ce qui interdit à la MMAA de procéder à des engagements fermes. L'EMGDN est quant à lui fermement opposé à

38 Courrier de Pierre Lion, chef de la section production industrielle à la délégation économique et financière (DEF) de la MMAA, à Jacques Rueff, président de la DEF, 14 mai 1945, AN, F^{12} 10105.

39 Le statut des ASTO est promulgué le 24 mars 1945 : « instruction provisoire pour l'application du décret du président du gouvernement en date du 24 mars 1945, fixant le statut du Corps des assimilés spéciaux pour les territoires occupés (ASTO) », ministère de la Guerre, état-major de l'armée, 6 juin 1945, AOFAA, AAA 949/1.

40 « Note a/s du recrutement du personnel », Robert de Boysson, 12 mai 1945, note jointe au courrier de Lion à Rueff, 14 mai 1945, cité en note 38.

41 « Note pour toutes les divisions. Situation des candidats et des membres de la Mission à l'égard de leurs obligations militaires », EMGDN, MMAA, DEF, sans date, AOFAA, AAA 949/1.

ce type de recrutements, parce que les contractuels, qui ne seront pas soumis à un statut militaire, échapperaient à son contrôle[42].

L'existence de statuts très différents au sein du personnel d'occupation – militaires d'active, ASTO, contractuels, chargés de mission, etc. – est également lourde d'inconvénients. Pour uniformiser les conditions faites à l'ensemble des personnels, un cadre temporaire du personnel pour le gouvernement militaire français en territoire occupé est adopté dès le mois de novembre 1945[43]. L'uniformisation des statuts reste cependant très imparfaite[44].

L'absence d'enquête de sécurité militaire pour les candidats non fonctionnaires et non militaires constitue le dernier avatar de cette suite de bégaiements administratifs. Dans le domaine économique, Jacques Rueff, président de la délégation économique et financière de la MMAA, explique qu'il est impossible à ses services recruteurs, pour des questions matérielles, de procéder à de telles enquêtes. Leur importance ne lui échappe pourtant pas et il demande au DCTO de les mettre en œuvre. Mais la question s'évanouit dans les bureaux de ce dernier[45].

Cet ensemble de facteurs négatifs pèse lourdement sur les recrutements. Il pénalise surtout l'embauche de personnels non fonctionnaires et non militaires, pour lesquels les incertitudes sont trop nombreuses. L'embauche de spécialistes du monde industriel est ainsi fortement freinée. Le lieutenant-colonel Pierre Lion, chef de la section production industrielle à la délégation économique et financière de la MMAA, s'en plaint amèrement et juge la situation sérieuse[46]. Qui plus est, à Baden-Baden, de nombreux cadres de la direction de la production industrielle quittent rapidement leurs fonctions, parce que les conditions qui leur sont offertes en France par des entreprises privées sont infiniment meilleures[47]. D'une manière générale, les recrutements opérés par les Français sont très en deçà de ceux effectués par les Américains et les Britanniques. À la veille de l'entrée en fonction du Conseil de contrôle interallié et des organismes alliés de zone, les recrutements n'atteignent

---

42 Note a/s du recrutement, 12 mai 1945, citée en note 40.

43 « Ordonnance créant un cadre temporaire des personnels pour les gouvernements militaires français dans les territoires occupés », GPRF, présidence du gouvernement, SGAAA, 2 novembre 1945, et « décret fixant le statut du cadre temporaire des personnels pour les gouvernements militaires français dans les territoires occupés », contenu dans une « note sur le statut du personnel d'administration et de contrôle en Allemagne et en Autriche » GPRF, présidence du gouvernement, SGAAA, 12 décembre 1945, AOFAA, c. 11 d. POL I B 3.

44 Fiche n° 2 sur l'évolution des effectifs, 17 juillet 1947, citée en note 36.

45 « Fiche pour le colonel de Bermond », Jacques Rueff, 23 mai 1945, AOFAA, AAA 949/1.

46 Courrier de Lion à Rueff, 14 mai 1945, cité en note 38.

47 Exposé de Filippi, 2 février 1946, cité en note 21.

que 50 % des effectifs estimés nécessaires par les autorités françaises d'occupation[48].

Les difficultés d'embauche, les incertitudes sur les conditions matérielles, financières et professionnelles, qui éloignent d'Allemagne certains des meilleurs candidats, expliquent en partie certains travers du personnel d'occupation, qu'il s'agisse du manque de compétences, de la complaisance à l'égard du gouvernement de Vichy ou des motivations, souvent inavouables, qui les conduisent en Allemagne.

B. Des compétences inégales

Il faut toutefois se garder de stigmatiser l'ensemble du personnel français. En termes de compétences professionnelles, le moins bon côtoie souvent le meilleur.

Le manque de qualifications des personnels semble cependant courant. Les exemples de chauffeurs ne sachant pas conduire ou de secrétaires incapables de se servir d'une machine à écrire et dont la seule qualification relève des mondanités sont trop nombreux pour n'être qu'exceptionnels[49]. Bien des officiers n'ont visiblement pas les compétences minimales requises pour leur emploi. Ainsi en est-il des officiers de la sûreté qui ignorent jusqu'à l'allemand[50].

D'une manière générale toutefois, il semble que les éléments les moins qualifiés fassent partie du personnel subalterne et soient employés à des tâches nécessitant peu de compétences techniques. *A contrario*, il apparaît que, dans le domaine économique par exemple, les emplois qui requièrent des connaissances spécifiques sont tenus par des personnels compétents. Plus généralement, il semble aussi qu'aux échelons supérieurs de l'administration la plupart des postes soient occupés par des hommes expérimentés, dotés d'une formation universitaire solide et d'une longue expérience administrative.

Les postes de direction dans le domaine économique sont, à ce titre, exemplaires. Comme en France, la répartition entre les postes politiques et les postes techniques s'opère en fonction de la hiérarchie des grandes écoles. Aux inspecteurs des finances reviennent presque toujours les responsabilités politiques tandis que les postes nécessitant des compétences techniques et scientifiques sont systématiquement dévolus à des polytechniciens. Les inspecteurs des finances sont ainsi omniprésents dans les cabinets de direction, lieux par excellence des prises de décision

48 Hüser, D., *Frankreichs « doppelte Deutschlandpolitik », op. cit.*, p. 117.

49 « Rapport de l'administrateur général, adjoint pour le gouvernement militaire de la ZFO à Monsieur le général de corps d'armée, CCFA », Émile Laffon, 17 septembre 1945, AOFAA, APR 6 1/b, 4 bis.

50 *Ibid.* ; note, Jean Filippi, 8 décembre 1945, AOFAA, AEF 367/1.

politique, que ce soit à Baden-Baden ou à Berlin. Le premier conseiller économique du général Koenig, Jacques Rueff, ancien sous-gouverneur de la Banque de France, est membre de l'Inspection générale[51]. Son adjoint, Yves de Chomereau[52], rapidement appelé à le remplacer, est également inspecteur des finances. Il est épaulé par François de Bourbon-Busset[53] qui, en tant que diplômé de sciences politiques et ancien auditeur à la Cour des Comptes, est l'exception de ce groupe. À Baden-Baden toujours, le directeur général de l'économie et des finances, Jean Filippi[54], et les deux têtes de son cabinet, René Larre[55] et André Cérou[56], sont issus de l'Inspection, tout comme René Sergent[57] qui préside, à Berlin, la délégation économique et financière du GFCC. À l'échelon directement inférieur, c'est-à-dire à la tête des directions techniques – directions de la production industrielle ou des réparations-restitutions par exemple –, ce sont les anciens élèves de Polytechnique qui dominent sans partage. À Baden-Baden, le directeur de la production industrielle et son adjoint, Philippe Coste[58] et Henri Leboullenger[59], sont des anciens

---

51 Sur Jacques Rueff, voir Bonin, H., « Rueff Jacques », in Sirinelli, J.-F. (dir.), *Dictionnaire historique de la vie politique au XXe siècle*, 2e éd. revue et augmentée, Paris, PUF, 2003, p. 1117-1119.

52 Né en 1908, Yves de Chomereau de Saint André, licencié en droit et lettres, diplômé de l'École libre des sciences politiques (major, en 1931, de la section finances publiques) et major du concours général inter facultés en droit (1939), est inspecteur des finances.

53 Né en décembre 1917, François de Bourbon-Busset est licencié en lettres en 1937 et diplômé de sciences politiques en 1939. Le 16 septembre 1939, il est appelé sous les drapeaux en qualité d'élève officier de réserve. Aspirant de réserve en janvier 1940, démobilisé en août 1940, il est, à compter de mai 1943, auditeur de 2e classe à la Cour des Comptes. Il entre à la MMAA le 1er juillet 1945.

54 Jean Filippi est inspecteur des finances depuis 1930. Sur Filippi, voir *infra*.

55 Inspecteur de 2e classe en 1947 : « adresses des membres de l'Inspection générale des finances pour l'année 1947, AOFAA, AEF 384/4.

56 Inspecteur de 3e classe en 1947 : adresses des membres de l'Inspection générale des finances, citées en note 55.

57 Né en 1904, René Sergent, inspecteur des finances, est en poste à l'Inspection générale des finances de 1929 à 1941. De 1942 à 1944, il est directeur adjoint des accords commerciaux à l'Économie nationale, puis d'août 1944 à mars 1946, directeur, pour les affaires économiques, au secrétariat d'État aux Finances. Au GFCC, il est président de la délégation économique et financière.

58 Né en 1904, Philippe Coste, polytechnicien, est ingénieur du corps des Mines. Après avoir été ingénieur des mines à Clermond-Ferrand en 1928-1929, à Saint-Étienne, de 1929 à 1935, il est ingénieur des travaux publics, chargé de mission au cabinet de Laurent-Eynac et de Queuille de juillet 1935 à décembre 1937. Pendant la guerre, il est directeur général adjoint puis directeur général des produits chimiques, à partir de janvier 1944, à la Compagnie de Saint-Gobain. Sur Coste, voir également *infra*.

59 Né en 1892, Henri Leboullenger, polytechnicien (promotion 1912), admissible à l'École normale supérieure, a été adjoint au directeur des Chantiers navals français de Caen en 1919, puis directeur des ateliers de Bordeaux de la même société de 1922 à

de l'X, de même que Marcel Coignard[60], le directeur des réparations-restitutions. À Berlin, le chef de la division de la production industrielle, Robert de Boysson[61], tout comme le chef de la division des Réparations-Restitutions, Georges Glasser[62], et son adjoint, Jacques Coquebert de Neuville[63], sont également passés par Polytechnique. Pour autant, cette excellence universitaire ne constitue pas un blanc-seing pour les années de guerre. Pour les personnels ayant des responsabilités économiques, elle n'est pas non plus un gage d'indépendance vis-à-vis des grands groupes industriels français.

C. Des parcours parfois douteux

Les autorités françaises de contrôle, notamment la commission parlementaire d'enquête, dépêchée en ZFO en février 1946, reprochent ainsi à de nombreux fonctionnaires français d'avoir servi avec zèle le régime de Vichy. Elles s'inquiètent aussi du manque d'indépendance de certains hauts fonctionnaires de la zone par rapport aux grands groupes qui les employaient avant leur nomination en ZFO.

1925. De 1925 à 1929, il est ingénieur en chef, puis directeur des Chantiers de Blainville, près de Caen. Entre 1929 et 1945, il est directeur général des usines de construction mécanique de la société Air Liquide. Il intègre l'administration française en Allemagne le 15 mai 1945.

60 Né en 1901, Marcel Coignard, polytechnicien, est ingénieur de l'École supérieure d'électricité et de l'École supérieure d'artillerie. Après avoir été ingénieur en chef hors classe des Travaux publics de Tunisie, il est, entre 1930 et 1938, sous-directeur de la Compagnie concessionnaire des ports maritimes de Tunis, Sousse et Sfax. Ingénieur principal des Travaux publics de Tunisie, chargé du service maritime de 1938 à 1940, il devient chef du service de la Production industrielle de Tunisie de 1941 à 1943. Il est nommé en Allemagne à compter du 15 juin 1945.

61 Né en 1890, Robert de Boysson, polytechnicien, ingénieur du génie maritime, travaille dans un premier temps pour Électricité de France. Il est ensuite directeur général de la Chapelle et de la Société électrique de Voyenne. À partir de mars 1940, il est ingénieur en chef du Génie maritime. Il intègre les services français en Allemagne le 1er juillet 1945.

62 Né en 1907, Georges Glasser, polytechnicien, est ingénieur des ponts et chaussées au ministère des Travaux publics. Entre 1933 et 1940, il est détaché auprès de la préfecture de la Seine, au titre d'ingénieur en chef des travaux de la ville de Paris. Après 1940, il est à nouveau détaché, cette fois auprès du ministère de l'Éducation nationale, où il est directeur de l'équipement sportif. Réintégré, il est nommé adjoint à l'inspection générale des ponts et chaussées de la 1re circonscription de la Seine.

63 Né en 1908, Jacques Coquebert de Neuville, polytechnicien, licencié en droit, diplômé de l'École libre des sciences politiques, fonctionnaire du ministère des Finances en 1935, est auditeur de 1re classe à la Cour des Comptes de 1937 à 1941. En 1941-1942, il est détaché de son ministère et devient directeur régional à la Radiodiffusion nationale. En 1943, il est nommé conseiller référendaire à la Cour des Comptes.

1. Les ombres de Vichy

À l'issue de son inspection en ZFO, la commission parlementaire d'enquête, présidée par le socialiste Salomon Grumbach, pointe les noms de plus d'une dizaine de hauts responsables administratifs qu'elle estime s'être gravement compromis avec le régime de Vichy et dont elle demande par conséquent le remplacement. Maurice Sabatier, directeur général des affaires administratives à Baden-Baden, préfet de région à Bordeaux sous l'Occupation, alors supérieur de Maurice Papon, est sans doute la figure la plus emblématique de ces fonctionnaires vichyssois nommés en ZFO[64].

Dans le domaine économique, les responsables incriminés semblent peu nombreux. Ainsi, sur les 13 hauts fonctionnaires pointés nominalement par la commission parlementaire d'enquête, seuls deux – Jean Filippi et Philippe Coste – ont des responsabilités dans le domaine économique et financier. Le bilan est en réalité plus sombre. La commission souligne ainsi qu'aucun des 13 chefs de service des différentes branches de la direction de la production industrielle à Baden-Baden n'a obtenu en France d'avis de la commission d'épuration. Aux yeux de la commission, il ne s'agit pas de « conclure que tous sont des vichyssois mais néanmoins il y aura lieu de vérifier leur attitude et fonctions jusqu'à leur venue en Allemagne »[65].

Dans ses conclusions, la commission parlementaire d'enquête dénonce « la présence dans les services du gouvernement militaire, d'un nombre relativement élevé de fonctionnaires ayant rempli une fonction sensiblement importante dans le gouvernement de fait dit de Vichy »[66]. La responsabilité de cette situation incombe en réalité au GPRF et aux différents ministères parisiens. La nomination de Jean Filippi au poste de directeur général de l'économie et des finances du GMZFO est exemplaire de la « politique d'éloignement » que l'administration française pratique à l'égard de fonctionnaires particulièrement compétents

---

64 Voir le « rapport général fait au nom de la commission parlementaire chargée d'enquêter dans les zones d'occupation françaises en Allemagne et en Autriche » rédigé par Salomon Grumbach, annexé au procès-verbal de la 3e séance de l'Assemblée nationale constitutante du 9 avril 1946, AOFAA, AAA 953/5.

65 « Rapport au nom de la Commission parlementaire chargée d'enquêter dans les zones d'occupation françaises d'Allemagne et d'Autriche : questions économiques dans la zone d'occupation française d'Allemagne » rédigé par Louis Bernard, p. 6, annexé au procès-verbal de la séance de l'Assemblée nationale constituante du 8 avril 1946, AOFAA, AAA 953/5.

66 « Rapport au nom de la Commission parlementaire chargée d'enquêter dans les zones d'occupation françaises d'Allemagne et d'Autriche : épuration, dénazification, partis politiques et syndicats dans la zone d'occupation française d'Allemagne » rédigé par Roger Veillard, p. 1-2, annexé au procès-verbal de la séance de l'Assemblée nationale constituante du 8 avril 1946, AOFAA, AAA 953/5.

mais qui, pendant la guerre, se sont compromis avec le régime de Vichy, sans toutefois avoir eu une action absolument impardonnable. Filippi a ainsi eu le tort de devenir chef de cabinet du ministre des Finances, Yves Bouthillier, puis secrétaire général aux affaires économiques[67]. Il s'est cependant en partie racheté en démissionnant de ce poste au retour de Pierre Laval et en soutenant l'action de la Résistance après avoir réintégré les fonctions de secrétaire général de la SNCF qu'il occupait déjà avant-guerre[68]. Suspendu à la Libération, « exilé » en Allemagne pendant quelques années, il est pleinement réintégré à l'administration centrale du ministère de l'Économie nationale en 1948, au sein duquel il dirige alors la prestigieuse direction des relations économiques extérieures (DREE)[69].

2. *Au service des intérêts privés*

La commission pointe aussi le cas de hauts responsables de la zone qui seraient en Allemagne « les représentants d'intérêts privés, n'ayant que de lointains rapports avec les intérêts nationaux »[70]. Cette critique souligne d'abord le discrédit qui frappe le monde de l'entreprise au sortir de la guerre. Elle met aussi en lumière la peur qu'ont les hommes politiques des tentatives réelles ou fantasmées que les intérêts privés mettraient en œuvre pour s'immiscer, par l'intermédiaire de hauts fonctionnaires à leur solde, dans la politique économique de l'État, dans le

---

67 Né en 1905 à Genève, Jean Filippi, diplômé de l'École libre des sciences politiques, docteur en droit, entre à l'Inspection des finances en 1930. De 1934 à 1936, il fait partie de plusieurs cabinets ministériels – aux ministères des Colonies, du Commerce et de l'Industrie et des Travaux publics – puis regagne l'Inspection des finances. En septembre 1937, il devient secrétaire général de la SNCF. En 1940, il est chef de cabinet du ministre des Finances. Entre juillet 1941 et avril 1942, il est secrétaire général pour les affaires économiques au secrétariat d'État à l'Économie nationale et aux Finances. À compter du 1er mai 1942, il est de nouveau secrétaire général de la SNCF jusqu'au 21 septembre 1944. Il réintègre alors l'Inspection des finances. Il fait partie des services français en Allemagne à partir du 1er janvier 1945.

68 Plusieurs personnalités de la résistance soulignent, après la Libération, l'aide que Filippi a apportée à la Résistance alors qu'il était secrétaire général de la SNCF : courriers – adressés à Filippi – du Bureau central de renseignements et d'action (30 août 1944), d'Antoine de Bonnefoy, maire d'Auric-sur-Vendinelle (Haute-Garonne) et membre du service de renseignement du groupe de résistance « Asturie » (5 septembre 1944), du général-adjoint au général gouverneur militaire de Paris (14 septembre 1944) et d'Alexandre Parodi, ancien délégué général du GPRF pour la France occupée (4 janvier 1945), AOFAA, AAA 949/2. La thèse selon laquelle Jean Filippi a été résistant est également défendue par Hudemann, R., *Sozialpolitik im deutschen Südwesten zwischen Tradition und Neurodnung*, *op. cit.*, p. 7.

69 Il est nommé directeur des relations économiques extérieures à compter du 1er juin 1948, par décret du 28 mai 1948.

70 Rapport au nom de la Commission parlementaire : questions économiques, cité en note 65.

but de la tourner à leur profit. C'est la raison essentielle qui explique la demande de renvoi de Philippe Coste, directeur de la production industrielle à Baden-Baden. Pendant l'Occupation, Coste a été cadre à la Compagnie de Saint-Gobain. Ingénieur en chef, il est directeur général adjoint puis, à partir de janvier 1944, directeur général des produits chimiques de la firme. Outre qu'à ces postes successifs, il lui est reproché de n'avoir guère rendu de services à la Résistance, la commission parlementaire d'enquête craint que, dans ses fonctions de directeur de la production industrielle, il prenne des décisions qui favoriseraient plus son ancien employeur que les intérêts généraux de la France. Indirectement, ces problèmes d'allégeances aux intérêts privés plutôt qu'aux intérêts nationaux posent la question des motivations qui amènent les Français à servir en Allemagne.

D. Des motivations variées

Aux problèmes déjà évoqués s'ajoutent en effet les questions des motivations et donc de l'état d'esprit dans lequel les Français prennent leurs fonctions en Allemagne. *A priori* « servir la France en pays d'occupation est pour le fonctionnaire et le soldat à la fois un devoir et un honneur »[71]. En réalité, les motivations des personnels servant outre-Rhin sont souvent moins nobles. La situation singulière de la France au sortir du second conflit mondial explique en partie les désirs de revanche, de profits. La zone est aussi un refuge commode pour échapper à l'épuration. Il s'y développe, surtout à Baden-Baden, un style de vie mondain, rythmé par les soirées et les réceptions.

1. *La situation singulière de la France et des Français au sortir de la guerre*

En 1945, la situation de la France est assez singulière. Des quatre puissances occupant l'Allemagne, elle est la seule, avec l'URSS, à avoir été occupée et pillée par le Reich pendant la guerre. Surtout, elle est la seule à avoir été vaincue militairement et à avoir constitué un gouvernement qui a collaboré avec l'occupant. En France, le manque de ravitaillement, les privations n'ont pas résulté, comme ce fut par exemple le cas en Grande-Bretagne, de la volonté commune à tout un peuple de sacrifier son niveau de vie pour soutenir l'effort de guerre. Ces privations ont été imposées par l'occupant allemand et durement ressenties. Contrairement à leurs Alliés, les Français ne sont pas non plus restés soudés pendant la guerre. Le soutien au maréchal Pétain a été, dans un premier temps au moins, massif. Beaucoup de Français ont fait le choix de la collaboration. D'autres se sont enrichis au marché noir pendant que

---

71 Rapport au nom de la Commission parlementaire : épuration, dénazification, partis politiques et syndicats, cité en note 66.

certains s'abaissaient à des pratiques dégradantes pour subsister tandis qu'une minorité prenait les chemins de la résistance. Bref, au sortir de la guerre, la France est sans conteste, parmi les Quatre, le pays dont la position internationale est la plus affaiblie. Au niveau intérieur, la situation n'est pas meilleure : le pays est ravagé, son économie ruinée. Les Français sortent divisés du conflit, amers, humiliés. Et la participation française à la victoire finale ne peut guère faire illusion, même si les armées françaises, en prenant part aux campagnes d'Italie, de France et d'Allemagne, sauvent en quelque sorte l'honneur national. Dans ces conditions, les motivations des Français s'engageant pour servir en Allemagne sont souvent complexes et plurielles. Les fonctionnaires désireux de défendre les intérêts nationaux côtoient les égoïstes, les escrocs et d'anciens serviteurs de Vichy.

2. La « société des occupants » : une communauté hétérogène

La partie du personnel français, difficile à quantifier, qui s'engage pour servir les intérêts supérieurs de la France a elle-même des motivations complexes. Il s'agit bien sûr de reprendre à l'Allemagne ce qu'elle a volé sur le territoire national, d'obtenir des réparations qui faciliteront le redémarrage de l'économie française, de punir les criminels de guerre, d'assurer la sécurité de la France pour qu'elle ne puisse jamais plus être la victime de son dangereux voisin. Souci de justice donc, souvent doublé d'un désir de vengeance à peine voilé. Pour autant les objectifs de sécurité passent aussi par la mise en place de réformes visant à faire de l'Allemagne un pays démocratique. Pour ces occupants-ci, souvent issus de la Résistance, empreints d'idéaux démocratiques, convaincus de la nécessité de transformer les sociétés, les motivations sont plurielles, ambiguës, voire contradictoires[72].

La noblesse de ces engagements fait par contre totalement défaut à beaucoup d'autres d'occupants. D'aucuns voient dans l'occupation la possibilité d'une promotion sociale rapide, que l'attribution généreuse de grades militaires, sans correspondance véritable avec les activités professionnelles exercées dans le civil, rend possible[73]. D'autres – des militaires surtout – saisissent l'occasion d'un reclassement facile après la démobilisation de la Première Armée en juillet 1945. D'autres encore

[72] C'est par exemple le cas d'Émile Laffon, de Jean Filippi et d'une grande partie du personnel de la DGEF.

[73] Rapport secret d'un officier britannique intitulé « attitudes des Français en Allemagne », 4 décembre 1945. Cet officier, qui a séjourné plus d'un mois à Baden-Baden, fait le point sur différents aspects de l'occupation française, AOFAA, AEF 361/1.

sont attirés par des conditions de vie bien meilleures qu'en France[74]. La nourriture est abondante et il est aisé, surtout dans les premiers mois de l'occupation, de s'enrichir personnellement au détriment de la population allemande ou même des intérêts français. Beaucoup d'occupants, qu'ils soient militaires ou civils, profitent ainsi de leur séjour en Allemagne pour amasser toutes sortes d'objets – rares et difficiles à trouver – et de produits alimentaires[75]. Certains vont plus loin. Ils pratiquent à grande échelle les pillages et les trafics en tous genres, alimentent le marché noir et transforment leur logement en véritable caverne d'Ali Baba[76]. Dans le cadre flou de la Libération, de la fin de la guerre et des premiers temps de l'occupation, l'Allemagne attire aussi des aventuriers et des escrocs. Ils viennent y tenter leur chance, à l'affût d'une vie facile et d'une gloire bien souvent usurpée. Au début de l'année 1946, une affaire de faux résistant défraie ainsi la chronique. Un des hauts fonctionnaires de la direction de la sûreté, à Baden-Baden, prétendu compagnon de la Libération et héros de la résistance, n'est en réalité qu'un jeune faussaire[77]. Reste enfin le cas des serviteurs de Vichy, qui voient dans leurs nouvelles fonctions outre-Rhin le moyen de se faire oublier et d'échapper à la justice. Avant de revenir en France, ils attendent patiemment que l'indignation de l'opinion publique retombe et que l'épuration s'achève[78].

D'une manière générale, nombreux sont ceux qui considèrent leurs fonctions en Allemagne comme une sorte d'intermède dans leur carrière et qui voient dans leur séjour outre-Rhin l'occasion de mener une vie agréable, toute de sorties et de festivités, en rupture avec les privations de l'Occupation[79].

---

74 « Un autre Vichy. Baden-Baden, ville française où l'on colonise les Allemands », *La Nation Belge*, 18 juin 1946, transmis à Bidault par Raymond Brugère, ambassadeur de France à Bruxelles, 18 juin 1946, AMAE, Y 1944/49, t. 435.

75 Attitudes des Français en Allemagne, 4 décembre 1945, citées en note 73.

76 Picard, R., « Un Français devant l'occupation française », in *La France libre*, n° 61, décembre 1945, p. 20-29, ici p. 24-25 ; « généralités sur les problèmes d'occupation en Allemagne », Halff, chef de la documentation de la DGEF, sans date (printemps 1946), AOFAA, AEF 53/2.

77 « Quand on s'occupe », *Minerve*, 19 avril 1946. L'article évoque l'affaire qui fit grand bruit en ZFO et en France. Ce fait divers a même été adapté au cinéma en 1996 par Jacques Audiard sous le titre *Un héros si discret*. Mathieu Kassowitz y incarne le jeune escroc.

78 Les articles de journaux sont nombreux à dénoncer ce procédé : « L'administration française des zones occupées », Rosenfeld, O., in *Le Populaire*, 7 novembre 1945, AOFAA, AEF 361/1, « Voyage à Baden-Baden. Royaume d'opérette gouverné par Ubu roi », Aubagne F., in *Libertés*, 8 mars 1946, AOFAA, AAA 723.

79 Picard, R., « Un Français devant l'occupation française », in *op. cit.*, p. 25.

3. Baden-Baden : capitale mondaine de l'Allemagne

Pendant toute la durée de l'occupation, Baden-Baden est ainsi le théâtre d'une vie mondaine sans nulle autre pareille en Allemagne.

Le cadre s'y prête. La ville, coquette, est intacte. Centre thermal renommé, tapis au creux de la Forêt-Noire, Baden-Baden, entourée de collines surmontées de vieux châteaux médiévaux, est bordée par un grand parc arboré, sur lequel donnent des hôtels de luxe. Tout près du centre, un casino, le *Kurhaus*, est le cœur de la vie mondaine.

La ville est une véritable colonie française où se retrouve le gotha de l'administration en Allemagne : officiers supérieurs, héros de la Résistance intérieure et extérieure, diplomates, administrateurs issus des plus prestigieuses écoles de la République. Au total, 20 000 Français se pressent à Baden-Baden. Ils sont majoritaires. Ils côtoient les représentants de nombreux pays alliés – Américains, Belges, Britanniques, Luxembourgeois, Néerlandais, Norvégiens et Soviétiques – qui y ont des représentations permanentes. Les Allemands, minoritaires, ont comme disparu[80].

La « ville des colonels »[81] vit au rythme des festivités organisées par l'épouse du commandant en chef et les femmes des officiers supérieurs[82]. Des cartons s'échangent. Les nuits bruissent de réceptions, organisées au *Kurhaus* ou dans les villas réquisitionnées, habitées par les cadres supérieurs du gouvernement militaire et leurs familles[83]. On y boit des vins rhénans, on y danse, on y écoute la musique des orchestres. On s'y retrouve entre soi. Les week-ends se passent loin de Baden-Baden, près du *Titisee* ou, plus au sud encore, sur les bords du lac de Constance[84].

Au total, c'est donc un personnel d'une grande hétérogénéité qui œuvre en Allemagne. Ses motivations ne correspondent que très imparfaitement aux objectifs français. Si l'on ajoute à cette piètre qualité du personnel le manque d'unité et de cohérence de l'administration en charge des affaires allemandes, la multiplication des centres d'impulsion et de décision ainsi que les difficultés matérielles de toutes sortes, l'on comprend aisément que l'administration française chargée des affaires allemandes fonctionne mal. Cumulées, ces difficultés expliqueraient à elles seules bien des dysfonctionnements. Pourtant, l'essentiel est ailleurs.

---

80 « Un autre Vichy. Baden-Baden… », article cité en note 74.

81 Picard, R., « Un Français devant l'occupation française », p. 27, cité en note 76.

82 « Un autre Vichy. Baden-Baden… », article cité en note 74.

83 « Baden-Baden ou le bal des pompiers », in *Diogène*, 19 avril 1946, AOFAA, AAA 723.

84 « Un autre Vichy. Baden-Baden… », article cité en note 74.

III. Un fonctionnement médiocre

Le fonctionnement médiocre de l'administration a en effet deux autres causes : l'omniprésence des conflits entre les différentes parties prenantes et la coupure qui existe entre les centres de décision et les services d'exécution.

A. Une multitude de conflits de pouvoir

Les affaires allemandes sont source de conflits en France comme en Allemagne. À Paris, le ministère des Affaires étrangères et l'état-major général de la défense nationale, qui essaient de s'assurer le contrôle des principaux services gérant les affaires allemandes, s'opposent avec âpreté. En Allemagne, les antagonismes sont plus nombreux encore et peuvent être divisés en deux ensembles : les conflits qui opposent des services décisionnels entre eux et les oppositions qui existent entre les centres d'impulsion et les services d'exécution.

1. Les antagonismes entre les ministères

À Paris, le Quai d'Orsay et l'état-major se disputent le contrôle et la direction des affaires allemandes. Durant l'été 1945, ils s'opposent sur trois affaires.

La première a trait à la direction du secrétariat général du CIAAA, créé le 7 juillet 1945. Comme le secrétariat général est censé être le principal centre de décision et d'impulsion de la politique allemande à Paris, il importe de le contrôler pour influer sur la conduite des affaires allemandes. Le choix du secrétaire général et le rattachement du secrétariat à tel ou tel ministère deviennent dès lors de véritables enjeux de pouvoir. L'état-major estime que le secrétariat général devrait lui être rattaché. Les décisions du comité de défense nationale et du gouvernement plaident en ce sens. Qui plus est, une continuité de services serait ainsi assurée entre la MMAA, qui dépendait déjà de l'état-major, et le nouveau secrétariat, qui prend en quelque sorte sa suite et dont le personnel est en grande partie issu de la MMAA. Enfin, les postes de commandement devant être octroyés à Baden-Baden comme à Berlin à des militaires de haut rang, une unité de décision, sous la direction de l'état-major, serait réalisée en France comme en Allemagne[85]. La nomination de Marcel Berthelot, fonctionnaire du Quai d'Orsay, au poste de secrétaire général contrecarre doublement les projets de l'état-major. D'abord parce que le poste n'est pas attribué à un militaire ; ensuite parce que Berthelot ne considère nullement le secrétariat général comme une émanation de l'état-major. Pour Berthelot, le rôle des militaires dans

---

85 Ces arguments sont ceux du général Juin dans un courrier à Louis Joxe, secrétaire général du gouvernement, 20 juillet 1945, SHAT, 4 Q 12 dossier 1.

le fonctionnement du secrétariat général – celui du général Alphonse Juin en particulier et, plus globalement, de l'état-major tout entier – ne sera pas plus important que celui des autres ministères. Par ailleurs, le secrétariat ne sera en aucun cas subordonné aux militaires. En juillet 1945, l'état-major se trouve donc évincé de son rôle traditionnel de coordinateur des affaires allemandes. Berthelot entend même le reléguer dans des fonctions d'intendance. Il estime que ce sera à l'état-major de prendre en charge la logistique des moyens humains et matériels à mettre en œuvre en Allemagne[86]. À Paris, le Quai d'Orsay parvient donc, dans un premier temps, à prendre officieusement la direction des affaires allemandes. Dans un second temps, en 1946, sa tutelle sur les affaires allemandes est même renforcée : en août, le commissariat général aux affaires allemandes et autrichiennes lui est officiellement rattaché[87]. Il en va tout autrement en Allemagne.

Loin de se satisfaire de cette première victoire, le Quai d'Orsay voudrait étendre son influence sur les services français en Allemagne. Pour ce faire, il essaie d'abord d'obtenir que les attributions du conseiller politique du général Koenig, qui est un fonctionnaire des Affaires étrangères, soient aussi étendues que possible. L'affaire est délicate. Si la création d'un poste de conseiller politique auprès de chacun des commandants en chef a été prévue par la Commission consultative européenne[88], les conceptions qu'ont les trois puissances occidentales de son rôle diffèrent sensiblement. Les Anglo-Américains lui confient d'importantes responsabilités alors que, selon les Français, ces dernières sont beaucoup plus réduites. Dans le système imaginé par les Anglo-Américains, le conseiller politique est

> le représentant du ministère des Affaires étrangères auprès du commandant en chef : il est chargé de faire valoir auprès de lui les vues de la diplomatie et correspond directement avec le ministre des Affaires étrangères. Il assiste à toutes les réunions du Conseil de contrôle, lorsqu'il ne s'agit pas de questions purement militaires. Le conseiller politiquc se trouve donc sur un plan parallèle à celui du général qui représente le commandant en chef au "Comité permanent de Coordination". En même temps, il a la haute main sur la section politique de l'état-major de coordination. Le chef de cette section est son adjoint[89].

86 « Compte rendu de conversation avec Berthelot », colonel R. Marty, 13 juillet 1945, SHAT, 4 Q 12 dossier 1.

87 Décret du 23 août 1946, cité en note 5.

88 Voir l'article 3, paragraphe « d » de l'« accord sur le mécanisme de contrôle en Allemagne approuvé par la Commission consultative européenne le 14 novembre 1944 et modifié le 6 avril 1945 par introduction de la France », Commission consultative européenne, 1er mai 1945, AOFAA, c. 184 d. B I 0.

89 Courrier de De Leusse, en poste à l'ambassade de France à Londres, à Tarbé de Saint-Hardouin, 2 mai 1945, AMAE, Y 1944/49, t. 692.

Le Quai d'Orsay tente d'obtenir du GPRF que les fonctions du conseiller politique français soient équivalentes aux attributions de ses collègues anglo-américains. Un bras de fer s'engage alors avec les militaires de la MMAA[90]. Ces derniers, notamment le général Koeltz, voudraient en effet limiter au strict minimum ses attributions. À leurs yeux, le conseiller politique, quoique représentant du Quai d'Orsay en Allemagne, ne devrait pas correspondre directement avec son ministère de tutelle et ne devrait avoir qu'un rôle consultatif auprès du commandant en chef. Il ne devrait d'ailleurs pas participer aux réunions interalliées à caractère purement militaire[91]. Malgré ses pressions, le ministère des Affaires étrangères n'obtient pas gain de cause. Le GPRF assouplit cependant sa position sur la transmission du courrier. Jacques Tarbé de Saint-Hardouin obtient que les copies des dépêches adressées à Paris par les ambassadeurs de France à Berne, Bruxelles et La Haye ainsi que par le ministre de France à Luxembourg lui soient directement envoyées lorsqu'elles concernent les affaires allemandes[92].

Pour contrecarrer cet échec, le ministère des Affaires étrangères essaie de faire nommer, au début du mois d'août 1945, des représentants du Quai d'Orsay à la tête des délégations supérieures de la ZFO[93]. Sans plus de succès. Le général Koenig écarte cette proposition qu'il juge prématurée. Il motive son refus en indiquant que l'administration civile dans les provinces, qui manque encore cruellement de moyens, ne peut en réalité être assurée que par le commandement des troupes. L'affaire devra bien sûr être à nouveau examinée lorsque la répartition des pouvoirs entre civils et militaires sera effective[94]. En réalité, Koenig n'entend nullement voir les délégués supérieurs de fait, qui sont alors presque tous des militaires, être remplacés par des civils, émanant, qui plus est, du seul Quai d'Orsay. Le colonel Henri Navarre, directeur de cabinet de Koenig, se plaît à rappeler que dans le cas où des civils seraient nommés, d'autres ministères que les Affaires étrangères proposeraient

90 « Note pour le ministre », MAE, dir. pol., 12 avril 1945, AMAE, Y 1944/49, t. 692.

91 *Ibid.* ; « résumé d'une conversation entre Louis Joxe et Philippe Baudet a/s de la composition, de l'organisation et de l'installation des organes français d'administration et de contrôle en Allemagne et en Autriche », 19 mai 1945, AOFAA, c. 184 d. B I 0.

92 « Note pour le colonel Navarre, directeur du cabinet du général commandant en chef », 16 août 1945, AOFAA, c. 187 d. B I 5.

93 Courrier de Koenig à de Gaulle, 8 août 1945, AOFAA, c. 196 d. C III 0 R et S ; « note pour Monsieur l'ambassadeur (Jacques Tarbé de Saint-Hardouin) », Christian de Margerie, 8 août 1945, AMAE, Y 1944/49, t. 692.

94 « Questions à évoquer au comité interministériel pour les affaires allemandes », note remise par Dejean à Bidault, 13 août 1945, AOFAA, c. 196 d. C III 0 R et S.

certainement des candidats valables[95]. Ces luttes de pouvoir se retrouvent en Allemagne.

2. La « guerre des deux Maisons »

Le premier de ces conflits est désormais bien connu[96]. Il oppose le général Koenig et ses services à l'administrateur général Laffon, à son cabinet et à une partie du GMZFO, dans ce qu'il est maintenant convenu d'appeler le conflit Laffon – Koenig. La dualité entre le commandement en chef français en Allemagne et le GMZFO[97] se transforme vite en une véritable guerre entre services. Le conflit a trois origines. Laffon et Koenig s'affrontent d'abord pour des questions de préséance, d'orgueil. Les deux « Maisons » n'ont ensuite pas le même style et ne partagent pas les mêmes orientations politiques. Mais, au fond, les deux hommes s'opposent surtout sur la politique à mener en Allemagne. Ce conflit a de graves conséquences. Il conduit en effet à la constitution de deux véritables gouvernements parallèles, aux effectifs pléthoriques, qui se font concurrence, se contrôlent et se neutralisent. Il alourdit le fonctionnement de l'administration française à Baden-Baden, dont l'efficacité est réduite d'autant.

Tout ou presque sépare Koenig de Laffon. Le premier, général d'armée, est militaire de carrière. Engagé volontaire lors du premier conflit mondial, rallié au général de Gaulle dès 1940, héros de Bir Hakeim en 1943, il est nommé gouverneur militaire de Paris à la Libération, puis commandant en chef français en Allemagne en juillet 1945[98]. D'une fidélité sans faille au général de Gaulle, Pierre-Marie Koenig est

---

95 Note pour Tarbé de Saint-Hardouin, 8 août 1945, citée en note 93.

96 Lattard, A., « À propos de l'occupation française en Allemagne 1945/1949. Le conflit Laffon/Koenig », in Krebs, G. (dir.), *Sept décennies de relations franco-allemandes 1918-1988 : Hommage à Joseph Rovan*, Asnières, Publication de l'Institut d'Allemand d'Asnières, 1989, p. 227-262.

97 Article d'Alain Lattard ; note de Pierre Bolotte intitulée « la dualité CCFA – GMZFO », sans date (postérieure à avril 1946), AOFAA, APR 6 1/b, 10.

98 Né en 1898, Koenig, lieutenant en 1920, sert en Haute-Silésie (1920-1922), puis en Rhénanie de 1923 à 1929. En 1931, il est affecté à la Légion étrangère au Maroc. C'est en son sein qu'il participe à l'expédition de Norvège en février 1940. De retour en France en juin 1940, il rallie la France libre le lendemain de l'appel du général de Gaulle. Il participe à l'opération de Dakar en septembre 1940. Commandant militaire au Cameroun, il participe au ralliement du Gabon en novembre 1940. Il sert au Soudan anglo-égyptien, en Palestine, puis participe à la campagne de Syrie. Devenu général, il commande, entre 1941 et août 1943, la 1re division légère française libre. D'août 1943 à avril 1944, il est chef d'état-major général adjoint de l'armée. Il est ensuite commandant supérieur des forces françaises en Grande-Bretagne, délégué militaire du CFLN puis du GPRF auprès du commandant suprême interallié. Nommé général de corps d'armée après la Libération, il devient gouverneur militaire et commandant de la région militaire de Paris avant d'être nommé en Allemagne en juillet 1945.

un militaire dans l'âme. Il est attaché au respect de la hiérarchie et accorde de l'importance aux questions de préséances. Il a le goût des bonnes manières. En même temps, c'est un homme simple, direct[99]. Mais ce grand soldat n'est pas un politique. Il prend vite ombrage du caractère brillant de son adjoint. L'intelligence exceptionnelle de Laffon apparaît en effet très vite à tous ceux qui le rencontrent. Son parcours universitaire en témoigne. Élève au lycée Louis-le-Grand, il devient ingénieur civil des mines, parce que son père l'y presse. Ayant exaucé les vœux familiaux, il reprend ses études et embrasse la carrière d'avocat qui l'attirait. Au barreau de Paris, il se distingue rapidement en devenant, en 1938, premier secrétaire de la conférence du stage. Pendant la guerre, il entre assez vite dans la Résistance et il est chargé par de Gaulle de mettre sur pied, avec Alexandre Parodi, l'administration de la Libération, notamment en recrutant les commissaires de la République. Secrétaire général du ministère de l'Intérieur en 1944-1945, il est nommé administrateur général de la ZFO à l'été 1945[100]. Laffon est un fervent admirateur du général de Gaulle. Mais il n'a pas l'esprit partisan, dogmatique[101]. Animé par les idéaux de la Résistance[102], il est en revanche un homme de réseaux[103]. D'une intelligence lumineuse, mâtinée d'une certaine dose de scepticisme, ce grand technocrate est orgueilleux, volontiers autoritaire[104]. Il a le goût de l'État, le sens de l'intérêt général[105]. Ses qualités intellectuelles, doublées d'une grande humanité, en font aussi un meneur d'hommes. Les membres de son cabinet ne tardent

99 Témoignage de Navarre, H., *Le temps des vérités*, Paris, Plon, 1979, p. 197-198 ; Grimaud, M., « Communication sur les niveaux et responsabilités décisionnels », prononcée à l'occasion d'une table ronde organisée à l'Institut universitaire européen, Florence, 1990, p. 5, et, du même auteur, *Je ne suis pas né en 1968. Souvenirs et carnets 1934-1992*, Paris, Tallandier, 2007, p. 54-60.

100 Sur la vie de Laffon, témoignage de ceux qui l'ont côtoyé tout au long de sa vie dans *Émile Laffon*, Loos, Les P.F. de Léonard Danel, 1959, 142 p. ; Grange, B., *Émile Laffon et la zone d'occupation française en Allemagne (1945-1947)*, mémoire de maîtrise (direction René Girault), Université de Paris I, 1993, p. 15-24.

101 Témoignage de Pierre Bolotte, AOFAA, AOR 13/1.

102 Témoignage de Maurice Grimaud, AOFAA, AOR 14/1.

103 C'est ce qui transparaît dans les témoignages de Bolotte et Grimaud, cités en notes 101 et 102, et de Jean Mattéoli, AOFAA, AOR 19/1.

104 Henri Navarre en fait un portrait peu amène : « Il n'en était pas de même pour l'administration de la zone. À sa tête, avait été placée une importante personnalité de la résistance politique, M. Laffon. Homme fort intelligent, très brillant, mais d'une ambition, d'une susceptibilité et d'un orgueil tout à fait exceptionnels, voulant être le premier partout et ne cessant de se démener dans ce but. Avec lui, les problèmes allaient être journaliers » : Navarre, H., *Le temps des vérités*, *op. cit.*, p. 199-200.

105 Benet, J., Bolotte, P., Bouychou, A., Filippi, J., Grimaud, M., Guidollet, G., Jouvin, B., de Kemoularia, C., de Liniers, J., Mattéoli, J., Ripert, J., « Conclusion », in *Émile Laffon*, *op. cit.*, p. 140-141.

pas à voir en lui un « grand seigneur »[106]. Opposition de caractères entre deux hommes donc, mais aussi opposition des styles et des engagements politiques entre les deux Maisons.

Le cabinet du général Koenig est plutôt conservateur, voire réactionnaire. Les partisans de Maurras y sont nombreux et la lecture de Bainville coutumière. Pour l'essentiel, le cabinet est composé de militaires de carrière expérimentés, issus de l'armée d'Afrique. Le directeur du cabinet civil de Koenig, le colonel Henri Navarre, vient du renseignement[107]. Le directeur adjoint, Pierre Ollé-Laprune est également militaire de carrière[108]. Au sein du cabinet, la hiérarchie militaire commande les rapports entre les hommes. Vu le nombre des collaborateurs du cabinet, puis du secrétariat général – plus de 300 en 1946 –, son fonctionnement est très bureaucratique[109]. L'ambiance est toute différente au cabinet d'Émile Laffon. Les effectifs sont beaucoup plus restreints. Ils ne sont qu'une poignée à servir l'administrateur général et forment une équipe soudée. Il faut dire que bien des points les rapprochent. Tous sont jeunes, voire très jeunes. L'aîné du cabinet de Laffon, Maurice Grimaud, a 32 ans[110]. La plupart ont été résistants. Presque tous sont passés par le ministère de l'Intérieur et beaucoup connaissaient personnellement Laffon avant d'être nommés en ZFO[111]. La sensibilité politique est globalement de gauche, progressiste en tout cas. Maurice Grimaud, directeur du cabinet de Laffon, est entré dans la carrière diplomatique avant-guerre. Pendant le conflit, il est membre du commissariat à l'Intérieur à Alger. À Baden-Baden, il s'occupe tout spécialement des questions de

---

106 Témoignage de Jean Mattéoli, cité en note 103.

107 Témoignage de Pierre Bolotte, cité en note 101.

108 Né en 1901, Pierre Ollé-Laprune, militaire de carrière, lieutenant-colonel, est chef de bataillon du génie avant de rejoindre, le 10 mai 1945, la MMAA.

109 Témoignage de Pierre Bolotte, AMAE-Colmar, cité en note 101 ; « note relative à l'articulation et au fonctionnement des organes de commandement du général commandant en chef français en Allemagne », CCFA, secrétariat général, 18 juillet 1946, AOFAA, c. 187 d. B I 5 ; « note sur les effectifs des personnels du CGAAA », GPRF, présidence du gouvernement, 17 janvier 1946, AMAE, Y 1944/49, t. 651.

110 Témoignage de Pierre Bolotte, cité en note 101.

111 Pierre Bolotte est par exemple chef de cabinet du commissaire de la République de la région de Poitiers (témoignage de Bolotte, cité en note 101) ; à sa sortie de camp de concentration, Jean Mattéoli est recueilli par Jean Meyret, commissaire de la République de Bourgogne et de Franche-Comté, qui connaît Émile Laffon, ce qui permet à Matéoli d'être nommé auprès de lui en avril-mai 1946 (témoignage de Mattéoli, cité en note 103) ; de son côté, Maurice Grimaud connaît personnellement Laffon depuis son passage au ministère de l'Intérieur à partir de septembre 1944. Grimaud confirme que nombre de collaborateurs de Laffon viennent du ministère de l'Intérieur. C'est par exemple le cas de Francis Laborde, de Claude de Kémoularia et de Marcel Martin (témoignage de Grimaud, cité en note 102).

police et de sûreté[112]. Il est secondé par Pierre Bolotte – 23 ans –, chef du cabinet civil, qui a en charge les questions administratives. Avant d'être recruté par Laffon, qui le connaît depuis la Résistance, il était chef de cabinet du commissaire de la République à Poitiers[113]. Le cabinet compte aussi Claude de Kémoularia – 22 ou 23 ans –, poulain de Paul Reynaud, chargé de la presse, Marcel Martin, un juriste venu de l'Intérieur[114], et puis, arrivés plus tard, Pierre Grappin, ancien élève de l'École normale supérieure, germaniste[115], et Jean Mattéoli, déporté, en poste auprès du commissaire de la République à Dijon depuis la Libération[116], qui s'occupe avec Jean Rippert des questions économiques. En font également partie Georges Guidollet, jeune maquisard de 20 ans, très à gauche, et Jacques Benet, proche de la SFIO[117]. Ces hommes travaillent d'arrache-pied. À Baden-Baden, où futilité et légèreté sont de mises, leur détermination détonne. Il est vrai que la plupart d'entre eux sont inexpérimentés. Leur séjour dans cette ville a donc valeur d'apprentissage[118]. La marque de la Résistance est palpable dans leurs relations de travail. Les échanges sont directs et personne ne s'embarrasse de questions de hiérarchie[119]. Mû par les idéaux de la Résistance, le groupe est porté par un fort désir de renouvellement, de transformation de la société, de changements profonds. Cette volonté de réformes, cet engagement politique progressiste sinon de gauche, cette liberté de ton, ce non-respect de la voie hiérarchique déplaisent au général Koenig et contribuent à la détérioration des relations entre les deux Maisons[120]. Mais les causes de la « rupture » sont à chercher ailleurs. Elles résident bien plus dans les visions antagonistes qu'ont Laffon et Koenig de l'avenir de l'Allemagne.

---

112 Témoignage de Maurice Grimaud, cité en note 102. Né en 1913, Maurice Grimaud, licencié en lettres, diplômé d'études supérieures d'histoire et géographie, admissible à l'École normale supérieure, fait partie du cabinet diplomatique de la Résidence générale de France au Maroc de 1938 à 1942. Il est en poste au commissariat à l'Intérieur du CFLN, puis du GPRF à Alger.

113 Témoignage de Pierre Bolotte, cité en note 101.

114 Témoignage de Maurice Grimaud, cité en note 102.

115 *Ibid.*

116 *Ibid.* Témoignage de Jean Mattéoli, cité en note 103. Né en 1922, Jean Mattéoli, licencié en droit, est en poste au ministère de l'Intérieur (préfecture de la Côte-d'Or) jusqu'à sa déportation de mai 1944 à juin 1945. À son retour, il est directeur du service social régional de Bourgogne et de Franche-Comté.

117 Témoignage de Maurice Grimaud, cité en note 102. Ingénieur agronome, Jean Ripert rejoint l'équipe de Laffon en 1946.

118 Témoignage de Pierre Bolotte, cité en note 101.

119 Témoignage de Jean Mattéoli, cité en note 103 ; Grimaud, M., « Communication sur les niveaux et responsabilités décisionnels », in *op. cit.*, p. 4.

120 Témoignage de Maurice Grimaud, cité en note 102.

Laffon est partisan d'une politique en deux étapes. Dans un premier temps, pendant six mois environ, la France devrait prélever massivement en Allemagne tout ce qui servirait à son rétablissement économique. Cette politique serait mise en œuvre alors que les Allemands, encore sous le coup de la défaite, ne sauraient vraiment s'indigner et tandis que le Conseil de contrôle interallié ne serait pas encore véritablement opérationnel. Dans une seconde phase, la France devrait opter pour une politique radicalement différente : elle soutiendrait alors la reconstruction morale et matérielle de l'Allemagne. Cette reconstruction supposerait une épuration politique et économique poussée, la restitution aux Allemands de la réalité des pouvoirs politiques et économiques de la zone. La nécessité de gérer les affaires économiques de façon centralisée conduirait par ailleurs à la création d'administrations centrales allemandes au niveau de la ZFO. Celles-ci seraient les interlocutrices directes du GMZFO. Elles seraient chargées d'exécuter la politique française. Leur création permettrait à la France de pratiquer en ZFO une politique véritablement indirecte, notamment dans le domaine économique[121]. C'est sur ce dernier point que Laffon et Koenig s'opposent. Fidèle avocat des thèses décentralisatrices du général de Gaulle, Koenig considère, on l'a vu, qu'il convient de mener en ZFO une politique très différenciée selon les provinces. La Sarre, la Rhénanie, le Bade et le Wurtemberg doivent donc être administrés indépendamment les uns des autres en fonction de l'avenir politique et économique que leur réservent les autorités françaises. Pour Koenig, la constitution d'administrations centrales de zone, qui annihilerait *ipso facto* les projets du général de Gaulle pour l'Allemagne, est donc inenvisageable. Soutenu par son conseiller politique, Jacques Tarbé de Saint-Hardouin, il est d'ailleurs opposé à ce qu'il existe à Baden-Baden, au détriment des délégations supérieures, une administration centrale française étoffée[122]. L'existence même du GMZFO n'est pas loin de constituer à ses yeux une entrave

121 « Note pour Monsieur l'Administrateur général », sans auteur (sans doute Jean Filippi), 27 septembre 1945, AOFAA, AEF 366/2.

122 Voir une succession de notes et de propositions, rédigées soit par le cabinet civil du général Koenig, soit par le conseiller politique et son cabinet : « projet de plan triennal pour l'administration de la zone française d'occupation », CCFA, 10 septembre 1945, AOFAA, c. 11 d. POL I B 2 ; « note pour le général Koenig a/s de la création d'un Office allemand de ravitaillement pour la zone française d'occupation », Tarbé de Saint-Hardouin, 24 janvier 1946, adressée à Bidault le 25 janvier 1946, AOFAA, c. 196 d. C III 0-1 ; « note a/s de l'occupation française en Allemagne », Tarbé de Saint-Hardouin, 9 février 1946, remise à Navarre et adressée, le 22 février 1946 à Chauvel, AMAE-Paris, Y 1944/49, t. 434 ; « note sur la réorganisation de la zone française », (Jacques Tarbé de Saint-Hardouin), 25 février 1946, AOFAA, c. 196 d. C III 0-1 ; note sur l'« organisation de la ZFO », Tarbé de Saint-Hardouin, 10 mars 1946, AMAE, Y 1944/49, t. 435.

sérieuse à la réalisation des objectifs politiques que le général de Gaulle nourrit pour l'Allemagne.

Dès lors, le conflit entre les deux Maisons est inévitable. Koenig, poussé par Jacques Tarbé de Saint-Hardouin, prend une série de mesures pour faire triompher ses thèses. Il lui faut d'abord reprendre en main la zone. Pour ce faire, il étoffe son cabinet qu'il transforme en un véritable secrétariat général. Alors que son cabinet ne comptait que quelques centaines d'officiers à sa création, le secrétariat général est fort de près de 2 000 personnes à l'été 1946. En développant sa propre administration, Koenig veut renforcer les attributions du CCFA au détriment des prérogatives du GMZFO, qu'il convient au contraire d'abaisser. Dans la pratique, Koenig double d'abord par ses propres services la plupart des directions du GMZFO ; il entend ensuite ôter à celui-ci ses pouvoirs effectifs en privant certaines de ses directions de toute initiative propre ; il veut enfin affaiblir le GMZFO en faisant passer certaines de ses directions sous le contrôle direct du secrétariat général. Il s'opère ainsi un transfert progressif de compétences au profit du CCFA[123]. Son renforcement doit à terme faciliter la disparition du GMZFO, que Koenig et Tarbé de Saint-Hardouin appellent de leurs vœux dans le cadre d'une réorganisation administrative de la ZFO, dont ils font la demande expresse au début de 1946. Dans leur projet, dont plusieurs moutures sont présentées au CGAAA pendant le premier semestre 1946, le GMZFO – devenu inutile du fait de la montée en puissance du secrétariat général de Koenig – devrait être supprimé au profit du renforcement des administrations françaises provinciales, la création de deux services directement subordonnés au général CCFA – l'un pour la partie nord de la zone, l'autre pour sa partie sud – étant même envisagée[124]. Le projet de Koenig et de Tarbé de Saint-Hardouin est habile. Cette réforme administrative – on l'a compris – serait au service de la politique rhénane de la France. Elle constitue également une réponse aux critiques formulées par la commission parlementaire d'enquête lors de son voyage en ZFO. Certes, la solution proposée par Koenig ne correspond pas aux vœux de la commission mais, en supprimant le GMZFO, elle met un terme aux origines mêmes du « conflit entre les deux Maisons ». Pourtant, le projet auquel le commissaire général aux affaires allemandes, René Mayer, et le ministère des Affaires étrangères sont très favorables[125], n'est pas accepté. Freinée dans un premier temps par le ministère Gouin, son adoption est écartée à la suite de la conférence des ministres des Affaires étran-

---

123 « La dualité CCFA – GMZFO », Pierre Bolotte, citée en note 97.

124 Notes de réflexion de Jacques Tarbé de Saint-Hardouin citées *supra.*

125 Courrier de Tarbé de Saint-Hardouin à Chauvel, 27 avril 1946, retransmis à Pierre de Leusse le 27 avril 1946, AMAE, Y 1944/49, t. 435 ; courrier du MAE, dir. Eur., s/dir. Eur. centr., à Mayer, a/s de la « réorganisation de la zone française », 11 mai 1946, AMAE, Y 1944/49, t. 435.

gères de Paris en juillet 1946, qui se solde par un échec cuisant pour la diplomatie française, aucune de ses thèses n'ayant reçu l'aval des Alliés. En juillet 1946, le conflit Laffon – Koenig reste donc entier. Les deux Maisons continuent de se neutraliser, ce qui n'est pas étranger à la paralysie de la politique française en ZFO.

3. L'insubordination des militaires et des délégués supérieurs

Au regard de la « guerre entre les deux Maisons », les autres tiraillements entre administrations semblent dérisoires. Ils sont plus classiques aussi, puisqu'ils mettent aux prises le GMZFO avec des administrations qui lui sont subordonnées, au moins dans le domaine économique, à savoir le CSTO et les délégations supérieures. Dans les deux cas, le GMZFO reproche à ces services de contrevenir aux règles qu'il a fixées.

Le conflit entre le GMZFO et le CSTO se noue autour de deux questions : les réquisitions et les usines de guerre. Le gouvernement militaire reproche aux troupes d'occupation de continuer à pratiquer en ZFO des réquisitions de toutes sortes – pour l'essentiel des biens alimentaires et des biens de consommation courante –, alors que ces dernières sont de sa seule compétence depuis le mois de septembre 1945. Or ces réquisitions, sur lesquelles la hiérarchie militaire ferme bien souvent les yeux quand elle ne les encourage pas elle-même, sont pour la plupart irrégulières. Les bons de réquisition que les soldats donnent aux propriétaires en échange de leurs prélèvements n'ont aucune valeur et ne peuvent par conséquent donner lieu à un quelconque remboursement[126].

Ces pratiques ont évidemment des conséquences négatives sur la situation économique de la zone et nuisent à l'image de l'occupant auprès de l'opinion publique allemande. L'économie de la zone est, par exemple, fragilisée par les prélèvements qui s'opèrent sur les bovidés. Ils contribuent d'abord à la baisse de la production laitière de la ZFO, déjà fortement déficitaire. À terme, ils mettent en péril le maintien du cheptel, une reproduction suffisante n'étant plus assurée[127]. Les conséquences les plus graves de ces agissements concernent l'opinion publique allemande. Les Allemands de la ZFO sont indignés par ces prélèvements irréguliers qui se font au détriment du ravitaillement de la population locale, dont le niveau reste très insuffisant. L'image de marque des occupants est donc fortement altérée par de tels procédés. Les Français passent pour des pilleurs, ne respectant pas leurs engagements, agissant avec l'arbitraire des vainqueurs et traitant la population selon leur bon vouloir. Ces pratiques qui, sans être isolées, restent le fait

---

126 « Note pour Monsieur l'Administrateur général », Jean Filippi, 11 septembre 1945, AOFAA, AEF 366/2 ; cf. aussi *supra* chapitre VI.

127 Cf. *supra* chapitre V.

d'une minorité, nuisent donc à l'image de l'ensemble des occupants et contribuent à la constitution de mythes. Le plus répandu prétend que l'insuffisance du ravitaillement fourni à la population allemande est liée au fait que l'occupant vit sur le pays et pratique des prélèvements illégaux. En réalité, la ration quotidienne de chaque Allemand de la ZFO n'est réduite par cette politique de ravitaillement sur le pays que de 75 calories[128].

Le second motif de conflit entre le GMZFO et le CSTO a trait aux usines de guerre sises en ZFO. D'après les règlements interalliés et français, la production de tels établissements doit être immédiatement stoppée de façon à ce que leurs équipements soient stérilisés au plus vite pour être soit détruits, soit livrés au titre des réparations. La réalité est tout autre. Le ministère des Armées passe, pour ses propres besoins, de nombreuses commandes à ces usines, dont la production est maintenue. Le GMZFO dénonce ce non-respect des règlements internationaux et nationaux. Il demande l'arrêt de ces programmes militaires pour des questions de sécurité. Que d'importantes usines de guerre – Maybach, Mauser, Zeppelin – continuent à produire ne peut que les inquiéter, même si les programmes de production sont *a priori* de courte durée[129]. À partir de l'été 1946, le GMZFO craint surtout que la poursuite de ces programmes de production soit découverte par les Alliés. Des commissions quadripartites commencent en effet à parcourir les zones d'occupation et à inspecter les usines à démonter au titre des réparations, dont les usines de guerre font évidemment partie. Si d'aventure ces commissions découvraient que les Français continuent de faire produire de tels établissements alors que la France a proclamé à maintes reprises que son principal objectif était le désarmement de l'Allemagne, son image internationale serait fortement entamée. Quant à ses revendications concernant la Ruhr et la Rhénanie, fondées elles aussi sur des arguments de sécurité, elles seraient définitivement condamnées.

Ces dysfonctionnements soulignent que les centres d'impulsion de la politique allemande de la France restent nombreux et que chacun d'eux, surtout lorsqu'il s'agit de ministères, agit en fonction de ses intérêts propres plutôt qu'en fonction de l'intérêt supérieur ou proclamé tel de la nation. L'âpreté de ces conflits n'est pas propre à l'opposition entre une administration militaire et des services civils. Des conflits comparables opposent aussi les administrations civiles entre elles. C'est particulièrement le cas entre le GMZFO et certains des délégués supérieurs.

---

128 Courrier de Tarbé de Saint-Hardouin à Bidault a/s « des critiques formulées contre la zone française d'occupation », 29 avril 1947, AMAE, Y 1944/49, t. 440. Les chiffres des prélèvements français pour 1946 sont adressés à Lord Beveridge qui les confirme.

129 Sur ce point, « rapport sur l'activité du gouvernement militaire de la ZFO en Allemagne », SGAAA, 15 octobre 1945, AMAE, Y 1944/49, t. 433.

Les conflits entre le GMZFO et certaines délégations supérieures – la Sarre surtout et, dans une moindre mesure, le Palatinat – résultent de la politique résolument indépendante qu'entendent mener les délégués supérieurs. Dans le domaine économique, les administrations provinciales s'arrogent ainsi des prérogatives qui ne sont pas de leur compétence et qui relèvent uniquement du GMZFO. Par exemple, elles ne respectent pas les ordres de répartition décidés par la direction de la production industrielle à Baden-Baden et les modifient en fonction de leurs intérêts propres[130]. Elles tournent aussi la réglementation sur les déblocages de produits – normalement valable pour toute la zone – au profit de leurs populations, française ou allemande[131]. Dans un autre registre, les délégués supérieurs manifestent leur indépendance vis-à-vis du GMZFO en négligeant de faire remonter à Baden-Baden certaines des informations nécessaires à la bonne marche économique de l'ensemble de la zone. Encore en juin 1946, alors que le système de répartition commence à être rodé, Émile Laffon se trouve ainsi contraint de rappeler à l'ordre les autorités françaises de la Sarre pour qu'elles transmettent à la direction de la production industrielle les rapports concernant les usines programmées de leur province[132].

Les velléités d'indépendance des délégués supérieurs se font en général en faveur des populations française – civile et militaire – ou allemande. Mais elles s'opèrent toujours au détriment des intérêts généraux français, ce qui explique notamment la fréquence des rappels à l'ordre rédigés par Émile Laffon. L'administrateur général tance ainsi régulièrement Gilbert Grandval, délégué supérieur de la Sarre. Il lui reproche par exemple de distraire la production d'une tuilerie de sa province au détriment de la reconstruction française, qui ne reçoit que 5 % des fabrications de l'usine sarroise[133]. Il lui demande également de revoir la

130 Courrier de Laffon à Grandval, 3 décembre 1945, et lettre de Laffon à Grandval a/s de l'« Union-Werk à Sarrelouis et de voitures d'enfant », 17 août 1946, AOFAA, C. 19, DGEF, PI 1945/46.

131 Deux courriers de Laffon aux délégués supérieurs : l'un, du 14 décembre 1945, a/s de la « mise en application dans les magasins ouverts à l'usage des Français des règles concernant le rationnement en produits contingentés non alimentaires » ; l'autre, du 25 décembre 1945, relatif aux « autorisations d'achats accordées par les gouvernements militaires locaux pour des produits contingentés non alimentaires », AOFAA, C. 19, DGEF, PI 1945/46 ; « note sur le commerce dans la ZFO » 1er octobre 1945, qui fait état du « scandale des bons de déblocage individuels », AOFAA, C. 20 (écofi) ; courrier de Laffon à Grandval a/s de « déblocages irréguliers », 24 août 1946, AOFAA, AEF 360/5a ; courrier de Laffon à Hettier de Boislambert a/s de « déblocages de chaussures pour la population de Pirmasens », 21 octobre 1946, AOFAA, C. 19, DGEF, PI 1945/46.

132 Tél. et courrier de Laffon à Grandval, 14 et 27 juin 1946, AOFAA, AEF 360/5a.

133 Courrier de Laffon à Grandval, 3 décembre 1945, AOFAA, C. 19, DGEF, PI 1945/46. D'après Laffon, la tuilerie de la Sarre n'aurait livré à la France que 50 000 tuiles du million qui aurait été produit entre l'été et le mois de novembre 1945.

répartition de la production de voitures d'enfant d'une autre usine de sa province[134].

Bref, que les militaires et les pouvoirs civils provinciaux refusent la tutelle du GMZFO aboutit presque toujours à favoriser les intérêts d'une minorité de Français de la zone – civils ou militaires – au détriment des intérêts supérieurs français ou des intérêts économiques de la zone. Dans le même temps, ces initiatives intempestives nuisent à l'image de marque des occupants. Elles affaiblissent également la cohérence de la politique générale menée en territoire allemand. En ce domaine toutefois, les conséquences les plus graves résultent avant tout du manque de coordination entre les différentes administrations françaises et, tout particulièrement, entre les centres décisionnels et les services d'exécution.

B. Des services d'exécution indépendants des centres décisionnels

Le manque de liaisons entre les différents services est une constante entre Paris et Baden-Baden. Nous y reviendrons. Il est particulièrement flagrant entre Baden-Baden et Berlin d'une part, entre la direction générale de l'économie et des finances de Baden-Baden et les services économiques français des Länder d'autre part.

1. Baden-Baden et Berlin : deux univers parallèles

L'absence de liaisons entre Baden-Baden et Berlin est connue. À l'origine, le lien entre les services français des deux villes doit être organique. Les chefs des directions de Baden-Baden doivent également être les chefs des divisions berlinoises. Cette solution est vite écartée pour des raisons politiques, qui ont déjà été évoquées[135], et parce qu'au début de l'occupation, il semble impossible, vu la situation des moyens de transport et de communication, de diriger en même temps les services de Baden-Baden et de Berlin. Le général Koenig, qui fait la navette entre les deux villes, et les services du CCFA sont donc chargés d'assurer la liaison entre le GFCC et la zone. En réalité, ce lien n'est assuré que par la personne du général Koenig. Pendant la première année de l'occupation, les directeurs des administrations de Baden-Baden et les chefs des divisions berlinoises ne se rencontrent pas une seule fois. Or cette coupure hermétique entre les deux capitales de l'occupation française en Allemagne présente de graves inconvénients.

À Baden-Baden, les occupants sont souvent peu au fait des décisions prises à Berlin et de l'état d'esprit dans lequel se trouvent les Alliés.

---

134 Lettre de Laffon à Grandval au sujet de l'« Union-Werk à Sarrelouis et de voitures d'enfant », 17 août 1946, AOFAA, C. 19, DGEF, PI 1945/46.

135 Voir *supra*, chapitre V.

Bien des règlements adoptés au Conseil de contrôle interallié restent lettre morte en ZFO, soit qu'ils ne parviennent pas aux services chargés de les faire appliquer, soit que les personnels de la zone n'en voient pas l'utilité[136]. À Berlin, les représentants français sont coupés des réalités de la ZFO, dont ils ignorent tout ou presque. D'une manière générale, le GFCC se plaint de la lenteur avec laquelle les services de Baden lui transmettent les informations dont il a besoin pour exécuter sa tâche au Conseil de contrôle et, le cas échéant, pour défendre les intérêts français[137]. Ces retards conduisent même à de véritables conflits que le général Koenig est obligé d'arbitrer[138].

La séparation totale des services français de Baden-Baden et de Berlin est au fond doublement pénalisante pour la France. Les responsables de ces services s'identifient progressivement à leur environnement immédiat. À Berlin, les services économiques du GFCC envisagent le problème allemand dans sa globalité et dans un cadre interallié. Les réflexions et les décisions sont prises dans la perspective du moyen, voire du long terme. À Baden-Baden, les préoccupations des Français sont tout autres. La gestion de la zone est d'abord menée en fonction des intérêts immédiats de la France, puis de ceux de la zone et, dans un troisième temps seulement, du cadre interallié. Il n'existe donc aucune identité de vues entre les deux services. Plus grave encore est sans doute le fait que les responsables de ces deux pôles considèrent leurs homologues comme les représentants d'administrations concurrentes sinon étrangères, voire hostiles[139]. Le manque de liaisons et de communications entre Baden-Baden et les délégations supérieures est plus grave encore.

2. *La théorie et la pratique : le GMZFO et les délégations de district et de cercle*

En ZFO, l'administration est organisée de façon hiérarchique. Les services centraux, à Baden-Baden, ont des pouvoirs de décision et de contrôle. Les administrations françaises au niveau local – délégation supérieure, district, cercle – sont de leur côté chargées de faire appliquer la politique décidée à Baden-Baden. Ce schéma théorique fonctionne très mal.

---

136 Note sur la « réforme de l'administration des affaires allemandes », Émile Laffon, 3 août 1946, AOFAA, APR 6 1/b, 11.

137 Courrier de De Boysson à Laffon, 28 janvier 1946, AOFAA, C. 1839 p. 4 d. 19, dans lequel de Boysson se plaint de ce que les services de Baden-Baden refusent de coopérer avec ceux du GFCC.

138 Rapport de Laffon à Koenig, 7 mars 1946, AOFAA, C. 1839 p. 4 d. 19.

139 Voir les documents des deux notes précédentes.

À Baden-Baden, les services centraux de la DGEF ont une bonne connaissance de la politique allemande de la France en général, doublée d'une connaissance théorique de la réalité économique de la zone, fondée sur des statistiques et des rapports comptables. Mais la réalité économique de la zone au quotidien leur échappe en grande partie.

Sur le terrain, dans les cercles, les officiers économistes connaissent beaucoup moins bien la politique générale de la France. Ils ont par contre une vision beaucoup plus fine de la réalité économique. Il semble aussi qu'ils appliquent assez peu les directives générales adressées par la DGEF et qu'ils mettent bien plus en œuvre, en s'appuyant sur leur bon sens et leur capacité d'improvisation, la politique qui leur paraît réalisable. À vrai dire, tout les pousse à agir ainsi. Les effectifs d'officiers économistes sont d'abord tellement réduits qu'il leur est de toute façon impossible de mener de front l'ensemble des tâches dont ils devraient s'acquitter[140]. Et quand bien même ils seraient suffisamment nombreux, la précarité des moyens de transport les en empêcherait. Du fait de la médiocrité des moyens de communication, ils sont également loin de recevoir toutes les instructions des échelons supérieurs[141]. Les directives qui leur parviennent effectivement arrivent en général avec beaucoup de retard. Le 1er octobre 1945, l'ordonnance sur la réouverture de magasins de détail, arrêtée à Baden-Baden le 30 août 1945, n'est toujours pas en possession des gouvernements militaires locaux[142]. Les lenteurs des transmissions peuvent être telles que certaines directives sont en fait dépassées lorsque les officiers économistes en prennent connaissance[143]. La précarité des moyens de transport et de communication conforte aussi, dans une certaine mesure, les responsables français sur le terrain à agir sans tenir compte des directives des services centraux, puisqu'elle les met en fait à l'abri d'inspections de leurs autorités de tutelle. Bref, les officiers économistes aux prises avec les problèmes concrets sont loin d'appliquer la politique décidée à Baden-Baden.

Il existe ainsi un profond décalage entre la politique préconisée et la politique réellement mise en œuvre. Ce hiatus semble peu perçu par les fonctionnaires de la DGEF, d'une part, parce que, comme cela a déjà été dit, les Français de Baden-Baden travaillent dans une sorte de microcosme, dont les conditions de vie sont très éloignées de ce que peuvent rencontrer les Français en poste dans le reste de la zone ou même à Berlin et, d'autre part, parce que les rapports des officiers économistes,

---

140 « Rapport sur l'activité du GM de la ZFO », AMAE, Y 1944/49, t. 433.

141 « Questions à poser au général », 10 septembre 1945, AOFAA, c. 11 d. POL I B 2.

142 « Note sur le commerce dans la ZFO » du 1er octobre 1945, AOFAA, C. 20, économie-finances.

143 Questions à poser au général, 10 septembre 1945, citées en note 141.

sans doute assez peu nombreux, remontent rarement jusqu'à l'administration centrale de la zone.

C. Des missions mal remplies

Le mauvais fonctionnement de l'administration française en Allemagne a des conséquences désastreuses sur deux volets essentiels de la politique allemande de la France, la sécurité et les réparations. Les contrôles censés assurer la première sont illusoires ; les secondes donnent lieu à un gâchis proprement scandaleux.

1. Les contrôles économiques : le « domaine de l'illusion »[144]

La mauvaise répartition du personnel français entre les différents échelons administratifs, dont il a déjà été question, interdit un contrôle effectif de la vie économique allemande et du désarmement industriel. Dans chaque cercle, il y a au mieux deux officiers responsables des questions économiques. Il leur est par conséquent absolument impossible de veiller à l'application de tous les règlements édictés par les autorités françaises et de surveiller le désarmement réel de l'industrie. Il est vrai que ces officiers sont parfois aidés dans leur tâche par la nomination d'administrateurs séquestres, chargés de la gestion et du contrôle d'entreprises ayant appartenu à des membres du parti national-socialiste ou à des organisations nazies. Pour autant, la mission de contrôle confiée à ces administrateurs séquestres ne peut pas toujours être menée correctement.

Le cas de Jean-Pierre Fouchier, ingénieur des poudres, nommé administrateur séquestre de l'IG Farben, est, à ce titre, éclairant. Fouchier se rend très vite compte des limites de son action. Pour assurer le contrôle de la gigantesque entreprise qu'est alors l'IG Farben – elle emploie plus de 20 000 personnes, sa production est supérieure à la production de toute l'industrie chimique française –, il ne dispose que d'une dizaine de cadres. Dès lors, les contrôles ne peuvent pas se faire « sur le terrain », c'est-à-dire dans les ateliers. Ils restent théoriques, comptables. Au quotidien, l'activité de Fouchier se cantonne ainsi à l'examen des projets d'investissements et des budgets de la firme. Il veille aussi à préserver les intérêts français en s'assurant que les commandes à destination de la France sont assurées en priorité. Mais sa capacité de contrôle s'arrête là. Comment Fouchier aurait-il d'ailleurs pu opérer un contrôle plus substantiel de l'IG Farben ? Ce jeune ingénieur – il a alors 31 ans –, peu expérimenté, qui ne dispose pas d'un personnel suffisant, est en effet confronté dans ses tâches quotidiennes à un dirigeant d'entreprise chevronné et expérimenté, le Dr Carl Wurster, qui est alors l'un des plus grands capitaines de l'industrie allemande. En d'autres

[144] Expression de J.-P. Fouchier dans son témoignage, AOFAA, AOR 27/1.

termes, il est aisé à Wurster et à la direction de l'IG Farben de tromper le contrôleur français. Fouchier ne peut d'ailleurs consacrer tout son temps à l'IG Farben. Il est en effet chargé d'autres fonctions : il est chef de la section chimie à la direction de la production industrielle de Baden-Baden et représentant français en Allemagne du service des poudres. Bref, comme il le déclare lui-même, le contrôle de l'IG Farben relève avant tout du « domaine de l'illusion »[145].

Dans certains cas, il n'est pas rare non plus que les contrôles trouvent leurs limites dans l'action même des représentants français chargés de les mettre en œuvre. Certains officiers économistes, conscients des difficultés que rencontrent les établissements allemands pour continuer à produire, n'hésitent pas à prendre la défense de leurs intérêts. Le contrôleur français de la chambre de commerce et d'industrie de Reutlingen s'emploie par exemple à aplanir les difficultés bureaucratiques sur lesquelles butent au quotidien les entreprises relevant de la circonscription de la chambre[146].

En définitive, le contrôle de la vie économique allemande est avant tout théorique. Les conséquences des dysfonctionnements administratifs français sont plus graves encore dans le domaine des réparations.

2. *La réimplantation manquée des biens industriels allemands dans le tissu économique français*

Les prélèvements de biens industriels opérés par les Français dans leur zone d'occupation sont, on l'a vu, importants. Pour autant, les bénéfices qu'en tire la France restent médiocres. Une partie des prélèvements se perd en effet lors de son transport en France, une autre, sans doute plus importante encore, s'avère inutilisable. L'administration française est la principale responsable de ce véritable gâchis. L'absence de directives précises, les conflits entre services et les lenteurs bureaucratiques, bref l'ensemble des dysfonctionnements déjà évoqués à maintes reprises, pèsent lourdement sur les trois étapes qui permettent de réimplanter dans le tissu économique français les biens industriels prélevés en Allemagne. La première a lieu en amont des prélèvements, elle consiste à choisir soigneusement les biens d'équipement à prélever et à organiser leur enlèvement. Dans une deuxième étape, ces biens sont transportés et stockés en France, en vue de leur répartition entre différents attributaires. La dernière étape est celle de leur réimplantation effective dans les entreprises : elle doit être faite de façon à ce que ces matériels contribuent le plus efficacement possible à la relance économique du pays.

---

145 Témoignage de Jean-Pierre Fouchier, cité en note 144.

146 Entretien, en 1992, de l'auteur avec Hans Vöhringer, ancien secrétaire général de la CCI de Reutlingen.

En Allemagne, les prélèvements de machines-outils s'opèrent de façon totalement anarchique au moins jusqu'à l'automne 1945. Aucun critère précis ne préside au choix des biens à enlever. L'occupant semble prélever tout et n'importe quoi, sans prendre en considération l'utilité économique des enlèvements. À la fin septembre 1945, la DGEF, à Baden-Baden, déplore ainsi qu'il continue d'être envoyé en France des cerceaux, des bâtons de ski, des barres parallèles[147]. Cette absence de sélection des biens à enlever tient très certainement au fait qu'il n'existe aucune concertation entre les différents services chargés des prélèvements de biens industriels. À vrai dire, ces enlèvements se font dans le plus grand désordre et il est sans doute illusoire, sinon impossible, de coordonner l'action de tous les services y participant[148]. C'est qu'en ZFO, au début de l'occupation, tout le monde ou presque prélève : les unités, les services de la MMAA et de l'AMFA, les missions envoyées par les ministères ou par les grandes entreprises, les services de la DGEF, les ministères militaires par le biais de la direction générale du contrôle du désarmement et des effectifs[149]. L'organisation des enlèvements s'améliore toutefois sensiblement après l'installation du GMZFO, la dissolution de certains services – MMAA, AMFA – et la démobilisation des unités. Une commission restreinte des prélèvements, dont il a déjà été question, est alors créée[150]. Elle joue le rôle d'interface entre la zone et les ministères et industriels en France. Elle examine les demandes des ministères et industriels français à la lumière des machines existant en zone. Son action aboutit à une rationalisation progressive dans le choix des enlèvements[151], à laquelle concourt également l'envoi en ZFO de missions d'industriels chargés de visiter les usines et de sélectionner les machines utiles pour les établissements ou les branches

---

147 Note de Filippi pour Coignard, sans date (postérieure au 29 septembre 1945), AOFAA, AEF 364/9. Filippi y explique qu'au cours d'une réunion à Paris, le 29 septembre 1945, Robert Marjolin s'est plaint de ce qu'il continuait à être envoyé en France « n'importe quoi, tant comme matériels, que comme biens de consommation ».

148 Courrier de Laffon à Koenig a/s des « prestations allemandes au titre des réparations », 24 août 1945, AOFAA, c. 152 d. ECO VII A 1. Laffon y explique qu'il veut réorganiser les prélèvements. Pour mettre en œuvre cette nouvelle organisation, il a réuni le 13 août 1945 les parties prenantes, à savoir des représentants des états-majors de la défense nationale, de l'armée, et du commandement supérieur des troupes d'occupation et du GMZFO.

149 Exposé de Filippi, 2 février 1946, cité en note 21.

150 La commission restreinte des prélèvements siège du 20 août 1945 au 30 mai 1946. Sur son activité, voir *supra* chapitre VI ; Ludmann-Obier, M.-F., « Les prélèvements unilatéraux en zone française d'occupation (1945-1946) », in *op. cit.*, p. 113.

151 « Procès-verbal n° 28 de la commission restreinte », 3 janvier 1946, AOFAA, c. 120 d. ECO I C 5 c.

qu'ils représentent[152]. À partir de l'hiver 1945, les prélèvements sauvages et anarchiques tendent ainsi à disparaître même si certains ministères militaires continuent d'opérer en toute illégalité[153].

C'est principalement au cours de la deuxième étape qu'une grande part des prélèvements est perdue. Lors de leur acheminement en France, de nombreux biens sont distraits de leur destination finale. D'autres sont endommagés à l'occasion de leur stockage sur les quais de gares en attente de leur transport, lors des nombreux transbordements auxquels ils sont soumis. Des pièces sont parfois égarées. À leur arrivée en France, beaucoup de biens prélevés sont donc incomplets ou abîmés et, par conséquent, inutilisables[154]. Les biens en état de fonctionnement sont entreposés dans des dépôts, spécialisés dans certains types de matériels[155]. Leur stockage et leur répartition entre attributaires militaires et civils donnent alors lieu à des gaspillages proprement scandaleux. Les conditions de stockage posent en effet de graves problèmes. À Roanne par exemple, où sont acheminées les machines-outils, le centre n'est pas équipé pour les recevoir. Il n'y a en effet pas d'entrepôts. Les machines sont stockées en plein air et soumises aux intempéries[156]. À ces pro-

---

[152] Rapport de la mission du cuir dans les territoires occupés par les autorités françaises en Allemagne », novembre-décembre 1945, 41 p., AN, F^{12} 10644 ; rapports et courriers de nombreuses missions envoyées en Allemagne en 1945-1946 dans SAEF, B 33912.

[153] « Compte rendu de réunion des directeurs du GMZFO en présence de Jacques Rueff », 12 octobre 1945, AOFAA, p. 199 d. C III 2e. D'après le compte rendu, « l'Armée et la Marine continuent encore à prélever pour leur propre compte, sans en référer à personne, les usines qui leur plaisent ».

[154] « Procès-verbal de la réunion de la s/com. éco. pour les affaires allemandes et autrichiennes », 8 octobre 1945, AMAE, Y 1944/49, t. 650 ; note de la DGEF, sans date (entre le 27 août et le 26 septembre 1946), AOFAA, AEF 371/6. La sous-commission économique estime que des biens d'une valeur de 8 milliards de francs ont ainsi été perdus.

[155] En France, il existe 9 dépôts. Les corps gras, les textiles, les cuirs et le papier sont stockés à Troyes ; le matériel de travaux publics, les matériaux de construction, le bois, les métaux ferreux et non ferreux à Saint-Florentin ; le matériel de chemin de fer à Fourchambault ; le pétrole, les carburants et l'essence à La Courneuve ; le matériel de santé à Châteauroux ; les produits chimiques à Toul ; les petites machines et le caoutchouc à Vincennes ; les grosses machines-outils et les machines diverses à Roanne dans deux dépôts. « Compte rendu sommaire de la réunion tenue le 9 juin 1945 dans le cabinet de Dreux en vue d'examiner les problèmes que soulève la prise en charge et la répartition des produits matériels prélevés en Allemagne », MPI, DCI, service des échanges extérieurs, 13 juin 1945, AN-CAC, 830589 article 6 ; « projet d'instruction concernant la prise en charge et la répartition des matériels prélevés en Allemagne », MPI, DCI, service des échanges extérieurs, 14 juin 1945, AN, F^{12} 10104.

[156] « Copie d'une fiche en date du 4 mai 1946 rédigée par le capitaine Drillon de la mission réparations-restitutions auprès d'UFSET a/s de machines récupérées en Al-

blèmes de stockage s'ajoutent les conflits entre les services militaires et civils. À Roanne toujours, civils et militaires revendiquent la responsabilité de la gestion du centre et réclament la majorité des attributions de machines-outils. Ces conflits ralentissent les attributions d'autant que les ministères tardent à intervenir[157]. Pendant ce temps, les machines s'abîment et rouillent. En mai 1946, plusieurs milliers de machines stockées à Roanne seraient de ce fait inutilisables[158].

Lorsque l'attribution des biens industriels entre services civils et militaires est résolue, il faut régler, en tout cas pour ceux d'entre eux qui reviennent aux ministères civils, leur réimplantation dans le tissu économique national. Là encore, les services de l'État agissent avec lenteur et tardent à trouver des solutions efficaces aux problèmes concrets qui se posent : le choix de la réimplantation dans le secteur public ou privé ; son mode de financement ; la question de la main-d'œuvre nécessaire pour faire fonctionner les matériels. L'exploitation des biens industriels dans des entreprises contrôlées par l'État, voire étatisées, un temps évoquée par les services de l'Économie nationale, semble très vite abandonnée au profit de leur cession à des entreprises du secteur privé[159]. Se pose alors la question de leur financement. La plupart des dirigeants considèrent que l'État doit aider les entreprises à acheter ces biens. Sans cette aide, les problèmes de trésorerie que connaissent la grande majorité d'entre elles depuis la fin de la guerre leur interdiraient de procéder à ce type d'investissements[160]. Le ministère de l'Économie nationale recommande l'adoption de politiques différentes selon les entreprises. Le gouvernement devrait ainsi aider les entreprises, qui ont subi des dommages de guerre – et qui sont par conséquent titulaires de créances sur l'État – à acquérir des biens allemands en leur concédant des avances et des avantages. Il devrait proposer aux autres établissements industriels désireux d'acquérir ces biens différentes formes de crédit[161]. Il est envisagé que le Crédit national établisse un programme de prêt-

lemagne et transportées en France » transmis par le colonel de Varreux à Mayer et Laffon, 27 mai 1946, AOFAA, c. 120 d. ECO I C 5 C.

157 Sur les conflits concernant la gestion des centres et les attributions de matériels, courrier du ministre de la Production industrielle au ministre de la Guerre (DEFA) a/s du « stockage et de la répartition des machines récupérées en Allemagne, » 5 septembre 1945, AN, F^{12} 10104.

158 Copie d'une fiche en date du 4 mai 1946, citée en note 156.

159 « Compte rendu de la conférence tenue le 10 septembre 1945 dans le cabinet de Monsieur Cusin a/s des transferts d'usines », MEN, SAEF, 5 A 26 ; intervention de Rueff lors de la « réunion de la s/com. éco. pour les affaires allemandes et autrichiennes », 8 octobre 1945, AMAE, Y 1944/49, t. 650.

160 Courrier de Koenig à de Gaulle, 18 septembre 1945, AOFAA, AEF 364/9.

161 « Note relative au financement des importations d'outillage en provenance d'Allemagne au titre des réparations », MEN, 6 novembre 1945, AN, F^{12} 10104.

bail à trente ans spécialement destiné à ces firmes[162]. Cette politique ne fait toutefois pas l'unanimité. D'autres dirigeants, moins nombreux, sont hostiles à ces aides à la cession aux entreprises privées[163]. De telles aides feraient en effet prendre la plus grande part des risques financiers à l'État. Or cette prise de risque leur semble d'autant moins justifiée que les industriels montrent, dans leur ensemble, assez peu d'intérêts pour ce type d'acquisitions. C'est qu'au-delà des questions de financement, les industriels craignent de rencontrer des problèmes de débouchés et de concurrence[164]. Ces inquiétudes sont renforcées par le fait que la question de la main-d'œuvre est loin d'être résolue. Faire fonctionner certaines machines suppose en effet une formation, des compétences et une expérience que seuls possèdent *a priori* les ouvriers des firmes d'origine[165]. Or le transfert des ouvriers allemands n'est pas envisageable. La capacité des firmes françaises à faire fonctionner les machines allemandes reste donc, dans certains cas au moins, hypothétique. Sur toutes ces questions, les services de l'État ne semblent pas avoir arrêté de politique précise en juin 1946.

Ces dysfonctionnements concernent surtout les prélèvements qui sont opérés par les unités militaires ou les services d'occupation. À partir de l'automne 1945, la création de la commission restreinte des prélèvements à Baden-Baden et l'envoi en Allemagne de représentants des firmes françaises contribuent à réduire sensiblement les pertes. Pour autant, la France ne tire qu'un bénéfice modeste de la politique de prélèvements de biens industriels allemands qu'elle a menée dans sa zone d'occupation. Les vols et le gâchis que représente la détérioration de milliers de machines dans des centres de récupération inadaptés expliquent, pour une bonne part, cet échec relatif. D'ailleurs, au plus haut niveau de l'État, rien ne semble avoir été préparé pour intégrer les matériels dans les meilleures conditions possibles pour l'économie française. Faute d'avoir anticipé l'ensemble des problèmes, les hauts fonctionnaires discutent de solutions à mettre en œuvre alors que les machines s'accumulent dans les centres de récupération. Le temps perdu est ici lourd de conséquences, puisque ce sont près de 50 % des machines prélevées en ZFO qui sont en quelque sorte doublement perdues pour l'économie française : une première fois parce qu'elles ont été démontées en ZFO, où elles auraient pu continuer à produire dans l'intérêt de la France ; une seconde fois parce qu'une grande partie d'entre elles ne sont pas remontées en France. Cette incapacité à réformer un

[162] *Ibid.* ; compte rendu de la réunion du 12 octobre 1945 à Baden-Baden sous la présidence de Jean Filippi, AOFAA, c. 199 d. C III 2 e.

[163] Réunion de la s/com. éco, 8 octobre 1945, citée en note 159.

[164] Compte rendu de la conférence tenue le 10 septembre 1945 dans le cabinet de Monsieur Cusin a/s des transferts d'usines, citée en note 159.

[165] *Ibid.*

système qui fonctionne mal n'est pas propre à la réimplantation des machines prélevées en Allemagne. Elle se retrouve, à beaucoup plus grande échelle, pour la politique allemande tout entière.

Conclusion de la deuxième partie

En juillet 1946, la première période de l'occupation de l'Allemagne prend fin. À partir de mai 1946, les débuts de la guerre froide remettent progressivement en cause la gestion quadripartite de l'Allemagne. Pour protester contre la politique soviétique, les Américains suspendent en mai les réparations en provenance de leur zone d'occupation à destination de l'URSS. Mais c'est à la conférence des ministres des Affaires étrangères des Quatre, réunie à Paris en juin et juillet 1946, que la rupture se fait plus nette. Les Américains proposent à leurs alliés de fusionner leurs zones d'occupation de façon à améliorer la gestion commune de l'Allemagne. Les Britanniques sont les seuls à accepter. Dans son principe, la Bizone est née. En juillet toujours, les Britanniques annoncent la constitution, dans leur zone d'occupation, du *Land* de Rhénanie du Nord-Westphalie.

Ces deux dernières décisions mettent un terme définitif aux rêves que nourrissent les Français de faire triompher leurs thèses sur l'Allemagne. Le temps des illusions est révolu. Les grandes ambitions politiques se dissipent. La Rhénanie ne sera pas française. Les espoirs de Paris se reportent sur la Sarre, qui semble plus à sa portée. Les projets de domination économique s'évanouissent aussi. Portés, pour l'essentiel, par Pierre Mendès France et le ministère de l'Économie nationale, ils ont presque tous été écartés par le gouvernement français. Et le seul qui a été adopté – celui du Quai d'Orsay – est refusé par les Britanniques. Au fond, tous ces rêves, qu'ils soient de nature politique ou économique, butent sur l'opposition des trois Grands. Celle-ci renvoie en quelque sorte aux Français l'image réelle de leur pays : une France affaiblie, disposant de peu de moyens financiers et militaires, dépendante économiquement des États-Unis et dans l'incapacité d'imposer ses choix aux autres ; une France réduite à une puissance de second rang.

Mais les Français doivent aussi en rabattre dans des domaines qui leur sont vitaux. La sécurité semble menacée. Elle ne pourra plus être fondée sur le détachement de la Ruhr. Au vrai, elle dépend désormais d'un désarmement économique qui paraît déjà hypothétique. Les espoirs de reconstruction grâce aux réparations allemandes s'affaiblissent aussi. Le charbon allemand, indispensable au relèvement, se fait attendre.

Seule la politique économique suivie en ZFO semble donner de bons résultats. Mais les occupants ont mangé leur pain blanc et l'avenir s'annonce plus sombre. En une année, les Français ont en effet sérieusement entamé les capacités de production de la zone, les stocks sont épuisés, la main-d'œuvre et les transports restent insuffisants. Faute d'importations massives, l'augmentation de la production paraît impossible. La politique drastique du ravitaillement ne pourra pas non plus être maintenue. Bref, l'équilibre de la balance commerciale risque d'être rapidement compromis. Les contradictions grandissantes entre la politique de démocratisation et la politique préférentielle obligeront aussi les Français à choisir l'une ou l'autre. L'opposition grandissante des Allemands à l'occupation française semble de toute façon condamner la seconde à court terme.

À l'été 1946, la politique allemande de la France est donc dans l'impasse. Elle doit rapidement être révisée. Cette réforme suppose d'abord une refonte globale des objectifs français. Il faudra les préciser pour éviter le renouvellement des errements de la politique économique en ZFO. Il faudra aussi les hiérarchiser pour éviter toutes sortes de contradictions entre les objectifs de sécurité et ceux de la reconstruction. Il faudra surtout les repenser. Le primat du politique est-il encore d'actualité ? Les questions économiques ne devraient-elles pas être réévaluées ? Les politiques à court terme paraissent aussi devoir s'effacer devant des objectifs à plus long terme. Enfin, l'administration française chargée des affaires allemandes, dont l'inefficacité et les dysfonctionnements ont fortement contribué aux désillusions françaises, devra être totalement réorganisée. Bref, les échecs enregistrés après un an d'occupation appellent des changements de grande ampleur.

Troisième partie

Un lent et difficile retour aux réalités (été 1946-printemps 1948)

Introduction de la troisième partie

Les historiens considèrent en général qu'entre l'automne 1946 et le printemps 1948, la France n'a pas apporté de changements significatifs à sa politique économique vis-à-vis de l'Allemagne. De tous les gouvernements qui se succèdent alors à la tête du pays, seul le cabinet homogène socialiste dirigé par Léon Blum aurait été porteur de réformes économiques d'envergure : les nouvelles formes du contrôle de la Ruhr, une nouvelle politique en ZFO. Mais ce gouvernement de transition, aux affaires pour un mois seulement, manque de temps pour changer véritablement de cap. Ses successeurs auraient été moins pressés de remettre en cause la politique suivie depuis septembre 1945. Bref, pendant près de deux ans, l'immobilisme paraît triompher.

Ce bilan n'est pas faux. Il restitue bien le fait que, jusqu'à l'été 1948, les évolutions de la politique française sont peu perceptibles. Par contre, il sous-estime les initiatives prises par les dirigeants français visant à la réformer. Ce sont elles qu'il convient d'analyser ici. L'étude porte successivement sur les projets destinés à s'appliquer à l'Allemagne dans son ensemble, puis sur ceux circonscrits à la seule ZFO. C'est dans ce dernier cadre que l'écart entre les intentions affichées et les réalisations effectives est le plus flagrant. Il doit, pour l'essentiel, être imputé à un puissant faisceau de contraintes qui s'opposent aux changements.

Qu'il s'agisse de l'influence de l'opinion publique et des partis politiques sur l'orientation de la politique allemande, des difficultés économiques nationales ou de la dépendance qu'elles induisent à l'égard des Alliés occidentaux, ces contraintes s'inscrivent dans la longue durée. Elles seront présentées dans le premier chapitre de cette partie.

CHAPITRE VIII

Le poids des contraintes

Depuis la Libération, le gouvernement français est soumis à de très fortes contraintes. L'opinion publique et les partis politiques exercent une influence non négligeable sur les décisions de politique extérieure. La situation économique et financière du pays, surtout lorsqu'elle est mauvaise, constitue une contrainte plus pesante encore. Elle induit souvent la dépendance à l'égard d'aides extérieures. Enfin, en ce qui concerne les affaires allemandes, on ne peut faire abstraction du rôle de la politique des Alliés de la France, en particulier de celui des États-Unis et de la Grande-Bretagne, dont elle dépend économiquement et financièrement. Ces trois contraintes – politique intérieure, état de l'économie, influence de l'étranger – pèsent considérablement sur les choix des responsables français. Aussi une réforme dépendra-t-elle grandement du jeu de leurs effets parfois contradictoires.

I. Politique intérieure et politique étrangère[1]

L'influence qu'exerce la politique intérieure sur les choix de politique extérieure est un thème connu de l'histoire des relations internationales. Le rôle de l'opinion publique puis celui des partis politiques seront successivement examinés.

A. Opinion publique et politique allemande

L'incidence de l'opinion publique sur l'orientation de la politique étrangère n'est pas négligeable. Elle reste cependant difficile à mesurer[2] car l'opinion publique fait partie « des phénomènes sociaux apparemment évidents, mais qui se dérobent à l'analyse dès que celle-ci vise à la précision scientifique »[3]. Elle renvoie aussi à des concepts très différents. « Tantôt il s'agit de la presse, tantôt des sentiments et attitudes de

---

[1] L'idée de cette partie doit beaucoup aux développements de Hüser, D., *Frankreichs « doppelte Deutschlandpolitik »*, *op. cit.*, p. 48-51 et p. 586-656.

[2] Grosser, A., *La IVe République et sa politique extérieure*, 3e éd. revue, Paris, Armand Colin, 1972, p. 171 ; Becker, J.-J., « L'opinion », in Rémond, R. (dir.), *Pour une histoire politique*, 2e éd. mise à jour, Paris, Seuil, 1996, p. 163.

[3] Burdeau, G., article « Opinion publique », in *Encyclopaedia Universalis*, cité par Becker, J.-J., « L'opinion », in *op. cit.*, p. 163.

la population, tantôt de l'idée que se font ou que veulent se faire les hommes politiques ou les journaux de ces sentiments et attitudes »[4].

Dans les pages qui suivent, l'opinion publique sera entendue comme la somme de deux composantes[5]. La première, parfois appelée opinion publique « dynamique », renvoie à une conception classique. Il s'agit de la réaction de l'opinion à un événement : la confrontation, par exemple, des Français à l'occupation de l'Allemagne par leurs troupes ou à l'annonce du plan Marshall. Elle s'inscrit dans le temps court. Malgré les innombrables problèmes méthodologiques qu'ils posent, les sondages[6], les rapports de préfets[7] et la presse[8] permettent de mieux la connaître[9]. La seconde composante, dénommée opinion publique « statique », s'inscrit au contraire dans la longue durée, celle des générations. S'apparentant davantage à l'histoire des mentalités, elle renvoie à la notion de mentalités collectives[10]. L'imaginaire collectif en est une composante importante. La représentation des Allemands, les images que s'en font les Français, images qui mêlent préjugés, mythes et stéréotypes nationaux, seront ici au centre de la réflexion[11]. Le champ de cette seconde opinion est plus large que celui de la première[12], plus stable aussi[13]. Il enregistre « les changements progressifs de génération en

4 Grosser, A., *La IVe République et sa politique extérieure*, *op. cit.*, p. 171.

5 Selon le modèle de Becker, J.-J., « L'opinion », in *op. cit.*, p. 164-166.

6 Ozouf, J., « L'opinion publique : apologie pour les sondages », in Le Goff, J., Nora, P. (dir.), *Faire de l'histoire*, tome 3 : *Nouveaux objets*, Paris, Gallimard, 1974, p. 220-235.

7 Sur les rapports de préfets, Azéma, J.-P., « État de l'opinion publique en décembre 1944. Rapports de préfets et sondages », in Fondation Charles de Gaulle (ed.), *Le rétablissement de la légalité républicaine (1944)*, Bruxelles, Complexe, 1996, p. 782-787 ; Hüser, D., « Frankreich, Deutschland und die französische Öffentlichkeit 1944-1950 : innenpolitische Aspekte deutschlandpolitischer Maximalpositionen », in Martens, S., (Hrsg.), *Vom « Erbfeind » zum « Erneuerer »*, *op. cit.*, p. 19-64.

8 Dans les pages qui suivent, nous ferons référence, à de nombreuses reprises, à la presse. Pour ce faire, nous n'avons pas épluché systématiquement les grands quotidiens de l'époque. Nous nous sommes fondé sur les coupures de presse retrouvées au Centre des archives de l'occupation française en Allemagne et en Autriche. Leur représentativité semble en effet établie. Au sein de l'administration d'occupation, les services ont collecté tout ce qui était écrit sur la politique allemande de la France et sur la ZFO.

9 Becker, J.-J., « L'opinion », in *op. cit.*, p. 164-166.

10 *Ibid.* ; Milza, P., « Mentalités collectives et relations internationales », in *Relations internationales*, n° 41, 1985, p. 93-109.

11 Frank, R., « Images et imaginaires dans les relations internationales depuis 1938 : problèmes et méthodes », in Frank, R. (dir.), *Images et imaginaires dans les relations internationales depuis 1938*, cahier n° 28 de l'IHTP, juin 1994, p. 6.

12 Grosser, A., *La IVe République et sa politique extérieure*, *op. cit.*, p. 171.

13 Duroselle, J.-B., « Opinion, attitude, mentalité, mythe, idéologie : essai de clarification », in *Relations internationales*, n° 2, 1974, p. 9-10.

génération »[14]. Son étude mobilise des sources variées. Outre la presse, déjà évoquée, les témoignages, les souvenirs, les œuvres littéraires, les films, etc. peuvent être utilisés pour l'appréhender[15].

Il s'agit ici d'examiner dans quelle mesure l'opinion publique influence les décisions des responsables politiques dans le domaine de la politique allemande. En d'autres termes, l'opinion publique risque-t-elle de freiner la mise en œuvre de la nouvelle politique préparée par le gouvernement ? L'analyse des représentations de l'Allemand dans l'imaginaire collectif français permet d'abord de mieux comprendre les préférences des Français, au lendemain de la guerre, pour telle ou telle politique allemande. Il conviendra ensuite de mesurer l'influence réelle de l'opinion publique sur les décisions gouvernementales.

1. L'Allemand dans l'imaginaire collectif français

En 1945, l'image des Allemands en France est très négative. La germanophobie est fortement ancrée dans la mentalité collective hexagonale depuis plusieurs décennies.

Considérés comme des ennemis héréditaires depuis le milieu du XIXe siècle[16], les Allemands suscitent dans la France de l'entre-deux-guerres des sentiments de rejet que l'expérience de la Première Guerre mondiale a renforcés. Certes, pour une minorité cultivée, l'Allemand se confond avec Werther, le héros romantique de Goethe, sensible et idéaliste, « passionné de musique et de philosophie »[17]. Mais pour une grande majorité de Français, la répulsion l'emporte. Les voisins d'outre-Rhin sont perçus comme des êtres dépourvus de finesse, à la culture « prétentieuse, mesquine, artificielle »[18]. Leur esprit d'obéissance et leur sens de l'organisation fascinent en même temps qu'ils inquiètent, parce qu'ils sont intimement liés à un nationalisme et un militarisme exacerbés. Aux yeux des Français, le culte que les Allemands vouent à la force est au service d'une volonté de puissance et d'un esprit de conquête[19].

La germanophobie des Français sort renforcée de la Deuxième Guerre mondiale et des années d'occupation. En 1945, l'Allemand est, plus que jamais, l'ennemi par excellence. Dans la presse, les sujets traités – crimes de guerre ; génocide des populations juives et tsiganes ;

---

14 Becker, J.-J., « L'opinion », in *op. cit.*, p. 165.

15 Les exemples cités renvoient aux sources que Jean-Baptiste Duroselle mentionne dans sa préface à la thèse d'État de Schor, R., *L'opinion française et les étrangers en France 1919-1939*, Paris, Publications de la Sorbonne, 1985, p. VIII. Nous reprenons les conclusions de Ralph Schor.

16 Duroselle, J.-B., « Opinion, attitude, mentalité, mythe… », in *op. cit.*, p. 10.

17 Schor, R., *L'opinion française et les étrangers*, *op. cit.*, p. 147.

18 *Ibid.*, p. 151.

19 *Ibid.*, p. 147-152.

retour des déportés ; actes de barbarie nazie lors de la retraite allemande ; politique de la terre brûlée ; spéculations sur la vie de Hitler ; arrestations des criminels de guerre ; commémorations pour les victimes de guerre –[20] ravivent les souvenirs de l'Occupation et réduisent bien souvent l'Allemand à un criminel nazi.

Les Français ont d'autre part la conviction que la défaite n'a pas modifié la mentalité allemande. La presse hexagonale souligne à l'envi que la bourgeoisie d'outre-Rhin a conservé son caractère fier et hautain[21], que les populations, toujours grégaires et promptes à « suivre un mouvement organisé, des ordres, des chefs »[22], sont restées fidèles au national-socialisme[23]. Les journaux dénoncent l'indifférence des Allemands pour les crimes perpétrés par les nazis[24] et s'inquiètent de la fierté qu'ils éprouvent encore pour leur armement[25]. Au fond, l'Allemagne, défaite militairement, ne le serait pas moralement[26].

Les projections dans l'avenir ne sont pas meilleures. Les Français considèrent que la rééducation du peuple allemand ne sera pas possible, le militarisme étant inscrit trop profondément dans ses mentalités et son histoire nationale[27]. Aussi y aurait-il de « la naïveté à imaginer qu'on extirpera en quelques saisons des germes qui travaillent intimement la race germanique depuis des siècles et des siècles »[28]. Certains doutent même que les efforts que la France déploie dans le domaine culturel portent leurs fruits. Après la représentation de *Britannicus* en ZFO, un journaliste s'interroge sur la capacité qu'aura la jeunesse allemande à assimiler correctement Racine et émet le vœu qu'elle ne renvoie pas aux

---

20 Hüser, D., *Frankreichs « doppelte Deutschlandpolitik »*, *op. cit.*, p. 603-604.

21 De Segonzac, A., « Pour les “Barons de la Ferraille” le messie, c'est la guerre future », in *France-Soir*, 26 septembre 1947, AOFAA, AAA 411/4.

22 Bernard-Derosne, J., « Résistance et collaboration se rejoignent en Allemagne. Face à l'unité allemande renaissante, opposons l'unité française », in *L'Époque*, 4 novembre 1946, AOFAA, AAA 723.

23 Magnien, M., « Révélations sensationnelles sur le péril allemand », in *L'Humanité*, 18 juin 1946, AOFAA, AAA 696.

24 Dissard, J., « L'attitude allemande en face de l'occupation », in *L'Ordre*, 3-4 novembre 1946, AOFAA, AAA 723.

25 Erichson, H., « Le partage de la flotte de guerre allemande. Un dur coup moral pour l'Allemagne », in *France Libre*, 3 août 1946, AOFAA, AAA 696.

26 Helsey, E., « Germania désarmée matériellement mais moralement ? », in *France Libre*, 31 mai 1947, AOFAA, AAA 696.

27 *Ibid.* ; Erichson, H., « Le partage de la flotte de guerre allemande… », cité en note 25, qui fait de Guillaume II, de l'amiral von Tirpitz et de Hitler les trois derniers chaînons du militarisme allemand.

28 Helsey, E., « Germania désarmée matériellement… », cité en note 26.

Français, « dans trente ans, un nouveau Néron, qui se jettera sur nous, la bouche fleurie de nos plus beaux alexandrins »[29].

En définitive, les Français pensent que les Allemands sont toujours militaristes, qu'ils ont conservé « le goût germain (...) pour les anciennes conquêtes (...) »[30]. C'est pourquoi toute politique conciliante vis-à-vis de l'ancien Reich leur semble lourde de menaces. Pour Gilbert de Chambrun, député communiste, membre de la commission parlementaire d'enquête qui a inspecté la ZFO au début de 1946, une telle politique aboutirait à ce « qu'un jour la France se trouverait en face d'une Allemagne ayant conservé les mêmes cadres économiques, industriels, administratifs et culturels, à laquelle il ne manquerait plus qu'un nouvel Hitler pour nous tomber dessus »[31]. D'après les Français, les Anglo-Américains sont dans l'erreur en imaginant que l'Allemagne reconstruite « demeurera pacifique, qu'elle ne songera plus jamais à la grande Allemagne et à sa mission »[32]. Comme par le passé, l'Allemagne tenterait d'exploiter à son profit la dissension entre les Alliés pour se relever et envisagerait déjà ses alliances futures en prévision du conflit qui, selon ses habitants, opposera inéluctablement Américains et Soviétiques. Bref, la prochaine guerre serait le nouveau messie de l'Allemagne. Possédant la Ruhr, elle en détiendrait la clé[33].

Dans l'imaginaire collectif français, l'Allemand reste donc, dans l'immédiat après-guerre, l'ennemi héréditaire. Il apparaît d'autant plus dangereux qu'il ne semble pas pouvoir être rééduqué. Cette vision très négative de la population d'outre-Rhin explique que les Français soient favorables, dans leur immense majorité, à une politique très dure vis-à-vis de l'Allemagne.

2. *Les Français favorables à une politique dure à l'égard de l'Allemagne*

Pour empêcher les Allemands de préparer tout nouveau conflit, une majorité de Français souscrit à la politique que le gouvernement français adopte à la fin de la guerre.

---

29 Borel, R., « Baden-Baden ou Vichy-Vichy ? », in *Gavroche*, 21 novembre 1946, AOFAA, AAA 723.

30 Lazurick, R., « L'Allemagne d'abord... Et l'histoire recommence », in *L'Aurore*, 10 septembre 1947, AMAE-Colmar, AAA 411/4.

31 De Chambrun, G., « Magnats des trusts et fonctionnaires nazis aux postes de commande dans la zone française d'occupation en Allemagne », in *L'Humanité*, 9 août 1946 ; sous le titre « Les "naphtalinards" au travail » l'article est en partie reproduit dans *Franc-Tireur*, 10 août 1946, AOFAA, AAA 723.

32 Lazurick, R., « L'Allemagne d'abord... », cité en note 30.

33 De Segonzac, A., « Pour les "Barons de la Ferraille"... », cité en note 21.

Les Français approuvent par exemple massivement le traité franco-soviétique, signé en décembre 1944, parce qu'il est dirigé contre l'Allemagne[34]. Le démembrement du Reich fait également consensus. À l'automne 1944, 76 % des Français y sont favorables contre 19 %[35]. En août 1945, ils sont plus nombreux encore à le soutenir : 78 % contre 12 %[36]. Selon *Le Patriote de Saint-Étienne*, il faudrait même « couper les Chleus en quatre »[37].

La population française fait également siennes les demandes gouvernementales visant à détacher la Ruhr et à la placer sous contrôle international. En avril 1946, 71 % des Français approuvent la mesure. Seulement 14 % préféreraient que seules les industries de base soient internationalisées, comme le préconise alors le parti socialiste. En août 1946, les rapports de force ont peu évolué – 63 % contre 14 % – et restent les mêmes en janvier 1947 – 64 % contre 15 %[38].

La population approuve aussi la politique française à l'égard de la Sarre. En novembre 1944, trois Français sur quatre se déclarent favorables à l'« annexion définitive de la Sarre et de ses mines de charbon »[39]. En ce qui concerne la rive gauche du Rhin, les avis sont en revanche plus partagés. Si près de la moitié des Français désirent l'annexion de la Rhénanie par la France, c'est la constitution d'un territoire indépendant sous contrôle international qui suscite le moins d'opposition parmi les sondés[40].

Dans le domaine strictement économique, les sondages montrent que les Français sont unanimes (90 %) à demander l'instauration de contrôles internationaux pesant sur l'industrie allemande[41]. Pour une majori-

---

34 Sondage du 17 au 25 décembre 1944, Bulletin d'Information de l'IFOP, n° 7, 1er janvier 1945, p. 8 et suiv., cité par Schreiner, R., *Bidault, der MRP und die französische Deutschlandpolitik, op. cit.*, p. 89 et p. 211, note 39 ; Azema, J.-P., « État de l'opinion publique en décembre 1944. Rapports de préfets et sondages », Fondation Charles de Gaulle (ed.), *Le rétablissement de la légalité républicaine, op. cit.*, p. 783.

35 Sondage du 11 au 16 septembre 1944, Bulletin d'Information de l'IFOP, n° 2, 16 octobre 1944, cité par Schreiner, R., *Bidault, der MRP und die französische Deutschlandpolitik, op. cit.*, p. 87 et p. 208-209, note 26.

36 Bulletin d'Information de l'IFOP, 1er septembre 1945, cité par Hüser, D., *Frankreichs « doppelte Deutschlandpolitik », op. cit.*, p. 592.

37 Kaspi, A., *et al.*, *La libération de la France, op. cit.*, p. 247.

38 Sondages, 16 mai 1946, 1er février et 1er avril 1947, cités par Hüser, D., *Frankreichs « doppelte Deutschlandpolitik », op. cit.*, p. 592, notes 6, 7 et 8.

39 Sondage du 10 au 16 novembre 1944, Bulletin d'Information de l'IFOP, n° 6, 16 décembre 1944, p. 9 et suiv., cité par Schreiner, R., *Bidault, der MRP und die französische Deutschlandpolitik, op. cit.*, p. 87 et p. 209, note 29.

40 Schreiner, R., *Bidault, der MRP und die französische Deutschlandpolitik, op. cit.*, p. 88.

41 Sondage du 10 au 16 novembre 1944, cités en note 39.

té d'entre eux, ces derniers devraient être de très longue durée : 17 % seulement estiment qu'ils devraient se limiter à 25 ans[42] quand 62 % les fixent à plus ou moins 50 ans[43]. Cette volonté de les inscrire dans la durée traduit bien le fait que les Français ne croient guère à la reconstitution d'une Allemagne pacifique. Pour s'assurer que les Allemands n'auront pas les moyens de préparer un nouveau conflit, les Français ne seraient d'ailleurs pas opposés à la transformation de l'Allemagne en nation agricole[44]. L'avis de la population en ce domaine est beaucoup plus jusqu'au-boutiste que celui des décideurs qui, dès novembre 1944, avaient rejeté cette solution[45].

Pour la période postérieure à 1944-1945, la presse confirme que les Français se préoccupent au premier chef de questions de sécurité. Dans un premier temps, l'occupation quadripartite de l'Allemagne semble répondre à leurs aspirations. Les journaux se font l'écho de la destruction de son potentiel de guerre[46], du partage de sa flotte de guerre[47] ou du désarmement de son industrie[48]. Ils soulignent aussi avec contentement les profits économiques que la France tire de sa zone d'occupation[49].

---

42 À ces 17 %, il faut ajouter les 3 % qui considèrent qu'un contrôle de 10 ans suffirait. Voir le Bulletin d'Information de l'IFOP, n° 6, 16 décembre 1944, p. 10, cité par Hüser, D., *Frankreichs « doppelte Deutschlandpolitik »*, *op. cit.*, p. 592.

43 Les 62 % se répartissent ainsi : 21 % fixent les contrôles à 50 au maximum ; 10 % à plus de 50 ans ; 10 % demandent un contrôle aussi long que possible ; 21 % préconisent un contrôle permanent. Voir le Bulletin d'Information de l'IFOP, n° 6, 16 décembre 1944, cité en note 42.

44 Sondage du 6 au 20 août 1945, Bulletin d'Information de l'IFOP, 1-16 septembre 1945, p. 173, cité par Schreiner, R., *Bidault, der MRP und die französische Deutschlandpolitik*, *op. cit.*, p. 88 et p. 209, notes 31 et 32.

45 « Note a/s du désarmement économique et financier de l'Allemagne », MAE, dir. éco., 9 novembre 1944, AMAE, Y 1944/49, t. 362.

46 « La liquidation du potentiel de guerre de l'Allemagne entre dans une phase active », in *Ce Soir*, 4 octobre 1945 ; Michelat, J., « L'accord de principe des quatre occupants sur le désarmement de l'Allemagne n'exclut pas de nouvelles divergences dans son application », in *Combat*, 5 octobre 1945 ; « La démilitarisation de l'Allemagne. À partir du 6 janvier des délégations quadripartites vont inspecter les quatre zones », in *Paris-Presse*, 31 décembre 1946 ; « La fabrication et la détention d'armes en Allemagne sont interdites par le Conseil de contrôle », in *Libération*, 31 décembre 1946 ; « Avant la conférence de Moscou : quatre commissions interalliées vont contrôler la liquidation de l'industrie de guerre allemande », in *L'Aube*, 7 janvier 1947 ; tous ces articles dans AOFAA, AAA 696.

47 « La flotte de guerre allemande aux "3 Grands" », in *Libération*, 2 août 1946 ; Clark, R., « Les "Trois Grands" se sont partagé la flotte de guerre allemande », in *Le Monde*, 2 août 1946 ; « Le partage de la flotte de guerre allemande est terminé », in *Paris-Matin*, 2 août 1946 : tous ces articles dans AOFAA, AAA 696.

48 « L'Allemagne conserverait 50 % de ses usines ce qui ramènerait le niveau de son industrie à celui de 1932 », in *Le Monde*, 13 octobre 1945, AOFAA, AAA 696 ; « L'industrie allemande réduite de moitié », in *Dernière-Paris*, 30 mars 1946, AOFAA, AAA 292/1 ; Favre, A., « le sort de l'industrie allemande », in *Libertés*,

Mais la période pendant laquelle l'occupation quadripartite de l'Allemagne semble conforme aux aspirations françaises ne dure pas. Le ton des articles se fait vite alarmant. La presse hexagonale s'inquiète de certaines décisions alliées qui menacent la sécurité de la France. Elle remarque que le potentiel de guerre allemand est en fait peu touché[50] et que les Alliés, en rechignant à démilitariser l'Allemagne, risquent de répéter les erreurs commises après le premier conflit mondial[51]. Le désarmement économique, qui ne paraît pas suffisamment poussé[52], semble de surcroît être mené en fonction des seuls intérêts économiques des grandes puissances[53]. La presse se mobilise dès lors d'autant plus que la politique allemande des Alliés risque d'avoir de graves retombées sur la scène intérieure. C'est pourquoi la politique des Anglo-Américains fait l'objet de vives critiques : trop douce à l'égard de l'Allemagne[54], elle favorise son relèvement au détriment des autres pays

---

12 avril 1946, AOFAA, AAA 292/1 ; Desbois, J., « L'Allemagne en 1949... », in *Tribune des Nations*, 19 avril 1946 ; AOFAA, AAA 292/1 ; « Désarmement industriel et dénazification de l'Allemagne », in *France nouvelle*, 27 juillet 1946, AOFAA, AAA 696.

49 Erichson, H., « La France fabrique du Buna à Ludwigshafen », in *France Libre*, 9 février 1946, AOFAA, AAA 559/4 ; « Europe occidentale », in *La Tribune Économique*, 22 mars 1946, AOFAA, AAA 803/2. Le journal souligne que l'industrie textile de la ZFO travaille essentiellement pour la France.

50 « En Allemagne 75 % de la capacité de production de guerre allemande est intacte », in *France d'Abord*, 19 juin 1946, AOFAA, AAA 292/1 ; Magnien, M., « Révélations sensationnelles sur le péril allemand », in *L'Humanité*, 18 juin 1946, AOFAA, AAA 696 ; Brunelet, M., « Où en est le potentiel d'agression de l'Allemagne ? », in *L'Ordre*, 26 septembre 1946, AOFAA, AAA 354/1.

51 « À propos du désarmement de l'Allemagne : "ne répétons pas les mêmes folies qu'après la Première Guerre" demande le sénateur américain Pepper », in *Le Figaro*, 7 février 1947 ; Helsey, E., « Germania désarmée matériellement mais moralement ? », in *France Libre*, 31 mai 1947 ; « À Londres : il faut dire NON ! au réarmement allemand et ne pas discuter de l'absence du grand allié soviétique », in *L'Humanité*, 23 août 1947 ; tous ces articles dans AOFAA, AAA 696.

52 « Le désarmement industriel de l'Allemagne », in *France Libre*, 26 février 1946, AOFAA, AAA 292/1 ; « Pour désarmer l'Allemagne, détruisez ses centrales électriques », in *Samedi-Soir*, 8 juin 1946, AOFAA, AAA 696 ; Delbars, Y., « Le directeur de la Reconstruction industrielle allemande m'a dit : "l'Allemagne a trop d'usines. Son potentiel de production est supérieur de 25 % à celui d'avant-guerre" », in *Paris-Presse*, 19 juillet 1946, AOFAA, AAA 292/1 ; « L'industrie allemande est toujours debout », in *L'Usine Nouvelle*, 30 janvier 1947, AOFAA, AAA 292/1.

53 Favre, A., « Le sort de l'industrie allemande », in *Libertés*, 12 avril 1946, AOFAA, AAA 292/1.

54 « À Berlin, les alliés décidaient de désarmer l'Allemagne », in *L'Humanité*, 8 juin 1946, AOFAA, AAA 696 ; « Incidences sidérurgiques : l'industrie française menacée par les concessions faites à l'Allemagne », in *La France Industrielle*, 4 juin 1947, AOFAA, AAA 292/1 ; « Les États-Unis seraient disposés à envoyer 600 000 tonnes d'acier pour rééquiper la Ruhr », in *Combat*, 18 août 1947, AOFAA, AAA 411/4.

européens[55] ; la France se trouve ainsi privée de charbon et de réparations[56]. À partir du second semestre 1946, les journaux évoquent de plus en plus le risque de voir l'économie allemande se relever avant l'économie française[57]. Après l'échec de la conférence de Moscou, les articles prennent un tour idéologique plus marqué. La presse de gauche, principalement celle des communistes, dénonce les conséquences dramatiques qu'aura, selon elle, le plan Marshall sur l'économie française et s'en prend vivement, lors de la conférence tripartite de Londres, en août 1947, à la politique allemande du gouvernement français, qu'elle juge inféodée aux Américains[58]. Certains organes de presse défendent au contraire un gouvernement dont ils soulignent qu'il émet de nombreuses

---

55 « Les Anglo-Américains voudraient voir régler dès maintenant la question du régime et du niveau industriel de la Ruhr », in *Le Monde*, 23 août 1947 ; Soria, G., « Freiner le relèvement industriel de l'Europe occidentale et faire de l'Allemagne le gendarme de l'Ouest : tels sont les objectifs des industriels américains », in *Ce Soir*, 27 septembre 1947 ; « Le relèvement de l'Allemagne n'est point indispensable au relèvement de l'Europe », in *L'Ordre*, 29 septembre 1947 : tous ces articles dans AOFAA, AAA 411/4.

56 « SOS Charbon », in *L'Écho de la Finance*, 19 juillet 1946, AOFAA, AAA 802 ; « L'industrie métallurgique française manquera en 1946 200 milliards d'affaires parce qu'elle manque du coke de la Ruhr », in *L'Écho des Mines et de la Métallurgie. Revue des industries minières et sidérurgiques*, octobre 1946 ; « L'industrie allemande est toujours debout », in *L'Usine Nouvelle*, 30 janvier 1947, AOFAA, AAA 292/1 ; Lazurick, R., « L'Allemagne d'abord… Et l'histoire recommence », in *L'Aurore*, 10 septembre 1947 ; Delmer, S., « Un grand journaliste anglais proclame : par le chantage au charbon l'Allemagne remporte sa première victoire de l'après-guerre », in *France-Soir*, 14 décembre 1946, AOFAA, AAA 411/4.

57 « De quoi s'agit-il ? L'industrie française sera-t-elle sacrifiée à l'industrie allemande ? », in *Le Creuset. La Voix des Cadres*, 1er avril 1947 ; « Incidences sidérurgiques : l'industrie française menacée par les concessions faites à l'Allemagne », in *La France Industrielle*, 4 juin 1947, AOFAA, AAA 292/1 ; « La conférence des "trois" à Londres », in *Le Monde*, 25 août 1947, « Les Américains ne voudraient pas garantir les livraisons de coke allemand à la France en cas d'élévation du niveau industriel de la bizone », in *Le Monde*, 26 août 1947 ; Hentges, P., « Priorité pour l'Allemagne… qui recevra avant la France outillage et ravitaillement », in *Ce Soir*, 30 août 1947 ; Michelat, J., « Inaugurant le relèvement complet de l'Allemagne, le plan Clay-Robertson est publié à Berlin », in *Combat*, 30 août 1947 ; Courtade, P., « Des chiffres qui accusent… Si le plan américain pour la Ruhr était appliqué l'industrie allemande dominerait la France », in *L'Humanité*, 4 septembre 1947 ; tous ces articles dans AOFAA, AAA 411/4. Lazurick, R., « L'Allemagne d'abord… Et l'histoire recommence », *L'Aurore*, 10 septembre 1947, AOFAA, AAA 411/4.

58 « Dans l'impasse », in *Semaine dans le Monde*, 23 août 1947 ; Courtade, P., « Le complot de Londres », in *L'Humanité*, 25 août 1947 ; Courtade, P., « La France a subi à Londres un échec retentissant », in *L'Humanité*, 28 août 1947 ; Sonkin, J., « Échec français à la conférence de Londres », in *Libération*, 28 août 1947 ; tous ces articles dans AOFAA, AAA 411/4.

réserves vis-à-vis du plan de relèvement industriel prévu pour la Bizone[59].

À l'automne 1947, les Français semblent, globalement, opposés à un adoucissement de la politique allemande. Les efforts entrepris dès 1945 par quelques personnalités – Joseph Rovan, Alfred Grosser, Jean du Rivau – en vue de permettre un dialogue entre Français et Allemands et, partant, une coopération puis une réconciliation, ont encore peu d'écho en France. Dans leur immense majorité, les Français considèrent au contraire que l'Allemagne constitue toujours une véritable menace pour la France. Cette opinion dominante pèse-t-elle pour autant sur les décideurs ?

3. *L'influence des mentalités collectives et de l'opinion publique sur l'orientation de la politique allemande*

L'imaginaire collectif, qui imprègne les décideurs comme tout un chacun, semble exercer une influence décisive sur l'orientation de la politique allemande. Comme les Français, les responsables gouvernementaux sont persuadés que le militarisme des Allemands est en quelque sorte incurable. La répétition des conflits provoqués par l'Allemagne – trois en soixante-dix ans – les convainc du caractère inéluctable d'une nouvelle agression allemande. Seule une politique dure à l'égard de l'ancien Reich sera donc à même de préserver durablement le pays. C'est à la lumière du passé et de cette représentation d'une Allemagne éternellement revancharde et militariste que le général de Gaulle élabore sa politique allemande[60]. Au sortir de la guerre, ces considérations se

---

59 Tabouis, G., « À Londres. La France s'est refusée à prendre des engagements définitifs », in *France Libre*, 28 août 1947 ; Champagne, J., « La France refuse de donner son accord au relèvement industriel de la Ruhr », in *Le Parisien Libéré*, 28 août 1947 ; Ignatieff, N.-L., « Malgré les objections de la France, le plan anglo-américain de relèvement industriel de l'Allemagne est rendu officiel aujourd'hui à Berlin », in *Le Parisien Libéré*, 29 août 1947 ; de Segonzac, A., « La conférence de Londres s'est terminée sur une protestation française : "pas assez de garanties pour notre industrie en face de la concurrence allemande" », in *France-Soir*, 29 août 1947 ; « Le communiqué final fait état des réserves de la France touchant les décisions anglo-américaines », in *Le Monde*, 30 août 1947 ; « La note remise à M. Bevin expose les craintes de la France sur le relèvement allemand », in *Combat*, 26 septembre 1947 ; tous ces articles dans AOFAA, AAA 411/4.

60 Voir les discours et les écrits de De Gaulle dans lesquels transparaît clairement sa vision de l'Allemagne et des Allemands. Évoquant le 21 décembre 1944, dans un discours prononcé à l'Assemblée nationale consultative, les grands traits du peuple allemand, le général le Général s'exclame : « un grand peuple, mais qui perpétuellement tend à la guerre, parce qu'il ne cesse de rêver à la domination, capable, pour écraser les autres, de fournir d'extraordinaires efforts et d'endurer d'extrêmes sacrifices, toujours prêt à acclamer et à suivre jusque dans le crime ceux qui lui promettent la conquête, tel est le peuple allemand. Tel il est surtout depuis que l'ambition et la rigueur prussiennes s'imposèrent à lui sur les ruines du vieil empire des Habsbourg

retrouvent chez la plupart des dirigeants des grands partis politiques. Georges Bidault, tourné lui aussi vers le passé, ne pense pas autrement que le Général[61]. Pour le socialiste Pierre-Olivier Lapie, la renaissance de l'Allemagne dans sa forme ancienne signerait la disparition totale de la France qui, « si près de sa perte en 1940 », serait « entièrement détruite en 1960 »[62]. En affirmant la nécessité de « museler la bête », Vincent Auriol donne aussi libre cours à cette part d'imaginaire collectif[63]. De son côté, Édouard Herriot déclare, lors du congrès du parti radical d'août 1945, qu'il ne croit « plus aujourd'hui que l'Allemagne doive être réintégrée dans le concert des Nations »[64]. En juin 1948, Pierre Bourdan, député de l'Union démocratique et socialiste de la résistance (UDSR), considère toujours qu'« il y a une certitude pour nous Français et pour tous ceux qui ont l'expérience de l'Allemagne : c'est qu'il existe ce que j'appelle une dose toxique de l'Allemagne, que l'organisme français (…) ne peut pas absorber (…) »[65].

L'influence de l'opinion publique sur la politique gouvernementale semble par contre plus ténue. Trois séries de raisons y concourent. L'opinion publique s'intéresse assez peu aux questions de politique extérieure[66]. Elle se sent davantage concernée par les problèmes locaux ou de politique intérieure, qui la touchent plus directement[67]. Au lendemain de la guerre, les difficultés du quotidien accentuent cette tendance : se ravitailler, s'habiller, se chauffer, telles sont les préoccupations

---

et qu'en même temps le développement de l'industrie moderne est venu se conjuguer avec son goût des batailles pour le transformer tout entier en un instrument de combat, puissant et résolu. Encore, les dons qui lui sont impartis dans les domaines de la pensée, de la science, de l'art, bien loin d'humaniser ses tendances ne laissent pas, au contraire, de les ériger en systèmes d'après lesquels le règne du peuple allemand devient ainsi un droit éminent et un devoir implacable », de Gaulle, Ch., *Discours et messages*, *op. cit.*, p. 527.

61 Son métier d'historien l'incline à accorder beaucoup d'importance au passé.

62 Bitsch, M.-Th., « Un rêve français : le désarmement économique de l'Allemagne (1944-1947) », in *op. cit.*, p. 314.

63 Auriol, V., *Hier – demain*, Paris, Charlot, 1945, p. 235, cité par Korff, A., *Le revirement…*, *op. cit.*, p. 191.

64 Korff, A., *Le revirement…*, *op. cit.*, p. 207.

65 *Ibid.*, p. 210.

66 Gerbet, P., « L'influence de l'opinion publique et des partis sur la politique étrangère de la France », in Duroselle, J.-B., (dir.), *La politique étrangère et ses fondements*, Paris, Armand Colin, 1954, p. 85-88 ; Grosser, A., *La IVe République et sa politique extérieure*, *op. cit.*, p. 174 ; Guillen, P., « Opinion publique et politique en France depuis 1945. Bilan des études menées en France », in *Opinion publique et politique extérieure*, tome III : *1945-1981*, Rome, École française de Rome, 1985, p. 60.

67 Azéma, J.-P., « État de l'opinion publique en décembre 1944. Rapports de préfets et sondages », in *op. cit.*, p. 789 ; Girard, A., « Sondages d'opinion et politique étrangère », in Hamon, L. (dir.), *L'élaboration de la politique étrangère*, Paris, PUF, 1969, p. 22.

immédiates[68]. Et puis « l'opinion publique ne s'émeut pas aisément à propos des problèmes de politique étrangère »[69] qu'elle connaît souvent mal et sur lesquels elle peine à se faire un avis[70]. Qui plus est, les décideurs n'ont pas toujours le temps de prendre le pouls de l'opinion. Aussi de nombreuses décisions sont-elles adoptées sans que l'opinion publique puisse exercer la moindre influence[71].

L'indifférence des Français pour les problèmes extérieurs est toutefois à nuancer. Si la politique étrangère ne passionne pas, les questions internationales suscitent l'intérêt des populations[72]. Cet intérêt est d'autant plus fort que ces affaires sont susceptibles d'avoir des retombées sur le plan national[73]. Les Français se passionnent ainsi pour le plan Marshall[74]. Mais c'est lorsqu'un événement extérieur constitue une menace pour le pays que la mobilisation de l'opinion publique est la plus forte[75]. La campagne communiste contre le plan Marshall, qui rencontre de vifs échos auprès des populations, est à ce titre exemplaire. Elle révèle l'anxiété qu'éprouvent les Français devant la perspective d'un relèvement de l'Allemagne qui interviendrait avant celui de la France[76]. Bref, le sort de l'Allemagne et les perspectives de sa reconstruction ne laissent pas l'opinion publique française de marbre. L'influence de cette dernière sur les décideurs est en outre accrue par des circonstances particulières. Au sortir de la guerre, les consultations électorales sont incessantes. D'avril 1945 à janvier 1947, c'est-à-dire en vingt-deux mois, les Français sont appelés aux urnes à 8 reprises[77]. Même si les campagnes

68 Azéma, J.-P., « État de l'opinion publique en décembre 1944. Rapports de préfets et sondages », in *op. cit.*, p. 785-787.

69 Girard, A., « Sondages d'opinion et politique étrangère », in *op. cit.*, p. 22.

70 *Ibid.* ; Gerbet, P., « L'influence de l'opinion publique et des partis sur la politique étrangère de la France », in *op. cit.*, p. 85-86.

71 Becker, J.-J., « L'opinion », in *op. cit.*, p. 180.

72 Grosser, A., *La IVe République et sa politique extérieure*, *op. cit.*, p. 174.

73 Girard, A., « Sondages d'opinion et politique étrangère », in *op. cit.*, p. 23.

74 Guillen, P., « Opinion publique et politique en France depuis 1945. Bilan des études menées en France », in *op. cit.*, p. 68.

75 Girard, A., « Sondages d'opinion et politique étrangère », in *op. cit.*, p. 22.

76 Cf. *supra*.

77 Trois scrutins se déroulent en 1945 : des élections municipales ont lieu le 29 avril et le 13 mai ; des cantonales les 23 et 30 septembre ; le double référendum et les élections de la première Assemblée constituante le 21 octobre. En 1946, 5 scrutins sont organisés : le référendum sur le premier projet de constitution le 5 mai 1946 ; l'élection de la deuxième Assemblée constituante ; le second référendum sur le projet de constitution le 13 octobre ; les élections législatives le 10 novembre 1946 ; l'élection des « grands électeurs au Conseil de la République ». À ces élections auxquelles participent tous les Français, on peut encore ajouter, pour montrer la prégnance du climat électoral, l'élection des conseillers de la République le 8 décembre 1946 et

électorales se jouent sur des thèmes de politique intérieure plutôt que de politique extérieure, les gouvernants et les partis qui les représentent n'ont pas intérêt à défendre une politique allemande qui heurterait l'opinion dominante. Par le biais de ces scrutins, celle-ci exerce bien une pression, certes modérée et indirecte, sur les choix des décideurs en matière de politique allemande.

Au fond, l'opinion publique approuve largement les projets gouvernementaux concernant l'Allemagne. La dérive nationaliste de 1945 fait aussi consensus. De la Libération à la fin du conflit en Europe, une communauté de vues prévaut donc entre les dirigeants et la population en ce qui concerne la politique allemande.

Les décideurs n'ont d'ailleurs aucun intérêt à proposer aux Français une politique allemande contraire à leurs vœux. Pendant toute cette période, la politique étrangère constitue en effet le seul domaine de l'action gouvernementale qui satisfasse la population. La politique intérieure est *a contrario* l'objet de vives critiques et cristallise les mécontentements. Les Français s'étonnent par exemple des lenteurs de l'épuration et s'indignent de la clémence des tribunaux. La population se plaint des difficultés de la vie quotidienne, que la Libération, contrairement aux espoirs, n'a pas atténuées. Le ravitaillement et le chauffage des logements restent très insuffisants. Le marché noir, assimilé aux heures sombres de l'Occupation, perdure[78].

Dans ce contexte difficile, les décideurs utilisent la politique étrangère de la France et plus particulièrement la politique allemande comme une véritable « stratégie de dérivation », selon l'explication qu'en a donnée Jean-Baptiste Duroselle[79]. Il s'agit de faire oublier aux Français leurs difficultés quotidiennes en leur proposant un grand dessein en politique étrangère. En martelant que la France est appelée à recouvrer son statut de grande puissance, en soulignant qu'une politique dure à l'égard de l'Allemagne accélérera ce processus de retour à la normale, de Gaulle les exhorte à se tourner vers l'avenir, à rêver à des jours meilleurs. La population accepte dans sa grande majorité cette invitation. Les Français font d'ailleurs très largement confiance au général de Gaulle en politique étrangère. Ils considèrent que son action permettra à la France de recouvrer sa place sur la scène internationale et de redeve-

---

celle du président de la République le 16 janvier 1947. Sur ces points : Julliard, J., *La IVe République (1947-1958)*, Paris, Calmann-Lévy, 1968, note 1, p. 46-47.

78 Azéma, J.-P., « État de l'opinion publique en décembre 1944. Rapports de préfets et sondages », in *op. cit.*, p. 782-787 et p. 793.

79 Renouvin, P., Duroselle, J.-B., *Introduction à l'histoire des relations internationales*, 4e édition mise à jour, Paris, Colin, 1991, p. 418-419. Dans le même sens, Guillen, P., « Politique intérieure et relations internationales », in *Relations internationales*, n° 41, 1985, p. 120.

nir une grande puissance[80]. En décembre 1944, 64 % d'entre eux estiment que c'est déjà chose faite. Cinq mois plus tard, ils sont 80 % à penser que la France a retrouvé son statut d'avant-guerre[81].

B. Le rôle des partis politiques

À l'instar de l'opinion publique, les partis politiques se préoccupent davantage de politique intérieure que de politique étrangère. Ils n'en élaborent pas moins des programmes de politique extérieure au sein desquels l'Allemagne est en bonne place. L'influence de ces programmes sur les décisions gouvernementales en matière de politique étrangère est variable. Elle peut être forte, même si elle émane de partis d'opposition. Mais elle est souvent plus directe lorsqu'elle provient de partis de gouvernement. De ce point de vue, la situation française après 1945 est singulière. Les cabinets qui se constituent après le départ du général de Gaulle, en janvier 1946, sont tous des gouvernements de coalition. Jusqu'en 1947, trois formations politiques – le Parti communiste français (PCF), la Section française de l'internationale ouvrière (SFIO) et le Mouvement républicain populaire (MRP) – dirigent le pays dans le cadre du tripartisme. Après l'éviction des ministres communistes, en mai 1947, une nouvelle coalition, appelée troisième force, se forme. Elle réunit la SFIO, le MRP et les radicaux. Elle est alors en butte à une double opposition très puissante, de la part des communistes et du Rassemblement du peuple français (RPF), mouvement gaulliste créé en 1947. Au début de la IVe République, l'influence des partis sur l'orientation de la politique du gouvernement vis-à-vis de l'Allemagne procède donc à la fois des programmes, élaborés par chacune des grandes familles politiques françaises, mais aussi des rapports de force et des compromis qui se nouent tant à l'intérieur des coalitions au pouvoir qu'entre le gouvernement et l'opposition.

1. Des partis presque unanimes sur l'Allemagne

Après 1945, les formations politiques françaises poursuivent toutes les mêmes objectifs vis-à-vis de l'Allemagne. Elles réclament des gages de sécurité, qui empêcheront l'Allemagne d'attenter une nouvelle fois à la paix. Elles demandent aussi que l'ancien Reich contribue, par des réparations et des livraisons de charbon, au relèvement économique de la France. Elles exigent enfin que des contrôles de longue durée soient imposés à l'Allemagne pour éviter la répétition des erreurs du premier après-guerre. Par contre, les partis divergent sur les moyens à mettre en œuvre pour parvenir à ces buts. La grande majorité d'entre eux – gaul-

---

80 Azéma, J.-P., « État de l'opinion publique en décembre 1944. Rapports de préfets et sondages », in *op. cit.*, p. 783.

81 Kaspi, A., *et al.*, *La libération de la France*, *op. cit.*, p. 246.

listes, républicains populaires, radicaux et communistes – prône une politique dure et punitive à l'égard de l'Allemagne. À l'inverse, les socialistes proposent, dès 1945, une politique plus constructive.

Les communistes suivent la même politique que le général de Gaulle : il faut démembrer l'Allemagne, obtenir le détachement de la Ruhr, de la Rhénanie et de la Sarre ; l'ancien Reich devra aussi être démilitarisé et contraint de livrer d'importantes réparations aux pays qu'il a ruinés. Bref, les communistes adoptent une ligne politique extrêmement sévère. Pour eux, tout ce qui nuit à l'Allemagne sera utile à la France[82]. La dissolution du Komintern, en 1943, leur permet aussi de prendre leurs distances avec les choix faits à Moscou et de laisser libre cours à un patriotisme et à un chauvinisme fortement teintés de nationalisme. Alors que depuis l'été 1945, l'URSS se pose en défenseur de l'unité allemande et s'oppose à tout détachement, y compris celui de la Sarre, le PCF continue de réclamer le rattachement économique de ce territoire à la France[83]. Le renvoi des ministres communistes du gouvernement en mai 1947 ne met d'ailleurs pas un terme à la dureté des thèses communistes. Rejeté dans l'opposition, le PCF continue d'affirmer son antigermanisme. Lors de la réunion constitutive du Kominform en Pologne, à Szklarska Poreba, en septembre 1947, Jacques Duclos regrette que « notre politique actuelle tourne le dos aux véritables intérêts de la France. L'attitude du MRP sur l'Allemagne, sur la Ruhr, sur les réparations était correcte… Le Vatican a maintenant exigé que cette attitude soit modifiée »[84]. L'adhésion du PCF au Kominform, en octobre 1947, marque un tournant dans sa politique extérieure. Il calque dès lors ses positions sur la politique étrangère de l'Union soviétique. Désormais, les communistes français attaquent la politique américaine, le plan Marshall et le relèvement du niveau de l'industrie en Bizone. Ils stigmatisent aussi les progrès des rapprochements entre puissances occidentales et l'abandon d'une politique quadripartite en Allemagne. À leurs yeux, ce sont là les préludes funestes, d'une part à la renonciation par la France à sa politique dure vis-à-vis de l'Allemagne, de l'autre au relèvement économique de cette dernière avant les pays qu'elle a agressés.

Le MRP défend également une politique dure qui rejoint les propositions gaullistes et communistes. Son programme au congrès de novembre 1945 en témoigne :

---

82 Kaspi, A., *et al.*, *La libération de la France*, *op. cit.*, p. 181-183.

83 Grosser, A., *La IVe République et sa politique extérieure*, *op. cit.*, p. 103-105.

84 Reale, E., *Avec Jacques Duclos au banc des accusés à la réunion constitutive du Kominform à Szklarska Poreba : 22-27 septembre 1947*, Paris, Plon, 1958, p. 84-85 et p. 87, cité par Grosser, A., *La IVe République et sa politique extérieure*, *op. cit.*, p. 107.

> l'Allemagne doit être maintenue hors d'état de nuire. L'occupation alliée doit permettre le châtiment des criminels de guerre et une politique efficace des réparations. Elle doit conduire à la décentralisation politique et administrative du Reich. Le bassin rhéno-westphalien doit être soustrait à l'autorité du Reich, afin de rendre impossible la reconstruction d'une économie de guerre. La France, encore une fois meurtrie et ruinée par l'agression, a droit à des réparations qu'elle trouvera notamment dans les mines allemandes, le charbon de la Sarre doit lui être attribué. Elle doit participer à l'administration du bassin de la Ruhr[85].

Georges Bidault, ministre des Affaires étrangères de la Libération à juillet 1948, défend ce programme. À partir de 1947 toutefois, les questions européennes s'imposent progressivement au sein du parti. L'aggravation des tensions entre Soviétiques et Américains, l'annonce du plan Marshall et la crise intérieure que traverse la France conduisent les démocrates chrétiens à prôner la constitution d'une Europe unie sur les plans politique et économique[86]. Cet engagement européen ne signifie pas pour autant l'abandon immédiat de la politique dure vis-à-vis de l'Allemagne. Ainsi, au lendemain de la conférence de Londres, en juin 1948, les ténors du parti portent un regard très critique sur les accords, considérés comme des reculs inacceptables, pourtant négociés par l'un d'entre eux, Georges Bidault. Maurice Schumann, président du MRP, exprime sa profonde désapprobation. Pierre Pflimlin regrette que la France ait abandonné sa thèse fédéraliste. Robert Schuman n'est pas en reste. Les accords de Londres traduisent, selon lui, que « la France n'a pas de politique allemande », qu'« elle se met à la traîne des États-Unis » et qu'« il n'y a aucune [trace de la] politique française dans le texte des accords »[87].

Le programme du parti radical vis-à-vis de l'Allemagne n'est pas différent. En 1945, la résolution du congrès du parti demande que les Nations unies imposent à

> l'Allemagne des garanties physiques, territoriales, politiques et économiques qui détruisent le militarisme et le national-socialisme, et en empêchent la reconstitution ; qui excluent toute souveraineté allemande et assurent la présence armée de la France et de ses Alliés sur la rive gauche du Rhin et sur les têtes de pont de la rive droite ; qui interdisent toute fabrication de guerre et toute autarcie en Allemagne et fassent bénéficier les autres

---

85 *L'Année Politique 1944-1945. Revue chronologique des principaux faits politiques, économiques et sociaux de la France, de la Libération au 31 décembre 1945*, Paris, Éditions Le Grand Siècle, 1946, p. 486, cité par Korff, A., *Le revirement…*, *op. cit.*, p. 193.

86 Dreyfus, F.-G., « Les réticences du MRP face à l'Europe 1944-1948 », in Berstein, S., Mayeur, J.-M., Milza, P. (dir.), *Le MRP et la construction européenne*, Bruxelles, Complexe, 1993, p. 118-123.

87 *Ibid.*, p. 121.

nations des richesses produites par le sous-sol, le sol et le travail allemands ; enfin qui soustraient à l'économie allemande la production et la fabrication de la vallée du Rhin, y compris le bassin rhéno-westphalien et incorporent la Sarre dans l'économie française. Le Congrès se prononce contre toute politique qui favoriserait l'unité allemande sous l'égide prussienne. Il souhaite qu'une solide unité de vues entre Alliés préside à l'administration de territoires occupés et que les puissances occupantes s'accordent sur les méthodes à appliquer dans le traitement de l'Allemagne. Il demande que les Français reçoivent en application d'un plan général étendu à tous les États victimes à diverses reprises de l'agression et de l'occupation allemandes, de légitimes réparations principalement en nature et en main-d'œuvre. Enfin il réclame, dans le plus bref délai, le châtiment impitoyable de tous les criminels de guerre[88].

Jusqu'en 1947-1948, les positions du parti ne changent guère. René Mayer, rapporteur sur la politique étrangère lors du congrès du parti de janvier 1946, insiste toujours sur l'unité entre les Alliés et demande que « l'Allemagne nous rapporte »[89]. Cette intransigeance à l'égard de l'ancien Reich tient certainement, pour partie au moins, à l'influence qu'exerce le président du Parti radical, Édouard Herriot. Interné pendant la guerre, ce dernier nourrit des sentiments très hostiles à l'égard de l'Allemagne. Il considère que la France doit se prémunir contre le retour du danger allemand qui découle tout à la fois de l'importance de sa population et de ses richesses minières[90]. Il faut attendre 1947 pour que la position des radicaux sur l'Allemagne évolue un peu. Lors de son 39e congrès, en septembre, le parti reconnaît la nécessité du relèvement économique allemand. Encore celui-ci devra-t-il avant tout servir au paiement des réparations et au rétablissement de l'économie européenne sans, bien entendu, être plus rapide que celui des pays victimes de son agression. Mais ce n'est véritablement qu'à partir de 1948 et surtout de 1949 que le parti, engagé dans le processus de construction européenne, envisage l'intégration de l'Allemagne dans le bloc occidental. Il n'en reste pas moins que l'évolution du parti radical sur l'Allemagne « n'a fait que suivre, avec un retard d'environ une année, la politique gouvernementale. À aucun moment sa position n'[a été] en avance sur celle du gouvernement »[91].

Ce n'est pas le cas de la SFIO. L'orientation générale en matière de politique extérieure y est également fixée lors des congrès[92]. Après

---

88 Compte rendu du congrès du Parti républicain-radical et radical-socialiste de 1945, cité par Korff, A., *Le revirement…*, *op. cit.*, p. 204.

89 Rapport de René Mayer sur la politique étrangère en vue du congrès du parti de 1946, cité par Korff, A., *Le revirement…*, *op. cit.*, p. 205.

90 Korff, A., *Le revirement…*, *op. cit.*, p. 207.

91 *Ibid.*, p. 206.

92 Grosser, A., *La IVe République et sa politique extérieure*, *op. cit.*, p. 114.

1945, la question allemande domine les débats sur l'avenir de l'Europe[93]. Vis-à-vis de l'Allemagne, les objectifs de la SFIO ne diffèrent d'ailleurs guère de ceux des autres partis. Elle réclame que le Reich soit contrôlé durablement pour l'empêcher de préparer tout nouveau conflit. L'Allemagne devrait également être dénazifiée, démilitarisée et démocratisée. Elle devrait accorder des réparations à ses victimes et leur livrer du charbon. En revanche, les méthodes que préconise la SFIO pour atteindre ces objectifs sont très différentes de celles avancées par les autres formations politiques. Pour les socialistes, la sécurité de l'Europe ne procédera pas de la division de l'Allemagne, à laquelle ils sont opposés. Ils récusent donc toute politique de démembrement, de morcellement. Circonscrire le danger allemand suppose à leurs yeux, d'une part la décentralisation et la démocratisation de l'Allemagne, qui resterait unifiée mais dans un cadre fédéral, d'autre part le contrôle international de l'Allemagne et tout particulièrement de ses richesses. Par conséquent, la Ruhr ne devrait pas être détachée politiquement et économiquement de l'Allemagne. Seules ses industries lourdes et charbonnières devraient être internationalisées et placées sous le contrôle des Nations unies[94]. Il faudrait, selon les mots de Léon Blum, aboutir à une « nationalisation internationale de la Ruhr »[95]. Cette thèse ne signifie pas que les préventions des socialistes à l'égard des Allemands soient moins fortes que dans les autres partis. À ceux qui, tels Léon Blum ou Salomon Grumbach, plaident pour la réintégration rapide de l'Allemagne dans le concert des nations, s'opposent d'autres ténors du parti, Daniel Mayer et Jules Moch par exemple, qui imputent à l'ensemble du peuple allemand la responsabilité de la Shoah, ou Vincent Auriol, qui est profondément anti-allemand[96]. Pour autant, le projet socialiste sur l'Allemagne, affirmé précocement, dès 1945, est maintenu avec constance de 1946 à 1948, bien qu'il diverge fortement de la thèse soutenue par les gouvernements du GPRF et de la IVe République naissante[97].

---

93 Bossuat, G., « La SFIO et la construction européenne (1945-1954) », in *Cahiers Léon Blum*, n° 21, 1987, p. 40.

94 *Ibid.*, p. 40-42. Voir aussi Bossuat, G., « Léon Blum et l'organisation nouvelle de l'Europe après la Seconde Guerre mondiale », in Perrein, L. (ed.), *Léon Blum socialiste européen*, Bruxelles, Complexe, 1995, p. 145-152.

95 Blum, L., « la thèse gouvernementale », in *Le Populaire*, 18 juillet 1946, cité par Bossuat, G., « Léon Blum et l'organisation nouvelle de l'Europe après la Seconde Guerre mondiale », in *op. cit.*, p. 150.

96 Grosser, A., *La IVe République et sa politique extérieure*, *op. cit.*, p. 117.

97 La thèse socialiste sur la Ruhr a été adoptée lors de la conférence socialiste internationale, qui s'est tenue à Londres, en mars 1945. L'internationalisation économique de la Ruhr constitue l'un des points centraux du 38e congrès de la SFIO, qui a lieu en août-septembre 1946. Léon Blum l'impose lors de son passage au gouvernement en décembre 1946 et janvier 1947. Elle continue par la suite d'être défendue par le Parti socialiste. Sur la genèse de la thèse socialiste sur l'Allemagne : Bossuat, G., « La

Le Parti socialiste mis à part, les principaux partis politiques français prônent une politique essentiellement punitive à l'égard de l'ancien Reich, fondée sur sa division. Les évolutions sont lentes. Il faut attendre le second semestre de l'année 1947 pour que les radicaux et les démocrates chrétiens se départissent progressivement de leurs positions initiales quand d'autres, comme les communistes ou les gaullistes, continuent de soutenir des thèses plus dures. Dans l'ensemble, les partis constituent donc un frein aux évolutions de la politique allemande du gouvernement. Les coalitions qui se succèdent au pouvoir ne jouent pas un autre rôle.

2. L'influence des coalitions gouvernementales sur la politique allemande

Les gouvernements issus du tripartisme ne sont pas de véritables alliances de gouvernement[98]. Les partis qui les composent – MRP, SFIO, PCF – veulent être au pouvoir malgré de profondes divergences. Par conséquent, « l'action gouvernementale [résulte] de compromis, souvent laborieux »[99]. Comme ces partis « cherchent surtout à faire prévaloir leurs vues sur les questions économiques et sociales, plus “payantes” électoralement »[100], les questions de politique étrangère ne sont pas aussi âprement discutées. D'autre part, les gouvernements recherchent, pour les questions de politique étrangère, des majorités élargies qui dépassent le strict cadre de la majorité gouvernementale, de façon à conforter leur autorité sur la scène internationale. Si l'on ajoute à ces considérations le fait que, dans ces gouvernements de coalition, la marge de manœuvre du ministre des Affaires étrangères – le chrétien démocrate Georges Bidault – reste importante, parce qu'il garantit en quelque sorte la continuité d'une politique quels que soient les changements de gouvernement, il apparaît que les coalitions issues du tripartisme contribuent plus au maintien de la politique allemande définie par le général de Gaulle qu'à sa modification[101]. Les tentatives socialistes pour modifier cette politique en sont un bon exemple.

Après le départ du général de Gaulle, les socialistes considèrent qu'ils pourront jouer un rôle d'arbitre au sein de la coalition gouverne-

---

SFIO et la construction européenne (1945-1954) », in *op. cit.*, p. 41-42 ; Orlow, D., « Sozialistische Deutschlandpolitik : SFIO, SPD und die Zukunft Deutschlands 1945-1950 », in *Francia. Forschungen zur Westeuropäischen Geschichte*, Band 26/3, 1999, p. 19-48.

98 Bergounioux, A., Grunberg, G., *L'ambition et le remords. Les socialistes français et le pouvoir (1905-2005)*, Paris, Fayard, 2005, p. 178.

99 Gerbet, P., *et al.*, *Le Relèvement*, *op. cit.*, p. 257.

100 *Ibid.*

101 *Ibid.*, p. 259.

mentale[102]. La présidence du premier gouvernement de coalition revient d'ailleurs au socialiste Félix Gouin. Ce dernier paraît décidé à modifier la politique allemande de la France. Par deux fois en moins de dix jours, le 24 mars 1946 dans un discours radiodiffusé prononcé à Strasbourg[103], puis le 30 mars à l'occasion du congrès du Parti socialiste[104], Félix Gouin propose que la politique allemande soit désormais fondée sur le programme socialiste. Il entend en effet abandonner le détachement de la Ruhr, de la Rhénanie et de la Sarre s'il obtient une occupation militaire prolongée de l'Allemagne et le contrôle international de l'économie de la Ruhr. Le changement est de taille. Conscient des oppositions que ses vues ne manqueront pas de susciter, notamment au Quai d'Orsay, Gouin se montre prudent et lâche ses idées comme on lance des ballons d'essai. À Strasbourg, ses propos restent très ambigus. Il ne rompt pas clairement avec la politique traditionnelle, mais s'arrange pour passer sous silence le détachement de la Ruhr et de la Rhénanie. Dans son discours, il souligne surtout les « deux choses sur lesquelles nul de nous ne saurait ni transiger, ni composer : d'abord, une occupation militaire prolongée de l'Allemagne, et ensuite l'institution d'un consortium international, dirigeant et contrôlant cette matière éminemment explosible que constitue le territoire de la Ruhr »[105]. Au congrès du Parti socialiste, il se montre plus explicite. Il fustige toute tentative d'annexion, « qu'elle soit brutale ou déguisée », et précise la voie à suivre pour réussir la politique allemande :

> nous disons que seule est concevable et raisonnable une occupation interalliée se prolongeant tout le temps qu'il le faudra pour assurer quiétude et paix dans le monde. Nous n'entrevoyons pas autrement que sous l'angle international l'administration et le contrôle de ces territoires qui constituent le nœud vital allemand : Sarre, Rhénanie, Ruhr[106].

Encore une fois, Gouin tait le détachement de la Ruhr et de la Rhénanie. Mais il « exprime pour la première fois, comme le rappelle Geoffroy de Courcel, le vœu que, non seulement la Rhénanie, mais encore la Sarre, soit soumise à un régime d'internationalisation iden-

---

[102] Bergounioux, A., « La maladie de langueur de la gauche socialiste », in *Historiens & Géographes*, n° 357, 1997, p. 285.

[103] « Discours radiodiffusé prononcé à Strasbourg, le 24 mars 1946 par Félix Gouin, président du Gouvernement provisoire de la République française », secrétariat d'État à la présidence du Conseil et à l'Information, direction de la documentation, hors série n° 90, 24 mars 1946, AMAE, Y 1944/49, t. 397.

[104] Compte rendu du discours de Félix Gouin dans *Le Populaire*, 31 mars-1er avril 1946, AOFAA, c. 11 d. POL I B1.

[105] Discours de Félix Gouin, 24 mars 1946, cité en note 103.

[106] Compte rendu du discours de Félix Gouin, cité en note 104.

tique à celui décidé pour la Ruhr »[107]. Après son discours de Strasbourg, Gouin reçoit un journaliste du *New York Times*. Les propos qu'il lui tient sur ses intentions restent flous mais convainquent les observateurs étrangers, surtout après le 30 mars, que Paris est en passe d'abandonner sa politique traditionnelle à l'égard de l'Allemagne[108].

L'idée que les Alliés puissent croire que la France entend changer de politique allemande met le feu aux poudres dans les cercles gouvernementaux. Par ses déclarations, Gouin engage un bras de fer avec les tenants de la politique gaulliste. C'est du Quai d'Orsay que partent les premières banderilles[109]. La direction d'Europe, qui rappelle toute l'affaire dans une longue note[110], considère que tout dans les déclarations de Gouin, y compris ses silences sur les revendications traditionnelles françaises et le flou qu'il entretient sur ses intentions, signifie ni plus ni moins l'abandon de la politique allemande de la France, telle qu'elle a été définie à la conférence des ministres des Affaires étrangères de Londres, en septembre 1945. Or, à la veille de la conférence des ministres des Affaires étrangères de Paris, qui doit avoir lieu en avril 1946 et pendant laquelle la France compte justement obtenir une réponse officielle des Trois sur sa proposition de détacher la Ruhr et la Rhénanie[111], la direction d'Europe considère inopportun que la position des négociateurs français soit affaiblie par le flou de la position gouvernementale et l'opposition qui apparaît de plus en plus nettement entre les positions respectives du chef du gouvernement et du Quai d'Orsay[112].

Pour clarifier la situation, Geoffroy de Courcel recommande donc la tenue d'un Conseil des ministres, qui fixera à nouveau les grandes lignes de la politique allemande de la France. L'objectif est clair. Il s'agit de

---

107 « Note pour le ministre a/s de la position du gouvernement français sur les affaires allemandes », MAE, dir. Eur., s/dir. Eur. centr., 1er avril 1946, AMAE, Y 1944/49, t. 397.

108 *Ibid.*

109 Il n'est pas anodin que ce soient les responsables de la direction d'Europe, François Coulet, son directeur, et Geoffroy de Courcel, sous-directeur d'Europe centrale, qui attaquent les positions de Gouin. L'un et l'autre sont des proches de De Gaulle. De Courcel fait office de directeur de cabinet du général en 1940 puis, après avoir combattu en Afrique, il devient, en 1943, directeur adjoint de son cabinet. Coulet est chef du cabinet de Gaulle en 1941-1942. En 1944, il est le premier commissaire régional de la République, installé par de Gaulle en personne à Bayeux, puis il est nommé délégué aux relations interalliées auprès du Quai d'Orsay : Foulon, Ch.-L., « Coulet (François) », in Cointet, M., Cointet, J.-P. (dir.), *Dictionnaire historique de la France sous l'Occupation*, *op. cit.*, p. 211-212 ; Levisse-Touzé, Ch., « Courcel, Geoffroy Chodron de (1912-1992) », in Andrieu, C., Braud, Ph., Piketty, G. (dir.), *Dictionnaire de Gaulle*, *op. cit.*, p. 290-291.

110 Note pour le ministre, 1er avril 1946, citée en note 107.

111 Sur ce point, voir le chapitre VI.

112 Note pour le ministre, 1er avril 1946, citée en note 107.

faire réaffirmer la politique traditionnelle de la France vis-à-vis de l'Allemagne. Le résultat de l'opération est lui aussi entendu : Geoffroy de Courcel sait bien que lors du Conseil des ministres, les ministres communistes et démocrates chrétiens mettront en minorité leurs collègues socialistes. Au soir du 5 avril, la politique de Gouin est désapprouvée. Le Conseil des ministres confirme, à l'unanimité des voix, « dans leur intégralité, et leur continuité, les thèses qui ont été exposées par le Gouvernement français au sujet de la Ruhr, de la Rhénanie et de la Sarre, tant devant l'Assemblée qu'au cours des négociations internationales »[113]. Un cas similaire se déroule trois mois plus tard. À la mi-juillet 1946, lors de la seconde session de la conférence des ministres des Affaires étrangères réunie à Paris, les Alliés annoncent aux Français qu'ils désapprouvent leurs propositions sur la Ruhr et la Rhénanie. Le Conseil des ministres du gouvernement, alors présidé par Georges Bidault, n'en maintient pas moins la position de la France dans son intégralité. Une nouvelle fois, la décision est prise à l'unanimité[114].

Dans les deux cas, l'unanimité du Conseil des ministres n'est évidemment que de façade. Dans un article du *Populaire*, Léon Blum en décrypte le sens :

> elle signifie sous le Cabinet Bidault la même chose que sous le Cabinet Gouin. Elle signifie tout bonnement que, dans l'affaire allemande, les ministres socialistes rencontrent devant eux l'opposition coalisée des ministres MRP et des ministres communistes. Elle signifie qu'en présence de l'alternative : s'incliner devant la majorité du Conseil ou disloquer la formation tripartite, les ministres socialistes ont choisi de s'incliner. Ils ont choisi il y a trois jours comme ils avaient choisi il y a trois mois, pour des raisons évidentes tirées de la situation actuelle de notre politique intérieure[115].

La position minoritaire de la SFIO au sein de la coalition gouvernementale, le rôle de l'opinion publique et la volonté des socialistes de rester au pouvoir les conduisent donc à accepter de renoncer à leur thèse en matière de politique allemande.

Dans les gouvernements de la troisième force, la situation est différente. La SFIO ne se trouve plus en position d'arbitre entre les autres partis. Après le retrait des communistes et l'entrée des radicaux au

---

113 Courrier du MAE, dir. Eur., Pierre Coulet, à Koenig a/s des « positions françaises sur les problèmes de l'Allemagne occidentale », 6 avril 1946, AOFAA, AEF 350/4. Ce courrier comprend une note récapitulative du MAE ainsi que la copie du communiqué fait à l'issue du Conseil des ministres du 5 avril 1946.

114 Compte rendu qu'en fait Léon Blum dans « Le problème allemand. Nous persévérons », in *Le Populaire*, 14-15 juillet 1946, in Blum, L., *L'œuvre de Léon Blum*, tome 6 : *Naissance de la Quatrième République ; la vie du parti et la doctrine socialiste (1945-1947)*, Paris, Albin Michel, 1958, p. 229-230.

115 Article de Blum dans *Le Populaire*, 14-15 juillet 1946, cité en note 114.

gouvernement, elle est rejetée à l'aile gauche de la coalition. Son influence est également moins sensible puisque, après la démission de Paul Ramadier, en novembre 1947, la direction des gouvernements lui échappe[116].

Les trois partis au pouvoir sont également davantage prêts à faire des compromis. Ces derniers n'en aboutissent pas moins à des orientations contradictoires en matière de politique allemande. Après l'annonce du plan Marshall, la constitution du Kominform, l'échec de la conférence des ministres des Affaires étrangères des Quatre à Londres et, plus encore, après le coup de Prague, les formations au pouvoir, toutes non communistes, se rejoignent sur la nécessité d'une solidarité occidentale avec les États-Unis, qui passe par l'organisation et la construction progressive de l'Europe[117]. Ce compromis suppose un assouplissement de la politique allemande de la France.

Dans le même temps, les partis au pouvoir doivent tenir compte de l'opposition combinée du Parti communiste et du RPF. Les deux formations remportent d'importants succès politiques à l'automne 1947. La Confédération générale du travail (CGT) éclate au profit des communistes tandis que les gaullistes remportent une belle victoire aux élections municipales. Les deux formations ne sont pas non plus étrangères à l'extension des grèves en automne et aux tentatives de déstabilisation du régime[118]. Le parti communiste exerce aussi une forte pression sur la politique allemande du gouvernement. Depuis le mois de février 1947, son comité directeur fait circuler une pétition demandant à ce que la France obtienne de justes réparations de l'Allemagne, notamment sous forme de charbon[119]. Des mairies et des conseils généraux adressent

---

[116] Dans le gouvernement du MRP Robert Schuman (novembre 1947 à juillet 1948), les socialistes sont moins influents sur les questions de politiques économiques extérieures. Seul Robert Lacoste, ministre de l'Industrie et du Commerce, peut exercer une véritable influence.

[117] Gerbet, P., *et al.*, *Le Relèvement*, *op. cit.*, p. 258.

[118] Bergounioux, A., « La maladie de langueur de la gauche socialiste », in *op. cit.*, p. 286.

[119] Demande que fait la CCI de Toulouse, saisie par le comité directeur du Front national, à Marcel Cusenier, président de l'assemblée des présidents des CCI de France, quant à l'attitude à adopter (courrier du 7 février 1947) ; décision adoptée lors de la « réunion des membres du bureau de l'assemblée des présidents et des présidents de régions économiques », 17 février 1947 ; échanges de courriers entre les CCI de Lyon et de l'Aube et Marcel Cusenier, 1er et 4 mars 1947, 7 et 13 mars 1947, ACCIP, IX-2.00 (64). L'assemblée des présidents des CCI rend un avis négatif : « il ne peut être envisagé pour les chambres de commerce d'apposer leur signature sur un document émanant d'un groupement politique. D'autre part, la question du charbon de la Ruhr relève du domaine de la politique internationale dans lequel les compagnies consulaires ne sont pas habilitées à intervenir ».

directement leurs doléances[120] au ministère des Affaires étrangères[121]. Mais, après l'éviction des ministres communistes du gouvernement et l'annonce du plan Marshall, les pétitions prennent un tour plus politique. Outre les livraisons de charbon, elles insistent davantage sur la nécessité d'assurer la sécurité nationale par le détachement de la Ruhr[122]. Les partis de la coalition gouvernementale, qui entendent résister à la double menace des communistes et des gaullistes, sont donc obligés de tenir compte de leurs thèses sur l'Allemagne sous peine de nourrir leurs critiques croisées.

II. Faiblesse économique et dépendance extérieure

L'opinion publique et les partis politiques ne sont pas seuls à peser durablement sur l'orientation de la politique allemande du gouvernement. Les contraintes économiques jouent également un rôle essentiel. Elles sont d'autant plus prégnantes que la situation économique est dégradée. Or, à partir de l'automne 1946 et pendant toute l'année 1947, la France est en butte à une grave crise économique et financière. Les termes en sont connus[123]. La crise se caractérise par un phénomène d'hyperinflation auquel tout contribue : l'insuffisance de l'offre et, en parallèle, le maintien d'un marché noir puissant ; le déficit budgétaire, creusé par l'augmentation considérable des dépenses publiques ; la disparition de l'épargne privée ; le manque de devises. La politique de facilité des gouvernements successifs aggrave la situation. La France entre ainsi dans la spirale de l'inflation, dont les conséquences écono-

[120] Pour les mairies, il s'agit d'extraits du registre des délibérations du conseil municipal.

[121] Courriers suivants directement adressés au Quai d'Orsay : mairie de Pernes (Vaucluse), 28 janvier 1947 ; CCI de Pont-Audemer (Eure), 13 février 1947 ; conseil général de la Moselle, 24 février 1947 ; mairies d'Unieux (Loire), 28 février 1947, et de Saintes (Charente-Maritime), 1er mars 1947 ; Fédération des sinistrés de la Loire, 4 mars 1947 ; mairies de Nancy (Meurthe-et-Moselle), 6 mars 1947, de Vitry-sur-Seine (Seine), 20 mars 1947, de Charenton-le-Pont (Seine), 3 avril 1947, de Nogent-sur-Marne (Seine), 7 mai 1947 ; conseil général du Nord, 10 mai 1947 ; mairie de Vaires-sur-Marne (Seine-et-Marne), 20 juin 1947. Tous ces documents dans AOFAA, AAA 1337/1.

[122] Courriers de l'Union départementale des syndicats métallurgistes de Meurthe-et-Moselle, 8 août 1947, du conseil général du Nord, 12 août 1947 et des mairies d'Orléans (Loiret), 3 octobre 1947, d'Evreux (Eure), 17 novembre 1947 et de Vernon (Eure), 17 décembre 1947 ; AOFAA, AAA 1337/1.

[123] Pour une présentation générale de la crise économique française : Rioux, J.-P., *La France de la Quatrième République*, tome 1 : *L'ardeur et la nécessité 1944-1952*, édition revue et mise à jour, Paris, Le Seuil, 1987, p. 172-174 ; Elgey, G., *Histoire de la IVe République*, première partie : *La République des Illusions (1945-1951)*, édition refondue et augmentée, Paris, Fayard, 1993, p. 272-277 et p. 318-320.

miques et sociales sont très lourdes sur les plans intérieur et extérieur[124]. Les rations quotidiennes de pain sont réduites. Le manque de devises oblige la France à limiter ses programmes d'importations aux produits essentiels au fonctionnement de son économie (charbon, coke) et au ravitaillement des populations (blé).

Cette double contrainte – économique et financière – pèse lourdement sur la politique allemande de la France. Pour éviter que la crise ne paralyse le pays, les gouvernements français qui se succèdent entre l'automne 1946 et l'été 1948 doivent faire appel à l'aide extérieure. Seuls la Grande-Bretagne et les États-Unis d'Amérique sont en mesure de la lui fournir. Les Britanniques peuvent contribuer au redressement économique français en augmentant les exportations de charbon de la Ruhr. Quant aux Américains, ils sont à la fois en mesure de lui prêter des devises et de lui livrer du charbon et du blé. Reste à savoir si les Anglo-Américains sont prêts à aider la France à la hauteur de ses demandes et s'ils ne profitent pas de sa dépendance pour conditionner, tout au moins en partie, leurs aides à un assouplissement de la politique allemande française.

A. *Une forme de dépendance économique à l'égard de la Grande-Bretagne : le lancinant problème du charbon de la Ruhr*

Les objectifs français vis-à-vis du charbon allemand ne changent pas après l'été 1946. La France continue de demander l'accroissement des livraisons de charbon en provenance de la Ruhr. Paris estime que les besoins incompressibles de l'économie française s'établissent à 500 000 tonnes en 1947 et à un million de tonnes en 1948. Les Français modifient en revanche leur stratégie après l'échec de la conférence des ministres des Affaires étrangères réunie à Paris en juillet 1946. Désormais, la question charbonnière ne sera plus envisagée sous un angle juridique. Paris cesse de demander aux Alliés la réduction de la consommation intérieure de l'Allemagne au profit de l'accroissement des exportations aux pays européens dont la France. Les décideurs ont compris que cette revendication, aussi justifiée soit-elle sur le plan moral, n'a aucune chance d'aboutir, parce qu'elle plongerait l'Allemagne dans le chaos. Conscients que leurs revendications doivent désormais être fondées sur des raisons économiques pour être entendues par les Alliés, les Français optent pour une politique beaucoup plus pragmatique. Le gouvernement français subordonne l'accroissement des exportations de charbon allemand à l'augmentation de la production. Paris propose donc une série de mesures destinées à relever la production des mines alle-

---

124 Eck, J.-F., *Histoire de l'économie française depuis 1945*, 5e édition mise à jour, 1996, p. 18-19.

mandes, en particulier celles de la Ruhr. Les Français préconisent par ailleurs l'adoption d'un système de répartition du charbon allemand – entre la part destinée à la consommation intérieure et celle dévolue à l'exportation – qui devrait être fonction de l'évolution de la production allemande. Mais pour que ces projets aboutissent, il faut obtenir l'accord des Britanniques.

1. Les demandes françaises

Les Français comptent beaucoup sur les travaux du comité des experts pour le charbon, mis en place par le Conseil des ministres des Affaires étrangères le 12 juillet 1946, pour proposer des mesures permettant d'améliorer la production des mines allemandes et, partant, ses exportations. Pendant l'été 1946, deux groupes quadripartites d'experts visitent les mines des quatre zones d'occupation. Malgré les divergences entre les délégations, le comité parvient, au début du mois de septembre, à remettre des conclusions partielles au Conseil de contrôle[125], qu'il adopte le 10 septembre[126]. La délégation française en a été la principale cheville ouvrière. Les recommandations des experts pour le charbon sont censées lever les obstacles à l'augmentation de la production dans les mines de la Ruhr.

Le comité considère que l'augmentation de la production des mines passe d'abord par le recrutement massif de mineurs. Il recommande ainsi le débauchage d'ouvriers travaillant dans d'autres secteurs industriels, l'emploi des femmes dans certains ateliers de jour et, éventuellement, l'instauration d'une forme de service obligatoire. En Sarre, les Français rapatrient des prisonniers de guerre sarrois à condition qu'ils aillent travailler dans les mines de charbon.

Cette politique de recrutement est elle-même subordonnée à la revalorisation du métier de mineur. Le comité recommande la fixation de rations alimentaires élevées. La délégation française obtient que le salaire des mineurs soit substantiellement majoré. Pour attirer des ouvriers d'autres professions, l'attribution de suppléments alimentaires, de biens de consommation et l'octroi d'avantages salariaux sont prévus pour les mineurs dépassant le rendement moyen. Dans le même ordre d'idées, le comité rétablit la retraite des mineurs et préconise l'amélioration de leurs logements. L'encouragement au travail passe aussi par toute une série de mesures visant à renforcer la discipline dans les mines et à lutter contre

---

125 « Rapport préliminaire du comité des experts pour le charbon sur les mesures destinées à augmenter la production du charbon et sur les principes de la répartition du charbon allemand », Autorité alliée de contrôle, secrétariat allié (CORC/P(46)289), 6 septembre 1946, AOFAA, c. 131 d. ECO II 17 b.

126 « Circulaire n° 383 a/s du charbon de la Ruhr », MAE, Service d'information et de presse, 12 septembre 1946, AOFAA, c. 190 d. B IV 4 c.

l'absentéisme. En outre, le comité demande, comme cela se fait en Sarre, que les syndicats ouvriers soient associés à la direction des mines pour toutes les questions relatives à l'accroissement de la production.

Le comité s'intéresse aussi au matériel minier. Selon lui, l'augmentation de la production charbonnière dépend très directement d'un meilleur équipement des mines. La fabrication et la distribution de biens de consommation pour les mines doivent être prioritaires. Dans le même temps, les mines devront parvenir à réduire leur consommation propre de charbon. Enfin, le comité recommande que chaque mine instaure un système de planification de la production[127].

Les Français ne sont toutefois pas entièrement satisfaits des résultats obtenus. La mise en œuvre des accords est en effet loin d'être automatique. Pour l'essentiel, elle dépend du bon vouloir des commandants de zone. Certaines mesures, comme les salaires, relèvent quant à elles du Conseil de contrôle[128]. Surtout, les accords obtenus ne sont bien souvent que des accords de façade, les délégations s'opposant en réalité sur les mesures concrètes à prendre. Aussi, pour que les décisions du comité des experts pour le charbon soient effectivement appliquées, le gouvernement français veut-il obtenir que le Conseil des ministres des Affaires étrangères adopte des décisions de principe sur les points clés concernant la production. Il veut aussi convaincre les Britanniques du bien-fondé des thèses françaises auxquelles ils se sont violemment opposés lors des discussions entre experts[129].

Dès le début du mois d'octobre 1946, Georges Bidault saisit donc Ernest Bevin, son collègue britannique, des points sur lesquels la Grande-Bretagne devrait, selon lui, se rapprocher des thèses françaises[130]. En optant pour une négociation bilatérale, Bidault cherche à éviter, comme cela avait été le cas lors des discussions quadripartites du comité des experts charbonniers, que les Britanniques se sentent accusés de mal gérer la Ruhr[131], ce qui avait provoqué le durcissement de leurs posi-

127 Sur tous ces points : « rapport au général commandant en chef français en Allemagne sur les travaux du comité des experts du charbon », Georges Parisot, sans date, AOFAA, c. 131 d. ECO II 17 a ; « rapport au commandement en chef français sur l'application de la décision du 10 septembre du Conseil de contrôle concernant la mise en application des recommandations du comité des experts du charbon », Émile Laffon, 7 octobre 1946, AOFAA, c. 133 d. ECO II 17 a bis.

128 Rapport de Georges Parisot, sans date, cité en note 127.

129 *Ibid.*

130 Courrier de Bidault à Bevin, 12 octobre 1946, AMAE, Y 1944/49, t. 90.

131 À l'issue des visites des mines de la Ruhr, les Soviétiques avaient en effet remis un mémorandum très tendancieux qui accusait ouvertement les Britanniques de mal gérer leur zone : tél. de Parisot (Berlin) à MAE, 4 septembre 1946, AOFAA, c. 131 d. ECO II 17 a.

tions[132]. Les négociations s'annoncent cependant difficiles. Les positions des deux pays sont en effet très éloignées. Les Français entendent tout mettre en œuvre pour obtenir l'accroissement de la production de la Ruhr. Ils n'hésitent donc pas à proposer des réformes onéreuses. Cet objectif, à leurs yeux prioritaire, éclipse tous les autres. Les Britanniques ont tendance à envisager la question de la production houillère dans le cadre plus général des questions économiques de leur zone. Ils rechignent aussi à adopter des mesures coûteuses dont le poids financier sera à leur seule charge.

Les discussions portent, pour l'essentiel, sur trois points[133]. Paris voudrait d'abord que Londres achève au plus vite la dénazification du personnel des mines. La menace qui pèse sur les cadres des charbonnages sape leur autorité, provoque un relâchement de la discipline et contribue *in fine* à la stagnation de la production. Pour les Français, l'intérêt économique doit ici primer sur les considérations politiques. Aussi les procédures touchant les cadres doivent-elles être closes très rapidement, de façon à rétablir les conditions normales du commandement[134].

Les Français considèrent ensuite que les Britanniques n'ont pas accordé une priorité suffisante à la livraison du matériel nécessaire au bon fonctionnement des mines : lors des deux premiers trimestres de 1946, les allocations en acier ont été anormalement basses par rapport aux demandes formulées par les mines. Dans le même ordre d'idées, ils leur reprochent d'avoir négligé la question du logement des mineurs, priorité pourtant affichée du gouvernement britannique : ainsi, aux second et troisième trimestres 1946, seuls 1,2 % et 2 % des briques et du ciment fabriqués en ZBO ont été alloués à la construction et à la réfection de l'habitat minier[135].

Dernier reproche enfin : les Britanniques n'ont pas suffisamment valorisé la profession de mineur, qui reste par conséquent peu attractive. Les Français voudraient par exemple que l'augmentation du salaire des mineurs de fond soit supérieure de 20 % à celle des autres ouvriers, comme c'est le cas en Sarre. Paris considère aussi que le transport des mineurs sur leur lieu de travail devrait être pris en charge, pour partie au moins, par les autorités d'occupation, auxquelles les décisions en matière de primes et de sanctions devraient également revenir[136].

---

[132] Courrier de Koenig à Schneiter a/s de la « répartition de la production charbonnière allemande », 6 octobre 1946, AOFAA, c. 131 d. ECO II 17 a bis.

[133] Mémorandum du 10 octobre 1946 joint au courrier de Bidault à Bevin, 12 octobre 1946, cité en note 130.

[134] Rapport de Georges Parisot, sans date, cité en note 127.

[135] Voir les documents cités dans les deux notes précédentes.

[136] *Ibid.*

Les négociations tournent court. Les Britanniques refusent en effet de discuter dans un cadre qui ne soit pas quadripartite[137]. Paris n'en continue pas moins de tout mettre en œuvre pour obtenir l'augmentation de la production des mines de la Ruhr. Les Français font ainsi d'importantes concessions aux Britanniques.

À la fin de l'année 1946, le gouvernement français accepte, en dépit de l'importance qu'il attache au contrôle strict de l'inflation, une forte augmentation des prix du charbon de la Ruhr, réclamée par les Britanniques. Cette concession est censée favoriser l'augmentation de la production. Selon Georges Parisot, l'influent conseiller technique pour le charbon du général Koenig, la tarification jusqu'alors en vigueur dans les mines de la Ruhr constitue un handicap sérieux à l'augmentation de la production charbonnière. Les prix de vente du charbon sont en effet très inférieurs à leurs prix de revient. Le déficit, de l'ordre de 15 RM par tonne, est compensé par des subventions provenant de fonds publics de la zone britannique. Mais la nature de ces subventions n'est pas claire. S'agit-il d'aides ou de prêts qu'il faudra rembourser ? Les propriétaires allemands des charbonnages craignent qu'il s'agisse de prêts déguisés. Aussi n'encouragent-ils pas les mines à produire. Ils concentrent plutôt leurs efforts sur des travaux de réfection et des investissements de toutes sortes[138]. En acceptant les hausses tarifaires voulues par les Britanniques, les Français veulent donc réduire le rôle des subventions dans le prix du charbon et, partant, favoriser la reprise de la production. En échange de leur accord, ils espèrent aussi qu'ils pourront obtenir plus de charbon de la Ruhr[139].

Paris accepte également, au début de l'année 1947, que la baisse des exportations de charbon allemand, amorcée depuis le mois d'octobre 1946[140], soit prolongée jusqu'au mois d'avril 1947, de telle sorte que les stocks de charbon de la Ruhr soient reconstitués et que les mines puissent être remises en état[141]. Léon Blum, président du Conseil du dernier gouvernement provisoire et ministre des Affaires étrangères, et Clement

137 Réponse de Bevin à Bidault, 23 octobre 1946, AMAE, Y 1944/49, t. 90.

138 Rapport de Georges Parisot, sans date, cité en note 127 ; mémorandum du 10 octobre 1946, cité en note 133.

139 Tél. de Bloch (CGAAA) à Leroy-Beaulieu (Berlin) et Filippi (Baden), 18 décembre 1946, SAEF, B 8853.

140 Voir *infra*.

141 « Note sur les exportations de charbon allemand », Parisot pour le commandant Ollé-Laprune, 24 janvier 1947, AOFAA, c. 133 d. ECO II 17 a bis ; « note a/s des importations de charbon allemand », MAE, dir. éco., 28 janvier 1947, AOFAA, AAA 1337/1.

Attlee, Premier ministre britannique, rendent cette décision publique lors une déclaration commune, le 15 janvier 1947[142].

Parallèlement à ces initiatives visant à faire augmenter la production charbonnière de la Ruhr, les Français négocient pour obtenir que les exportations de charbon allemand soient fixées en fonction de l'évolution de la production des mines allemandes. L'entrevue londonienne entre Blum et Attlee, en janvier 1947, leur donne l'occasion de reprendre les négociations sur ce sujet. Ils souhaitent qu'un lien clair soit établi entre la production et l'exportation de charbon allemand. Ils veulent ainsi échapper à l'arbitraire des fixations trimestrielles des exportations par le sous-comité des combustibles du Conseil de contrôle. Les experts charbonniers du gouvernement préparent donc un projet de clé de répartition faisant évoluer la part des exportations en fonction de la production de charbon allemand[143]. Hervé Alphand le propose à ses interlocuteurs britanniques à la fin du mois de janvier 1947 lors d'un nouveau voyage à Londres[144]. Les Britanniques en acceptent le principe et suggèrent que les experts français, britanniques et américains en étudient immédiatement les modalités[145]. Après des négociations rapides, l'accord tripartite, finalisé dès le 6 avril 1947[146], est rendu public le 19 avril 1947[147], à l'issue de la conférence de Moscou. Il établit une échelle mobile entre la production et les exportations allemandes de charbon. *A priori*, les initiatives prises par les négociateurs français depuis l'été 1946 sont donc couronnées de succès. La réalité est plus mitigée.

2. *Des résultats décevants*

Décevants, les résultats le sont d'abord parce que la France a dû accepter, de l'automne 1946 au printemps 1947, une baisse dramatique de

---

142 Sur le voyage de Léon Blum à Londres, Lapie, P.-O., *De Léon Blum à de Gaulle. Le caractère et le pouvoir*, Paris, Fayard, 1971, p. 65-70.

143 Plusieurs documents exposent le projet français : courrier d'E. Ventura, MPI, direction des mines, à Pierre Baraduc, MAE, dir. éco., 13 février 1947, contenant une note de Georges Perrineau, directeur des mines, intitulée « suggestion relative à la fixation du contingent de charbon exportable d'Allemagne en fonction du niveau de production atteint dans la Ruhr » ; note récapitulant le projet français de clé de répartition, 18 février 1947 ; « projet de proposition française pour la répartition du charbon allemand », MPI, direction des mines, E. Ventura, 21 février 1947 ; toutes ces notes dans AOFAA, AAA 1337/1.

144 Tél. d'Alphand à Sergent (Berlin), 31 janvier 1947, AOFAA, AAA 1337/1.

145 Tél. de Massigli à MAE, 29 janvier 1947, AMAE, Y 1944/49, t. 371.

146 Tél. du GFCC à MAE, 6 avril 1947, AOFAA, AAA 1336/1. Au tél. est annexé le projet d'échange de lettres entre la France, la Grande-Bretagne et les États-Unis, sans date, AOFAA, AAA 1337/1.

147 Échange de lettres entre Georges Bidault, Ernest Bevin et George Marshall, 19 avril 1947, AOFAA, AAA 1337/1.

ses importations de charbon en provenance de la Ruhr. Les Anglo-Américains profitent en effet d'un conflit qui les oppose aux Soviétiques sur la répartition entre l'importation et l'exportation pour suspendre, le 23 septembre, la répartition quadripartite du charbon et s'en tenir à une répartition tripartite excluant la zone soviétique[148]. Arguant des besoins incompressibles de la consommation intérieure allemande, les Anglo-Américains, dès lors majoritaires au sous-comité des combustibles du Conseil de contrôle, réduisent ensuite considérablement les quantités de charbon allemand exportable. De 975 000 tonnes en septembre 1946, elles tombent à 875 000 tonnes en octobre, puis à 650 000 tonnes pour les deux derniers mois de 1946 et les trois premiers de 1947[149]. À Londres, en janvier 1947, Blum et Attlee s'entendent sur le fait que les exportations allemandes retrouveront, à la fin du mois d'avril 1947, leur niveau d'octobre 1946. Cette décision met donc un terme à la baisse, mais elle n'est pas entièrement satisfaisante pour le gouvernement français. Au printemps 1947, les exportations ne sont en effet pas rétablies au niveau de septembre 1946 (975 000 tonnes). Or les experts prévoient que la production charbonnière de la Ruhr aura d'ici là considérablement augmenté par rapport à celle de septembre 1946[150]. Les Français craignent donc – nous y reviendrons – que l'Allemagne dispose de plus de charbon que la France. Paris redoute aussi, malgré les promesses d'Attlee, qu'après avril 1947 les exportations soient à nouveau réduites[151].

Dans ces conditions, l'accord conclu à Moscou constitue indéniablement un succès pour la diplomatie française. Il améliore sensiblement l'approvisionnement en charbon de la France. Outre le lien qu'il établit, pour la première fois depuis le début de l'occupation, entre production et exportation, il accroît aussi les pourcentages de charbon exportés par l'Allemagne[152].

Mais ce succès est en partie dû au contexte international. Quelques semaines plus tôt, le 4 mars 1947, Français et Britanniques signent le traité de Dunkerque tandis qu'à la conférence de Moscou, réunie depuis le 10 mars 1947, l'antagonisme entre Occidentaux et Soviétiques apparaît cruellement. Pour autant, le succès français est également dû à l'action incessante de la diplomatie française auprès des Anglo-Américains. Avant la conférence de Moscou, Vincent Auriol, président

148 Tél. de Sergent à MAE, 3 novembre 1946, AOFAA, c. 190 d. B IV 4 c.

149 Note de Parisot, 24 janvier 1947, citée en note 141.

150 « Note sommaire résumant les principaux points à soulever à Londres », Georges Parisot, 27 janvier 1947, AOFAA, c. 133 d. ECO II 17 a bis.

151 Note du MAE, dir. éco., 28 janvier 1947, citée en note 141.

152 « Exposé d'Hervé Alphand sur les arrangements franco-anglo-américains relatifs à l'exportation de charbon allemand », Moscou, 21 avril 1947, AOFAA, AAA 1336/1.

de la République, brosse à George Marshall, le nouveau secrétaire d'État américain, le tableau de la situation économique de la France[153]. Sans importations accrues de charbon allemand, la France, lui explique-t-il, plongera dans une grave crise économique et politique[154]. À Londres, René Massigli montre à Clement Attlee, chiffres à l'appui, que les exportations de charbon allemand n'ont cessé de décroître depuis la fin de l'année 1945. De 17 % de la production allemande au 4e trimestre 1945, elles sont tombées à 12 % un an plus tard et ne représentent plus que 10 % de la production au 1er trimestre 1947[155]. Comme cela avait déjà été le cas pour les réparations, l'argumentation économique, pragmatique, semble plus à même de convaincre les Anglo-Américains que de longs développements juridiques, essentiellement théoriques.

Tableau 4. Échelle mobile de Moscou sur le charbon allemand[156]
(en milliers de tonnes)

Production journalière (Ruhr, Aix/Chap., Sarre)	Pourcentage alloué à l'exportation	Volume approx. des exportations mensuelles	Volume approx. alloué à la conso. intérieure
280	21	1 187	4 465
290	21,5	1 262	4 608
300	21,5	1 309	4 778
310	22	1 387	4 917
320	22,5	1 467	5 055
330	22,5	1 516	5 223
340	23	1 602	5 365
350	23,5	1 691	5 505
360	24	1 782	5 642
370	25	1 913	5 739

Pour autant, par certains aspects, l'accord de Moscou n'en est pas moins insuffisant. Il ne répond que très imparfaitement aux besoins français. La France avait en effet demandé qu'au-delà d'une production journalière de 240 000 t/j, le charbon de la Ruhr fût réparti par moitié

153 « Entretien entre le président de la République et le général Marshall, sous-secrétaire d'État aux Affaires étrangères des États-Unis », Paris, palais de l'Élysée, 6 mars 1947, AOFAA, AAA 1337/1.

154 *Ibid.*

155 Tél. de Massigli à MAE, 24 mars 1947, contenant une copie de la lettre remise le jour même à Clement Attlee, AOFAA, AAA 1337/1.

156 « Accord triparti de Moscou sur le charbon allemand. Échange de lettres en date du 19 avril 1947 », in *Notes documentaires et études*, n° 855 : « Accords franco-anglo-américains sur le charbon de l'Allemagne occidentale (avril 1947-février 1948) », La Documenatation française, 19 mars 1948, p. 3.

entre la consommation intérieure allemande et l'exportation[157]. Les Anglo-Américains ont refusé cette proposition et ont imposé l'échelle de Moscou, beaucoup moins favorable à la France (cf. le tableau, ci-dessous).

Tableau 5. Comparaison entre les propositions françaises de clé de répartition et l'échelle mobile de Moscou[158]
(en milliers de tonnes)

Production journalière (Ruhr, Aix-la-Chapelle, Sarre)	Volume approximatif des exportations mensuelles selon l'accord de Moscou	Volume approximatif des exportations mensuelles selon le projet français	Déficit des exportations de l'accord de Moscou par rapport au projet français
280	1 187	1 235	48
290	1 262	1 455	193
300	1 309	1 675	366
310	1 387	1 895	508
320	1 467	2 115	648
330	1 516	2 335	819
340	1 602	2 555	953
350	1 691	2 775	1 084
360	1 782	2 995	1 213
370	1 913	3 215	1 302

Une autre faiblesse de l'accord provient de ce qu'il n'est valable que pour 1947, ce qui laisse planer de lourdes inconnues quant à la répartition qui prévaudra à partir de 1948[159]. Qui plus est, la lenteur avec laquelle la production de la Ruhr augmente retarde considérablement la réalisation de l'accord, puisqu'il n'entre en vigueur que le 1er octobre 1947, trois mois après la date initialement prévue[160]. Le bénéfice pour la France semble d'autant plus réduit qu'en mai 1947, les Britanniques, pour la première fois depuis 1945, font une demande d'importation de charbon à ECO de 400 000 tonnes qui, si elle était acceptée, réduirait les

157 « Projet de proposition française pour la répartition du charbon allemand », ministère de la Production industrielle, direction des mines, E. Ventura, 21 février 1947, AOFAA, AAA 1337/1.

158 Tableau réalisé à partir des *Notes documentaires et études*, n° 855 : citées en note 157, et du « projet de proposition française pour la répartition du charbon allemand », MPI, direction des mines, E. Ventura, 21 février 1947, AOFAA, AAA 1337/1.

159 L'accord n'est valable que pour le deuxième semestre de 1947 et doit être réexaminé pour 1948 : « note concernant l'arrangement franco-anglo-américain du 19 avril 1947, relatif au charbon », MAE, dir. éco., Hervé Alphand, 27 avril 1947, AOFAA, AEF 360/2.

160 Tél. de Tézenas du Montcel à Parisot et Ventura, 1er juin 1947, leur signifiant que l'entrée en vigueur de l'accord de Moscou est repoussée au 1er octobre 1947, AOFAA, c. 190 d. B IV 4 c.

allocations des autres pays importateurs, dont la France fait partie[161]. Les Français ont alors le sentiment que les Britanniques veulent leur retirer d'une main ce qu'ils viennent de leur donner de l'autre.

Toutes ces raisons conduisent les Français à demander que le charbon sarrois soit rapidement sorti du pool allemand et laissé à leur libre disposition. L'accroissement des livraisons de charbon allemand qui en résulterait permettrait en effet de mieux répondre à leurs besoins.

Paris pense que les Anglo-Américains ne devraient pas s'opposer, dans le principe, à une telle mesure. En juillet 1946, James Byrnes avait en effet donné son accord au rattachement économique de la Sarre à la France. En octobre 1946, Byrnes et Bevin avaient également accepté que la Sarre fût séparée du reste de l'Allemagne par un cordon douanier, dont la mise en place devait marquer la première étape du rattachement économique à la France[162]. À Moscou, les Anglo-Américains donnent effectivement leur accord à la proposition française[163]. Mais ils le subordonnent à plusieurs conditions. La France ne pourra pas disposer librement du charbon sarrois avant que la Sarre lui soit rattachée économiquement et que cette décision soit reconnue internationalement. Le montant des réparations françaises, duquel il faudra soustraire l'apport sarrois, devra être revu. Les frontières de la Sarre devront également être révisées[164]. En juillet 1946, dans la perspective du rattachement économique de la Sarre à la France, le général Koenig avait en effet agrandi le territoire de la Sarre de 950 km², y incluant ainsi 98 000 habitants et 79 communes supplémentaires. Paris s'exécute dès le début du mois de juin. Les agrandissements de juillet 1946 sont alors réduits d'un tiers[165]. Les négociations que Paris voudrait conclure au plus vite butent encore sur un point important. Il s'agit d'organiser le transfert progressif du charbon sarrois vers la France de façon à ce qu'aucun des autres attributaires – la Bizone, les pays importateurs de charbon allemand – n'en subisse les conséquences. Les Français proposent que la récupération du charbon sarrois par la France soit échelonnée dans le temps, sur une période de 10 mois[166]. Mais les Britanniques refusent. Ils craignent que l'accroissement de la production de la Ruhr ne suffise pas à compenser

161 Courrier du MPI, direction des mines, au MAE, dir. éco., 28 mai 1947 comprenant une « note pour le ministre de la Production industrielle a/s des allocations d'ECO pour le troisième trimestre 1947 », E. Ventura, 24 mai 1947, AOFAA, AAA, 1337/1.

162 Gerbet, P., *et al.*, *Le relèvement*, *op. cit.*, p. 100.

163 Tél. du GFCC à MAE, 6 avril 1947, AOFAA, AAA 1336/1.

164 *Ibid.*

165 Gerbet, P., *et al.*, *Le relèvement*, *op. cit.*, p. 101.

166 « Projet de répartition du charbon allemand en tenant compte de la récupération progressive par la France du charbon de la Sarre », E. Ventura, 13 juin 1947, AOFAA, AAA, 1337/1.

le retrait du charbon sarrois du pool allemand[167]. Les espoirs français de voir rapidement ce charbon incorporé aux ressources nationales sont donc déçus. Fixée au 1er mai 1947 par les négociateurs français[168], la date d'incorporation du charbon sarrois est repoussée une première fois au 1er octobre 1947[169], puis au début de l'année 1948[170].

Au printemps 1947, la France n'obtient donc pas entièrement satisfaction sur la question du charbon. Malgré les améliorations qu'apporte l'échelle de Moscou, elle continue d'être dépendante du bon vouloir des Britanniques. Ces derniers font certes des concessions aux demandes françaises. Ils acceptent de lier la production de charbon de la Ruhr à l'augmentation des exportations. Ils consentent aussi à sortir le charbon sarrois du pool allemand et à l'intégrer aux ressources françaises. Mais ils n'hésitent pas non plus à faire en sorte que les demandes quantitatives des Français ne soient pas pleinement satisfaites et à différer l'effet des améliorations décidées. Les Britanniques n'ont en effet aucun intérêt à donner entièrement satisfaction à la France. En levant l'hypothèque charbonnière dont elle souffre, ils lui donneraient les moyens de mener une politique plus indépendance. Ne serait-elle pas alors tentée d'affirmer davantage ses objectifs vis-à-vis de l'Allemagne et de s'opposer par conséquent aux intérêts anglo-américains ?

B. La dépendance financière à l'égard des États-Unis d'Amérique

Si la France est dépendante de l'extérieur pour ses approvisionnements en charbon, elle l'est bien davantage en termes financiers. En 1947, elle manque cruellement de devises. Sa production, dont la reprise est tournée au premier chef vers les besoins intérieurs, l'oblige à importer davantage qu'elle n'est en mesure d'exporter. Ainsi, le déficit de la balance commerciale se creuse considérablement. L'apogée est atteint en 1946. Le débours de la balance des paiements, après avoir atteint 1 491 millions de dollars en 1945, culmine alors à 2 049 millions de dollars. Mais en 1947, la situation n'est guère meilleure et les pertes s'élèvent encore à 1 676 millions de dollars. Les déficits accumulés pendant ces trois années sur la zone dollar sont gigantesques et se montent à 3 450 millions de dollars. Pour les solder, l'État utilise tous les moyens dont il dispose. Il réquisitionne les avoirs privés à l'étranger et liquide

167 « Note pour Monsieur Alphand », MPI, direction des mines, E. Ventura, 23 juin 1946, AOFAA, c. 133 d. ECO II 17 d.

168 Tél. de Catroux (conf. de Moscou) à MAE, 27 mars 1947, AMAE, Y 1944/49, t. 91.

169 Tél. du MAE, dir. éco., aux ambassades de France à Londres et à Washington, 15 juillet 1947, AOFAA, AAA 1337/1.

170 Tél. du MAE aux ambassades de France à Londres et à Washington, 18 août 1947, AOFAA, c. 133 d. ECO II 17 d.

les placements et créances extérieurs. Il emprunte à plusieurs reprises aux Britanniques et aux Américains. Il utilise massivement son stock d'or et de devises. L'encaisse-or de la Banque de France passe ainsi de 1 600 tonnes en décembre 1944 à 970 tonnes en décembre 1945. Un an plus tard, elle n'est plus que de 700 tonnes pour se réduire, en décembre 1947, à 400 tonnes[171]. En 1947, alors que le franc est très déprécié, la France a épuisé presque toutes ses réserves de devises. Le financement des importations vitales ne semble plus pouvoir être assuré. En juillet, les réserves françaises ne permettent d'assurer les importations que pour deux mois[172]. Cette situation extrêmement difficile est encore aggravée par un contexte défavorable. Suite aux mauvaises récoltes de 1946, la France est contrainte d'acheter massivement du blé aux États-Unis. En 1947, les importations de céréales, qui devaient initialement se limiter à 30 millions de dollars, se montent à 200 millions[173]. L'augmentation de ces importations, dont le montant passe, au second semestre, de 20 à 125 millions de dollars, oblige les Français à restreindre leurs programmes d'importations de biens d'équipement et de charbon en provenance d'outre-Atlantique, ce dernier étant destiné à compenser les mauvaises livraisons du premier semestre. En juillet, la faiblesse des exportations françaises vers les pays à devises fortes – seulement un dixième des achats – et la dépendance accrue du commerce extérieur français à l'égard de la zone dollar[174] contraignent les Français à contracter les importations françaises au strict minimum – matières premières et denrées alimentaires – et à réduire « au maximum indispensable la satisfaction des marchés intérieurs, afin d'exporter le plus gros volume possible de marchandises »[175]. À la fin du mois d'août, la situation s'aggrave une nouvelle fois. Les Britanniques suspendent la convertibilité de la livre sterling, ce qui prive la France d'une rentrée de 70 millions de dollars. Le 27 août 1947, la France renonce à « tous ses achats, déjà réduits, dans la zone dollar, à l'exception des importations vitales de blé,

171 Bonin, H., *Histoire économique de la IVe République*, Paris, Economica, 1987, p. 120.

172 « Circulaire n° 187 du MAE a/s du discours de M. Bidault à l'Assemblée nationale », MAE, service d'information et de presse, Raymond Offroy, 29 juillet 1947, AOFAA, c. 11 d. POL I B 1.

173 Bonin, H., *Histoire économique de la IVe République*, *op. cit.*, p. 120.

174 Plusieurs raisons expliquent cette dépendance accrue : l'Amérique du Sud, qui représente une source d'approvisionnements importante pour la France, est intégrée à la zone dollar ; la Norvège et la Suède ferment leurs marchés à l'entrée de certains produits secondaires ; la coupure avec les marchés de l'Est européen limite les possibilités d'importation ; enfin, la reconversion du commerce extérieur français est impossible à court terme. Sur tous ces points, voir Margairaz, M., *L'État, les finances et l'économie*, *op. cit.*, p. 916-917.

175 « Compte rendu de la séance du 9 juillet du CEI », cité Margairaz, M., *L'État, les finances et l'économie*, *op. cit.*, p. 918.

de charbon, de pétrole et de matières grasses »[176]. La ration hebdomadaire de pain est ramenée à 200 grammes, niveau jamais atteint depuis 1940.

À cette date, il est clair que le redressement économique français passe par l'obtention rapide de crédits. Or il n'est pas question d'obtenir la seconde tranche des crédits de la BIRD – 250 millions de dollars – avant la fin de l'année. Quant aux premiers versements de l'aide Marshall, ils ne sont pas attendus avant le printemps 1948. Jusque-là, la France doit tenir. Mais est-ce possible ? Monnet ne le croit pas. Sans aide extérieure jusqu'au 1er juillet 1948, l'activité économique française serait ramenée au niveau de septembre 1945. Si, en plus de ses moyens propres, la France bénéficiait des 250 millions de la BIRD, l'économie française serait ramenée à son niveau de mars 1946[177]. Il est donc impératif d'obtenir une aide intérimaire américaine.

1. L'aide intérimaire : la France soumise aux conditions de Washington

Dès le mois d'août 1946, Paris fait appel à Washington. Un mois plus tard, les États-Unis reconnaissent l'utilité de l'aide intérimaire qu'ils proposent à la France, à l'Italie et à l'Autriche. « La longue marche vers l'aide intérimaire »[178], qui dure de septembre à décembre 1947, montre combien la France est dépendante des subsides américains et combien les États-Unis sont décidés à imposer leurs vues aux pays bénéficiaires de l'aide. Les discussions portent essentiellement sur deux points : le montant de l'aide et les conditions de son utilisation.

Début septembre, les Français évaluent leurs besoins, pour la période allant du 1er novembre 1947 au 1er avril 1948, à 600 millions de dollars[179]. Pour que les Américains acceptent cette somme, Robert Schuman, alors ministre des Finances, recommande de recourir, lors des négociations, au chantage du faible à l'égard du fort et d'insister « sur les conséquences économiques, sociales et politiques que comporterait l'arrêt actuel des importations essentielles et que comporterait encore

[176] Margairaz, M., *L'État, les finances et l'économie*, *op. cit.*, p. 918.

[177] *Ibid.*, p. 920. Dans le même ordre d'idées, Bidault explique devant l'Assemblée nationale le 26 juillet que sans importations, c'est-à-dire sans crédits, la France sera paralysée et il ajoute : « un a dit que le pain noir de l'indépendance est préférable au pain blanc de la servitude. Le choix n'est pas dans la couleur du pain : la France aura du pain ou n'en aura pas » : circulaire n° 187 du MAE, 29 juillet 1947, citée en note 172.

[178] Nous reprenons le titre d'une sous-partie du livre de Margairaz, M., *L'État, les finances et l'économie*, *op. cit.*, p. 919.

[179] Margairaz, M., *L'État, les finances et l'économie*, *op. cit.*, p. 920.

l'arrêt éventuel des importations de blé et de charbon »[180]. Les Américains, qui s'attendent à cet argumentaire[181], fixent des sommes beaucoup plus réduites. En novembre, Truman propose au Congrès d'accorder une aide de 357 millions de dollars à la France. Ce montant est revu à la baisse à deux reprises : une première fois par l'Administration, qui le ramène à 328 millions, une seconde fois par la Chambre qui, lors du vote définitif de la loi, le 15 décembre 1947, le réduit à 284 millions de dollars. Vu la précarité de la situation de l'économie française, les Français obtiennent malgré tout des Américains, dès le 21 décembre, une avance de 150 millions de dollars[182].

En revanche, Washington n'est pas prêt à de telles concessions en ce qui concerne les conditions autorisant l'attribution de l'aide. Le projet de loi préparé pour le vote du Congrès spécifie ainsi que le président des États-Unis aura la possibilité de mettre fin à l'aide dans le cas où le gouvernement français comprendrait des communistes. Un comité du Congrès aura également « le droit de superviser, en France, la production des denrées similaires à celles procurées par l'aide »[183]. Les Français jugent ces conditions inacceptables. Certains Américains partagent cet avis. Le secrétaire d'État Marshall voit dans ces clauses la réduction de la France au statut de colonie américaine. Malgré les protestations de plusieurs hauts fonctionnaires américains, la loi est maintenue sauf en ce qui concerne la présence des communistes au gouvernement.

L'accord bilatéral entre la France et les États-Unis, qui règle les modalités des versements, s'avère également très contraignant pour la France. Un premier projet comporte

> des obligations pour la conduite intérieure de l'économie française : l'article 2 fait référence à la nécessité pour le gouvernement français de prendre des mesures propres à "accroître son aptitude à mettre son économie nationale à même de s'équilibrer". L'article 5 (paragraphe 2) reprend le texte du projet de loi sur la possibilité pour les représentants du gouvernement américain d'"observer" la distribution des produits et de "donner (leur) avis"[184].

---

[180] « Note pour le président de la République », Robert Schuman, 23 septembre 1947, citée par Margairaz, M., *L'État, les finances et l'économie*, *op. cit.*, p. 921.

[181] Robert Lovett explique au président Truman que le gouvernement Ramadier redoute, « au cas où l'aide américaine n'arriverait pas dans les prochaines semaines, la chute du gouvernement, et son remplacement par un autre, dans lequel il serait impossible d'exclure les communistes ». Pour Lovett, il ne fait guère de doute que Georges Bidault va probablement employer le chantage du faible à l'égard du fort en « dépeignant un sinistre tableau en termes d'alternative entre une aide américaine accrue ou une France communiste » : Margairaz, M., *L'État, les finances et l'économie*, *op. cit.*, p. 921.

[182] Margairaz, M., *L'État, les finances et l'économie*, *op. cit.*, p. 922-924.

[183] *Ibid.*, p. 925

[184] *Ibid.*, p. 926.

Pour ne pas froisser leur opinion publique, les dirigeants français demandent que ces clauses ne figurent pas dans l'accord bilatéral. « Il faut éviter, comme le dit Hervé Alphand, de laisser croire que toutes les dispositions qu'à l'avenir nous sommes décidés à prendre pour rétablir notre économie et qui, nécessairement, seront souvent impopulaires, sont le résultat de pressions américaines »[185]. Le gouvernement français veut à tout prix éviter que l'accord bilatéral comprenne des dispositions qui permettront aux communistes et aux gaullistes d'accuser la France d'être inféodée aux États-Unis. Finalement, l'accord se réduit à un texte très bref qui fait allusion à la loi américaine. L'accord est officiellement signé le 2 janvier 1948. Pour éviter tout débat public, Georges Bidault, qui a « obtenu l'avis du Conseil d'État, décide de ne pas le soumettre à la ratification parlementaire »[186].

Flagrante dans le cas de l'aide intérimaire, la dépendance de la France à l'égard des États-Unis est un peu différente dans le cas des crédits Marshall.

2. *Les crédits Marshall : une dépendance nécessaire mais temporaire*

À l'été 1947, la France ne peut pas se passer du plan Marshall. Il constitue véritablement la planche de salut de son économie. En juillet, Jean Monnet rappelle qu'il lui serait impossible de se relever sans l'aide américaine. D'abord parce que l'économie française dépend de l'étranger pour « presque toutes les matières premières nécessaires à son industrie »[187]. Ensuite parce que la reconstruction et la modernisation de l'économie française passent par l'achat d'équipements qu'il est alors impossible de fabriquer suffisamment vite en France. Or, la fonte des réserves françaises en devises contraint le pays à réduire ses importations au minimum. Sur ce dernier point, Monnet ne voit pas l'avenir avec optimisme.

> L'année prochaine, explique-t-il, sans aucun doute, nous devrons, si des moyens de change nouveaux ne sont pas mis à disposition, réduire, et réduire brutalement, nos achats de matières premières qui, cette année encore, ont pu être, tant bien que mal, maintenus à un niveau satisfaisant d'environ 2 milliards de dollars[188].

---

185 Tél. d'Alphand à Washington, 23 décembre 1947, cité par Margairaz, M., *L'État, les finances et l'économie*, *op. cit.*, p. 926. Dès juillet 1947, Monnet soulignait qu'il était fondamental que les mesures d'assainissement financier n'apparaissent pas comme une ingérence américaine. Voir le « mémorandum remis à Monsieur Georges Bidault par Monsieur J. Monnet le 24 juillet 1947 sur la question des "crédits Marshall" », FJME, AMF 14/1/6.

186 Margairaz, M., *L'État, les finances et l'économie*, *op. cit.*, p. 927.

187 Note sans titre, Jean Monnet, 24 juillet 1947, FJME, AMF 14/1/5.

188 *Ibid.*

La réduction de ces achats aurait des conséquences funestes.

Cela signifie, poursuit-il, la réduction du niveau d'activité économique, le retour à une situation analogue à celle que la France a connue pendant l'occupation allemande, où, progressivement coupée de ses ressources d'approvisionnement extérieures, elle voyait l'activité de ses industries décroître, ses stocks décliner, et le niveau de vie de la population baisser considérablement[189].

Bref, pour éviter le déclin, il faut absolument que de 1947 à la fin de 1950, la France puisse importer l'équivalent de 12 milliards de dollars de marchandises. Les exportations françaises et les réserves financières permettront au mieux d'en financer 7 à 8. Les crédits Marshall sont donc absolument indispensables.

Monnet admet volontiers que l'aide américaine risque de réduire l'indépendance économique de la France. Mais il considère qu'il faudra l'accepter parce que cette perte ne sera que temporaire. Les subsides d'outre-Atlantique faciliteront en effet la réalisation du plan de modernisation et d'équipement, lequel se propose justement d'assurer, à moyen terme, l'indépendance économique nationale. Pour Monnet, il est donc clair que l'aide que l'Amérique propose à la France doit être comprise comme « une contribution à la réalisation du Plan français, un moyen d'en hâter et d'en faciliter l'exécution et c'est dans cette perspective qu'elle doit être considérée »[190].

III. La France face à la politique allemande des Anglo-Américains

En 1947, les Anglo-Américains confirment leur volonté de relever l'Allemagne de ses ruines. La France proteste vivement contre cette politique qu'ils jugent bien trop favorable à l'ancien Reich. A-t-elle les moyens de s'opposer durablement aux initiatives anglo-américaines ? La position de la France semble fragile et soumise à des contraintes opposées : sa faiblesse économique et financière la rend dépendante de Washington et l'inciterait à se rapprocher des thèses anglo-américaines. Mais, dans le même temps, Paris doit tenir compte de l'opinion publique nationale. Les Français restent profondément germanophobes. Ils accepteraient mal un adoucissement de la politique française à l'égard de l'ancien Reich. Par ailleurs, si les Français accueillent plutôt favorablement le plan Marshall, ils restent largement opposés à toute inféodation aux Américains. Aussi, dans le contexte d'opposition grandissante entre les Occidentaux et les Soviétiques, le parti communiste français, qui reste très puissant, constitue-t-il une force d'opposition dangereuse.

---

[189] *Ibid.*

[190] *Ibid.*

Dans ses relations avec les États-Unis et la Grande-Bretagne, la France peut instrumentaliser la menace communiste pour tenter d'imposer ses vues sur l'Allemagne. De leur côté, les Anglo-Américains ont des moyens de pression financiers conséquents pour amener la France à se rapprocher de leurs positions sur les problèmes allemands. Ils disposent d'un autre atout : entre l'automne 1946 et l'été 1948, ils sont à l'origine de toutes les initiatives, les Français étant réduits à réagir à leurs propositions.

A. Les initiatives anglo-américaines

Après avoir décidé de fusionner leurs zones d'occupation en juillet 1946, les Britanniques et les Américains se prononcent pour un relèvement rapide de l'Allemagne. En septembre 1946, le secrétaire d'État américain Byrnes le dit clairement dans son discours de Stuttgart : « le peuple américain veut remettre le gouvernement de l'Allemagne aux Allemands. Il désire aider les Allemands à regagner une place honorable parmi les nations libres et pacifiques »[191]. Et Byrnes de poursuivre : « les États-Unis croient fermement que l'Allemagne doit être administrée en tant qu'unité économique et que les barrières de zones devraient être complètement abattues [pour] tout ce qui concerne la vie et l'activité économique de l'Allemagne »[192]. Il recommande le relèvement de sa production industrielle et le développement de ses exportations. Ainsi, l'ancien Reich assurera non seulement son ravitaillement mais participera également à la reconstruction de l'Europe[193]. La création effective de la Bizone – 2 décembre 1946 – doit permettre d'atteindre ces objectifs. L'article 5 stipule notamment que « le but des deux gouvernements [est] la réalisation fin 1949 d'une économie dont la balance des comptes serait en équilibre »[194].

Le relèvement économique de l'Allemagne répond aussi à des intérêts nationaux. Il doit permettre de réduire la charge financière que représente l'occupation. Le ravitaillement des populations allemandes coûte chaque année de l'ordre de 200 à 300 millions de dollars à chacune des puissances anglo-américaines. Mais Londres et Washington refusent de « laisser les populations de leurs zones, fortement industrialisées et urbanisées, en proie à la famine, au chômage à la fois pour des raisons

---

191 « Important discours de M. Byrnes à Stuttgart », in *Le Monde*, 7 septembre 1946, AOFAA, AEF 368/2.

192 *Ibid.*

193 Guillen, P., *La question allemande (1945-1995)*, Paris, Imprimerie nationale, 1995, p. 22.

194 Courrier de Massigli à Bidault comprenant « une note sur la question de l'industrie allemande dans les zones fusionnées », 31 juillet 1947, AOFAA, c. 29 d. XE 2-1.

humanitaires et pour des raisons politiques »[195]. Dans un contexte d'opposition entre Occidentaux et Soviétiques, les Anglo-Américains veulent éviter que la paupérisation de la population allemande soit favorable à l'extension du communisme[196].

C'est pourquoi, dès le printemps 1947, ils infléchissent leur politique à l'égard de l'Allemagne. La rivalité accrue entre Américains et Soviétiques, qui rend probable la coupure de l'Allemagne, les amène à consolider l'organisation de la Bizone et à encourager son relèvement économique. Le plan Marshall modifie par ailleurs considérablement les enjeux de la politique allemande des Anglo-Américains. Il implique l'utilisation des ressources allemandes pour la reconstruction de l'Europe : relèvements allemand et européen sont désormais intrinsèquement liés. Pour la diplomatie américaine, l'Allemagne s'inscrit dans l'ensemble régional qu'est l'Europe occidentale et qu'il s'agit de reconstruire et d'organiser face à la menace soviétique. Enfin, les Américains acquièrent progressivement une position dominante au sein de la Bizone et en déterminent largement l'orientation. Du fait des graves difficultés financières que connaissent les Britanniques, les Américains supportent presque seuls le déficit de la Bizone[197].

Conformément à cette nouvelle orientation, les Anglo-Américains prennent, en juin-juillet 1947, trois séries de décisions qui provoquent une profonde inquiétude dans les milieux gouvernementaux français. À la fin du mois de mai, les généraux Clay et Robertson renforcent l'organisation de la Bizone. Ils créent un Conseil économique bizonal allemand, composé de 54 membres qui représentent les Länder des deux zones. Le Conseil économique est chargé de diriger la reconstruction économique de la Bizone. La réforme est d'importance puisqu'elle transfert la responsabilité de la politique économique et financière de la Bizone aux autorités allemandes, sous réserve de l'approbation des autorités d'occupation. Ce conseil détient en effet le pouvoir législatif en matière économique dans des domaines extrêmement étendus. Un comité exécutif, composé de fonctionnaires allemands, est chargé d'exécuter les décisions du Conseil économique[198]. Bref, c'est désormais un gouvernement allemand de la Bizone, plutôt centralisé, qui administre l'économie des zones anglo-américaines.

---

195 Guillen, P., *La question allemande*, *op. cit.*, 1995, p. 22.

196 *Ibid.*

197 Margairaz, M., *L'État, les finances et l'économie*, *op. cit.*, p. 948-949.

198 *Notes documentaires et études*, n° 692 : « Accord pour la réorganisation des services économiques des zones de contrôle américaine et britannique d'Allemagne en date du 29 mai 1947 », La Documentation française, 12 août 1947, 4 p., AOFAA, AAA 413/2.

La seconde décision est prise au début du mois de juillet alors que la France, la Grande-Bretagne et l'Union soviétique sont réunies à Paris pour discuter de la proposition Marshall. Les généraux Clay et Robertson s'entendent sur le relèvement de la production d'acier de la Bizone, dont le plafond est fixé à 10,7 millions de tonnes par an. Les accords Clay-Robertson prévoient aussi l'augmentation de la production dans d'autres branches industrielles. Au lendemain de l'échec de la conférence des Trois, Clay et Marshall font des déclarations précisant leurs intentions[199]. Pour autant, l'accord Clay-Robertson n'est pas rendu public « dans le souci de ménager les dirigeants français, qui sont informés de son contenu après son adoption »[200].

La dernière mesure concerne la gestion des mines de la Ruhr. Les Anglo-Américains veulent la remettre aux Allemands. Envisagé dès le début de l'année 1947[201], ce transfert de responsabilités prend une acuité particulière en juillet. Les accords Clay-Robertson prévoient en effet que l'administration charbonnière devrait être confiée à des séquestres allemands qui seront responsables devant le Conseil économique bizonal. L'objectif est double : il s'agit de relancer la production de charbon de la Ruhr, que les Américains estiment insuffisante, le relèvement de la production devant par ailleurs « provoquer un "choc psychologique", redonner l'espoir aux Allemands et éviter l'éventualité d'une résistance similaire à celle de 1923 »[202]. En juillet, Ernest Bevin, le ministre britannique des Affaires étrangères, évoque avec son homologue français, Georges Bidault, le projet britannique de socialiser les mines de la Ruhr[203]. Mais c'est en août, lors de la conférence de Washington, pendant laquelle les Américains et les Britanniques étudient les mesures techniques qui permettront d'accroître la production de charbon de la Ruhr, qu'il est envisagé de « confier aux Allemands la responsabilité de la production du charbon, grâce à la création d'une administration

199 *L'Année Politique 1947. Revue chronologique des principaux faits politiques, économiques et sociaux de la France, du 1er janvier 1947 au 31 décembre 1947*, Paris, Éditions du Grand Siècle, 1948, p 145.

200 Margairaz, M., *L'État, les finances et l'économie*, *op. cit.*, p. 952

201 Tél. du MAE aux ambassades de France à Bruxelles, La Haye et à la légation française au Luxembourg, 11 février 1947, AOFAA, c. 131 d. ECO II 16 ; courrier d'Arnal, consul général de France à Dusseldorf, à Tarbé de Saint-Hardouin a/s d'une « interview de Sir Cecil Weir », 19 mars 1947, AOFAA, c. 134 d. ECO II 17 e ; courrier du MAE, dir. éco, à l'ambassade de France à Londres, 29 avril 1947, AOFAA, AAA 1337/1. Initialement, les Britanniques envisageaient de remettre aux Allemands la gestion des mines de la Ruhr dès le 1er mai 1947.

202 Margairaz, M., *L'État, les finances et l'économie*, *op. cit.*, p. 952.

203 Tél. de la conversation entre Bevin et Bidault adressé par MAE, dir. éco., aux ambassades de France à Londres, Moscou et Washington ainsi qu'à Berlin, 4 juillet 1947, AMAE, Y 1944/49, t. 91.

allemande, placée sous la haute autorité des gouvernements militaires américain et britannique »[204].

B. Les réactions françaises[205]

Les Français sont dans un premier temps sur la défensive. Dans un second temps, certains responsables – Jean Monnet, Vincent Auriol et Georges Bidault – réfléchissent à un compromis qui permettrait tout à la fois aux Français de se départir d'une attitude strictement négative et d'élaborer une politique commune avec les Anglo-Américains qui satisfasse ces derniers sans remettre en cause les garanties auxquelles les Français sont attachés.

1. La France sur la défensive

Les décideurs français réagissent avec une grande fermeté aux initiatives anglo-américaines. Si les décisions des autorités d'occupation devaient être appliquées, elles auraient en effet des conséquences catastrophiques. Le relèvement du niveau industriel allemand permettrait de reconstruire l'Allemagne avant la France. Il passerait aussi par l'abandon des réparations. Quant au transfert de la gestion des mines aux Allemands, il préjugerait indéniablement de leur statut futur. Et celui-ci ne correspondrait en rien à l'internationalisation des entreprises du bassin que Paris préconise depuis le début de l'année. À terme, la sécurité de la France serait donc gravement menacée. Qui plus est, les Français s'étonnent que les Anglo-Américains aient pris de telles initiatives dans leur dos. À leurs yeux, certaines de ces décisions sont d'ailleurs frappées de nullité, à l'exemple de la modification du niveau de l'industrie qui relève exclusivement du Conseil des ministres des Affaires étrangères, dont la prochaine session doit avoir lieu en novembre.

Le gouvernement français est donc bien décidé à s'opposer de toutes ses forces aux initiatives anglo-américaines et à réaffirmer ses thèses sur l'Allemagne. Le 9 juillet, Bidault l'explique à William Clayton, sous-secrétaire d'État américain aux affaires économiques, lors d'un échange de vues très vif : Paris n'est pas disposé à revenir sur sa politique ; certes, la France est favorable à l'augmentation de l'extraction allemande de charbon, mais elle refuse que le niveau de la production d'acier, fixé en

[204] *L'Année Politique 1947*, *op. cit.*, p. 163.

[205] Les développements qui suivent doivent beaucoup à Michel Margairaz, *L'État, les finances et l'économie*, *op. cit.*, et à deux articles de Raymond Poidevin : « Plan Marshall et problème allemand : les inquiétudes françaises (1947-1948) », in Girault, R., Lévy-Leboyer, M. (dir.), *Le Plan Marshall et le relèvement économique de l'Europe*, Paris, Comité pour l'histoire économique et financière de la France, 1993, p. 87-96, et « La France et le problème du relèvement économique de l'Allemagne en 1947 », in Manfrass, K., Rioux, J.-P. (Hrsg.), *France-Allemagne 1944-1947*, *op. cit.*, p. 201-213.

mars 1946, soit dépassé. Il n'est pas non plus question de revoir à la hausse les seuils fixés pour la production industrielle[206]. Deux jours plus tard, le Quai d'Orsay adresse une note aux ambassadeurs de France à Londres, Moscou et Washington. Bidault y rappelle que la position française sur l'Allemagne n'a pas changé, qu'il s'agisse des réparations ou du niveau de l'industrie[207]. Dans un discours qu'il prononce le 20 juillet à Perpignan, Paul Ramadier souligne que « la renaissance allemande ne peut venir qu'après la nôtre. Notre priorité a été proclamée et affirmée. Elle doit passer dans les faits. L'Allemagne doit recevoir tout ce qui est nécessaire à sa vie, mais notre force industrielle doit être reconstituée avant la sienne »[208]. À la mi-juillet, le gouvernement français apprend que les Américains et les Britanniques prévoient de se rencontrer à Washington pour étudier les moyens d'augmenter la production de charbon dans le bassin de la Ruhr. Paris s'en félicite mais se montre très inquiet à l'idée que ses Alliés prennent à cette occasion des décisions bilatérales concernant le contrôle de la Ruhr ou le niveau de l'industrie allemande. Henri Bonnet, ambassadeur de France à Washington, l'explique à Robert Lovett, sous-secrétaire d'État américain aux Affaires politiques, le 18 juillet, puis au général Marshall, le 21, tandis que Massigli saisit de son côté Bevin des inquiétudes du gouvernement français[209].

À côté de ces arguments traditionnels, Bidault rappelle aussi à ses interlocuteurs anglo-américains les conséquences que ne manquerait pas d'avoir l'annonce de telles décisions sur l'opinion publique française et les arguments que celles-ci fourniraient à la propagande des communistes.

> Les États-Unis ne doivent pas ignorer, glisse Bidault à William Clayton, que le grand argument des communistes consiste à déclarer que les États-Unis et la Grande-Bretagne souhaitent que l'on s'occupe de la reconstruction de l'Allemagne avant celle de la France et que le gouvernement français abandonne ses positions en ce qui concerne les réparations, la Ruhr et ses autres revendications allemandes[210].

Pour Bidault, la menace communiste est à prendre au sérieux. Le 16 juillet, lors d'une conversation avec Jefferson Caffery, ambassadeur des États-Unis à Paris, et Averell Harriman, Bidault reprend son argu-

---

206 Poidevin, R., « Plan Marshall et problème allemand : les inquiétudes françaises (1947-1948) », in *op. cit.*, p. 87-88.

207 *Ibid.*, p. 88.

208 *L'Année Politique 1947*, *op. cit.*, p. 146.

209 *Ibid.* ; tél. de Massigli à MAE, 16 juillet 1947, AMAE, Y 1944/49, t. 399.

210 « Compte rendu de la conversation entre Georges Bidault et William Clayton », 9 juillet 1947, cité par Margairaz, M., *L'État, les finances et l'économie*, *op. cit.*, p. 949-950.

mentation. Il se dit convaincu que le pays réagirait très mal si les Anglo-Américains maintenaient leurs décisions. Aux yeux de beaucoup de Français, celles-ci donneraient la priorité à l'Allemagne. Avec 180 députés communistes à l'Assemblée, le gouvernement n'y survivrait pas[211].

La France profite aussi de la tribune que lui offre la réunion de la conférence des Seize sur le plan Marshall pour rappeler sa politique allemande, gagner à sa cause les autres pays européens et faire ainsi pression sur les Anglo-Américains. Le 17 juillet 1947, Hervé Alphand explique devant le comité de coopération économique européenne que la France n'est pas opposée à une amélioration de la condition de vie des Allemands. La production allemande doit être poussée, qu'il s'agisse du charbon ou de produits agricoles. La balance des comptes des autres pays en sera allégée[212]. Mais Alphand fixe les « limites des concessions françaises »[213]. Le relèvement industriel doit rester subordonné aux impératifs de sécurité de la France. À la veille du début de la conférence, Bidault feignait de s'étonner que « le premier acte de la reconstruction européenne [pût consister] à augmenter le potentiel industriel de l'Allemagne et ne pas avantager au contraire les peuples victimes de l'agression nazie »[214].

Quoi qu'il en soit, les pressions françaises ont du succès. Les Anglo-Américains font des concessions. Le 23 juillet, le secrétaire d'État Marshall annonce aux Français qu'il suspend la publication des accords Clay-Robertson jusqu'à ce que Paris transmette au gouvernement américain ses vues sur les questions allemandes[215]. Georges Bidault refuse ce procédé et demande que la France puisse débattre de ces questions à l'occasion d'une conférence tripartite avec les Anglo-Américains[216]. Au début du mois d'août, Marshall donne son accord[217]. Entre-temps, les décideurs français, sous l'impulsion de Jean Monnet, réfléchissent à une nouvelle approche, plus dynamique, des problèmes économiques allemands.

---

211 Margairaz, M., *L'État, les finances et l'économie*, *op. cit.*, p. 953.

212 *L'Année Politique 1947*, *op. cit.*, p. 145-146.

213 Poidevin, R., « Plan Marshall et problème allemand : les inquiétudes françaises (1947-1948) », in *op. cit.*, p. 88.

214 « Lettre de Bidault aux ambassadeurs de France à Londres, Moscou et Washington », 11 août 1947, citée par Poidevin, R., « Plan Marshall et problème allemand : les inquiétudes françaises (1947-1948) », in *op. cit.*, p. 87-88.

215 *L'Année Politique 1947*, *op. cit.*, p. 145-146.

216 Auriol, V., *Journal du septennat 1947-1954*, tome premier : *1947*, Paris, Armand Colin, 1970, p. 386.

217 Le 9 août 1947. Voir Margairaz, M., *L'État, les finances et l'économie*, *op. cit.*, p. 958.

2. *Une nouvelle approche*

À la mi-juillet, plusieurs responsables français – René Massigli, Jacques Tarbé de Saint-Hardouin, Jean Monnet, Vincent Auriol – considèrent que la France n'a pas intérêt à maintenir une politique de refus. L'évolution rapide de la situation internationale – annonce du plan Marshall ; refus soviétique d'y participer ; initiatives des Anglo-Américains dans la Bizone – rend de plus en plus probable la coupure de l'Allemagne en deux entités distinctes. Par leurs initiatives, les Anglo-Américains semblent d'ailleurs décidés à accélérer la reconstruction de l'Allemagne de l'Ouest. Il serait donc dangereux pour les Français de continuer de renvoyer toute décision sur l'Allemagne à la conférence des ministres des Affaires étrangères de Londres, qui doit avoir lieu en automne[218]. En maintenant cette politique attentiste, les Français refuseraient de prendre part à la définition d'une Allemagne qui « est en train de se faire »[219]. De l'avis de René Massigli et Jean Monnet, la France doit réagir rapidement. Plus elle attendra, plus les risques seront grands de devoir accepter une Allemagne organisée par les seuls Anglo-Américains[220].

D'un responsable à l'autre, les solutions envisagées varient. Massigli, inquiet devant le renforcement de la Bizone et le caractère centralisateur du Conseil économique bizonal, propose de fusionner rapidement la ZFO avec la Bizone, de façon à obtenir un droit de regard sur l'organisation politique de la future Allemagne[221]. Monnet se penche plus particulièrement sur les questions économiques. À ses yeux, les données du problème, qui lui paraissent assez simples, s'opposent. La France a besoin du plan Marshall pour se relever. Mais le plan Marshall implique le relèvement économique de l'Allemagne. Sans la participation allemande, la reconstruction européenne ne serait en effet pas opératoire et le Congrès refuserait d'engager les sommes nécessaires. Or la France ne peut accepter l'augmentation du niveau industriel allemand sans obtenir des garanties de sécurité, qui passent par la signature d'un statut international de la Ruhr[222]. Pour Monnet, il faut donc trouver des « compromis

---

[218] C'est notamment ce que redoutent Massigli et Monnet : courrier de Massigli à Bidault intitulé « la politique française et les initiatives anglo-américaines en Allemagne », 14 juillet 1947, AOFAA, c. 11 d. POL I B 2 ; « mémorandum remis à Monsieur G. Bidault par Monsieur J. Monnet le 24 juillet 1947 sur la question des "crédits Marshall" », FJME, AMF 14/1/6.

[219] Courrier personnel de Tarbé de Saint-Hardouin à Massigli, 17 août 1947, AOFAA, c. 11 d. POL I B 2.

[220] Courrier de Massigli à Bidault, 14 juillet 1947, et mémorandum de Monnet, 24 juillet 1947, cités en note 218.

[221] Courrier de Massigli à Bidault, 14 juillet 1947, cité en note 218.

[222] Mémorandum de Monnet, 24 juillet 1947, cité en note 218 ; deux autres notes préparatoires : « mémorandum de J. Monnet pour G. Bidault sur la conférence de Paris, sur

dynamiques, destinés à masquer une dépendance mal supportée »[223]. La France doit rapidement négocier avec les États-Unis : en échange de son accord sur l'augmentation de la production allemande dans un cadre européen, elle demandera l'internationalisation des ressources de la Ruhr. Ce compromis, satisfaisant du point de vue gouvernemental, serait accepté par l'opinion publique parce qu'il garantirait la sécurité française et qu'il ne donnerait pas le sentiment que la France est contrainte de se rallier aux thèses anglo-américaines. Mais il faut agir vite. D'abord parce que la France est momentanément en position de force pour négocier : les États-Unis savent que la coopération européenne est impossible sans la France ; il faut donc aboutir avant la fin de la conférence des Seize. Ensuite parce que le rapport de force serait plus désavantageux à moyen terme. Faute de se mettre rapidement d'accord avec les Anglo-Américains, les Français s'opposeraient certainement à leurs projets lors de la conférence de Londres. Que cette dernière se solde, comme cela est probable, par un échec, et les Français seront contraints de se rallier à leurs Alliés occidentaux, ce qui résonnera dans l'opinion comme un « nouveau Munich »[224].

Monnet résume ses vues dans une note pour Bidault[225]. Il la transmet à Vincent Auriol auquel il demande son appui pour convaincre le ministre des Affaires étrangères[226]. Le président s'y engage. Au début du mois d'août, Auriol adresse effectivement à Bidault une longue lettre. Comme Monnet, le président est convaincu qu'il faut lier trois séries de problèmes – la sécurité, les réparations, le niveau de vie des Allemands – pour trouver une issue honorable à la crise. Comme Monnet, il croit qu'il ne faut pas envisager isolément le relèvement du niveau industriel allemand, les contrôles à établir en Ruhr et le niveau de vie des Allemands. Comme Monnet, il considère qu'il faut créer une organisation internationale de la Ruhr comparable à la *Tennessee Valley Authority* qui gérerait les industries du bassin et à laquelle participeraient les États riverains et les quatre Grands[227].

C'est sur la base de ces principes que Monnet et Bidault entreprennent, au début du mois d'août, des négociations informelles avec les Américains.

---

les causes du refus de l'URSS, et sur la coopération avec la Grande-Bretagne et les États-Unis, surtout face aux problèmes allemands », 22 juillet 1947, FJME, AMF 14/1/4 ; note, 24 juillet 1947, FJME, AMF 14/1/5.

223 Nous reprenons ici la belle expression de Margairaz, M., *L'État, les finances et l'économie*, *op. cit.*, p. 955.

224 Mémorandum de Monnet, 24 juillet 1947, cité en note 218.

225 *Ibid.*

226 Auriol, V., *Journal du septennat*, *op. cit.*, p. 375.

227 « Lettre de Vincent Auriol à Georges Bidault », 7 août 1947, dans Auriol, V., *Journal du septennat*, *op. cit.*, annexe VII, p. 700-703.

C. Les négociations entre Alliés occidentaux

Entre l'été 1947 et le printemps 1948, les conférences et rencontres à l'occasion desquelles Français et Anglo-Américains débattent des problèmes allemands se multiplient. Après les discussions informelles entre Américains et Français, les Occidentaux se retrouvent du 22 au 27 août 1947 lors de la conférence tripartite de Londres qui se prolonge, en septembre, par des négociations d'experts à Berlin. Après l'échec de la conférence des ministres des Affaires étrangères de Londres, dite de la dernière chance, en décembre 1947, les experts sont réunis à Berlin, en janvier 1948. La conférence de Londres, qui réunit les trois puissances occidentales débute un mois plus tard. Sans être entièrement satisfaisantes, les négociations d'août et de septembre 1947 donnent quelques satisfactions aux Français. Mais à partir de 1948, les Français vont de désillusion en désillusion.

1. Des avantages limités pour la France

Les entrevues informelles du mois d'août s'annoncent prometteuses. Dès le 29 juillet, Jean Monnet et William Clayton trouvent un compromis sur la base des propositions de Monnet[228]. Le 6 août, les deux hommes déjeunent avec Bidault. Les échanges informels portent sur la Ruhr. Bidault reprend la thèse de Monnet. Il explique que la France est prête à accepter les augmentations du niveau industriel allemand si elle obtient un contrôle sur la Ruhr. Il propose la constitution d'un bureau international qui répartirait la production de charbon, de fer et d'acier de la Ruhr entre l'Allemagne et les autres pays. Composé de représentants des États-Unis, du Royaume-Uni, de la France, du Benelux et ultérieurement, après la signature d'un traité de paix, de l'Allemagne, le bureau ne gérerait pas la production de la Ruhr mais se contenterait de la répartir. Pour aboutir à un résultat, Bidault fait donc d'importantes concessions en direction des Américains. Il renonce au détachement politique de la Ruhr, à son internationalisation. Mais il ne reprend pas non plus deux exigences du gouvernement Ramadier : la participation des Soviétiques à l'organisation internationale et le fait que cette dernière serait chargée de la gestion de la Ruhr. Après deux nouvelles réunions informelles, pendant lesquelles Bidault revient sur une position plus défensive, l'accord semble pouvoir se faire sur la création d'un bureau international, dont l'entrée en fonction interviendrait après la période d'occupation. Il disposerait de pouvoirs sur la seule répartition. Les diplomates américains ayant participé aux réunions pensent que ces concessions mutuelles permettront d'éviter une crise gouvernementale en France lors de la publication des accords Clay-Robertson. Monnet est également satisfait du compromis. Pour la première fois, les Américains

---

[228] Margairaz, M., *L'État, les finances et l'économie*, *op. cit.*, p. 955-956.

ont en effet accepté l'idée d'une autorité internationale de la Ruhr, même si cette dernière ne correspond qu'imparfaitement aux objectifs français. Selon lui, l'accord pourra être révisé. Il sera en effet toujours possible de demander ultérieurement l'internationalisation des mines. Les espoirs de Monnet sont vite déçus. À Washington, le Pentagone et le général Marshall s'opposent au compromis. À Berlin, le général Clay y est également hostile. Marshall ne croit nullement que l'annonce de l'accord Clay-Robertson constituera une menace pour la démocratie française. Pour la conférence tripartite de Londres, il donne donc comme instructions à Lewis W. Douglas, ambassadeur des États-Unis à Londres, de soutenir les recommandations de l'accord Clay-Robertson et de ne discuter ni du contrôle international de la Ruhr ni des réparations[229].

Dans ces conditions, la conférence de Londres semble condamnée avant même d'avoir débuté. Après le camouflet des conversations informelles franco-américaines, la délégation française, emmenée par René Massigli, défend une position plus dure. La France soumet son adhésion au relèvement du niveau industriel allemand à plusieurs conditions. Il faudra d'abord que cette reconstruction ait un caractère progressif. « Une garantie pourrait provenir d'une disposition obligeant l'Allemagne à exporter certaines quantités de charbon et de coke proportionnées à sa production de charbon de telle sorte que l'accroissement de la sidérurgie allemande ne vienne pas gêner l'exécution des plans de production des pays européens voisins »[230]. Il sera ensuite nécessaire d'inciter l'Allemagne à augmenter sa production charbonnière. Pour ce faire, il faudra fixer sa consommation intérieure en fonction de sa production, le reste devant être exporté. Les Français considèrent enfin qu'au nouveau plan industriel devra correspondre un nouveau plan des réparations. Ils signifient ainsi aux Anglo-Américains qu'il est à leurs yeux exclu que le relèvement du niveau industriel allemand marque la fin des réparations. En ce qui concerne la Ruhr, Paris insiste pour que ses Alliés renoncent à transférer aux Allemands la gestion des mines, ce qui préjugerait leur régime futur. Les Français recommandent en dernier lieu que l'équilibre de la balance des comptes de l'Allemagne, qui devra être recherché, ne se fasse pas au détriment de celui de la balance des comptes des États alliés[231]. Même si la France obtient des satisfactions verbales sur un

---

[229] Margairaz, M., *L'État, les finances et l'économie*, *op. cit.*, p. 956-963. Le 12 août, Jefferson Caffery, ambassadeur des États-Unis à Paris, Lewis W. Douglas, ambassadeur des États-Unis à Londres, et William Clayton, secrétaire d'État adjoint pour les affaires économiques, reçoivent Monnet et Bidault. Le lendemain, 13 août, une nouvelle rencontre a lieu entre les mêmes hommes auxquels se joignent, pour la France, Hervé Alphand et Maurice Couve de Murville.

[230] Tél. du MAE au GFCC à Berlin a/s « des conclusions de l'exposé de Monsieur Alphand », 22 août 1947, AOFAA, c. 29 d. XE 2-1.

[231] *Ibid.*

certain nombre de points, la conférence de Londres s'achève par un échec sévère pour la diplomatie française. Pendant la conférence, les Français « se sont heurtés sans cesse à l'attitude américaine »[232]. La question du régime de la Ruhr n'a pas été abordée. Surtout les Anglo-Américains ne modifient nullement leur position : l'accord Clay-Robertson est publié le 29 août 1947[233]. Seul point positif, la conférence prévoit qu'un groupe d'experts étudiera à Berlin les questions portant sur le charbon et le coke allemands[234].

Début septembre 1947, le comité tripartite d'experts se réunit à Berlin[235]. Sa tâche est élargie. Outre les exportations de coke, il examine aussi deux autres questions économiques restées en suspens : la prolongation de l'échelle de Moscou au-delà de 1947 et le rattachement économique de la Sarre à la France. Les négociations progressent rapidement et des accords sont trouvés dès le mois d'octobre[236]. Pour ce qui concerne le coke, les Anglo-Américains acceptent d'accroître les exportations de la Bizone. Ils refusent cependant de créer, comme le voudraient les Français, une sorte de seconde échelle mobile, qui lierait la production de coke de la Bizone à ses exportations. Ils considèrent en effet que la production de coke destinée à la Bizone est de leur seul ressort. En acceptant de lier la production aux exportations, ils donneraient aux Français un droit de regard sur le coke produit en ZBO pour la sidérurgie de la Ruhr[237]. Ils sont toutefois d'accord pour que les quantités de coke exporté soient indexées sur l'augmentation de la production de charbon. Pour une production journalière du bassin de 300 000 tonnes (Ruhr et Aix-la-Chapelle), les exportations seront de

---

232 Poidevin, R., « La France et le problème du relèvement économique de l'Allemagne en 1947 », in *op. cit.*, p. 209.

233 Communiqué de presse du MAE (a/s de la conférence tripartite de Londres), service d'information et de presse, 28 août 1947, AOFAA, c. 134 d. ECO II 17a ; *Notes documentaires et études* n° 737 : « Les conversations tripartites de Londres (niveau de l'industrie dans la zone anglo-américaine en Allemagne – gestion et contrôle des mines de la Ruhr) 22-27 août 1947 », La Documentation française, 1er octobre 1947, 8 p.

234 Poidevin, R., « La France et le problème du relèvement économique de l'Allemagne en 1947 », in *op. cit.*, p. 209.

235 La délégation française comprend trois hauts fonctionnaires du MPI : Sacha Guéronik, directeur de cabinet du ministre, Jean Valabrègue, chef de service des affaires allemandes, et E. Ventura, de la direction des mines : « note de Montalembert », MAE, dir. éco., 4 septembre 1947, AOFAA, AAA, 1337/1. Sur les négociations en elles-mêmes : dossier de tél. intitulé « négociations d'experts à Berlin », sans date (tél. du 8 septembre au 16 novembre 1947), AOFAA, c. 131 d. ECO II 17 a.

236 Tél. de De Boysson (Berlin) à MAE, 10 octobre 1947, dossier « négociations d'experts à Berlin », AOFAA, c. 131 d. ECO II 17 a.

237 Tél. de Guéronik à Baden-Baden, 8 septembre 1947, AOFAA, c. 133 d. ECO II A 17 a bis ; tél. de Sergent à MAE, 11 septembre 1947, dossier « négociations d'experts à Berlin », AOFAA, c. 131 d. ECO II 17 a.

7,6 millions de tonnes par an. Elles seront de 8,4 millions de tonnes par an lorsque la production atteindra 330 000 tonnes par jour[238]. Pour la Sarre, les Anglo-Américains acceptent finalement que la France récupère son charbon en fonction d'une échelle temporaire. Le délai de 18 mois, envisagé initialement, est ramené à 12 mois à la fin des négociations[239]. C'est le prolongement de l'accord de Moscou qui pose en fait le plus de problèmes aux experts. Les Français voudraient que les exportations correspondant à une production journalière dépassant l'échelle de Moscou et oscillant entre 330 000 et 400 000 tonnes soient clairement fixées[240]. Mais les Anglo-Américains refusent. Ils ne veulent pas être liés pour l'avenir et consentent seulement à ce que, pour une production journalière de 400 000 tonnes, le pourcentage des exportations tende vers 30 %[241]. Devant l'obstination française, les Anglo-Américains déclarent que, dans leur esprit, les trois négociations sont liées et que l'échec de l'une provoquerait l'abandon des deux autres[242]. Les Français finissent par s'incliner.

Le 10 octobre 1947, les textes des accords sont prêts. Mais leur promulgation est repoussée pour deux raisons. D'abord parce que les trois délégations ne veulent pas prendre de décisions officielles avant le début du Conseil des ministres des Affaires étrangères qui aura lieu à Londres en novembre. Ensuite parce que les Anglo-Américains exercent auprès des Français une forme de chantage : ils refusent de signer les accords si la France ne s'engage pas, en échange, à renoncer à toute critique publique, par voie de presse ou à la radio, du plan industriel qu'ils ont établi pour la Bizone[243]. Dans un premier temps, le gouvernement français refuse de céder aux pressions anglo-américaines[244]. Un com-

238 Tél. de Sergent à MAE, 21 septembre 1947, dossier « négociations d'experts à Berlin », AOFAA, c. 131 d. ECO II 17 a.

239 Comparaison entre les chiffres dans une « note pour le ministre a/s des conversations tripartites de Berlin sur le charbon allemand », MAE, dir. éco., 25 septembre 1947, AMAE, Y 1944/49, t. 91 ; les termes de l'« accord triparti de Berlin relatif au règlement des problèmes posés par le rattachement économique de la Sarre à la France » du 20 février 1948, dans *Notes documentaires et études*, n° 855, citées en note 157.

240 Tél. de Sergent à MAE, 8 septembre 1947, dossier « négociations d'experts à Berlin », AOFAA, c. 131 d. ECO II 17 a.

241 Tél. de Sergent à MAE, 9 septembre 1947, dossier « négociations d'experts à Berlin (suite à la conférence de Londres) », AOFAA, c. 131 d. ECO II 17 a. Voir aussi l'« accord triparti de Berlin sur l'intégration du charbon de la Sarre dans l'économie française » dans *Notes documentaires et études*, n° 855, citées en note 157.

242 Tél. de Sergent à Paris, 20 septembre 1947, dossier « négociations d'experts à Berlin », AOFAA, c. 131 d. ECO II 17 a.

243 Tél. de De Boysson à MAE, 10 octobre 1947, dossier « négociations d'experts à Berlin », AOFAA, c. 131 d. ECO II 17 a.

244 Tél. de De Carbonnel, MAE, dir. éco., au GFCC, 18 octobre 1947, dossier « négociations d'experts à Berlin », AOFAA, c. 131 d. ECO II 17 a.

promis est trouvé le 16 novembre, lorsque les Anglo-Américains acceptent que les Français puissent émettre des critiques sur le plan industriel de la Bizone lors de la conférence de Londres[245].

Après l'échec de cette dernière, plus rien ne s'oppose à la publication des accords. Bevin et Marshall approuvent, dès le 27 novembre, l'intégration économique de la Sarre à la France[246]. Le 23 décembre 1947, l'accord sur la répartition du charbon et du coke produits en Allemagne occidentale est publié. Le charbon sarrois est intégré à l'économie française par un accord du 28 janvier 1948. Enfin, les modalités du rattachement économique de la Sarre à la France sont réglées par l'accord du 20 février 1948[247].

Les Français obtiennent donc satisfaction, tout au moins en partie, sur des questions économiques. Pour autant, les décisions arrêtées ne correspondent pas toujours pleinement aux attentes françaises. Bien souvent, leurs effets ne seront pas immédiats. La France ne profitera par exemple pleinement du charbon sarrois qu'à partir du 1er avril 1949. Aussi les concessions anglo-américaines sont-elles finalement modestes. D'ordre strictement économique, elles visent à compléter l'aide financière que les Américains accordent au même moment à la France. Par contre, sur les questions qui engagent durablement l'avenir de l'Allemagne – relèvement de la production ; statut de la Ruhr ; forme du futur gouvernement allemand –, les Anglo-Américains se montrent intransigeants.

2. Le temps des désillusions

Dès l'automne 1947, les Anglo-Américains placent les Français devant toute une série de faits accomplis. Le 29 août 1947, ils promulguent le plan révisé pour le niveau de l'industrie allemande, valable en Bizone. Le 16 octobre, les gouvernements militaires américain et britannique publient la liste définitive des usines qui devront être démontées en Bizone au titre des réparations. Elle ne comprend plus que 682 usines au lieu des 1636 prévues en 1946[248]. Ce programme de démontage a été établi en fonction du nouveau plan industriel pour la Bizone qui fixe la « production de l'acier et des autres industries de façon à ramener la Bizone au niveau de 1938 »[249]. Pour les Anglo-Américains, ce plan règle

245 Tél. de Noiret à MAE, 16 novembre 1947, dossier « négociations d'experts à Berlin », AOFAA, c. 131 d. ECO II 17 a.

246 Gerbet, P., *et al.*, *Le relèvement*, *op. cit.*, p. 101.

247 Textes des trois accords dans *Notes documentaires et études*, n° 855, citées en note 157.

248 Poidevin, R., « Plan Marshall et problème allemand : les inquiétudes françaises (1947-1948) », in *op. cit.*, p. 93 et note 37 p. 93.

249 *L'Année Politique 1947*, *op. cit.*, p. 236-237.

définitivement la question des réparations et exclut tout prélèvement sur la production courante[250]. Le 19 novembre 1947, les autorités d'occupation britanniques transmettent à une administration allemande, la *Deutsche Kohlenbergbau*, la direction effective des mines de la Ruhr. Elle est chargée de la production et de la répartition du charbon et du coke[251]. Enfin, les 7 et 8 janvier 1948, les ministres-présidents des Länder de la Bizone se réunissent à Francfort, sous la présidence des généraux Clay et Robertson. Sur la proposition des autorités d'occupation, il est décidé de renforcer les pouvoirs du Conseil économique allemand de la Bizone. Les Français réagissent vivement à ce qu'ils considèrent comme l'ébauche d'un gouvernement allemand. Paris proteste surtout contre la centralisation excessive des pouvoirs que représente à ses yeux le gouvernement central économique allemand prévu par les Anglo-Américains[252]. Alors que Français, Britanniques et Américains prévoient de discuter, à partir du 19 février 1948, des propositions anglo-américaines de réforme administrative pour la Bizone, les généraux Clay et Robertson promulguent, le 6 février, le nouveau statut bizonal qui doit entrer en vigueur trois jours plus tard. Il ne tient pas compte des objections présentées par les Français. Aussi Massigli fait-il part au Foreign Office de la surprise du gouvernement, mis une nouvelle fois devant le fait accompli[253].

*

* *

Les contraintes qui s'exercent sur les gouvernements français successifs agissent, en matière de politique allemande, en deux sens opposés. L'opinion publique et les partis politiques sont clairement en faveur du *statu quo*. Opposés à tout assouplissement de la politique allemande de la France, ils freinent les réformes. À l'inverse, la situation économique et financière de la France et la politique allemande des États-Unis et de la Grande-Bretagne poussent Paris à assouplir ses positions vis-à-vis de l'ancien Reich.

La gravité de la crise économique, en d'autres termes l'impuissance économique de la France, a finalement raison des réticences de l'opinion et de la classe politique. Elle force les Français à céder sur des points – la Ruhr, la constitution future de l'Allemagne – jugés essentiels à leur sécurité. Elle oblige ainsi les décideurs à imaginer une nouvelle poli-

---

250 *Ibid.*, p. 237.

251 Poidevin, R., « Frankreich und die Ruhrfrage 1945-1951 », in *op. cit.*, p. 324, Lefèvre, S., *Les relations économiques franco-allemandes*, *op. cit.*, p. 154.

252 *L'Année Politique 1948. Revue chronologique des principaux faits politiques, économiques et sociaux de la France, du 1er janvier 1948 au 31 décembre 1948*, Paris, Éditions du Grand Siècle, 1949, p. 15-16.

253 *L'Année Politique 1948*, *op. cit.*, p. 15-16, p. 31.

tique allemande. En fait, dès l'automne 1946, les gouvernements français qui se succèdent envisagent une réforme profonde de leur politique vis-à-vis de l'Allemagne. Il s'agit de sortir de l'impasse que constitue, en ce domaine, l'héritage de la politique suivie par de Gaulle depuis septembre 1945.

CHAPITRE IX

Les prémices d'une nouvelle politique

Les projets de réformes français relatifs à l'Allemagne dans son ensemble relèvent de deux domaines : Paris envisage des mesures plus constructives pour assurer la sécurité ; dans le même temps, la reprise des relations économiques avec l'Allemagne est encouragée. Toutefois, la politique française reste ambiguë. Des objectifs anciens continuent d'être défendus. La France tente même de mettre encore en œuvre certains projets économiques à caractère impérialiste.

I. Les nouvelles voies de la sécurité française

A. Le projet français de constitution pour l'Allemagne

Le premier domaine dans lequel les Français infléchissent leur politique allemande est celui des institutions pour la nouvelle Allemagne. Dès la fin de l'été 1946, Paris réfléchit à son organisation future[1]. Après plusieurs mois de réflexions et de travaux, les services du Quai d'Orsay publient, en janvier 1947, deux mémorandums sur l'organisation constitutionnelle de l'Allemagne qui sont remis aux trois autres puissances occupantes[2]. Le contenu de ces mémorandums traduit une évolution sensible par rapport à la politique adoptée par la France depuis le début de l'occupation et fixée par le mémorandum du 14 septembre 1945[3]. Le nouveau projet, qui se veut constructif, propose la constitution d'une Allemagne fédérale.

---

1 Maelstaf, G., *Que faire de l'Allemagne ? Les responsables français, le statut international de l'Allemagne et le problème de l'unité allemande (1945-1955)*, Paris, ministère des Affaires étrangères, direction des Archives, 1999, p. 53-60.

2 Le premier est consacré à l'organisation provisoire de l'Allemagne, le second à l'organisation constitutionnelle de l'Allemagne : textes publiés dans *Documents français relatifs à l'Allemagne (août 1945-février 1947)*, Paris, Imprimerie nationale, 1947, p. 42-56.

3 Mémorandum français relatif « aux principes politiques qui devraient présider au traitement de l'Allemagne dans la période du contrôle et au problème des frontières de l'Allemagne », communiqué aux Alliés à l'occasion du conseil des ministres des Affaires étrangères tenu à Londres en septembre et octobre 1945, *Documents français relatifs à l'Allemagne, op. cit.*, p. 13-15.

Paris tire ainsi les leçons des échecs enregistrés par la diplomatie française depuis septembre 1945 sur les questions de la Ruhr et de la Rhénanie. Le gouvernement français réagit aussi aux initiatives anglo-américaines depuis l'été 1946. Il s'inquiète notamment des conséquences que fait peser la formation de la Bizone sur l'organisation future de l'Allemagne. Les décideurs français considèrent que les déclarations de Byrnes à Stuttgart, en septembre 1946, et de Bevin devant la Chambre des Communes, en octobre, sont lourdes de menaces. Ils redoutent que les Anglo-Américains créent en Bizone une sorte de noyau de gouvernement central qui faciliterait ensuite la reconstitution d'une Allemagne centralisée et unitaire, porteuse, à leurs yeux, de tous les dangers[4]. Soucieux de proposer une alternative aux projets anglo-américains qui puisse être examinée lors de la conférence de Moscou, en mars-avril 1947, au cours de laquelle l'organisation future de l'Allemagne doit être discutée, les Français remettent leurs mémorandums aux délégations alliées dès le mois de janvier 1947.

1. La philosophie du projet français

Les principales ruptures qu'induit le mémorandum du 17 janvier 1947 viennent de ce que la France renonce, semble-t-il[5], à une politique exclusivement négative, symbolisée par le détachement de la Ruhr et de la Rhénanie, et propose un projet constructif visant à la constitution d'une Allemagne fédérale, au sein de laquelle la Ruhr et la Rhénanie sont réintégrées[6].

Pour le reste, le mémorandum français a surtout été pensé en fonction des garanties de sécurité pour la France. Celles-ci seront d'autant plus élevées que les États allemands disposeront d'un maximum d'indépendance et de pouvoirs tandis que le rôle des instances fédérales serait, à l'inverse, réduit au minimum. Paris estime en effet que ces dernières constituent les ferments du centralisme, c'est-à-dire d'une renaissance du danger allemand. Aussi le mémorandum français est-il en réalité porteur d'un projet qui s'apparente beaucoup plus à la constitution d'une confédération des États allemands qu'à celle d'une Allemagne fédérale. Aux yeux des Français, cette confédération serait triplement avantageuse : elle garantirait l'autonomie régionale, source d'affaiblissement du pouvoir central ; elle favoriserait les tendances particularistes ; fondée sur des Länder, constitués en fonction de leur viabilité économique, elle interdirait enfin que l'unité allemande puisse se reconstituer autour d'un État dominant, comme cela avait été le cas avec la Prusse au XIXe siècle.

---

4 Maelstaf, G., *Que faire de l'Allemagne ? op. cit.*, p. 56-59.

5 Voir *infra*.

6 Maelstaf, G., *Que faire de l'Allemagne ? op. cit.*, p. 54.

Loin d'être uniquement constructif, le projet révèle clairement certaines arrière-pensées françaises. Le confédéralisme projeté ferait de l'Allemagne une puissance diplomatique et militaire affaiblie. Il serait ainsi le gage d'un certain désordre de l'Allemagne et, par voie de conséquence, assurerait la sécurité française sur ses frontières à l'est. Certains décideurs voient même dans ce confédéralisme la possibilité pour la France d'exercer une forme de protectorat discret sur les Länder du sud-ouest de l'Allemagne[7].

Rédigé en fonction de ces principes, le mémorandum français prévoit une décentralisation maximale de l'Allemagne sur les plans politique et économique.

2. L'organisation politique de l'Allemagne

Dans le domaine politique, la prépondérance accordée aux Länder se traduirait par la faiblesse des pouvoirs fédéraux, qui seraient privés « de deux attributs essentiels dans l'histoire constitutionnelle de l'Allemagne, à savoir le chancelier et le *Reichstag* élu au suffrage universel »[8].

Dans le projet français, le pouvoir exécutif reviendrait au chef de l'État. Mais comme celui-ci serait élu, pour un an seulement, par la Chambre des États, il ne serait pas à même de personnifier la réalité du pouvoir et de créer, dans la durée, une forte cohésion de l'exécutif autour de lui. Ses domaines de compétence seraient par ailleurs considérablement réduits par rapport aux prérogatives qu'il exerçait sous la République de Weimar[9]. Contrairement à ce qui se passait alors, le gouvernement ne serait pas non plus collégialement responsable devant la Chambre, chaque ministre l'étant individuellement, ce qui affaiblirait d'autant la solidarité gouvernementale[10]. L'organisation du pouvoir exécutif selon le mémorandum français vise donc à renforcer le caractère confédéral du régime et à le priver de tout ce qui faisait de la République de Weimar un système présidentiel[11].

Au niveau législatif, les Français écartent la formation d'une chambre sur le modèle du Reichstag, élue au suffrage universel direct. Ce mode de scrutin risquerait en effet de la voir supplanter la Chambre des États. Son existence favoriserait par ailleurs les tendances unitaires et le sentiment d'appartenance nationale[12]. Dans le projet français, le Parle-

---

7 Maelstaf, G., *Que faire de l'Allemagne ? op. cit.*, p. 54-70.

8 *Ibid.*, p. 68.

9 *Ibid.* ; p. 67 ; mémorandum sur l'organisation constitutionnelle de l'Allemagne, cité en note 2, chapitre V, paragraphe A.

10 Mémorandum sur l'organisation constitutionnelle de l'Allemagne, cité en note 2, chap. V, paragraphe B.

11 Maelstaf, G., *Que faire de l'Allemagne ? op. cit.*, p. 67.

12 *Ibid.*, p. 63-64.

ment fédéral n'est constitué que d'une seule assemblée, la Chambre des États. Comme ses membres devraient être nommés par les gouvernements des Länder, on comprend aisément que le pouvoir législatif fédéral reviendrait en fait aux États, dont la prépondérance sur le Bund s'affirmerait d'autant[13].

Pour conforter l'attachement des citoyens aux Länder, les Français introduisent enfin un système de double nationalité, d'après lequel la citoyenneté des Länder primerait sur la citoyenneté allemande, celle-ci découlant de celle-là[14].

3. Les implications économiques

En matière économique, la décentralisation pose de nombreux problèmes. Dans une économie de pénurie, l'absence de direction centralisée pourrait en effet accroître les difficultés existantes. Paris pense que la « dispersion excessive des pouvoirs entre les provinces allemandes [risque], à une époque où la situation de l'Allemagne comme les obligations qui lui sont imposées implique un dirigisme assez étroit, de créer au centre de l'Europe des troubles sociaux, d'enrayer le mécanisme des réparations et d'entraver la reprise économique »[15]. Mais une trop forte centralisation économique conduirait à l'inverse à une forme d'unité politique qui n'est, aux yeux des Français, pas souhaitable. Il convient donc de proposer un système intermédiaire qui confère des responsabilités à l'État fédéral pour les questions communes, dépassant le cadre étroit des Länder, tout en garantissant le maximum d'indépendance et de pouvoirs aux États pour toutes les autres questions.

Le mémorandum français prévoit ainsi la création de ministères fédéraux pour les finances, le ravitaillement, les transports ainsi que les postes et télécommunications. Dans tous ces cas cependant, les départements fédéraux n'auraient en charge que les questions interétatiques, les États restant compétents pour toutes les questions relevant uniquement des Länder[16].

Les Français refusent par contre la constitution de certains ministères : Économie, Agriculture ou Travail. Leurs compétences, qui dépas-

---

13 Mémorandum sur l'organisation constitutionnelle de l'Allemagne, cité en note 2, chapitre V, paragraphe C.

14 *Ibid.*, chapitre III.

15 Note sur les « conditions d'un fédéralisme allemand », sans auteur, sans date, adressée le 28 novembre 1946 à toutes les divisions du GFCC, AOFAA, C. 2872 p. 2 d. 31. Geneviève Maelstaf, qui cite aussi cette note, l'attribue aux services économiques de l'administrateur général Laffon : Maelstaf, G., *Que faire de l'Allemagne ? op. cit.*, p. 64 et note 4 p. 64.

16 Mémorandum sur l'organisation constitutionnelle de l'Allemagne, cité en note 2, chapitre VI, paragraphe A.

sent naturellement les strictes questions de coordination, risqueraient d'accroître les tendances centralisatrices et favoriseraient par conséquent l'union politique de l'Allemagne.

Les Français craignent par exemple que les compétences du ministère de l'Économie en matière de planification et de répartition des sources d'énergie et des matières premières ne le conduisent à empiéter sur les responsabilités des Länder, marginalisant ainsi le rôle des pouvoirs locaux[17]. À l'inverse, privé de ministère de l'Économie, l'État fédéral, serait affaibli vis-à-vis des Länder[18]. Du point de vue de la sécurité à long terme, l'objectif est plus ambitieux encore. La décentralisation de l'économie allemande, à laquelle l'absence de ministère fédéral de l'Économie concourrait, devrait contribuer à la destruction de l'appareil de planification économique allemand, que le général Juin considère comme une véritable machine de guerre[19]. Ainsi réduite à la somme des économies de ses Länder, l'économie allemande serait affaiblie et améliorerait la position relative de la France. Pour Juin, « l'intérêt n'en [serait] pas négligeable car la sécurité est en fin de compte une fonction directe du rapport des forces en présence »[20]. Les Français écartent aussi la création du ministère du Travail, de peur qu'elle ne conduise quasi automatiquement à la constitution de syndicats au niveau fédéral, ce qui favoriserait l'unité politique[21].

Dans ces domaines, Paris recommande que la coordination au niveau fédéral soit assurée par un simple conseil fédéral, composé des ministres compétents des différents Länder et décidant à la majorité[22]. En faisant des États les principaux acteurs de ces conseils fédéraux, Paris tient à conforter leurs pouvoirs dans des domaines où les instances fédérales risqueraient à terme de s'imposer aux Länder.

Comme les moyens financiers dont disposera l'État fédéral sont déterminants pour le triomphe du centralisme ou du fédéralisme, Paris voudrait réglementer aussi avec précision le système d'imposition allemand. Les Français proposent une transformation radicale de la fiscalité en vigueur sous la République de Weimar. L'État fédéral qui disposait

---

17 Tél. de Sauvagnargues, membre du CGAAA, à Leroy-Beaulieu, chef de la division finances au GFCC, et à Filippi, 7 décembre 1946, AOFAA, AEF 370/1 ; mémorandum sur l'organisation constitutionnelle de l'Allemagne, cité en note 2, chapitre VI, paragraphe A.

18 Tél. de Filippi à CGAAA, 16 décembre 1946, AMAE, Y 1944/49, t. 370.

19 « Note particulière relative au niveau de l'industrie allemande », EMDN, 4e section, Alphonse Juin, 29 janvier 1947, AMAE, Y 1944/49, t. 371.

20 *Ibid.*

21 Maelstaf, G., *Que faire de l'Allemagne ? op. cit.*, p. 66.

22 Mémorandum sur l'organisation constitutionnelle de l'Allemagne, cité en note 2, chapitre VI, paragraphe A.

alors du produit global des impôts directs, dont il redistribuait ensuite une partie aux Länder[23], verrait ses ressources cantonnées au seul revenu des impôts indirects et douaniers. Les États lui verseraient également une contribution, mais celle-ci serait fixée annuellement par la Chambre[24]. Une nouvelle fois, les Français veillent donc à inverser les rapports de force entre les Länder et l'État fédéral. Contrairement à ce qui prévalait par le passé, c'est désormais ce dernier qui devrait être placé en situation de dépendance vis-à-vis des Länder[25].

B. La révision du désarmement économique de l'Allemagne : entre allègements et intransigeance[26]

Ce projet constitutionnel, à vocation politique, est complété à la fin du mois de janvier 1947 par de nouvelles directives en matière de désarmement économique, destinées à permettre la révision du plan pour le niveau de l'industrie adopté en mars 1946. La nécessité de cette révision est évoquée par les Américains au Conseil de contrôle depuis le mois d'octobre 1946[27]. Aussi, dans la perspective de la conférence de Moscou et de la discussion du traité de paix, les Français créent-ils une commission chargée d'élaborer la nouvelle doctrine française en matière économique[28]. Présidée par Hervé Alphand et composée des représentants de divers ministères[29], la commission rend ses conclusions à la fin du mois de janvier 1947[30]. Adoptées par le gouvernement[31], elles sont

---

23 Maelstaf, G., *Que faire de l'Allemagne ?*, *op. cit.*, p. 65.

24 Mémorandum sur l'organisation constitutionnelle de l'Allemagne, cité en note 2, chapitre VI, paragraphe A, point 3.

25 *Ibid.*

26 Sur les différents points développés ci-dessous, voir Bitsch, M.-Th., « Un rêve français : le désarmement économique de l'Allemagne (1944-1947), in *op. cit.*, p. 325-328.

27 Note sur « la révision du plan du niveau de l'industrie », GFCC, DIVPI, Robert de Boysson, 20 octobre 1946, SHAT, 4 Q 98 dossier 2 ; note relative à la « mission à Berlin et à Baden-Baden du capitaine Chantegrell du 4 au 9 décembre 1946 », GPRF, EMDN, 4e section, 12 décembre 1946, SHAT, 4 Q 98 dossier 2.

28 Sur l'existence de la commission, courrier du MAE au ministère des Finances, 27 février 1947, SAEF, B 8786.

29 Nous n'avons retrouvé aucun document sur le travail de la commission. Par recoupement de notes diverses, il apparaît que les ministères des Affaires étrangères et des Finances et l'état-major de la défense nationale ont, de façon certaine, participé aux travaux de la commission. La participation d'autres ministères – Production industrielle, Travail, etc. – est probable mais non avérée.

30 « Note a/s du règlement de paix avec l'Allemagne. Position générale », MAE, dir. éco., 22 février 1947, SAEF, B 8786.

31 C'est ce que confirment des notes postérieures de l'EMDN : étude sur « le relèvement éventuel du potentiel industriel de l'Allemagne », présidence du Conseil,

complétées, en février et en mars, par toute une série d'études sectorielles[32].

Le nouveau projet français est très ambivalent. La sécurité continue de primer. Les documents dressent la liste des interdictions et limitations de production qui devraient être imposées à l'Allemagne pour assurer la sécurité. Mais Alphand et ses collègues avancent aussi des mesures novatrices, au premier rang desquelles figurent la déconcentration des entreprises et l'émigration de la population allemande. Pour autant, les directives sont loin d'être uniquement punitives. Les interdictions et limitations font l'objet d'allègements importants. Surtout, le nouveau projet français se distingue des précédents par une approche beaucoup plus constructive de la sécurité future[33].

1. Une approche plus constructive des questions économiques et du rôle de l'Allemagne en Europe

À la fin 1946, les Français ont tiré les enseignements du plan pour le niveau de l'industrie adopté au mois de mars de la même année[34]. Les directives de janvier 1947 en reprennent les principes, parce qu'ils étaient fondés sur un impératif de sécurité. Mais, contrairement au plan de mars 1946, la nouvelle thèse française propose un ensemble économique cohérent, censé permettre à l'Allemagne d'assurer l'équilibre de son économie[35]. Il n'est donc plus question de lui imposer des limitations et des interdictions de production qui constitueraient une charge insupportable pour son économie[36]. Les vérifications de détail, coûteuses et inefficaces, sont également proscrites au bénéfice de contrôles portant sur des industries de base et réalisables dans de bonnes conditions[37]. Enfin, l'abaissement excessif du niveau de vie de l'Allemagne n'est plus d'actualité.

Avec l'expérience de l'occupation, les Français sont au contraire conscients que le niveau de vie des Allemands doit être relevé. Désor-

---

EMDN, 1re et 4e sections, 29 juillet 1947, SHAT, 4 Q 11 dossier 6. La note définitive relative « au règlement de paix avec l'Allemagne » date du 25 février 1947.

32 Le dossier préparé par les experts français en vue de la conférence de Moscou comprend seize études, toutes consultables dans AMAE, Y 1944/49, t. 371.

33 Marie-Thérèse Bitsch a déjà pointé le caractère ambivalent des directives françaises dans, « Un rêve français : le désarmement économique de l'Allemagne (1944-1947 », in *op. cit.*, p. 325-327.

34 Note de Robert de Boysson, 20 octobre 1946, citée en note 27 ; courrier de Koenig à Juin, chef de l'EMDN, 6 décembre 1946, SHAT, 4 Q 98 dossier 2.

35 Note de Robert de Boysson, 20 octobre 1946, citée en note 27.

36 *Ibid.* ; note a/s du règl. de paix avec l'Allemagne, 22 février 1947, citée en note 30.

37 Cf. deux notes citées ci-dessus ; courrier de Koenig au chef de l'EMDN relatif au « plan de désarmement industriel de l'Allemagne », 6 décembre 1946, SHAT, 4 Q 98 dossier 2.

mais, la sécurité ne s'oppose plus à la prospérité : « la paix ne pourrait être solidement établie si le Traité imposait à l'Allemagne des conditions ne permettant pas d'assurer à son peuple un minimum décent d'existence »[38]. Tous les ministères sont favorables à l'accroissement du niveau de vie des Allemands à condition qu'il ne mette pas en péril la sécurité française[39].

Cette double nécessité conduit les Français à lier le règlement du problème allemand à la question plus générale de la reconstruction européenne[40]. Les atouts de l'Allemagne – sa position géographique, ses ressources industrielles et minières, sa démographie – en font un élément essentiel du relèvement du continent. D'un autre côté, le niveau de vie de l'Allemagne ne sera pas assuré si elle n'obtient pas la possibilité d'exporter ses produits industriels[41]. La thèse française prévoit par conséquent de faciliter, sous le contrôle allié, l'intégration de l'Allemagne aux courants d'échanges internationaux. Cette réintégration de l'Allemagne dans le concert des nations supposera évidemment que le futur gouvernement allemand soit guidé par un esprit de coopération internationale et par le souci de maintenir la paix. L'Allemagne devra aussi abandonner les méthodes de concurrence déloyale pratiquées par le IIIe Reich et libéraliser son système douanier. Selon les Français, la réussite du projet dépendra également de la capacité qu'auront les pays européens et les États-Unis à conjuguer leurs efforts. « C'est du maintien de cette volonté commune, plus même que des clauses du règlement à intervenir, que dépend – l'histoire l'a prouvé – la paix du monde »[42]. Forts de ces garanties, les Français considèrent que leur projet permettra le développement de bonnes relations entre l'Allemagne et ses voisins européens. Malgré ces déclarations d'intention, les mesures concrètes qu'ils préconisent n'en restent pas moins, pour certaines d'entre elles, très coercitives.

---

38 Note a/s du règl. de paix avec l'Allemagne, 22 février 1947, citée en note 30.

39 C'est notamment le cas de l'EMDN bien qu'il reste le défenseur de la plus sévère des politiques : « note particulière relative au niveau de l'industrie allemande », présidence du Conseil, EMDN, 4e section, Alphonse Juin, 29 janvier 1947, AMAE, Y 1944/49, t. 371.

40 Note de Robert de Boysson, 20 octobre 1946, citée en note 27 ; note a/s du règl. de paix avec l'Allemagne, 22 février 1947, citée en note 30.

41 À propos des dangers que représentent les exportations allemandes, Robert de Boysson fait remarquer : « le drame est que les industries exportatrices anciennes allemandes sont très dangereuses du point de vue sécurité et que celles que l'on pourrait laisser se développer sans danger sont des industries légères dont certaines concurrencent directement les exportations françaises » ; note de Robert de Boysson, 20 octobre 1946, citée en note 27.

42 Note a/s du règl. de paix avec l'Allemagne, 22 février 1947, citée en note 30.

2. *Les interdictions et limitations de production*

Les Français recommandent trois types de mesures : les prohibitions, les limitations définitives et les limitations temporaires, ces dernières constituant une nouveauté. Pour les deux premières, les hauts fonctionnaires français se fondent, pour l'essentiel, sur le plan de mars 1946 pour élaborer leurs nouvelles propositions.

Les interdictions de production reprennent dans l'ensemble celles prévues en 1946. Certains allègements sont toutefois perceptibles. Ainsi l'interdiction du béryllium et du vanadium n'est plus exigée[43]. Les militaires français sont même disposés à revenir sur l'interdiction de la production d'aluminium[44]. La prohibition de la construction de navires de mer est maintenue, mais des exceptions sont faites pour les bateaux de pêche et de cabotage[45]. Désormais, seule l'interdiction de fabriquer des tracteurs à chenilles, c'est-à-dire *in fine* des chars d'assaut[46], est demandée. Les progrès scientifiques incitent par contre les Français à ajouter à la liste de mars 1946 les tubes à vide et les verres d'optique bruts[47].

La limitation définitive de la production d'acier apparaît aux Français comme la plus essentielle de toutes. Aussi ne reviennent-ils pas sur le plafond de production, fixé en mars 1946 à 7,5 millions de tonnes par an. Mais ils augmentent en revanche le niveau de sa consommation, qui passe à 8,5 millions de tonnes[48]. Grâce au maintien de la stricte limitation de la production et de la consommation d'acier, ils prévoient de renoncer à toute une série de limitations draconiennes des industries de transformation mécaniques, électriques et chimiques. Les limitations prévues par le plan de mars 1946 ne sont retenues que pour certains métaux, les engins de forage et les laminoirs.

Les Français prévoient enfin une nouvelle catégorie de limitation de production, qui ne serait que temporaire. Elle concernerait certains secteurs des industries mécaniques et électriques qui n'étaient visés ni par les interdictions ni par les limitations permanentes du plan de mars 1946. L'objectif est double. Il s'agit d'une part d'obtenir de nouvelles réparations sous forme d'usines ou d'outillages, dont les transferts aux

---

43 *Ibid.*

44 Note de Juin, 29 janvier 1947, citée en note 39.

45 Note a/s du règl. de paix avec l'Allemagne, 22 février 1947, citée en note 30.

46 *Ibid.* ; « note sur la prohibition des tracteurs à chenilles », ministère de la Guerre, DEFA, 11 juillet 1947, SHAT, 4 Q 98 dossier 2.

47 Note a/s du règl. de paix avec l'Allemagne, 22 février 1947, citée en note 30. Même avec le développement des radars, l'optique reste essentielle aux activités de défense : « note sur la prohibition du verre d'optique brut », ministère de la Guerre, DEFA, 11 juillet 1947, SHAT, 4 Q 98 dossier 2.

48 Note a/s du règl. de paix avec l'Allemagne, 22 février 1947, citée en note 30.

nations récipiendaires seraient accélérés grâce à des procédures d'exécution simplifiées. Ces réparations contribueraient d'autre part à « éviter que le relèvement de l'Allemagne ne se fasse à un rythme plus rapide que celui des pays qui ont été les victimes de son agression »[49]. Mais une fois la période de limitation expirée, les Allemands seraient à nouveau libres de développer ces industries comme bon leur semblerait[50].

3. Les mesures de déconcentration

Ce ne sera pas le cas des *Konzerne* et des trusts allemands qui devraient faire l'objet de mesures de déconcentration et de décartellisation. Ces dernières constituaient en 1945 l'un des principaux buts de la politique interalliée en Allemagne. La Charte des Nations unies et les accords de Potsdam y font clairement référence. L'objectif poursuivi est l'élimination des concentrations excessives de la puissance économique allemande, qu'il s'agisse de *Konzerne*, de trusts, de cartels ou de tout accord à caractère monopolistique[51]. Dès le début de l'année 1946, les Alliés créent un groupe de travail sur la décartellisation, chargé d'en fixer les modalités[52]. Mais en janvier 1947, le groupe se sépare sans qu'un accord quadripartite ait pu être trouvé. Les conceptions des occupants divergent en effet tant sur le degré d'interdiction des cartels[53], le mode de détermination des groupes industriels à déconcentrer[54] que sur les pouvoirs des commandants de zone dans l'exécution de la loi[55].

49 *Ibid.* Les Français prévoient des allègements de limitation dans les branches suivantes : machines-outils ; cokéfaction ; chlore ; acide sulfurique ; carbure de calcium ; ammoniaque de synthèse ; nickel ; raffinage du pétrole ; distillation du goudron ; électricité (puissance installée) ; métaux frittés.

50 Note a/s du règl. de paix avec l'Allemagne, 22 février 1947, citée en note 30.

51 « Fiche sur la déconcentration de l'économie allemande », sans auteur, sans date (postérieure au 15 septembre 1947), AOFAA, AAA 1418/2.

52 « La décartellisation. Exposé des décisions et des mesures prises sur la plan quadripartite et sur le plan unilatéral », GFCC, division économie générale, service des études économiques, décartellisation, 31 janvier 1947, AOFAA, AAA 1418/3.

53 *Ibid.* Initialement, un projet tripartite franco-américano-soviétique, qui interdit tout cartel allemand et toute participation allemande à des cartels internationaux, s'oppose au projet britannique, qui est moins absolu. À partir de septembre 1946, les positions évoluent. Les Britanniques se rapprochent des Américains tandis que les Français s'opposent à la suppression des cartels intérieurs tant qu'ils n'auront pas été remplacés par des plans de répartition.

54 *Ibid.* Les Trois – États-Unis, France, Union soviétique – préconisent de dresser dans l'immédiat une liste aussi complète que possible des groupes de sociétés à déconcentrer. Pour l'avenir, ils désirent fixer des critères – nombre d'employés (plus de 10 000), pourcentage de la production allemande de la firme (plus de 30 %), actif total (50 000 000 Reichsmarks) – qui rendraient automatique la déconcentration des entreprises.

55 *Ibid.* Les Français et les Américains « demandent que l'application de la loi ne soit pas laissée à la discrétion des commandants de zone, mais qu'un organisme quadri-

Ces désaccords renvoient en fait à deux positions diamétralement opposées. Les Britanniques freinent la déconcentration, dont ils tentent de réduire la portée, parce que 60 % des entreprises concernées se trouvent en ZBO. Les trois autres occupants, particulièrement les Français, y sont favorables. Ils sont peu concernés par ces mesures – 20 % des affaires à déconcentrer se trouvent en ZSO, 15 % en ZAO et 5 % seulement en ZFO – qui risquent de remettre en cause l'équilibre économique de chaque zone. En d'autres termes, la déconcentration de l'économie allemande assurerait la sécurité à tous mais serait supportée, pour l'essentiel, par l'économie de la zone britannique. Au début de l'année 1947, les travaux interalliés sur la déconcentration sont donc dans l'impasse. Mais dans la perspective de la conférence de Moscou, les Quatre relancent les travaux du groupe de travail et le chargent de rédiger un rapport quadripartite sur ces questions[56].

Ce contexte difficile et incertain explique que les propositions françaises de janvier 1947 restent très générales. Dans ses directives, Paris met une nouvelle fois en avant les questions de sécurité. Les *Konzerne* et les trusts allemands, « dont les moyens d'études et les ressources financières ont si efficacement contribué à la mobilisation allemande », doivent faire l'objet de procédures de déconcentration et de décartellisation[57]. Les Français optent par conséquent pour l'automaticité des mesures pour les entreprises « contrôlant directement ou indirectement plus d'un pourcentage donné de la production totale ou de l'activité économique dans une branche particulière d'industrie ou employant directement ou indirectement plus d'un certain nombre de personnes »[58]. Les Français interdisent également les cartels, mais ils autorisent les ententes libres entre producteurs, à condition que celles-ci visent simplement à organiser les marchés sans toutefois créer de comptoirs de vente. Ils demandent surtout que le futur gouvernement fédéral et les gouvernements des Länder concernés approuvent le statut international du Rhin et qu'ils exécutent les travaux décidés par la Commission internationale pour la navigation sur le Rhin. Ils considèrent aussi que la flotte rhénane allemande devra être limitée à un million de tonnes et que la vente du

partite responsable de la décision de plans d'ensemble (une commission de décartellisation dépendant du DECO) coordonne l'action des différents commandants de zone ». Les Britanniques et, dans une moindre mesure, les Soviétiques « ne veulent donner à cette commission qu'un rôle consultatif laissant aux commandants de zone tous pouvoirs de décisions et d'exécution ».

56 La décartellisation. Exposé des décisions, 31 janvier 1947, cité en note 52.

57 Note a/s du règl. de paix avec l'Allemagne, 22 février 1947, citée en note 30.

58 *Ibid.* On notera que les Français ne chiffrent ni le pourcentage de la production contrôlé par une firme, ni le nombre de ses employés, au-delà desquels la déconcentration devrait être automatique.

charbon de la Ruhr, qui représente les deux tiers du fret transporté sur le fleuve, ne soit pas le monopole de firmes allemandes[59].

4. L'émigration de la population allemande

Pour que les mesures de désarmement économique aient une chance d'être effectivement appliquées, les Français considèrent, en 1947, qu'il est impératif d'organiser l'émigration systématique d'une partie de la population allemande[60]. L'idée n'est pas neuve. Elle est évoquée pour la première fois dès l'hiver 1945-1946[61]. Certains hauts fonctionnaires de la zone française s'inquiètent alors de l'accroissement de la population allemande (estimée entre 68 et 70 millions d'habitants) sur un territoire par ailleurs réduit[62]. L'Allemagne, devenue le pays le plus densément peuplé d'Europe (180 à 200 habitants au km²), constitue une menace sérieuse pour la paix[63]. La surpopulation allemande aura en effet, de l'avis des experts, des conséquences désastreuses. Soit les Alliés, désireux d'assurer aux Allemands un niveau de vie convenable, renonceront aux mesures de désarmement économique et le danger allemand renaîtra rapidement, soit une part importante de la population allemande, qui ne trouvera pas à s'employer, sera plongée dans la misère et deviendra « une proie facile pour une nouvelle *Weltpolitik* »[64].

Prévenir cette évolution implique d'empêcher « par tous les moyens le maintien du surpeuplement actuel de l'Allemagne »[65]. À cet effet, les Français envisagent deux politiques distinctes, qui devraient être mises en œuvre simultanément. La première agirait sur la démographie allemande. La diffusion d'une propagande encourageant le contrôle des naissances et le maintien hors d'Allemagne de plusieurs millions de prisonniers de guerre devrait ralentir la natalité. L'effet combiné de cette baisse des naissances et d'une mortalité restée élevée conduirait, sur 10 ans, à une diminution de la population allemande d'environ 5 millions de personnes. Mais c'est une politique d'émigration qui permettrait de

---

59 *Ibid.*

60 *Ibid.* ; note sur « l'émigration de la population allemande », sans auteur (MAE), 1er mars 1947, AMAE, Y 1944/49, t. 370.

61 « Étude sommaire sur les conséquences économiques de l'accord de Potsdam », GFCC, DEF, Roger Humbert, 28 décembre 1945, AOFAA, c. 112 d. ECO I A 2a ; note sur « le problème démographique allemand – solution possible », GMZFO, DGAA, 4 janvier 1946, AMAE, NU-OI, t. 45.

62 Cf. les deux notes citées ci-dessus. Les populations allemandes expulsées ou déplacées provenant des anciens territoires allemands annexés par la Pologne, la Tchécoslovaquie, l'Autriche et la Hongrie sont alors estimées à 6,65 millions de personnes.

63 Étude sommaire de Roger Humbert, 28 décembre 1945, et note sur le problème démographique, 4 janvier 1946, citées en note 61.

64 Note sur le problème démographique, 4 janvier 1946, citées en note 61.

65 *Ibid.*

remédier le plus efficacement à la surpopulation de l'ancien Reich. Au sortir de la guerre, les chances de réussite de cette politique paraissent sérieuses. Désireux d'avoir un niveau de vie plus élevé, les Allemands émigreront facilement. Le contexte politique semble également favorable au projet français. En l'absence d'État allemand, les Alliés pourront organiser librement les modalités de cette politique d'émigration. C'est pourquoi les premières études espèrent que 8 à 13 millions d'habitants seront susceptibles de quitter l'ancien Reich[66].

Dans les directives de 1947, seule la politique d'émigration a été retenue. Les considérations de sécurité, toujours prédominantes, se conjuguent alors avec des préoccupations économiques. Le départ d'un million d'Allemands permettrait d'alléger la balance des comptes de l'Allemagne de 180 millions de Reichsmarks[67]. Mais, aussi intéressante que soit cette politique, sa mise en œuvre s'annonce délicate. Elle suppose en effet la création, au niveau international, d'une organisation chargée de prospecter en Allemagne, de recruter les volontaires et d'assurer, d'un point de vue financier, les transferts des populations. Pour fonctionner, cette organisation devrait être dotée de moyens importants que lui octroieraient les pays membres. Bref, sa constitution prendra du temps. Il faudra aussi compter avec les pays qui, pour des raisons économiques, seraient prêts à encourager l'immigration allemande mais qui la rejetteront parce que leurs populations seront opposées à l'arrivée d'Allemands[68]. Les chances de succès s'annoncent donc ténues[69]. Malgré ces réserves, les directives françaises recommandent que la France donne l'exemple en facilitant immédiatement l'immigration de près d'un million d'Allemands[70].

Au total, il apparaît que la sécurité continue d'être le principal objectif des Français. Les projets ne sont plus exclusivement punitifs. Dans les domaines politique et économique, la politique constructive prend désormais une place non négligeable même si les dispositions négatives restent très présentes. Les changements, quoique modestes, n'en sont pas moins perceptibles.

---

66 Étude sommaire de Roger Humbert, 28 décembre 1945, et note sur le problème démographique allemand, 4 janvier 1946, citées en note 61 ; note de Robert de Boysson, 20 octobre 1946, citée en note 27.

67 Note a/s du règl. de paix avec l'Allemagne, 22 février 1947, citée en note 30.

68 Note sur l'émigration de la population allemande, sans auteur, 1er mars 1947, citée en note 60.

69 Note de Robert de Boysson, 20 octobre 1946, citée en note 27.

70 Note a/s du règl. de paix avec l'Allemagne, 22 février 1947, citée en note 30.

II. La difficile reprise des relations économiques franco-allemandes

Après 1945, ce rétablissement n'est pas facile[71]. L'ancien Reich n'est plus considéré comme un partenaire commercial ordinaire. Les lois édictées par les Alliés, puis par le Conseil de contrôle, interdisent toute transaction entre l'Allemagne et l'étranger. Ces règlements s'appliquent en ZFO, où les services français exercent un monopole sur le commerce extérieur[72]. Par conséquent,

> l'administration militaire de la zone [est] toujours interposée entre le fournisseur et le client, qu'il s'agisse d'exportation ou d'importation. Cette nécessité de passer par l'entremise d'une administration manquant de traditions, souvent incompétente et toujours bureaucratique, [rend] les affaires difficiles. Les industriels et commerçants français ne [cessent] de demander le rétablissement de contacts directs sous le contrôle de l'administration de la ZFO[73].

Les industriels dépendent aussi de ces services pour obtenir les devises nécessaires à l'organisation de voyages d'affaires, ces derniers étant également soumis à des autorisations accordées avec parcimonie[74]. La difficile reprise du commerce international ne fait qu'aggraver une situation déjà défavorable. La pénurie générale de devises, de denrées alimentaires, de matières premières et de produits de première nécessité conduit les autorités parisiennes à limiter les échanges entre la France et l'Allemagne aux stricts besoins nationaux. En outre, les plans semestriels d'importation réduisent quasiment à néant les possibilités qu'ont les entreprises françaises d'acheter en Allemagne des produits qui n'auraient pas été initialement prévus[75]. Malgré ces obstacles, les initiatives visant au rétablissement de relations économiques normales se multiplient, surtout à partir de 1947. Certaines émanent du monde de l'entreprise, d'autres de la sphère publique.

---

71 Poidevin, R., « Les conditions d'une difficile reprise des relations économiques après 1945 », in Wilkens, A. (Hrsg.), *Die deutsch-französischen Wirtschaftsbeziehungen*, *op. cit.*, 1997, p. 19.

72 Il s'agit de la loi n° 53 de SHAEF et de la décision n° 1 du Conseil de contrôle : Schaeffer, P.J., *L'Alsace et l'Allemagne de 1945 à 1949*, Metz, Centre de recherches relations internationales de l'Université de Metz, 1976, p. 214-215.

73 « Note confidentielle a/s des rapports entre la France et la zone française d'occupation en Allemagne (ZFOA) », André Jacquet, président de la CCI de Mulhouse, mai 1948, ACCIP, IX-2.00 (95).

74 Wilkens, A., « Verständigung von Wirtschaft zu Wirtschaft. Interessenausgleich zwischen deutscher und französischer Industrie 1947-1955 », in Wilkens, A. (Hrsg.), *Die deutsch-französischen Wirtschaftsbeziehungen*, *op. cit.*, p. 190.

75 Schaeffer, P.J., *L'Alsace et l'Allemagne*, *op. cit.*, p. 215.

A. Les initiatives des milieux d'affaires

Les projets des entrepreneurs français et allemands diffèrent tant par leurs contenus que par leurs motivations. Les industriels français, prudents et circonspects, accordent peu d'intérêt à l'Allemagne. Ils y privilégient des actions à court terme, souvent fondées sur leur statut de vainqueur. Les projets résolument tournés vers l'avenir sont rares. Les Allemands nourrissent des desseins beaucoup plus ambitieux, qui prévoient la constitution de coopérations poussées entre les entreprises des deux rives du Rhin.

1. L'intérêt limité des entrepreneurs français pour l'Allemagne[76]

Dans les premières années de l'après-guerre, le bilan des initiatives françaises s'avère médiocre. Il est vrai que les conditions ne sont guère favorables. L'absence d'une politique gouvernementale claire à l'égard de l'Allemagne et les incertitudes qui en résultent dans le domaine économique, notamment en matière de démontages, de réparations ou de rattachement économique, incitent les industriels à rester prudents. Ils craignent aussi que leurs investissements outre-Rhin ne soient pas profitables. Dans les milieux d'affaires, le souvenir des déboires consécutifs au blocage des avoirs et au gel des créances sur l'Allemagne en 1931 reste prégnant. Après 1945, la rigueur du contrôle des changes leur fait aussi craindre que les profits susceptibles d'être réalisés en Allemagne ne soient pas transférables en France. Les risques à investir outre-Rhin à fonds perdus agissent donc comme un frein puissant. Enfin, les entrepreneurs ne sont guère pressés de renouer avec les Allemands des relations commerciales sur un pied d'égalité. Le pillage de l'économie française sous l'Occupation est encore très présent dans les esprits. L'heure est plutôt à la revanche.

Aussi les industriels français privilégient-ils essentiellement des opérations leur permettant de profiter des richesses de la ZFO. Des missions, envoyées par des sociétés françaises, participent aux prélèvements unilatéraux en Allemagne. Les entreprises françaises dépêchent aussi des techniciens chargés de prendre connaissance des avancées technologiques – procédés de fabrication, brevets – des firmes concurrentes. La zone offre enfin à certaines branches industrielles des possibilités d'importation non négligeables. Dans le textile, dans l'horlogerie ou la taille des pierres précieuses, les industriels sont même épaulés par le ministère de l'Économie nationale pour mettre en place des procédures

76 Sauf mention contraire, les développements qui suivent sont entièrement redevables à Eck, J.-F., *Les entreprises françaises face à l'Allemagne*, *op. cit.*, p. 17-52.

de canalisation qui leur permettent de réexporter, avec certaines marges bénéficiaires, des produits allemands[77].

Au regard de ces pratiques prédatrices, les projets d'envergure, tournés vers l'avenir, sont d'autant plus rares qu'ils supposent la prise de certains risques. Ils impliquent aussi de bien connaître l'Allemagne. Dans ces conditions, rien d'étonnant à ce que les actions les plus ambitieuses émanent souvent d'entreprises alsaciennes. La Société anonyme d'industrie cotonnière, qui a son siège à Mulhouse, prend ainsi, en janvier 1947, des participations dans la Schwäbische Zellstof, installée à Ehingen, dans le Wurtemberg, qui fabrique de la cellulose. De son côté, la Société commerciale des potasses d'Alsace fonde, en novembre 1947, puis en avril 1948, deux sociétés – la Sarlasa, en Sarre, et la Badische Kaligesellschaft, à Buggingen, dans le pays de Bade – destinées à produire de la potasse. Dans ces deux cas, les investissements conséquents des firmes françaises répondent à des logiques industrielles. Par leurs acquisitions en Allemagne, elles cherchent à développer leurs activités traditionnelles et à accroître leur poids relatif dans la branche.

2. La dimension politique des projets industriels allemands

De leur côté, les initiatives allemandes ne se réduisent pas, la plupart du temps, à des considérations strictement économiques. Les propositions allemandes de coopération et d'association avec des firmes françaises ont évidemment pour objectif de relancer les relations commerciales franco-allemandes. Mais elles sont aussi censées protéger les usines allemandes, dont l'existence est menacée par diverses dispositions alliées.

Les groupes d'industriels de la Ruhr, qui rencontrent, en 1946 puis en 1947, des représentants de l'économie française, poursuivent assurément ce double objectif. Les Allemands cherchent alors à nouer avec leurs homologues français des formes d'association économique qui leur permettraient de freiner les démontages de certaines usines, de tourner les mesures de socialisation prévues par les autorités britanniques et d'interdire la déconcentration des grands groupes industriels de la Ruhr[78]. Pour ce faire, Robert Pferdmenges, banquier de Cologne, membre de la CDU et proche de Konrad Adenauer[79], propose en 1947 à

---

77 Pour le détail, voir *supra* chapitre V.

78 Wilkens, A., « Verständigung von Wirtschaft zu Wirtschaft. Interessenausgleich zwischen deutscher und französischer Industrie 1947-1955 », in *op. cit.*, p. 191 ; Bührer, W., « Wegbereiter der Verständigung. Deutsch-französische Industriellenkontakte 1947-1955 », in *Revue d'Allemagne et des pays de langue allemande*, n° 1, 1991, p. 75.

79 Deux industriels sont au courant de l'initiative de Robert Pferdmenges : Hermann Reusch, des Guttehoffnungshütte à Oberhausen, et Günter Henle, du Konzern Klöckner de Duisbourg, qui est également membre de la CDU : Bührer, W., « Wegbereiter

des représentants du groupe de Wendel et à Aloyse Meyer, des Aciéries réunies de Burbach-Eich-Dudelange (ARBED), de prendre des participations à hauteur de 50 % dans le capital de sociétés charbonnières et sidérurgiques de la Ruhr menacées par des mesures de déconcentration. Les Français déclinent l'offre[80]. Le projet d'accord n'en est pas moins révélateur des attentes allemandes.

D'autres initiatives ont, semble-t-il, pour principal objectif de proposer la participation d'entreprises allemandes à la reconstruction de l'Europe en constituant des associations économiques regroupant des entreprises de divers pays européens. Les promoteurs de ces projets d'avenir comptent ainsi préserver les installations industrielles allemandes des démontages et autres menaces qui pèsent sur elles. En octobre 1946, Max Thoenissen, administrateur-séquestre de la firme Buderus, qui fabrique, en zone américaine, des tuyaux de fonte, présente ainsi à Pierre Single, directeur de la filiale sarroise de Pont-à-Mousson, Halberger Hütte, « un mémoire sur "la participation de l'Allemagne à la reconstruction de l'Europe" préconisant la formation d'un Comptoir économique européen qui regrouperait autour de la France, dotée d'un rôle dominant, la future Allemagne et les pays du Benelux pour toutes les productions énergétiques et industrielles »[81]. Mais les cadres français de Pont-à-Mousson considèrent l'offre allemande avec méfiance : d'abord parce que les opinions publiques française et belge, marquées par la guerre, ne leur semblent pas prêtes à accueillir favorablement un projet de coopération européenne avancé par l'Allemagne ; ensuite parce que le président du groupe Pont-à-Mousson, André Grandpierre, voit surtout dans cette proposition une manière pour l'Allemagne de faire payer ses réparations par les Européens. Bref, l'offre de Thoenissen est rejetée. En février 1948, il s'en ouvre à nouveau à des industriels français lors d'un voyage à Paris avec, semble-t-il, plus de succès[82].

Force est cependant de constater que les initiatives privées, qu'elles émanent de France ou d'Allemagne, demeurent assez médiocres. En 1947-1948, l'expérience de la guerre reste également très présente dans les projets des milieux d'affaires. Des deux côtés du Rhin, les arrière-pensées, qu'il s'agisse de profiter d'une situation de domination pour les Français ou de se protéger contre les risques de démontage pour les Allemands, semblent primer sur une réelle volonté de coopération

---

der Verständigung. Deutsch-französische Industriellenkontakte 1947-1955 », in *op. cit.*, p. 75.

80 Bührer, W., « Wegbereiter der Verständigung. Deutsch-französische Industriellenkontakte 1947-1955 », in *op. cit.*, p. 75.

81 Eck, J.-F., *Les entreprises françaises face à l'Allemagne*, *op. cit.*, p. 48.

82 *Ibid.*, p. 48-49 ; Wilkens, W., « Verständigung von Wirtschaft zu Wirtschaft. Interessenausgleich zwischen deutscher und französischer Industrie 1947-1955 », *op. cit.*, p. 193-194.

économique. Ces arrière-pensées conditionnent aussi les projets élaborés dans les sphères publiques.

B. Les initiatives des organismes gouvernementaux

L'une provient, dès le début de l'année 1946, de l'embryon de gouvernement allemand du *Land* de Rhénanie-Hesse-Nassau. Les deux autres, françaises, sont plus connues. La première d'entre elles découle de l'initiative que prennent les chambres de commerce et d'industrie du Rhin et de la Moselle pour organiser le commerce frontalier avec les régions allemandes voisines. L'autre, encouragée et soutenue par les milieux gouvernementaux français, conduit à la création de l'Association pour le commerce et l'industrie français en Allemagne (ACIA).

1. Un « rêve allemand » : la création d'une société commerciale franco-rhénane

Au début de l'année 1946, Wilhelm Boden, président de l'administration allemande de Rhénanie-Hesse-Nassau, saisit Claude Hettier de Boislambert d'un projet de société commerciale franco-rhénane élaboré par l'ancien directeur allemand de l'Agriculture du Land, le Dr Betzen[83].

Pour ce dernier, la proximité géographique entre la France et la Rhénanie, doublée de la complémentarité de leurs économies, appelle la création d'une société commerciale franco-rhénane, chargée de développer leurs échanges économiques[84]. La Rhénanie, déficitaire en produits agricoles, importerait de France ou de ses colonies des légumes, des céréales, des fruits exotiques, des poissons et des matières grasses. Par le biais de la société franco-rhénane, elle se procurerait les matières premières indispensables à ses industries. De son côté, la France importerait de Rhénanie des produits industriels qu'elle pourrait, le cas échéant, revendre sur les marchés internationaux pour doper son commerce extérieur et se procurer des devises[85].

Loin de se limiter au développement des échanges entre la France et la Rhénanie, le Dr Betzen considère que la société franco-rhénane devrait aussi contribuer à la création d'un bloc économique de l'Europe de l'Ouest comprenant, outre la France et la Rhénanie, les États qui bordent le Rhin et les colonies françaises d'Afrique du Nord. Ainsi

---

83 Courrier du Dr Boden, chef du gouvernement de Rhénanie-Hesse-Nassau, à Claude Hettier de Boislambert, délégué supérieur pour le gouvernement militaire de Rhénanie-Hesse-Nassau, 21 janvier 1946, LHAK, 700,155/26.

84 « Vorschläge für die Errichtung einer deutsch-französischen Handelsgesellschaft », Dr Betzen, sans date, annexées au courrier de Boden à Hettier de Boislambert, 21 janvier 1946, cité en note 83.

85 « Arbeitsplan der Rheinisch-Französischen Handelsgesellschaft », Dr Betzen, sans date, LHAK, 700, 155/26.

verrait le jour un nouvel axe européen reliant Coblence, Mayence, Ludwigshafen, Strasbourg et Marseille, par le Rhin, le canal du Rhin au Rhône et le Rhône. Ce groupement économique, dont Marseille constituerait la porte sur la Méditerranée et le monde, serait promis à un grand avenir. Après l'élargissement du groupement économique à l'Afrique du Nord française, la société initiale serait transformée en société franco-africano-rhénane. Elle serait le fer de lance de ce bloc économique qui pourrait par exemple, pour son approvisionnement en matières grasses, remettre en cause le monopole que les Britanniques exercent en Afrique sur les fruits oléagineux par l'intermédiaire d'Unilever. Toujours dans le domaine des corps gras, domaine dont l'auteur du projet est un spécialiste, le nouveau groupement serait à même de contrer la position dominante qu'occupent Britanniques et Norvégiens dans la pêche à la baleine[86].

Dans l'esprit de ses concepteurs, la direction politique de ce projet ambitieux reviendrait évidemment à la France. Mais des firmes allemandes pourraient y apporter leur savoir-faire. Le Dr Betzen considère que certaines maisons allemandes ayant une longue expérience de l'Afrique seraient utiles à la réalisation du projet. La firme G.L. Gaiser, sise à Hambourg, qui, selon Betzen, est la plus ancienne société européenne à s'être installée en Afrique, serait la mieux placée pour lutter contre la position monopolistique d'Unilever. Cette société serait prête à s'installer en ZFO ou à Marseille, où elle pourrait reprendre, sous direction française, son activité africaine, stoppée à cause de la guerre[87]. Selon Wilhelm Boden, d'autres entreprises allemandes seraient également disposées à s'installer en ZFO ou en France si la société commerciale franco-rhénane voyait le jour. Le Dr Werner, constructeur en chef d'Auto-Union, envisagerait favorablement l'installation de sa firme en ZFO ou en France, où elle pourrait avoir le statut de bureau d'études indépendant ou travailler comme sous-traitant pour de grandes marques françaises, Renault, Peugeot ou Citroën[88]. La société commerciale franco-rhénane serait aussi en mesure d'attirer en France ou en ZFO certaines places commerciales importantes. La place de Hambourg, qui assurait l'essentiel du commerce du café à destination des pays d'Europe centrale et balkanique pourrait être transférée en ZFO tout comme la place de Brême, spécialisée dans le coton. D'une manière générale, le projet serait favorable à la France parce que le développement économique et industriel de la Rhénanie, doublé de perspectives d'avenir qui seraient offertes à ses habitants, serait le gage de profits plus importants

86 « Vorschläge für die Errichtung einer deutsch-französischen Handelsgesellschaft », Dr Betzen, sans date, doc. cité en note 86.

87 *Ibid.*

88 Courrier de Boden, à Hettier de Boislambert, 10 avril 1946, cité en note 83.

qu'une exploitation à court terme. Betzen considère que la Rhénanie dispose en effet d'atouts économiques d'autant plus importants que les industries du bois et du fer blanc ainsi que les carrières pourront développer à l'avenir leurs capacités d'exportation[89].

Ce projet, auquel Claude Hettier de Boislambert ne semble pas avoir donné de suite favorable, poursuit en fait des objectifs comparables à ceux des industriels allemands. La coopération qu'il propose aux Français doit servir à protéger l'industrie locale et à favoriser son développement dans un cadre franco-allemand ou européen. Il n'en reste pas moins que le plan du Dr Betzen se double ici d'ambitions géopolitiques démesurées et d'une très forte anglophobie. Il est enfin révélateur que, dans la coopération franco-allemande qu'il prévoit, la France assure la direction politique tandis que la Rhénanie offrira ses services économiques.

2. *Une création originale : L'Office de compensation des chambres de commerce et d'industrie du Rhin et de la Moselle*[90]

La création de l'Office de compensation des chambres de commerce et d'industrie du Rhin et de la Moselle (OCCC) répond à une logique très différente.

Depuis la fin de la guerre, les Alsaciens et Mosellans constatent qu'aucune autorité française ne prend en compte les besoins particuliers des régions désannexées en matière de relations économiques avec l'Allemagne. Par leur situation géographique comme par leur histoire, proche ou lointaine, l'Alsace et la Moselle ont en effet une longue tradition d'échanges commerciaux avec les régions frontalières allemandes. Les pièces de rechange de nombreuses machines alsaciennes et mosellanes, installées par les Allemands avant ou pendant la guerre, ne peuvent par exemple provenir que d'outre-Rhin. Faute d'être pris en compte dans les plans généraux d'importation français, ces besoins particuliers compromettent gravement le relèvement de l'Alsace et de la Moselle.

Aussi les industriels et commerçants alsaciens proposent-ils, à la fin de l'année 1946, la « création d'un organisme à caractère privé destiné à rétablir, au moyen d'une procédure originale, un courant commercial avec l'Allemagne »[91]. Il s'agit de constituer « une société spécialisée dans la gestion, sur le principe de la compensation, de certains échanges entre l'Alsace et la Moselle d'une part, la ZFO d'autre part »[92]. Créé en

---

89 « Arbeitsplan der Rheinisch-Französischen Handelsgesellschaft », cité en note 85.

90 Les développements ci-dessous sont intégralement redevables à Schaeffer, P.J., *L'Alsace et l'Allemagne*, *op. cit.*, p. 213-223.

91 Schaeffer, P.J., *L'Alsace et l'Allemagne*, *op. cit.*, p. 216.

92 *Ibid.*

novembre 1946, l'OCCC est approuvé par le ministère de l'Économie nationale et le GMZFO le 13 décembre 1946. L'office est une société à responsabilité limitée. Son capital a été souscrit par les cinq fondateurs que sont les chambres de commerce et d'industrie de Belfort, Colmar, Metz, Mulhouse et Strasbourg. L'OCCC a son siège à Strasbourg. Ses statuts prévoient que son activité s'exercera sur les territoires français dépendant des cinq chambres de commerce et, en Allemagne, sur une bande de 30 kilomètres à partir de la frontière. En réalité, pour éviter tout morcellement économique, l'ensemble de la ZFO est concerné à l'exception de la Sarre, qui dispose d'un accord de clearing particulier avec la Moselle. Les services publics français, qui considèrent l'OCCC comme un instrument au service de leur politique commerciale, n'hésitent pas à faire intervenir dans les échanges des entreprises françaises éloignées des régions frontalières. Des productions excédentaires de choux-fleurs de Bretagne sont ainsi exportées en ZFO. Des entreprises non frontalières obtiennent en retour l'autorisation d'importer des produits chimiques et industriels qui font défaut en France.

L'activité de l'OCCC se fait d'ailleurs essentiellement en fonction des intérêts français. Elle consiste à importer des produits allemands indispensables au relèvement économique des départements de l'Est contre des exportations variées à destination de la zone. Dans le cadre des échanges mis en place, la ZFO fournit à l'Alsace et à la Moselle surtout des pièces de rechange, des tuiles et des matériaux de construction. L'office n'est nullement en concurrence avec l'OFICOMEX puisque son activité porte uniquement sur des biens qui ne font pas l'objet de programmes officiels d'importation français en provenance de la ZFO. Le système de la compensation permet aussi de procéder à ces échanges sans sortie de devises grâce à l'existence parallèle d'un compte en francs et d'un compte en marks indépendants l'un de l'autre. Le succès de l'office est rapide. Le volume d'échanges compensés, modeste pour 1947 – 147 millions de francs – s'établit un an plus tard à 797 millions.

Bien qu'il ait été créé pour servir les intérêts français, l'office est vite « considéré comme un instrument capable de jouer un rôle (…) dans le rétablissement futur des échanges commerciaux normaux entre le Nord-Est de la France et le Sud-Ouest de l'Allemagne »[93]. Cette nouvelle tâche prend progressivement de l'ampleur. À l'automne 1947, les dirigeants des cinq chambres de commerce françaises, le commissaire du gouvernement près de l'OCCC et les représentants de plusieurs chambres de commerce du Bade, du Wurtemberg et du Palatinat se réunissent à Baden-Baden. Les discussions portent sur l'amélioration des échanges frontaliers et sur la redéfinition des rapports entre l'OCCC et son cor-

[93] *Ibid.*, p. 220.

respondant administratif officiel en Allemagne, le « Bureau de Fribourg », qui dépend du ministère badois de l'Économie et du Travail. Les participants examinent surtout la possibilité – qui n'interviendra qu'en septembre 1948 – de transformer l'office en un organisme mixte au sein duquel les Allemands seront considérés comme de véritables partenaires, ce qui conférerait aux échanges frontaliers un caractère égalitaire. La même évolution est observable pour le second organisme créé par les Français.

3. *L'Association pour le commerce et l'industrie français en Allemagne*[94]

Les efforts en vue de créer une association favorisant le commerce et l'industrie français en Allemagne remontent au début de l'occupation. Ils émanent de hauts fonctionnaires issus, pour la plupart, de l'Inspection des finances. Dès le mois d'août 1945, André Lebelle, inspecteur général des finances qui avait été, dans l'entre-deux-guerres, représentant français au cartel international de la potasse à Berlin, soumet aux autorités d'occupation un projet prévoyant la constitution d'une association de ce type[95]. Jean Filippi le reprend à son compte en octobre 1945 et en fixe les objectifs : l'association regrouperait « nos compatriotes ayant déjà été, avant la guerre, en relations d'affaires avec l'Allemagne, ainsi que nos commerçants et industriels désireux, soit d'y nouer des rapports, soit de s'installer dans la zone soumise à notre administration »[96]. André Lebelle considère aussi qu'une telle association serait susceptible de fournir au GMZFO les futurs administrateurs des sociétés allemandes placées sous séquestre[97]. Mais en 1945, la création de l'association bute sur l'opposition du Quai d'Orsay et du général Koenig. Ce dernier considère que le projet en cours conduirait à reconstituer l'Association française de défense des intérêts et participations en Allemagne (AFIPA) qui existait avant-guerre. Or cette association, au nombre très limité de membres, se composait presque exclusivement de « représentants de vastes concentrations économiques »[98]. Koenig se montre donc prudent. Il n'est guère favorable à ce que le grand patronat dispose en zone d'une représentation permanente de ses intérêts. Et puis, outre les difficultés d'ordre politique qu'une telle création risquerait de susciter, il craint que ce groupement ne rende aucun service à l'administration française de la

94 Lefèvre, S., *Les relations économiques franco-allemandes*, *op. cit.*, p. 225-229.

95 « Fiche pour le général commandant en chef français en Allemagne », GMZFO, cabinet, Jean Filippi, 6 juin 1947, AOFAA, c. 121 d. ECO I C 6.

96 Courrier de Filippi à Berthelot, 25 octobre 1945, AOFAA, AEF 365/4.

97 Fiche pour Koenig, 6 juin 1947, citée en note 95.

98 Courrier de Koenig au SGAAA, 9 novembre 1945, AOFAA, AEF 365/4.

zone. Aussi la création de l'association est-elle écartée au début de l'année 1946[99].

À l'automne 1946, la question est relancée. Certains hauts fonctionnaires du ministère de l'Économie nationale prennent en effet conscience des évolutions qu'est appelé à connaître le statut international de l'Allemagne en 1947. Ils sont convaincus qu'après la conférence de Moscou, quelle qu'en soit d'ailleurs l'issue, l'économie allemande sera de plus en plus centralisée et formera un ou deux blocs. Dans ce nouveau cadre, l'indépendance de la ZFO sera fortement réduite, d'une part parce que les Français seront amenés à coopérer plus étroitement avec les Alliés, d'autre part parce que les autorités allemandes disposeront de plus de pouvoir et d'autonomie[100]. Ces hauts fonctionnaires prennent aussi en considération la nécessité de rétablir des relations économiques normales avec l'Allemagne. Ces échanges, établis de longue date, sont profitables, voire indispensables à l'économie française[101]. Ces deux séries de raisons les amènent par conséquent à demander la constitution d'une association de commerçants et d'industriels français en Allemagne qui répondrait à deux impératifs. Le groupement, dont la création devrait intervenir rapidement, permettrait aux industriels français de s'implanter en Allemagne pendant que la France disposera encore d'un certain pouvoir de contrôle. En d'autres termes, il s'agit pour les hauts fonctionnaires d'anticiper l'évolution du statut de l'Allemagne, de façon à pérenniser l'influence française au-delà de la période d'occupation, les intérêts privés se substituant progressivement au gouvernement militaire. Parallèlement, l'association serait le fer de lance de la reprise des relations économiques avec l'Allemagne. En décembre 1946, Roger Nathan, directeur des relations économiques extérieures, donne son accord et enjoint au Centre national du commerce extérieur d'établir les grandes lignes de l'Association pour le commerce et l'industrie français en Allemagne (ACIA)[102]. Elle est officiellement instituée le 23 janvier 1947. Dès sa constitution, l'ACIA est donc une association ambiguë. Elle est chargée de représenter les intérêts des milieux d'affaires, mais

---

[99] Le Quai d'Orsay donne un avis négatif à la constitution de l'association le 30 janvier 1946 : fiche pour Koenig, 6 juin 1947, citée en note 95.

[100] Déclarations d'André Lebelle, d'O. Mourre, inspecteur des finances, délégué général du Centre national du commerce extérieur, et de l'intendant général Bernard lors de l'assemblée générale constitutive de l'ACIA : « extraits des discours prononcés à l'assemblée générale constitutive du 23 janvier 1947 », ACIA, sans date, AOFAA, AEF 352/1 ; note de Roger Nathan, directeur des relations économiques extérieures au MEN : « note pour le cabinet du ministre a/s de la création d'une association représentant les intérêts français en Allemagne », 18 décembre 1946, SAEF, 5 A 23.

[101] Déclarations d'André Lebelle, de l'intendant général Bernard et de Roger Bloch, du CGAAA, lors de l'assemblée générale constitutive de l'ACIA et note de Roger Nathan, 18 décembre 1946, citées en note 100.

[102] Note de Roger Nathan, 18 décembre 1946, citée en note 100.

sa création découle de la volonté des pouvoirs publics, qui siègent à son conseil de surveillance et détiennent ses postes de direction : la présidence de l'ACIA revient en effet à André Lebelle, inspecteur général des finances, et la vice-présidence à un intendant général de l'armée, D. Bernard[103]. Le délégué de l'association à Baden-Baden, Paul Chemidlin, est un colonel à la retraite[104].

Ce caractère dual se retrouve dans les missions de l'ACIA. Représentante des milieux d'affaires français, elle a pour objectif de favoriser le développement de leurs relations économiques avec l'Allemagne. Dans ce cadre, son rôle consiste « à servir de trait d'union entre les acheteurs et les vendeurs, à prospecter les marchés, à rechercher des débouchés, à établir une documentation sur les besoins et les possibilités commerciaux et industriels » des deux pays. En même temps, l'ACIA, « rompue aux formalités à effectuer » et « particulièrement introduite auprès des différents services à solliciter », aura vocation à servir d'interface entre ses adhérents et les administrations françaises[105]. Mais sa subordination aux services de l'État en fait aussi un rouage de la politique gouvernementale. Son action consiste alors, comme le précise André Lebelle, à « seconder et [à] aider les services publics dans l'énorme tâche que constitue le rétablissement des relations commerciales et industrielles dans les pays considérés, [à] substituer et [à] ajouter à l'action officielle, qui est nécessairement limitée dans ses moyens et plus rigide dans ses méthodes, la multiplicité des efforts dus à l'initiative privée à laquelle s'intègrent nos membres »[106]. Dans la pratique, l'ACIA ne doit envisager la reprise des relations avec le marché allemand qu'au mieux des intérêts supérieurs de l'État. Elle est ainsi chargée d'orienter à nouveau les firmes françaises vers un marché dont elles ont tendance à se détourner et de remettre en état les réseaux français de distribution commerciale en Allemagne. Elle a vocation à présenter aux services publics des entreprises susceptibles de prendre des participations financières en Allemagne. Sa politique commerciale révèle également sa dépendance à l'égard des milieux gouvernementaux. Dans

---

[103] Extraits des discours prononcés à l'assemblée générale constitutive du 23 janvier 1947, cités en note 100.

[104] « Note a/s de l'Association pour le commerce et l'industrie français en Allemagne », CCFA, cabinet civil, sans date (sans doute juillet ou août 1947), et courrier de Paul Chemidlin au général Koenig, 16 décembre 1947, AOFAA, c. 121 d. ECO I C 6. Sur l'importance des anciens militaires au sein des structures dirigeantes de l'ACIA : « note confidentielle a/s des rapports entre la France et la zone française d'occupation en Allemagne (ZFOA) », André Jacquet, président de la CCI de Mulhouse, mai 1948, ACCIP, IX-2.00 (95).

[105] Extraits des discours prononcés à l'assemblée générale constitutive du 23 janvier 1947, cités en note 100.

[106] *Ibid.*

ce domaine, sa mission se limite exclusivement à promouvoir le développement des exportations françaises outre-Rhin. En aucun cas elle n'est censée favoriser les importations en provenance d'Allemagne[107].

L'ambiguïté du statut et des missions de l'ACIA pèse très rapidement sur ses activités. Dès le printemps 1947, le général Koenig se plaint de ce que son président, André Lebelle, qui est un fonctionnaire, soit amené à s'intéresser à des opérations de nature commerciale. Il lui semble surtout dangereux et critiquable que Lebelle puisse, à côté de ses fonctions de président de l'ACIA, exercer une mission de contrôle sur l'administration française en Allemagne en tant que chef de la mission d'enquête sur le coût et le rendement des services publics de la zone[108]. De ce point de vue, la démission d'André Lebelle de la présidence de l'ACIA, en juillet 1947, ne change guère les choses, puisque son successeur est l'administrateur général Bernard[109]. La dépendance de l'ACIA à l'égard de la puissance publique n'incite pas non plus les industriels français à y adhérer massivement. D'après le président de la chambre de commerce de Mulhouse, quelques grandes entreprises comme Pechiney en sont devenues membres, mais l'essentiel des adhésions procéderait de petites entreprises. Beaucoup de sociétés alsaciennes, liées au commerce avec l'Allemagne, en connaîtraient « l'existence (...), mais n'y attach[er]aient aucune importance » : à leurs yeux, l'ACIA, qui n'est pas jugée représentative du monde des affaires, ne semble pas promise à un grand avenir[110].

À partir de l'automne 1947, l'ACIA tente de mettre un terme à ces contradictions internes et s'engage plus résolument dans la représentation des intérêts des industriels et commerçants français. Dans ce but, elle requiert des autorités d'occupation à ce que sa représentation à Baden-Baden devienne effective. Elle entend aussi disposer de correspondants dans toute l'Allemagne. Elle estime en outre essentiel que des délégués officiels de l'association puissent s'installer dans les zones américaine et britannique. Pour exercer correctement ses missions, elle demande l'autorisation de procéder au recrutement de membres allemands. Elle compte aussi encourager l'établissement de liens contractuels durables entre les firmes françaises et allemandes en obtenant que des représentants de sociétés allemandes puissent s'installer en France tandis que des Français iraient en Allemagne. Pour développer le commerce franco-allemand, elle propose d'instaurer, comme c'est le cas

[107] Déclaration d'O. Mourre lors de l'assemblé générale constitutive de l'ACIA, 23 janvier 1947, document cité en note 100.

[108] Courrier de Koenig au CGAAA, 9 avril 1947, AOFAA, c. 121 d. ECO I C 6.

[109] Courrier de Koenig à Lebelle, 22 juillet 1947, et courrier de Bernard à Koenig, 25 juillet 1947, AOFAA, c. 121 d. ECO I C 6.

[110] Note confidentielle de Jacquet, mai 1948, citée en note 104.

entre la zone et l'Alsace, un système de compensation qui pourrait se développer en dehors des programmes officiels jusqu'à ce que l'Allemagne soit dotée d'une véritable monnaie[111].

Dès cette période, le programme de l'ACIA s'apparente de plus en plus à celui d'une chambre de commerce[112]. À partir de novembre 1947, Laffon et Koenig semblent favorables à cette évolution[113]. Il faut néanmoins attendre avril 1948 pour que l'idée soit avalisée par le général Koenig. Il y met deux conditions. Le conseil de surveillance de l'ACIA, au sein duquel l'État est représenté, devrait d'abord être supprimé. La transformation de l'ACIA en chambre de commerce et d'industrie implique en second lieu qu'elle « s'appuie, dans son action, sur les grandes organisations professionnelles représentatives des intérêts économiques français dont elle devrait être dans une très large mesure l'émanation ». Koenig demande donc aux dirigeants de l'ACIA de prendre langue avec les plus importantes d'entre elles[114]. André Lebelle, président d'honneur de l'ACIA, entre en contact avec les chambres de commerce et d'industrie françaises[115]. Le Conseil national du patronat français est informé[116]. Dès le printemps 1948, la création d'une chambre de commerce française en Allemagne est engagée, que celle-ci procède de la transformation de l'ACIA ou de la création d'un autre organisme[117]. Les objectifs de l'ACIA évoluent donc assez rapidement : l'idée d'une reprise des relations économique sous la tutelle des services publics, lourde d'ambiguïtés, fait progressivement place à une volonté de relance des relations économiques directement entre industriels.

---

111 Courrier de Bernard à Navarre, 31 octobre 1947, comprenant une « note » de l'ACIA et un courrier de Bernard à Koenig, 19 novembre 1947, avec un « mémorandum » de l'ACIA (15 nov. 1947), AOFAA, c. 121 d. ECO I C 6.

112 Courrier de Bernard à Koenig, 19 novembre 1947, cité en note 111.

113 Courrier de Laffon à Bernard a/s du « programme de l'ACIA », 2 novembre 1947, et courrier de Koenig à Bernard, 4 novembre 1947, AOFAA, c. 121 d. ECO I C 6.

114 Courrier de Koenig au SEAAA a/s des « relations franco-allemandes et du rôle de l'ACIA », 10 avril 1948, AOFAA, c. 121 d. ECO I C 6.

115 Échange de courriers entre le président des CCI de la XIIIe région économique (CCI d'Annonay, Aubenas, Bourg, Brioude, Le Puy, Lyon, Macon, Roanne, Saint-Étienne, Tarare, Valence, Vienne et Villefranche) et Marcel Cusenier, président de l'assemblée des présidents des CCI de France, 30 avril et 11 mai 1948 ; courrier du président de la CCI de Bordeaux à Marcel Cusenier, 7 mai 1948 ; courrier d'André Lebelle à Marcel Cusenier, 7 mai 1948 contenant 7 annexes expliquant le rôle de l'ACIA, ACCIP, IX-2.00 (90).

116 Cf. deux notes « sur les relations commerciales et industrielles franco-allemandes », sans auteur (sans doute MPI ou MEN), 17 juillet et 4 août 1948, AOFAA, c. 123 d. ECO I D 5.

117 Voir *infra*, chapitre XII.

III. Les derniers feux de l'impérialisme économique français

À côté de ces projets de réformes, les Français continuent cependant de développer, pendant toute la période qui s'étend de l'automne 1946 au printemps 1948, des projets impérialistes. L'un concerne la Ruhr, l'autre a trait à la politique de prises de participations financières en Allemagne que Paris veut encourager.

A. La persistance des ambiguïtés sur la Ruhr

Le mémorandum du gouvernement français sur le futur régime économique de la Ruhr est aujourd'hui bien connu[118]. Rendu public le 1er février 1947, il complète les deux mémorandums du 17 janvier 1947 et établit la position que la France défendra à la conférence de Moscou. Si les dispositions économiques de ce nouveau plan, qui seront rapidement rappelées ci-dessous, révèlent que « les Français se montrent au début de 1947 en même temps plus conciliants et plus réalistes »[119], son statut politique reste ambigu. Quant au rôle que pensent confier les Français à la Ruhr au sein de l'Europe sidérurgique, il traduit la persistance d'ambitions impérialistes.

1. Un nouveau statut pour la Ruhr

Les objectifs du projet français de février 1947 n'ont pas changé. Il s'agit toujours d'assurer la sécurité de la France et de l'Europe en empêchant la Ruhr de redevenir un arsenal entre les mains allemandes et de tout mettre en œuvre pour que les richesses du bassin participent à la reconstruction des pays dévastés par l'Allemagne. Les instruments de cette politique sont en revanche nouveaux[120].

Les Français prévoient désormais l'internationalisation économique du bassin de la Ruhr. La propriété des mines de charbon et des aciéries serait transférée aux Nations unies qui ont lutté contre l'Allemagne. Dans l'esprit des Français, les Soviétiques feront donc partie de ces

---

[118] *Documents français relatifs à l'Allemagne*, *op. cit.*, p. 59-64. Outre Poidevin, R., « Frankreich und die Ruhrfrage », in *op. cit.*, p. 317-334, Gillingham, J., *Coal, steel, and the rebirth of Europe, 1945-1955. The Germans and French from Ruhr conflict to economic community*, Cambridge, Cambridge University Press, 1991, 397 p. (ici, p. 148-177).

[119] Poidevin, R., « Frankreich und die Ruhrfrage », in *op. cit.*, p. 321.

[120] *Ibid.*, p. 321-322, auquel les développements ci-dessous doivent beaucoup ; *Notes documentaires et études* n° 546 : « Mémorandum du gouvernement français sur le futur régime économique de la Ruhr (1er février 1947) », La Documentation française, 13 février 1947, 6 p., AOFAA, c. 11 d. POL I B 2 ; « note a/s du règlement de paix avec l'Allemagne. Position générale » ; MAE, dir. éco., 22 février 1947, SAEF, B 8786.

États. L'organisation internationale à constituer serait dotée de larges compétences. Elle gérerait directement la production de la Ruhr, en répartirait les produits entre l'Allemagne et les autres pays et disposerait d'importants pouvoirs de sanction[121].

Dans la pratique, il existerait deux administrations internationales, l'une pour le charbon, l'autre pour la sidérurgie. Leurs conseils d'administration seraient composés de personnalités alliées. Les principaux directeurs seraient également des ressortissants alliés. Ils nommeraient les directeurs locaux allemands. Quant aux autres branches industrielles dangereuses pour la paix mais indispensables à la reconstruction économique européenne – la chimie et la construction mécanique en particulier –, leur contrôle serait assuré indirectement. Elles seraient groupées en syndicats obligatoires et seraient placées sous le contrôle d'un délégué allié qui disposerait des pouvoirs nécessaires pour surveiller leurs activités. Le statut ainsi défini serait inscrit dans le traité de paix et serait placé sous la garantie spéciale du Conseil de sécurité des Nations unies. Elles désigneraient un commissaire qui participerait à la gestion de la Ruhr et assurerait la liaison avec les Nations unies. Les gains des entreprises du bassin devraient être versés au peuple allemand par l'intermédiaire d'un compte contrôlé par le commissaire. Enfin, pour parfaire les contrôles, les mouvements de certaines marchandises destinées à la consommation allemande seraient surveillés tout comme le seraient les frontières du territoire de la Ruhr[122].

Le statut politique de la Ruhr apparaît beaucoup moins clair que son statut économique. *A priori*, le régime proposé suppose l'abandon du détachement politique de la Ruhr, que Paris avait défendu jusque-là. Toutefois, il est bien précisé que le mémorandum n'a qu'un caractère technique et que le point de vue politique auquel se tient le gouvernement français reste celui exposé depuis l'automne 1945. L'article 21 du mémorandum réserve d'ailleurs clairement le statut politique du territoire de la Ruhr[123].

Ces rappels sont-ils purement formels ? Tout porte à le croire. L'internationalisation économique des industries du bassin, les divers systèmes de contrôle prévus et le transfert de la propriété des mines à un organisme international rendent en effet le détachement politique superflu. Le nouveau régime est par ailleurs censé emporter l'adhésion des Alliés. Pour autant, les directives générales élaborées par le Quai d'Orsay pour le règlement de la paix avec l'Allemagne semblent infirmer cette thèse. Ces directives recommandent que la Sarre, la Rhénanie et la Ruhr soient détachées politiquement de l'État fédéral allemand et

[121] Voir les documents cités dans la note précédente.

[122] *Ibid.*

[123] *Notes documentaires et études* n° 546, 13 février 1947, citées en note 120.

dotées de gouvernements autonomes. Sans surprise, elles prévoient le rattachement économique et monétaire de la Sarre à la France. La Rhénanie et la Ruhr, qui seraient le siège d'une occupation permanente des forces militaires alliées, continueraient de leur côté à faire partie de l'unité économique allemande, la Ruhr étant soumise au régime économique décrit ci-dessus. En d'autres termes, il apparaît qu'en février 1947 la France prône pour la Ruhr un statut hybride : rattachée à l'Allemagne sur le plan économique tout en étant soumise à un régime particulier, elle serait en revanche détachée de l'ancien Reich sur le plan politique[124].

Priver le gouvernement allemand de la libre disposition de ces régions se justifie pour Paris, d'une part à cause de leur situation géographique, dangereuse pour la France, d'autre part à cause du danger que représentent leurs ressources économiques. Quant aux solutions proposées, elles apparaissent avantageuses à un triple point de vue : ce ne sont pas des annexions ; les gouvernements autonomes seront dotés de constitutions démocratiques ; enfin, la pérennité des régimes prévus sera assurée parce qu'elle sera inscrite dans le traité de paix et parce qu'elle bénéficiera d'une garantie spéciale du Conseil de sécurité des Nations unies[125]. Le statut de la Ruhr est donc profondément ambigu. La place qu'aura sa sidérurgie en Europe l'est tout autant.

2. Le « plan Alphand »

Au début de l'année 1947, Hervé Alphand reprend à son compte le plan imaginé par ses services dès l'automne 1945. Ce plan est fondé sur l'idée que la France et ses voisins – la Belgique et le Luxembourg – pourraient, grâce à des exportations accrues de charbon et de coke allemands, fabriquer les quantités d'acier dont l'Europe a besoin. Parallèlement, la production allemande d'acier resterait plafonnée à 7,5 millions de tonnes par an, mais l'Allemagne pourrait importer des produits sidérurgiques qu'elle transformerait en produits laminés[126].

Dans une étude sur le problème sidérurgique européen, le commissariat général au Plan certifie en février 1947 que, d'un point de vue technique, il serait possible « de plafonner la production allemande à 7,5 millions de tonnes sans que cela retentisse sur la production sidérurgique européenne, les ressources des pays producteurs voisins étant suffisantes pour répondre à tous les besoins, largement évalués »[127]. Le

---

124 Note a/s du règl. de paix avec l'Allemagne, 22 février 1947, citée en note 30.

125 *Ibid.*

126 Kipping, M., *La France et les origines de l'Union européenne 1944-1952. Intégration économique et compétitivité internationale*, Paris, Comité pour l'histoire économique et financière, 2002, p. 46-47 ; Gillingham, J., *Coal, steel, and the rebirth of Europe*, *op. cit.*, p. 157.

127 « Le problème sidérurgique de l'Europe centrale et occidentale, dans ses rapports avec la limitation du potentiel sidérurgique à laisser à l'Allemagne », commissariat

plan bute sur l'opposition des Britanniques, auxquels Alphand s'est ouvert de son projet à la fin du mois de janvier 1947. Sans surprise, les États-Unis le rejettent aussi, de même que les pays du Benelux[128]. L'idée de faire de l'Allemagne un pays d'industries de transformation, moquée dès 1945 par Pierre Ollé-Laprune[129], n'en reste pas moins profondément vivace au Quai d'Orsay. En juillet 1947, Georges Bidault en discute avec Vincent Auriol. Parlant des Anglo-Américains qui continuent de s'y opposer, il s'offusque qu'il soit impossible de « leur faire comprendre que nous avons le minerai et que nous pouvons faire l'acier »[130]. Quelques jours plus tard, c'est au tour de Léon Blum d'évoquer la question avec le président Auriol. D'après lui, « l'idée de Bidault de faire de l'Allemagne un pays de transformation en nous réservant la totalité de la production de l'acier est absurde. "D'abord, dit-il, nous n'avons pas de quoi produire tout ce que la production allemande permet de produire" »[131].

Bien que les initiatives alliées condamnent le plan, au plus tard à l'été 1947, les Français, notamment Georges Bidault, en maintiennent le principe jusqu'au début de l'année 1948[132]. Quoi qu'il en soit, les ambiguïtés de la politique française sur la Ruhr se retrouvent dans la politique de prises de participations financières que Paris encourage depuis l'automne 1946.

B. Vers un impérialisme financier ?

À partir de l'été 1946, les projets impérialistes français connaissent un changement radical de nature. Après la conférence des ministres des Affaires étrangères des quatre puissances occupant l'Allemagne, réunie à Paris en juin et juillet 1946, de nombreux responsables politiques français acquièrent, on l'a vu, la conviction que la France n'obtiendra

---

général au Plan de modernisation et d'équipement, commission pour l'étude du problème sidérurgique européen, 7 février 1947, AOFAA, c. 112 d. ECO I A 2 a.

128 Kipping, M., *La France et les origines de l'Union européenne*, *op. cit.*, p. 47.

129 Dans un commentaire manuscrit d'une note de Maurice Couve de Murville sur le statut de la Ruhr, Pierre Ollé-Laprune, membre du cabinet civil du général Koenig, relevait déjà le 31 octobre 1945 : « la Ruhr utilisée uniquement comme industrie transformatrice présente également une forme d'humour assez gauloise » : remarques manuscrites annexées à la note sur le « point de vue français concernant le régime économique de l'Allemagne de l'Ouest (17 octobre 1945) », Pierre Ollé-Laprune, 31 octobre 1945, AOFAA, c. 11 d. ECO POL I B 2.

130 Auriol, V., *Journal du septennat 1947-1954*, tome premier : *1947*, *op. cit.*, p. 354. L'entretien a lieu le 16 juillet 1947.

131 *Ibid.*, p. 367, note 1040. L'entretien se déroule le 25 juillet 1947.

132 Bidault le confirme dans son discours devant l'Assemblée nationale avant que celle-ci ne vote les recommandations de Londres : texte du discours, sans titre, 10 juin 1948, AOFAA, AAA 1407/1.

pas le détachement de la Ruhr et de la Rhénanie. Dans le même temps, les Anglo-Américains manifestent plus clairement leur intention de relever l'économie allemande. L'annonce de la fusion de leurs zones d'occupation[133], en juillet 1946, et le discours de Stuttgart de James Byrnes, secrétaire d'État américain, en septembre, en témoignent. Ces évolutions rendent la politique allemande du GPRF caduque. La France est en train de perdre le contrôle de l'Allemagne. C'est dans ce contexte que certains hauts fonctionnaires parisiens préconisent une nouvelle forme d'expansion économique, qui assurerait la domination durable de la France sur l'Allemagne. Cette politique, en rupture avec les projets industriels de Pierre Mendès France et d'André Philip, passe par le contrôle financier des entreprises allemandes. L'impérialisme industriel cède ainsi le pas à l'impérialisme financier.

1. Des objectifs ambitieux

À partir de l'automne 1946, l'administration française opte pour une politique de prises de participations financières dans les entreprises allemandes, de façon à assurer à la France « une influence de caractère durable, susceptible de survivre à la période d'occupation »[134]. Le gouvernement est donc à l'origine de cette politique, que les industriels français sont chargés de mettre en œuvre. Leurs investissements en Allemagne restent toutefois subordonnés à l'accord de la commission des participations financières, créée en décembre 1946. Cet organisme interministériel a en effet le pouvoir d'autoriser ou de rejeter les demandes des industriels français[135]. L'État garde donc la haute main sur la politique de prises de participations financières, même s'il a besoin du relais des intérêts privés.

Les avantages escomptés sont d'ordre économique et politique[136]. « Au point de vue économique, souligne un rapport des services français d'occupation, ces participations financières permettraient de mettre la main sur des entreprises fabriquant des biens dont la production est insuffisante ou inexistante en France, et d'axer leur production vers la

---

133 La Bizone est effectivement créée le 2 décembre 1946.

134 Note sur la « politique suivie en matière de participations financières », GMZFO, direction des finances, service du contrôle des biens, juillet 1947, AOFAA, AAA 1369/1.

135 Note sur « les participations financières françaises en Allemagne. Recherche d'une politique de participations », GMZFO, division économie et finances, Lionel Favereau, 20 décembre 1948, AOFAA, AAA 1369/1 ; procès-verbaux de la commission des participations financières dans AOFAA, AAA 1369/1 et dans AMAE, DE-AAA, t. 80.

136 « Note sur les participations financières », Jean Filippi, 26 octobre 1945, AOFAA, AAA 1369/2.

satisfaction des besoins du marché intérieur français »[137]. Ce contrôle pourrait « également porter sur des établissements dont l'activité concurrence des entreprises françaises ». Cette dernière serait réduite ou dirigée vers « des débouchés où elle ne ferait pas double emploi avec les produits français de même nature »[138].

Sur le plan politique, l'existence d'intérêts français outre-Rhin permettrait de pérenniser l'influence de la France en Allemagne tout en s'assurant que celle-ci respecte bien, au-delà de la période d'occupation, les conditions que les Alliés lui auront imposées. Les prises de participations financières devraient donc être recherchées en priorité dans les secteurs de la production allemande intéressant l'économie française, à titre de fournisseurs ou de concurrents. Elles devraient aussi viser des activités industrielles innovantes (laboratoires, procédés de fabrication particuliers), des marques de fabrique connues hors d'Allemagne et des firmes présentes sur des marchés étrangers, que la France pourrait ainsi s'approprier. L'État rejette en revanche les demandes de prises de participations financières à caractère purement spéculatif[139].

2. Des résultats décevants

En juin 1948, date à laquelle la réforme monétaire et la signature des recommandations de Londres modifient radicalement les conditions des prises de participations étrangères en Allemagne[140], les résultats obtenus par la France sont très décevants. Les entreprises françaises ont certes pris des participations dans 53 sociétés allemandes. Mais le capital cumulé de celles-ci reste limité (26,8 millions de Reichsmarks), la part française étant encore plus réduite (12 millions)[141]. Qui plus est, ces prises de participations financières ne concernent pas, à de rares exceptions près, de grosses affaires[142]. Rapporté aux résultats obtenus par d'autres puissances, le bilan de la politique française apparaît encore plus modeste. À l'été 1948, la totalité des participations françaises en

---

137 Courrier du CGAAA aux ministères français relatif aux « participations financières françaises en Allemagne », 8 août 1946, AOFAA, AAA 1369/1.

138 *Ibid.*

139 Note sur les participations financières, juillet 1947, citée en note 136.

140 En revalorisant le mark par rapport au franc, la réforme monétaire réduit l'intérêt des prises de participations financières. La fusion prévue de la ZFO avec la Bizone limite également la marge de manœuvre des Français.

141 Lefèvre, S., « la politique française de prises de participations financières dans sa zone d'occupation (1945-49) », Scholz, W. (Hrsg.), *Aspekte der deutsch-französischen Wirtschaftsbeziehungen*, *op. cit.*, p. 18-29 (ici p. 26).

142 « Note a/s des possibilités d'une politique d'investissements français en Allemagne », CGAAA, service des affaires économiques et sociales, 28 avril 1948, AOFAA, AAA 1370/1 ; Eck, J.-F., *Les entreprises françaises face à l'Allemagne*, *op. cit.*, 2003, p. 43-44.

Allemagne, prises avant et depuis la guerre, s'élève à 200 millions de Reichsmarks environ, contre 100 millions pour la Belgique, 80 millions pour le Luxembourg, 900 millions pour les Pays-Bas, 500 millions pour la Grande-Bretagne et 1,3 milliard pour les États-Unis. Sur un total de 3 milliards de Reichsmarks, la part française est insignifiante[143].

3. Les raisons de l'échec

La tentative française se solde donc par un échec retentissant, qu'expliquent trois séries de raisons. Les Alliés s'opposent aux prises de participations financières françaises dans leurs zones d'occupation. La France est ainsi amenée à circonscrire ses ambitions à la seule ZFO[144]. Par conséquent, l'espoir d'un contrôle diffus de l'ensemble de l'économie allemande est vite abandonné. Le financement des prises de participations constitue un autre handicap de taille : mêlant la législation française et les règlements interalliés, il pose d'inextricables problèmes[145]. Mais l'échec est avant tout dû à la prudence des industriels français. Ces derniers, en effet, ne partagent pas les préoccupations de l'administration française. Contrairement à cette dernière, il leur importe peu d'assurer le contrôle à long terme de l'économie allemande. Ils s'intéressent davantage à la rentabilité de leurs investissements outre-Rhin, laquelle reste très hypothétique dans le contexte mouvant de l'Allemagne occupée. Jusqu'en 1947-1948, ils redoutent ainsi que la politique allemande de la France, qui n'est pas vraiment définie, continue de donner la priorité au démantèlement industriel de l'Allemagne, ce qui irait à l'encontre de leurs intérêts. L'avenir de l'économie et de la monnaie allemandes reste également incertain et ne les encourage pas à investir[146]. Les entrepreneurs français craignent en outre que le futur gouvernement allemand conteste la légalité de leurs prises de participations, qu'il sera peut-être tenté de dénoncer comme autant d'actes de spoliation[147]. À plus court terme, ils redoutent surtout que le contrôle des changes en vigueur, très strict, leur interdise de transférer leurs gains en

143 « Note annexe. Développement et financement des participations françaises en Allemagne », Haut-Commissariat de la République française en Allemagne, René Plas, 17 janvier 1950, SAEF, B 61216.

144 Note a/s des possibilités d'une politique d'investissements français en Allemagne, 28 avril 1948, citée en note 142, et Lefèvre, S., *Les relations économiques franco-allemandes*, *op. cit.*, p. 106-107.

145 Note sur les participations financières françaises en Allemagne, 20 décembre 1948, citée en note 135 ; Eck, J.-F., *Les entreprises françaises face à l'Allemagne*, *op. cit.*, p. 58-59.

146 Eck, J.-F., *Les entreprises françaises face à l'Allemagne*, *op. cit.*, p. 43-44.

147 Note a/s des possibilités d'une politique d'investissements français en Allemagne, 28 avril 1948, citée en note 142.

France[148]. Or, et c'est un paradoxe, ils ne peuvent, sur ce point précis, compter sur l'aide des services français alors que, dans le même temps, ceux-ci les sollicitent pour prendre des participations financières en Allemagne[149]. Bref, dans le système envisagé par l'État, les établissements industriels français sont les principaux protagonistes de l'expansion économique en Allemagne. Ils doivent en assumer tous les risques, sans avoir toutefois aucune certitude quant aux bénéfices qu'ils pourront tirer de leurs investissements, ni même avoir la possibilité d'agir librement, puisque leurs projets seront soumis à la commission des participations financières. On comprend dès lors que ces entrepreneurs ne soient pas vraiment disposés « à apporter au gouvernement français le concours qu'il pourrait espérer pour faciliter la politique de contrôle industriel permanent de l'Allemagne »[150]. Peu enclins, après quatre années d'occupation et de spoliations, à coopérer avec les Allemands, les industriels français privilégient une politique de prélèvements en ZFO, source de profits plus immédiats[151].

*

* *

On le voit, le bilan de la nouvelle politique française vis-à-vis de l'Allemagne est ambivalent. Les réformes entreprises ne manquent pas d'ampleur. Elles s'inscrivent dans la durée. Décidées, pour la plupart d'entre elles, avant l'arrivée de Léon Blum au pouvoir, elles sont poursuivies après son départ. Elles ne se limitent pas non plus à quelques modifications de détails mais embrassent de nombreux domaines. Le contenu des réformes traduit aussi la volonté affichée des Français de passer à une nouvelle phase de l'occupation. La place dévolue aux responsabilités des autorités allemandes et aux besoins des populations croît sensiblement. La volonté de coopération s'affirme. La renaissance des initiatives privées est révélatrice de cette évolution générale. Les avancées sont donc incontestables.

La politique française n'en reste pas moins ambiguë. Les décisions concernant la Ruhr sont à cet égard exemplaires. Elles traduisent combien les Français tiennent à maintenir l'Allemagne dans un état de faiblesse relative et d'infériorité par rapport à la France. La politique de prises de participations financières est tout aussi équivoque. Si elle vise

---

148 Lefèvre, S., « la politique française de prises de participations financières dans sa zone d'occupation (1945-49) », in *op. cit.*, p. 24 ; Eck, J.-F., *Les entreprises françaises face à l'Allemagne*, *op. cit.*, p. 44.

149 Note a/s des possibilités d'une politique d'investissements français en Allemagne, 28 avril 1948, citée en note 142.

150 *Ibid.*

151 Eck, J.-F., *Les entreprises françaises face à l'Allemagne*, *op. cit.*, p. 48-49.

la reprise des relations économiques avec l'Allemagne, elle est aussi au service d'une politique de contrôle et de domination. En ce domaine, les ambitions françaises se soldent une nouvelle fois par un échec. Les initiatives en matière constitutionnelle sont également révélatrices de cette double politique. Les propositions françaises doivent en effet profiter à l'Allemagne ou à la ZFO mais également servir les intérêts français. C'est d'ailleurs en zone française que l'écart entre les objectifs affichés et les réalisations effectives apparaît le plus clairement.

CHAPITRE X

Les changements en ZFO

Véritable laboratoire de la nouvelle politique française, la ZFO connaît, de l'automne 1946 à l'été 1948, des changements importants. Les occupants veulent y développer leur projet fédéraliste, ce qui suppose un transfert accru de responsabilités aux autorités allemandes. Il s'agit aussi de réorganiser en profondeur l'administration française en Allemagne et de modifier la politique économique suivie par la France depuis le début de l'occupation. Ces trois projets de réformes dépendent les uns des autres, ils sont inextricablement mêlés. La rétrocession de certains pouvoirs aux Allemands se double par exemple d'une transformation des missions des occupants, l'administration directe étant abandonnée au profit des contrôles. Concrètement, il convient d'analyser dans quelle mesure les projets français ont réellement été transposés dans la réalité. Qu'elles en freinent ou qu'elles en accélèrent la mise en œuvre, les contraintes économiques et financières agissent ici de façon déterminante.

I. La réorganisation de l'administration française

Dès 1946, il est clair que l'administration française en Allemagne doit être réformée. La commission parlementaire d'enquête, qui a sillonné la zone au début de l'année 1946, a pointé les dysfonctionnements qui doivent être corrigés. Pour l'essentiel, il s'agit de mettre un terme à la dualité entre l'administration militaire et l'administration civile, c'est-à-dire entre les services du général Koenig et ceux d'Émile Laffon, et aux cloisonnements administratifs qui isolent le gouvernement militaire de Baden-Baden du groupe français du Conseil de contrôle et des administrations françaises des Länder. L'exigence de réforme porte aussi sur les missions de l'administration française. Dès l'automne 1946, il est de plus en plus question, surtout dans le domaine économique, de passer d'une administration directe des affaires allemandes à un simple contrôle, les autorités locales allemandes devant obtenir des compétences accrues. Cette transformation du rôle des autorités françaises appelle donc une véritable refonte de l'organisation administrative qui devrait être considérablement allégée. Les contraintes financières qui pèsent sur le Trésor vont dans le même sens. Dès l'automne 1946, la réduction des effectifs français en Allemagne participe des économies budgétaires décidées par le gouvernement.

A. Un décloisonnement partiel des services

À partir de l'automne 1946, les hauts fonctionnaires français en Allemagne s'attachent à décloisonner les différents services de la zone. Il s'agit surtout d'aboutir à une meilleure coordination entre l'administration de Baden-Baden et les services de Berlin.

Dès le mois d'août 1946, le général Koenig décide d'organiser des conférences économiques régulières entre le gouvernement militaire et le groupe français du Conseil de contrôle[1]. Il s'agit de permettre aux services de Baden-Baden et de Berlin d'être régulièrement en contact de façon à harmoniser leurs politiques respectives dans les domaines économique et administratif[2]. Les deux administrations ont en effet tendance à envisager « les mêmes questions sous un angle différent et, par là, à ne pas leur donner une solution identique »[3]. À Baden-Baden, les directeurs du gouvernement militaire, « en contact direct avec l'administration et l'économie allemandes, désireux d'aider dans la plus large mesure possible au relèvement de la France, ont tendance à prendre des décisions qui facilitent leur tâche sans avoir obtenu l'accord préalable du Conseil de contrôle »[4]. Il n'est donc pas rare que leur politique soit en total désaccord avec les arrêtés pris à Berlin. Aussi les chefs de division du GFCC déplorent-ils « l'indépendance de la zone dans la mesure où elle rend difficilement soutenable la position de la France au Conseil [de contrôle] interallié »[5].

L'organisation des conférences est rapidement arrêtée. Celles-ci devront avoir lieu tous les mois, alternativement à Berlin et à Baden-Baden. Le général Koenig les présidera. En son absence, la présidence ira à son secrétaire général, à Baden-Baden, et au général Noiret, à Berlin[6]. Les directeurs du gouvernement militaire et les chefs de division du GFCC devront respecter l'ordre du jour fixé. Il leur reviendra de

---

1 Courrier de Tarbé de Saint-Hardouin à Bidault relatif à « la conférence économique des services français de Berlin et de la zone », 11 août 1946, AOFAA, c. 194 d. B VI.

2 Note de Laffon aux directeurs généraux et aux directeurs du GMZFO a/s des « conférences Inter GM-GFCC », 6 décembre 1946, AOFAA, c. 115 d. ECO I A 4/2.

3 « Fiche pour le général CCFA a/s de la conférence des directeurs et chefs de divisions économiques et financières du GMZFO et GFCC », CCFA, secrétariat général, division des affaires civiles, sans date (postérieure au 6 août 1946), AOFAA, c. 115 d. ECO I A 4/2.

4 *Ibid.*

5 *Ibid.*

6 « Fiche pour le général », CCFA, secrétariat général, division des affaires civiles, 22 août 1946, AOFAA, c. 115 d. ECO I A 4/2.

trouver, pendant la durée de la conférence, des compromis sur les points en litige[7]. L'organisation matérielle des conférences, qui est assez lourde, pose rapidement des problèmes. Tous les mois, un train spécial est affrété pour transporter les fonctionnaires d'une ville à l'autre. Les diverses contraintes liées aux déplacements et au logement des fonctionnaires conduisent d'ailleurs Laffon à demander la réduction au strict minimum du nombre des participants[8].

Bien qu'elles soient difficiles à mettre en place, les conférences jouent un rôle important dans la politique économique suivie par la France en Allemagne. Et même si les décisions arrêtées par les directeurs et chefs de division peuvent être remises en cause par l'administrateur général Laffon et le général Koenig, elles sont destinées à être appliquées en zone comme à Berlin[9]. À quelques écarts près, les conférences ont d'ailleurs lieu comme prévu. De l'été 1946 au printemps 1948, date à laquelle l'administration française est entièrement réorganisée, les fonctionnaires de Baden-Baden et de Berlin se réunissent à douze reprises[10]. Le travail accompli est considérable puisque les questions examinées englobent l'ensemble des problèmes économiques et financiers relevant de l'occupant.

B. La réduction des effectifs

En 1946, le gouvernement français, confronté à un déficit budgétaire important, cherche à multiplier les économies. Réunie à cet effet, la « commission de la hache » préconise la diminution des dépenses militaires, la suppression de certaines subventions économiques et la réduction massive des effectifs de la fonction publique[11]. Dans ce contexte de restrictions budgétaires, le ministère des Finances se préoccupe, à partir de septembre 1946, de chiffrer le coût de l'occupation française en

---

7 « Fiche pour la division des affaires civiles », CCFA, secrétariat général, 30 août 1946, AOFAA, c. 115 d. ECO I A 4/2.

8 Note de Laffon aux directeurs généraux et aux directeurs a/s de la « participation des membres du gouvernement militaire aux conférences Inter GM-GFCC et accès au train spécial », 5 novembre 1946, AOFAA, c. 115 d. ECO I A 4/2.

9 Fiche pour la division des affaires civiles, 30 août 1946, citée en note 7.

10 Les conférences ont lieu les 5 et 6 août 1946 à Berlin, les 4 et 5 septembre 1946 à Baden-Baden, les 8 et 9 octobre à Berlin, les 25 et 26 novembre 1946 à Baden-Baden, les 27 et 28 janvier 1947 à Berlin, les 27 et 28 mai 1947 à Baden-Baden, les 28 et 29 juillet 1947 à Berlin, les 6 et 7 octobre 1947 à Baden-Baden, les 16 et 17 novembre 1947 à Baden-Baden, le 27 décembre 1947 à Baden-Baden, le 12 janvier 1948 à Baden-Baden et les 11 et 12 mars 1948 à Baden-Baden. On trouvera les procès-verbaux des réunions dans AOFAA, c. 115 d. ECO I A 4/1 et dans AOFAA, c. 131 d. ZF 0-1.

11 Rioux, J.-P., *La France de la Quatrième République*, tome 1 : *L'ardeur et la nécessité 1944-1952*, *op. cit.*, p. 173.

Allemagne[12]. Se pose alors la question de savoir si les compressions de personnel envisagées seront rentables.

1. Une occupation coûteuse

Depuis la Libération, l'idée dominante était que les Français, installés outre-Rhin et vivant sur le pays, allégeaient d'autant les charges incombant à la France[13].

André Lebelle, inspecteur général des finances, qui dirige un comité central d'enquête, dépêché en zone à l'automne 1946, réfute cette idée qui semble pourtant relever du bon sens. En réalité, les occupants, qui bénéficient d'un meilleur ravitaillement en Allemagne qu'en France et qui y sont mieux payés[14], participent à l'augmentation de la consommation intérieure de la zone. Leur présence outre-Rhin contribue donc à fragiliser l'équilibre de son commerce extérieur. « Avantageuse pour les intérêts individuels », la résidence des Français en Allemagne n'est au fond « pas aussi désirable dans l'intérêt collectif »[15]. Elle deviendrait même très pénalisante pour la France dès lors que la balance des comptes de la zone, devenue déficitaire, serait à la charge du Trésor. Chaque dépense de l'occupant se solderait alors par un décaissement en devises fortes. Aussi la conclusion de Lebelle est-elle sans appel : « les dépenses des services d'occupation doivent être examinées avec les mêmes soucis d'économie et de rendement que les dépenses de tout autre service public »[16].

---

12 Note sur les « questions administratives et financières qui paraissent justifier une étude approfondie en Allemagne », sans auteur (vraisemblablement ministère des Finances), 10 septembre 1946, SAEF, B 33884.

13 « Note sur le coût des Français résidant dans notre zone d'occupation en Allemagne », André Lebelle, inspecteur général des finances, 21 décembre 1946, AN, F^{60} 941.

14 Cette affirmation est contestée par Émile Laffon : courrier au général Koenig a/s de la « réduction des effectifs », 15 février 1947, AMAE-Colmar, C. 19 (effectifs) ; développements ci-dessous au point I. B. 3.

15 Note de Lebelle, 21 décembre 1946, citée en note 13.

16 *Ibid.*

Tableau 6. Dépenses au titre de l'occupation française en Allemagne en 1946 et 1947 (en francs)[17]

Dépenses budgétaires	Crédits pour 1946	Crédits pour 1947
Services		
CGAAA, administrationn centrale	123 117 000	116 987 000
Allemagne	4 050 086 000	2 518 600 000
Missions et services rattachés	179 435 000	364 800 000
Budget des armées	9 500 000 000	8 500 000 000
Charges indivisibles	6 000 000 000	6 000 000 000
Sous-total	19 852 638 000	17 500 387 000
Charges de trésorerie		
Propagande culturelle	450 000 000	450 000 000
Séquestres et personnels annexes	100 000 000	100 000 000
Total général	20 402 638 000	18 050 387 000

Cette affirmation prend tout son sens à la lumière du coût que l'occupation de l'Allemagne représente pour la France. Pour 1946, les dépenses budgétaires sont chiffrées à plus de 20 milliards de francs et, pour 1947, elles atteignent encore 18 milliards[18]. Au regard de ce que l'occupation rapporte effectivement – les gains depuis l'été 1945 sont estimés, en mars 1948, à 40 milliards de francs[19] –, il apparaît donc que l'occupation, loin de dégager d'importants bénéfices, est au mieux équilibrée et sans doute déficitaire[20].

Il est donc impératif de procéder à des économies. Aux yeux de la plupart des décideurs, ces dernières passent essentiellement par des compressions de personnel.

2. Des réductions sévères d'effectifs

Jusqu'en 1948, tous les gouvernements successifs procèdent à des réductions drastiques de personnel. La méthode n'est pas nouvelle. Les

---

17 Reproduction de deux tableaux figurant dans la « note sur le coût de l'occupation française en Allemagne », adressée par Guillaume Guindey au cabinet du ministre (des Finances), 11 octobre 1947, SAEF, B 33884.

18 Note sur le coût de l'occupation française, 11 octobre 1947, citée en note 17.

19 Bossuat, G., *La France, l'aide américaine et la construction européenne*, *op. cit.*, p. 286, tableau 27. Le total des avantages économiques tirés de l'occupation française en Allemagne se monte en mars 1948 à 336,66 millions de dollars soit, à un taux de change de 1 dollar pour 119 francs, 40,06 milliards de francs.

20 Il faut en effet tenir compte du fait que le coût de l'occupation, qui se monte à 38 milliards pour 1946 et 1947, ne prend pas en compte les dépenses pour la fin de l'année 1945 et celles pour les premiers mois de 1948. Il y a donc de fortes chances que les dépenses françaises soient supérieures aux 40 milliards que l'occupation a rapportés.

effectifs de l'administration française en Allemagne ont déjà été réduits à trois reprises en 1945 et 1946.

Tableau 7. Les effectifs de l'administration française en Allemagne[21]

Dates	Cadres (administrateurs et attachés)	Chargés de mission	Personnel subalterne	Services annexes	Services communs avec l'armée	Total
1er mai 1945	6 000 (1)		14 000 (1)			20 000
1er mars 1946	4 588	85	6 650	5 332	1 500	18 155
1er avril 1946	4 130	85	6 145	4 600	1 200	16 160
1er janvier 1947	3 633	75	5 394	3 600	1 000	13 702
1er juin 1947	3 387	70	5 319	3 512	1 000	13 288
1er juillet 1947	3 282	70	5 216	3 447	1 000	13 015
1er août 1947	3 282	70	5 216	3 447	1 000	13 015
1er sept. 1947	3 173	68	5 177	3 397 (2)	1 000	12 815
1er oct. 1947	3 173	68	5 177	3 397	1 000	12 815
1er déc. 1947	3 143	68	4 859	3 257	750	12 077
31 déc. 1947	3 133	68	4 847	3 257	750	12 055

(1) Au 1er mai 1945, les différentes classifications ne sont pas encore établies ; le classement s'effectue uniquement entre « officiers ou fonctionnaires » (6 000) ou bien « employés, sous-officiers ou hommes de troupe » (14 000).

(2) 3 397 personnes dont 660 (enseignement) en litige.

Mais à partir de 1947, le rythme des compressions de personnel s'accroît. En février, les effectifs sont amputés de 12 %. En avril, un premier décret prévoit une nouvelle baisse de 6 %, tandis qu'un second, pris par le président du Conseil et le ministre des Finances, envisage le licenciement de 1 500 à 1 800 agents du gouvernement militaire[22]. Les réductions d'effectifs se poursuivent à un rythme soutenu pendant tout le second semestre. Au 31 décembre 1947, l'administration française en Allemagne, ramenée à 12 000 personnes, a été réduite de 33 % par rapport au 1er mars 1946 et de près de 40 % par rapport au 1er mai 1945.

3. Compressions de personnel et économies budgétaires

Encouragées par le gouvernement, les compressions des effectifs français en Allemagne font l'objet de vives critiques en ZFO. Dès le

---

21 Tableau construit à partir des chiffres de l'annexe d'un « rapport a/s de la situation des effectifs des services français d'administration et de contrôle en Allemagne et en Autriche », Yvon Delbos, ministre d'État, 20 septembre 1947, AOFAA, AEF 349/11. Il existe une deuxième version de cette annexe, AOFAA, c.117 d. ECO I A 11. Les chiffres qui y sont donnés varient sensiblement à partir du 1er juillet 1947. Ces fluctuations portent essentiellement sur le nombre de personnes travaillant pour les services annexes ou pour les services communs avec l'armée. La seconde annexe fixe ainsi le nombre total d'employés en Allemagne à 12 778 pour le 1er juillet et le 1er août, à 11 918 pour le 1er septembre et le 1er octobre, à 11 180 pour le 1er décembre et à 11 158 pour le 31 décembre 1947.

22 « Rapport de Laffon à Koenig », 23 avril 1947, AOFAA, c. 196 d. C III 0-I.

mois de décembre 1946, Émile Laffon attire l'attention de ses supérieurs sur les conséquences qu'elles ne manqueront pas d'avoir pour le Trésor. À très court terme, les réductions successives de personnel empêcheront les Français de surveiller correctement l'économie allemande. Laffon doute aussi qu'en l'absence de fonctionnaires suffisamment nombreux, la gestion de services, tel l'OFICOMEX, dont dépend l'équilibre financier de la zone, puisse être assurée très longtemps encore. Bref, il se demande si les économies en francs, réalisées grâce à des réductions de personnel, compenseront véritablement les préjudices en dollars qu'elles ne manqueront pas de provoquer et que la France devra supporter[23].

Sa mise en garde ne semble pas motivée par des intérêts corporatistes, destinés à préserver ses services des coupes franches en cours. Laffon est en effet convaincu, avec d'autres responsables[24], que les services administratifs français en Allemagne, chargés des questions économiques, ne seront définitivement plus en mesure d'assurer les tâches qui leur incombent si leurs effectifs sont à nouveau réduits. Plusieurs séries de raisons plaident en ce sens. La situation faite aux fonctionnaires d'occupation s'avère très désavantageuse par rapport aux conditions dont bénéficient les personnels travaillant en France. Leurs émoluments sont par exemple régulièrement versés avec quatre à cinq mois de retard. Ils n'ont droit à aucun frais de mission pour leurs déplacements de travail à l'intérieur de la zone, pas plus qu'à des primes de rendement, accordées à leurs collègues métropolitains. Ils ne bénéficient pas non plus des augmentations de salaires pourtant concédées, en juin 1946 et en janvier 1947, à leurs collègues installés en France[25]. Bref, la situation des fonctionnaires français en Allemagne n'est pas bonne.

Elle provoque une véritable hémorragie du personnel de la direction générale de l'économie et des finances. Dotés de bonnes compétences économiques, financières ou industrielles, ces hommes, souvent issus du secteur privé, se voient proposer des situations beaucoup plus intéressantes en France[26]. Les départs se multiplient. Ils touchent au premier

---

23 Courrier de Laffon à Koenig a/s de la « réduction de 12 % des effectifs », 12 décembre 1946, AOFAA, APR 6 1/b 16 ; courrier de Laffon à Koenig a/s de la « réduction des effectifs », 15 février 1947, AOFAA, C. 19 (effectifs).

24 C'est le cas de Filippi qui attire l'attention de Laffon sur ces questions les 24 avril, 25 septembre, 15 octobre et 10 décembre 1946 : « note pour Monsieur l'administrateur général a/s de la situation des effectifs de la DGEF », Jean Filippi, 25 juillet 1947, AOFAA, C. 19 (effectifs). C'est aussi la cas de Tarbé de Saint-Hardouin qui, dans un courrier à Bidault, cite de larges extraits du rapport de Laffon du 23 avril 1947, dans lequel ce dernier souligne les dangers de ces suppressions successives d'effectifs : courrier de Tarbé de Saint-Hardouin à Bidault a/s de l'« organisation de l'occupation », 6 mai 1947, AOFAA, c. 11 d. POL I B 2.

25 Courrier de Laffon à Koenig, 15 février 1947, cité en note 23.

26 *Ibid.*

chef les personnels les plus compétents, c'est-à-dire les cadres. Rapidement, la situation devient préoccupante[27]. En juillet 1947, 14 % des postes d'administrateurs et 13 % des postes d'attachés sont vacants[28]. Vingt-quatre administrateurs de la direction de la production industrielle de Baden-Baden ont démissionné en 1946[29]. Dans de nombreuses sections, le suivi des affaires n'est plus assuré[30]. Le remplacement des démissionnaires s'annonce difficile, les compétences techniques requises étant très pointues[31]. Les dispositions réglementaires adoptées par le gouvernement au printemps 1947 dissipent d'ailleurs tout espoir d'embaucher des remplaçants. Les réductions budgétaires qu'elles prévoient interdisent en effet de pourvoir les postes vacants[32]. Les dirigeants français en Allemagne espèrent un temps contourner ces dispositions en recrutant des fonctionnaires qui quittent l'Autriche. Mais ces démarches butent sur toute une série d'obstacles administratifs[33]. Et puis les vacances de postes à la direction générale de l'économie et des finances sont compensées par des excédents dans d'autres services. S'ils étaient embauchés, les anciens fonctionnaires en poste en Autriche se trouveraient donc en surnombre[34]. Cela est impossible.

---

27 Courrier de Robert Lacoste, ministre de l'Industrie et du Commerce, à Paul Ramadier, président du Conseil, a/s des « effectifs des services de la PI en zone occupée », 5 mai 1947, AOFAA, C. 19 (effectifs).

28 Note pour Laffon, Filippi, 25 juillet 1947, citée en note 24.

29 Courrier de Laffon à Koenig, 15 février 1947, cité en note 23 ; note du directeur de cabinet de la DPI pour Marcel Coignard a/s « des vacances survenues à la direction de la production industrielle », 2 janvier 1947, AOFAA, C. 19 (effectifs). Sur la liste, qui fait état du départ de dix-huit cadres, seuls cinq semblent être en mesure d'être remplacés.

30 En mai, la situation est très sérieuse dans plusieurs secteurs de la production industrielle : « d'ores et déjà les sections textiles, bois et industries diverses, matériaux de construction – programmes répartition – ne sont plus susceptibles de faire face aux responsabilités qui leur incombent. Tant dans le domaine des industries mécaniques et électriques que dans le domaine des industries chimiques, il n'est plus possible de suivre avec efficacité l'activité des usines allemandes, ni de poursuivre les investigations techniques nécessaires à l'industrie allemande ». Extrait tiré du courrier de Lacoste à Ramadier, 5 mai 1947, cité en note 27.

31 *Ibid.*

32 La loi du 30 mars 1947 fixant les crédits provisoires relatifs au budget ordinaire précise qu'il ne pourra être pourvu à aucune vacance d'emploi : courrier de Lacoste à Ramadier, 5 mai 1947, cité en note 27.

33 « Rapport à Monsieur le directeur général de l'économie et des finances », René Dejardin, contrôleur général de l'économie et des finances, 12 juin 1947 ; courrier de Filippi à Laffon, 18 juillet 1947, « note pour Monsieur l'administrateur général a/s du recrutement d'agents en provenance de l'Autriche », sans auteur, 27 juillet 1947, AOFAA, C. 19 (effectifs).

34 Rapport de Dejardin, 12 juin 1947, cité en note 33.

Aussi Émile Laffon et Jean Filippi s'élèvent-ils contre cette pratique aveugle de réductions d'effectifs, qui porte uniformément sur l'ensemble des services français en Allemagne sans tenir compte, ni des compétences des agents concernés, ni des avantages financiers que ceux-ci sont susceptibles de procurer à la France[35]. Les hauts fonctionnaires de la zone reprochent en fait aux coupes successives dans les effectifs d'avoir réduit à la portion congrue le personnel des services économiques et financiers. En mars 1948, ces derniers sont proportionnellement moins nombreux que ceux des zones américaine et britannique. Alors qu'ils représentent 5 % des effectifs généraux en ZFO (477 personnes sur 9 000), ils sont 10 % en zone américaine (316 sur 3 000)[36].

Tableau 8. Effectifs de la direction générale de l'économie et des finances du GMZFO aux dates des 12 juin 1947 et 1er mars 1948[37]

Directions	Administrateurs		Attachés		Charg. mis.[1]		Auxilaires		Total	
	1947	1948	1947	1948	1947	1948	1947	1948	1947	1948
Cabinet	3/3*	5/6	7/5	5/3	2/2	2/2	26/26	10/7	38/36	22/18
Cont. gén.[1]	6/4	5/5	3/3	3/1	-	-	5/5	5/5	14/12	13/11
Éco. Gén.[1]	14/9	13/11	30/24	28/22	4/2	4/2	38/36	36/34	86/71	81/69
Agriculture	17/14	15/13	44/43	40/35	-	0/1	62/64	61/49	123/121	116/98
Finances	16/14	15/14	32/25	26/17	3/3	4/2	52/42	40/32	103/84	85/65
Prod. Ind.[1]	55/43	52/44	63/49	56/56	17/13	16/12	116/113	116/103	251/218	240/215
Rép.-rest.[1]	11/9	11/8	21/19	17/19	-	-	30/29	25/21	62/57	53/48
TPT[1]	14/11	11/9	16/17	14/13	2/1	2/1	27/25	24/21	59/54	51/44
Travail	5/4	5/4	19/18	18/17	-	-	22/18	19/15	46/40	42/36
Totaux	141/111	132/114	235/203	207/183	28/21	28/20	378/358	336/287	782/693	703/604

* Les chiffres à gauche de la barre de fraction représentent l'effectif théorique, ceux à sa droite l'effectif existant.

1 : Charg. mis. : Chargés de mission ; Cont. gén. : Contrôle général ; Éco. gén. : Services de l'économie générale : Prod. ind. : production industrielle ; Rép.-rest. : Réparations-restitutions ; TPT : Travaux publics et transports.

Les protestations de Laffon et de Filippi, relayées en zone par Jacques Tarbé de Saint-Hardouin[38], mais aussi à Paris par Robert Lacoste[39], ministre de l'Industrie et du Commerce, sont prises en compte par le gouvernement. À partir de l'été 1947, les réductions d'effectifs

---

[35] Note pour Laffon Filippi, 25 juillet 1947, cité en note 24.

[36] « Fiche pour le général commandant en chef français en Allemagne a/s des compressions d'effectifs des services économiques et financiers de l'administration française en Allemagne », Jean Filippi, 13 mars 1948, AOFAA, AEF 351/1.

[37] Tableau réalisé à partir du tableau de l'effectif de la DGEF, annexé au rapport de Dejardin, 12 juin 1947, cité en note 33, et à partir de l'« effectif de la DGEF à la date du 1er mars 1948 », AOFAA, AEF 351/1.

[38] Courrier de Tarbé de Saint-Hardouin à Bidault a/s de l'« organisation de l'occupation », 6 mai 1947, AOFAA, c. 11 d. POL I B 2.

[39] Courrier de Lacoste à Ramadier, 5 mai 1947, cité en note 27.

sont intégrées à une réforme beaucoup plus globale de l'administration française en Allemagne.

C. La réforme de structures administratives

Tout au long de l'été 1947, la réforme de l'administration française en Allemagne retient l'attention des décideurs français. En juin, la commission des affaires étrangères du Conseil de la République rédige un rapport sur le sujet[40]. En juillet, une délégation de la commission des Affaires étrangères de l'Assemblée nationale enquête en ZFO[41]. À la suite de ce voyage, les parlementaires se saisissent par deux fois, le 18 puis les 25 et 26 juillet, de la question[42]. En septembre, plusieurs projets de réformes, rédigés par André Lebelle[43], inspecteur général des finances, par René Plas[44], contrôleur général des territoires occupés, et par les services du général Koenig[45] sont adressés au Quai d'Orsay dans le but d'éclairer les décisions que doit prendre la commission de la Guillotine sur de nouvelles suppressions d'effectifs[46]. Si les rapports aboutissent au même diagnostic, leurs propositions sont en revanche assez différentes.

1. Un impératif

Les différents rapports parviennent à des constats similaires. Tous s'accordent sur le fait que les réductions d'effectifs touchant la ZFO, déjà réalisées ou prévues, sont considérables et qu'elles ne sauraient être poursuivies sans porter gravement préjudice à la politique allemande de

---

40 « Rapport au nom de la commission des affaires étrangères sur la proposition de résolution de Salomon Grumbach tendant à inviter le gouvernement à prendre toutes mesures en vue d'effectuer une réforme de structure des services de l'administration dans la zone d'occupation française en Allemagne », annexe au procès-verbal de la séance du Conseil de la République du 12 juin 1947, AOFAA, AEF 53/1.

41 Note, sans auteur ni date, qui établit la composition de la commission des affaires étrangères devant se rendre en ZFO, AOFAA, AEF 53/3. Pierre-Henri Teitgen en est le président, Jean Bouhey le vice-président, Gilbert de Chambrun le secrétaire et Félix Gaillard le secrétaire-adjoint. Le voyage est attesté dans le rapport sur la « situation des effectifs des services français d'administration et de contrôle en Allemagne et en Autriche » que René Plas remet à Yvon Delbos, ministre d'État, le 20 septembre 1947, AOFAA, AEF 349/11.

42 Rapport de René Plas, 20 septembre 1947, cité en note 41.

43 Ce rapport est mentionné par Hüser, D., *Frankreichs « doppelte Deutschlandpolitik »*, *op. cit.*, p. 486. Pas plus que l'auteur, nous n'avons réussi à trouver de trace de ce rapport dans les archives.

44 Rapport de René Plas, 20 septembre 1947, cité en note 41.

45 Rapport du général Koenig, 18 septembre 1947, adressé le même jour au MAE, AMAE, Y 1944/49, t. 442.

46 Indications fournies dans le rapport de René Plas, 20 septembre 1947, cité en note 41.

la France et à ses intérêts économiques[47]. De nouvelles compressions substantielles de personnels ne seront possibles que dans le cas d'une modification profonde de structures. Tous les rapports y sont d'ailleurs favorables et réclament sa mise en œuvre rapide. Son ajournement aurait en effet des conséquences délétères[48]. Dans tous les rapports, la réforme comprend deux volets. Dans un premier temps, il s'agira de résoudre les problèmes qui grèvent le bon fonctionnement de l'administration française depuis le début de l'occupation. Il conviendra ainsi de mettre un terme à la dualité entre le pouvoir civil et le pouvoir militaire. Il faudra aussi opérer la fusion entre les services de Berlin et ceux de la zone et décloisonner l'ensemble de l'administration, de façon à faire disparaître les doublons et à aboutir à une coordination efficace entre les différents services[49]. Dans un second temps, l'organisation de l'administration française devra tenir compte des nouvelles missions qui lui seront confiées. « La création de Länder, ayant à leur tête des gouvernements allemands jouissant de pouvoirs reconnus par les constitutions votées en mai 1947 implique la remise entre les mains de ces derniers de l'administration des provinces »[50]. Par conséquent, les services français devront abandonner leur politique d'administration directe pour une politique de contrôle de l'action des autorités allemandes. Dans un certain nombre de cas, il ne sera évidemment pas possible de se limiter à une politique de contrôle, soit parce qu'ils relèvent de la sécurité de l'occupation (police, renseignements, transmissions), soit parce qu'ils engagent la responsabilité matérielle de la France (commerce extérieur, contrôle des prix), soit enfin parce qu'ils conditionnent le relèvement de la France (usines réservées). Il ne sera pas non plus possible de déléguer aux Allemands des services par définition strictement français liés à l'occupation (contrôle du désarmement, réparations et restitutions, services généraux concernant les Français)[51].

2. Les différentes propositions de réformes

Si les constats auxquels parviennent les différents rapports sont très proches, leurs propositions d'organisation sont en revanche assez différentes. Trois thèses sont en présence.

Le Conseil de la République reprend, pour l'essentiel, les vœux formulés en avril 1946 dans le rapport de la commission parlementaire

---

47 *Ibid.* ; rapport de Salomon Grumbach annexé au p.-v. de la séance du Conseil de la République du 12 juin 1947, cité en note 40.

48 Rapport de René Plas, 20 septembre 1947, cité en note 41.

49 Cf. les trois rapports.

50 Rapport de René Plas, 20 septembre 1947, cité en note 41.

51 Cf. les trois rapports.

d'enquête[52]. La réforme passe par la création d'un ministère ou d'un secrétariat d'État pour la ZFO, par la suprématie du pouvoir civil sur le pouvoir militaire et par une épuration poussée du personnel d'occupation. Un poste unique d'adjoint devrait par ailleurs être créé. Il aurait en charge les services d'occupation de Baden-Baden et de Berlin mais aussi la gestion des personnels, des matériels et des budgets. Cette nouvelle organisation, qui ferait de l'adjoint le véritable chef de l'administration, mettrait ainsi un terme à la dualité des pouvoirs. Le Conseil de la République propose enfin de doter le personnel d'un véritable statut, ce qui garantirait le maintien en zone de fonctionnaires de qualité[53].

De son côté, le général Koenig propose de dissocier les tâches de conception et de direction du travail d'exécution. Au niveau supérieur, le général Koenig disposerait, outre son cabinet et son représentant au Comité de coordination du Conseil de contrôle, de trois conseillers. À côté du poste de conseiller politique seraient créés un poste de conseiller administratif et juridique et un poste de conseiller économique et financier. Ces conseillers, dégagés de toute tâche administrative, seraient les équivalents des *advisers* américains et britanniques. À l'échelon d'exécution, l'ensemble des directions et des services serait coordonné par un secrétaire général qui ferait en quelque sorte l'interface entre le pôle d'élaboration de la politique et les services d'exécution[54].

Dans le troisième et dernier projet, élaboré par René Plas, les directions de Baden et les divisions de Berlin seraient réparties dans trois directions générales : cabinet et services apparentés ; affaires administratives et judiciaires ; affaires économiques et financières. Les trois directions, le délégué français au Comité de coordination du Conseil de contrôle et les délégués supérieurs des provinces dépendraient directement du général Koenig. Les décisions seraient prises par une sorte de comité supérieur de l'occupation réunissant le général Koenig, son conseiller politique, le délégué français au Comité de coordination du Conseil de contrôle, le commandant supérieur des troupes d'occupation, les trois directeurs généraux et les délégués supérieurs des provinces[55].

Au-delà des solutions proposées, les rapports renvoient aux tensions qui opposent le général Koenig aux services du gouvernement militaire. Koenig voit en effet dans la rédaction des rapports de Plas et de Lebelle

---

52 « Rapport général fait au nom de la commission parlementaire chargée d'enquêter dans les zones d'occupation françaises d'Allemagne et d'Autriche par Salomon Grumbach », annexe au procès-verbal de la 3e séance de l'Assemblée nationale constitutante, 9 avril 1946, AOFAA, AAA 953/5.

53 Rapport de Salomon Grumbach, annexé au procès-verbal de la séance du Conseil de la République du 12 juin 1947, cité en note 40.

54 Rapport du général Koenig, 18 septembre 1947, cité en note 45.

55 Rapport de René Plas, 20 septembre 1947, cité en note 41.

des tentatives pour discréditer les solutions qu'il avance[56]. À l'automne 1947, la mise en œuvre de la réforme passe d'abord par la démission d'Émile Laffon.

3. Une nouvelle administration pour de nouvelles missions

La dualité qui existait entre les services du général Koenig et ceux de l'administrateur général est réglée à la fin de l'année 1947 par la démission de Laffon[57]. « Faute d'avoir pu obtenir satisfaction sur un certain nombre de points qu'il estimait capitaux pour l'avenir de la politique française en Allemagne »[58], ce dernier demande, en accord avec le ministre des Affaires étrangères, à être relevé de ses fonctions en décembre 1947[59].

Dans les semaines qui précèdent son départ, Laffon s'oppose une dernière fois au général Koenig. Le différend porte sur les fonds spéciaux attribués au commandement en chef. Comme la France manque de dollars, Laffon propose à Koenig, au début du mois de novembre, de restituer au gouvernement les fonds spéciaux en devises fortes dont il dispose, de façon à permettre au Trésor de faire des économies[60]. En réalité, il ne s'agit là que d'un prétexte. Laffon veut éviter que ces fonds continuent d'être utilisés, de façon abusive selon lui, par les services du général Koenig[61]. Ulcéré par l'impertinence de son subordonné, Koenig en demande la démission immédiate[62]. Laffon, qui refuse d'être renvoyé par Koenig alors que cette décision appartient au ministre des Affaires étrangères, porte le différend devant le gouvernement. Il saisit personnellement Georges Bidault[63] et Paul Ramadier[64], président du Conseil. Paris désavoue Koenig. Laffon reste à son poste jusqu'au 10 décembre, date initialement prévue de son départ[65].

---

56 Deux courriers de Koenig à MAE, 18 et 27 septembre 1947, AMAE, Y 1944/49, t. 442.

57 Elle intervient le 10 décembre 1947 : « message d'adieu de l'administrateur général », Émile Laffon, 8 décembre 1947, AOFAA, APR 6 1/b, 28.

58 C'est le commentaire que fait Maurice Grimaud à propos de la démission de Laffon. L'administrateur plaide en 1947 pour une politique beaucoup plus réaliste. Il est par exemple favorable à une fusion rapide de la ZFO avec la Bizone. Sur ce point : « rapport de l'administrateur général Laffon à Monsieur le général commandant en chef français en Allemagne », 23 avril 1947, AOFAA, c. 196 d. C III 0-1.

59 Courrier de Laffon à Bidault, 11 novembre 1947, AOFAA, APR 6 1/b, 28.

60 Courrier de Laffon à Koenig, 10 novembre 1947, AOFAA, APR 6 1/b, 28.

61 Commentaire de Maurice Grimaud sur l'inventaire de ses archives privées.

62 Courrier de Koenig à Laffon, 11 novembre 1947, AOFAA, APR 6 1/b, 28.

63 Courrier de Laffon à Bidault, 11 novembre 1947, cité en note 59.

64 Courrier de Laffon à Ramadier, 12 novembre 1947, AOFAA, APR 6 1/b, 28.

65 Courrier de Bidault à Laffon, 24 novembre 1947, AOFAA, APR 6 1/b, 28.

Le poste, qui n'est plus pourvu, est supprimé[66]. Il s'agit de la première étape de la réforme de l'administration française en Allemagne. Elle est menée conformément au projet du général Koenig. Il nomme, en avril 1948, un secrétaire général, Roger Gromand[67], qui coordonne les divisions administratives de la zone[68]. Les chefs de ces dernières ont autorité à la fois sur les services de la zone et sur ceux de Berlin[69]. Les conseillers sont nommés en mai 1948. Jacques Tarbé de Saint-Hardouin reste conseiller politique. Le directeur général des affaires administratives, Maurice Sabatier, devient conseiller administratif. Initialement, il est prévu que le poste de conseiller économique et financier soit partagé en deux, les questions économiques revenant à Jean Filippi[70], les problèmes financiers à Paul Leroy-Beaulieu[71]. La nomination de Filippi à la tête de la direction des relations économiques extérieures modifie ce schéma initial. Paul Leroy-Beaulieu assure les fonctions de conseiller économique et financier[72]. Lui sont adjoints Edmond Dobler (conseiller économique adjoint), Roger Humbert et Bernard Lefort (adjoints au conseiller)[73].

---

66 Note de Koenig, 5 décembre 1947, AOFAA, C. 4 (dissolution).

67 Né en 1905, Roger Gromand est ancien contrôleur civil au Maroc. En 1943, il est secrétaire général du gouvernement de Tunisie, ce qui lui vaut d'être nommé préfet. Chargé de mission auprès du général Koenig à partir du 1er mai 1947, il est nommé secrétaire général du GMZFO le 12 avril 1948.

68 Décision portant création, à titre provisoire, d'un secrétariat général du commandement en chef français en Allemagne, 12 avril 1948, AOFAA, AEF 381/8.

69 Annexe à la note de service n° 459 intitulée « répertoire provisoire des indicatifs de référence des services centraux du commandement en chef », 20 avril 1948, AOFAA, C. 4 (réorganisation 1948) ; « instruction sur l'organisation et le fonctionnement du commandement en chef français en Allemagne », CCFA, Koenig, 9 juillet 1948, AOFAA, AEF 381/8.

70 Cf. ses trois notes : « note pour Monsieur le directeur du cabinet civil du général CCFA », 23 avril 1948 ; « note pour Monsieur le secrétaire général, 23 avril 1948 ; une « fiche pour le général comandant en chef », 13 mai 1948, AOFAA, AEF 381/8.

71 Né en 1902 à Paris, Paul Leroy-Beaulieu, licencié en lettres et en droit, diplômé de l'École libre des sciences politiques et de l'Université d'Oxford, est inspecteur des finances. En poste à l'Inspection de 1929 à 1937, il est ensuite attaché financier à l'ambassade de France à Rome, de 1935 à 1937, puis à celle de Washington, de 1937 à 1940. Directeur du commerce extérieur du gouvernement de Vichy jusqu'en 1943, il gagne Alger, où il dirige le service des approvisionnements du CFLN. Après avoir été conseiller économique et financier du conseil français des approvisionnements à Washington, il est nommé, en 1946, chef de la division finances du GFCC. Sa nomination en tant que conseiller économique et financier prend effet le 1er juin 1948.

72 « Décision relative à la charte des conseillers », Koenig, 3 mai 1948, AOFAA, AEF 10/9.

73 « Note de service » sur les services du conseiller économique et financier, 2 septembre 1948, AMAE, Y 1944/49, t. 446.

Outre ses aspects structurels, la réforme porte aussi sur les missions de l'administration française en Allemagne. À partir de l'été 1948, les services français assurent surtout des missions de contrôle. Ces changements de missions supposent un renforcement des compétences des autorités allemandes de la zone.

II. Le transfert progressif des pouvoirs économiques aux autorités allemandes

En réalité, le transfert progressif des pouvoirs économiques aux autorités allemandes a été amorcé dès 1947, lorsque Paris propose aux Alliés que l'Allemagne soit organisée de façon fédérale. Parallèlement à la publication des deux mémorandums français sur la question, en février 1947, une commission de réorganisation du contrôle de l'économie allemande est constituée en ZFO pour étudier comment les principes fédéralistes français pourraient être appliqués dans la zone. Ses recommandations donnent les grands axes selon lesquels les transferts de responsabilités aux autorités allemandes devraient être opérés. Toutefois, faute de consensus entre les occupants sur des points essentiels de la réforme, les transferts de compétence restent, pendant toute l'année 1947, limités. Par contre, une accélération des réformes est mise en route dans les tout premiers jours de 1948. Celles-ci sont effectives en juillet 1948.

A. La ZFO : un laboratoire du fédéralisme économique allemand

Pour convaincre les Alliés du bien-fondé de leur thèse sur la décentralisation politique de l'Allemagne, les Français ne se contentent pas de la publication de leurs mémorandums, qui ont un caractère théorique. Avant même que ces derniers soient diffusés aux Alliés, ils engagent une réforme constitutionnelle en ZFO, de façon à leur montrer que leur projet, appliqué dans leur zone d'occupation, pourrait être étendu à toute l'Allemagne[74].

Il s'agit donc de faire en sorte qu'avant le début de la conférence de Moscou, la France puisse s'appuyer sur « une réalisation concrète dont nos négociateurs pourront faire état »[75]. Paris compte ainsi rallier à sa

---

74 Les instructions du gouvernement sont adressées au général Koenig dès le 22 janvier 1947. La décision en a été prise lors d'une conférence organisée le 13 janvier 1947 par Pierre-Olivier Lapie : « déclaration de Monsieur l'administrateur général », annexe n° 1 au procès-verbal de la première réunion de la commission de réorganisation du contrôle de l'économie allemande, 31 janvier 1947, AOFAA, C. 2873, p. 5, d. 16.

75 Courrier de Koenig au sous-secrétaire d'État aux Affaires étrangères, CGAAA, a/s de la « réforme de structure de l'administration de la zone », 30 janvier 1947, AMAE, Y 1944/49, t. 438.

cause des Alliés dont les réactions au mémorandum français sont pour le moins mitigées[76]. Pour « réaliser immédiatement en zone française les principes du fédéralisme largement décentralisé », instruction est donnée au gouvernement militaire d'« organiser politiquement, administrativement et économiquement la zone, de telle manière que les organismes allemands s'intègrent ultérieurement avec aisance dans le cadre fédéral de l'Allemagne future »[77]. En d'autres termes, la ZFO devient le laboratoire du fédéralisme à la française. L'application à la zone des principes fédéralistes dans le domaine économique suppose toutefois une réforme profonde de son administration. Aussi l'administrateur général Laffon crée-t-il, dès le 24 janvier 1947, une commission d'études du fédéralisme économique[78] chargée de définir comment les dispositions du mémorandum français seront mises en œuvre en ZFO[79]. Présidée par Edmond Dobler[80], inspecteur des finances, directeur régional de l'économie à la délégation supérieure du Bade, elle comprend, outre les représentants des délégations supérieures du Bade et du Wurtemberg ainsi que de l'État rhéno-palatin, René Dejardin, contrôleur général de l'économie et des finances de la ZFO, André Allard[81], chef du service de la répartition générale à la DGEF, André Cérou et Jean Mattéoli (du cabinet de l'administrateur général), et le commandant Ollé-Laprune, du cabinet civil du général Koenig. Du 27 janvier au 22 février 1947, la

---

76 Maelstaf, G., *Que faire de l'Allemagne ?*, *op. cit.*, p. 71-82.

77 Instruction du général Koenig pour Laffon relative à l'« application à la zone française des projets remis aux Alliés concernant l'organisation future de l'Allemagne », 30 janvier 1947, AOFAA, c. 196 d. C III 0 R et S.

78 La commission instituée porte indifféremment les noms de commission d'études du fédéralisme économique ou de commission de réorganisation du contrôle de l'économie allemande.

79 « Note pour les directeurs et chefs de service », André Cérou, 24 janvier 1947, contenant une instruction d'Émile Laffon pour Jean Filippi, date illisible, AOFAA, C. 2873, p. 5, d. 16.

80 Né le 1er janvier 1905, Edmond Dobler, licencié en droit, diplômé de sciences politiques, est inspecteur des finances. Après avoir été détaché en Syrie et au Liban en 1941, il est directeur des réfugiés au secrétariat à l'Intérieur de janvier 1942 à septembre 1943. À cette date, il est mis à la disposition du secrétaire d'État à l'Économie nationale et aux Finances. En juillet 1944, il est réintégré à l'Inspection des finances. En ZFO, il est successivement directeur régional de l'économie et des finances, puis secrétaire général de la délégation supérieure du Bade.

81 Né le 18 mai 1905 à Vesoul, André Allard, polytechnicien (promotion 1924) et diplômé de l'École supérieure d'organisation professionnelle (1943), est ingénieur aux usines Renault de 1930 à 1940, puis à la Société d'installation et d'exploitation des services publics de 1940 à 1942, avant d'intégrer, de février 1942 à janvier 1944, l'Office central de répartition des produits industriels du ministère de la Production industrielle au sein duquel il est adjoint au directeur des services techniques. En ZFO, il est chef de la section répartition de la direction de l'économie générale puis, après dissolution de cette direction, en avril 1946, chef de la sous-direction programmes, répartitions et rationnement.

commission, qui se réunit à seize reprises, étudie l'ensemble des questions économiques et financières[82].

De cet examen méthodique, il ressort que l'application du fédéralisme économique à la ZFO pose deux séries de problèmes. Il s'agit d'abord d'examiner dans quelle mesure la répartition des pouvoirs entre les Länder et le pouvoir fédéral, prévue par le mémorandum français, est applicable en ZFO. Il convient ensuite de déterminer les pouvoirs qui seront effectivement transmis aux autorités allemandes des Länder, en les responsabilisant autant que faire se peut, et de définir qui, des Français ou des Allemands, devra assumer, jusqu'à la constitution de l'Allemagne, les pouvoirs revenant aux autorités fédérales allemandes.

1. Des conclusions en faveur de la thèse confédérale

La commission établit ses recommandations en se fondant sur les conclusions des quinze séances spécialisées, sur les études rédigées, à l'automne 1946, par les services français en Allemagne pour la commission Berthelot[83] et sur une réunion qui rassemble le 22 février 1947 toutes les parties prenantes[84]. Ses membres adoptent une position résolument décentralisatrice et considèrent, comme le gouvernement, que le système à mettre en place doit davantage s'apparenter à une confédération d'États qu'à la création d'un État fédéral[85]. Aussi ses conclusions sont-elles conformes aux prescriptions de Pierre-Olivier Lapie qui, le 18 janvier 1947, expliquait que le mémorandum français était « fondé sur la dévolution de la totalité des pouvoirs aux États membres, qui à leur tour doivent déléguer à l'organisme fédéral les compétences néces-

82 Les comptes rendus des séances sont consultables dans AOFAA, c. 112 d. ECO I A 2 a, AOFAA, C. 2873, p. 5, d. 16, AOFAA, AEF 370/1, AOFAA, AEF 383, et AMAE, Y 1944/49, t. 439.

83 Note de Roger Humbert, annotée par René Sergent « relative aux pouvoirs économiques des Länder », 21 octobre 1946, AMAE, Z Europe 1944/60, All., t. 86 ; note sur les « pouvoirs respectifs dans le domaine financier d'un gouvernement central allemand et des autorités des Länder », sans auteur (cabinet civil de Koenig), 22 octobre 1946, AOFAA, c. 112 d. ECO I A 2 a ; note sur les conditions d'un fédéralisme allemand, sans auteur, sans date (antérieure au 28 novembre 1946), AOFAA, AEF 368/2 ; courrier de Laffon aux délégués supérieurs du Bade, du Wurtemberg et de l'État rhéno-palatin, sur les « pouvoirs des gouvernements allemands », 3 décembre 1946, AOFAA, AEF 383.

84 Fiche sur la « réunion tenue sous la présidence du général commandant en chef français en Allemagne le 22 février 1947 a/s de la décentralisation politique administrative et économique de la zone française d'occupation », sans date, AOFAA, c. 119 d. ECO I B 4 d.

85 Note sur la « réunion de la commission d'études du fédéralisme économique », cabinet civil du général Koenig, 21 février 1947, AMAE, Y 1944/49, t. 439.

saires pour assurer à l'Allemagne le minimum indispensable de coordination économique »[86].

Forte de ce principe, la commission recommande une décentralisation des pouvoirs économiques plus poussée que celle préconisée par le mémorandum du 17 janvier 1947. Selon elle, les Länder devront être dotés d'un maximum de compétences. Si elle considère nécessaire la création des ministères fédéraux des Finances, du Ravitaillement ou de la Poste et des Télécommunications, elle s'oppose en revanche à la création d'un organisme central pour les transports. La supervision fédérale des questions de transports présenterait, à ses yeux, un danger d'ordre militaire très sérieux. Dans ce domaine, il conviendrait donc de laisser aux Länder l'intégralité des pouvoirs, à charge pour eux de s'entendre directement sur les questions dépassant le cadre provincial, comme la navigation rhénane ou les transports ferroviaires[87].

2. Vers une responsabilisation accrue des autorités allemandes

Les membres de la commission estiment en outre que, « même dans certains secteurs réservés par les mémorandums à la compétence du Bund, une certaine partie pourrait être laissée à l'initiative des États »[88]. L'objectif de ces mesures vise très clairement à intéresser les autorités allemandes au développement économique de leur territoire. La commission attire l'attention du gouvernement français sur trois cas.

En matière de ravitaillement, elle considère que les gouvernements des Länder, qui assurent la collecte des denrées alimentaires, devraient obtenir que les quantités prélevées en supplément des impositions obligatoires soient laissées à leur disposition. Aux yeux de la population locale, ce procédé ferait des gouvernements allemands les responsables de la situation alimentaire de leur Land. Il favoriserait aussi les sentiments particularistes tout en donnant aux gouvernements un pouvoir d'initiative accru[89].

Cette dernière raison amène également la commission à recommander que les gouvernements allemands des Länder aient la possibilité de proposer des programmes d'exportations en dehors de celui prévu par OFICOMEX. 75 % des devises ainsi acquises seraient laissées à la disposition des gouvernements allemands et serviraient à l'achat de matières indispensables pour réaliser les plans d'exportation et de supplé-

86 Tél. de Lapie à Koenig, 18 janvier 1947, AOFAA, p. 195 d. C II O.

87 « Synthèse des travaux de la commission de réforme du contrôle de l'économie allemande », 21 février 1947, AOFAA, p. 196 d. CIII O, R et S.

88 *Ibid.*

89 *Ibid.* ; interventions dans ce sens de Claude Hettier de Boislambert, de Pierre Pène et de Guillaume Widmer lors de la réunion du 22 février 1947 : fiche sur la réunion, 22 février 1947, citée en note 84.

ments utiles à la population active. Ce transfert de responsabilités aux autorités allemandes permettrait de développer les exportations dans certains domaines où elles ne sont pas exploitées et de réduire la responsabilité de la France dans le cas d'un déficit éventuel de la balance commerciale de la ZFO[90].

La commission recommande enfin qu'en matière de production industrielle, la responsabilité des ministères des Länder dans la répartition des produits contingentés soit étendue. Ce procédé permettrait, une nouvelle fois, de responsabiliser les autorités allemandes et de lutter contre les gaspillages. Dans le cas où ce nouveau mode de répartition aboutirait à un accroissement de production, les contingents destinés aux Länder seraient accrus ; dans le cas « de réduction d'activité imputable aux méthodes administratives de ces provinces, les tonnages mis à la disposition des populations de l'État défaillant devraient être diminués »[91].

La commission semble convaincue que les États, « ainsi intéressés aux trois grandes sources de production », c'est-à-dire aux questions touchant le ravitaillement, le commerce extérieur et la répartition des produits industriels, le seront aussi « à la bonne gestion des transports, à la politique du crédit et des prix, à une sage utilisation de la main-d'œuvre, etc. »[92].

3. Le partage des pouvoirs entre autorités françaises et allemandes pendant la période d'occupation

De toutes les questions qui se posent à la commission, celle de la répartition de l'exercice des pouvoirs entre Allemands et Français est assurément la plus sensible. Le transfert des responsabilités aux autorités allemandes n'est pas sans inconvénients pour la puissance occupante. Il réduira inévitablement le contrôle que la France sera à même d'exercer sur l'économie de sa zone. De la même façon, les avantages économiques et financiers qu'elle pourra tirer de la zone seront plus limités.

Les objectifs français sont donc en partie contradictoires puisqu'il s'agit de favoriser le transfert des responsabilités aux autorités allemandes tout en préservant les intérêts politiques et économiques de la France. Ce dernier impératif, érigé en véritable principe, est la principale limite au transfert effectif des pouvoirs aux Allemands. Pendant la période transitoire, qui précédera la constitution de l'Allemagne, la

90 Synthèse des travaux, 21 février 1947, citée en note 87 ; « note pour Monsieur le directeur général de l'économie et des finances », André Cérou, 22 avril 1947, AOFAA, AEF 371/18.

91 Note de Cérou, 22 avril 1947, citée en note 90.

92 *Ibid.*

France entend donc conserver la haute main sur les questions qui mettent en jeu ses intérêts supérieurs. Dans tous les autres domaines, le transfert des responsabilités aux autorités allemandes devrait être total, les services français ne conservant qu'un droit de contrôle[93].

Dans les domaines jugés sensibles, le gouvernement militaire conserverait donc l'essentiel des responsabilités. Les autorités allemandes, constituées en un comité consultatif des ministres allemands des Länder et un bureau d'exécution à personnel allemand, seraient surtout chargées de mettre en œuvre les décisions françaises. Ce type d'organisation prévaudrait pour les finances, l'économie et le commerce extérieur. Dans les autres domaines où des organismes fédéraux devraient être créés – la fixation des prix, l'agriculture et le ravitaillement –, des comités délibératifs des ministres allemands des Länder, doublés de secrétariats généraux, exerceraient tous les pouvoirs, les Français ne disposant que d'un droit de contrôle. La commission prévoit que la limitation de certaines prérogatives allemandes ne serait pas permanente. Ainsi, au fil du temps, les comités consultatifs seraient amenés à devenir délibératifs. Cette volonté de transférer rapidement l'essentiel des pouvoirs aux Allemands apparaît plus clairement encore en ce qui concerne les Länder[94].

À ce niveau, la tutelle des autorités françaises serait beaucoup moins prégnante. Seules les délégations supérieures conserveraient un droit de contrôle sur l'action des gouvernements allemands des Länder qui, pour des affaires nécessitant une coordination entre provinces, pourraient être réunis par le gouvernement militaire. En l'absence d'accords entre les autorités d'occupation et les ministres allemands, l'occupant conserverait le droit de « donner des directives communes aux gouverneurs pour qu'ils exigent des ministres [allemands] responsables des décisions similaires »[95]. C'est dans ce cadre que s'opèrent, dès 1947, les premiers transferts de compétences aux autorités allemandes.

B. La mise en œuvre de réformes : des acquis progressifs

1. Des transferts de compétences réduits

Dans un premier temps, les mesures adoptées par les Français ont une portée assez limitée. L'ordonnance n° 95 du commandement en chef français en Allemagne, adoptée le 9 juin 1947, exclut de la compétence législative des Länder toutes les questions relevant strictement soit de

93 *Ibid.* Synthèse des travaux, 21 février 1947, citée en note 87.
94 Synthèse des travaux, 21 février 1947, citée en note 87.
95 *Ibid.*

l'occupation, soit des compétences du Conseil de contrôle[96]. Les Français gardent ainsi la haute main sur les réparations et les restitutions, les besoins des forces d'occupation, le désarmement militaire, industriel et scientifique[97]. Ils se réservent aussi « les pouvoirs législatifs dans les domaines d'ordre économique pour lesquels une coordination entre Länder est nécessaire »[98], en d'autres termes les compétences fédérales. Relèvent ainsi du seul gouvernement militaire les questions monétaires et de change, les douanes, le commerce extérieur, la politique des salaires et la fixation des prix, la politique des transports, des postes et des télécommunications, mais aussi les plans de production industrielle et agricole, la répartition générale des matières premières et des produits directeurs, le plan de ravitaillement et le rationnement des populations[99]. Les Français conservent donc l'essentiel des prérogatives économiques. Dans de nombreux domaines, ils continuent également d'administrer directement l'économie de la zone.

Les transferts de compétences aux autorités allemandes portent surtout sur les programmes de fabrication et sur la répartition des produits contingentés. Dans ces deux domaines, les ministères allemands de l'Économie des Länder sont chargés d'exécuter les directives établies par les autorités françaises de Baden-Baden, selon les indications et sous le contrôle des délégués supérieurs. Les autorités allemandes obtiennent aussi le droit, pour les branches industrielles qui ne sont essentielles ni pour l'exportation, ni pour la vie économique de la ZFO, de répartir les matières premières et les produits les moins importants[100]. Il leur revient enfin de gérer le rationnement, la répartition ou la vente libre des produits qui ne sont plus contingentés par les autorités françaises[101]. Les transferts de compétences aux autorités allemandes restent donc limités et ces dernières se voient surtout confier des tâches d'exécution.

---

96 « Ordonnance n° 95 relative aux pouvoirs des Länder de la zone française d'occupation », Pierre-Marie Koenig, 9 juin 1947, *Journal officiel du commandement en chef français en Allemagne*, n° 78, 13 juin 1947, AOFAA, AEF 381/5.

97 Article 2 de l'ordonnance n° 95.

98 Article 3 de l'ordonnance n° 95.

99 « Arrêté n° 218 de l'administrateur général relatif aux matières réservées par le commandement en chef français en Allemagne, en vertu de l'article 3 de l'ordonnance n° 95 du 9 juin 1947 », Émile Laffon, 10 juin 1947, *JO-CCFA*, n° 79, 17 juin 1947, AMAE-Colmar, C. 2873, p. 3, d. 9.

100 « Instruction générale n° 1 sur les principes de la programmation et de la répartititon industrielle », GMZFO, DGEF, DPI, Émile Laffon, 14 avril 1947, AOFAA, C. 20 (économie et finances).

101 « Déclaration générale n° 1 relative à la fabrication et à la répartition des produits industriels », Marcel Coignard, *JO-CCFA*, n° 97, 12 août 1947, AOFAA, C. 1863 p. 2 d. 8/a.

2. Les débuts de la coopération entre autorités françaises et allemandes

Aussi le changement le plus notoire dans les relations entre occupants et occupés ne procède-t-il pas de ces textes réglementaires. Il vient de ce qu'à partir de l'été 1947, le gouvernement militaire organise des réunions périodiques entre les responsables français de la zone et des membres des gouvernements allemands des trois Länder. Certes, l'une des premières réunions date de septembre 1946. Elle avait alors rassemblé les présidents des différents gouvernements provisoires allemands[102]. Mais ce n'est véritablement qu'à partir de l'été 1947 que ces rencontres deviennent régulières et périodiques. Les réunions entre responsables français de l'économie de la zone et ministres allemands de l'Économie des Länder alternent avec des rencontres plus politiques auxquelles participent les trois ministres-présidents de la ZFO[103]. Ces conférences n'accroissent pas le pouvoir exécutif des gouvernements allemands mais elles permettent à leurs représentants d'exercer une sorte de pouvoir de propositions auprès du gouvernement militaire. Les Allemands sont ainsi plus directement associés à la politique suivie par les Français. Grâce à ces réunions, les autorités d'occupation ont également la possibilité d'expliciter leur politique aux Allemands et de démentir certaines rumeurs. La tenue de ces conférences donne aussi l'occasion aux autorités allemandes des différents Länder de la ZFO de travailler en commun et préfigure ainsi une coopération plus étroite entre les différentes provinces. Nous y reviendrons. Dans l'immédiat, elle permet au gouvernement militaire de disposer d'une structure souple, représentative de l'ensemble de la ZFO, sans avoir à constituer un embryon de gouvernement allemand de zone, auquel le Quai d'Orsay et le conseiller politique du général Koenig, Jacques Tarbé de Saint-Hardouin, restent très opposés[104].

Cette première vague de réformes n'en est pas moins un demi-échec. Les pouvoirs réels des autorités allemandes des Länder ne s'accroissent quasiment pas. D'abord parce que les directions du gouvernement

[102] Il s'agit en fait de la seconde réunion : « procès-verbal de la conférence des Oberregierungspräsidenten du 26 septembre 1946 », AOFAA, 353/1.

[103] « Procès-verbal de la première conférence des ministres allemands de l'Économie de la ZFO tenue à Baden-Baden le 27 août 1947 sous la présidence de M. Filippi », GMZFO, secrétariat général des conférences allemandes, 23 septembre 1947, AOFAA, AEF 355/1 ; « procès-verbal de la réunion des ministres-présidents de la ZFO tenue à Baden-Baden le 21 octobre 1947 sous la présidence de M. Laffon », GMZFO, secrétariat général des conférences allemandes, 24 octobre 1947, AOFAA, c. 132 d. ZF 1-2 ; « procès-verbal de la conférence des ministres allemands de l'Économie de la ZFO tenue à Baden-Baden le 19 janvier 1948 sous la présidence de M. Filippi », GMZFO, secrétariat général des conférences allemandes, 21 janvier 1948, AOFAA, c. 117 d. ECO I A 9.

[104] Courrier de Tarbé de Saint-Hardouin à Bidault, 6 mai 1947, cité en note 24.

militaire n'appliquent pas toujours les instructions de décentralisation[105]. Ensuite parce que les délégations supérieures maintiennent souvent un contrôle si étroit sur les gouvernements allemands que toute initiative leur est dans la pratique interdite[106]. Sans doute cette politique se justifie-t-elle en raison de « l'insuffisante formation administrative de la plupart des fonctionnaires allemands » et de « la mauvaise volonté que manifestent certains d'entre eux à suivre [les] directives générales [françaises] »[107]. Le maintien de prélèvements, dont « le principe pourrait être discuté », incite aussi les Français à conserver l'essentiel des leviers de commande de l'économie de la zone[108]. Mais, dès la fin de l'année 1947, les décideurs français, tant à Baden-Baden qu'à Paris, s'accordent pour modifier cette situation.

3. La relance des réformes

À la fin de l'année 1947, les Français prennent conscience que les réformes adoptées pendant l'année présentent, par leur prudence même, de nombreux inconvénients. Les services français sont contraints de continuer à administrer directement la zone pour les questions économiques, ce qui représente une charge de travail de plus en plus lourde, leurs moyens, notamment en personnels, étant dans le même temps réduits de façon drastique. De leur côté, les autorités allemandes se voient privées de compétences qu'elles devraient normalement exercer dans le cadre d'un organisme fédéral de zone, sous tutelle française. En les cantonnant à des tâches d'exécution, le gouvernement militaire ne les prépare pas non plus à leurs responsabilités futures. Il semble par ailleurs de plus en plus difficile de justifier devant l'opinion publique allemande que les gouvernements de leur zone, librement élus, disposent de prérogatives infiniment plus réduites que celles des autorités allemandes de la Bizone[109]. La réforme de cette dernière, amorcée dès le

---

105 Courrier de Laffon à Hettier de Boislambert a/s du « rôle des services compétents des gouvernements allemands des Länder dans la répartition », 29 septembre 1947, AOFAA, C. 19, PI 1947/48.

106 « Note a/s des dispositions prises dans les Länder, non conformes à la réglementation ou aux directives édictées par l'administration centrale de Baden-Baden, et de certains déblocages effectués irrégulièrement », GMZFO, DGEF, DPI, 22 décembre 1947, AOFAA, AEF 359/2.

107 Courrier de Koenig au délégué général de l'État rhéno-palatin et aux délégués supérieurs du Bade et du Wurtemberg et aux directeurs généraux des affaires administratives et de l'économie et des finances a/s des « réunions périodiques des ministres allemands de l'Économie, des Finances, des Communications et du Ravitaillement », 21 janvier 1948, qui comprend une « note a/s de la lettre 1691/POL du SEAAA autorisant à associer davantage les ministres-présidents allemands à certaines décisions d'ordre économique », sans date, AOFAA, AEF 350/3 b.

108 *Ibid.*

109 Courrier de Koenig au SEAAA, 2 janvier 1947, AOFAA, AEF 350/3b.

mois de janvier 1948, aboutit, en février 1948, à l'adoption de la Charte de Francfort. Les pouvoirs des autorités allemandes sont considérablement renforcés : le nombre de membres du Conseil économique passe de 52 à 104 ; un Länderrat, qui joue le rôle d'une seconde chambre, est constitué ; enfin, le Conseil d'administration de la Bizone, qui comprend les directeurs des administrations spécialisées, est une sorte de gouvernement allemand de la Bizone. Bref, pour les Français, il est impératif d'accélérer les réformes en cours : il apparaît nécessaire que – dans le cadre des relations avec les Anglo-Américains et les autorités allemandes de la Bizone, lesquelles sont appelées à se développer – le partage des responsabilités entre puissance occupante et autorités allemandes soit à peu près le même en Bizone et en ZFO. Les Anglo-Américains refuseraient en effet de traiter avec les Français de problèmes dont ils ont remis la gestion aux Allemands. Quant aux dirigeants allemands de la Bizone, ils déclineraient sans doute des négociations séparées avec chacun des trois gouvernements allemands de la ZFO[110].

Le général Koenig est donc d'avis qu'il faut associer davantage les Allemands de la ZFO aux études et aux décisions qui relèvent des domaines jusque-là réservés aux Français, c'est-à-dire aux questions inter-Länder. Pour ce faire, il lui semble nécessaire de transférer aux Allemands de nouvelles prérogatives et de multiplier les réunions, d'une part entre Français et Allemands, de l'autre entre les seules autorités allemandes des trois Länder[111]. Il faudrait même constituer un organisme allemand de zone, sous forme collégiale, qui aurait pouvoir de décision[112]. Ces propositions sont bien accueillies à Paris. Certes, le ministère des Affaires étrangères et le secrétariat d'État aux affaires allemandes et autrichiennes restent réservés quant à la constitution d'un organisme allemand de zone, parce qu'il risquerait de favoriser l'unité politique de la ZFO qui n'est, à leur avis, pas souhaitable[113]. Paris rappelle aussi que les occupants doivent continuer d'exercer le contrôle des activités économiques qui engagent financièrement la France en Allemagne[114]. Mais Georges Bidault et Pierre Schneiter encouragent toutes les mesures qui permettraient d'associer plus étroitement les Allemands aux prises de décisions en ZFO et qui faciliteraient une certaine coordination entre les trois Länder. La tenue de réunions périodiques entre représentants des gouvernements allemands des Länder leur semble correspondre à ce double objectif. Pierre Schneiter le dit clairement aux

---

110 « Projet de lettre du général Koenig au SEAAA a/s de la création d'organismes allemands à caractère fédéral dans les domaines économiques », 10 janvier 1947, AOFAA, AEF 381/5.

111 *Ibid.* ; courrier de Koenig au SEAAA, 2 janvier 1947, cité en note 109.

112 Projet de lettre de Koenig, 10 janvier 1947, cité en note 110.

113 Courrier du SEAAA à Koenig, 14 janvier 1948, AOFAA, C. 2873 p. 5 d. 16.

114 *Ibid.* ; courrier du SEAAA à Koenig, 23 janvier 1948, AOFAA, c. 132 d. ZF 1-2.

autorités allemandes qu'il rencontre à Fribourg et à Tübingen les 25 et 26 janvier 1948[115].

Pour les décideurs parisiens, cette politique, qui ne présenterait que des avantages, s'inscrit dans un projet plus général. À leurs yeux, le transfert de compétences aux gouvernements allemands s'impose de toute façon. Paris considère en effet que « la phase initiale de l'occupation, caractérisée par l'administration directe, est définitivement terminée et qu'il faut achever l'évolution qui depuis un an et demi nous a conduit de la gestion au contrôle »[116]. Le transfert effectif des responsabilités aux Allemands permet aussi de renforcer la thèse française sur le fédéralisme[117]. Dans le nouveau contexte international qui résulte de l'échec de la conférence de Londres, les décideurs français veulent orienter « la partie de l'Allemagne où s'exerce [leur] autorité dans la voie où [ils] voudr[aient] que l'Allemagne tout entière s'engageât »[118]. Ce projet fédéraliste permet également de contrecarrer les tendances centralisatrices de la politique suivie par les Britanniques et les Américains. Il y a donc avantage, comme le rappelle Pierre Schneiter,

> à un moment où les décisions prises par les Anglo-Saxons à Francfort réduisent singulièrement le rôle des États dans l'organisation bizonale, à mettre nos gouvernements allemands en mesure de faire l'essai d'une coordination entre les Länder dans le domaine économique, et de montrer ainsi qu'il est possible de concilier [les] principes fédéralistes [français] avec une gestion efficace des questions économiques à l'échelon « inter-Länder »[119].

La mise en œuvre de ce projet bute évidemment sur des contraintes économiques. Mais les décideurs se veulent optimistes. D'abord parce que la politique d'exploitation et de prélèvements doit prendre fin[120]. Ensuite parce que l'aide Marshall, dont devrait bénéficier la ZFO, permettra une gestion plus libérale de son commerce extérieur[121].

---

115 « Discours prononcé par Pierre Schneiter, secrétaire d'État aux Affaires allemandes et autrichiennes à Fribourg le 25 janvier 1948 », AOFAA, AEF 350/4 ; « discours prononcé aujourd'hui à Tübingen par M. Schneiter et M. Bock, président d'État du Wurtemberg », GMZFO, DGAA, direction de l'information, 26 janvier 1948, AOFAA, c. 11 d. POL I B 2.

116 Courrier du SEAAA à Koenig, 23 janvier 1948, cité en note 114.

117 Courrier du SEAAA à Koenig, 14 janvier 1948, cité en note 113 : courrier du MAE, dir. Eur., s/dir. Eur. centr., au SEAAA, 15 janvier 1948, AOFAA, AAA 6/3.

118 Courrier du SEAAA à Koenig, 23 janvier 1948, cité en note 114.

119 Courrier du SEAAA à Koenig, 14 janvier 1948, cité en note 113.

120 Cette nécessité apparaît dans toutes les directives : courrier du MAE à Koenig, 4 janvier 1948, AOFAA, AAA 6/3 ; courrier du MAE, dir. Eur., s/dir. Eur. centr., au SEAAA, 15 janvier 1948, AOFAA, AAA 6/3.

121 Courrier du SEAAA à Koenig, 23 janvier 1948, cité en note 114.

Reprenant les grandes lignes des directives parisiennes, les services français de la ZFO fixent, en quelques semaines, les modalités pratiques de la réforme[122]. Il s'agit de définir les domaines qu'aborderont les réunions interministérielles allemandes, de prévoir leur périodicité et d'envisager les formes que pourrait prendre un organisme allemand de zone[123]. Une conférence, tenue à Baden-Baden le 11 février 1948 et à laquelle participe l'ensemble des protagonistes français, arrête les grandes lignes de la réforme[124]. Cette dernière porte essentiellement sur les réunions des ministres allemands. Dans le domaine économique, elles devraient réunir séparément les ministres allemands de l'Économie, des Transports, des PTT, des Finances ainsi que de l'Agriculture et du Ravitaillement. Dans leur majorité, les responsables français de la zone optent pour des mesures plus libérales que les propositions parisiennes. C'est ainsi qu'il reviendra aux autorités allemandes de fixer la périodicité de leurs rencontres. Contrairement aux suggestions parisiennes, les Allemands devraient également être maîtres de leur ordre du jour[125]. Surtout, la réforme renforce considérablement leur pouvoir de décision. À l'occasion de ces réunions, les ministres allemands auront un pouvoir consultatif mais aussi un véritable pouvoir de décision. Ainsi, lorsque les délibérations des ministres auront porté sur des problèmes réservés et auront recueilli l'accord unanime des gouvernements des Länder, le commandement en chef autorisera ces derniers à promulguer des décisions communes sous forme d'accords inter-Länder. Lorsque les délibérations porteront sur des domaines non réservés, les décisions prises en commun feront l'objet des mêmes types d'accords, ces derniers étant alors soumis à l'approbation des Landtage. Les services français de zone recommandent aussi la création d'un ou plusieurs secrétariats permanents allemands. Leur fonctionnement pourrait être assuré par le détachement de quelques fonctionnaires des Länder. Mais ils entendent laisser aux autorités allemandes la liberté d'en organiser les modalités pratiques[126].

La réforme est présentée aux autorités allemandes de la zone le 17 mars 1948 à l'occasion d'une conférence entre les ministres-prési-

---

122 Des notes sont préparées dans tous les domaines par les services de la zone au début du mois de février : elles sont consultables dans AOFAA, AEF 350/3 b, AOFAA, AEF 381/5, AOFAA, c. 132 d. ZF 1-2.

123 Courrier de Koenig, 21 janvier 1948, cité en note 107.

124 Courrier de Koenig au SEAAA, 19 février 1948, a/s des « réunions des ministres allemands », AOFAA, c. 132 d. ZF 1-2.

125 Pierre Schneiter recommandait que ce soit le GM qui fixe l'ordre du jour : courrier du SEAAA à Koenig, 14 janvier 1948, cité en note 113.

126 Courrier de Koenig au SEAAAA, 19 février 1948, cité en note 124.

dents et le gouvernement militaire[127]. Elle est accueillie avec satisfaction. Les Allemands se félicitent d'obtenir une part croissante dans la gestion des affaires économiques de la zone. Ils reprennent à leur compte les suggestions des Français relatives à la périodicité des réunions et à leur siège[128]. Ils suivent aussi les conseils du général Koenig concernant le secrétariat permanent. Un seul organisme est constitué. Comme le suggéraient également les occupants, il n'est composé que de quelques personnes, quatre ou cinq au maximum, qui sont toutes détachées par le Land de Bade, « les frais étant répartis entre les trois Länder à concurrence de la moitié pour l'État rhéno-palatin et d'un quart pour le Bade et le Wurtemberg »[129]. Adoptée promptement, la réforme du 17 mars 1948 n'en est pas moins rapidement dépassée.

Pierre Schneiter veut en effet accélérer le transfert des responsabilités aux Allemands. Le 30 avril 1948, il demande au général Koenig d'accroître le pouvoir de décision des ministres allemands des Länder. Les décisions législatives devront désormais relever presque exclusivement des autorités allemandes, le gouvernement militaire se limitant à sa fonction de contrôle et pouvant exercer, le cas échéant, son droit de veto. Conscient que ces nouvelles responsabilités obligeront les ministres allemands à s'entourer d'un plus grand nombre de collaborateurs, Pierre Schneiter enjoint au général Koenig d'« autoriser la création de plusieurs secrétariats allemands comportant un effectif assez important »[130].

Les responsabilités transférées aux Allemands sont une nouvelle fois accrues en juillet 1948. Mais les directives que le général Koenig adresse alors à ses subordonnés ont un caractère beaucoup plus général. Elles s'apparentent à une sorte de statut d'occupation et organisent la vie publique dans les trois Länder de la ZFO. Elles consacrent un nouvel assouplissement de la politique d'occupation. Les libertés publiques sont renforcées. Les directives donnent une plus large liberté d'expression aux diètes et desserrent le contrôle sur les textes législatifs et réglemen-

---

127 « Allocution de Monsieur le général d'armée, commandant en chef français en Allemagne à l'occasion de la conférence des ministres-présidents de la ZFO du 17 mars 1948 », sans date, AOFAA, AEF 381/5.

128 Les réunions se tiendront tous les mois comme le général Koenig le leur avait conseillé. Elles auront lieu dans le district de Rastatt, au château de Rotenfels, qui n'est éloigné que de quelques kilomètres de Baden-Baden. Les Français avaient proposé que ces réunions aient lieu dans un périmètre de 15 à 20 kilomètres autour de Baden-Baden, de façon à faciliter les liaisons avec le gouvernement militaire, mais ils avaient en revanche demandé à ce qu'elles n'aient pas directement lieu à Baden-Baden, de façon à éviter de laisser croire à la constitution d'un embryon de gouvernement fédéral.

129 Courrier de Koenig au SEAAA a/s des « nouvelles réunions des ministres allemands dans le domaine économique », 19 mars 1948, AOFAA, AEF 381/5.

130 Courrier de Schneiter à Koenig, 30 avril 1948, AOFAA, c. 112 d. ECO I A 2 c/1.

taires. Il sera ainsi possible aux gouvernements allemands de débattre devant les assemblées de questions relevant des domaines réservés. Les députés pourront aussi « déposer sur le bureau de l'assemblée le texte de questions qui viendront en discussion cinq jours plus tard »[131]. Ces directives simplifient par ailleurs les formalités de création des associations et des syndicats, élargissent le droit de réunion, assouplissent le régime de la presse et de l'édition. Elles prévoient aussi la création d'un comité supérieur des PTT, doté de larges attributions, et accordent des garanties supplémentaires aux justiciables devant les tribunaux du gouvernement militaire. Les compétences des gouvernements allemands dans le domaine économique sont également renforcées. Ils participeront désormais pleinement à l'élaboration des plans de production industrielle, de répartition et d'exportation. De nouvelles responsabilités leur sont aussi conférées dans le domaine de l'agriculture et du ravitaillement. Enfin, certains domaines – les travaux publics, les transports routiers, la reconstruction – relèveront désormais exclusivement de leur autorité. Ces transferts se doublent d'une lente transformation de la politique économique française en ZFO.

III. La difficile évolution de la politique économique

Des trois grandes réformes que connaît la ZFO entre l'automne 1946 et l'été 1948, celle de la politique économique, voulue par Paris, est la plus difficile à mettre en œuvre. En proie à d'immenses difficultés économiques et financières, la France est-elle en mesure d'adopter une réforme qui mettrait un terme aux profits qu'elle tire de la zone ?

A. Les directives : vers une politique économique plus vertueuse en ZFO

1. La nécessaire révision de la politique préférentielle en faveur de la France

En octobre 1946, Émile Laffon alerte les autorités parisiennes sur les conséquences désastreuses qu'aurait en ZFO le maintien de la politique préférentielle en faveur de la France[132].

À ses yeux, le gouvernement doit revenir sur la cession des produits de la zone à des prix inférieurs de 30 % à 40 % aux cours mondiaux.

---

[131] Courrier de Koenig au délégué général de l'État rhéno-palatin et aux délégués supérieurs du Bade et du Wurtemberg a/s de la « politique française d'occupation », 15 juillet 1948, AOFAA, AEF 382/1.

[132] Courrier de Laffon au CGAAA a/s des « limites et modalités de la politique préférentielle suivie en faveur de la France dans la ZFO en Allemagne », 31 octobre 1946, AOFAA, AEF 352/1 ; Lefèvre, S., *Les relations économiques franco-allemandes*, *op. cit.*, p. 119-120.

Faute de changements rapides, cette pratique, combinée aux difficultés économiques que connaît par ailleurs la ZFO, entraînerait immanquablement un déficit accru de sa balance commerciale.

Laffon s'inquiète surtout de ce que la métropole considère la ZFO comme une variable d'ajustement à son programme général d'importations. Il dénonce le comportement des autorités parisiennes qui consiste à étendre la pratique des canalisations à de nombreuses branches industrielles sans pour autant acquérir dans des délais corrects leurs productions. Trop souvent, indique-t-il,

> des productions allemandes sont bloquées en vue de leur achat éventuel par la France sans que les devises nécessaires aient été obtenues de la commission des approvisionnements ou du service Impex ou sans que les contrats correspondants soient passés. Tel a été le cas, dans le passé, des chaussures dont les stocks ont dépassé un million de paires, des cuisinières bloquées plusieurs mois jusqu'à engorgement de l'usine et cession de la totalité des stocks au service du matériel du GM. Tel est actuellement le cas des accordéons et harmonicas, des machines-outils, des aiguilles à bonneterie[133].

Pour la zone, la politique de canalisations s'avère ainsi négative. Elle menace l'existence des firmes concernées, dont la production, faute de rentrées financières, est réduite, voire paralysée, et prive la zone de certains apports de devises. Indirectement, elle s'oppose par conséquent à son développement économique. Connue de la population allemande, des autorités alliées mais aussi des acheteurs étrangers, la pratique des canalisations nuit aussi à l'image du gouvernement militaire et à celle de la France. Aussi Laffon s'insurge-t-il contre le maintien de cette politique. Dans bien des cas en effet, la politique de canalisations n'a pas empêché la concurrence allemande de se maintenir sur les marchés mondiaux. Nombre d'industriels de la zone envisagent ainsi de contourner les accords de canalisations en transférant « une partie de leur outillage et de leur main-d'œuvre dans la zone américaine, où des offices allemands pour l'exportation viennent d'être créés »[134].

Laffon en appelle donc à une révision profonde de la politique préférentielle de la France en ZFO. Celle-ci devrait tenir plus largement compte des grands équilibres économiques de la zone et de son développement. Au fond, l'examen de la politique préférentielle souhaité par Laffon renvoie ni plus ni moins à l'adoption d'une nouvelle politique économique en ZFO.

---

133 Courrier de Laffon au CGAAA, 31 octobre 1946, cité en note 132.

134 *Ibid.*

2. Les nouveaux principes de la politique économique en ZFO

Les grands axes de cette nouvelle politique sont arrêtés en novembre 1946 à l'occasion de deux réunions interministérielles présidées par Alain Savary[135], secrétaire général du commissariat général aux affaires allemandes, auxquelles participent les représentants des différents ministères intéressés aux questions économiques allemandes ainsi qu'un représentant de l'administration de la zone[136].

Conformément aux recommandations de Laffon[137], les objectifs de la politique économique sont profondément modifiés. Contrairement aux usages qui ont prévalu jusqu'alors, ce sont désormais les besoins allemands qui seront prioritaires. Jean Filippi en fixe la hiérarchie le 28 novembre : « en premier lieu, fournir aux Allemands une consommation d'environ 1 500 calories ; deuxièmement, établir l'équilibre de la balance commerciale [de la zone] ; troisièmement, améliorer le niveau de vie de la zone en répartissant entre les Allemands un plus grand nombre de produits industriels »[138].

Pour éviter les à-coups dans la production de la zone, les hauts fonctionnaires s'accordent aussi sur la nécessité d'établir un plan général d'importations françaises en provenance de la ZFO qui sera arrêté à l'avance par les ministères techniques compétents – Production industrielle, Agriculture et Économie –, sous la houlette du commissariat général aux affaires allemandes et autrichiennes[139]. Ce plan est destiné à rationaliser les relations économiques entre la France et la zone. Plutôt que des ordres d'achat passés après coup, la France donnera désormais à la zone des ordres de fabrication à l'avance[140].

Ce rapprochement des deux économies constitue d'ailleurs un objectif fondamental, clairement affiché. « À une politique de courte durée, qui avait pour objet essentiel d'assurer à la France la satisfaction de ses besoins immédiats, il convient de substituer maintenant une politique à

---

135 Courrier du CGAAA au ministre des Finances, direction du Trésor, contenant un « compte rendu de la réunion tenue dans le cabinet de Savary le 14 novembre 1946 », 16 novembre 1946, SAEF, B 8837 ; une note sur la « politique préférentielle de la ZFO en faveur de la France, compte rendu de la réunion tenue sous la présidence de Monsieur Savary, le jeudi 28 novembre 1946 », sans date, SAEF, B 8837.

136 Jean Filippi, qui représente l'administration française de la zone, participe à la réunion du 28 novembre 1946.

137 Courrier de Laffon au CGAAA, 31 octobre 1946, cité en note 132.

138 Note sur la politique préférentielle, 28 novembre 1946, citée en note 135.

139 *Ibid.* La réduction du délai d'option de la France sur les marchandises de la zone, demandée par Laffon, est discutée mais la question n'est pas véritablement tranchée. Les décideurs participant à la réunion estiment que la mise en œuvre d'un plan général d'importations, prévu à l'avance, résoudra automatiquement le problème.

140 Courrier de Laffon au CGAAA, 31 octobre 1946, cité en note 132.

plus longue échéance, ayant pour objet de rendre l'économie de la zone complémentaire de l'économie française »[141]. Il s'agit en fait de créer des liens qui « subsisteront même lorsqu'aura pris fin l'occupation de l'Allemagne »[142]. Pour ce faire, les hauts fonctionnaires recommandent, comme par le passé, de « développer ou [de] créer en zone d'occupation les productions indispensables à la France mais qui ne peuvent être réalisées sur son propre territoire »[143]. La nouveauté réside dans le fait que la France entend aussi devenir « le principal fournisseur des entreprises allemandes »[144] de la ZFO.

Ce rapprochement des deux économies appelle évidemment la révision de la politique préférentielle en faveur de la France. Pour renforcer la viabilité économique de la zone, il est désormais admis qu'une part de la production des industries canalisées ne sera pas dirigée vers la France mais directement exportée par la zone, de telle sorte que les industriels allemands puissent se procurer les devises nécessaires à l'importation de produits que la France ne peut pas leur fournir[145]. Malgré l'opposition du ministère de l'Agriculture[146], il est également décidé que les canalisations devront être limitées aux seules branches industrielles – la chimie, le textile, les instruments de chirurgie, l'horlogerie – qui présentent un intérêt économique notable pour la France. Surtout, les contrats léonins devront être annulés. Les nouveaux accords devront être négociés avec les industriels allemands sur la base des prix mondiaux. Les accords de cartels conclus en toute liberté par les Allemands pourront ainsi perdurer après la fin de l'occupation[147].

Les mesures adoptées lors des deux réunions de novembre sont consignées dans des instructions qui sont adressées au général Koenig le 10 décembre[148], quelques jours avant la constitution du gouvernement

---

141 « Projet d'instructions au général commandant en chef en Allemagne a/s de la politique préférentielle de la zone française d'occupation en faveur de la France », annexé au courrier du sous-secrétaire d'État, CGAAA à Koenig, 10 décembre 1946, AOFAA, AEF 355/4.

142 Projet d'instructions, annexé au courrier du sous-secrétaire d'État, CGAAA à Koenig, 10 décembre 1946, cité en note 141.

143 *Ibid.*

144 *Ibid.*

145 Note sur la politique préférentielle, 28 novembre 1946, citée en note 135.

146 Courrier du ministre de l'Agriculture au sous-secrétaire d'État aux Affaires étrangères, CGAAA, a/s de la « politique économique de la ZFO en Allemagne », 27 novembre 1946, SAEF, B 8837.

147 Courrier du CGAAA au ministre des Finances, 16 novembre 1946, et note sur la politique préférentielle, 28 novembre 1946, cités en note 135.

148 Courrier du sous-secrétaire d'État, CGAAA, à Koenig, 10 décembre 1946, cité en note 141.

Blum[149]. Loin de renoncer à ce projet de réforme, le cabinet socialiste homogène en élargit les termes.

3. Les innovations du gouvernement Blum

Léon Blum sait pertinemment que le gouvernement qu'il dirige doit assurer la transition entre le GPRF et la IVe République naissante. Il connaît le terme de sa mission dont il sait la brièveté[150]. Pour autant, il refuse l'inaction. Lors du premier Conseil des ministres, il rappelle aux membres de son gouvernement qu'ils ne sont « pas là pour expédier les affaires courantes » et il ajoute : « comme tout gouvernement digne de ce nom, celui-ci doit agir sous le signe de la durée : sans quoi aucune action n'est entreprise, aucune marque n'est imprimée sur le destin »[151]. Et, de fait, le cabinet Blum est le premier des gouvernements français à se saisir véritablement des problèmes économiques qui rongent la ZFO. En ce domaine, il innove sur deux points.

Le gouvernement se méfie d'abord des comités interministériels, « chargés de fonctionnaires »[152], dont il critique les lenteurs. Il préfère envisager les problèmes en présence de toutes les parties prenantes. C'est ainsi qu'à deux reprises, les 10 et 13 janvier 1947[153], Pierre-Olivier Lapie, secrétaire d'État aux Affaires étrangères et commissaire général aux affaires allemandes et autrichiennes, convoque à Paris les différents acteurs de la politique allemande de la France. Pour la première fois

149 Le gouvernement Blum dirige la France pendant un mois, du 16 décembre 1946 au 16 janvier 1947. Sur la chronologie des gouvernements de la IVe République : Gœtschel, P., Touchebœuf, B., *La IVe République. La France de la Libération à 1958*, Paris, LGF, 2004, p. 25-28 ; Gauchy, P., *La IVe République*, Paris, PUF, 2004, p. 123-124.

150 Il sait qu'il remettra sa démission au président de la République dont l'élection doit avoir lieu le 16 janvier 1947. Sur ce sujet, Auriol, V., *Journal du septennat 1947-1954*, tome premier : *1947*, *op. cit.*, p. 16-20.

151 Propos de Léon Blum cités dans Lapie, P.-O., *De Léon Blum à de Gaulle*, *op. cit.*, p. 24. Lors de son bref passage au pouvoir en 1946-1947, Léon Blum est très actif : outre la question allemande à laquelle il s'attelle tout particulièrement, il tente d'agir sur l'inflation endémique française, lance la mise en œuvre effective du plan de modernisation et d'équipement. Il doit par ailleurs faire face aux débuts de la guerre d'Indochine. Sur tous ces points, Berstein, S., *Léon Blum*, Paris, Fayard, 2006, p. 741-743.

152 Lapie, P.-O., *De Léon Blum à de Gaulle*, *op. cit.*, p. 24.

153 Sur la réunion du 10 janvier 1947 : « compte rendu de la réunion tenue le 10 janvier 1947 dans le cabinet du sous-secrétaire d'État aux Affaires étrangères en présence du ministre de l'Économie nationale et des Finances », sans date, SAEF, B 8837 ; note sans titre communiquée à André Cérou, sans date, AOFAA, c. 195 d. C II 0. Sur la réunion du 13 janvier 1947 : « réunion du 13 janvier », sans date, AOFAA, c. 11 d. POL I B 2 (1947).

depuis le début de l'occupation[154], les représentants des ministères rencontrent les principaux responsables français en Allemagne. Sont ainsi présents, aux côtés du général Koenig et d'Émile Laffon, les délégués supérieurs et les directeurs généraux du gouvernement militaire[155].

Les réformes précédemment adoptées sont confirmées lors de la conférence économique du 10 janvier 1947, qui a lieu en présence d'André Philip, ministre de l'Économie et des Finances[156]. La nouveauté vient de ce qu'il y est surtout décidé de véritablement « humaniser la zone, au profit de la population allemande »[157]. Les instructions adressées au général Koenig le 16 janvier 1947 l'attestent[158]. Les exportations de la zone, désormais facturées aux prix mondiaux, permettront de dégager des excédents financiers qui devront être intégralement employés « à améliorer le niveau de vie de la population allemande (produits alimentaires, produits industriels, reconstruction) »[159]. Pour ce faire, les objectifs de la politique économique sont clairement inversés : « la production de la zone ne devra plus être essentiellement orientée vers la satisfaction des besoins français, mais faire une place de plus en plus importante à la satisfaction des besoins de consommation intérieure de la zone »[160]. Pour faciliter cette évolution qui butait sur les limites financières, le gouvernement accepte de prendre à sa charge le déficit en dollars de la balance du commerce interzones et encourage même la signature d'accords de

---

154 Pierre-Olivier Lapie et Émile Laffon le soulignent : Lapie, P.-O., *De Léon Blum à de Gaulle*, *op. cit.*, p. 43 ; « déclaration de Monsieur l'administrateur général, annexe n° 1 au procès verbal de la 1re réunion de la commission de réorganisation du contrôle de l'économie allemande », 31 janvier 1947, AOFAA, C. 2873 p. 25 d. 16.

155 Assistent à la réunion Claude Hettier de Boislambert pour l'État rhéno-palatin, André Brozen Favereau pour le Palatinat, Gilbert Grandval pour la Sarre, Pierre Pène pour le Bade et Guillaume Widmer pour le Wurtemberg. Les directeurs généraux sont Jean Filippi (économie et finances) et Maurice Sabatier (affaires administratives).

156 Outre André Philip et Pierre-Olivier Lapie, sont présents à la réunion du 10 janvier 1947 Hervé Alphand et Pierre de Leusse (Affaires étrangères), Gaston Cusin (Économie nationale), Jean Filippi (GMZFO) et Guillaune Guindey (Finances).

157 Lapie, P.-O., *De Léon Blum à de Gaulle*, *op. cit.*, p. 42.

158 À l'issue de la réunion du 10 janvier, un « comité restreint est chargé de rédiger un document résumant les décisions prises au cours de la conférence, étant entendu que ce document sera adressé au général CCFA et constituera pour ce dernier une directive du gouvernement français ». Citation extraite de la conclusion du compte rendu de la réunion du 10 janvier 1947, cité en note 153. Les conclusions de la conférence du 10 janvier 1947, discutées lors de la conférence du 13 janvier, donnent ensuite lieu à la rédaction des instructions au général Koenig. Elles sont contenues dans le courrier de Lapie à Koenig, 16 janvier 1947, SAEF, B 8837.

159 Point 1 du courrier de Lapie à Koenig, 16 janvier 1947, cité en note 158.

160 Point 2 du courrier de Lapie à Koenig, 16 janvier 1947, cité en note 158.

commerce interzones nécessaires au décloisonnement économique de la ZFO[161].

B. La pratique : le maintien d'une politique d'exploitation

Pour autant, dans la pratique, les réformes annoncées restent lettre morte. La production continue d'être orientée prioritairement en fonction des besoins français. Les autorités d'occupation maintiennent aussi la politique préférentielle. Loin de disparaître, la pratique des prélèvements alimentaires et industriels s'intensifie.

1. Une économie toujours orientée vers les besoins français

Les résultats économiques enregistrés à la fin de l'année 1947 montrent que les besoins de l'économie française continuent d'orienter la production de la zone. Les branches industrielles de la ZFO qui connaissent la croissance la plus soutenue sont en effet celles qui sont le plus utiles à l'économie française.

Tableau 9. Évolution de la production de certaines branches industrielles de la ZFO par rapport à 1938 (en pourcentages)[162]

Branches industrielles	1946	1947
Bois (scieries)	55 %	65 %
Charbon	55 %	78 %
Chimie	25 %	40 %
Constr. méc. Et élec.	17 %	30 %
Produits réfractaires	15 %	45 %
Produits réfractaires finis	15 %	37 %
Sidérurgie (Sarre)	15 %	45 %
Sidérurgie (Rhénanie)	Démarrage	19 %
Wagons chargés	105 000	129 000

Comme par le passé, les occupants donnent la priorité à la production de sources d'énergie et de matières premières. Le développement de l'exploitation des mines de charbon de la Sarre est maintenu. En 1947, la production atteint près de 80 % de son niveau d'avant-guerre. Fondamental dans la perspective du rattachement économique de la Sarre à la France, cet effort ne s'en opère pas moins au détriment de la ZFO.

Ses ressources économiques sont en effet abondamment utilisées dans les mines sarroises alors que l'activité industrielle de la zone ne retire qu'un bénéfice minime de l'augmentation de la production minière sarroise, les allocations en charbon de la zone étant fixées par les

161 Points 3 et 5 : courrier de Lapie à Koenig, 16 janvier 1947, cité en note 158.

162 « Aperçu des résultats de deux ans et demi de production industrielle en zone française d'occupation », GMZFO, DGEF, DPI, Marcel Coignard, 24 janvier 1948, AOFAA, c. 134 d. ECO II 19.

Alliés en fonction de l'ensemble des ressources de l'Allemagne occidentale[163]. L'administration française s'efforce aussi de tirer le meilleur parti de l'énergie électrique produite en zone. La remise en activité des centrales hydro-électriques et le développement du réseau de transport et de distribution d'électricité permettent à la ZFO de produire environ 200 millions de kWh par mois[164]. Les livraisons à la France atteignent près de 100 millions de kWh mensuels. Elles sont d'autre part prioritaires sur les allocations à la zone. Lors des périodes hivernales les plus critiques, celle-ci subit ainsi des réductions de consommation et des coupures de courant, qui obligent certaines industries de la zone à stopper temporairement leurs activités[165]. À partir de 1946, les Français encouragent aussi le développement de la production de coke sidérurgique sarrois. Une fois mélangé à des fines amaigrissantes, le charbon sarrois permet en effet, contre toute attente, de produire un coke sidérurgique convenable. La production, qui passe de 27 000 tonnes en octobre 1946 à 122 000 tonnes un an plus tard, fournit ainsi un appoint notable (35 000 tonnes) à la sidérurgie française[166]. Les Français tirent par ailleurs parti du redressement de la sidérurgie sarroise et rhénane, dont la production, limitée à 10 000 tonnes par mois à la fin de 1945, s'élève, en octobre 1947, à 77 000 tonnes mensuelles. Les expéditions vers la France atteignent rapidement 52 000 tonnes par trimestre tandis que les besoins des mines et des chemins de fer de la zone sont satisfaits. La petite sidérurgie rhénane, spécialisée dans la production de conserverie, profite également de ces livraisons. Trois quarts des 8 000 tonnes mensuellement produites sont ainsi exportés en Europe occidentale[167]. Les Français s'attachent aussi à développer en ZFO la production de l'industrie des réfractaires, qu'il s'agisse d'argiles ou de chamotte, parce qu'elle est indispensable à l'activité des industries de base. Utilisée par les sidérurgies de Lorraine, du Luxembourg et de la Ruhr, elle en conditionne la production[168]. Enfin, les Français poussent la production d'autres industries utiles à la reconstruction nationale. C'est notamment le cas pour les matériaux de construction. Par leurs exportations, les cimenteries, les briqueteries et les tuileries de la zone contribuent activement à la reconstruction de l'Alsace et de la Moselle. Dans le domaine de la chimie, la France profite des ventes de l'IG Farben, qui se montent à 16 millions

[163] Aperçu des résultats, 24 janvier 1948, cité en note 162.

[164] Ce qui représente 60 % de la production de 1936. La zone importe en outre 200 millions de kWh par mois.

[165] Aperçu des résultats, 24 janvier 1948, cité en note 162.

[166] « Considérations sur les résultats de notre occupation en Allemagne du point de vue des intérêts économiques de la France et sur les moyens à mettre en œuvre », Marcel Coignard, 6 mai 1947, AOFAA, AEF 358/6.

[167] Aperçu des résultats, 24 janvier 1948, cité en note 162.

[168] Considérations sur les résultats, 6 mai 1947, citées en note 166.

de marks en 1946 et 30 millions en 1947. Grâce au redressement de leurs productions, les industries mécaniques et électriques de la zone sont à même, à la fin de 1947, d'exporter pour environ 100 millions de marks par an[169].

2. *La poursuite de la politique préférentielle*

Pendant toute la période, la France conserve en zone ses programmes de travail à façon sur le textile[170]. Contrairement aux directives gouvernementales, la politique préférentielle est maintenue tout au long de l'année 1947. Elle génère différents types de bénéfices. Les avantages en revenus sont considérables. Dans le domaine des textiles, les profits, réalisés grâce à des taux de change très avantageux, correspondent à 12 millions de dollars. Le bois sur pied cédé à la France continue d'être facturé à des prix quatre fois inférieurs au cours mondial, ce qui représente un gain de 20 millions de dollars. À l'encontre des règlements internationaux, certaines administrations françaises procèdent aussi en ZFO à des achats en marks. Les économies ainsi réalisées s'élèvent à près de 6 millions de dollars. À ces avantages directs, il convient d'ajouter divers avantages indirects. Paris continue par exemple d'empêcher les Allemands d'exporter certains produits de la zone qui entreraient directement en concurrence avec leurs homologues français sur les marchés mondiaux. L'interdiction qui leur est faite d'exporter leurs vins jusqu'au dernier trimestre de 1947 génère un profit de 7 millions de dollars pour la France. La pratique des canalisations perdure aussi. Dans le domaine de la chimie, elle rapporte 2 millions de dollars. La France tire en outre profit de l'acquisition de procédés techniques. Souvent difficiles à évaluer, ces avantages n'en sont pas moins considérables. Une mission d'études de la SNCF s'emploie par exemple à développer en ZFO un système d'utilisation directe du courant à 50 périodes, dont le coût, supporté par la zone, s'établit à près d'un million de dollars. Grâce à des prises de participations financières, la France tire également profit de la flotte rhénane allemande. Le port de Strasbourg assure l'exploitation de celui de Kehl et de ses nombreuses installations. L'Union charbonnière rhénane s'emploie à développer avec la Ruhr des courants commerciaux favorables aux intérêts charbonniers français. Les colonies de vacances et les sanatoriums procurent enfin des avantages non négligeables. Au total, ces divers avantages dépassent assurément les 100 millions de dollars[171].

---

169 Aperçu des résultats, 24 janvier 1948, cité en note 162.

170 *Ibid.* ; considérations sur les résultats, 6 mai 1947, citées en note 166.

171 Sur tous ces points : courrier de Filippi à Koenig relatif aux « avantages que la France retire de l'occupation », AOFAA, AEF 371/2.

Il faut leur ajouter les prélèvements en faveur des Français installés en zone, dont la pratique perdure pendant toute la période. Comme par le passé, les prélèvements sont, pour l'essentiel, alimentaires. Leur maintien s'avère en fait très profitable. Leur réduction ne concourrait nullement à équilibrer la balance commerciale de la zone, puisque les produits ainsi libérés ne seraient pas exportés mais consommés par la population allemande. Les Français vivant en Allemagne se verraient d'autre part privés d'avantages matériels qui ne manqueraient pas d'avoir de fâcheuses répercussions sur le rendement de certains personnels, tels les bûcherons ou les employés des chemins de fer. La France serait enfin contrainte d'importer à grands frais la nourriture de son personnel d'occupation[172].

Tableau 10. Les prélèvements opérés annuellement par les Français sur les ressources agricoles de la ZFO[173]

Produits	Prélèvements généraux (tonnes)	Prélèvements particuliers (tonnes)	Total (tonnes)	Prod. totale de la ZFO (tonnes)	Prélèvements/ production totale (en %)	Prix unitaire (dollars)	Décompte (dollars)
Viande	18 000	600	18 600	114 000	16,3	700	13 020 000
Beurre	3 100	250	3 350	35 580	9,4	1 550	5 192 500
Fromage	1 700	100	1 800	15 000	12,0	800	1 440 000
Œufs	18 000 000	500 000	18 500 000	300 000 000	6,1	70 le mille	1 295 000
Lait	72 000 hl	30 000 hl	102 000 hl	1 400 000 hl	7,3	10	1 020 000
Pom. Terre	45 000	2 500	47 500	1 485 500	3,1	50	2 375 000
Légumes	15 000	-	15 000	-	-	50	750 000
Fruits	7 000	1 000	8 000	-	-	70	560 000
Vin	300 000 hl	50 000 hl	350 000 hl	1 200 000 hl	29,2	20	7 000 000
Alcool	7 000	300	7 300	20 000	36,5	100	730 000
Vinaigre	8 000	-	8 000	24 000	33,3	10	80 000
Paille	7 000	-	7 000	-	-	15	105 000
Foin	9 500	-	9 500	-	-	33	313 500
Avoine	6 000	100	6 100	230 000	26,5	38	231 800
Tabac	700	100	800	7 000	8,7	936	748 800

Les Français continuent donc de vivre sur le pays et prélèvent, pour l'essentiel, de la viande, des matières grasses, des œufs, du lait et du vin. Si ces prélèvements ne représentent en moyenne que 5 % de la production agricole de la zone, leur montant est par contre élevé et dépasse les

172 Courrier de Koenig CGAAA relatif à la « consommation et aux prélèvements des Français dans leur zone d'occupation », sans date (postérieure à septembre 1947), AOFAA, AEF 349/2.

173 Courrier de Koenig au CGAAA, sans date, cité en note 172, et note pour le directeur du budget, du contrôle et du contentieux a/s de la « politique de prélèvements en ZFO en Allemagne », groupe de contrôle de l'armée pour les territoires occupés, Labé (contrôleur général de l'administration de l'armée), 20 janvier 1948, AOFAA, c. 112 d. ECO I A 2 a.

40 millions de dollars par an[174]. À partir de juillet 1947, la zone est également contrainte d'avancer aux occupants les céréales nécessaires à leur approvisionnement, ce qui réduit la consommation allemande de 6 %[175].

Les prélèvements industriels sont en revanche limités dès 1947, « la décision ayant été prise dans les premiers mois de l'année de réduire sensiblement les attributions aux consommateurs français »[176]. Cette baisse est cependant relative. Les chaussures continuent par exemple d'être distribuées très largement aux occupants[177]. Pour l'année 1947, le montant des prélèvements industriels reste de l'ordre de 30 millions de dollars[178].

Ainsi, « le montant total des prélèvements [alimentaires] effectués sur les ressources indigènes de la zone française peut être estimé pour l'année 1947 à environ 35 millions de dollars »[179]. Quant aux « prélèvements industriels faits au profit des différentes parties de la zone », ils se sont « élevés à 3 300 000 dollars environ par mois pendant le premier trimestre de l'année 1947 »[180]. Malgré leur réduction ultérieure, ils avoisinent cependant les 30 millions de dollars pour 1947[181]. Les prélèvements français s'élèvent donc à près de 65 millions de dollars pour 1947[182].

C. L'impasse

La politique économique suivie par les Français en ZFO est brutalement remise en cause au troisième trimestre de l'année 1947. La zone est alors confrontée à une crise économique de grande ampleur que trois séries de raisons expliquent. Sur le long terme, la zone connaît depuis la fin de l'année 1946 des difficultés économiques croissantes. Le rattachement économique de la Sarre à la France aggrave la situation. Mais le

---

174 Le total des prélèvements comptabilisés dans le tableau ci-dessus s'élève à 44,0416 millions de dollars.

175 Courrier de Koenig au CGAAA, sans date, cité en note 172.

176 *Ibid.*

177 Dans son courrier au général Koenig, Pierre Schneiter parle même de « distributions nettement excessives » : Schneiter à Koenig a/s de la « politique de prélèvements en Allemagne », 3 février 1948, AOFAA, c. 112 d. ECO I A 2 a.

178 Courrier de Koenig au CGAAA, sans date, cité en note 172.

179 Courrier de Bidault à Massigli, sans date (vraisemblablement pendant le second semestre de 1947), AMAE, Y 1944/49, t. 443.

180 Courrier de Bidault à Massigli, sans date, cité en note 179.

181 *Ibid.*

182 René Plas estime que le montant de ces prélèvements oscille plutôt entre 65 et 70 millions de dollars pour 1947 : « note 2 : rapports économiques de la France et de la zone d'occupation », 26 novembre 1947, annexée au courrier de René Plas, contrôleur général des territoires occupés, à Gaston Cusin, 13 décembre 1947, SAEF, 5 A 25.

déclenchement de la crise, qui survient en septembre 1947, est surtout dû au revirement de la politique commerciale de la France vis-à-vis de la ZFO.

1. L'aggravation des déséquilibres économiques

Dès la fin de l'année 1946, les hauts fonctionnaires français en poste en Allemagne s'inquiètent des déséquilibres structurels de l'économie de la ZFO. Son approvisionnement en sources d'énergie reste notoirement insuffisant. Les Français en sont en partie responsables. Pour accroître les exportations allemandes de charbon à destination des pays membres d'ECO, ils avaient volontairement sous-estimé les besoins de la ZFO. Celle-ci reçoit par conséquent 10,5 % des allocations destinées à la consommation intérieure allemande, alors que sa part réelle devrait être de l'ordre de 14,7 %[183]. À ce manque initial s'ajoute le déficit chronique des livraisons de la Ruhr par rapport aux allocations[184].

Tableau 11. Allocations et livraisons de charbon à la ZFO pendant l'année 1947 (en tonnes)[185]

Mois	Allocation de la Sarre à la ZFO	Livré par la Sarre à la ZFO	% livré/ alloué	Allocation de la Ruhr à la ZFO	Livré par la Ruhr à la ZFO	% livré / alloué	Total alloué à la ZFO	Total livré à la ZFO	% total pour la ZFO
Janv.	277 000	287 420	103,76 %	183 000	121 347	66,31 %	460 000	408 767	88,86 %
Fév.	305 000	323 191	105,96 %	193 000	167 401	86,74 %	498 000	490 592	98,51 %
Mars	394 125	417 542	105,94 %	244 750	198 753	81,21 %	638 875	616 295	96,47 %
Avril	278 000	309 384	111,08 %	253 500	215 709	85,09 %	531 500	525 093	98,79 %
Mai	257 000	308 610	120,08 %	260 000	198 637	76,40 %	517 000	507 247	98,11 %
Juin	321 000	352 992	109,97 %	234 000	204 077	87,21 %	555 000	557 069	100,37 %
Juillet	344 000	351 255	102,11 %	166 500	161 323	96,89 %	510 500	512 578	100,41 %
Août	414 500	447 418	107,94 %	239 000	179 847	75,25 %	653 500	627 265	95,99 %
Sept.	344 000	374 343	108,82 %	165 000	150 412	91,15 %	509 000	524 755	103,10 %
Oct.	335 000	345 398	103,10 %	177 000	125 116	70,69 %	512 000	470 514	91,90 %
Nov.	324 000	339 595	104,81 %	177 000	126 316	71,36 %	501 000	465 911	93,00 %
Déc.	419 500	430 157	102,54 %	229 500	201 617	87,85 %	649 000	631 774	97,35 %
Total	4 013 125	4 288 305	106,86 %	2 522 250	2 050 555	81,30 %	6 535 375	6 337 860	96,98 %

En outre, le charbon octroyé à l'industrie de la ZFO ne représente qu'une part assez modeste des livraisons totales faites à la zone. Les attributions aux industries doivent en effet tenir compte de la fluctuation

183 « Rapport sur l'insuffisance de l'approvisionnement en charbon de la zone française d'occupation en Allemagne », GMZFO, DGEF, DPI, Marcel Coignard, 16 décembre 1946, AOFAA, C. 1848 p. 6 d. 29.

184 Voir le tableau 11 ci-dessous.

185 Tableau établi à partir des données consignées dans les rapports mensuels de la DPI pour l'année 1947, AOFAA, C. 530 doc. 2. Pour le mois de juin 1947, les données sont tirées du rapport mensuel de la DGEF, AOFAA, AEF 348/17.

des besoins de la population allemande en chauffage[186]. Bref, depuis 1946, la ZFO est systématiquement sous-approvisionnée en charbon. Elle pâtit aussi, on l'a vu, de la politique d'exportation d'énergie électrique en faveur de la France, qui se fait toujours aux dépens de la pérennité des activités industrielles de la zone[187].

La crise des transports, d'une extrême gravité, pénalise également la production. D'août à octobre, les sécheresses estivales entravent régulièrement la navigation. En septembre et en octobre 1947, cette dernière est par exemple quasiment interrompue. Les difficultés d'approvisionnement en pneumatiques paralysent quant à elles les transports routiers. Faute de locomotives et de wagons, la régularité du transport ferroviaire n'est pas assurée[188].

Tableau 12. Part du charbon de la ZFO attribuée à l'industrie en 1947 (en tonnes)[189]

Mois	Total des livraisons De charbon à la ZFO	Charbon utilisé par l'industrie		Charbon attribué à l'industrie par rapport au total
		Attributions	Croissance/mois précédent	
Janvier	408 767	167 900	-	41,07 %
Février	490 592	204 100	+ 21,5 %	41,60 %
Mars	616 295	252 700	+ 23,9 %	41,00 %
Avril	525 093	233 700	- 7,6 %	44,51 %
Mai	507 247	272 800	+ 17,1 %	53,78 %
Juin	557 069	269 600	- 1,4 %	48,40 %
Juillet	512 578	287 900	+ 6,6 %	56,17 %
Août	627 265	256 300	- 11,0 %	40,86 %
Septembre	524 755	257 800	+ 0,7 %	49,13 %
Octobre	470 514	207 600	- 19,5 %	44,12 %
Novembre	465 911	196 600	- 15,5 %	42,20 %
Décembre	631 774	192 300	+ 2,4 %	30,44 %

Ces perturbations sont lourdes de conséquences. Elles gênent les exportations et freinent la production. À partir d'août 1947, le développement de l'extraction charbonnière des mines de la Sarre est compromis. Les stocks s'accumulent sur le carreau et perturbent l'exploitation normale des installations. Les difficultés que rencontrent certaines

186 Voir le tableau 12.

187 Aperçu des résultats, 24 janvier 1948, cité en note 162.

188 Rapports de la DPI du GMZFO pour les mois de mai, juillet, août, septembre et octobre 1947, AOFAA, C. 530 doc. 2.

189 Tableau établi pour les colonnes 1 à 4 à partir des données consignées dans les rapports mensuels de la DPI pour l'année 1947, AOFAA, C. 530 doc. 2. Pour le mois de juin 1947, les données sont tirées du rapport mensuel de la DGEF, AOFAA, AEF 348/17. La double colonne centrale est issue d'un tableau dressé par Manz, M., *Stagnation und Aufschwung in der französischen Besatzungszone von 1945 bis 1948*, *op. cit.*, p. 66.

industries de la ZFO à s'approvisionner en matières premières contribuent aussi à la crise. Les importations de sources d'énergie et de matières premières – coke de la Ruhr, pyrite, coton, etc. – destinées aux industries transformatrices de la zone restent notoirement insuffisantes pour assurer ne serait-ce que le maintien de la production[190]. Lors des 18 premiers mois de l'occupation, les industriels compensent ce déficit de matières premières en utilisant massivement leurs stocks. Mais à partir de 1947, ces derniers s'épuisent. Comme les attributions de matières premières ou de produits intermédiaires faites aux industriels restent insuffisantes, la production tend à stagner, voire à régresser[191]. À partir du second semestre 1947, l'économie de la zone entre donc dans une phase de crise larvée.

2. *Les conséquences pour la ZFO du rattachement économique de la Sarre à la France*

Le rattachement économique de la Sarre à la France, qui intervient par étapes à partir de décembre 1947, aggrave la situation. Il s'opère en effet aux dépens de la zone. Avant le rattachement effectif, c'est elle qui supporte la politique des autorités d'occupation destinée à accroître les rations quotidiennes des Sarrois. Les Länder de la zone sont contraints de livrer des denrées alimentaires aux Sarrois. Le règlement en dollars des suppléments alimentaires que la France fournit à la Sarre est également mis à la charge de la zone.

Les efforts demandés aux Länder de la ZFO ne cessent pas avec l'introduction du franc français en Sarre. Il leur est alors demandé de « ne fournir à la Sarre que des produits se valorisant bien en francs »[192]. Toutefois, pour des raisons protectionnistes, « les vins qui sont une des rares productions excédentaires [de la zone] et dont la France refuse l'achat [sont] exclus du "clearing Zone Sarre" »[193]. L'accord signé par la France avec les Anglo-Américains, selon lequel le charbon sarrois sera acquis à la France et les échanges entre la Sarre et la Bizone seront facturés en dollars, se fait à nouveau au détriment de la ZFO. Il est en effet adopté à la condition expresse que la zone fournisse un excédent de 50 millions de marks dans son commerce avec la Bizone et paie en dollars ses importations en provenance de la Sarre. Certains fonctionnaires parisiens de la direction des finances extérieures considèrent

190 Rapport de la DPI, d'août 1947, AOFAA, C. 530 doc. 2.

191 Rapports de la DPI, janvier, février, mars et avril 1947, AOFAA, C. 530 doc. 2 ; « procès-verbal de la réunion des officiers économistes du mardi 16 septembre », 17 septembre 1947, AOFAA, c. 119 d. ECO I B 4 C.

192 Courrier de Koenig à Schneiter a/s de la « situation économique de la ZFO », 11 mars 1948, AOFAA, c. 160 série II d. 2.

193 *Ibid.*

même que le déficit éventuel de la balance commerciale de la Sarre avec la Bizone devrait être supporté par la zone[194].

Au-delà de ces conséquences financières, le rattachement économique de la Sarre à la France modifie considérablement la structure industrielle de la zone. Elle est privée de ressources charbonnières et de produits clés, comme l'acier, ce qui la rend tributaire de l'extérieur pour ces approvisionnements. Seule zone d'occupation sans charbon, la ZFO se trouve dans une position d'infériorité dans les négociations commerciales avec l'étranger ou avec les zones anglo-américaines. Le général Koenig craint même que les Alliés soient « tentés de remettre en cause, vis-à-vis d'un territoire aussi démuni, les principes mêmes de la répartition du combustible »[195]. Même si les règles de la répartition ne sont pas modifiées, le rattachement économique de la Sarre à la France interdit désormais à la zone de compenser par des livraisons supplémentaires en provenance de la Sarre le déficit chronique des livraisons de la Ruhr par rapport aux allocations prévues. « C'est donc en définitive la zone française d'occupation qui [doit] supporter la plus forte part du coût du rattachement économique de l'un de ses Länder à la France »[196].

3. Les conséquences du déficit français en devises

Pour autant, la grave crise économique que connaît la zone à partir de l'automne 1947 n'est pas directement liée au rattachement économique de la Sarre à la France. La cause principale en est la diminution inquiétante des ressources françaises en devises[197]. Dès septembre 1947, la France, faute de dollars, doit réduire ses achats de marchandises en provenance de la ZFO[198]. Le manque de devises est tel que le ministère des Finances est contraint de différer le paiement des livraisons assurées par la zone à la France lors du premier semestre 1947 et ne peut concéder à la ZFO qu'une avance de trésorerie très réduite[199]. Les conséquences immédiates sont dramatiques. Comme la France absorbe 85 % des exportations de la ZFO[200], la réduction des achats français contraint le gouvernement militaire à réduire de 50 % les importations déjà insuf-

---

[194] *Ibid.*

[195] Courrier de Koenig à Schneiter a/s de l'« évolution de la situation économique en ZFO », 20 janvier 1948, AOFAA, c. 113 d. ECO I A 2 c/2.

[196] *Ibid.*

[197] « Procès-verbal de la 3e séance de la commission des approvisionnements de la ZFO tenue le 10 septembre 1947 », MAE, CGAAA, service des affaires économiques et sociales, 11 septembre 1947, AOFAA, AEF 353/5.

[198] « Fiche pour le général Koenig », CCFA, cabinet civil, Pierre Ollé-Laprune, 5 septembre 1947, AOFAA, c. 124 d. ECO I D 11.

[199] Courrier de Koenig à Schneiter, 11 mars 1948, cité en note 192.

[200] Tél. de Laffon à MAE, 19 septembre 1947, AOFAA, c. 124 d. ECO I D 11.

fisantes de la zone[201]. À très court terme, la production de nombreux secteurs industriels est menacée. L'arrêt des industries s'accompagne de la croissance du chômage[202]. La faiblesse financière de la France a d'autres conséquences. La SNCF retire l'essentiel du parc ferroviaire qu'elle mettait à la disposition de la zone, ce qui provoque une crise des transports d'une extrême gravité. Toute l'activité économique de la zone est menacée de paralysie[203]. En septembre 1947, une réforme de la politique économique de la France en ZFO s'impose donc de toute urgence.

D. la nécessaire réorientation de la politique économique française

Cette réforme passe dans un premier temps par une reconversion du commerce extérieur de la ZFO. La gravité de la crise oblige également les Français à modifier plus profondément leur politique économique en Allemagne.

1. La reconversion du commerce extérieur de la ZFO

Pour éviter que la réduction des importations françaises aboutisse à l'arrêt de pans entiers de la production de la zone, les hauts fonctionnaires du gouvernement et de Baden-Baden élaborent, dans le cadre de la commission des approvisionnements de la ZFO, un plan de reconversion de son commerce extérieur[204]. L'objectif est double. Il s'agit premièrement de réduire autant que possible les sorties en devises. Les responsables de la ZFO devront donc éviter ou retarder au maximum toute importation de la zone en dollars. Ils devront aussi « réaliser par priorité les exportations vers les pays envers lesquels la zone française est débitrice en dollars » et procéder au maximum d'achats dans la zone franc ou la zone sterling. Tout paiement en dollars sera par ailleurs subordonné à l'accord du ministère des Finances[205]. Le second objectif concerne plus spécifiquement la reconversion des exportations de la zone, dont une part importante, jusque-là réservée à la France, sera désormais dirigée vers les pays étrangers. Au 31 décembre 1947, les exportations devraient, pour moitié au moins, être tournées vers des pays étrangers[206].

---

201 Fiche pour Koenig, 5 septembre 1947, citée en note 198.

202 Tél. de Laffon à MAE, 19 septembre 1947, cité en note 200.

203 Courrier de Koenig à Schneiter, 20 janvier 1948, cité en note 195.

204 P.-V. de la 3e com. des approv., 10 septembre 1947, cité en note 197.

205 Courrier du ministre des Finances au ministre des Affaires étrangères a/s du « commerce extérieur de la ZFO en Allemagne », direction des finances extérieures, Pierre-Paul Schweitzer, 15 septembre 1947, AOFAA, c. 121 d. ECO I C 8.

206 « Procès-verbal de la 4e séance de la commission des approvisionnements de la zone française d'occupation tenue le 8 octobre 1947 à Baden-Baden », MAE, CGAAA,

Approuvées dans leurs principes, les mesures provoquent rapidement des conflits d'intérêts entre les différents services. Les hauts fonctionnaires de Baden-Baden entendent protéger l'économie de la zone. Pour ce faire, ils tentent d'obtenir des rallonges sur les avances prévues par le Trésor de façon à éviter la rupture de certains approvisionnements. Les conséquences politiques qu'aurait par exemple l'arrêt, en plein hiver, du ravitaillement des populations allemandes en matières grasses seraient à leurs yeux incalculables[207]. De leur côté, le ministère de l'Économie nationale et celui de l'Industrie et du Commerce refusent de renoncer à certaines de leurs importations en provenance de la zone[208]. Ils imposent par conséquent une liste de produits prioritaires qui continueront d'être exportés vers la France[209].

Cette décision provoque un véritable conflit entre les ministères techniques et les services de Baden-Baden. Elle réduit en effet sensiblement les possibilités qu'aura la zone d'exporter ses productions vers l'étranger. Aux yeux des fonctionnaires de la ZFO, son application aurait des conséquences désastreuses. La reconversion du commerce extérieur de la zone, difficile en soi, resterait par conséquent médiocre[210]. Aussi la zone serait-elle contrainte de réduire considérablement ses importations. Sa balance commerciale serait déficitaire. Plus globalement, c'est l'économie de toute la zone qui serait condamnée. La paix sociale serait menacée. Il serait en effet impossible de continuer à faire travailler les Allemands pour des exportations vers la France sans aucune contrepartie[211]. Aussi Émile Laffon décide-t-il, sur les recommandations de René Monier, le directeur du service du commerce extérieur de la zone, de subordonner tout nouveau marché pour la France, y compris ceux relevant des produits prioritaires, à l'accord de ses services. Ces derniers fixeront les pourcentages qui pourront être réservés à la métropole. Laffon ordonne également que les commandes passées par la France au premier semestre 1947 mais non encore exécutées soient différées ou annulées toutes les fois qu'il existera des demandes en provenance de l'étranger. En d'autres termes, Laffon donne la priorité absolue aux

---

service des affaires économiques et sociales, 13 octobre 1947, AOFAA, c. 121 d. ECO I C 8.

207 P.-V. de la 3e com. des approv., 10 septembre 1947, cité en note 197.

208 P.-V. de la 4e com. des approv., 8 octobre 1947, cité en note 206.

209 « Rapport à l'administrateur général sur la reconversion du commerce extérieur de la ZFO », René Monier, inspecteur général de l'économie nationale, chargé du commerce extérieur de la ZFO, 13 octobre 1947, AOFAA, AEF 353/5. Le rapport, approuvé par Laffon le 13 octobre 1947, a valeur de décision.

210 *Ibid.*

211 « Note a/s du commerce zone-France (compte rendu de la réunion du 31 octobre 1947 au MEN), GMZFO, cabinet, Edmond Dobler, 6 novembre 1947, AOFAA, c. 160 série II d. 2.

exportations vers l'étranger. Les livraisons à la France ne seront maintenues que pour les produits ne trouvant pas d'autres débouchés[212]. Prises unilatéralement, ces décisions provoquent de vives réactions de la part des ministères techniques[213]. Claude Beaurepaire, directeur de la coordination industrielle, condamne ces mesures qui « risquent de mettre certains secteurs essentiels de l'industrie française dans une situation très difficile, provoquant même des arrêts d'industries, et de faire perdre à la France beaucoup plus de dollars que la zone pourrait en gagner »[214]. Mais les départements parisiens sont loin d'être unanimes. À la direction du Trésor, Bernard de Margerie partage les vues de Laffon. Il reconnaît que les acomptes versés à la zone seront sans doute très faibles. Ils ne dépendront pas, en effet, du montant de la créance de la zone sur la France mais des disponibilités en devises du gouvernement. De Margerie est par conséquent favorable à une reconversion aussi large que possible des exportations de la zone et se déclare tout disposé à annuler les commandes françaises du premier semestre. Un compromis est trouvé à la fin octobre. Les décisions de Laffon semblent être acceptées à condition que les ministères techniques obtiennent les tonnages restant à livrer et que certains produits, surtout chimiques, dont la transformation dégage d'importantes plus-values, soient livrés prioritairement à la France[215].

2. Un assouplissement de la politique dirigiste

Les modifications de la politique française ne se limitent pas à cette reconversion du commerce extérieur de la zone. La recherche précipitée de nouveaux débouchés conduit en effet les autorités françaises à assouplir certains règlements économiques de façon à réduire autant que faire se pourra le déficit de la balance commerciale de la zone, que la crise financière française aggravera sans doute. Dès le mois de septembre, Paris lève ainsi les entraves qui étaient jusqu'alors mises à l'exportation de certains produits – les vins, les produits chimiques – dont la grande majorité était canalisée[216]. René Monier, directeur du service du commerce extérieur, demande d'ailleurs la suppression des procédures

---

212 Rapport de René Monier, 13 octobre 1947, cité en note 209.

213 Note a/s du commerce zone-France, 6 novembre 1947, citée en note 211.

214 Courrier du ministre de l'Industrie et du Commerce au CGAAA a/s du commerce extérieur de la ZFO, direction de la coordination industrielle, Claude Beaurepaire, 27 octobre 1947, AOFAA, AEF 353/5.

215 Note a/s du commerce zone-France, 6 novembre 1947, citée en note 211.

216 P.-V. de la 3e com. des approv., 10 septembre 1947, cité en note 197. À l'issue de la réunion a lieu une conférence au Quai d'Orsay, sous la présidence de Maurice Couve de Murville et en présence d'Émile Laffon, lors de laquelle cette décision est arrêtée ; « procès-verbal de la réunion des directeurs [du GMZFO] du 18 septembre 1947 », 18 septembre 1947, AOFAA, c. 122 d. ECO I D 3.

IMEX, c'est-à-dire des canalisations, qui privent la zone de bénéfices substantiels. Sa demande bute sur les réticences du ministère des Finances[217]. Monier obtient cependant que le maintien de ces pratiques donne désormais lieu au versement rapide de devises à la ZFO. Les représentants du gouvernement militaire recommandent aussi la reprise en ZFO de fabrications interdites – appareils photographiques par exemple – et le renforcement des industries de transformation, de façon à valoriser le maximum de matières premières sur place et à renforcer le capital économique de la zone[218]. À la fin de l'année, Jean Filippi fait procéder à des études sur l'impact qu'ont les prélèvements des Français sur l'équilibre de la balance commerciale de la zone. Sans être énorme, leur incidence est importante. En 1947, ils ont contraint les autorités françaises d'occupation à augmenter les importations de plus de 6 millions de dollars[219]. Les prélèvements alimentaires sont les plus pénalisants. Ils entraînent des importations de l'ordre de 4,3 millions de dollars[220]. Les prélèvements industriels ont des conséquences plus limitées[221]. À partir de 1948, les prélèvements diminuent considérablement. Paris entend les réduire sensiblement avant la fusion éventuelle de la ZFO avec la Bizone. Le gouvernement s'inquiète en effet des effets psychologiques fâcheux que la disparition des prélèvements aurait sur les populations allemandes de la ZFO, si celle-ci coïncidait « avec une ingérence (…) anglo-saxonne dans notre zone »[222]. En juin 1948, les prélèvements semblent sur le point de disparaître. Les livraisons du plan Marshall y contribuent pour beaucoup[223].

3. Le plan Leibbrandt : un espoir déçu

Au-delà de ces aménagements ponctuels, la crise de l'automne 1947 aboutit à la remise en cause partielle du monopole qu'exercent les Français sur le commerce extérieur de la zone. Jean Filippi considère ainsi que les organisations commerciales allemandes devraient être chargées de l'exportation de toute une série de produits que leur rareté et

---

217 P.-V. de la 4e com. des approv., 8 octobre 1947, cité en note 206.

218 Note a/s du commerce zone-France, 6 novembre 1947, citée en note 211.

219 « Note pour le DGEF sur l'incidence des prélèvements français sur la balance commerciale », service de documentation, du plan et des statistiques, M. Halff, 27 décembre 1947, AOFAA, AEF 350/4.

220 *Ibid.* Sans prélèvement sur le beurre, la zone aurait économisé 2 millions de dollars d'importations, 2,2 millions pour les pommes de terre et 75 000 dollars pour les importations de légumes secs destinées à remplacer les prélèvements de viande.

221 *Ibid.* Les prélèvements sur les textiles et les cuirs ont contraint la zone à des importations supplémentaires de l'ordre de 1,6 million de dollars.

222 Courrier de Schneiter à Koenig a/s de la « politique de prélèvements en Allemagne », 3 février 1948, AOFAA, c. 112 d. ECO I A 2 a.

223 Tél. de Koenig à Schneiter, 8 juin 1948, AMAE, Z Europe 1944/60, All., t. 87.

leur nature rendent difficilement intégrables aux programmes généraux d'exportation dirigés par les Français[224]. Mais c'est à l'occasion de la présentation du plan économique pour le Land de Bade que cette ouverture est la plus manifeste. Lors de la première réunion des ministres allemands de l'Économie de la ZFO, en août 1947, Friedrich Leibbrandt, ministre de l'Économie du Bade, évoque la nécessité de prévoir un plan économique de façon à enrayer le déclin de l'économie de la zone[225]. En septembre, il présente un plan au Landtag applicable au seul Bade[226]. Son projet, rapidement appelé « plan Leibbrandt », est simple. Grâce aux matières premières et aux vivres que le Bade importerait de l'étranger, le ravitaillement de la population du Land serait amélioré tandis que ses usines pourraient effectivement relancer leur production. Cette dernière, considérablement accrue, serait orientée vers l'exportation de façon à assurer les importations nécessaires à un développement économique généralisé. Pour amorcer la reprise, Friedrich Leibbrandt prévoit un emprunt de 70 millions de francs suisses, consentis par des investisseurs helvétiques privés, qui serait gagé sur 1 million de m^3 de bois que le Bade s'engagerait à livrer à ses créanciers pendant une décennie à raison de 100 000 stères par an. Grâce à cette phase d'amorçage, qui permettrait d'augmenter les rations alimentaires des Badois jusqu'à hauteur de 1 500 calories par jour et de fournir aux industriels les matières premières essentielles à leurs productions, l'économie badoise, dynamisée, connaîtrait un essor rapide et parviendrait, dans une seconde phase, à équilibrer sa balance commerciale[227].

Mais pour produire tous ses effets, le plan suppose que les règles d'OFICOMEX soient considérablement assouplies et qu'une grande liberté soit accordée aux exportateurs allemands. Il faudrait notamment qu'ils aient la possibilité de négocier directement avec leurs clients étrangers et de fixer eux-mêmes leurs prix de vente. Les firmes badoises

---

[224] Note de Filippi pour Jean Delage, directeur de l'OFICOMEX, 22 octobre 1947, AOFAA, c. 123 d. ECO I D 4.

[225] « Exposé de M. Revenusso sur le plan Leibbrandt (plan économique) dans le cadre de la réunion des délégués de district et de cercle à Fribourg le 17 janvier 1948 », Délégation supérieure du pays de Bade, section économie générale, Revenusso, AOFAA, c. 160 série II d. 3 e.

[226] Wolfrum, E., Fässler, P., Grohnert, R., *Krisenjahre und Aufbruchzeit. Alltag und Politik im französisch besetzen Baden 1945-1949*, *op. cit.*, p. 249 ; « le nouveau plan économique pour la Bade », article traduit de la *Badische Zeitung*, 23 septembre 1947, AOFAA, AEF 364/2.

[227] Sur le contenu détaillé du plan : « plan de l'économie du pays de Bade pour 1948 » et le « Verzeichnis der Anlagen zum Exportplan 1948 », sans date (décembre 1947), AOFAA, c. 160 série II d. 3 e ; Laufer, R., *Industrie und Energiewirtschaft im Land Baden 1945-1952*, Freiburg, München, Verlag Karl Alber, 1979, p. 143-157 ; « Auszug aus der 14. Sitzung der Landesregierung am 20. Novembre 1947 », StA FR, C 5/1, 526.

devraient aussi être assurées que le fruit de leurs exportations servirait prioritairement à importer les matières premières nécessaires à leur production. Une prime de 10 % sur les prix de vente devrait enfin être accordée aux entreprises vendant à l'étranger de façon à encourager les exportations[228].

Officiellement présenté aux autorités françaises en décembre 1947, le plan Leibbrandt est accueilli favorablement. Ne faisant nullement appel à « une aide allemande centralisée », il « cadre nettement avec la politique fédéraliste dont la France est le meilleur champion »[229]. Les augmentations de production qu'il prévoit restent par ailleurs compatibles avec les limites imposées à Potsdam. Il admet aussi les démontages prévus et propose qu'un tiers de la production badoise soit mis à la disposition de l'occupation. En contribuant à faire des Badois les principaux acteurs de leur équilibre économique, il réduirait d'autant la responsabilité des autorités françaises. L'introduction du plan créerait également « un climat nouveau dans le monde des industriels, des commerçants et des ouvriers, lesquels n'auraient plus l'impression, fausse mais indéracinable dans les conditions actuelles, qu'ils travaillent principalement pour la puissance occupante »[230]. Le gouvernement badois prendrait aussi à son compte des mesures impopulaires, comme la mise au travail obligatoire des oisifs, le régime de faveur accordé à certaines firmes ou l'exploitation intensive de la forêt badoise. « Par les perspectives d'amélioration des conditions d'existence qu'il offre aux travailleurs », il contribuerait enfin « à éloigner le danger de troubles sociaux »[231]. Les autorités françaises n'en émettent pas moins quelques réserves d'ordre économique. Le plan ne semble pas toujours réaliste. L'augmentation de la production badoise, fixée à 43 % en un an, paraît très optimiste. La croissance de la production n'induira pas non plus forcément une augmentation correspondante des exportations. L'incertitude quant à la valeur du mark et l'insuffisance des transports risque aussi d'entraver la réalisation du plan. Dans le cas où celui-ci produirait tous ses effets, les autorités françaises s'inquiètent des répercussions que l'institution d'un régime de ravitaillement privilégié en Bade aurait sur les autres Länder de la zone. Pour autant, ces réserves ne remettent pas en cause son intérêt[232]. Il en va tout autrement des préventions d'ordre juridique. Le plan est d'abord en contravention avec les législations alliée et française qui prévoient que le commerce extérieur allemand doit être géré de façon centralisée. D'après les règlements interalliés – la loi

---

228 Laufer, R., *Industrie und Energiewirtschaft im Land Baden*, *op. cit.*, p. 145.

229 Exposé de Revenusso, 17 janvier 1948, cité en note 225.

230 *Ibid.*

231 *Ibid.*

232 *Ibid.*

n° 53 du Conseil de contrôle en l'occurrence –, il est d'autre part interdit à l'Allemagne de contracter des dettes à l'étranger. Enfin, le plan ne s'inscrit pas dans le cadre juridique des relations économiques entre la ZFO et la Suisse, réglé par un clearing général depuis novembre 1945[233].

Ces raisons conduisent Michel Mitzakis, directeur des changes du gouvernement militaire, à décliner en janvier 1948 l'offre de Leibbrandt[234]. Jean Filippi le désavoue immédiatement[235]. Il considère le plan avec d'autant plus d'intérêt que les difficultés financières de la France ne lui permettent toujours pas d'assurer à la zone des avances de trésorerie suffisantes. Dans un avenir proche, la zone sera donc contrainte de rechercher des financements à l'étranger. Aussi le plan Leibbrandt répond-il parfaitement aux préoccupations financières du gouvernement militaire[236]. Il correspond par ailleurs aux objectifs fédéralistes que la France poursuit en Allemagne et permettra un transfert de responsabilités aux autorités allemandes des Länder, transfert que Paris encourage à nouveau vivement depuis le début de 1948[237]. Au mois de mars, le Quai d'Orsay donne donc son accord à la mise en œuvre du plan[238]. Le général Koenig prévoit toutefois certains aménagements au projet initial. Le plan Leibbrandt devra être inclus dans le protocole germano-suisse de novembre 1945 par un avenant[239]. Dès le mois de mars, Baden-Baden prévoit de dépêcher à cet effet une commission à Berne[240]. Pour éviter que la France soit financièrement responsable du plan, ce dernier devra être conclu sous la forme d'un contrat privé entre le gouvernement badois et le groupement suisse. Par ailleurs soucieux d'éviter, en Rhénanie-Palatinat et en Wurtemberg, toute agitation politique ou sociale consécutive à l'accroissement des augmentations substantielles du ravitaillement des Badois, le gouvernement militaire prévoit que les importations réalisées seront en partie intégrées à la répartition générale dont bénéficieront tous les Länder de la zone. Koenig recommande certes

---

233 Courrier de Michel Mitzakis, directeur de l'office des changes, à Pierre Pène, délégué supérieur pour le gouvernement militaire du pays de Bade, a/s du plan Leibbrandt, 31 janvier 1948, AOFAA, c. 160 série II d. 3 e.

234 *Ibid.*

235 Tél. de Filippi à Leroy-Beaulieu, 13 février 1948 ; courrier de Dobler à Revenusso, 14 février 1948, AOFAA, c. 160 série II d. 3 e.

236 Courrier de Koenig au SEAAA à l'intention du MAE et du ministère des Finances et des Affaires économiques, DREE, direction des finances extérieures, 3 mars 1948, AOFAA, c. 122 d. ECO I D 1 a.

237 Courrier Pène à Koenig, 18 février 1948, AOFAA, c. 160 série II d. 3 e.

238 Note sur le « plan économique de Bade », dél. Sup. du pays de Bade, section économie générale, 26 mars 1948, AOFAA, c. 160 série II d. 3 e.

239 Courrier de Koenig, 3 mars 1948, cité en note 236.

240 Courrier de Mitzakis au président de la délégation suisse de la division du commerce, palais fédéral, Berne, 20 mars 1948, AOFAA, AEF 364/2.

d'octroyer des avantages aux firmes badoises exportatrices, mais ces derniers n'atteindront pas les proportions recommandées par Leibbrandt. Contrairement aux propositions allemandes, l'exécution du contrat ne sera pas non plus confiée aux industriels. Elle reviendra, sous le contrôle du bureau régional d'OFICOMEX de Fribourg, aux services économiques allemands du Bade[241].

À l'annonce de ces dispositions, les autorités badoises manifestent leur déception[242]. Mais au début du printemps, le plan ne paraît plus d'actualité. Certains milieux économiques du Bade y sont hostiles. Le nouveau ministre de l'Économie, Eduard Lais, y est également opposé. Surtout, les premiers contacts des Badois avec le groupement suisse sont décevants. Les entrepreneurs helvétiques ne se montrent pas intéressés. Ils n'ont guère besoin de bois. S'ils devaient en acheter au Bade, ce ne serait pas pour un montant de 70 millions de francs suisses. Les négociations s'enlisent. En septembre 1948, elles sont définitivement abandonnées[243].

*

* *

Sans être toujours très voyants, les résultats de cette première vague de réformes sont conséquents : les services français sont réorganisés en profondeur et deviennent plus efficients ; les autorités allemandes sont plus systématiquement consultées et associées aux décisions de l'occupant. Les rencontres et les échanges, bref la coopération entre les administrations, sont développés et organisés. Reste que, dans bien des cas, les réformes restent timides et leur mise en œuvre, souvent partielle, nécessite beaucoup de temps. En fait, quels que soient les domaines – administrations allemande et française, politique économique –, la modestie des réalisations par rapport aux intentions affichées est imputable au poids des contraintes économiques et financières. L'effet de ces dernières peut être ambivalent. La nécessité de procéder à des économies budgétaires accélère par exemple la réforme de l'administration française, dont les effectifs sont drastiquement réduits, tandis qu'elle freine les transferts de responsabilités aux Allemands, qui déposséderaient l'occupant des leviers de commande nécessaires à la poursuite d'une politique économique dont la France doit tirer profit. Dans ce domaine, les directives de janvier 1947, rédigées sous l'impulsion de Pierre-Olivier Lapie et de Léon Blum, butent sur la situation économique et financière de la France. Par souci d'économies, les ministères techniques continuent d'exiger l'exportation des productions de la zone

---

241 Courrier de Koenig, 3 mars 1948, cité en note 236.

242 Note sur le « plan économique de Bade », 26 mars 1948, citée en note 238.

243 Laufer, R., *Industrie und Energiewirtschaft im Land Baden*, *op. cit.*, p. 152-154.

utiles au relèvement français. Le maintien de cette politique empêche de satisfaire les besoins de la population allemande. Les responsabilités financières de la France vis-à-vis de sa zone d'occupation obligent aussi les occupants à conserver l'essentiel des pouvoirs économiques. Pendant les neuf premiers mois de 1947, la politique économique de la France en Allemagne change donc peu. Elle conduit à une véritable impasse à l'automne 1947. La crise que traverse alors la ZFO nécessite une réorientation brutale de son économie.

Conclusion de la troisième partie

Dès l'automne 1946, les gouvernements français s'engagent dans une politique de réformes. Elles concernent aussi bien la politique de sécurité, la politique économique en ZFO que l'organisation et les missions des administrations françaises et allemandes. Malgré certains à-coups, cette politique s'inscrit dans la durée. Il est remarquable qu'autant dans le domaine de la sécurité que dans celui de l'économie, les Français en reviennent souvent à des projets plus réalistes. D'une manière générale, les politiques à court terme font progressivement place à des politiques à plus long terme, tournées vers l'avenir. C'est particulièrement flagrant en ZFO où les occupants délèguent de plus en plus de pouvoirs aux autorités allemandes. De la même façon, la politique économique d'exploitation est progressivement abandonnée pour une politique plus constructive.

Il n'en reste pas moins que la mise en œuvre des réformes bute sur toute une série d'obstacles. L'opinion publique et les partis politiques, dans leur grande majorité, ne sont pas favorables à l'abandon d'une politique punitive. Aussi les gouvernements ne peuvent-ils pas adopter des réformes trop progressistes qui heurteraient l'opinion dominante et compromettraient une paix sociale déjà fragile. De leur côté, les contraintes économiques pèsent de façon contradictoire sur la politique économique de la France en Allemagne. La dépendance économique et financière à l'égard des Anglo-Américains oblige Paris à s'aligner progressivement sur leur politique allemande, orientée vers une reconstruction de l'ancien Reich. Mais, dans le même temps, les difficultés économiques, auxquelles la France est confrontée, incitent les ministères parisiens à maintenir en ZFO une politique économique tournée vers les besoins français. Le marasme financier que connaît Paris en 1947 encourage aussi les ministères techniques à prolonger certaines pratiques – politique préférentielle, prélèvements, etc. – pourtant condamnées par le gouvernement mais qui, en dégageant des profits non négligeables, permettent de faire des économies à court terme. En elles-mêmes, certaines réformes sont également contradictoires. La diminution des effectifs des services français d'occupation en Allemagne, censée dégager des économies budgétaires, est menée alors que dans le même temps Paris retarde, pour des raisons financières, le transfert des responsabilités aux autorités allemandes.

Ambiguë la politique française l'est d'autant plus que dans le même temps où des projets de réformes sont développés, les services français continuent de nourrir des projets économiques extrêmement ambitieux qui assureraient tout à la fois le contrôle économique de l'Allemagne et la domination durable de l'économie française sur celle de l'ancien Reich. Faute d'accords entre pouvoirs publics et industriels, ces projets échouent.

Il est clair, enfin, que les réformes proposées par les autorités françaises le sont le plus souvent sous la contrainte. C'est en réaction à la création de la Bizone et aux risques de voir l'Allemagne s'organiser sur un modèle centralisé que Paris propose un projet de constitution fédérale et tente de le mettre en pratique dans sa zone d'occupation. De même, c'est la réorganisation administrative de la Bizone, en janvier 1948, qui le décide à accélérer le transfert de responsabilités aux autorités allemandes ; la France compte sur celles-ci pour éviter de perdre toute influence en Allemagne. Quant aux graves difficultés économiques et financières que doit affronter le gouvernement français à partir de l'été 1947, elles l'incitent à accepter une libéralisation du système dirigiste de la ZFO, à encourager une reconversion du commerce extérieur allemand et à soutenir les initiatives des gouvernements allemands pour résorber la crise.

Assurément, la période qui va de l'automne 1946 au printemps 1948 correspond à une normalisation de la politique allemande de la France, à un retour aux réalités. Mais celui-ci n'est pas toujours librement consenti. Dans le domaine économique notamment, il est souvent subi dans une sorte de « dynamique de la défensive »[1].

---

1 Cette belle expression est tirée du début du sous-titre de la thèse monumentale de Hüser, D. *Frankreichs « doppelte Deutschlandpolitik ». Dynamik aus der Defensive – Planen, Entscheiden, Umsetzen in gesellschaftlichen und wirtschaftlichen, innen- und aussenpolitischen Krisenzeiten 1944-1950*, *op. cit.*

Quatrième partie

Entre concurrence, coopération et contrôle (printemps 1948-hiver 1949/1950)

Introduction de la quatrième partie

Lorsque la deuxième session de la conférence de Londres débute, le 20 avril 1948, la situation internationale a profondément changé. Le coup de Prague, en février 1948, aggrave la cassure entre l'Est et l'Ouest. Le retrait des Soviétiques du Conseil de contrôle et leur décision, le 31 mars 1948, de « contrôler militairement toutes les relations alliées, ferroviaires et routières entre Berlin et les zones occidentales » rendent presque inexorable la coupure de l'Allemagne en deux[1]. Dans le même temps, la coopération entre Alliés occidentaux se renforce. Le pacte de l'Union occidentale est signé à Bruxelles le 17 mars 1948. Cet accord, auquel participent la France, la Grande-Bretagne et les États du Benelux, est officiellement dirigé contre l'Allemagne. Dans son préambule, il fait encore allusion au danger allemand et aux mesures que les Cinq s'engagent à prendre contre l'ancien Reich. Mais, en réalité, il sert surtout à se protéger de l'Union soviétique. Au printemps 1948, l'heure est en effet à l'intégration de l'Allemagne de l'Ouest dans le bloc occidental. La participation de la ZFO et de la Bizone au plan d'aide américain, dont les Alliés discutent depuis la mi-mars, est officialisée le 16 avril 1948[2].

À la faveur de ce nouveau contexte international, dans lequel la menace soviétique se substitue progressivement au danger allemand, il s'opère dans les milieux gouvernementaux français une double évolution. Du printemps 1948 au début de l'année 1949, les responsables prennent progressivement conscience que la France ne pourra pas s'opposer durablement à la politique des Anglo-Américains et à la renaissance d'un État d'Allemagne de l'Ouest dont la voix comptera d'autant plus que la guerre froide perdurera. Les objectifs traditionnels de la politique allemande de la France ne pourront par conséquent pas être maintenus. Dans le même temps, les décideurs parisiens, notamment au Quai d'Orsay, ébauchent progressivement une nouvelle politique allemande dans le cadre naissant de l'Europe occidentale. Pour Robert Schuman, nommé ministre des Affaires étrangères en juillet 1948, ce cadre européen doit favoriser la poursuite de la politique française de coopération avec l'Allemagne tout en garantissant aux Français un

---

1 *L'Année Politique 1948*, *op. cit.*, p. 69.

2 *Ibid.*, p. 44-46. Voir aussi Poidevin, R., « La France devant le danger allemand 1944-1952 », in Hildebrand, K., Pommerin, R. (Hrsg.), *Deutsche Frage und europäisches Gleichgewicht. Festschrift für Andreas Hillgruber zum 60. Geburtstag*, Köln, Wien, Böhlau Verlag, 1985, p. 258.

certain contrôle sur une Allemagne qui continue de susciter bien des craintes. Pour la clarté de l'exposé, ces deux évolutions, en réalité très intriquées, seront présentées successivement.

CHAPITRE XI

La persistance des craintes françaises

Intégrée au bloc occidental, la France a son sort lié à la politique européenne des Anglo-Américains. Avec le durcissement de la guerre froide, ces derniers accélèrent la reconstruction de l'Allemagne de l'Ouest. Paris s'inquiète de cette évolution qu'il est contraint d'accepter. La politique anglo-américaine permet ainsi le retour de l'Allemagne occidentale dans le concert des nations. Bientôt considérés comme des Alliés par les Anglo-Américains, ses dirigeants, en Bizone comme en ZFO, sont bien décidés à défendre leurs intérêts. Aux inquiétudes que provoque la renaissance d'un État d'Allemagne occidentale se superposent ainsi les peurs que suscite le relèvement de l'économie allemande et la menace que fait planer la reconstruction de ses entreprises et de son économie. Bref, les Français voient dans cette Allemagne renaissante les signes de la réapparition d'un danger allemand qui serait avant tout économique. Paris redoute aussi que les Anglo-Américains et les Allemands s'allient contre les intérêts français. La politique des réparations en est la parfaite illustration.

I. Les inquiétudes liées à la politique allemande des Anglo-Américains

> Le succès du programme d'aide à l'Europe [est] la préoccupation dominante de la délégation américaine. Pour garantir ce succès, elle [estime] qu'il [faut] y associer l'Allemagne occidentale. Les États-Unis désirent également, toujours dans le même esprit, établir aussitôt que possible un gouvernement provisoire de l'Allemagne occidentale. Ces vues rejoignent d'autre part leurs préoccupations de s'opposer dans cette région à toute pénétration de l'influence communiste. Du côté britannique, les préoccupations sont les mêmes[1].

Ainsi résumée par les services du Quai d'Orsay, au lendemain de la première session de la conférence de Londres[2], la politique allemande

---

[1] « Note a/s de notre politique allemande en 1948-1949 », MAE, dir. Eur., Pierre de Leusse, 23 avril 1949, AMAE, Z Eur. 1944/60, All., t. 84. De Leusse cite un long extrait d'une note rédigée par le MAE après la première session de la conférence de Londres. C'est une partie de cet extrait qui est reproduite ici.

[2] Elle a lieu du 26 février au 6 mars 1948. La seconde session de la conférence dure du 20 avril au 1er juin 1948.

des Américains et des Britanniques diffère foncièrement des objectifs poursuivis par les Français. À Paris, le gouvernement continue de privilégier la sécurité, dont l'internationalisation de la Ruhr et la constitution très progressive d'une Allemagne confédérale seront les meilleurs gages. Autant dire qu'à la conférence tripartite de Londres, Français et Anglo-Américains défendent des thèses que tout oppose.

A. Les recommandations de Londres

Le déroulement et les résultats de la conférence de Londres sont aujourd'hui bien connus[3]. Sous la pression de leurs Alliés occidentaux, les Français sont contraints d'accepter une politique allemande qui marque d'importants reculs par rapport à leurs projets initiaux. Ces concessions portent essentiellement sur le contrôle de la Ruhr et l'organisation du futur État d'Allemagne occidentale.

1. Les reculs français sur la Ruhr

À Londres, la France maintient d'abord ses positions sur la Ruhr. Il s'agit toujours d'éviter que ses « ressources (...) servent à l'avenir d'instrument d'agression »[4]. Aussi l'Allemagne ne devrait-elle pas recouvrer la libre disposition de son riche bassin. C'est pourquoi Paris demande à nouveau que les mines et les aciéries de la Ruhr, dont la propriété future devrait être réservée, soient placées sous le contrôle d'une Autorité internationale. Cette dernière assurerait la gestion[5] du bassin et la répartition de la production de son charbon et de son coke entre la consommation intérieure allemande et l'exportation. L'Autorité surveillerait également l'application des dispositions relatives aux industries interdites et limitées. Dans l'esprit des Français, elle devrait être constituée aussi rapidement que possible, c'est-à-dire pendant l'occupation alliée de l'Allemagne et, en tout cas, avant la création d'un État d'Allemagne occidentale. Pour garantir son efficacité, l'Autorité devrait bénéficier de l'appui des autorités d'occupation, notamment des forces armées stationnées sur le territoire allemand. Les Français tirent par

---

3 Maelstaf, G., *Que faire de l'Allemagne ?*, *op. cit.*, p. 109-151 ; Gerbet, P., *et al.*, *Le relèvement*, *op. cit.*, p. 286-289 ; Buffet, C., *Mourir pour Berlin. La France et l'Allemagne 1945-1949*, Paris, Armand Colin, 1991, p. 141-154.

4 « Note pour le président [Bidault] », AMAE, dir. éco., Hervé Alphand, 8 mars 1948, AOFAA, AAA 1407/1. Dans cette note, Alphand fait le point sur les discussions de Londres.

5 La gestion comprend : « a) la nomination des directeurs généraux et des principaux chefs de service des mines et des aciéries ; b) l'appropriation des plans généraux de production, des programmes d'investissements et de la politique financière des entreprises ; c) les droits généraux de communication, de vérification et d'enquête ». Voir la « proposition de la délégation française [sur la] Ruhr », sans auteur, 27 février 1948, AOFAA, AAA 1441.

contre les conséquences de la coupure Est-Ouest et ne demandent plus la participation de l'Union soviétique à l'Autorité internationale de la Ruhr.

Lors de la conférence, la France obtient certaines garanties. Les Anglo-Américains admettent la constitution d'une Autorité internationale de la Ruhr. Les accords prévoient aussi qu'elle entrera en fonction avant l'installation d'un gouvernement allemand. Les Français ont ainsi la certitude que sa constitution sera effective, les Allemands ne pouvant l'empêcher.

Mais ces deux succès mis à part, les Français sont contraints de faire d'importantes concessions à leurs Alliés. Les accords écartent définitivement les rêves français de détacher politiquement la Ruhr de l'Allemagne. Surtout, les concessions françaises portent sur les compétences de l'Autorité. Les Anglo-Américains les réduisent considérablement. La gestion de la Ruhr et le contrôle des industries interdites et limitées, que les Français voulaient confier à l'Autorité internationale, seront du ressort d'un organisme de sécurité militaire sous direction américaine[6]. La propriété des mines et des usines échappera aussi à l'Autorité et dépendra exclusivement des autorités d'occupation anglo-américaines[7]. En définitive,

> les conversations anglo-franco-américaines aboutissent à un accord sur un contrôle international, mais seulement en ce qui concerne la répartition et non la production du charbon, du coke et de l'acier. Le rêve français d'internationaliser les industries de la Ruhr s'écroule : la France [doit] se contenter de la création d'un organisme international de contrôle aux pouvoirs limités[8].

L'échec français est en réalité plus important qu'il n'y paraît. Que la future Autorité internationale soit chargée de répartir le charbon, le coke et l'acier n'a en effet rien d'un succès. D'abord parce que ces prérogatives ne font pas de l'Autorité internationale un véritable instrument de contrôlc de la Ruhr : les pouvoirs de surveillance effectifs continuent de relever du groupe de contrôle anglo-américain sur le charbon, auquel les Français ne participent pas[9] ; l'autorité n'aura aucune influence sur la répartition de la consommation du charbon à l'intérieur de l'Allemagne

6 Lefèvre, S., *Les relations économiques franco-allemandes*, *op. cit.*, p. 157.

7 *L'Année Politique 1948*, *op. cit.*, p. 107-108.

8 Poidevin, R., *Robert Schuman homme d'État 1886-1963*, Paris, Imprimerie nationale, 1986, p. 186-187, cité par Lefèvre, S., *Les relations économiques franco-allemandes*, *op. cit.*, p. 157. Communiqué final des « conversations sur l'Allemagne : contrôle international de la Ruhr », Londres, 6 mars 1948, AOFAA, c. 133 d. ECO II 17 c.

9 « Note sur le contrôle de la Ruhr », Georges Parisot, 18 mars 1948, AOFAA, c. 133 d. ECO II 17 c.

ni sur son éventuel plafonnement[10] ; elle ne pourra donc pas influer sur l'évolution de la production allemande. Ensuite parce que les fonctions de l'Autorité restent vagues et qu'à moyen et long terme – lorsque l'Allemagne sera constituée, puis lorsque les Alliés cesseront d'exercer leur pouvoir de tutelle –, elles ne semblent pas pouvoir assurer le contrôle effectif de la Ruhr[11]. Enfin parce que pendant toute la durée de l'occupation, l'Autorité sera, dans la pratique, sous la domination des Anglo-Américains. L'organisation de l'Autorité leur donnera en effet un avantage certain car les décisions seront prises à la majorité. Or, les Alliés et l'Allemagne disposeront respectivement de trois voix tandis que les pays du Benelux n'en auront qu'une chacun. Jusqu'à une date indéterminée, les voix de l'Allemagne reviendront aux Anglo-Américains parce que la Ruhr se trouve en Bizone. Par conséquent, les Américains et les Britanniques seront, dans la pratique, majoritaires (neuf voix sur quinze)[12]. En vertu des pouvoirs conférés à l'Autorité en matière de répartition entre la consommation intérieure et l'exportation, il serait même possible de revenir sur les accords de Moscou et de Berlin[13]. Sur ce point toutefois, les Anglo-Américains donnent des garanties aux Français. Les accords de Londres stipulent en effet que l'échelle de Moscou sera maintenue. L'approvisionnement français en charbon allemand est donc assuré[14]. Paris obtient aussi la constitution d'un Office militaire de sécurité chargé du désarmement et de la démilitarisation.

2. *Une organisation de l'Allemagne peu conforme aux thèses françaises*

Les concessions françaises sont également importantes en ce qui concerne les questions institutionnelles. Paris doit accepter la création d'un État allemand alors qu'une grande partie de la classe politique et des diplomates français y sont farouchement opposés[15]. De plus, les

10 « Note sur le contrôle de la répartition du charbon en Allemagne », Georges Parisot, 24 mars 1948, AOFAA, c. 133 d. ECO II 17 c.

11 Note du 18 mars 1948, citée en note 9.

12 D'après les termes de l'accord, chacune des parties prenantes – les États-Unis, la Grande-Bretagne, la France, le Benelux, qui est considéré comme une « puissance », et l'Allemagne – dispose de trois voix. Mais jusqu'à une date indéterminée, le droit de vote de l'Allemagne est exercé par les commandants en chef américain et britannique, responsables de la zone dans laquelle se trouve la Ruhr : cf. la note du 8 mars 1948, citée en note 4.

13 Les fonctions de répartition du charbon entre la consommation intérieure et l'exportation, qui seront dévolues à la future autorité, sont déjà assurées par les accords tripartites de Moscou et de Berlin.

14 *L'Année Politique 1948*, *op. cit.*, p. 69 ; « Conversations sur l'Allemagne. Deuxième session : contrôle international de la Ruhr », 25 mai 1948, AOFAA, AAA 1441.

15 Maelstaf, G., *Que faire de l'Allemagne ?*, *op. cit.*, p. 150-151.

Français sont contraints de renoncer à leur vision confédérale de l'Allemagne. Ils admettent que la Chambre basse soit élue au suffrage universel, ce qui renforcera tout à la fois le sentiment national et le pouvoir du Bund, alors qu'ils étaient partisans de la nomination de ses membres par les États, ce qui aurait renforcé l'ascendant de ces derniers sur le pouvoir fédéral[16]. Même si, pour masquer les désaccords entre les délégations alliées, les accords de Londres restent volontairement flous sur l'organisation future de l'Allemagne, il ne fait guère de doute que l'État allemand qui sera constitué sera plutôt fédéral que confédéral[17].

À Londres, les Français s'opposent aussi aux Anglo-Américains sur le mode de nomination de l'Assemblée constituante allemande. Ils voudraient que ses membres soient nommés par les Landtage tandis que les Américains préconisent leur élection au suffrage universel direct. Un compromis est trouvé : « les commandants en chef autoriseront les ministres-présidents à réunir une Assemblée constituante, dont les membres seront choisis par chaque État selon un mode d'élection fixé par son Assemblée législative »[18]. En ce qui concerne les principes essentiels de la constitution, les membres de l'Assemblée seront soumis aux directives des commandants en chef[19]. Mais en acceptant « de laisser les Allemands régler eux-mêmes ce problème », les Français se sont « plus ou moins à l'avance lié les mains »[20].

Bref, qu'il s'agisse des dispositions concernant la Ruhr ou de celles préparant l'organisation d'un État d'Allemagne occidentale, les accords marquent un recul incontestable des Français par rapport à leurs objectifs initiaux. Vu l'ampleur des abandons, il n'est guère étonnant que la publication des recommandations de Londres, le 7 juin 1948[21], suscite de vives réactions dans la classe politique française, les partis, l'opinion et même au sein du gouvernement et de la majorité parlementaire[22]. Avant même leur publication, les négociateurs français divergent quant à l'attitude à adopter.

3. Les réactions françaises : entre protestations et impuissance

Les négociations de Londres divisent les diplomates du Quai d'Orsay. Pour Jacques-Camille Paris, directeur d'Europe, et Pierre de Leusse, sous-directeur d'Europe centrale, les concessions demandées à la France

---

16 Note du 23 avril 1949, citée en note 1.

17 Maelstaf, G., *Que faire de l'Allemagne ? op. cit.*, p. 150-151.

18 Gerbet, P., *et al.*, *Le relèvement*, *op. cit.*, p. 287.

19 *Ibid.*, p. 286.

20 Note du 23 avril 1949, citée en note 1.

21 Le texte des recommandations de Londres est publié dans *L'Année Politique 1948*, *op. cit.*, p. 400-403.

22 Gerbet, P., *et al.*, *Le relèvement*, *op. cit.*, p. 287.

sont trop importantes. En échange de la création d'un État d'Allemagne occidentale, celle-ci n'obtiendrait pas suffisamment de garanties de sécurité. Ce manque semble d'autant moins acceptable que les accords risquent d'accroître les tensions avec les Soviétiques, dont une riposte est à craindre. La signature des accords renforcerait en outre le rôle de l'Allemagne dans la politique européenne des États-Unis. Bref, ils estiment qu'il faut repousser les accords, refuser la création d'un gouvernement d'Allemagne occidentale et s'opposer à tout rapprochement de la ZFO avec la Bizone tant que la France n'aura pas obtenu des assurances de ses Alliés concernant sa sécurité[23].

D'autres diplomates, Jean Chauvel, secrétaire général du Quai d'Orsay, ou René Massigli, ambassadeur de France à Londres, « sont au contraire pour l'acceptation des accords, la France ne pouvant s'abstenir sans s'isoler. C'est là l'argument décisif. La France n'a pas les moyens de mener une politique allemande indépendante »[24].

La dépendance de la France à l'égard des États-Unis interdit en effet d'espérer davantage de concessions de la part des Alliés. Georges Bidault en fait le constat amer lors du Conseil des ministres du 26 mai 1948 : « il n'y a pas l'ombre d'une chance pour cumuler le bénéfice de l'aide Marshall et le refus d'une Allemagne qui serait tout de même conforme à 50 % de nos vues »[25]. Depuis la cassure de décembre 1947 entre l'Est et l'Ouest, les Américains n'hésitent plus à exercer sur les Français un chantage à peine voilé. Ils subordonnent clairement l'accroissement des crédits Marshall à la ZFO, que les Français jugent insuffisants, à l'adhésion de la ZFO à la politique économique de la Bizone, voire à la fusion des trois zones occidentales. Pierre Arnal, envoyé à Washington pour négocier les crédits destinés à la ZFO, en a conscience. René Massigli en a également la certitude[26]. Sur ce point, Jean Filippi est également catégorique : « les discussions en cours à Washington, au sujet du programme présenté pour les besoins du premier trimestre, font apparaître que l'attitude du département d'État vis-à-vis de la zone française dépendra de la marche des négociations relatives à la fusion »[27]. Rompre les négociations de Londres est donc impossible. D'abord parce que la France ne pourrait pas assurer le

[23] *Ibid.* Sur les prises de position des diplomates vis-à-vis des négociations de Londres, voir les longs développements de Maelstaf, G., *Que faire de l'Allemagne ? op. cit.*, p. 141-145.

[24] Gerbet, P., *et al.*, *Le relèvement*, *op. cit.*, p. 287.

[25] « Déclaration de Georges Bidault lors du Conseil des ministres du 26 mai 1948 », in Auriol, V., *Journal du septennat 1947-1954*, tome II : *1948*, Paris, Armand Colin, 1974, p. 241, citée par Poidevin, P., « Plan Marshall et problème allemand », in *op. cit.*, p. 95.

[26] Poidevin, P., « Plan Marshall et problème allemand », in *op. cit.*, p. 94-95.

[27] « Note sur le coût de la fusion », Jean Filippi, 21 avril 1948, AOFAA, AAA 1407/1.

financement de sa zone d'occupation. Ensuite parce que, « tout en estimant que "rien ne permet actuellement de dire que le programme d'aide à la France en serait affecté", [Maurice Couve de Murville] considère que les Américains seraient surpris et y verraient une volte-face qui altérerait les relations franco-américaines »[28]. Enfin parce que la rupture française ne stopperait en rien la volonté des Américains de construire un État d'Allemagne occidentale aussi rapidement que possible. D'ailleurs les Anglo-Américains, un peu inquiets de voir les réactions hostiles que provoquent en France les accords, soulignent que « si la France a fait d'assez grosses concessions, ses partenaires en ont aussi fait quelques-unes qui les ont menés jusqu'aux extrêmes limites de leurs possibilités ; cet accord est donc le plus satisfaisant que la France pouvait obtenir ; et si elle le refuse, les États-Unis et la Grande-Bretagne se passeront de son consentement et iront de l'avant »[29]. Dans le même ordre d'idées, les Anglo-Américains refusent de remettre à plus tard la réforme monétaire[30]. Comme, à l'exception de la France, tous les pays ont approuvé les accords, « les gouvernements britannique et américain considèrent que l'application des recommandations doit être poursuivie dans les conditions et les délais prévus »[31]. Les Français s'inclinent.

Les accords ne sont acceptés par l'Assemblée nationale qu'à une très courte majorité[32] et les parlementaires enjoignent au gouvernement d'obtenir toute une série d'avancées sur l'Allemagne : les mines et les industries de base de la Ruhr devront être internationalisées ; la France devra participer activement au contrôle du potentiel industriel allemand et les compétences de l'Autorité internationale de la Ruhr devront être « étendues à la gestion des richesses minières et industrielles de cette région-clé » ; l'occupation de l'Allemagne devra être maintenue jusqu'à ce qu'un accord donne des garanties sur le maintien de la paix ; toute reconstruction d'un « Reich autoritaire et centralisé » devra être écartée ; un accord à quatre sur l'Allemagne devra être recherché[33].

---

28 Poidevin, R., « Plan Marshall et problème allemand », in *op. cit.*, p. 95.

29 *L'Année Politique 1948*, *op. cit.*, p. 107.

30 Auriol, V., *Journal du septennat 1947-1954*, tome II : *1948*, *op. cit.*, p. 243.

31 *Ibid.*, p. 269.

32 Le 17 juin 1948, par 300 voix contre 286. Sur les difficultés qu'a posées l'adoption des accords par l'Assemblée nationale, voir, par exemple, Gerbet, P., *et al.*, *Le relèvement*, *op. cit.*, p. 287-289.

33 « Ordre du jour adopté par l'Assemblée nationale à l'issue du débat sur les recommandations de Londres », sans date (17 juin 1948), in *L'Année Politique 1948*, *op. cit.*, p. 335-336.

B. La poursuite de l'« offensive » anglo-américaine

Force est de constater que dans les mois qui suivent la conférence, les Anglo-Américains continuent de mettre en œuvre une politique qui ne tient nullement compte de l'ordre du jour de l'Assemblée nationale. Sans se préoccuper des réserves françaises, ils poursuivent la reconstruction de l'Allemagne occidentale. Ils encouragent le relèvement rapide de son économie et adoptent, dans la Ruhr, une politique qui correspond aux intérêts des sidérurgistes allemands. Ils soutiennent enfin les projets fédéralistes préparés par le Conseil parlementaire. Toutes ces initiatives suscitent une très vive inquiétude dans les milieux gouvernementaux français.

1. L'accélération du relèvement économique allemand

Après la réforme monétaire, qui est appliquée dans les trois zones et dans les secteurs occidentaux de Berlin en juin 1948, « les Soviétiques arrêtent les livraisons de charbon et d'électricité à Berlin-Ouest et bloquent toute circulation entre ces secteurs et l'extérieur »[34]. Le blocus de Berlin conduit les Américains à considérer le relèvement de l'économie allemande sous un nouveau jour[35]. Désormais, ce dernier devient prioritaire. Les Américains en accélèrent le rythme. Au printemps 1949, l'économie allemande devra avoir atteint son niveau de 1936[36] et, dans les zones occidentales, elle devra l'avoir dépassé d'au moins 10 % en 1953[37]. Dès 1949, la rapidité de la croissance économique dans la Bizone inquiète les Français. L'extraction charbonnière de la Ruhr atteint alors 330 000 tonnes par jour alors qu'elle plafonnait à 230 000 tonnes par jour en 1947. Surtout, la production mensuelle d'acier passe de 250 000 tonnes en 1947 à 800 000 tonnes au printemps 1949[38]. Dès l'automne 1948, les diplomates français comprennent que les Américains ne sont plus disposés à subordonner le relèvement allemand à celui des autres pays européens et, en particulier, à celui de la France. Contrairement à ce qui se passait depuis la fin de la guerre, Washington refuse de continuer à faire des compromis. Jusqu'alors, les Américains avaient tenté de satisfaire en partie les demandes françaises pour éviter « de voir se prolonger la pression communiste sur un gouvernement

---

34 Poidevin, R., *Robert Schuman, op. cit.*, p. 188.

35 Courrier de Schuman à Koenig, 29 octobre 1948, AOFAA, AAA 6/3.

36 Note sur les « perspectives d'une politique française à l'égard de l'Allemagne », MAE, dir. Eur., 30 novembre 1948, AMAE, Z Eur. 1944/60, All., t. 83.

37 Tél. de Laloy à MAE, 21 janvier 1949, AMAE, Z Eur. 1944/60, All., t. 87.

38 « Rapport de M. Brizard sur le problème économique allemand (la Ruhr exceptée) », (rapport fait au nom de la commission d'information qui s'est rendue en Allemagne du 25 avril au 4 mai 1949 sur la demande de la commission des affaires étrangères du Conseil de la République), sans date (mai 1949), AMAE, Z Eur. 1944/60, All., t. 84.

français déjà affaibli », tout en sachant que cette politique ralentirait le relèvement allemand et, partant, porterait préjudice au programme de reconstruction européenne[39]. Le danger que représente à leurs yeux la politique soviétique les amène à trancher en faveur de la reconstruction allemande.

2. *Une politique en faveur des intérêts sidérurgiques allemands*

À partir de l'automne 1948, la politique anglo-américaine de reconstruction de l'économie allemande se traduit dans la Ruhr par trois séries de mesures. Le 10 novembre 1948, les Anglo-Américains promulguent la loi n° 75 qui restitue aux Allemands la gestion des mines et qui confie au futur gouvernement allemand le soin de régler la question de la propriété des mines et de l'industrie sidérurgique de la Ruhr[40].

La décision suscite de très vives protestations en France. Les commémorations de l'armistice du 11 novembre 1918 sont l'occasion de discours attaquant la politique allemande des Américains et soulignant les risques qu'elle fait courir aux Européens. Dans la forêt de Rethondes, Vincent Auriol fustige la décision anglo-américaine :

> il serait impardonnable de laisser restaurer l'arsenal de la Ruhr entre les mains des complices de Hitler ou d'une collectivité allemande susceptible de s'en servir contre la paix du monde. Seul l'établissement d'un régime de propriété et de contrôle à base internationale garantirait la sécurité de l'Europe et protégerait le peuple allemand lui-même contre ses propres entraînements. Il serait insensé de croire que l'Allemagne pourrait être un jour reconnaissante à ceux qui auraient facilité sa revanche, ce serait oublier les traités qu'elle a jadis conclus et qu'ensuite elle déchira[41].

À Lyon, Édouard Herriot, président de l'Assemblée nationale, ne dit pas autre chose :

> en ce moment, des forces, des ressources que l'on avait promis d'internationaliser, l'arsenal de guerre le plus formidable, le plus redoutable, vont être à nouveau nationalisés. Vous savez au profit de qui. Je ne sais pas s'il en est temps encore, mais je supplie que l'on ne fasse pas, au nom d'une fausse

---

39 Courrier de Tarbé de Saint-Hardouin à Schuman a/s « des jugements portés par un Américain et par un Allemand sur la politique française en Allemagne », 16 novembre 1948, AMAE, Z Eur. 1944/60, All., t. 83.

40 Note du 30 novembre 1948, citée en note 36.

41 « Circulaire n° 304-IP a/s des déclarations de MM. Auriol et Herriot sur l'Allemagne », MAE, service d'information et de presse, 12 novembre 1948, AOFAA, c. 11 d. POL I B 1.

mystique ou pour des raisons moins avouables, les fautes qui conduisirent le vaincu de 1918 à être à nouveau une terrible menace pour le monde[42].

Ces exhortations n'empêchent pas les Anglo-Américains de continuer à favoriser les intérêts des sidérurgistes allemands dans la Ruhr. Au début de l'année 1949, Henri Bonnet, ambassadeur de France à Washington, informe le Quai d'Orsay que « le choix des douze personnalités allemandes qui, conformément aux dispositions de la loi n° 75, doivent être les *trustees* de l'industrie du fer et de l'acier, [a] été effectué en fonction des intérêts de cette industrie »[43]. Parmi les douze *trustees*, quatre seulement sont des fonctionnaires ou des syndicalistes. Tous les autres émanent des milieux de la banque ou de la sidérurgie allemandes d'avant-guerre. Bonnet s'inquiète des liens que ces hommes ont eus avec le régime nazi. Comme les membres alliés de la commission des trustees sont par ailleurs connus pour leurs attaches avec la sidérurgie allemande, Bonnet craint que la politique anglo-américaine n'évolue guère dans un sens favorable aux thèses françaises[44].

Ces inquiétudes sont rapidement confortées. Au début de l'année 1949, Paris apprend que les Anglo-Américains envisagent de procéder à une « reconcentration » des industries de base de la Bizone. Au sortir de la guerre, les entreprises de la Ruhr avaient été déconcentrées *de facto*. L'administration militaire avait pratiqué des divisions sévères au sein des anciens *Konzerne*. Les liens entre les mines, la sidérurgie et les industries mécaniques avaient été rompus. « Dans la sidérurgie en particulier, les entreprises avaient été partagées entre des sociétés de gestion appelées "*severance companies*" »[45]. Dès 1947, ce processus est remis en cause par les Américains. Ils suspendent, pour l'industrie lourde, « la loi n° 56 du gouvernement militaire américain en date du 12 février 1947 concernant la décartellisation »[46]. À partir de 1949, l'administration anglo-américaine estime que la déconcentration de ces entreprises a été trop poussée. Aussi recommande-t-elle, « par la constitution d'"*Unit companies*", de revenir à une certaine forme de concentration, soit horizontale, soit surtout verticale »[47]. Cette politique inquiète d'autant plus les représentants français que la question de la propriété de ces entreprises n'est pas réglée.

---

42 *Ibid.*

43 Courrier de Bonnet à Schuman a/s de « certains aspects de la politique des États-Unis en Allemagne », 19 mars 1949, AMAE, Z Eur. 1944/60, All., t. 87.

44 Courrier de Bonnet à Schuman, 19 mars 1949, cité en note 43.

45 « Rapport de M. Pinton sur la Ruhr », (rapport fait au nom de la commission d'information qui s'est rendue en Allemagne du 25 avril au 4 mai 1949), cité en note 38.

46 Courrier de Bonnet à Schuman, 19 mars 1949, cité en note 43.

47 Rapport de M. Pinton, sans date (mai 1949), cité en note 45.

3. *Les Anglo-Américains en faveur du fédéralisme allemand*

À partir de l'automne 1948, les Français comprennent aussi que les Anglo-Américains soutiennent les projets des Allemands au sein du Conseil parlementaire et que la constitution de Bonn sera fédérale. Les projets qui semblent devoir être adoptés s'opposent aux vues françaises et ne correspondent pas toujours à l'esprit des accords de Londres[48].

Les Anglo-Américains soutiennent par exemple le projet des Allemands de constituer deux chambres : la chambre haute, élue pour l'essentiel à la proportionnelle ; la chambre basse, véritable Reichstag, élue au suffrage universel direct. Le mode de scrutin choisi pour le Reichstag devrait combiner le scrutin uninominal et la proportionnelle. Dans ce système, il paraît clair que des députés seront élus qui ne représenteront aucun Land mais des partis politiques à l'échelon fédéral. Il sera donc impossible aux Français d'empêcher la reconstitution de partis à l'échelon fédéral pour freiner la centralisation politique de l'Allemagne.

Dans le domaine financier, les Allemands favorisent également la constitution d'un pouvoir fédéral fort. Ainsi, « le projet de Bonn prévoit que les impôts seront perçus par les Autorités fédérales, celles-ci versant aux Länder, sous forme de subventions, le surplus de leurs revenus »[49]. À la direction d'Europe du Quai d'Orsay, on est conscient que ce système est à l'opposé de ce qui avait été promis à la France lors de la conférence de Londres : « il s'agissait d'éviter la centralisation de moyens financiers à l'échelon fédéral et d'éviter ainsi un affaiblissement des Länder et une augmentation rapide et irrésistible du pouvoir central »[50]. Pour la direction d'Europe, il est clair que la constitution de Bonn ne « laisse plus aucune illusion sur ce point »[51].

À la fin de 1948, les Français sont conscients qu'ils ne pourront pas s'opposer aux évolutions en cours. Comme les Alliés sont d'accord avec les projets allemands et opposés aux vues françaises, il ne sera pas possible d'opposer un veto au projet de constitution[52]. Ce dernier marque incontestablement le retour en force des Allemands dans le jeu des Alliés.

---

48 Note du 30 novembre 1948, citée en note 36.

49 *Ibid.*

50 *Ibid.*

51 *Ibid.*

52 *Ibid.*

II. Le retour de l'Allemagne dans le concert des nations

L'opposition entre les Quatre et la cassure Est-Ouest profitent indirectement aux Allemands de l'Ouest. Le plan Marshall renforce le rôle de leur économie ainsi que de la Ruhr dans la reconstruction de l'Europe. De leur côté, les recommandations de Londres, en juin 1948, qui prévoient la réunion d'une Assemblée constituante allemande, consacrent, à terme, la transformation de l'Allemagne occidentale en un véritable État. Conscients du rôle essentiel que leur pays est appelé à jouer en Europe occidentale sur les plans économique, politique et stratégique, les dirigeants allemands revendiquent une amélioration de la condition qui est faite à l'Allemagne occidentale. Aussi soumettent-ils aux Alliés une demande récurrente. L'Allemagne devrait obtenir la *Gleichberechtigung*, c'est-à-dire l'égalité des droits avec les pays d'Europe occidentale dont elle est appelée à devenir la partenaire. Dans le domaine économique, cette revendication s'applique particulièrement à la Ruhr ainsi qu'aux organismes alliés destinés à contrôler l'industrie allemande. Côté français, le relèvement économique de l'Allemagne fait rapidement craindre la renaissance de la concurrence allemande.

A. Les Allemands et la Gleichberechtigung

Les dirigeants ouest-allemands sont tout à fait disposés à participer à la reconstruction de l'Europe de l'Ouest. Une grande majorité de la population y est également favorable. L'intégration économique à l'Ouest européen est en effet censée accélérer le relèvement allemand. Elle devrait aussi faciliter le passage de l'Allemagne du statut de vaincu à celui de partenaire, puis d'allié des Occidentaux. Pour les hommes politiques allemands, les nouvelles responsabilités incombant à l'Allemagne occidentale impliquent que les Alliés la considèrent sur un pied d'égalité. L'intégration économique de l'Europe de l'Ouest passe à leurs yeux par la fin des discriminations auxquelles l'Allemagne est soumise.

De leur côté, les Français ne sont guère disposés à donner satisfaction aux demandes des Allemands. Ils leur reprochent d'utiliser leurs atouts – leur position géographique en Europe, le potentiel de leur économie – et le contexte de guerre froide pour forcer les Alliés à leur accorder rapidement l'égalité des droits. Nombreux sont les hommes politiques et les hauts fonctionnaires à mettre en doute l'engagement européen des Allemands. Pour certains, il est purement circonstanciel et intéressé. L'intégration économique à l'Ouest européen est uniquement défendue parce qu'elle permettra d'accélérer le relèvement allemand. Pour d'autres, l'Allemagne y voit non seulement sa seule planche de salut mais aussi les fondements de sa puissance future. Dans l'ensemble européen à construire, elle serait la puissance fédératrice. Paris redoute aussi que les Allemands instrumentalisent à leur profit la guerre froide pour devenir un enjeu entre les Trois. Aussi les revendications allemandes concernant la Ruhr, dont le statut futur est discuté par les Alliés de l'été 1948 au printemps 1949, sont-elles assez mal accueillies en France.

1. Les revendications allemandes sur la Ruhr

Les hommes politiques allemands ne sont pas systématiquement hostiles à la proposition française d'internationaliser la Ruhr. Mais ils considèrent, quel que soit leur parti, que cette internationalisation devrait concerner non seulement la Ruhr mais aussi les principaux bassins industriels européens. Kurt Schumacher, le leader du parti social-démocrate allemand, l'explique à Jean Laloy lors d'une entrevue secrète qui a lieu à Tübingen en février 1948[53]. À ses yeux, l'internationalisation de la Ruhr « n'aura de sens pour les Allemands, que si elle s'étend aux principales ressources européennes »[54]. À cette condition, explique Schumacher, les socialistes allemands soutiendront un tel programme. Cette position de principe est confirmée à l'occasion de la première rencontre organisée par les services du Quai d'Orsay entre des hommes politiques allemands de la Bizone et des parlementaires français[55]. Lorsque la discussion en vient à la Ruhr, les représentants allemands sont formels. Si le régime qui lui était imposé n'était pas étendu à d'autres bassins industriels européens, l'opinion allemande le rejetterait. Cette dernière est loin d'être prête « à accepter d'emblée un régime spécial pour la Ruhr ». Quant aux mineurs du bassin, ils « ne [veulent] à aucun prix être soumis à la direction anonyme du grand capitalisme étranger »[56]. Les déclarations des ministres-présidents allemands après la publication du communiqué de la conférence de Londres, en juin 1948, vont dans le même sens. Ils se déclarent « prêts à accepter l'internationalisation de la Ruhr si les autres bassins miniers occidentaux y étaient soumis »[57]. Au même moment, le congrès de Vienne des partis socialistes européens vote une « résolution visant à placer les "facteurs clés de la puissance économique d'Europe sous un contrôle international" »[58]. Cette mesure est par la suite préconisée sans relâche par Karl Arnold, le ministre-président du *Land* de Rhénanie-Westphalie[59].

---

53 « Entretiens entre le Dr. Schumacher et Mr. Laloy », 14 février 1948, AMAE, Z Eur. 1944/60, All., t. 82.

54 *Ibid.*

55 « Note a/s de la réunion franco-allemande à Mayence », 19 mars 1948, adressée par Tarbé de Saint-Hardouin à Koenig, 24 mars 1948, AOFAA, c. 29 d. POL II F.

56 *Ibid.*

57 Note du 30 novembre 1948, citée en note 36.

58 *Ibid.*

59 Courrier de H. Fourgeot, consul général de France à Dusseldorf, à Tarbé de Saint-Hardouin, a/s des « entrevues de parlementaires français avec le président Arnold », 10 août 1948, AOFAA, AEF 10/8.

Les Français, que ces revendications inquiètent, n'entendent pas donner satisfaction aux Allemands. L'accord des Trois sur l'Autorité internationale de la Ruhr, à la fin de l'année 1948, prévoit d'ailleurs un contrôle assez étendu des Alliés sur les industries du seul bassin allemand. Aussi cet accord provoque-t-il la colère et la déception des hommes politiques d'outre-Rhin[60]. Ces derniers dénoncent le caractère unilatéral de la future Autorité. Henseler, le maire socialiste de Dortmund, voit même dans la décision alliée un véritable *Diktat*, « un manque de confiance rendant impossible tout rapprochement ». À l'égalité des droits qu'il revendique pour l'Allemagne s'opposent, selon lui, « les droits des plus forts » que les Alliés continuent d'utiliser[61]. Devant la diète de l'État rhéno-westphalien, Karl Arnold fustige également l'accord allié sur l'Autorité de la Ruhr. À ses yeux, cette dernière, par son unilatéralisme, est tournée vers le passé[62]. En avril 1949, après qu'à Washington la création de l'Autorité internationale de la Ruhr est définitivement approuvée par les Trois, les réactions allemandes sont plus mesurées. Pour Karl Arnold,

> tout dépend[ra] de la manière dont le statut de la Ruhr sera appliqué. S'il l'est dans un esprit juste, il peut être le commencement d'un développement économique général, seule planche de salut pour l'Europe. S'il s'agissait d'une mesure punitive, d'une brimade, on devrait craindre pour l'avenir des développements funestes et ce serait briser la volonté de travail et de compréhension de la classe ouvrière de la Ruhr[63].

Pfeiffer, l'ancien maire de Düsseldorf, et Konrad Adenauer partagent ce point de vue[64].

À partir de la fin de l'année 1948 et du début de l'année 1949, la création d'un État d'Allemagne modifie profondément les perspectives. Les Allemands savent que le statut d'occupation projeté n'aura qu'un caractère provisoire et qu'à terme l'égalité des droits ne pourra être refusée au gouvernement allemand[65]. La presse allemande s'en fait d'ailleurs l'écho. La rétrocession de l'intégralité des responsabilités aux Allemands devrait intervenir en deux étapes. La première sera marquée par la constitution du gouvernement ouest-allemand ; dans une seconde

---

60 Sur l'Autorité internationale de la Ruhr, voir *infra* chapitre XII.

61 Courrier de Tarbé de Saint-Hardouin à Schuman a/s « des conférences de M. André Philip dans la Ruhr », 26 janvier 1948, AMAE, Z Eur. 1944/60, All., t. 82.

62 « Rapport général fait par Ernest Pezet », (rapport fait au nom de la commission d'information qui s'est rendue en Allemagne du 25 avril au 4 mai 1949 sur la demande de la commission des affaires étrangères du Conseil de la République), sans date (mai 1949), AMAE, Z Eur. 1544/60, All., t. 84.

63 Rapport de M. Pinton, mai 1949, cité en note 45.

64 *Ibid.*

65 Rapport général fait par Ernest Pezet, mai 1949, cité en note 62.

étape, qui interviendra lors de la signature du traité de paix, l'Allemagne recouvrera sa pleine souveraineté[66]. Aussi les dirigeants allemands acceptent-ils plus volontiers le contrôle allié sur la Ruhr que par le passé. Il est considéré comme une étape nécessaire mais transitoire de la construction européenne. En revanche, ils demandent à être informés des évolutions à venir. Ils veulent connaître le rôle qui sera dévolu à terme à l'Allemagne et à la Ruhr au sein de l'Europe occidentale[67]. Les Allemands n'en continuent pas moins de demander l'internationalisation des principaux bassins industriels européens. Karl Arnold le redit aux membres de la commission d'information du Sénat, emmenée par Ernest Pezet, venue rencontrer de très nombreuses personnalités allemandes en avril et mai 1949[68]. Les déclarations en ce sens sont nombreuses. À la fin de l'année, le docteur Baron von Lesner, ancien président de la délégation allemande à la conférence de la paix à Versailles, déclare par exemple que le « statut de la Ruhr ne doit être que le premier pas vers "l'européisation" ; d'autres bassins houillers (en Belgique, en France, en Grande-Bretagne et ailleurs) devraient suivre l'exemple donné par la Ruhr »[69].

2. *La participation de l'Allemagne aux organismes de contrôle alliés*

Dans le même temps, les Allemands voudraient être admis à participer aux différentes formes de contrôle qui s'exerceront sur l'Allemagne.

En août 1948, Karl Arnold avait déjà suggéré cette solution pour la Ruhr. À ses interlocuteurs français, les parlementaires Paul Devinat et Géraud Jouve, qui l'interrogeaient sur le contrôle de la Ruhr, il avait répondu être prêt à l'accepter « à condition qu'il s'ag[ît] d'un contrôle paritaire où chaque partenaire aurait des droits égaux »[70]. En novembre 1948, *Die Zeit*, hebdomadaire qui paraît à Hamburg, demande à ce que les Allemands participent avec les Alliés à l'élaboration du statut

---

66 « Trad. d'un article du *Kurier*, 4 mai 1949 » ; courrier de Maurice Ardiet, consul de France à Coblence, à Tarbé de Saint Hardouin a/s de « la politique allemande de Robert Schuman », 9 mai 1949, qui reprend l'essentiel d'un article de la *Trierische Volkszeitung*, AMAE, Z Eur. 1944/60, All., t. 84.

67 Rapport de M. Pinton, sans date (mai 1949), cité en note 45.

68 Rapport général fait par Ernest Pezet, sans date (mai 1949), cité en note 62. Les sénateurs français rencontrent une trentaine de personnalités allemandes parmi lesquelles on trouve des responsables des principaux partis politiques, des membres des gouvernements des Länder de la ZFO et de la Bizone, des membres du Conseil parlementaire de Bonn, des maires et l'évêque de Mayence.

69 Note sur « l'opinion d'un Français et d'un Allemand », 12 octobre 1949. L'analyse est fondée sur les déclarations de Baron von Lesner dans la *Rhein-Zeitung*, 11 octobre 1949, AOFAA, c. 29 d. POL II F.

70 Courrier de Fourgeot à Tarbé de Saint-Hardouin, 10 août 1948, cité en note 59.

d'occupation. Établi en dehors d'eux, ce statut « signifierait un recul fatal pour la cause de la paix et de la réconciliation des peuples dans une Europe unie »[71].

Les Allemands voudraient surtout pouvoir participer à l'Office militaire de sécurité, dont la création est décidée en décembre 1948. Leur objectif est double. Il s'agit d'abord de prouver leur bonne volonté sur les questions de sécurité. Il faut rassurer les Britanniques et les Français en leur montrant qu'ils prennent au sérieux leurs exigences concernant la démilitarisation de l'Allemagne[72]. Aussi le Conseil économique bizonal propose-t-il la création d'un bureau allemand qui aurait des compétences analogues à celles de l'Office militaire de sécurité et avec lequel il coopérerait étroitement. Sur la demande des Alliés, ce bureau leur fournirait les renseignements et des études sur le potentiel militaire de l'Allemagne[73]. Il assurerait aussi le contrôle étroit de certaines industries jugées dangereuses[74]. Le second objectif est moins avouable. La constitution du bureau devrait également servir les intérêts économiques allemands. Les compétences de l'Office militaire de sécurité n'étant pas uniquement militaires, ce dernier sera amené à statuer sur les limitations et les interdictions d'industries, dont le niveau n'a pas été défini par le plan bizonal d'août 1947 et qui relevaient, dans le premier plan pour le niveau de l'industrie de mars 1946, d'activités utiles à l'effort de guerre[75]. En participant aux discussions alliées de l'Office militaire de sécurité, le bureau allemand serait à même d'en influencer les décisions. Les dirigeants allemands considèrent au fond que la création d'un bureau allemand permettrait un échange de bons procédés. En contrepartie de la coopération qu'ils proposeraient aux Alliés pour les questions de sécurité et de contrôle, les Allemands obtiendraient la levée des interdictions et des limitations qui pèsent encore sur certaines productions[76].

Dès que la création de l'Office militaire de sécurité est annoncée, les autorités bizonales saisissent les généraux Clay et Robertson de leur

---

71 Courrier de Tarbé de Saint-Hardouin à Schuman, a/s du « retour à la politique d'Henry IV », 6 novembre 1948, AMAE, Z Eur. 1944/60, All., t. 83.

72 Courrier du bureau des ministres-présidents des zones d'occupation américaine, britannique et française à Gebhard Müller comprenant un mémorandum préparé par le Conseil économique bizonal sur l'Office militaire de sécurité et un projet de décisions, 4 février 1949, StA SIG, Wü 2, n° 28.

73 Courrier du 4 février 1949, cité en note précédente.

74 *Ibid.*

75 Courrier de Hermann Pünder, directeur du Conseil d'administration de la Bizone, aux généraux Clay et Robertson, 12 janvier 1949, BAK, B 120/397 ; courrier du Deutsches Büro für Friedensfragen à Gebhard Müller comprenant une note du Deutsches Büro für Friedensfragen sur l'Office militaire de sécurité, 29 janvier 1949, BAK, B 120/397.

76 Mémorandum du Conseil économique bizonal, 4 février 1949, cité en note 72.

projet[77]. Ils justifient la levée des interdictions et des limitations de production par l'impossibilité qui serait sans cela faite à l'Allemagne de participer pleinement à la reconstruction économique de l'Europe. Les démarches entreprises ne semblent cependant pas aboutir. Après la constitution de l'Office et devant les menaces que celui-ci continue de représenter pour certaines branches industrielles, Karl Arnold, après s'être mis d'accord avec ses collègues, propose aux généraux Clay et Robertson la constitution immédiate d'un bureau allemand régional, qui ne dépendrait que du Land de Rhénanie-Westphalie et qui serait remanié après la création de la République fédérale[78]. Les motivations des dirigeants allemands apparaissent donc profondément ambivalentes. La participation de l'Allemagne à l'Office militaire procède assurément d'une volonté de coopération avec les Alliés. Mais les Allemands comptent surtout sur sa création pour préserver le potentiel industriel de leur pays. La renaissance de ce dernier ne laisse d'ailleurs pas les Français indifférents.

B. La renaissance de la concurrence économique allemande[79]

À partir de 1948, les Français redoutent la renaissance de la puissance économique allemande. Dès l'été, il ne fait aucun doute pour les services français que l'Allemagne de l'Ouest redeviendra à terme un concurrent[80]. L'incapacité de son agriculture à nourrir une population estimée à 50 millions de personnes – dont la densité, très élevée, avoisine les 200 habitants au km² – l'obligera à exporter massivement pour équilibrer sa balance des paiements[81]. Dans ce domaine, l'Allemagne de l'Ouest dispose d'ailleurs d'atouts certains. Le pays, toujours très industrialisé, comprend les trois quarts du potentiel de l'ancien Reich[82]. Depuis le lancement du plan Marshall, les Anglo-Américains, nous l'avons vu, considèrent par ailleurs que la production allemande et ses exportations doivent concourir au relèvement de l'Europe. Enfin, la réforme monétaire, en juin 1948, a permis le développement considérable des exportations allemandes en même temps que la transformation

77 Projet de décisions, Conseil économique bizonal, 4 février 1949, cité en note 72.

78 Échange de courriers entre Karl Arnold, ministre-président du Land de Rhénanie-du-Nord – Westphalie, et Gebhard Müller, ministre-président du Land de Wurtemberg-Hohenzollern, 13 et 18 août 1948, LHAK 860/79 et BAK, B 120/397.

79 Lefèvre, S., *Les relations économiques franco-allemandes*, *op. cit.*, p. 202-205, dont les développements ci-dessous s'inspirent.

80 « Note », MAE, dir. Eur., s/dir. Eur. centr., 3 mai 1948, AMAE, Z Eur. 1944/60, All., t. 82 ; « note a/s du problème allemand », MAE, dir. Eur., s/dir. Eur. centr., 21 mai 1948, AMAE, Y 1944/49, t. 372.

81 « Note », MAE, dir. Eur., s/dir. Eur. centr., 14 juillet 1948, AMAE, Z Eur. 1944/60, All., t. 83.

82 Rapport de M. Brizard, sans date (mai 1949), cité en note 38.

de leur composition. Jusque-là limitées, pour l'essentiel, à des matières premières, elles comprennent, dès lors, surtout des biens de production et des produits finis[83].

Par conséquent, Robert Schuman, ministre des Affaires étrangères, demande pendant l'été 1948 aux hauts fonctionnaires de différents ministères et du commissariat général au Plan d'étudier les conséquences qu'aura, dans un cadre européen, le redressement économique de l'Allemagne sur l'économie française[84]. À l'issue des premières réunions, la situation ne semble pas alarmante. Aux yeux de Jean Monnet, les deux économies seront en effet complémentaires dans bien des domaines. L'Allemagne pourra livrer à la France du charbon, de l'outillage, du bois et des produits chimiques. Elle offrira à l'Hexagone des débouchés pour ses produits agricoles, ses matières premières (minerai de fer, matières sidérurgiques, phosphates, aluminium, etc.) et ses carburants raffinés[85]. Les hauts fonctionnaires n'en soulignent pas moins que, dans certaines branches industrielles – industries mécaniques et électriques, à l'exemple des automobiles, chimie, textile –, Français et Allemands risquent de se concurrencer. Mais cette rivalité ne s'exercera que sur des marchés extérieurs. Jean Monnet demande à Jean Valabrègue, du ministère de l'Industrie et du Commerce, de dresser la liste exhaustive de ces industries concurrentes[86]. Quoi qu'il en soit de ces rivalités futures, il ne semble pas, à l'été 1948, que le relèvement allemand soit de nature à entraver la modernisation et le rééquilibrage de l'économie française. Les chiffres comparés des exportations françaises et allemandes pour 1948 confortent cet optimisme relatif. Alors que les exportations allemandes plafonnent à un peu moins de 700 millions de dollars, les françaises dépassent les deux milliards de dollars[87]. Quant aux exportations allemandes de produits d'équipement, elles « ne sont encore que symboliques »[88]. Jean Monnet pense qu'il sera aussi possible d'orienter la production allemande dans le cadre du plan de reconstruc-

[83] Kipping, M., *La France et les origines de l'Union européenne 1944-1952. Intégration économique et compétitivité internationale*, Paris, Comité pour l'histoire économique et financière de la France, 2002, p. 91.

[84] Projet de lettre de Monnet pour Schuman, août 1948, comprenant le « compte rendu de la réunion sur les affaires allemandes tenue au commissariat au Plan le 20 août 1948 », AMAE, Z Eur. 1944/60, All., t. 87.

[85] Note sur les « perspectives économiques allemandes et relèvement de l'économie française », commissariat au Plan, 23 juin 1948, AMAE, Z Eur. 1944/60, All., t. 83. Cette note est le compte rendu d'une réunion à laquelle étaient présents des membres du commissariat au Plan – Jean Monnet, Étienne Hirsch, Jacques Van Helmont, Jean Vergeot – et des représentants du Quai d'Orsay – Hervé Alphand, Jacques Camille Paris et Jean Sauvagnargues.

[86] Compte rendu du 20 août 1948, cité en note 84.

[87] Milward, A.S., *The Reconstruction of Western Europe*, *op. cit.*, p. 354.

[88] Rapport de M. Brizard, sans date (mai 1949), cité en note 38.

tion économique à long terme, prévu par l'aide Marshall, de façon à ce que l'économie allemande ne constitue pas un danger pour la France[89]. Enfin, il ne semble pas encore totalement impossible, de l'avis de certains Français, que l'Allemagne puisse recouvrer ses marchés d'exportation en Europe centrale et orientale[90].

Ces espoirs sont déçus dès la fin de l'année 1948. La situation change alors radicalement. Les hauts fonctionnaires et les industriels français s'inquiètent vivement du renforcement de la concurrence allemande. Cette dernière est particulièrement perceptible dans la sidérurgie. Elle se manifeste doublement. En premier lieu, la production d'acier de la Ruhr rattrape celle de la France puis la dépasse. En 1948, la première, qui a augmenté de 40 % en un an, atteint 7 millions de tonnes tandis que la production française ne se monte qu'à 8 millions de tonnes, les prévisions du plan Monnet, qui tablaient sur 12 millions de tonnes, n'étant pas atteintes[91]. Au premier trimestre 1949, la production de la Bizone fait jeu égal avec celle de la France. À partir du troisième trimestre, elle la dépasse[92]. La concurrence allemande résulte en second lieu de ce que l'acier de la Ruhr est beaucoup moins cher que l'acier français. Alors qu'en Lorraine la tonne coûte 6 000 francs, son montant n'est que de 3 500 francs dans la Ruhr. Il en va de même pour le prix des laminés et des tôles, plus cher en France qu'en Bizone[93].

La compétitivité des prix allemands procède de toute une série de raisons. Les coûts de production sont d'abord moins élevés dans la Ruhr qu'en France. Le charbon et le coke sidérurgique y sont moins chers. Le coût de la main-d'œuvre, qu'il s'agisse des salaires ou des charges sociales, y est meilleur marché[94]. En mettant un terme à l'inflation et aux profits faciles, la réforme monétaire a ensuite encouragé les industriels à écouler leurs stocks. Faute d'acquéreurs en Allemagne, où la politique

89 Note du 23 juin 1948, citée en note 85.

90 En mai 1949, c'est encore l'avis de M. Brizard [rapport de M. Brizard, mai 1949, cité en note 38]. Dès le printemps 1948, la majorité des décideurs considèrent au contraire que la concurrence allemande sera d'autant plus forte que les marchés d'Europe centrale et orientale sont définitivement fermés à l'Allemagne. C'est notamment le cas d'André Philip, ancien ministre de l'Économie, et de certains fonctionnaires de la direction d'Europe : notes des 3 et 21 mai 1948, citées en note 80. La seconde comprend une interview d'André Philip.

91 « Note pour le président » (Robert Schuman) ; MAE, dir. éco., 8 octobre 1948, AMAE, Z Eur. 1944/60, All., t. 87.

92 Kipping, M., *La France et les origines de l'Union européenne*, *op. cit.*, tableau p. 119.

93 *Ibid.*, p. 98.

94 Étude de 90 pages, MAE, dir. Eur., sans date, AMAE, Z Eur. 1944/60, All., t. 87. D'après Bossuat, G., *La France, l'aide américaine et la construction européenne*, *op. cit.*, p. 657, note 3, l'étude est postérieure au 30 novembre 1948 ; rapport de M. Brizard, mai 1949, cité en note 38.

du crédit est devenue très restrictive, ils ont cherché des débouchés à l'étranger. Les mesures fiscales prises par les autorités britanniques pour relancer les exportations les y ont aussi encouragés[95]. À ces premières raisons, il faut ajouter que les ouvriers allemands acceptent de travailler énormément – jusqu'à 52 heures par semaine – sans augmentation de salaire et avec un niveau de vie comparativement plus bas qu'en France[96]. Les industriels allemands profitent enfin d'une sous-évaluation du mark, favorable à leurs exportations[97], et de certaines formes de dumping : les prix de revient de leurs produits ne tiennent pas compte de l'amortissement de leurs machines ou de leurs charges financières[98].

De leur côté, les industriels français sont désavantagés sur plusieurs points. Comme la France dépend pour près de la moitié de son approvisionnement en coke de l'Allemagne, les sidérurgistes sont contraints d'accepter le « double prix » du coke et du charbon à coke, c'est-à-dire le fait que les prix allemands à l'exportation sont 50 % plus élevés que les prix intérieurs (20 dollars la tonne contre 13). Le charbon français est également plus cher que le charbon allemand. Quant aux industries de transformation de l'acier, elles sont victimes de la politique française de dumping. La France vend en effet son acier moins cher sur les marchés étrangers que sur son propre territoire. Les industries mécaniques se trouvent ainsi concurrencées par des entreprises étrangères qui ont acheté de l'acier français. Il faut enfin ajouter que l'acier livré aux entrepreneurs français est de moins bonne qualité que l'acier allemand[99].

Tableau 13. Comparaison des prix de l'acier en Allemagne et en France en août 1949 (prix en francs par tonne)[100]

	Bizone	France	*Différence*
Laminés marchands (qualité Thomas)	17 150	20 730	*+ 21 %*
Laminés marchands (Siemens-Martin)	17 650	23 400	*+ 33 %*
Tôles fortes	19 600	28 230	*+ 44 %*
Tôles moyennes	22 150	29 810	*+ 35 %*
Tôles fines	*25 160*	*33 990*	*+ 35 %*

---

95 « Note a/s de la concurrence allemande sur les marchés d'exportation », MAE, service de coopération économique, 20 mai 1949, AMAE, Z Eur. 1944/60, All., t. 96.

96 Rapport de M. Brizard, mai 1949, cité en note 38.

97 Note du 20 mai 1949, citée en note 95.

98 Rapport de M. Pinton, mai 1949, cité en note 45.

99 Kipping, M., *La France et les origines de l'Union européenne*, *op. cit.*, p. 98, p. 101-102, p. 110-111.

100 *Ibid.*, p. 99.

Le prix très bas de l'acier de la Ruhr explique en grande partie la renaissance de la concurrence allemande. Dès le début de l'année 1949, les industriels français s'en émeuvent. Les inquiétudes sont d'autant plus vives que la baisse mondiale des prix du charbon accroît fortement cette concurrence ; celles du syndicat général des industries transformatrices des métaux et du syndicat national du laminage à froid du feuillard d'acier sont relayées par la revue *L'Usine Nouvelle*, qui souligne, dans son numéro de mars 1949, « la renaissance de la concurrence allemande », après avoir stigmatisé, en février, le dumping dont bénéficierait l'industrie d'outre-Rhin[101]. L'administration française prend également acte de cette intensification de la concurrence allemande. Le commissariat général aux affaires allemandes s'inquiète de ce que les Allemands, sous couvert d'activités commerciales, reconstitueraient de véritables réseaux de renseignements et de propagande à l'étranger, destinés à relancer leurs exportations[102]. En mai, le service de coopération économique du Quai d'Orsay relève que « les attachés commerciaux de nos postes diplomatiques signalent de nouveau la présence de produits allemands dans le pays de leur résidence et des marchés qui échappent à des firmes françaises pour aller à des intérêts allemands »[103]. En mai toujours, le général Koenig s'inquiète d'une proposition anglo-américaine qui, si elle aboutissait, permettrait la reprise de l'activité des exportateurs de charbon allemand qui concurrencerait directement l'ATIC et la CFNR[104]. À partir du second semestre 1949, la concurrence est enfin accrue du fait de la chute des barrières douanières. Les Anglo-Américains exercent en effet de fortes pressions pour obtenir la libéralisation des échanges, la fin des contingentements et la mobilité de la main-d'œuvre[105].

En 1948-1949, la concurrence allemande renaît donc incontestablement. Quoiqu'encore faible et semblant menacer plus directement la Grande-Bretagne que la France, elle n'en est pas moins inquiétante. En 1949, il paraît clair que l'Allemagne cherchera des débouchés à ses produits manufacturés en Europe occidentale. Les marchés de l'Europe centrale et orientale lui semblent fermés. Sur les marchés américains, elle se heurtera aux intérêts britanniques et américains solidement établis[106]. Plus globalement, la menace résulte aussi de ce que

---

101 *Ibid.*, p. 92. Les titres des articles de *L'Usine Nouvelle* sont cités aux notes 107 et 108 de l'ouvrage de Matthias Kipping.

102 Courrier du CGAAA à Koenig a/s des « voyages de prospection et des représentations commerciales allemands à l'étranger », 18 février 1949, AMAE, Z Eur. 1944/60, All., t. 96.

103 Note du 20 mai 1949, citée en note 95.

104 Tél. de Koenig à Alphand, 28 mai 1949, AMAE, Z Eur. 1944/60, All., t. 96.

105 Kipping, M., *La France et les origines de l'Union européenne*, *op. cit.*, p. 94-95.

106 *Ibid.*, p. 93-94 ; note du 20 mai 1949, citée en note 95.

> l'Allemagne occidentale donne (…) l'impression d'une force potentielle encore considérable et dont l'expansion s'orientera dans des directions où elle risque de devenir un danger pour la France. La puissance démographique, les qualités de la technique, l'ardeur au travail, le maintien d'un niveau de vie supportable mais modeste, l'existence enfin d'un équipement industriel presque intact et qui se rationalise en se réorganisant, tels sont les équipements qui expliquent ce rapide redressement[107].

III. L'enlisement de la question des réparations

En juillet 1948, de nouvelles listes de démontages sont publiées par l'Agence interalliée des réparations. La France approuve cette politique et compte sur des démontages rapides, surtout en ZFO. Les espoirs français sont vite déçus. L'annonce de cette nouvelle campagne de réparations provoque en effet une très vive réaction de la part des Allemands. Ils en critiquent la portée. Surtout, ils organisent une véritable riposte destinée à empêcher les démontages. L'opposition allemande n'est d'ailleurs pas isolée. Les Américains sont également hostiles à des réparations qui iraient à l'encontre du plan Marshall et ralentiraient la reconstruction économique de l'Ouest européen. Ces oppositions résultent en partie de la lenteur avec laquelle les réparations ont été mises en œuvre depuis l'été 1946.

A. La mise en œuvre des réparations : un processus lent et hésitant

En juillet 1948, la situation des réparations a beaucoup évolué depuis l'été 1946. À la phase de prélèvements unilatéraux menée en ZFO jusqu'en juin 1946 succède, durant l'hiver 1946-1947, une seconde étape destinée à accorder des réparations d'urgence aux nations récipiendaires. Parallèlement, en mars 1947, les Alliés établissent, à partir du plan pour le niveau de l'industrie du 27 mars 1946, la liste globale des usines destinées aux réparations. Ils prévoient le démontage de 1837 usines ou parties d'usines d'une valeur globale de 3 milliards de marks 1938. Mais ce plan pour les réparations est rapidement modifié. La révision du niveau de l'industrie en Bizone, adoptée par les Anglo-Américains en août 1947, conduit en effet à modifier le plan des réparations pour la Bizone, de façon à l'adapter aux augmentations de production prévues. Le 16 octobre 1947, les autorités d'occupation anglo-américaines publient donc une nouvelle liste des usines de la Bizone à verser aux réparations. Cette dernière ne comporte plus que 682 usines sur les 1 563 prévues initialement. Bien qu'ayant formulé de nombreuses réserves vis-à-vis du projet anglo-américain, les Français ali-

[107] Rapport de M. Brizard, mai 1949, cité en note 38.

gnent, dans une certaine mesure, leur politique des réparations sur celle de leurs Alliés occidentaux. Le 30 octobre 1947, ils publient à leur tour une nouvelle liste pour la ZFO qui ne comprend plus que 176 installations contre les 274 envisagées initialement[108].

Ces nouveaux plans de réparations ne sont pas immédiatement mis en œuvre. En ZFO la publication de la liste du 30 octobre 1947 provoque une émotion très vive au sein de la population allemande. Le gouvernement militaire français accepte d'examiner les demandes d'allègements formulées par les autorités des Länder[109]. Les tensions sur la scène internationale ne contribuent pas non plus à une exécution rapide des réparations. L'opposition entre Soviétiques et Occidentaux conduit ainsi à geler la part des réparations destinée à l'URSS[110]. Les discussions entre Français, Britanniques et Américains sur l'avenir de l'Allemagne occidentale constituent également un frein à des démontages rapides. À la fin du mois de février 1948, les Alliés occidentaux n'ont par conséquent envoyé aucune déclaration de disponibilité à l'Agence interalliée pour les réparations[111]. Au printemps 1948, l'inclusion de l'Allemagne occidentale dans le plan Marshall les conduit à examiner dans quelle mesure les deux plans de réparations iraient à l'encontre du plan Marshall. Une commission d'experts, spécialistes du programme de reconstruction européenne, est constituée. Elle rend ses conclusions sur un premier lot d'usines à l'issue de la conférence de Londres[112]. En juillet, 158 usines sont déclarées disponibles auprès de l'Agence interalliée pour les réparations de Bruxelles[113]. En ZFO, la liste des démontages est communiquée aux autorités allemandes le 1er août 1948[114].

Cette relance de la politique des réparations suscite un fort émoi en zone française. Elle survient à un moment où les Allemands pensent la

108 Castillon, R., *Les réparations allemandes*, *op. cit.*, p. 128-129 ; « circulaire n° 230 IP a/s des démontages d'usines allemandes au titre des réparations », MAE, service d'information et de presse, 25 août 1948, AOFAA, c. 30 d. XE 2-2.

109 Remarques de Guillaume Widmer, délégué supérieur pour le Wurtemberg, dans un courrier à Koenig a/s du « démontage d'usines déclarées disponibles », 23 juillet 1948, AOFAA, c. 152 d. ECO VII A 2 e. Widmer rappelle que les autorités allemandes avaient adressé aux autorités françaises, en automne 1947, un mémoire demandant l'allègement des réparations. Les autorités françaises l'ont refusé.

110 Note sur « les réparations et restitutions allemandes », ministère des Finances et des Affaires économiques, service des réparations et restitutions, 1er octobre 1948, AOFAA, AAA 549.

111 Courrier de Rueff, président d'IARA, aux représentants américains, britanniques et français de l'Assemblée de l'Agence, 3 septembre 1948, AOFAA, AEF 91/5.

112 Castillon, R., *Les réparations allemandes*, *op. cit.*, p. 131-135.

113 Courrier du 3 septembre 1948, cité en note 111.

114 Courrier de Leroy-Beaulieu, à de Varreux, directeur du cabinet du général Koenig, 17 juillet 1948, AOFAA, c. 152 d. ECO VII A 2 e.

question des démontages définitivement close. Lors d'un voyage en ZFO au début de l'année 1948, Pierre Schneiter avait déclaré à ses interlocuteurs que la politique d'occupation entrait dans une phase constructive. Depuis le printemps, Français et Allemands travaillent de concert pour élaborer et négocier les crédits Marshall destinés à la ZFO. En juin, la réforme monétaire donne à l'économie allemande des bases solides, indispensables à son relèvement. Aux yeux des Allemands, l'annonce de ces nouveaux démontages en ZFO semble par conséquent anachronique[115]. Elle brise la confiance que les dirigeants ont accordée à la personne de Robert Schuman pour mettre en place une coopération franco-allemande[116]. L'inquiétude est d'autant plus vive que la liste communiquée le 1er août ne comprend qu'une partie des usines inscrites sur celle du 30 octobre 1947 et que les autorités françaises précisent que d'autres listes sont à venir. Le sort de nombreuses usines reste donc incertain[117]. Par ailleurs, le démontage de certains établissements, qui n'apparaissaient pas sur la liste du 30 octobre 1947, est désormais prévu[118]. Mal préparée, l'annonce de ces nouveaux démontages provoque des réactions extrêmement vives en ZFO mais aussi en Bizone.

B. La résistance allemande aux réparations

Confrontés à l'annonce de ces nouveaux démontages, les dirigeants allemands de la ZFO et de la Bizone mettent tout en œuvre pour empêcher leur réalisation. Ils mènent simultanément deux types d'actions. Ils s'appliquent à montrer, dans le cadre de nombreuses études, que les enlèvements d'usines auront des conséquences délétères. Ils organisent ensuite, grâce à une mobilisation de toutes les forces vives des Länder, une véritable résistance.

1. Une critique sévère des démontages

Les gouvernements allemands des Länder de la ZFO et le Conseil économique bizonal réagissent rapidement à la publication des listes de démontages par les Alliés. De nombreuses études sont entreprises[119]. La

[115] Discours de Peter Altmeier lors de deux grandes manifestations organisées par l'Union démocrate-chrétienne à Neustadt an der Haardt et à Deux-Ponts le 31 août 1948, AOFAA, c. 153 d. ECO VII A 2 e.

[116] *Ibid.* ; discours d'Eberhard Wildermuth devant le Landtag du Wurtemberg, 6 août 1948, tansmis par d'Huart, consul de France à Stuttgart et Tübingen, à Tarbé de Saint-Hardouin, 5 octobre 1948, AOFAA, c. 30 d. XE 2-2.

[117] « Fiche pour le général Koenig », Marcel Coignard, 24 août 1948, AOFAA, c. 153 d. ECO VII A 2 e.

[118] Courrier de Widmer, délégué supérieur pour le Wurtemberg, à Koenig, a/s de la « première liste de démontages d'usines déclarées disponibles », 16 juillet 1948, AOFAA, c. 152 d. ECO VII A 2 e.

[119] Pour le Land du Bade : « Die Demontagen und ihre Folgen für das Land Baden », ministère de l'Économie et du Travail, 4 septembre 1948 ; seconde version du mé-

question fait aussi l'objet de discours et de débats[120]. Aux yeux des Allemands, les conséquences de ces démontages seront pénalisantes à un double titre.

Ils auront d'abord des conséquences dramatiques sur l'économie allemande et, partant, sur celle de l'Europe occidentale. D'après les Allemands, les démontages prévus empêcheront la production allemande d'atteindre les niveaux prévus par le plan révisé anglo-américain d'août 1947. La capacité de production sidérurgique de l'Allemagne de l'Ouest sera ainsi fortement compromise. La campagne de réparations provoquera aussi une baisse sensible de la production. Elle réduira en outre la compétitivité des entreprises. En effet, les prélèvements de machines désorganiseront les chaînes de production des usines et perturberont, à plus grande échelle, la production de secteurs industriels entiers. Les rendements des entreprises diminueront. Moins productives, elles ne seront plus concurrentielles sur les marchés internationaux, ce qui entraînera le recul des exportations allemandes. À court terme, l'économie sera dans l'incapacité, faute d'exportations suffisantes, de nourrir la population de l'Allemagne. Dans le même temps, les démontages provoqueront une augmentation du chômage qui grèvera les charges financières des États. La baisse de l'activité économique réduira en effet les recettes fiscales tandis que l'augmentation du nombre de chômeurs accroîtra les dépenses sociales. Bref, les démontages interdiront tout redressement de l'économie allemande. Ils empêcheront aussi que cette dernière participe activement à la reconstruction économique de l'Europe occidentale.

---

moire, 11 septembre 1948, StA FR, C 37/1, n° 206/2. Pour le Conseil économique bizonal : courrier du Conseil économique bizonal au ministère de l'Économie du Land de Rhénanie-Palatinat, 16 août 1948, LHAK 860/76 ; « Bericht über die Auswirkungen der vorgesehenen Demontagen und die Wirtschaftslage Deutschlands und seine Stellung im europäischen Wiederaufbau », 14 septembre 1948, LHAK, 860/77 ; « note concernant les démontages prévus et leurs répercussions sur la capacité de production en Allemagne », d'Hermann Pünder, président du Conseil d'administration de la Bizone, à Paul G. Hoffman, administrateur aux États-Unis de l'Economic Cooperation Administration, 8 octobre 1948, LHAK, 860/77 (cette note en français dans AOFAA, c. 153 d. ECO VII A 2 e). ; courrier du bureau des ministres-présidents des zones d'occupation américaine, britannique et française aux commandants en chef des trois zones occidentales, 31 août 1948, AOFAA, c. 30 d. XE 2-2 ; « Entwurf einer Petition an die Regierungen von Frankreich, der Vereinigten Staaten von Amerika und des vereinigten Königsreiches », Bureau des ministres-présidents des zones d'occupation américaine, britannique et française, sans date (sans doute octobre 1948), BAK Z 35/317 ; courrier d'Arnal à Tarbé de Saint-Hardouin a/s des « démontages », 22 septembre 1948, qui résume les arguments invoqués par les Allemands pour s'opposer aux démontages, AOFAA, c. 30 d. XE 2-2.

120 Discours du 6 août 1948, cité en note 116 ; discussions au Landtag du Wurtemberg-Hohenzollern lors de ses 34e, 36e et 43e sessions des 29 et 30 juillet et du 21 octobre 1948, StA SIG, Wü 1, n° 17.

Aux yeux des Allemands, les transferts de matériels dans les pays récipiendaires n'auront pas d'effet positif sur l'économie européenne. Les ensembles industriels et machines démontés, qui ne seront qu'imparfaitement adaptés aux besoins des pays européens, ne renforceront pas, de façon déterminante, leur potentiel économique. Ils ne compenseront même pas les amputations qu'aura subies l'économie allemande. *In fine*, selon les experts allemands, la politique des démontages ne permettra pas à l'économie européenne de se reconstruire dans les délais prévus par le plan Marshall. Pire, elle s'opposera au programme de reconstruction européenne qu'elle freinera considérablement.

De l'avis des Allemands, cette politique de démontages aura en outre des conséquences fâcheuses sur les plans psychologique et politique. Pour beaucoup d'observateurs, la campagne de démontages ne répond ni aux besoins de sécurité des Européens, ni à leur droit légitime à des réparations, mais à la volonté de briser la concurrence de l'Allemagne sur les marchés internationaux et de maintenir sa capacité de production à un niveau très bas. Le démantèlement massif de certaines branches industrielles, prévu par exemple pour l'horlogerie en ZFO, et la réduction de la capacité de production de l'Allemagne qui ne lui permettra pas d'assurer un niveau de vie correct à sa population corroborent ces craintes. La politique alliée risque donc de provoquer une profonde désillusion chez les Allemands. Comment pourraient-ils croire aux vertus du plan Marshall si sa mise en œuvre se traduit par des démontages qui plongent la population dans la misère et la détresse ? Comment les Allemands pourraient-ils adhérer aux principes démocratiques que les Alliés veulent leur inculquer quand ceux-ci pratiquent à leurs yeux une politique arbitraire et anachronique ?[121]

Inique, la politique des démontages doit donc être stoppée. Pour autant, les Allemands ne rejettent pas les aspirations des pays européens à la sécurité et leur droit aux réparations. Ils acceptent le démontage des industries de guerre et s'engagent, comme on l'a déjà vu, à participer, aux côtés des Alliés, au contrôle du désarmement de l'Allemagne. De leur point de vue, les réparations seront d'ailleurs plus utiles si les Alliés acceptent qu'aux démontages initialement prévus soient substituées des livraisons de machines neuves. Cette solution serait plus avantageuse à un double titre. Elle doterait les nations bénéficiaires de réparations d'un outillage parfaitement adapté à leurs besoins sans grever le potentiel industriel allemand. Le relèvement européen serait accéléré. Dans l'immédiat, les Allemands proposent de suspendre la campagne de démontage jusqu'à ce qu'ils aient défini en commun avec les Alliés les indus-

[121] Voir les documents cités dans les deux notes précédentes.

tries dont le maintien en Allemagne s'avère nécessaire à la réalisation du programme de reconstruction européenne[122].

2. Mobilisations, actions et pressions allemandes

Après l'annonce des démontages, les Allemands se mobilisent massivement. Dans chaque Land de la ZFO, certaines des firmes visées par les démantèlements demandent à leurs syndicats[123] et à leur gouvernement[124] d'intervenir pour empêcher les démontages prévus. Les chambres de commerce et d'industrie[125], les organisations représentatives de l'économie[126] et les syndicats[127] informent les autorités allemandes des conséquences des démontages et les pressent d'intervenir auprès des autorités d'occupation. Dans le Wurtemberg, la population et les partis politiques prient aussi les autorités ecclésiastiques « d'intervenir au nom de l'Église sur l'état de détresse dans lequel les démontages feront tomber certaines communes de la province »[128]. Monseigneur Sproll, évêque catholique du Wurtemberg, est sollicité par les représentants de la CDU, tandis que la population ouvrière d'Oberndorf envoie un mémoire à monseigneur Wurm, évêque protestant du Wurtemberg, « pour appeler son attention

---

122 Courrier du 16 août 1948, l'« Entwurf », sans date (sans doute octobre 1948), et note du 8 octobre 1948, cités en note 119.

123 Décisions prises par les conseils d'entreprises des firmes Knoll AG, Albert Wagner GmbH et Pollux GmbH, de Ludwigshafen, 15 septembre 1948, selon lesquelles ces entreprises demandent à l'Allgemeine Gewerkschaftsbund, au gouvernement provincial du Palatinat et au gouvernement du Land de Rhénanie-Palatinat de tout mettre en œuvre pour éviter le démontage de leurs firmes, LAS, V52/231.

124 Pour la Rhénanie-Palatinat : courriers de la firme Pollux GmbH aux services de la chancellerie de l'État rhéno-palatin, les 17 août et 13 septembre 1948, LHAK, 860/76 ; échange de lettres entre Peter Altmeier et la firme Pollux GmbH, 3 et 11 novembre 1948, LHAK, 860/77. Pour le Palatinat : compte rendu d'une réunion tenue chez le maire de Ludwigshafen à laquelle participent les autorités municipales, le syndicat AGB, les représentants des partis politiques ainsi que les directions et les conseils d'entreprises des firmes visées par les démontages, 18 septembre 1948, LAS, V52/98.

125 Courriers des CCI de Reutlingen et de Rottweil sur le Neckar au ministre-président Lorenz Bock, 24 et 26 juillet 1948, StA SIG, Wü 2, n° 1575 ; courrier de la CCI de Coblence au gouvernement de l'État rhéno-palatin, 3 août 1948, LHAK, 860/76 ; réactions aux démontages de la CCI de Reutlingen, adressées au gouvernement du Wurtemberg et retranscrites dans le « bulletin quotidien de la direction de la sûreté, n° 538, 27 août 1948, AOFAA, c. 153 d. ECO VII A 2 e.

126 Courrier du groupement de l'industrie du cercle de Balingen (Industrieverband des Kreises Balingen) au ministre-pésident Lorenz Bock, 24 juillet 1948 ; courrier de la Landesgemeinschaft der Industrie in Württemberg-Hohenzollern à Lorenz Bock, 25 juillet 1948, StA SIG, Wü 2, n° 1575.

127 Courrier de l'Allgemeiner Gewerkschaftsbund de Ludwigshafen à Peter Altmeier, 2 septembre 1948, LHAK, 860/76.

128 « Bulletin quotidien de la direction de la sûreté », n° 541, 30 juillet 1948, AOFAA, c. 153 d. ECO VII A 2 e.

sur la démolition des usines Mauser »[129]. Dans chacun des trois gouvernements allemands de la zone française, la question des démontages est suivie au jour le jour par des services spécialisés[130]. Elle fait l'objet de discussions régulières lors des conseils des ministres[131]. Elle est débattue devant les Landtage[132]. Les hommes politiques de tous bords l'évoquent dans des discours[133].

Pour se tenir informés de l'évolution de la situation et des décisions à prendre, les dirigeants allemands de chaque Land entrent également en contact avec leurs collègues. Si ces échanges d'informations ont évidemment lieu à l'intérieur de la ZFO[134], ils ne s'y limitent plus. La décision de créer un État d'Allemagne occidentale a abouti à institutionnaliser les échanges entre la Bizone et la ZFO. Aussi les dirigeants de cette dernière sont-ils en contact permanent avec leurs homologues de la Bizone et avec le Conseil économique bizonal[135]. Peter Altmeier, ministre-président de l'État rhéno-palatin, noue même des contacts avec Fritz Baade, professeur à l'*Institut für Weltwirtschaft* de l'université de Kiel[136], qui s'est spécialisé dans la lutte contre les démontages par l'intermédiaire de publications aux titres provocateurs[137].

Très rapidement, la mobilisation allemande aboutit à des actions concrètes. Les ministres-présidents de la ZFO saisissent par exemple les

---

129 *Ibid.*

130 Dans le Land de Rhénanie-Palatinat, ce sont les services « Wirtschaft A III » du ministère de l'Économie qui suivent la question. Cf. leurs notes et leurs courriers à Altmeier, LHAK, 860/76 et 860/77. Dans le Wurtemberg, il semble que ce soit l'Abteilung I C qui ait en charge ces questions. Cf. les notes de ce service dans StA SIG, Wü 2, n° 1575.

131 Pour le Land de Rhénanie-Palatinat : extraits hebdomadaires de la « Niederschrift über die Sitzung des Ministerrates » dans LHAK, 700,169/139 et 700,169/140. Pour le Wurtemberg : différents « Auszüge aus der Niederschrift über die Sitzung des Staatsministeriums » dans StA SIG, Wü 2, n° 1575 et 1577.

132 Discussions des 29 et 30 juillet et du 21 octobre 1948, citées en note 120.

133 Discours du 6 août 1948, cité en note 116 ; discours d'Eduard Lais, ministre de l'Économie du Land de Bade, devant le Landtag, 26 août 1948, StA FR, C 37/1, n° 208.

134 Courrier de Peter Altmeier, ministre-président du Land de Rhénanie-Palatinat, à Gebhard Müller et Leo Wohleb, ministres-présidents des Länder du Wurtemberg et du Bade, 1er septembre 1948, LHAK, 860/76 ; courrier de Müller à Altmeier, 21 septembre 1948, LHAK, 860/77 ; échange de courriers entre Müller et Wolheb, 2 novembre 1948, StA SIG, Wü 2, n° 1575.

135 Cette institutionnalisation découle de la création du bureau des ministres-présidents des zones d'occupation américaine, britannique et française.

136 Échange de lettres entre le professeur Fritz Baade et Peter Altmeier, 3 et 15 septembre 1948, LHAK, 860/76 et 860/77.

137 Mémoire sur les démontages publié pendant l'hiver 1947-1948 aux États-Unis sous le titre *Destruction at our Expense*, cité dans le courrier du 3 septembre 1948, cité en note 136.

autorités d'occupation de leur Land, soit pour exposer les conséquences générales que ne manqueront pas d'avoir les démontages sur l'économie de leur province ou sur certaines de ses branches industrielles, soit pour intercéder en faveur de certaines usines dont l'enlèvement est prévu[138]. Les ministres-présidents interviennent également auprès du général Koenig[139]. Les autorités d'occupation françaises sont aussi directement interpellées par des hommes d'Église ou par des universitaires. Le vicaire capitulaire de l'archevêché de Fribourg demande aux autorités d'occupation de faire cesser les démontages[140]. La faculté de sciences physiques, naturelles et de mathématiques et la faculté de médecine de l'université de Heidelberg interviennent de leur côté auprès du général Koenig pour obtenir l'arrêt du démantèlement de la Knoll AG de Ludwigshafen, entreprise pharmaceutique dont la collaboration avec l'université de Heidelberg a permis la mise au point de nombreux médicaments[141]. De leur côté, le Conseil économique bizonal et le bureau des ministres-présidents des zones d'occupation américaine, britannique et française saisissent directement les commandants en chef des trois zones occidentales[142].

Au-delà de ces interventions classiques, les Allemands exercent aussi des pressions plus directes sur les occupants pour empêcher les démontages. Aussitôt après avoir été informé que de nouvelles listes allaient être publiées, Viktor Renner, ministre de l'Intérieur du Wurtemberg, avertit les autorités françaises que son gouvernement, solidaire avec le point de vue du Landtag, des partis politiques et de l'opinion publique, ne prendra pas la responsabilité d'assurer le maintien de l'ordre dans le cas où la mise en œuvre des démontages déboucherait sur des troubles. Pour Renner, le déclenchement d'une grève générale n'est pas à ex-

---

138 Pour le Land de Rhénanie-Palatinat, les innombrables courriers entre Peter Altmeier et Claude Hettier de Boislambert dans LHAK, 860/76, 860/77, 860/78, 860/1009 et 860/1010. Pour le Land du Wurtemberg-Hohenzollern, courriers entre Lorenz Bock, puis Gebhard Müller, et Guillaume Widmer dans StA FR, Wü 2, n° 3, 4, 5, 6 et 8.

139 Tél. de la délégation générale de l'État rhéno-palatin au cabinet de Koenig, contenant un message de Altmeier, 18 septembre 1948, AOFAA, c. 30 d. XE 2-2 ; « Niederschrift über die Besprechung der drei Ministerpräsidenten des französischen Zone mit General Koenig », 10 novembre 1948, StA SIG, Wü 2, n° 9.

140 Échange de courriers entre le vicariat de l'archevêché de Fribourg et Koenig, 20 août et 14 septembre 1948, AMAE-Colmar, c. 153 d. ECO VII A 2 e.

141 Courrier des professeurs A. Seybold, doyen de la faculté des sciences physiques, naturelles et mathématiques de l'université de Heidelberg, et de J.H. Bauer, doyen de la faculté de médecine de l'université de Heidelberg, à Koenig, 23 septembre 1948, AOFAA, c. 153 d. ECO VII A 2 e.

142 Courrier du Conseil économique bizonal aux gouverneurs militaires des zones d'occupation américaine, britannique et française, 8 septembre 1948, LHAK, 860/76 ; courriers du Bureau des ministres-présidents des zones d'occupation américaine, britannique et française des 11, 13 septembre 1948, LHAK, 860/77.

clure[143]. Les syndicats en parlent ouvertement. Les gouvernements menacent aussi de démissionner tandis que les Landtage s'ajourneraient[144]. Dans le courant du mois d'août, les gouvernements du Bade et du Wurtemberg mettent effectivement leur menace à exécution[145]. À la fin août, les dirigeants de Rhénanie-Palatinat envisagent également la démission du gouvernement[146]. Entre-temps, une grève a été organisée en Wurtemberg en guise de protestation[147]. Gouvernements et syndicats s'emploient aussi à freiner concrètement les démantèlements. Ainsi, le gouvernement de l'État rhéno-palatin refuse d'accorder aux administrateurs-liquidateurs des firmes à démanteler les crédits destinés à payer les équipes de démontage. Les administrateurs-liquidateurs sont par conséquent obligés de licencier ces travailleurs sans avoir pu verser leurs salaires[148]. En Rhénanie du Nord-Westphalie, certains industriels « manifestent leur solidarité avec les entreprises menacées. La Eisen und Metall AG, de Gelsenkirchen, qui s'était chargée des démontages en zone anglaise et qui occupe 6 000 ouvriers à ces travaux, [dénonce] tous

143 « Note a/s de la démarche de M. Renner auprès de M. Pieri », sans date (24 juillet 1948), AOFAA, c. 153 d. ECO VII A 2 e.

144 Courrier de Pène à Koenig sur la « situation générale dans le pays de Bade à la suite de l'annonce des démontages », 7 août 1948, AOFAA, c. 153 d. ECO VII A 2 e.

145 Sur la démission du gouvernement du Wurtemberg-Hohenzollern, « Rücktritt wegen Demontagen », in *Frankfurter Neue Presse*, 7 août 1948 ; « Schluβ mit Demontagen ! Regierungsrücktritt und Generalstreik in Südwürttemberg », in *Der Abend*, Berlin, 7 août 1948 ; « Rücktritt gegen Demontage », in *Rhein-Neckar-Zeitung*, Heidelberg, 7 août 1948 ; « Regierung Württemberg-Hohenzollern tritt zurück », in *Schwäbische Donau Zeitung*, Ulm, 7 août 1948 ; « Regierungsrücktritt in Tübingen. Unter dem Eindruck der Demontagen und Entnahmen in Südwürttemberg », in *Der Kurier*, Berlin, secteur français, 7 août 1948 ; « Süd-württembergische Regierung zurückgetreten. Franzosen bestehen auf Demontage – Gewerkschaften rufen zum Proteststreik auf », in *Stuttgarter Zeitung*, 7 août 1948 ; « Demontagekrise in Tübingen. Regierungsrücktritt und Proteststreik », in *Badische Zeitung*, 10 août 1948 : tous ces articles de journaux dans StA SIG, Wü 2, n° 1585 ; circulaire n° 217 IP du MAE a/s « des démontages d'usines allemandes au titre des réparations », 11 août 1948, AOFAA, c. 152 d. ECO VII A 2 e. Sur la démission du gouvernement de Bade : « résolution de la Diète badoise », 26 août 1948 ; courrier de Koenig à CGAAA, 27 août 1948, AMAE-Colmar, c. 153 d. ECO VII A 2 e.

146 « Regierungsrücktritt auch in Koblenz erwogen als Protest gegen französische Demontagepolitik », in *Der Morgen*, 28 août 1948, BAK, Z 12/20.

147 « Proteststreik in Württemberg-Hohenzollern. Gewerkschaft gegen Demontage – Schwächung von Produktion und Kaufkraft », in *Schwäbische Donau Zeitung*, Ulm, 7 août 1948, « Proteste gegen neue Demontagen. Regierungsrücktritt Württemberg-Hohenzollern – Zwölfstündiger Streik », in *Weser Kurier*, Bremen, 7 août 1948 ; « Warum Südwürttemberg streikt. Wirtschaftsminister Wildermuth über die französische Besatzungspolitik », in *Stuttgarter Zeitung*, 9 août 1948, StA SIG, Wü 2, n° 1585.

148 « Fiche Koenig a/s des démontages dans l'État rhéno-palatin », Marcel Coignard, 30 septembre 1948, AOFAA, c. 153 d. ECO VII A 2 e.

les contrats qui ne concernent pas directement les industries de guerre »[149]. Les syndicats exercent aussi des pressions sur leurs adhérents pour qu'ils renoncent à tous les travaux de démontage. Aux « condamnés politiques » qui s'embauchent dans ces entreprises parce qu'ils ne peuvent espérer trouver d'autres emplois, les syndicats promettent même de nouveaux emplois s'ils abandonnent les travaux de démontage[150].

À ces actions concrètes menées contre l'avancement des démontages s'ajoute enfin toute une série de pressions exercées par les Allemands. Sans organiser une véritable campagne de presse contre les réparations, la presse allemande se fait l'écho des réparations et de leurs conséquences sur les économies allemande et européenne[151]. Elle pointe les intérêts peu avouables des puissances occupantes et dénonce leur volonté de réduire à néant la concurrence allemande, au prétexte d'assurer la sécurité et de distribuer de justes réparations aux pays occupés et pillés par l'Allemagne nazie[152]. Elle a par exemple beau jeu de dénoncer les démontages prévus dans l'industrie horlogère[153]. Si cette campagne touche un large public, en Allemagne et en Europe[154], le travail de lobbying que mènent les gouvernements allemands auprès du gouvernement américain a sans doute plus d'effets. Les responsables allemands se rendent très vite compte que des trois puissances occupantes, seuls les Américains ont la volonté de limiter les démontages au maximum[155]. Le Conseil économique bizonal agit sur deux fronts distincts. Dans un premier temps, il soumet aux Anglo-Américains un mémoire sur les conséquences des démontages prévus en ZFO. L'objectif est double. Il s'agit dune part de montrer que leur réalisation réduirait sensiblement la capacité de production de la Bizone au moment de la fusion entre les trois zones et empêcherait l'Allemagne de participer pleinement à la reconstruction européenne. Il s'agit d'autre part de diviser les Alliés et d'isoler les Français qui restent attachés à la mise en œuvre des répara-

149 Courrier d'Arnal à Tarbé de Saint Hardouin a/s des « démontages », 22 septembre 1948, AOFAA, c. 30 d. XE 2-2.

150 *Ibid.*

151 La place que la presse accorde dans ses colonnes à la question des démontages est confirmée par le nombre d'articles retrouvés – 112, concentrés pour l'essentiel en août et septembre 1948 – dans les archives publiques du Wurtemberg, à Sigmaringen, et au Bundesarchiv, à Coblence. Voir StA SIG, Wü 2, n° 1585, et BAK, Z 12/20 et 21.

152 « Konkurrenzmanöver um Uhren », in *Flensburger Tagblatt*, 12 août 1948, StA SIG, Wü 2, n° 1585.

153 « Kritische Lage auf dem Uhrenmarkt : Uhrenzentrum Schwarzwald von Demontage bedroht », in *Die Welt*, Hamburg, 29 juillet 1948, StA SIG, Wü 2, n° 1585.

154 Les journaux de l'ensemble de l'Allemagne de l'Ouest évoquent la question.

155 Voir *infra*.

tions[156]. Au même moment, la presse allemande de la Bizone dénonce vivement les démontages prévus par les Français en ZFO[157]. Dans un second temps, le Conseil économique bizonal adresse un mémoire à Paul G. Hoffman, administrateur de la *European Cooperation Administration* à Washington[158]. Le bureau des ministres-présidents des trois zones d'occupation occidentales prévoit aussi d'en envoyer un exemplaire à tous les membres du Congrès américain, accompagné d'une « *petition of rights* »[159]. Les arguments allemands sont censés convaincre les parlementaires. Il y est montré que le programme de démontages est incompatible avec le plan Marshall. Sa mise en œuvre interdirait le relèvement rapide de l'Europe et contraindrait par conséquent les États-Unis à prolonger leur soutien financier à l'Allemagne et à l'Europe occidentale. En d'autres termes, la politique des réparations serait à la charge des contribuables américains[160]. L'initiative allemande paraît devoir être efficace. Le Congrès américain considère en effet avec circonspection cette nouvelle phase de réparations.

C. Les Américains contre les démontages

À vrai dire, l'opposition américaine aux réparations n'est pas limitée au Congrès. Depuis la fin de l'année 1947, le gouvernement américain s'interroge sur la compatibilité entre les démontages et le plan Marshall. Jusqu'en février 1948, les responsables américains ne s'opposent pas vraiment aux réparations. Washington considère encore que les démontages contribueront « à la reconstruction des pays bénéficiaires. Le potentiel industriel laissé à la Bizone ne pourrait d'ailleurs être utilisé à plein qu'en 1952 en raison des difficultés de main-d'œuvre et d'appro-

---

156 Courrier de Pünder au généraux Clay et Robertson, 13 août 1948, comprenant un mémoire préparé par le Conseil d'administration de la Bizone pour les généraux Clay et Robertson a/s des démontages en zone française, (13 août 1948), LHAK, 860/76.

157 Par ordre chronologique : « Neue Demontagevorhaben im Zwielicht. Produktionsziele des Industrieplans in der französischen Zone schon jetzt unterschritten », in *Handelsblatt*, Düsseldorf, 30 juillet 1948 ; « Die neue Demontagewelle. Schwierigende Maβnahmen in der französischen Zone vorgesehen », in *Frankfurter Neue Presse*, 9 août 1948 ; « Die Not hinter dem Seidenen Vorhang. Die neue Demontage nach zwei Wellen von Maschinnenentnahmen mit ihren katastrophalen Folgen », in *Telegraf*, Berlin, secteur britannique, 12 août 1948 ; « Weitere Demontagen in der französischen Zone », in *Westdeutsche Rundschau*, Wuppertal, 12 août 1948 ; « Neue Demontage in der dritten Zone. Verschärfte Anordnung der französischen Militärregierung – Auswirkung in Württ.-Hohenzollern und Südbaden », in *Handelsblatt*, Düsseldorf, 17 août 1948, StA SIG, Wü 2, n° 1585.

158 Courrier du 8 octobre 1948, cité en note 122.

159 Courrier de Christian Stock, président du bureau des ministres-présidents des zones d'occupation américaine, britannique et française, à Altmeier, 13 septembre 1948, LHAK, 860/77.

160 Voir *supra*.

visionnement de matières premières »[161]. Les choses changent dès lors que les États-Unis prennent la décision de créer un État d'Allemagne occidentale. Le 4 février 1948, George Marshall demande aux autorités américaines d'occupation d'étudier dans quelle mesure « le maintien en Allemagne de certaines usines particulières ne contribuerait pas davantage à l'approvisionnement de l'Europe en produits rares » que leur démantèlement[162]. La loi d'aide à l'Europe, le *Foreign Assistance Act*, du 30 avril 1948, traduit bien le revirement américain. Elle contraint les gouvernements bénéficiaires de l'aide à accepter une révision de la liste des démontages dans la mesure où le maintien en Allemagne de l'équipement à enlever serait susceptible de contribuer plus efficacement au relèvement de l'économie européenne. Dès le printemps 1948, plusieurs commissions américaines d'enquête sont envoyées en Allemagne pour étudier l'impact des démontages sur la reconstruction européenne. À la fin de l'été 1948, l'administration américaine dispose de trois rapports. Tous concluent à la nécessité de réduire les démontages[163].

Au mois d'août, parallèlement aux troubles que provoque dans les trois zones occidentales la publication des nouvelles listes de démontages, le Congrès se saisit de la question. Il avertit Paul G. Hoffman, administrateur de l'ECA, que le renouvellement des crédits à l'Europe, qui doit intervenir au début de l'année 1949, ne sera pas voté si les prélèvements persistent et s'il s'avère que les usines démontées en Allemagne auraient pu être utilisées sur place à la restauration de l'économie européenne. Hoffman constitue alors avec l'aide de grands industriels et d'hommes d'affaires américains un comité – le comité Humphrey – composé d'une quarantaine d'ingénieurs chargés d'étudier les usines promises aux démontages. Les experts devront déterminer si ces établissements peuvent être utiles à la reconstruction européenne. Dans l'affirmative, ils examineront quelle solution – maintien en Allemagne ou transfert dans les pays alliés au titre des réparations – sera la mieux à même de faciliter le relèvement européen. Hoffman veut agir vite – en deux ou trois mois – et rendre son rapport avant que le nouveau Congrès soit élu. Pendant la durée des investigations du comité Humphrey, qui doivent porter sur les usines dont le transfert n'a pas encore été demandé (environ 400), les démontages en cours seront suspendus[164].

---

161 Déclaration du département d'État, janvier 1948, citée par Castillon, R., *Les réparations allemandes*, *op. cit.*, p. 132.

162 Richard Castillon, *Les réparations allemandes*, *op. cit.*, p. 132.

163 Il s'agit du rapport Kennan (printemps 1948), du rapport Wolf (mai-juin 1948) et du rapport Collison (juillet 1948). Voir le détail dans Castillon, R., *Les réparations allemandes*, *op. cit.*, p. 132-133.

164 Tél. de Bonnet à MAE, 26 août 1948, AOFAA, c. 30 d. XE 2-2.

Ces nouvelles provoquent de très vives réactions en France et en Grande-Bretagne. L'émotion est d'autant plus forte que la publication d'une seconde liste d'usines transférables, qui devait intervenir à l'automne, doit également être repoussée tant que le comité Humphrey n'aura pas rendu ses conclusions[165]. Dans cette affaire, Paris, bien décidé à faire valoir ses droits, peut compter sur l'appui de Londres. Les protestations des deux gouvernements européens sont immédiates. Armand Bérard, conseiller d'ambassade à Washington, expose devant le comité Humphrey les arguments français[166]. Paris partage les préoccupations américaines quant à la reconstruction européenne mais refuse que la France soit privée des justes réparations auxquelles elle a droit[167]. Ces dernières sont indispensables au redressement de l'économie française[168]. De l'avis du Quai d'Orsay, le maintien en Allemagne des usines devant être transférées serait de surcroît contre-productif. Surindustrialisée, l'Allemagne ne sera pas en mesure, dans les conditions économiques du moment, d'utiliser efficacement son potentiel avant au moins cinq ans. Contrairement à une idée reçue, l'Allemagne ne peut donc pas apporter de contribution réelle au relèvement européen. Dans ces conditions, les transferts de machines, loin de pénaliser l'Allemagne et de s'opposer à la reconstruction économique du vieux continent, constitueront un complément précieux aux aides versées par les États-Unis[169]. Considérant que les Français ne peuvent renoncer à des démontages auxquels les Américains ont donné leur plein accord, Robert Schuman refuse de surseoir à leur exécution. Un tel revirement aurait de graves répercussions sur la politique alliée vis-à-vis de l'Allemagne. Les Allemands seraient convaincus qu'il leur suffirait de mener « une campagne de presse savamment orchestrée (…) pour faire céder les puissances occidentales »[170]. Les Alliés en seraient fortement déconsidérés. Les Britanniques, qui partagent l'avis de Schuman, se prononcent également en faveur de la poursuite des réparations, « élément essentiel de la démilitarisation de l'Allemagne »[171]. Londres craint aussi que l'envoi

---

165 *Ibid.*

166 Tél. de Bonnet à MAE, 2 septembre 1948, AMAE, Y 1944/49, t. 368.

167 Tél. de Bonnet à MAE, 26 août 1948, cité en note 164.

168 « Circulaire n° 243 IP a/s de l'utilisation des équipements industriels allemands livrés au titre des réparations », MAE, service d'information et de presse, 6 septembre 1948, AMAE, Y 1944/49, t. 368.

169 « Circulaire n° 257 IP a/s de l'attitude américaine à l'égard du problème allemand », MAE, service d'information et de presse, 23 septembre 1948, AMAE, Y 1944/49, t. 368.

170 Tél. Schuman à l'ambassade de France à Washington a/s des « réparations allemandes », 12 septembre 1948, AMAE, Y 1944/49, t. 368.

171 Tél. de MAE aux ambassades de France à Londres et à Washington a/s des « réparations allemandes », 8 septembre 1948, AOFAA, c. 36 d. XE 7.

des experts américains en Allemagne, qui retardera les démontages pendant de longs mois, rende impossible leur reprise ultérieure[172].

Les Français et les Britanniques acceptent toutefois, au début du mois d'octobre, de surseoir à la mise en œuvre des démontages jusqu'au 15 décembre 1948. En échange de cette concession, Robert Schuman, qui cherche à concilier les buts de la reconstruction économique européenne avec les principes de la politique française en matière de réparations, demande que des questionnaires soient adressés aux commandants en chef avant le début de la mission américaine et que les membres du comité Humphrey s'entretiennent à Paris et à Londres avec les autorités françaises et britanniques avant de se rendre en Allemagne. Paris insiste aussi pour que la nouvelle tranche destinée aux réparations soit débloquée avant que ne commence l'enquête des Américains. La continuité de la politique alliée sera ainsi soulignée. Il faudra enfin informer « l'opinion publique de la nature et des limites de la mission du comité Humphrey ». Il est en effet impératif d'éviter que les travaux des experts américains donnent lieu à des interprétations erronées[173].

Quoi qu'il en soit de ces concessions réciproques, les premières conclusions de l'enquête menée par les experts américains sont connues au début du mois de décembre. Pour les Français, les recommandations que propose le comité Humphrey sont tout simplement inacceptables. Dans l'aide-mémoire que remet Hervé Alphand à Lewis Douglas, ambassadeur des États-Unis en Grande-Bretagne, la France déplore que le comité ait envisagé les réparations sous un angle strictement économique en négligeant toutes les considérations politiques et de sécurité qui justifient au premier chef les démantèlements. Paris s'inquiète aussi de l'ampleur des concessions qui paraissent devoir être faites à l'industrie allemande : il est ainsi prévu que soient maintenus en Allemagne 119 des 124 établissements relevant des industries mécaniques, 55 des 72 usines chimiques, 10 entreprises de métaux non ferreux sur 11[174]. La publication du rapport du comité Humphrey, le 12 janvier 1949, confirme les craintes françaises. Sur les 300 usines examinées[175], il préco-

---

172 Tél. de Massigli à MAE, 7 septembre 1948, AOFAA, c. 30 d. XE 2-2.

173 Tél. du MAE, François de Panafieu, aux ambassades de France à Londres et à Washington, 7 octobre 1948, AMAE, Y 1944/49, t. 368 ; « communication de M. Schuman en date du 5 octobre adressée à Monsieur le secrétaire d'État du gouvernement des États-Unis d'Amérique », AOFAA, c. 153 d. ECO VII A 2 e ; note pour le président [Robert Schuman] », MAE, dir. éco., Hervé Alphand, 1er octobre 1948, AMAE, Y 1944/49, t. 368.

174 Tél. du MAE aux ambassades de France à Londres et à Washington ainsi qu'aux services français en Allemagne, 7 décembre 1948, et déclarations d'Alphand à Londres, 6 décembre 1948, AMAE, Y 1944/49, t. 373.

175 « Extrait du rapport du comité du Congrès sur l'activité de l'ECA : réparations allemandes », traduction de l'ambassade de France aux États-Unis, sans date, (fin janvier 1949), AMAE, Y 1944/49, t. 373.

nise le maintien en Allemagne de 167 unités[176]. À ces premières désillusions s'ajoutent les décisions qu'un comité du Congrès américain, chargé de surveiller l'activité de l'ECA, semble en passe de prendre en janvier 1949. Non seulement celui-ci approuve les premières conclusions des experts américains sur les réparations, mais encore préconise-t-il que désormais les usines allemandes ne soient démontées seulement lorsque les pays récipiendaires réussiront à démontrer que ces établissements « contribueraient à la restauration européenne dans de meilleures conditions, hors d'Allemagne, que si elles étaient laissées sur place »[177]. En d'autres termes, ce serait désormais aux Européens d'assumer « le fardeau de la preuve »[178]. Henri Bonnet craint que ce retour des réparations sur le devant de la scène américaine au moment où le Congrès s'apprête à voter les crédits du plan Marshall pour 1949 n'ait des conséquences fâcheuses pour les intérêts français[179].

En janvier 1949, Paris comprend que sa politique des réparations n'est plus tenable. Le gouvernement entend bien monnayer les concessions qu'il s'apprête à faire sur les réparations contre certaines assurances en ce qui concerne les industries interdites et limitées[180].

*

* *

Entre le printemps 1948 et le début de l'année 1949, les milieux gouvernementaux français mesurent combien l'influence française en Allemagne s'est réduite. Conscients que, dans le nouveau contexte de guerre froide, Paris sera tôt ou tard contraint de s'aligner sur leurs positions, Washington et Londres poursuivent leur politique. Quant aux dirigeants allemands, ils recherchent l'appui des autorités anglo-américaines qui leur sont plus favorables que les décideurs français. Il en va de même pour les gouvernements allemands de la ZFO qui se tournent plus volontiers vers Francfort que vers Baden-Baden ou Paris. En l'espace de quelque mois, il est clair que les objectifs initiaux poursuivis par Paris ne pourront plus être atteints. L'adoption d'une nouvelle politique s'impose.

---

176 Lefèvre, S., *Les relations économiques franco-allemandes*, *op. cit.*, p. 151.

177 Courrier de Bonnet à Schuman a/s des « réparations allemandes », 21 février 1949, AMAE, Y 1944/49, t. 373.

178 « Extrait du rapport du comité du Congrès, sans date, (fin janvier 1949), cité en note 175.

179 Courrier de Bonnet à Schuman a/s du « rapport du comité mixte du Congrès sur l'ECA : incidences du programme des réparations et des démantèlements », 28 janvier 1949, AMAE, Y 1944/49, t. 373.

180 Lefèvre, S., *Les relations économiques franco-allemandes*, *op. cit.*, p. 151.

CHAPITRE XII

Sous le double signe de la coopération et du contrôle[1]

Dès le printemps 1948, les responsables français commencent à tirer les conséquences de l'échec prévisible de leur politique vis-à-vis de l'Allemagne et de l'évolution de la situation internationale. Il est désormais impératif de proposer une autre politique allemande, fondée non plus sur des réflexes défensifs mais sur des propositions constructives. Faute d'innovations importantes, la France risque en effet de voir l'Allemagne de l'Ouest se construire sans elle, voire contre elle. Aussi, malgré les craintes persistantes qu'ils éprouvent à l'égard d'une Allemagne dont le relèvement rapide inquiète, les Français adoptent-ils progressivement, à partir du début de l'année 1948, une nouvelle politique allemande. Cette dernière a deux objectifs. Elle vise à resserrer les liens entre la France et l'Allemagne tout en intégrant cette dernière à l'Union occidentale en cours d'élaboration, ce qui permettra de la contrôler. La nouvelle orientation de la politique française suppose que Paris fasse des compromis avec ses Alliés occidentaux sur certaines questions allemandes restées en suspens, qu'il s'agisse de la fusion des trois zones d'occupation, de l'harmonisation de la politique économique en Allemagne occidentale ou de la définition du rôle des organismes de contrôle. La nouvelle politique de Paris passe aussi par une normalisation des relations économiques entre la France l'Allemagne. Malgré les progrès accomplis, la création de la République fédérale d'Allemagne continue de susciter bien des craintes.

---

1 La trame de ce chapitre doit beaucoup aux travaux de Raymond Poidevin. Dans les notes, les références aux sources d'archives ont été privilégiées. Sur la plupart des points, notre travail parvient aux mêmes conclusions que Poidevin, R., *Robert Schuman homme d'État, op. cit.*, p. 191-243 ; du même auteur, « Robert Schumans Deutschland- und Europapolitik zwischen Tradition und Neuorientierung », in *Schriften der Philosophischen Fachbereiche der Universität Augsburg*, n° 3, 1976, p. 5-21 ; « La nouvelle politique allemande de la France (juin 1948-avril 1949) », in *Enjeux et puissances. Pour une histoire des relations internationales au XX*e *siècle. Mélanges en l'honneur de Jean-Baptiste Duroselle*, Publications de la Sorbonne, Paris, 1986, p. 203-216 ; « Le facteur Europe dans la politique allemande de Robert Schuman (été 1948-printemps 1949) », in Poidevin, R. (dir.), *Histoire des débuts de la construction européenne, mars 1948-mai 1950*, Bruxelles/Bruylant, Milano/Giuffrè, Paris/LGDJ, Baden-Baden/Nomos Verlag, 1986, p. 311-326.

I. La nécessité d'une nouvelle politique[2]

Avant même que les accords de Londres soient signés, la direction d'Europe au Quai d'Orsay multiplie les notes qui soulignent la nécessité de concevoir une nouvelle politique allemande. Tout au long de l'année 1948, elle en fixe les grandes lignes. Elle propose aussi l'adoption d'un certain nombre de moyens d'action nécessaires à sa mise en œuvre.

A. Un constat d'échec

À partir de mai 1948, alors que les représentants français participent à la seconde session de la conférence de Londres, la direction d'Europe et la sous-direction d'Europe centrale du Quai d'Orsay mènent une réflexion intensive sur la politique allemande de la France. Toutes leurs études montrent que la politique suivie depuis la fin de la guerre est vouée à un échec certain[3].

L'impasse vient d'abord de ce que la France ne tient pas suffisamment compte des réalités économiques allemandes. Les propositions françaises de limitation et d'interdiction de productions ne sont pas adaptées à la situation. La structure économique de l'Allemagne occidentale continue en effet d'être fortement déséquilibrée. Son agriculture, privée des espaces agricoles de la zone soviétique, ne peut suffire à nourrir une population qui s'est accrue. Pour assurer un niveau de vie correct à ses habitants, l'Allemagne est par conséquent dans l'obligation d'exporter des produits industriels[4]. Continuer de préconiser une sorte de malthusianisme économique, comme le fait la France depuis la fin de la guerre, ne pourrait être que contre-productif[5]. De telles mesures

---

2 Nous empruntons ce titre à Lefèvre, S., *Les relations économiques franco-allemandes*, *op. cit.*, p. 139.

3 « Note », MAE, dir. Eur., s/dir. Eur. centr., 3 mai 1948, « note a/s de la politique allemande de la France », MAE, dir. Eur., s/dir. Eur. centr., Roger Fabre, 8 mai 1948, « note », MAE, dir. Eur., s/dir. Eur. centr., 19 mai 1948, AMAE-Paris, Z Eur. 1944/60, All., t. 82 ; « note a/s du problème allemand », MAE, dir. Eur., s/dir. Eur. centr., 21 mai 1948, AMAE, Y 1944/49, t. 372 ; « note », MAE, dir. Eur., 14 juillet 1948, note sur les « perspectives d'une politique française à l'égard de l'Allemagne », MAE, dir. Eur., 30 novembre 1948, AMAE, Z Eur. 1944/60, All., t. 83 ; « note pour le président [Robert Schuman] », MAE, dir. éco., 8 octobre 1948, AMAE, Z Eur. 1944/60, All., t. 87 ; « note a/s de notre politique allemande en 1948-1949 », MAE, dir. Eur., Pierre de Leusse, 23 avril 1949, AMAE, Z Eur. 1944/60, All., t. 84.

4 Outre le point de vue des Allemands, donné dans le chapitre XI, « note », sans auteur (sans doute de la direction d'Europe), 14 juillet 1948, AMAE-Paris, Z Eur. 1944-1960, All., t. 83.

5 Les expressions « malthusianisme » et « malthusien » apparaissent à plusieurs reprises dans les notes de la direction d'Europe : note du 3 mai 1948, et note sur les « perspectives d'une politique française à l'égard de l'Allemagne », 30 novembre 1948, citées en note 3.

s'opposeront immanquablement à la stabilisation économique européenne. Pour les hauts fonctionnaires français, il est en effet évident que l'Europe ne sera pas prospère si l'Allemagne est tenue à l'écart de son relèvement[6]. En outre, cette politique malthusienne ne manquerait pas de provoquer l'hostilité des Allemands ; la sécurité, à laquelle les Français sont tant attachés, dépendrait alors uniquement de la durée de l'occupation ; autant dire qu'elle n'aurait qu'un caractère temporaire et, partant, illusoire[7].

Les responsables de la direction d'Europe sont convaincus que, dans le nouveau cadre tripartite issu de la rupture avec les Soviétiques, la France doit tenir davantage compte de la politique des Anglo-Américains. Ils observent en effet que depuis le durcissement de l'opposition entre Soviétiques et Américains, ces derniers ne sont plus prêts à transiger sur leur politique allemande. Quelles que soient les oppositions françaises, ils poursuivront la reconstruction politique et économique de l'Allemagne occidentale d'autant plus rapidement qu'elle sert la défense de l'Occident contre l'Union soviétique[8]. Dans ce contexte de tensions, la marge de manœuvre des Français se réduit sensiblement. À partir de l'automne 1948, il est clair que la reconstruction de l'Allemagne par les Anglo-Américains ne se fera plus sur la base des accords de Londres qui, pour les Français, représentaient pourtant déjà des concessions considérables à leur politique initiale[9]. De l'avis des hauts fonctionnaires, seules deux politiques permettraient à la France de s'opposer à la constitution d'une Allemagne occidentale qui ne correspondrait pas à ses vœux. Mais l'une et l'autre seraient vouées à un échec certain. La première supposerait que la France se cloisonne « étroitement dans l'occupation de [sa] zone »[10]. La direction d'Europe qualifie cette solution d'intenable : « l'équipement de notre armée vient des États-Unis et notre économie est liée au plan Marshall, plan qui s'appuie sur l'intégration économique de l'Allemagne occidentale et sur un "partage de prospérité" »[11]. Quant à l'autre solution, le retrait français de l'Allemagne, elle « serait une véritable abdication aux yeux du monde » et ne garantirait nullement la sécurité française face à l'Allemagne occidentale qui « se ferait sans nous et contre nous »[12].

---

6 Notes du 3 mai et du 14 juillet 1948, citées en note 3.

7 Note 3 mai 1948, citée en note 3.

8 Notes du 8 et 19 mai 1948 et du 30 novembre 1948, citées en note 3.

9 Notes du 8 octobre et 30 novembre 1948, et note du 23 avril 1949, citées en note 3.

10 Note du 30 novembre 1948, citée en note 3.

11 *Ibid.*

12 *Ibid.*

L'impuissance de la France, rappelée dans de nombreuses notes, justifierait d'ailleurs à elle seule l'évolution de la politique française[13]. Après la conférence de Londres, la France n'est plus du tout en mesure d'empêcher le relèvement allemand. En octobre 1948, le Quai d'Orsay constate les reculs français. Dans le domaine économique, les positions françaises – qu'il s'agisse de la destruction du potentiel de guerre allemand, du contrôle général de l'industrie d'outre-Rhin, des réparations, des contrôles à instaurer dans la Ruhr ou de la place de l'économie allemande au sein de l'économie européenne – sont, on l'a vu, fortement menacées par la politique des Anglo-Américains[14]. À la fin octobre, Robert Schuman enjoint au général Koenig de défendre l'ensemble des propositions françaises[15], mais il est clair que la politique de la France ne pourra plus se fonder sur ces seules mesures coercitives et défensives. Au Quai d'Orsay, chacun est conscient que la conférence de Londres a modifié en profondeur les rapports de force entre les trois puissances occupantes et l'Allemagne occidentale. Appelée à devenir un État, l'Allemagne de l'Ouest fait aussi partie des pays bénéficiant du plan Marshall et participe pleinement, à ce titre, au relèvement économique de l'Europe[16]. En d'autres termes, l'Allemagne de l'Ouest, vaincue en 1945, est en train de devenir un partenaire des pays d'Europe occidentale[17]. La guerre froide et la menace soviétique accélèrent cette évolution. Quoi qu'en pensent les Français, l'Allemagne est désormais un enjeu entre les vainqueurs[18]. Dans ce contexte, la France se doit de proposer une nouvelle politique aux Allemands, faute de quoi ces derniers s'en remettront exclusivement, pour leur reconstruction, aux puissances anglo-américaines[19].

B. *L'intégration de l'Allemagne occidentale dans un cadre européen*

Si, dès le début de l'année 1948, des parlementaires français évoquent, lors d'une rencontre avec leurs homologues allemands, la possibi-

[13] *Ibid.* Notes des 3 et 8, 19 et 21 mai et du 14 juillet 1948, citées en note 3.

[14] Note du 8 octobre 1948, citée en note 3.

[15] Courrier du MAE à Koenig a/s de « la politique française en Allemagne », sans date, AOFAA, AAA 6/3.

[16] Note du 30 novembre 1948, citée en note 3.

[17] « Rapport de M. Brizard sur le problème économique allemand (la Ruhr exceptée) », (rapport fait au nom de la commission d'information qui s'est rendue en Allemagne du 25 avril au 4 mai 1949 sur la demande de la commission des affaires étrangères du Conseil de la République), sans date (mai 1949), AMAE, Z Eur. 1944/60, All., t. 84.

[18] Courrier du MAE à Koenig, sans date, cité en note 15.

[19] Notes des 8 et 19 mai 1948, cités en note 3.

lité d'une coopération franco-allemande dans un cadre européen[20], la nouvelle politique française semble avoir été pensée, pour l'essentiel, par la direction d'Europe et la sous-direction d'Europe centrale du Quai d'Orsay[21]. Mentionnée à plusieurs reprises dès le mois de mai 1948, cette politique paraît être définitivement conceptualisée en novembre, quelques mois après que Robert Schuman a été nommé ministre des Affaires étrangères[22]. L'objectif est double. Il s'agit, d'une part, de favoriser un rapprochement politique et économique franco-allemand et, d'autre part, de l'intégrer à un cadre européen. En d'autres termes, les Français projettent « de poser les bases d'une association économique et politique franco-allemande qui viendrait s'intégrer dans le cadre de l'organisation occidentale en lente gestation »[23]. La France se propose ainsi « d'assouplir les conceptions actuelles de sa sécurité qui trouverait, dans l'étroite interdépendance et la solidarité économique qu'impliquent les principes maintenant admis d'une collaboration européenne, des garanties plus sûres et plus durables que les solutions de coercition discriminatoires actuellement envisagées »[24]. À une politique défensive de restrictions succède ainsi progressivement, tout au long de l'année 1948, une politique d'union et d'association. L'ensemble européen permettrait aussi d'encadrer habilement le relèvement allemand. Mieux vaut en effet, selon le Quai d'Orsay, « une Allemagne renaissante, mais encadrée dans une coalition homogène (...) qu'une Allemagne (...) ligotée dans des servitudes de sécurité économiquement injustifiables ». La seconde serait « tôt ou tard la proie d'un nouveau nazisme »[25].

En 1948, les conditions favorables à cette nouvelle politique semblent réunies. Aux yeux des hauts fonctionnaires, le vieil antagonisme

---

20 Lors d'une entrevue avec des responsables allemands de la Bizone en mars 1948 (voir *infra*), les parlementaires Géraud Jouve et Paul Devinat considèrent que le différend franco-allemand sera résolu dans le cadre d'une politique d'intégration dans une Europe occidentale unie : « note a/s de la réunion franco-allemande à Mayence », 19 mars 1948, adressée par Tarbé de Saint-Hardouin à Koenig, 24 mars 1948, AOFAA, c. 29 d. POL II F.

21 Cf. les différentes notes de la direction d'Europe citées en note 3.

22 La note sur les « perspectives d'une politique française à l'égard de l'Allemagne » du 30 novembre 1948, citée en note 3, reprend des idées déjà présentes dans différentes notes du mois de mai 1948.

23 Note du 14 juillet 1948, citée en note 3. La citation est reprise presque mot pour mot dans la note sur les « perspectives d'une politique française à l'égard de l'Allemagne » du 30 novembre 1948, citée en note 3 : « il ne reste qu'une solution : abandonner complètement et sans arrière-pensée notre politique de malthusianisme à l'égard de l'Allemagne occidentale et nous placer sur un terrain d'association économique et politique avec cette Allemagne à l'intérieur de l'Union occidentale en cours d'élaboration ».

24 Note du 21 mai 1948, citée en note 3.

25 Note du 8 mai 1948, citée en note 3.

franco-allemand paraît dépassé et semble avoir définitivement perdu son caractère bilatéral. Dans le nouveau contexte international, un conflit limité aux deux pays n'est plus envisageable. Dans l'éventualité d'une nouvelle guerre, il semble au contraire que l'Allemagne occidentale et la France seraient dans le même camp[26]. Désormais, la communauté de destin franco-allemand prévaut sur leur antagonisme séculaire[27]. Les Allemands sont d'ailleurs très favorables à l'intégration de leur pays dans un ensemble européen. D'après un sondage effectué par le gouvernement militaire, 77 % de la population allemande seraient ainsi en faveur de la création des États-Unis d'Europe[28]. Cet engagement pro-européen des Allemands n'est évidemment pas dénué d'arrière-pensées. Il est en effet synonyme d'une reconstruction accélérée de l'Allemagne[29]. C'est pourquoi, contrairement à ce que croient beaucoup de responsables français, l'engagement européen prime, aux yeux des Allemands, sur l'unité de leur pays. De surcroît, il constitue à leurs yeux une garantie contre l'expansion soviétique et contre la réalisation de l'unité sous tutelle soviétique que la plupart des Allemands rejettent[30]. Pour autant, l'engagement en faveur de l'Europe est loin d'être uniquement opportuniste. « Devant l'évidence et l'étendue de la culpabilité de leur pays », nombreux sont en effet les hommes politiques allemands à proposer, « pour la future constitution allemande, des dispositions sans précédent dans aucun droit public » qui impliquent une volonté de paix et de coopération avec les pays européens. Le parti socialiste allemand suggère ainsi que la future constitution de son pays comprenne « des dispositions qui permettent, en vertu des conventions internationales, de transférer par des lois, les droits souverains du Reich à des institutions internationales »[31]. En prônant une politique d'intégration européenne, la France s'attirerait la sympathie des populations d'outre-Rhin en même temps qu'elle donnerait à l'Allemagne l'occasion de redorer son blason[32]. Cette nouvelle politique répondrait aussi à des considérations économiques. Seule une sorte d'union économique européenne, au sein de laquelle la division du travail serait très poussée, permettrait de résoudre le problème des débouchés de la production allemande. Ainsi, le double écueil, que constituerait à l'avenir l'alternative entre la renaissance de la concurrence de l'Allemagne et la paupérisation de sa population, serait évité[33]. Enfin, les hauts fonctionnaires du Quai d'Orsay rappellent la

26 Note du 14 juillet 1948, citée en note 3.

27 *Ibid.* ; note du 8 mai 1948, citée en note 3.

28 Note du 30 novembre 1948.

29 Voir *supra* chapitre XI.

30 Note du 21 mai 1948, citée en note 3.

31 Note du 8 mai 1948, citée en note 3.

32 Note du 21 mai 1948, citée en note 3.

33 Remarques d'André Philip retranscrites dans la note du 21 mai 1948, citée en note 3.

complémentarité et l'interdépendance des économies française et allemande[34].

Dans ce dernier domaine, les Français proposent l'adoption de toute une série de mesures pratiques. Paris veut développer ses relations commerciales avec l'Allemagne, ce qui suppose une intensification des échanges avec la Bizone. Ceux-ci sont en effet indispensables aux deux économies. La sidérurgie lorraine dépend par exemple du coke de la Ruhr tandis que cette dernière est tributaire du minerai lorrain. En ce qui concerne la Ruhr, La France continue de prôner un contrôle international[35]. Mais la direction d'Europe considère que ce serait une erreur de se limiter à une politique strictement défensive. Il faut aussi chercher à

> obtenir une intégration efficace, dans un ensemble cohérent, du système de la Ruhr avec celui, par exemple, de la Lorraine et, éventuellement, belgo-néerlandais. Ces ententes pourraient être tout d'abord amorcées sur un plan privé et sur des bases strictement commerciales. Elles pourraient être ultérieurement consacrées, si l'évolution politique le demandait, par des mesures de contrôle étatique, voire même d'internationalisation[36].

En novembre 1948, l'internationalisation de tous les bassins ne constitue plus, pour certains hauts fonctionnaires du Quai d'Orsay, une option éventuelle, comme c'était encore le cas en mai, mais un but clairement affiché. L'intégration des bassins occidentaux résoudrait en effet le problème franco-allemand et « donne[rait] à la France et à l'Union française des possibilités de développement presque illimitées ». Mais en attendant l'internationalisation des différents bassins charbonniers et sidérurgiques européens, dont l'élaboration demandera une longue « préparation psychologique et technique », il faut, de l'avis de la direction d'Europe, amorcer sans attendre « l'intégration des industries françaises et allemandes sur le plan privé et dans le domaine commercial »[37]. La politique des réparations devrait également être repensée. D'un très mauvais rendement économique pour les pays récipiendaires, elle renforce en plus les capacités de production de l'Allemagne dont « le matériel livré est généralement remplacé par du matériel plus moderne »[38]. Par ailleurs profondément vexatoire pour les Allemands, elle présente des inconvénients politiques évidents. Aussi une politique d'intégration devrait-elle lui être substituée. Pour ce faire, la direction d'Europe propose la constitution de sociétés mixtes franco-allemandes « sur des bases économiques saines et équitables ». Les profits que la France en retirerait « compenseraient largement ceux qu'auraient permis de re-

---

34 Note du 3 mai 1948, citée en note 3.

35 *Ibid.* ; note du 30 novembre 1948, citée en note 3.

36 Note du 3 mai 1948, citée en note 3.

37 *Ibid.*

38 Note du 3 mai 1948, citée en note 3.

cueillir les réparations »[39]. Les frais d'occupation devraient aussi être envisagés sous un angle européen. L'occupation de l'Allemagne n'étant plus destinée à garantir les Alliés contre une agression allemande mais censée protéger les pays d'Europe de l'Ouest contre une attaque soviétique, les frais d'occupation devraient changer de nature. L'Allemagne les acquitterait désormais en échange de la sécurité que lui assureraient les puissances occupantes. Par conséquent, ceux-ci ne devraient pas dépasser, dans le budget allemand, la proportion des dépenses militaires des autres pays occidentaux, à savoir 30 % du budget de l'État[40]. Cette nouvelle politique devrait être couronnée par la réalisation, à moyen terme, d'une union douanière, à laquelle le Benelux pourrait être appelé à participer[41]. Pour mettre en œuvre sa nouvelle politique et favoriser le rapprochement franco-allemand, Paris dispose de plusieurs instruments.

C. Les moyens d'action au service du rapprochement franco-allemand

Intégrer l'Allemagne dans un ensemble européen ne va cependant pas de soi. De l'avis des responsables de la direction d'Europe, cette politique risque même de buter sur la résistance des Britanniques et des Américains. Les Britanniques sont en effet opposés sinon hostiles à l'idée d'une union européenne. Quant aux Américains, ils ont pour principal objectif d'asseoir un véritable monopole économique sur l'Allemagne de l'Ouest. Par conséquent, il n'est pas exclu qu'ils s'opposent au développement des échanges franco-allemands. Aussi l'appui décisif à la politique française viendra-t-il des Allemands eux-mêmes. Les partis démocratiques d'outre-Rhin, favorables à l'idée européenne, seront en effet les seuls à pouvoir diffuser au sein de la population l'idée de « fédération démocratique occidentale » que la France défend désormais. Pour le Quai d'Orsay, l'intégration européenne de l'Allemagne passe obligatoirement par « une coopération étroite des partis démocratiques français et allemands ». Les hommes politiques allemands, qui réclament une véritable coopération avec la France, l'accueilleront favorablement. Quant aux partis français, associés dans cette tâche au gouvernement, ils seront les principaux relais de la nouvelle politique allemande de la France[42].

Concrètement, Paris entend proposer aux partis démocrates chrétiens et socialistes des deux pays d'élaborer une charte commune. Celle-ci

---

[39] *Ibid.*

[40] Note du 30 novembre 1948, citée en note 3 ; Clement, A., « Vers un nouvelle politique en zone française ? », in *Le Monde*, 12 octobre 1948, AMAE, Z Eur. 1944/60, All., t. 83.

[41] Note du 3 mai 1948, citée en note 3.

[42] *Ibid.*

porterait « sur un programme politique, économique, démographique et culturel, pensé en termes de libre association au sein de l'Union occidentale »[43]. Les partis français et allemands créeraient des organismes d'études, composés de représentants des deux pays, chargés d'établir des programmes communs, dans le domaine de l'enseignement par exemple. Ils rechercheraient ensemble des solutions à certains problèmes. Ainsi l'excédent démographique allemand pourrait-il être résolu par l'émigration d'une partie de la population allemande vers la France ou l'Union française. Les partis démocratiques français et allemands, réunis dans cette charte commune, « à laquelle seraient invités à se joindre les pays signataires du pacte de Bruxelles », constitueraient aussi une sorte de « fédération de partis »[44]. Ils appuieraient les initiatives de leurs gouvernements respectifs en vue de créer une union européenne. Bref, la fédération des partis préluderait la formation d'une union européenne entre les États.

Dans la pratique, cette politique de rencontres avec des parlementaires ou des hommes politiques allemands est mise en œuvre depuis le début de l'année 1948. La coupure avec la zone soviétique et le renforcement des pouvoirs octroyés aux dirigeants des Länder ouest-allemands amènent Georges Bidault à recommander, dans un premier temps, l'organisation de réunions officieuses entre des représentants du gouvernement ou du parlement français et des personnalités des différentes zones occidentales[45]. En mars 1948, Pierre Schneiter, secrétaire d'État aux Affaires allemandes et autrichiennes, précise que ces rencontres, dont la coordination est confiée à Jean Laloy, en poste à la division politique de Berlin, seront désormais publiques. Pour l'essentiel, il s'agit alors d'exposer aux dirigeants allemands les objectifs de la politique étrangère française. Le Quai d'Orsay espère ainsi gagner à sa cause des personnalités allemandes influentes et faire triompher sa vision de l'organisation constitutionnelle de l'Allemagne[46]. Cette première ouverture donne lieu à toute une série de contacts[47]. Elle n'en reste pas moins timide. Pierre

43 *Ibid.*

44 Note du 3 mai 1948, citée en note 3.

45 « Note a/s de l'entrevue des parlementaires MRP et des Leaders CDU (Constance fin janvier 1948) », MAE, dir. Eur., s/dir. Eur. centr., 20 janvier 1948, AMAE, Z Eur. 1944/60, All., t. 82, et courrier de Schneiter à Koenig a/s de la « coordination des conversations entre hommes politiques français et allemands », 3 mars 1948, AOFAA, c. 29 d. POL II F.

46 Courrier de Schneiter à Koenig, 3 mars 1948, cité en note 45.

47 Le secrétariat d'État aux Affaires allemandes et autrichiennes organise par exemple, le 17 mars 1948, une réunion à Mayence à laquelle participent des parlementaires français et des dirigeants allemands du Land de Hesse et de la Bizone. Une seconde réunion est organisée le 2 avril chez le consul de France à Francfort : « note a/s de la réunion franco-allemande à Mayence », 19 mars 1948, adressée par Tarbé de Saint-Hardouin à Koenig, 24 mars 1948, AOFAA, c. 29 d. POL II F ; compte rendu de la

Schneiter contrôle étroitement les entrevues et la publicité qui leur est faite[48].

Progressivement, les rencontres s'intensifient et leur nature change. Des Français se rendent plus souvent en Bizone où ils peuvent échanger leurs points de vue avec des responsables allemands. En août, des parlementaires ont une entrevue avec Karl Arnold, le puissant ministre-président du Land de Rhénanie-du-Nord-Westphalie[49]. En septembre 1948, des personnalités de l'Action populaire, d'associations d'ingénieurs et de patrons catholiques ainsi que des membres de la Confédération française des travailleurs chrétiens font un voyage en Bizone. Après avoir séjourné quelques jours à Cologne et Düsseldorf, ils sont reçus à Francfort par une importante délégation allemande qui comprend des responsables du Conseil économique, du gouvernement allemand du Land de Hesse et de la ville de Francfort ainsi que des représentants des partis, de l'économie et des syndicats[50]. Quelques mois plus tard, c'est une mission d'information du Conseil de la République qui parcourt l'Allemagne de l'Ouest. Ses membres rencontrent à leur tour de nombreuses personnalités politiques allemandes[51]. Ces réunions donnent l'occasion aux Allemands et aux Français d'exprimer leurs points de vue sur de nombreuses questions en débat. Les formes du contrôle futur de la Ruhr, son internationalisation et celle d'autres bassins européens sont maintes fois évoquées[52]. Les démontages suscitent des prises de position tranchées[53]. Le développement de la coopération économique franco-allemande est source d'espoir. La question de l'émigration d'une

« réunion du 2 avril 1948 chez le consul de France à Francfort », adressé par le consul à MAE, dir. Eur., 14 avril 1948, AMAE, Z Eur. 1944/60, All., t. 82.

48 En avril 1948, Pierre Schneiter se plaint par exemple auprès du général Koenig que Hans Ehard, ministre-président du Land de Bavière, ait été accompagné par le consul de France à Munich lors de sa venue à Lindau. Le voyage du ministre-président du Land de Bavière prit ainsi trop d'importance : courrier de Schneiter à Koenig a/s de l'« organisation des conversations entre hommes politiques français et allemands », 16 avril 1948, AOFAA, c. 29 d. POL II F.

49 Courrier du consul général de France à Düsseldorf à Tarbé de Saint-Hardouin a/s d'« une entrevue de parlementaires français avec le président Arnold », 10 août 1948, AOFAA, AEF 10/8.

50 Courrier d'André Decamps, consul de France à Francfort, à Tarbé de Saint-Hardouin, a/s d'un « voyage en Allemagne d'un groupe de Français », 20 septembre 1948, AOFAA, c. 29 d. POL II F.

51 « Rapport général fait par Ernest Pezet », (rapport fait au nom de la commission d'information qui s'est rendue en Allemagne du 25 avril au 4 mai 1949, cité en note 17.

52 Voir *supra* chapitre XI.

53 Lettre d'accueil rédigée par Hermann Pünder à l'attention du groupe de Français venus à Francfort en septembre 1948, incluse dans le courrier de Decamps à Tarbé de Saint-Hardouin, 20 septembre 1948, cité en note 50.

partie de la population allemande est même discutée lors de la réunion de Francfort en septembre 1948. Mais, contrairement aux espoirs français, les Allemands n'y sont favorables qu'à certaines conditions. Pour qu'une telle émigration ne défavorise pas trop l'économie allemande, elle devrait porter prioritairement sur les ouvriers sans qualification et sur les personnes déplacées[54].

D'autres types d'échanges se mettent aussi en place. Il arrive que les représentants allemands des Länder de la ZFO soient conviés en France à l'occasion, par exemple, de la foire de Paris[55]. Mais ces invitations restent exceptionnelles. En 1949, les Allemands s'en plaignent. Ils reprochent aux Français de ne convier à Paris que les personnalités susceptibles d'être utiles à la politique française en Allemagne occupée. Ils voudraient que les invitations à des prises de contact avec les Français procèdent de critères élargis[56].

À partir de 1948, des conférenciers français parcourent également l'Allemagne. Ce sont souvent des hommes politiques, à l'image d'André Philip. Invité par la *Wirtschaftsakademie* de Bochum, l'ancien ministre de l'Économie prononce, en janvier 1949, une série de conférences à Hagen, Dortmund et Bochum, dans lesquelles il exprime l'avis de la SFIO sur les questions allemandes[57].

Le développement des contacts directs entre Allemands et Français contribue assurément à une amélioration de l'image de la France en Allemagne. Cette dernière résulte aussi de la personnalité et du style du nouveau ministre français des Affaires étrangères. Les qualités de Robert Schuman – sa modestie, sa sagesse et sa force de travail –, ses origines lorraines et sa connaissance de la langue et de la culture des deux pays sont très appréciées en Allemagne[58]. Le style du ministre fait également l'unanimité. Le voyage qu'il effectue en Allemagne au mois d'octobre 1948 est à ce titre exemplaire. « Sans témoins du gouvernement militaire, il s'[entretient] directement en allemand avec des repré-

---

54 Compte rendu des discussions entre Français et Allemands dans le courrier de Decamps à Tarbé de Saint-Hardouin, 20 septembre 1948, cité en note 50.

55 « Note pour Monsieur le secrétaire général a/s du voyage à Paris des ministres allemands de l'Économie [de la ZFO] », CCFA, conseiller économique, 26 avril 1948, AOFAA, c. 29 d. POL II F.

56 Courrier de Brozen Favereau à Koenig, 8 mars 1949, AOFAA, c. 29 d. POL II F.

57 Compte rendu qu'en fait Jacques Tarbé de Saint-Hardouin dans un courrier à Schuman, 26 janvier 1949, AMAE, Z Eur. 1944/60, All., t. 82.

58 « Traduction d'un article paru dans *Der Kurier* le 4 mai 1949 » intitulé « la politique allemande de M. Schuman », AMAE, Z Eur. 1944/60, All., t. 84 ; courrier de Maurice Ardiet, consul de France à Coblence, à Tarbé de Saint-Hardouin a/s de « la politique allemande de Robert Schuman », 9 mai 1949, AMAE, Z Europe 1944/60, All., t. 84. Dans cette lettre, Ardiet communique à Tarbé de Saint-Hardouin les passages essentiels d'un article de la *Trierische Volkszeitung* (non daté).

sentants de l'Église, des partis et des syndicats, ainsi qu'avec diverses personnalités rhénanes, ce qui donne aux conversations une particulière liberté »[59]. Il peut ainsi se rendre personnellement compte de la situation en ZFO. Son voyage est bien accueilli par la population allemande et marque les esprits : après James Byrnes en septembre 1946, Robert Schuman est le deuxième ministre des Affaires étrangères des puissances occupantes à venir en Allemagne[60]. Son arrivée au Quai d'Orsay s'accompagne aussi d'un certain nombre de changements. Autour du ministre, les groupes dominants ne sont plus les mêmes. Il semble que les directeurs des affaires politiques et économiques, Maurice Couve de Murville et Hervé Alphand, aient moins d'influence que par le passé. La direction d'Europe et la sous-direction d'Europe centrale à la tête desquelles ont été nommés Jacques-Camille Paris et Pierre de Leusse paraissent écoutées. La nomination d'André François-Poncet, ancien ambassadeur de France en Allemagne dans les années 1930, comme conseiller spécial du général Koenig, est à son tour accueillie favorablement[61]. Les nouveaux principes de la politique française à l'égard des Allemands semblent donc être couronnés de succès. Qu'en est-il des négociations que la France mène avec les Anglo-Américains ?

II. Les compromis entre la France et ses Alliés occidentaux

Après la conférence de Londres, la coopération entre la France et les Anglo-Américains devient indispensable. À Paris, les responsables français sont préoccupés par le règlement de deux séries de problèmes. La constitution d'un État d'Allemagne occidentale étant décidée, il s'agit d'abord d'obtenir une fusion des trois zones occidentales qui permette à la France de préserver ses intérêts outre-Rhin tout en faisant prévaloir sa conception de la future Allemagne occidentale. Le gouvernement français entend aussi obtenir de ses Alliés le maintien de contrôles économiques et militaires sur l'Allemagne. Garants de ce que l'Allemagne se développe dans un sens conforme aux objectifs alliés, ces contrôles assureront la sécurité future de la France et du continent européen.

---

59 Clement A., « Vers un nouvelle politique en zone française ? », in *Le Monde*, 12 octobre 1948, cité en note 40.

60 Courrier de Pierre d'Huart, consul de France à Stuttgart et Tübingen, à Tarbé de Saint-Hardouin a/s du « voyage de Monsieur Schuman en zone Nord », 14 octobre 1948, et courrier de Tarbé de Saint-Hardouin à Schuman a/s du « retour à la politique d'Henry IV », 6 novembre 1948, dans lequel Tarbé de Saint-Hardouin communique au ministre l'essentiel d'un article du journal *Die Zeit* du 21 octobre 1948, qui paraît à Hambourg, AMAE, Z Eur. 1944/60, All., t. 83.

61 Courrier d'Ardiet à Tarbé de Saint-Hardouin, 9 mai 1949, cité en note 58.

A. La fusion de la zone française d'occupation avec la Bizone

La question de la fusion des trois zones occidentales d'occupation est envisagée en des termes assez différents selon que l'on se place avant ou après la rupture des Quatre sur l'Allemagne.

1. Une fusion sous conditions

Jusqu'au début de l'année 1948, les Français refusent les propositions anglo-américaines de lier le sort de la ZFO à celui des deux autres zones occidentales d'occupation, dont la fusion est décidée à l'été 1946. Pour la France, il n'est en effet pas concevable que la fusion économique puis politique des zones d'occupation intervienne autrement que sur un plan quadripartite[62]. En septembre 1946, Pierre Schneiter, alors sous-secrétaire d'État aux Affaires étrangères, le dit très clairement aux journalistes venus l'interviewer dans le train qui l'emmène vers Baden-Baden : il n'y aura « pas de fusion de la zone française avec d'autres sans participation de l'URSS »[63]. Motivé par la volonté de maintenir l'Allemagne sous le contrôle commun des Quatre, le refus français s'explique aussi par la crainte de la politique anglo-américaine qui consiste, pour la France, à reconstruire l'Allemagne occidentale aussi rapidement que possible[64]. Les Anglo-Américains ne cachent d'ailleurs nullement que la fusion de leurs zones découle de cet objectif. Pour renforcer le bloc occidental, ils pressent les Français de les rejoindre et exercent un véritable chantage. À la fin de l'année 1946, lors de discussions informelles, des représentants des gouvernements américain et britannique ne cachent pas à leurs homologues français que le ravitaillement de la ZFO en charbon et en blé ainsi que les exportations de charbon allemand vers la France seront tributaires de l'attitude du gouvernement français sur la question de la fusion de la ZFO avec la Bizone[65].

Ces pressions n'aboutissent pas. La France refuse la fusion des zones occidentales. En fait, les demandes pressantes des Anglo-Américains donnent aux Français le sentiment d'être en position de force. Elles les

---

62 Lefèvre, S., *Les relations économiques franco-allemandes*, *op. cit.*, p. 165.

63 Article de Bradley, J., in *France-Soir*, 9 septembre 1946, AOFAA, c. 187, d. POL I B 4.

64 Voir *supra* chapitre XI ; « note pour Couve de Murville » a/s d'une conversation entre James W. Riddleberger (département d'État) et Pierre de Leusse en marge de la conférence de New York, 25 novembre 1946, AOFAA, AEF 355/3.

65 Sur ce point, Lefèvre, S., *Les relations économiques franco-allemandes*, *op. cit.*, p. 165. Voir aussi une « note pour Couve de Murville a/s de la situation économique de la ZFO », René Sergent, 27 novembre 1946, et « note pour Couve de Murville a/s d'un prochain entretien avec Byrnes », Hervé Alphand, 28 novembre 1946, AOFAA, AEF 355/3. Ces notes, relatant des conversations entre Français et Américains, ont lieu en marge de la conférence de New York.

confortent dans l'idée qu'ils pourront monnayer leur adhésion à la Bizone dans le cas où l'entente avec les Soviétiques s'avérerait impossible[66]. Après l'échec de la conférence de Moscou, les responsables français continuent de privilégier l'entente alliée sur la fusion. Dans cette logique, un accord avec les Anglo-Américains dépendra de l'issue de la conférence de Londres, qui doit se tenir en novembre 1947. Dès l'automne, les responsables français n'en demandent pas moins aux services de la ZFO d'examiner les conditions auxquelles la France pourrait accepter la fusion. L'objectif du gouvernement, rappelé par Michel Debré, est d'aboutir à ce que l'organisation trizonale permette le maintien des grands principes de la politique française en Allemagne[67]. À la mi-octobre 1947, les services français de la ZFO rendent leurs conclusions[68].

Les études, qui soulignent toutes que la fusion présentera pour les Français des avantages mais aussi des inconvénients, se veulent optimistes. De l'avis des experts, il importe avant tout de subordonner tout processus de fusion à l'obtention d'une série de garanties qui permettront à la France de préserver en ZFO son indépendance et une certaine marge de manœuvre par rapport à la Bizone tout en lui assurant, grâce à la constitution d'organismes tripartites, une influence accrue sur l'organisation future de l'Allemagne[69]. Il faudra aussi prévoir que la fusion s'opère sur un temps suffisamment long, de telle sorte que l'adaptation au nouveau régime se fasse en douceur. Le moment venu, des négocia-

---

66 « Compte rendu de la réunion tenue le 10 janvier 1947 dans le cabinet de M. le sous-secrétaire d'État aux Affaires étrangères en présence de M. le ministre de l'Économie nationale et des Finances », SAEF, B 8837, et « note pour l'ambassadeur » (Jacques Tarbé de Saint-Hardouin), 15 janvier 1947, AOFAA, c. 195 d. C II 0. Lors de cette réunion, il apparaît que Gaston Cusin et André Philip refusent d'entamer des négociations concernant la fusion des zones et insistent sur les avantages qu'aura la France à monnayer ultérieurement ses concessions.

67 Courrier du CGAAA (Michel Debré) à Koenig, 26 septembre 1947, AOFAA, AEF 385/6.

68 Parmi les différents rapports et notes remis : « note à l'attention de l'administrateur général Laffon a/s de l'adhésion éventuelle de la France à la Bizone », GMZFO, DGAA, Maurice Sabatier, 13 octobre 1947, AOFAA, AEF 385/5 ; « note sur la fusion de la zone française avec la Bizone », 14 octobre 1947, note a/s de « l'organisation actuelle de la Bizone et des problèmes que poserait l'éventuelle adhésion de la zone française », GFCC, Roger Humbert, 15 octobre 1947, note a/s des « éléments de réponse à la lettre de Monsieur Debré sur des négociations éventuelles pour la formation d'une trizone », Maurice Halff, 15 octobre 1947, AOFAA, AEF 355/3 ; « rapport du gouvernement militaire de la ZFO », 22 octobre 1947, AOFAA, AEF 382/1 ; schéma de réponse à la note du 26 septembre de M. Debré sur les négociations éventuelles pour la formation d'une trizone », GMZFO, DGEF, sans date (postérieure au 15 octobre 1947), AOFAA, AEF 385/2.

69 Note de Roger Humbert, 15 octobre 1947, citée en note 68.

tions devront être entreprises entre les trois gouvernements[70]. À cette occasion, la France devra conditionner la fusion de la ZFO avec la Bizone à l'obtention de différentes garanties d'ordre politique et économique.

Les rapports du gouvernement militaire fixent quatre conditions générales à l'acceptation de la fusion. Il faudra en premier lieu que les Alliés approuvent les nouvelles frontières, issues du rattachement économique de la Sarre à la France, et qu'ils admettent « la libre disposition du charbon sarrois pour notre pays sans réduction parallèle des livraisons de la Ruhr »[71]. La fusion devra en second lieu s'accompagner d'une révision des limites territoriales de certains Länder de la ZFO. Inspirée par la politique fédéraliste française, cette exigence reprend une revendication ancienne, formulée dès 1945. Il s'agit de reconstituer les Länder du Bade et du Wurtemberg dans leurs frontières historiques, la France se proposant d'assurer le contrôle des deux nouveaux États. Paris s'oppose en revanche à toute recomposition du Land de Rhénanie-Palatinat. Malgré son caractère artificiel, ce dernier devra être maintenu. Toujours dans le but de renforcer le fédéralisme à la française, les experts pensent qu'il sera possible d'obtenir en troisième lieu une modification de la compétence des organismes allemands de la Bizone. Ainsi, après la fusion, les membres du Conseil économique bizonal ne devront plus être choisis par les Landtage mais directement nommés par les gouvernements des Länder. Les pouvoirs du Comité exécutif de la Bizone, seul organe de conception réellement fédéraliste aux yeux des Français, devront par ailleurs être renforcés, de telle sorte que le Comité exécutif dispose des attributions d'un véritable cabinet. Enfin, les pouvoirs des Länder devront être étendus en se fondant sur la législation adoptée en ZFO. Les Français tiennent en dernier lieu à profiter de la fusion des zones pour initier un renforcement des contrôles alliés sur les organismes allemands. Le gouvernement militaire de la ZFO déplore en effet que les Anglo-Américains,

> légitimement soucieux de démocratiser l'Allemagne, (…) ne paraissent pas envisager pour y parvenir d'autre méthode que de laisser faire aux nouveaux gouvernements élus leur apprentissage en leur confiant, sans autre réserve que l'emploi d'un éventuel veto, tous les pouvoirs dans tous les domaines. La logique du système veut donc que ce soient les Allemands eux-mêmes qui soient chargés de la réalisation des (…) buts de l'occupation. Or, comme les mesures de sécurité et de désarmement industriel sont nécessairement impopulaires, comme les réparations ne peuvent être prélevées qu'au détriment du niveau de vie des électeurs allemands, on voit mal comment les gouvernements élus les appliqueraient sans y être contraints. Tout se passe

[70] Rapport du GMZFO, 22 octobre 1947, cité en note 68.

[71] *Ibid.*

donc dans la Bizone comme si nos Alliés avaient oublié les buts de l'occupation tels qu'ils avaient été définis primitivement[72].

Convaincus que ces buts restent, pour l'essentiel, « la démilitarisation, le désarmement, la limitation du potentiel d'agression de l'Allemagne et sa contribution à la reconstruction européenne », les Français considèrent que « les gouvernements allemands peuvent faire l'apprentissage de la démocratie dans des domaines importants sans qu'il soit nécessaire de leur accorder tous les pouvoirs à la fois ». Qui plus est, le gouvernement militaire est persuadé que « les Allemands cherchent à saboter les directives alliées chaque fois que leurs intérêts ne coïncident pas exactement avec les nôtres »[73]. Aussi recommande-t-il que la France s'entende avec les Anglo-Américains de façon à ce que les Alliés conservent certaines prérogatives tant que le danger d'une nouvelle agression allemande ne sera pas définitivement écarté. De l'avis des Français, les Alliés devraient par conséquent conserver au minimum la haute main sur la planification industrielle et agricole, la répartition entre les Länder et par branche d'industries du combustible, de l'énergie et de quelques produits essentiels, le commerce extérieur et, enfin, la monnaie, le change et le crédit. Les experts ne cachent pas qu'il sera difficile d'obtenir des Alliés qu'ils retirent ces prérogatives aux Allemands de la Bizone. Mais, dans tous les cas, il faudra au moins que des contrôles alliés plus rigoureux soient imposés[74].

Sur le plan strictement économique, les ambitions françaises sont les mêmes. Il s'agit tout à la fois de préserver les avantages acquis en zone et d'obtenir un droit de regard sur les questions économiques relevant de la Bizone. Dans ce domaine, les Français subordonnent leur accord sur la fusion à une condition sur laquelle il leur paraît impossible de transiger. La France refusera toute fusion s'il lui est demandé de partager les déficits passés de la Bizone[75]. Pour les déficits à venir, elle entend réduire au minimum sa participation, en arguant que la balance commerciale de la ZFO, contrairement à celle de la Bizone, a toujours été en équilibre[76]. S'ils s'opposent aux conséquences financières que risquerait d'avoir la fusion, les experts français sont en revanche tout à fait conscients que celle-ci impliquera de renoncer à toute une série de profits que la France tirait de l'occupation. Les avantages en capital, qu'il s'agisse des réparations, des participations financières ou des prélève-

---

72 Rapport du GMZFO, 22 octobre 1947, cité en note 68.

73 *Ibid.*

74 Rapport du GMZFO, 22 octobre 1947, cité en note 68.

75 Lefèvre, S., *Les relations économiques franco-allemandes de 1945 à 1955*, *op. cit.*, p. 164 ; note sur les « modalités d'une fusion éventuelle », sans auteur, 2 mars 1948, AOFAA, AEF 349/2.

76 Rapport du GMZFO, 22 octobre 1947, cité en note 68.

ments de techniques industrielles, ne pourront plus être maintenus. La France devra également mettre un terme à ses pratiques commerciales léonines. Côté français, on espère cependant que des délais pourront être obtenus des Alliés afin de pouvoir liquider dans de bonnes conditions certains contrats gênants (canalisations, travail à façon, etc.). La fusion imposera à la ZFO de renoncer à certaines importations en provenance de la zone franc, à l'exemple des achats de morues effectués au Maroc, qui sont loin d'être concurrentiels sur le marché international. D'une manière plus générale, Paris ne pourra plus exercer de contrôle sur le commerce extérieur de sa zone. Les expéditions prioritaires vers la France cesseront et le commerce extérieur ne sera plus au service de la politique concurrentielle française. De la même façon, les Français seront contraints d'accepter que la planification de la production industrielle de la ZFO leur échappe. Sur ce dernier point toutefois, les experts insistent pour que la France obtienne « l'assurance que certaines matières premières essentielles continueront d'être livrées à la France même après la fusion (bois, papier, chimie) »[77]. Il est également évident que les prélèvements alimentaires français, qui se montent en 1947 à près de 70 millions de dollars, seront appelés à disparaître. Les experts pensent qu'il sera possible d'obtenir leur maintien pour les seules troupes d'occupation[78].

Ce bilan, globalement négatif, devrait être compensé par les avantages que procurera à la France la présence de ses représentants au sein des conseils anglo-américains. La fusion permettrait en effet d'exercer une action sur un territoire de 40 millions d'habitants[79]. Les procédures de restitutions des biens français spoliés pourraient être élargies à la Bizone avec de réelles chances d'aboutir. La France serait également mieux à même de défendre les participations industrielles françaises et sarroises dans les bassins houillers rhénans. Les institutions culturelles françaises à caractère économique, comme les sociétés cinématographiques, trouveraient dans la Bizone un espace d'expansion élargi[80]. Les experts insistent surtout sur le fait que la fusion permettrait aux Français de participer activement au contrôle de la Ruhr. Il leur serait possible de défendre avec plus de chance de succès l'internationalisation des industries de base du bassin[81].

---

77 *Ibid.* Les Français pensent qu'il sera également possible d'obtenir que la politique de recrutement de main-d'œuvre en Allemagne et les accords de clearing frontaliers entre le Bade et l'Alsace soient maintenus.

78 Rapport du GMZFO, 22 octobre 1947, cité en note 68.

79 « Note sur les inconvénients et les avantages d'une fusion », GMZFO, DGEF, 16 juillet 1947, AOFAA, AEF 355/3.

80 Rapport du GMZFO, 22 octobre 1947, cité en note 68.

81 Note sur les inconvénients, 16 juillet 1947, citée en note 79 ; Lefèvre, S., *Les relations économiques franco-allemandes*, *op. cit.*, p. 165.

En 1947, les Français comptent tirer profit de la fusion. Leur refus immédiat de s'engager devrait leur permettre de monnayer, le moment venu, leur adhésion et d'obtenir une organisation de l'Allemagne plus conforme à leurs vœux. Dès le début de l'année 1948, l'évolution de la situation internationale remet profondément en cause ces espoirs.

2. *Une fusion* a minima

La rupture entre l'Est et l'Ouest, que sanctionnent l'échec de la conférence des Quatre à Londres, en novembre et décembre 1947, le coup de Prague, en février 1948, puis le retrait soviétique du Conseil de contrôle, en mars 1948, réduit considérablement la marge de manœuvre des Français. En renvoyant la France dans le camp occidental, la guerre froide limite les possibilités de négocier avec les Anglo-Américains les conditions d'une politique commune en Allemagne occidentale. La réorganisation administrative de la Bizone, qui intervient en janvier et février 1948 et qui se traduit par un renforcement de ses structures administratives et le transfert de nouvelles responsabilités aux autorités allemandes, anéantit de surcroît les espoirs qu'avaient les Français de pouvoir modifier l'organisation de la Bizone à la faveur de leur entrée dans les conseils anglo-américains. La détérioration de la situation économique en ZFO les prive enfin de leur principal atout dans les négociations à venir. Bref, dès le début de l'année 1948, la France est contrainte de revoir ses ambitions à la baisse.

Paris opte par conséquent pour une fusion *a minima*. Limitée à certains secteurs économiques, cette formule, qui exclurait toute fusion administrative et politique, semble la seule à même de véritablement préserver les intérêts français en ZFO[82]. Les Anglo-Américains approuvent ce *modus vivendi*. En marge de la première session de la conférence de Londres, en février-mars 1948, pendant laquelle est adopté le principe de la constitution d'un État d'Allemagne occidentale, les Américains considèrent qu'il serait inutile de procéder à une fusion politique des zones occidentales puisque cette organisation serait rapidement remise en cause par la création de l'Allemagne de l'Ouest qui, selon eux, devrait être effective avant la fin de l'année 1948. Pour les Américains, l'essentiel est donc de constituer rapidement un front occidental face aux Soviétiques afin de pouvoir annoncer publiquement la création d'un État d'Allemagne occidentale, à laquelle les Français auront donné leur accord de principe. La fusion des trois zones ne deviendrait effective qu'au moment où l'organisation politique de l'Allemagne de l'Ouest

---

[82] L'alternative entre une « fusion complète » et une « fusion a minima » est débattue dès l'automne 1947 : « note sur la fusion de la zone française avec la Bizone », René Larre, 14 octobre 1947, AOFAA, AEF 355/3 ; note sans titre, René Larre, 15 octobre 1947, AOFAA, AEF 385/2 ; note sur les « perspectives de la conférence [de Londres] », MAE, 20 novembre 1947, AOFAA, c. 151 d. ZZ 2 b.

serait fixée[83]. De leur côté, les Britanniques ne sont pas pressés de voir les Français adhérer à la Bizone. Leur entrée dans les organismes anglo-américains risquerait d'ajouter des difficultés de fonctionnement au système bizonal. Aussi sont-ils favorables à ce que la fusion effective n'intervienne qu'en même temps que la création d'un État d'Allemagne de l'Ouest[84]. Les trois délégations sont donc d'accord pour que la fusion soit aussi réduite que possible. Cette dernière passerait par la participation de la zone française à la réforme monétaire prévue en Bizone et par la fusion des organismes de commerce extérieur de la Bizone et de la ZFO.

L'adhésion des Français à la réforme monétaire s'explique par deux séries de facteurs. La refuser obligerait d'abord la France à établir un véritable cordon douanier le long de la frontière séparant la ZFO de la Bizone ; celui-ci n'empêcherait d'ailleurs pas « une hémorragie considérable de capitaux et de marchandises » de la zone française vers la Bizone ; le refus français rencontrerait en outre l'opposition unanime des Allemands de la ZFO et, à terme, la zone française serait marginalisée économiquement et se viderait de sa substance[85]. Ensuite, contrairement à la fusion économique des trois zones, la réforme monétaire n'affecterait nullement la politique française en matière de répartition et de rationnement ; elle permettrait ainsi à la France de sauvegarder en ZFO son indépendance en matière de politique économique et ne l'obligerait pas non plus à modifier les modalités de contrôle des industries et à revoir sa politique dans le domaine des réparations et des restitutions, des prélèvements et des frais d'occupation[86]. Bref, l'adhésion de la ZFO à la réforme monétaire s'impose[87].

---

83 Tél. Tarbé de Saint-Hardouin à MAE, 31 mars et 2 avril 1948, AOFAA, c. 151 d. ZZ 2 b.

84 Tél. de Tarbé de Saint-Hardouin à MAE, 10 janvier et 2 avril 1948, AOFAA, c. 151 d. ZZ 2 b.

85 Courrier de René Mayer, ministre des Finances et des Affaires économiques, à Pierre Schneiter, secrétaire d'État aux affaires allemandes et autrichiennes, a/s de la « situation financière de la ZFO et des incidences d'une fusion avec la Bizone et d'une réforme monétaire dans les zones anglo-saxonnes », 10 décembre 1947, AOFAA, c. 112 d. ECO I A 2 a.

86 Note sur la « comparaison de la fusion et du *statu quo* au point de vue financier », comprenant une annexe sur les « libertés que la réforme monétaire commune sauvegarde et qui seraient compromises par la fusion », sans auteur (Jean Filippi ou Pierre Ollé-Laprune), 6 décembre 1947, AOFAA, c. 151 d. ZZ 2 b.

87 « Note pour le ministre », contenant une annexe sur la « réforme monétaire », ministère des Finances et des Affaires économiques, DREE, service des réparations-restitutions, R. de Frondeville, 9 janvier 1948, SAEF, B 57024. Sur la mise en œuvre de la réforme monétaire dans les trois zones d'occupation occidentale, Lefèvre, S., *Les relations économiques franco-allemandes*, *op. cit.*, p. 168-173.

Si le principe de la fusion des organismes de commerce extérieur de la ZFO et de la Bizone est adopté en mai 1948, lors de la deuxième session de la conférence de Londres, sa mise en œuvre pratique pose en revanche plus de problèmes[88]. Dans l'esprit des Anglo-Américains, la fusion de l'OFICOMEX avec l'Agence commune d'importation et d'exportation de la Bizone (Joint Export-Import Agency, JEIA) devrait en effet s'accompagner, dans certains domaines, d'une adaptation de la politique économique de la ZFO à celle de la Bizone. Les forces d'occupation françaises devraient par exemple renoncer à leurs prélèvements alimentaires. En même temps, les rations destinées aux Allemands de la ZFO et de la Bizone seraient harmonisées. Les importations, qui devraient être faites dans le cadre d'un pool commun, seraient par ailleurs attribuées à la zone française au prorata de ses besoins. De plus, la fusion de la JEIA et d'OFICOMEX devrait être mise au service du relèvement économique allemand. Aussi le plan commun d'importations et d'exportations pour la Bizone et la ZFO devrait-il être établi en maintenant en Allemagne les produits essentiels à l'essor de son économie. Enfin, les Anglo-Américains subordonnent leur accord concernant la fusion à la signature d'un accord de commerce entre la France et les trois zones d'occupation occidentales. Dans leur esprit, il s'agit de mettre un terme aux contrats en vigueur entre la ZFO et la France, qui sont très favorables à cette dernière[89].

De leur côté, les Français maintiennent leurs revendications. Ils refusent que la fusion de l'OFICOMEX et de la JEIA implique la participation financière de la France au déficit de l'Allemagne occidentale. Sur ce point, l'admission des trois zones occidentales à l'aide Marshall leur donne de nouveaux arguments. Si, en plus des crédits votés par le Congrès américain à son attention, l'Allemagne occidentale bénéficiait d'une aide supplémentaire, fournie par la France, le gouvernement français craint qu'un sort privilégié lui soit réservé par rapport à celui des autres pays européens. Il lui semble par ailleurs tout à fait impossible de demander au Parlement, au moment même où le plan Marshall entre en vigueur, de voter une aide à l'Allemagne de l'Ouest pour prix de la fusion alors qu'aucun crédit français n'a été octroyé à la ZFO pendant trois ans. La France refuse aussi que cette fusion des organismes de commerce extérieur remette en cause ses intérêts en zone française et soit susceptible d'y réduire son autonomie de décision[90].

---

88 Tél. du MAE à Baden-Baden, 22 mai 1948, AOFAA, c. 151 d. ZZ 2 a.

89 Tél. de Berlin (Leroy-Beaulieu) à MAE (Alphand), 9 juin 1948, et une « note sur l'adhésion éventuelle de la France à la JEIA », MAE, 29 avril 1948, AOFAA, c. 151 d. ZZ 2 a.

90 Note sur l'adhésion éventuelle de la France à la JEIA, 29 avril 1948, citée en note 89 ; tél. de Bidault à Simon Meyer (Baden-Baden) et Leroy-Beaulieu et Humbert

Pendant l'été, l'accord sur la fusion entre l'OFICOMEX et la JEIA, qui devait entrer en vigueur le 1er août 1948, achoppe sur trois différends. Le premier concerne les prélèvements alimentaires. Paris accepte d'en limiter l'ampleur en calories et en valeurs mais refuse de renoncer à ceux qui sont nécessaires à l'entretien de son personnel d'occupation[91].

Français et Anglo-Américains s'opposent ensuite sur les traités de commerce qui devront être passés à l'avenir par l'Allemagne occidentale. Pour protéger le commerce de sa zone, Paris refuse de dénoncer les accords de la ZFO avec l'étranger tant que de nouveaux traités, négociés entre les trois zones et les pays étrangers, n'auront pas été signés. Paris insiste surtout pour que le traité de commerce entre la France et les trois zones occidentales ne mette pas ses intérêts en péril. L'accord à venir devra par conséquent respecter trois demandes françaises : « les échanges entre la Sarre et les trois zones occidentales devront être intégrés dans l'ensemble des relations commerciales entre la France et [les] trois zones » ; la fusion de la JEIA et de l'OFICOMEX ne devra pas porter préjudice aux arrangements et aux contrats conclus entre la France et sa zone d'occupation[92] ; l'accord de commerce devra enfin comprendre une liste de produits, particulièrement utiles à l'économie française, que l'Allemagne s'engagera à livrer à la France[93].

Le troisième désaccord, plus sérieux, est financier. Anglo-Américains et Français s'opposent, on l'a vu, sur la participation financière de la France au déficit de la balance commerciale de l'Allemagne occidentale. Mais cette querelle paraît assez vite dépassée. En effet, la question ne revêt pas, pour les Américains, un aspect financier. Il s'agit surtout de faire valoir au Congrès que la France apporte sa contribution à l'unification des zones[94]. Par contre, d'autres contentieux financiers bloquent les négociations pendant l'été. La question du remboursement des avances du Trésor à la ZFO – près de 15 millions de dollars – empoisonne les relations franco-américaines. Aux Français, qui réclament le remboursement des avances, les Américains opposent les prêts qu'ils ont consentis à la ZFO dans le cadre du plan Marshall, pour réclamer la priorité des remboursements[95]. Exsangues financièrement, les Français demandent aussi que le traitement et les frais de mission de leurs futurs

---

(Berlin) comprenant des « instructions en ce qui concerne l'adhésion de la ZFO à la Joint Import Export Agency », 28 juin 1948, AOFAA, c. 123 d. ECO I D 7.

91 Tél. de Bidault à Meyer, Leroy-Beaulieu et Humbert, 28 juin 1948, cité en note 90.

92 *Ibid.*

93 Voir *infra* ; rapport du GMZFO, 22 octobre 1947, cité en note 68.

94 Tél. de Tarbé de Saint-Hardouin à MAE, 3 avril 1948, AOFAA, c. 151 d. ZZ 2 a.

95 Tél. de Roger Bloch (CGAAA) à Baden-Baden (Cabinet civil et Simon Meyer), 29 mai 1948, AOFAA, c. 122 d. ECO I D 3 ; Lefèvre, S., *Les relations économiques franco-allemandes*, *op. cit.*, p. 176.

agents de la JEIA soient pris en charge par l'Agence. Les Anglo-Américains, qui financent sur leurs budgets respectifs les frais des leurs, s'y opposent évidemment[96].

L'intransigeance des Français sur les questions financières les amène même à refuser des propositions intéressantes des Anglo-Américains pour sortir de l'impasse[97]. À la fin de l'été 1948, Paris semble profiter de l'amélioration de la situation économique de la ZFO pour négocier plus librement et adopter une attitude dilatoire, censée « amener les Anglo-Américains à consentir des conditions plus favorables à notre entrée dans la JEIA, principalement en ce qui concerne les garanties de remboursement de notre créance sur la zone française »[98]. Mais les Français savent qu'ils ne pourront pas repousser indéfiniment la fusion. Comme le souligne Roger Humbert, adjoint au conseiller économique et financier du gouvernement militaire, « l'adhésion de la ZFO à la JEIA a été la condition implicite de l'octroi de crédits ERP [à la ZFO]. On peut donc penser que, même entourée de garanties juridiques résultant de l'accord bilatéral, l'exécution des livraisons pourrait être compromise au cas où nous voudrions rester en dehors de JEIA »[99].

Quoi qu'il en soit de ces péripéties, l'accord de fusion est finalement signé le 18 octobre 1948. À compter du 1er novembre, la JEIA assure la gestion du commerce extérieur des trois zones occidentales. Les exportations comme les importations de la ZFO sont subordonnées à son accord. Elle devient le seul organisme payeur des trois zones. Des représentants français sont adjoints à sa direction[100]. Pour autant, l'influence de la France sur les décisions de l'Agence restera quasi nulle. En vertu de ses règlements, les décisions de son conseil sont prises à la majorité. Mais la pondération des voix de chaque puissance est proportionnelle à la fraction des fonds qu'elle met à la disposition de l'Agence[101]. Aussi la majorité absolue revient-elle sans discussion possible aux Américains, principaux pourvoyeurs de fonds de la JEIA. Pour les Français, la fusion de l'OFICOMEX et de la JEIA a des conséquences inattendues.

---

96 Tél. d'Edmond Dobler à MAE, 19 août 1948, AOFAA, c. 123 d. ECO I D 7.

97 *Ibid.* Les Anglo-Américains proposent aux Français que la Bizone exporte vers la France les produits correspondant aux contrats pour lesquels le Trésor avait accordé des avances à la ZFO en échange d'un règlement à la JEIA d'une avance en francs d'un montant dérisoire en comparaison du montant des livraisons. Paris refuse et provoque le durcissement des positions anglo-américaines.

98 « Note relative à la situation économique de la ZFO », Roger Humbert, 23 août 1948, adressée pae Koenig à MAE, 23 août 1948, AOFAA, c. 123 d. ECO I D 7.

99 *Ibid.*

100 Lefèvre, S., *Les relations économiques franco-allemandes*, *op. cit.*, p. 177.

101 Courrier de Leroy-Beaulieu à Tarbé de Saint-Hardouin a/s de l'« agence mixte exportation-importation », 22 janvier 1948, et traduction des « statuts de mixte export-import », 15 janvier 1948, AOFAA, c. 151 d. ZZ 2 a.

3. Les inconvénients d'une fusion limitée[102]

Avant même que l'accord de fusion entre l'OFICOMEX et la JEIA soit signé, les autorités françaises se rendent compte que la fusion partielle des zones, qu'ils ont défendue, est en fait extrêmement désavantageuse pour les intérêts français en Allemagne.

Dans les faits, le choix d'une fusion limitée ne permet pas à la France d'étendre son influence en Bizone. Arguant de l'inachèvement de la fusion, les Anglo-Américains refusent l'entrée de représentants français dans certains organismes bizonaux. Ils écartent par exemple les demandes françaises de participation aux groupes anglo-américains de contrôle du charbon et de la sidérurgie tant que la fusion politique ne sera pas totale[103]. Conscients que cette situation leur est très favorable, les Anglo-Américains ne manifestent d'ailleurs aucune intention d'aboutir rapidement à une fusion complète. Ils ne sont guère pressés de voir les Français créer un organisme de liaison à Francfort et « répugnent visiblement à voir les fonctionnaires français de la ZFO s'immiscer dans leurs affaires (...) tant qu'il n'y aura pas établissement officiel d'une trizone »[104]. À leurs yeux, l'admission des Français dans les organismes bizonaux ne présenterait que des inconvénients. Lors d'une réunion des trois commandants en chef, au début de 1949, le général Clay s'en explique au général Koenig : « quand il s'agit d'aller cueillir la violette, vous êtes d'humeur trizonale, mais s'il faut éplucher les oignons, vous rentrez chez vous »[105].

L'attitude des Allemands de la ZFO n'est pas non plus favorable aux intérêts français. Pour entrer en liaison avec les administrations allemandes de la Bizone et régler les questions d'harmonisation économique, il avait été décidé qu'en zone française les autorités allemandes créeraient des secrétariats permanents installés à Mayence. Après avoir repoussé les désignations demandées, les autorités allemandes de la ZFO se refusent quasiment à créer ces représentations de zone[106]. Dans le même temps et à l'insu des Français, elles entrent directement en

---

[102] Sur tous ces points, dans un sens parfois un peu différent, les analyses de Lefèvre, S., *Les relations économiques franco-allemandes*, *op. cit.*, p. 178-180.

[103] *Ibid.*, p. 178 ; note du 30 novembre 1948, citée en note 3.

[104] Courrier de Koenig à Schuman, 23 septembre 1948, AOFAA, c. 151 d. ZZ 2 b.

[105] Tél. de Tarbé de Saint-Hardouin (destinataire inconnu), 1er février 1949, AOFAA, c. 151 d. ZZ 2 b.

[106] Fiche pour Koenig a/s des « relations générales de la ZFO et de la Bizone dans le domaine de la production industrielle », CCFA, direction du cabinet, affaires civiles, F. Chardin, 29 octobre 1948, AOFAA, c. 134 d. ECO II 19.

contact avec les autorités allemandes de la Bizone. Elles étudient et préparent en commun les décisions qui sont prises pour la Bizone[107].

Les Anglo-Américains et les autorités allemandes de la Bizone tiennent ainsi les Français à l'écart des décisions qu'ils arrêtent pour la Bizone[108], tout en sachant que ces dernières « finiront toujours par s'appliquer en zone française »[109]. Le poids respectif, en termes économiques, de la Bizone et de la ZFO, et les accords partiels de fusion contraignent, dans la pratique, les Français à aligner leur politique sur celle adoptée en Bizone. Aussi, comme le déplore Robert Schuman, en n'étant « pas tenue informée des décisions que nos Alliés ont l'intention de prendre dans leurs zones », la ZFO « se trouve, en fait, dans l'obligation d'adopter, en matière économique et financière, les mesures mises en vigueur dans les zones fusionnées sans avoir au préalable été appelée à donner son avis sur les dispositions prises »[110]. La fusion partielle aboutit donc à déposséder les Français d'une partie de leurs prérogatives dans leur propre zone d'occupation.

Elle a aussi des conséquences négatives sur l'économie de la ZFO. L'adoption d'une monnaie commune et la fusion des organismes de commerce extérieur ont supprimé les barrières économiques entre la ZFO et la Bizone, libérant ainsi la circulation de l'argent, des personnes et des marchandises. Or cette libéralisation des échanges se fait au détriment du développement économique de la zone française. Les produits de la ZFO, dont les prix sont très inférieurs à ceux pratiqués dans la zone anglo-américaine, sont drainés vers la Bizone. Une part importante des peaux brutes de la ZFO, achetée par des entrepreneurs de la Bizone, échappe ainsi à l'industrie du cuir de la zone française. Dans le même temps, les répartitions de produits industriels de base, qu'il s'agisse du charbon, de l'acier ou de l'énergie électrique, qui sont préparées par les autorités allemandes de la Bizone puis approuvées par les Anglo-Américains, continuent d'être défavorables à la ZFO et favorisent le développement de certaines industries de la Bizone – cuir, horlogerie, goudrons – au détriment des secteurs correspondants de la ZFO. Bref, ainsi pénalisée, la zone française voit « son niveau général de vie augmenter moins vite que celui de la Bizone et l'opinion allemande ne

---

[107] Courrier de Jean Gandilhon, chef de la DIVPI, à Koenig a/s des « relations générales entre la ZFO et la Bizone », 6 octobre 1948, AOFAA, c. 134 d. ECO II 19.

[108] Courrier de Schuman à Koenig a/s des « liaisons entre les zones fusionnées anglo-américaines et la ZFO », 4 octobre 1948, AOFAA, c. 151 d. ZZ 2 b ; courrier de Schuman à Koenig a/s de la « politique française en Allemagne », 29 octobre 1948, AOFAA, AAA 6/3.

[109] « Note pour Monsieur le conseiller économique et financier » a/s de l'« harmonisation », Edmond Dobler, 25 novembre 1948, AOFAA, c. 112 d. ECO I A 2 a.

[110] Courrier de Schuman à Koenig, 4 octobre 1948, cité en note 109.

manquera pas d'y voir une conséquence de la politique des autorités d'occupation »[111].

La fusion économique partielle de la ZFO et de la Bizone réduit en effet considérablement l'intérêt de la politique de programmation et de répartition que les Français appliquent encore en ZFO[112] et appelle une rétrocession rapide de ces prérogatives aux Allemands. Dès le début de l'année 1949, le général Koenig annonce aux ministres-présidents de la zone française que « des pouvoirs plus étendus et une responsabilité accrue [seront] transmis aux autorités allemandes en matière de programmation, de répartition et de contingentement de produits industriels »[113]. Fruit d'une coopération entre Français et Allemands, la préparation des mesures dure pendant tout le premier semestre 1949. Dans le même temps, les représentants allemands des ministres de l'Économie sont associés d'une façon de plus en plus étroite aux travaux des services français. La publication de l'ordonnance n° 215, le 25 mai 1949[114], restitue aux autorités allemandes l'intégralité des responsabilités en matière de programmation et de répartition en abrogeant l'article 2 de l'ordonnance n° 5 du 4 septembre 1945 qui confiait au gouvernement militaire le soin d'« établir l'inventaire des ressources (…), [d]'assurer la réalisation des plans de fabrication, de collecte et de transports, [de] répartir les matières premières et produits de toutes natures et de toutes provenances, [de] contrôler le rationnement et de contrôler la fixation et l'application des prix »[115].

La fusion totale de la ZFO et de la Bizone, repoussée par les Français pour des raisons politiques, n'intervient finalement qu'au moment de la création de la République fédérale d'Allemagne. Reste que la fusion partielle est finalement défavorable aux intérêts français et ne permet pas à la France d'étendre son influence à l'ensemble de l'Allemagne occidentale. Tel est bien aussi l'enjeu des négociations que mènent les Français avec les Anglo-Américains dans le but d'installer les différents organismes de contrôle chargés de surveiller l'économie allemande.

---

111 Courrier de Gandilhon à Koenig, 17 décembre 1948, cité en note 107.

112 Courrier de Gandilhon à Koenig a/s des « relations générales entre la zone française et la Bizone », 6 octobre 1948, AOFAA, c. 134 d. ECO II 19.

113 Courrier de Pierre Pène, délégué supérieur pour le gouvernement militaire du Pays de Bade, à Leo Wolheb, ministre-président de l'État badois a/s des « pouvoirs des autorités allemandes en matière de programmation, répartition et contingentement des produits industriels, à l'échelon de la zone », 10 juin 1949, StA FR, C 5/1, n° 174.

114 « Ordonnance n° 215 sur les pouvoirs des autorités allemandes en matière économique », in *JO-CCFA*, 3 juin 1949, StA FR C 5/1, n° 174.

115 « Ordonnance n° 5 concernant le contrôle de l'économie allemande à l'intérieur de la ZFO », in *JO-CCFA*, 4 septembre 1945, AOFAA, AEF 350/3a.

B. Les négociations autour des organismes de contrôle

À la conférence de Londres, il avait été décidé que le contrôle économique de l'Allemagne occidentale procéderait de deux organismes, l'Autorité internationale de la Ruhr (AIR) et l'Office militaire de sécurité (OMS). Dès l'été 1948, les Trois entament des négociations à ce sujet. La France obtient satisfaction dans la mesure où les deux organismes sont créés au printemps 1949 et où elle est admise à participer aux travaux de deux autres institutions, initialement bipartites, les groupes de contrôle du charbon et de l'acier. Mais la place dévolue à la France au sein de ces organismes et le contrôle effectif qu'ils sont en mesure d'exercer sur l'économie allemande sont sources de déception.

1. La constitution des organismes de contrôle : une victoire pour la diplomatie française

Prévue lors de la conférence de Londres, la création de l'AIR est officialisée le 28 décembre 1948, date à laquelle les Alliés occidentaux se sont mis d'accord sur son organisation et ses missions[116]. Pour Paris, l'annonce de sa constitution permet d'atténuer les craintes et de calmer les protestations qu'a suscitées la publication de la loi n° 75 en novembre 1948[117]. En ce sens, l'accord des Trois est une victoire pour le gouvernement français.

Les dispositions qu'il prévoit ne sont par contre qu'à moitié satisfaisantes. Conformément aux demandes françaises, l'Autorité internationale sera certes chargée de la répartition du coke, du charbon et de l'acier de la Ruhr entre la consommation allemande et l'exportation, dans le but d'assurer le développement économique des pays européens et de l'Allemagne. L'AIR aura aussi le pouvoir d'empêcher les pratiques discriminatoires que les autorités allemandes pourraient être tentées d'instaurer en « matière de transport, de prix et de commerce, de quota, de tarifs ou toutes autres mesures gouvernementales ou arrangements commerciaux qui seraient de nature à fausser les mouvements du charbon, du coke ou de l'acier de la Ruhr dans le commerce international »[118]. Cette seconde compétence de l'AIR, qui vise à empêcher toute concurrence sauvage de la part de la Ruhr et, partant, de l'Allemagne ne peut que satisfaire les Français. Ils approuvent également le fait que l'AIR ait pour attribution de sauvegarder et protéger les intérêts étran-

---

116 *Notes documentaires et études*, n° 1055 : « Le statut international de la Ruhr », La Documentation française, sans date, p. 3-5.

117 *Notes documentaires et études*, n° 1054 : « Le régime de la Ruhr : loi n° 75 relative à la réorganisation des industries du charbon et de l'acier édictée par les commandants en chef américain et britannique en Allemagne (10 novembre 1948) », La Documentation française, 8 janvier 1949, 8 p.

118 *Notes documentaires et études*, n° 1055, p. 4, citées en note 116.

gers dans le bassin. Par contre l'accord ne revient pas sur le contenu de la loi n° 75 : la propriété des mines et des industries de base du bassin ne sera pas internationalisée et la gestion des industries charbonnières et sidérurgiques de la Ruhr échappe à la compétence de l'Autorité et revient aux groupes de contrôle du charbon et de l'acier[119].

Si la constitution de l'AIR présente assurément une concession des Anglo-Américains aux exigences françaises de sécurité et permet d'atténuer le tollé qu'a provoqué en France la promulgation de la loi n° 75, sa composition et ses missions n'en font pas un organisme de contrôle au sens où l'entendent les Français. Par sa composition élargie aux pays du Benelux et à l'Allemagne, l'AIR n'est pas réductible à un organisme de contrôle traditionnel, subordonné aux Trois. Sa mission première dépasse également des tâches de contrôle restrictives. Elle consiste bien plus à répartir les richesses de la Ruhr dans l'intérêt de la paix et de « la coordination plus étroite de la vie économique des pays de l'Europe, y compris une Allemagne démocratique, coopérant pour le bien commun »[120]. La répartition que doit opérer l'AIR se fera de surcroît en étroite liaison avec l'OECE, dans le cadre élargi de la restauration économique des pays participant au plan Marshall. À terme, il est également prévu que l'Allemagne perde son statut de représentant mineur au sein de l'Autorité et qu'elle en devienne un membre à part entière[121]. Bref, l'AIR est une organisation au service de l'intégration économique de l'Allemagne en Europe occidentale. En ce sens, elle constitue un trait d'union entre une politique de contrôle et une politique de coopération européenne[122].

Satisfaisante dans le sens où elle assure une répartition des richesses de la Ruhr, l'AIR ne l'est pas en termes de sécurité. Dès lors, il est impératif pour Paris d'obtenir que les autres organismes de contrôle donnent au gouvernement des assurances suffisantes en ce domaine. Dès le mois de juillet 1948, les Français s'emploient donc à obtenir la création d'un Office militaire de sécurité conforme à leurs exigences. Les négociations avec les Anglo-Américains sont fastidieuses et butent sur trois points[123]. Le premier concerne les compétences dévolues à l'Office.

---

119 *Ibid.*, p. 3-5.

120 *Ibid.*, p. 4.

121 *Notes documentaires et études*, n° 1055, p. 3-4, citées en note 116.

122 Sur l'évolution de l'historiographie concernant les fonctions et le rôle effectif de l'AIR, voir Defrance, C. « La France et l'Autorité internationale de la Ruhr jusqu'à l'annonce du plan Schuman », in Wilkens, A. (dir.), *Le Plan Schuman dans l'histoire. Intérêts nationaux et projet européen*, Bruxelles, Bruylant, 2004, p. 123-124.

123 Le groupe de travail constitué par les trois puissances occupantes est contraint de se réunir à 6 reprises avant de trouver un accord. L'intégralité des comptes rendus est par exemple consultable dans AOFAA, AAA 19.

Alors que les Français considèrent qu'il devra assurer le désarmement militaire, industriel et scientifique de l'Allemagne, les Américains voudraient que son domaine d'intervention se limite aux questions militaires. Au terme de longues négociations, les Français obtiennent gain de cause[124]. Le deuxième point de désaccord oppose les Français aux Anglo-Américains sur le statut des personnels. Les premiers voudraient que l'OMS dispose de fonctionnaires nombreux qui lui soient directement rattachés, tandis que les seconds, arguant des restrictions en cours, privilégient la constitution d'un organisme léger, dont les effectifs pourraient dépendre d'autres organismes. Selon la solution adoptée, la qualité des contrôles variera évidemment du tout au tout. Sur ce point encore, les Français obtiennent satisfaction. Il est même admis que les responsables des divisions industrielles et scientifiques ne seront pas des militaires mais des experts civils[125]. Le troisième différend porte sur la composition de l'Office à l'échelon des Länder. Les Français, qui défendent la composition tripartite de l'OMS à tous les échelons, butent ici sur l'opposition des Britanniques, qui considèrent que les commissions de contrôle de l'OMS officiant en ZBO devront être exclusivement britanniques[126]. Le général Robertson refuse catégoriquement « l'immixtion d'organismes tripartites qui risqueraient d'empiéter sur le domaine qu'il estime réservé à ses commissaires régionaux et qui l'empêcheraient d'agir – ou de ne pas agir – à sa guise dans sa zone »[127]. Un compromis est finalement trouvé : pendant la durée de l'occupation, les contrôles dans les Länder dépendront des seuls commandants en chef ;

---

124 Sur ce point, « compte rendu de la première réunion du groupe de travail pour l'organisation de l'Office militaire de sécurité [du 25 août 1948] », sans date, AOFAA, AAA 19 ; tél. du MAE, dir. Eur., aux services français à Francfort, Baden-Baden et Berlin, 14 septembre 1948, AMAE, Y 1944/49, t. 357 ; courrier de Joseph P. Thew, capitaine de vaisseau de la marine de guerre américaine, représentant américain auprès du groupe de travail, à l'ingénieur-général Paszkiewicz, représentant français auprès du groupe de travail, 27 septembre 1948, « compte rendu de la troisième réunion du groupe de travail pour l'Office militaire de sécurité tenue à Berlin le 28 septembre 1948 », sans date, AOFAA, AAA 19 ; « note a/s de l'Office militaire de sécurité », MAE, CGAAA, service politique, 6 octobre 1948, AMAE, Y 1944/49, t. 357 ; tél. de MAE à François Seydoux (Baden-Baden), 14 octobre 1948, AOFAA, AEF 124/1 ; note du secrétaire américain (G. B. Robbins) du comité tripartite de l'Office militaire de sécurité, 22 octobre 1948, AMAE, Y 1944/49, t. 357.

125 Courrier de Koenig au MAE a/s du « projet d'organisation de l'Office militaire de sécurité », 5 août 1948, AMAE, Y 1944/49, t. 357 ; compte rendu de la première réunion du groupe de travail, 25 août 1948, cité en note 124 ; *Notes documentaires et études*, n° 1083 : « Textes relatifs à la création d'un Office de Sécurité Militaire en Allemagne », La Documentation française, 1er mars 1949, 6 p.

126 « Compte rendu de la quatrième réunion du groupe de travail pour l'organisation de l'Office militaire de sécurité [du 26 octobre 1948] », sans date, AOFAA, AEF 124/1 ; tél. de Tarbé de Saint-Hardouin à MAE, 27 octobre 1948, AOFAA, c. 80 d. XP 14-9.

127 Tél. de Tarbé de Saint-Hardouin à MAE, 30 novembre 1948, AMAE, Y 1944/49, t. 357.

après la fin de l'occupation, l'organisation de l'Office sera révisée et des contrôles tripartites seront organisés[128]. Les difficultés ayant été aplanies, les statuts de l'OMS sont adoptés le 17 décembre 1948 et sa première réunion a lieu le 21 décembre 1948[129]. La création de l'OMS constitue donc une victoire pour les Français.

L'adhésion des éléments français aux groupes de contrôle du charbon et de l'acier pose moins problème. Elle intervient dès la fin de l'année 1948. La place qui est faite aux Français n'est en revanche pas toujours satisfaisante.

2. *Le fonctionnement des organismes de contrôle : un bilan en demi-teinte*

Le fonctionnement des organismes de contrôle dépend d'abord de leur création effective. Or, les accords interalliés ne sont pas suivis d'effets immédiats : l'accord sur la Ruhr, acquis en décembre 1948, reste théorique jusqu'à l'adoption du statut sur la Ruhr quatre mois plus tard, le 28 avril 1949. Ce n'est qu'à partir de cette date que l'AIR entre en vigueur. Le groupe de contrôle de l'acier (GCA), pourtant institué en novembre 1948, n'entame véritablement ses travaux qu'à l'automne 1949. De leur côté, l'OMS et le groupe de contrôle du charbon (GCC) sont plus rapidement opérationnels. Se pose alors la question de la capacité qu'ont ces organismes à remplir leur mission. D'une institution à l'autre, les cas sont très différents.

Les Français attachent une importance toute particulière au GCC. Créé par la loi n° 75, le GCC dispose en effet de pouvoirs très étendus sur les industries houillères allemandes, ce qui compense la faiblesse des prérogatives de l'AIR en ce domaine. Il participe activement à la gestion des mines. Il veille par exemple à ce que la production charbonnière soit portée au maximum. Pour ce faire, il est habilité à donner à la direction allemande des mines, la *Deutsche Kohlenbergbauleitung* (DKBL), des directives concernant l'approvisionnement des mines, la main-d'œuvre, les investissements et les modalités de production. Il a aussi de larges compétences en matière de distribution. Il s'assure que la répartition des allocations entre la consommation intérieure et l'exportation respecte les décisions des autorités d'occupation et des organismes de répartition internationaux, telle la Commission économique européenne de l'ONU,

---

128 « Directive pour l'organisation de l'Office militaire de sécurité », réunion des commandants en chef français, américain et britannique, 17 décembre 1948, AOFAA, AEF 124/1.

129 *Ibid.* ; *Notes documentaires et études*, n° 1083 : citées en note 125. Sur la première réunion de l'OMS : « p.-v. de la séance d'ouverture de l'Office militaire de sécurité tenue le 21 décembre 1948 », OMS, commission, 21 décembre 1948, AOFAA, AAA 847 ; compte rendu de la première réunion de l'OMS du 21 décembre 1948, AMAE, Y 1944/49, t. 358.

qui a son siège à Genève. Dans la pratique, les techniciens du GCC préparent aussi les allocations, en quantité et en qualité, assurent les échanges de charbon entre la Sarre et la Ruhr, surveillent le niveau des stocks et le fonctionnement des transports. Le GCC est également doté d'importantes prérogatives financières. Il a la haute main sur les investissements, les subventions et les crédits qui sont accordés aux mines. La fixation des prix du charbon est aussi de son ressort. C'est surtout de lui que dépend l'application de la loi n° 75, c'est-à-dire la décartellisation des entreprises. Il est enfin « chargé de la défense des intérêts alliés dans l'industrie charbonnière allemande [et] des nominations à des postes importants dans cette industrie »[130].

Reste que si les Français sont admis au sein du GCC, leur représentation dans l'organisme les prive d'influence réelle. Les Anglo-Américains refusent tout d'abord que le président français du groupe, Georges Parisot, assure la présidence tournante du GCC, au prétexte que la fusion complète des trois zones occidentales n'est pas intervenue[131]. À cette première discrimination s'ajoute le fait que la France est sous-représentée dans l'organisme. Son personnel ne compte que pour 27 % de l'ensemble[132]. Cette sous-représentation est encore plus forte pour les postes d'encadrement. Sur les sept chefs de section, un seul est français. Au niveau supérieur des directeurs de branches et de leurs suppléants – six au total –, le déséquilibre est du même ordre, puisque seul le directeur de la branche distribution est français[133]. Qui plus est, le rôle de ce directeur, dont on imaginait à Paris qu'il serait essentiel, semble devoir perdre de l'importance dès lors que l'AIR entrera en vigueur, la distribution des charbons allemands échappant alors à la compétence du GCC[134]. À la fin mars 1949, les Britanniques proposent même que ce poste ne soit plus pourvu par un Français. Comme le directeur de la branche distribution a des contacts fréquents avec les membres de la Commission économique européenne de Genève, qui répartit le charbon entre les pays européens, il serait fâcheux, selon les Britanniques, que le représentant du plus gros fournisseur – l'Allemagne – soit un Français alors

---

130 « Note sur l'organisation et le fonctionnement du groupe de contrôle du charbon (Combined Coal Control Group) », 21 novembre 1949, AOFAA, AAA 1336/2.

131 Tél. de Tarbé de Saint-Hardouin à MAE, 17 décembre 1948, AMAE, Z Eur. 1944/60, All., t. 90.

132 « Propositions anglo-américaines concernant l'organisation du groupe de contrôle du charbon à participation française », 13 janvier 1949, AOFAA, AEF 133/2.

133 « Tableau résumant les propositions anglo-américaines pour l'encadrement du groupe de contrôe du charbon », CCFA, 14 janvier 1949, et tél. d'Arnal à Koenig, 17 juin 1949, AOFAA, AEF 133/2.

134 Tél. de MAE à Koenig, 19 janvier 1949, AOFAA, AEF 133/2.

que, dans le même temps, les Français sont les plus gros importateurs[135]. Paris se plaint enfin de ce que les Français sont quasiment exclus de la branche financement qui est notamment chargée de l'application de la loi n° 75 sur la décartellisation. Les Anglo-Américains justifient cette situation en prétextant qu'il est impossible de confier des postes à responsabilité aux Français dans cette branche sans risquer de désorganiser le fonctionnement du groupe[136]. Paris a beau protester et menacer de ne pas adhérer au GCC, la France est obligée d'accepter les propositions anglo-américaines[137]. Par contre, en échange de l'adhésion française au GCC, les Anglo-Américains demandent aux Français de dissoudre l'ATIC et UNICHAR, la commercialisation du charbon allemand devant désormais se faire par des sociétés allemandes[138]. Paris résiste, mais Washington et Londres se montrent intransigeants. Finalement les trois conseillers économiques conviennent de charger un groupe de travail de réfléchir à une solution de remplacement[139]. En réalité, les Anglo-Américains entendent restituer aux Allemands la tâche d'exporter leur charbon[140]. Très vite, enfin, il apparaît – et cela est beaucoup plus grave encore – que le GCC ne dispose pas d'un personnel suffisant pour mener à bien ses différentes tâches. La situation devient même critique à l'été 1949, lorsque les Anglo-Américains annoncent la réduction de leurs représentants au sein de l'organisme[141]. Au total, le bilan est loin d'être positif : Paris ne dispose que d'un strapontin au sein du groupe de contrôle et l'action de ce dernier ne semble pas vraiment efficace.

Il en va de même pour l'OMS. Son fonctionnement est profondément entravé par le fait que chaque puissance occupante est, dans les faits, responsable de l'application dans sa zone d'occupation des directives de l'Office. Les Anglo-Américains, aux yeux desquels l'Allemagne est loin de représenter un danger, désormais incarné par l'Union soviétique, refusent de freiner, même pour des raisons de sécurité, le relèvement

---

135 Tél. de Leroy-Beaulieu à Alphand, 30 mars 1949, AMAE, Z Eur. 1944/60, All., t. 90 ; tél. d'Humbert à CGAAA, 5 avril 1949, AMAE, Y 1944/49, t. 90.

136 Tél. de Koenig à MAE, 10 janvier 1949, AMAE, Z Eur. 1944/60, All., t. 90 ; compte rendu d'« une conversation téléphonique avec M. Alphand le 14 janvier 1949 à 15h30 », CCFA, conseiller technique, Georges Parisot, 14 janvier 1949, AOFAA, AEF 133/2.

137 Tél. d'Alphand à Bonnet, 8 février 1949, AMAE, Z Eur. 1944/60, All., t. 90

138 Tél. du SEAAA à Koenig, 12 janvier 1949, AMAE, Z Eur. 1944/60, All., t. 90 ; tél. de Tarbé de Saint-Hardouin à MAE, 2 février 1949, AMAE, Z Eur. 1944/60, All., t. 90.

139 Tél. du CCFA à CGAAA, 18 février 1949, AMAE, Z Eur. 1944/60, All., t. 90.

140 Tél. de Tarbé de Saint-Hardouin à MAE, 18 mai 1949, tél. de Bonnet à MAE, 25 mai 1949, AMAE, Z Eur. 1944/60, All., t. 90.

141 Tél. d'Arnal à Leroy-Beaulieu, 23 août 1949, tél. de Leroy-Beaulieu à Parisot, 26 août 1949, tél. du MAE à Leroy-Beaulieu, 31 août 1949, AOFAA, AEF 133/2.

économique de la Bizone et par conséquent ne se préoccupent pas de faire respecter les limitations de production prescrites. Ils ne transmettent pas non plus les éléments statistiques qu'ils sont censés adresser à l'OMS. Bref, sans être totalement illusoire, l'action de l'Office n'est pas pour autant convaincante puisqu'elle est circonscrite à la ZFO[142].

Seul le fonctionnement du groupe de contrôle de l'acier (GCA) donne réellement satisfaction. Il est vrai que de tous les organismes de contrôle, il est le seul à être pleinement tripartite[143]. Il a à sa tête trois présidents. Le représentant français est Albert Bureau, ingénieur en chef des mines, ancien directeur de la sidérurgie au ministère de la Production industrielle[144]. Les sections sont en outre équitablement réparties entre les représentants des Trois. Ses membres s'entendent bien[145]. Chargé en juillet 1949 de mettre en œuvre des directives révisées s'inspirant des principes de la loi n° 75[146], le groupe travaille en étroite collaboration avec l'OMS et l'AIR[147]. Il a pour principale tâche de contrôler la réorganisation de l'industrie sidérurgique allemande, la tâche effective incombant à une association de *trustees* allemands qui agit sous son autorité. Il s'agit d'empêcher la reconstitution de concentrations excessives[148]. Par ailleurs, les diverses investigations du GCA aboutissent rapidement à des résultats intéressants. Lorsque l'association des *trustees* allemands se constitue, en septembre 1949, il parvient à en limiter les pouvoirs. Ses études permettent également de montrer que la sidérurgie allemande ne nécessite, dans l'immédiat, aucun investissement et qu'il sera sans doute illusoire d'obtenir sa déconcentration durable tant qu'elle sera coiffée

---

142 Résumé de l'activité de l'OMS dans une « note sur l'Office militaire de sécurité », CGAAA, cabinet, 7 avril 1950, AOFAA, c. 80 d. XP 14-9 ; « note d'information sur l'OMS », HCRFA, service français auprès de l'OMS, 15 février 1950, AOFAA, AEF 124/1 ; conférence faite par l'ingénieur général Paszkiewicz, délégué français à l'OMS le 8 mars 1950 : « l'Office militaire de sécurité : sa création – ses buts – son activité », HCRFA, OMS, élément français, 25 avril 1950, AOFAA, c. 80 d. XP 14-9.

143 Tél. de Tarbé de Saint-Hardouin à Baden-Baden, 16 février 1949, AOFAA, AEF 134/6 ; « extrait du compte rendu de la séance du 16 février 1949 de la réunion [des commandants en chef des trois zones occidentales de l'Allemagne] sur l'organisation du groupe acier », AOFAA, AEF 134/6.

144 Note du président du Conseil des ministres à Koenig annonçant la nomination d'Albert Bureau à la présidence française du GCA, 17 février 1949, AOFAA, AEF 134/6.

145 Note sur « l'activité du groupe de contrôle de l'acier à Düsseldorf », HCRFA, GCA, Albert Bureau, 3 avril 1950, AOFAA, AAA 1336/2.

146 « Attributions du groupe tripartite de l'acier : directive révisée au groupe tripartite de l'acier », réunion des commandants en chef des zones occidentales de l'Allemagne, 22 juillet 1949, AOFAA, AEF 134/7.

147 « Note pour le secrétaire général a/s du groupe de contrôle de l'acier », MAE, dir. éco., octobre 1949, AOFAA, AAA 1336/2.

148 *Ibid.* ; « note sur le contrôle de la sidérurgie allemande par le groupe de contrôle de l'acier », HCRFA, GCA, Albert Bureau, 13 septembre 1949, AOFAA, AAA 1336/2.

par une organisation commerciale assurant l'essentiel de ses ventes. Le GCA parvient aussi à démonter l'écheveau de mesures qui permettent à la sidérurgie allemande de pratiquer une sorte de dumping à l'exportation[149]. Son action est donc efficace. Au contact des entreprises, entretenant des relations cordiales avec les membres de l'association des trustees allemands, le GCA semble être le seul organisme véritablement à même de « rassembler les faits indiscutables, dont la connaissance est indispensable pour permettre [aux autorités alliées] de donner à la sidérurgie allemande, dans le cadre européen, une organisation saine et logique »[150].

En définitive, Paris ne peut être que déçu des accords trouvés avec les Anglo-Américains. La fusion partielle des zones s'est transformée en véritable piège pour la France, interdisant *de facto* d'influencer la constitution de l'Allemagne selon ses vœux. Quant aux accords sur les organismes de contrôle, ils sont satisfaisants d'un point de vue formel. Dans la pratique, l'action de ces organismes est toutefois plus mitigée et leur fonctionnement, sauf pour l'AIR et le CGA, semble peu concluant. Bref, ce bilan en demi-teinte ne peut qu'encourager les Français à nouer des relations économiques directes avec les Allemands.

III. La normalisation des relations économiques avec l'Allemagne

À partir du printemps 1948, le gouvernement français manifeste de plus en plus la volonté de normaliser les relations économiques franco-allemandes. Le durcissement de la guerre froide et les négociations tripartites de Londres, qui prévoient, à terme, la fusion des trois zones occidentales et la constitution d'un État d'Allemagne de l'Ouest, plaident en ce sens. Paris prend aussi conscience que la politique de contrôles ne pourra pas durer éternellement. Qui plus est, dans cette Allemagne occidentale en cours de création, la Bizone reste largement fermée à l'influence française. La préservation et le développement des intérêts économiques français en Allemagne passent donc par une nouvelle politique. Pour les pouvoirs publics, il ne fait pas de doute que les entrepreneurs français doivent progressivement se substituer aux services du gouvernement militaire. Ce changement d'acteurs correspond d'ailleurs pleinement aux évolutions en cours. La reconstruction économique de l'Allemagne occidentale, bénéficiaire du plan Marshall, est désormais inéluctable. Les États-Unis et les pays du Benelux voient en elle un partenaire économique de premier plan et se sont engagés

[149] « Note sur le groupe de contrôle de l'acier », MAE, dir. éco., 21 novembre 1949, AOFAA, AAA 1336/2.

[150] « Note sur le groupe de contrôle de l'acier », sans auteur, 21 novembre 1949, AOFAA, AAA 1336/2.

dans une normalisation progressive de leurs relations économiques avec l'ancien vaincu, prélude au développement de fructueux échanges commerciaux. La France s'engage à son tour dans ce processus. Les intentions de l'État n'en restent pas moins ambiguës. Il s'agit tout autant de promouvoir la reprise des relations économiques que de contrôler l'ancien Reich. Quant aux industriels, ils se montrent toujours prudents.

A. De nouvelles organisations au service du commerce franco-allemand

La relance des relations économiques franco-allemandes passe en premier lieu par la création de nouvelles organisations. Trois d'entre elles méritent d'être rapidement évoquées.

1. Les services commerciaux français en Allemagne

Dès le début de l'été 1948, le gouvernement français reconnaît la nécessité de rétablir outre-Rhin « des services chargés d'assurer la défense permanente des intérêts commerciaux français »[151]. Le ministère des Finances et des Affaires économiques nomme par conséquent un conseiller commercial, Bernard Lefort, qui sera placé sous la tutelle de Jacques Tarbé de Saint-Hardouin, conseiller politique du général Koenig. Bernard Lefort sera secondé par un attaché commercial.

Outre les tâches habituelles dévolues à un conseiller commercial, Bernard Lefort devra assurer, dans le cadre de la fusion des services du commerce extérieur de la ZFO avec ceux de la Bizone, « la bonne fin des contrats conclus par la mission commerciale d'achats »[152]. Il devra aussi établir un plan d'organisation portant sur la mise en place d'agences régionales, installées à Hambourg, Berlin ou Baden-Baden, qui participeront au développement des activités commerciales françaises outre-Rhin.

La compétence du conseiller s'étendra à toute l'Allemagne. Il devra être accrédité par les autorités compétentes des zones d'occupation américaine, britannique et soviétique. Pour être en relation directe avec les autorités anglo-américaines et au cœur de la future Allemagne occidentale, le conseiller et ses services seront domiciliés à Francfort-sur-le-Main[153].

---

[151] Courrier de Félix Gaillard, sous-secrétaire d'État aux Affaires économiques à Schneiter, a/s de l'« organisation des services commerciaux français en Allemagne », 3 juillet 1948, AOFAA, c. 123 d. ECO I D 5.

[152] Courrier de Gaillard à Schneiter, 3 juillet 1948, AOFAA, cité en note 151.

[153] *Ibid.*

2. *L'Association française pour les relations économiques avec l'Allemagne*[154]

À cette première innovation administrative, traduisant une volonté certaine de normalisation des relations commerciales avec l'Allemagne, s'ajoute, à partir du printemps 1948[155], l'intention des pouvoirs publics de transformer l'ACIA, dont l'action est peu concluante, en une association plus représentative des intérêts économiques français.

Pour ce faire, en mai et juin 1948, Robert Schuman, président du Conseil, et René Mayer, ministre des Finances, demandent à Georges Villiers, président du Conseil national du patronat français (CNPF), d'assurer la réorganisation de l'ACIA pour « en faire un groupement d'étude et d'action, dans lequel les grandes fédérations syndicales, les chambres de commerce et les entreprises privées les plus intéressées au développement des relations franco-allemandes pourraient échanger leurs vues, se concerter et s'accorder sur des suggestions qu'elles soumettraient aux pouvoirs publics »[156].

Plutôt que de fonder une nouvelle association du type de l'ACIA, qui risquerait de susciter l'opposition des Allemands et des Anglo-Américains, les services français d'occupation en Allemagne prônent de leur côté la constitution d'une véritable chambre de commerce franco-allemande. Sa création devrait être rapide et intervenir, dans tous les cas, avant l'adhésion de l'OFICOMEX à la JEIA, de façon à sauvegarder les intérêts français – renouvellement des contrats – que la fusion compromettra irrémédiablement[157]. L'idée, transmise à Paris, fait son chemin et est adoptée par les décideurs. Mais elle bute sur l'opposition des chambres de commerce et d'industrie. Le président de l'assemblée des présidents des chambres de commerce de l'Union française, Marcel Cusenier, explique ainsi à Robert Wirth, directeur de cabinet du secrétaire d'État aux Affaires allemandes et autrichiennes, venu leur présenter

154 Sur l'AFREA, Lefèvre, S., *Les relations économiques franco-allemandes*, *op. cit.*, p. 229-232.

155 À l'été 1948, l'ACIA est même en cessation de paiement : Eck, J.-F., *Les entreprises françaises face à l'Allemagne*, *op. cit.*, p. 138. Il semblerait que le passif de l'ACIA se monte à 900 000 francs ; note sur la situation financière de l'AFREA pour la période du 1er mai au 5 septembre 1949, AFREA, 19 septembre 1949, ACCIP, IX-2.00 (116).

156 « Projet de réorganisation de l'ACIA. Compte rendu de la réunion tenue le 5 janvier 1949 dans le cabinet de M. Poher, commissaire aux affaires allemandes et autrichiennes », CCI de Paris, section études, 6 janvier 1949, « procès-verbal de la séance du bureau de l'assemblée des présidents des chambres de commerce de l'Union française : résultat des pourparlers concernant l'AFREA », 23 mars 1949, ACCIP, VI 6.50 (5).

157 « Fiche pour le général Koenig a/s de la création éventuelle d'une chambre de commerce franco-allemande », Edmond Dobler, 25 mai 1948, AOFAA, c. 138 d. ZF 5-3.

le projet, qu'il n'est pas envisageable de créer une chambre de commerce « où siégeraient simultanément des Français et des étrangers »[158]. Dans le futur système trizonal, Marcel Cusenier se dit favorable à la constitution d'un organisme qui permettrait d'informer les industriels français des possibilités de commercer avec l'Allemagne. À cette fin, des échanges avec les autorités d'occupation britanniques et américaines lui semblent utiles mais il ne voit pas « la nécessité de conversations avec les Allemands »[159].

Dès l'automne, le gouvernement en revient donc à son projet initial. Le CNPF et les chambres de commerce sont chargés de mettre au point la future association[160]. Sa présidence est confiée, de façon temporaire, à Pierre Jaudon qui, après avoir été président de chambre à la Cour d'appel de Paris et ministre plénipotentiaire, est président de l'Association française de défense des intérêts et participations en Allemagne (AFIPA)[161]. Robert de Boysson, chef de la division de la production industrielle du GFCC pendant trois ans, en est délégué général[162]. À la fin de l'année, les statuts de la nouvelle association sont prêts[163]. Le gouvernement français et les services français d'occupation pressent alors Marcel Cusenier et Georges Villiers de la créer sans tarder. En Allemagne, le général Koenig aimerait que les industriels français soient plus présents. La fusion de l'OFICOMEX et de la JEIA, réalisée le 18 octobre 1948, et le relèvement économique allemand, qui a commencé, accroissent considérablement les possibilités d'échanges. Tandis que les Américains, les Britanniques, les Belges, les Néerlandais et les Luxembourgeois sont très présents en Allemagne, qu'ils orientent ses échanges dans l'intérêt de leurs pays respectifs et qu'ils se préparent à

---

158 « Réunion des membres du bureau de l'assemblée des présidents des chambres de commerce de l'Union française (séance du 19 juillet 1948) ; projet de création d'une chambre de commerce franco-allemande », CCI de Paris, sans date, ACCIP, IX-2.00 (96).

159 *Ibid.* Sur le refus de l'assemblée des présidents des CCI de l'Union française de participer à la création d'une chambre de commerce franco-allemande : note du bureau sur la « chambre de commerce franco-allemande », 19 juillet 1948, ACCIP, IX-2.00 (96).

160 Compte rendu de la « réunion des membres du bureau de l'assemblée des présidents de CCI de l'Union française », 18 octobre 1948, ACCIP, IX-2.00 (99).

161 P.-V. de la séance du bureau de l'assemblée des présidents, 23 mars 1949, cité en note 156. Sur Pierre Jaudon, sur l'Association française de défense des intérêts et participations en Allemagne et sur l'Association pour la sauvegarde des biens et intérêts français à l'étranger (ASBIFE), Eck, J.-F., *Les entreprises françaises face à l'Allemagne*, *op. cit.*, p. 135-138.

162 « Réunion des membres du bureau de l'assemblée des présidents : les relations franco-allemandes », 13 décembre 1948, ACCIP, IX-2.00 (104).

163 Courrier de De Boysson à Villiers, comprenant un projet de statuts pour l'AFREA, 17 décembre 1948, ACCIP, VI-6.50 (5).

réaliser des prises de participations dans les entreprises allemandes, les Français sont quasiment absents. Les pouvoirs publics regrettent la prudence des industriels et commerçants vis-à-vis du marché allemand et leur réticence à prendre des contacts avec leurs homologues allemands[164].

Les réserves des industriels et commerçants sont exposées par Marcel Cusenier et Georges Villiers à l'administration française à l'occasion d'une réunion tenue au cabinet d'Alain Poher, commissaire général aux affaires allemandes et autrichiennes[165]. Pour Marcel Cusenier, la reprise des relations économiques avec l'Allemagne comprend deux types d'actions : les projets d'investissements et les échanges commerciaux. Or, dans les deux cas, il n'est pas sûr que les industriels soient prêts à s'engager et il doute que l'association soit très utile. En ce qui concerne les projets d'investissements, le président de la chambre de commerce de Paris fait lui-même preuve d'une grande réserve : selon lui,

> il convient de ne pas oublier les expériences du passé et les déceptions qu'elles ont laissées. Les placements effectués en Allemagne pendant la période de l'entre-deux-guerres n'ont laissé que des mécomptes, malgré l'heureuse gestion des entreprises et malgré les résultats satisfaisants obtenus en Allemagne même. Les interdictions de transfert de capitaux et de revenus ont, en fait, empêché avant et après le nazisme les entreprises françaises qui avaient fait des placements en Allemagne, qui y avaient pris des participations ou qui y avaient procédé à des créations industrielles, de bénéficier du résultat de leurs efforts. Pour une politique d'investissements, il y aura donc des précautions toutes particulières à prendre et il sera difficile de faire oublier les mécomptes anciens à ceux qui les ont subis.

Quant à la reprise des échanges commerciaux avec l'Allemagne, elle ne pourra pas, de l'avis de Cusenier, procéder de l'action de l'association parce qu'elle dépendra avant tout de chaque entrepreneur[166].

À ces deux réserves s'ajoute très vite la crainte que la reprise des relations commerciales avec l'Allemagne ne dope la concurrence allemande. Au printemps 1949, le président du groupement professionnel des industries mécaniques considère que la reprise des exportations de produits agricoles français vers l'Allemagne renforcera le potentiel économique allemand et l'amènera à exporter davantage. À plus ou moins long terme, cette évolution conduira les Français à importer plus de ma-

---

164 « Projet de réorganisation de l'ACIA. Compte rendu de la réunion tenue le 5 janvier 1949 dans le cabinet de M. Poher », CCI de Paris, section études, 6 janvier 1949, ACCIP, VI-6.50 (5).

165 *Ibid.* À cette réunion tenue dans le cabinet d'Alain Poher, CGAAA, participent notamment Marcel Cusenier et Georges Villiers, en tant que représentants du monde de l'entreprise et, pour l'administration, Jean-Pierre Neu et Jean Bloch, de la DREE, Roger Bloch et André Rodocanachi, du CGAAA, et Roger Gromand, secrétaire général du CCFA.

166 Projet de réorganisation de l'ACIA, 6 janvier 1949, cité en note 164.

chines en provenance d'Allemagne, qui entreront directement en concurrence avec les productions des constructeurs français[167]. Cette peur de la concurrence industrielle est d'autant plus forte que les industriels français savent que le prix du charbon et de l'acier est plus élevé d'environ 20 % en France qu'en Allemagne. De leur côté, les industries françaises des produits de luxe ne voient pas d'intérêt à reprendre leurs relations avec l'Allemagne puisque leurs produits, considérés en Allemagne comme des importations non essentielles, ont peu de chances de pouvoir y être exportés[168]. D'une manière générale, les industries exportatrices françaises considèrent que, sans abandon de la politique de contingentement et l'octroi de plus grandes facilités pour exporter, la reprise des échanges commerciaux avec l'Allemagne est vouée à l'échec[169]. Bref, toutes ces craintes semblent partagées par une majorité des membres des chambres de commerce et conduisent à reporter la création de l'AFREA[170].

L'association est cependant fondée à la fin avril 1949[171]. Elle a pour tâches essentielles d'être

> un centre d'échanges de renseignements pratiques, un office qui pourrait s'occuper de faire exécuter les formalités nécessaires dans les relations avec l'Allemagne (visa de passeports, autorisation de circuler en Allemagne, obtention de devises, etc.), un centre de documentation statistique et de diffusion, sous forme de bulletins ou publications diverses, de toutes les informations obtenues sur l'Allemagne [et] un lieu de rencontre entre industriels et commerçants français et allemands[172].

Dès le mois de septembre 1949, les quatre services principaux – visas, voyages ; documentation commerciale ; documentation administrative ; information – entrent en activité[173]. L'AFREA a son siège social

---

[167] Extraits traduits du *Wirtschaftszeitung* de Stuttgart, 18 juin 1949, AOFAA, C. 1862 p. 4 d. 19.

[168] « Réunion du 6 juillet 1949 à la CCI de Paris, sous la présidence de Robert Schuman, à l'occasion de la création de l'AFREA », 6 juillet 1949, ACCIP, IX-2.00 (115).

[169] « Réunion des membres du bureau de l'assemblée des présidents des chambres de commerce de l'Union française a/s de l'AFREA », 19 juillet 1949, ACCIP, IX-2.00 (115).

[170] Extraits traduits du *Wirtschaftszeitung*, 18 juin 1949, cités en note 167.

[171] Note sur l'AFREA, bureau de l'assemblée des présidents des CCI de l'Union française, 25 avril 1949, ACCIP, IX-2.00 (110) ; « procès-verbal de la séance du bureau de l'assemblée des présidents des CCI de l'Union française : résultat des pourparlers concernant l'AFREA », 23 mars 1949, ACCIP, VI 6.50 (5).

[172] Projet de réorganisation de l'ACIA, 6 janvier 1949, cité en note 164 ; « programme pour l'organisation des relations économiques entre la France et l'Allemagne », (postérieure au 5 janvier 1949), ACCIP, IX-2.00 (104).

[173] AFREA, Note d'information n° 1, 19 septembre 1949, ACCIP, IX-2.00 (16).

à Paris et un bureau à Francfort[174]. Peuvent être membres de l'association les régions économiques, les chambres de commerce, les groupements de chambres de commerce, les associations, les groupements de producteurs ou de distributeurs ainsi que les sociétés et firmes. Mis à part le président et deux membres, le comité de direction, qui anime la politique de l'AFREA, est composé pour moitié de représentants de régions économiques, de chambres de commerce ou groupements de chambres de commerce, pour moitié de représentants des associations ou groupements de producteurs ou distributeurs[175].

Dès sa création, l'AFREA souffre de la désaffection du monde de l'entreprise. En septembre 1949, seulement cinq chambres de commerce ou groupements de chambres de commerce – Paris, Nancy, Bordeaux, Comité alsacien et mosellan (Strasbourg, Mulhouse, Colmar et Metz)[176] – qui représentent surtout le Grand Est ont versé leur souscription[177]. En octobre, la situation s'est aggravée. Les chambres de commerce et les groupements qui sont hésitants à adhérer à l'AFREA attendent, avant de s'engager, de voir les services que celle-ci pourra leur procurer, alors que son action est justement paralysée par le manque de moyens financiers. Marcel Cusenier envisage de relancer les chambres de commerce pour qu'elles cotisent[178].

L'action de l'État vis-à-vis de l'AFREA est bien différente de celle qu'il avait eue sur l'ACIA. Le gouvernement est certes dans les deux cas à l'origine de la création des deux associations. Mais les objectifs qu'il poursuit ont profondément changé. Alors que l'ACIA avait été créée pour préserver les intérêts français en Allemagne, le but qui préside à la fondation de l'AFREA est bien différent. Il s'agit avant tout de relancer les échanges économiques franco-allemands pour éviter que la France soit évincée du marché allemand par ses concurrents européens. Fait révélateur, l'administration n'entend pas exercer la même tutelle, le même droit de surveillance sur l'AFREA que sur l'ACIA. Il n'existe par exemple plus de conseil de surveillance, au sein duquel l'État aurait une position dominante[179]. Par contre, les réactions des industriels restent sensiblement les mêmes : la prudence et le scepticisme l'emportent.

---

174 « Procès verbal de la séance du bureau de l'assemblée des présidents des CCI de l'Union française : résultat des pourparlers concernant l'AFREA », 23 mars 1949, ACCIP, VI 6.50 (5).

175 « Statuts », AFREA, sans date, ACCIP, IX-2.00 (110).

176 « Souscription des CCI à l'AFREA », 19 septembre 1949, ACCIP, IX-2.00 (116).

177 « Note sur l'AFREA », Bureau de l'assemblée des présidents des CCI de l'Union française, 19 septembre 1949, ACCIP, IX-2.00 (116).

178 « Compte rendu de la réunion des membres du bureau de l'assemblée des présidents des CCI de l'Union française », 17 octobre 1949, ACCIP, VI 2.00 (116).

179 *Ibid.*

Pourtant, certaines évolutions sont incontestables. La composition de l'association traduit les changements d'objectifs de l'AFREA vis-à-vis de l'Allemagne. Bien que ses statuts réservent l'adhésion aux personnes de nationalité française, ils permettent à des Allemands d'en devenir correspondants et de bénéficier, à ce titre, de renseignements[180]. La volonté d'ouverture apparaît. Les Français considèrent d'ailleurs depuis 1948 que les Allemands devraient disposer d'une association similaire. Il serait alors possible que, de part et d'autre du Rhin, les deux associations entretiennent des rapports directs[181].

3. La création d'associations allemandes

Côté allemand, une première organisation, l'« *Arbeitskreis Frankreich* », est créée en novembre 1948 à l'initiative des chambres de commerce et d'industrie de la région du Main et du Rhin. Ce groupement de travail se fixe pour objectif l'organisation de conversations franco-allemandes. Comme il apparaît que la constitution de cette structure est plébiscitée par les acteurs français – Georges Villiers, André François-Poncet, conseiller spécial du général Koenig, Jules Marx, du Quai d'Orsay –, les Allemands la transforment et la consolident tout au long de l'année 1949[182]. En septembre, l'« *Arbeitskreis Frankreich* » est transformé en *Deutsche Vereinigung zur Förderung der Wirtschaftsbeziehungen mit Frankreich* (DEFRA), association destinée à être « le partenaire et correspondant de l'Association française pour les relations économiques avec l'Allemagne »[183]. « Tout comme l'AFREA a été placée sous les auspices des chambres de commerce et du CNPF, la DEFRA est créée par le *Deutscher Industrie- und Handelstag* (DIHT), qui fédère en Allemagne les chambres de commerce et d'industrie, et par le *Bundesverband der deutschen Industrie* (BDI), la grande organisation patronale » allemande[184].

En 1949, d'autres organisations allemandes, tournées vers la France, se développent. Le *Deutsch-Französisches Institut* de Ludwigsburg est fondé en février 1949 par Carlo Schmid. Composé des personnalités les plus diverses, appartenant au monde politique, aux milieux économiques et industriels ou aux cercles universitaires, l'Institut aborde les questions franco-allemandes sous tous leurs aspects, y compris économiques[185].

---

[180] P.-V. de la séance du bureau, 23 mars 1949, cité en note 174.

[181] Projet de réorganisation de l'ACIA, 6 janvier 1949, cité en note 164.

[182] Bührer, W., « Wegbereiter der Verständigung. Deutsch-französische Industriellekontakte 1947-1955 », in *Revue d'Allemagne et des pays de langue allemande*, janvier-mars 1991, n° 1, p. 77-80.

[183] « Note sur les organisations allemandes orientées vers la France », Pierre de Malleray, sans date (décembre 1949-janvier 1950), AOFAA, C. 3250, p. 1.

[184] Eck, J.-F., *Les entreprises françaises face à l'Allemagne*, *op. cit.*, p. 140.

[185] Note de Pierre de Malleray, sans date, citée en note 183.

Au début de l'année 1949 est aussi créé, suite à une conférence d'André François-Poncet, le *Studienausschuss Frankreich* de Düsseldorf. Affilié à la DEFRA pour les questions économiques, le comité étudie la France sous ses aspects économiques et politiques. Il « édite un bulletin contenant fréquemment des articles où sont soigneusement relevées des attitudes françaises qualifiées d'amicales pour l'Allemagne »[186].

Toujours au début de l'année 1949 est fondé à Munich le Comité *zur Pflege Deutsch-Französischer Beziehungen*. Regroupant des personnalités bavaroises – hommes politiques, industriels et banquiers, universitaires, ancienne diplomatie allemande –, le comité, qui s'intéresse aux relations franco-allemandes sur les plans politique, économique et culturel, est affilié, à partir de l'automne, à la DEFRA pour les questions économiques[187].

Grâce à la création de ces associations, de part et d'autre du Rhin, de meilleures conditions pour le développement des échanges économiques franco-allemands sont progressivement mises en place.

B. Le développement des échanges franco-allemands

Ces associations jouent un véritable rôle de catalyseur dans les relations économiques franco-allemandes.

Certains de ces organismes organisent des séries de conférences qui permettent de mieux comprendre l'économie du pays voisin. Ainsi à l'« *Arbeitskreis Frankreich* », Karl Albrecht, directeur de la *Forschungsstelle für Wirtschaftsaufbau* du ministère de l'Économie à Tübingen, présente un exposé sur la structure et l'évolution des relations économiques franco-allemandes. L'ancien correspondant économique à Paris de la *Frankfurter Zeitung*, Busemann, évoque de son côté la structure sociale et économique de la France, tandis que l'ancien directeur de la chambre de commerce allemande à Paris traite de la reprise des relations économiques franco-allemandes[188]. À Ludwigsburg, les conférenciers, qui émanent d'horizons professionnels élargis[189], viennent d'Allemagne mais aussi de France. Les contacts personnels sont ainsi directement soutenus[190].

---

[186] Note de Pierre de Malleray, sans date, citée en note 183 ; Bührer, W., « Wegbereiter der Verständigung. Deutsch-französische Industriellekontakte 1947-1955 », in *op. cit.*, p. 78-79.

[187] Note de Pierre de Malleray, sans date, citée en note 183.

[188] « Rapport sur la constitution d'un cercle de travail "France" », CCI de Francfort-sur-le-Main, 15 janvier 1949, AMAE-Colmar, C. 1862, p. 4 d. 19.

[189] La première série de conférences fait intervenir des écrivains, des artistes, des professeurs, des hommes politiques, des experts économiques, des industriels et des syndicalistes.

[190] Note de Pierre de Malleray, sans date, citée en note 183.

Les rencontres entre milieux politiques et économiques français et allemands se développent sensiblement à partir du début de l'année 1949. Jules Marx, du Quai d'Orsay, a des entretiens en janvier à Cologne et Düsseldorf. Toujours à Düsseldorf, en mars, André François-Poncet rencontre de nombreux industriels. Dans le même temps, des Allemands font le voyage de Paris. En juillet 1949, le comité de direction de l'AFREA s'entretient à Bad Neuenahr avec les représentants des cercles allemands. Quelques semaines après la création de la DEFRA, les représentants des deux organisations se retrouvent à Paris. Outre que ces réunions permettent de mieux se connaître, elles donnent aussi l'occasion d'envisager en commun certaines questions économiques. Lors de la rencontre de Paris, la renaissance des cartels internationaux est évoquée de même que la prise de participations françaises dans les sociétés du charbon et de l'acier de la Ruhr[191]. Même si les solutions proposées ne font pas systématiquement consensus, ces discussions marquent une intensification des relations entre les milieux économiques français et allemands.

De ce point de vue, la première mission économique française organisée en Allemagne, au mois d'octobre 1949, par des représentants de l'Union française des industries exportatrices (UFIE) est particulièrement éclairante[192]. Patronnée par les pouvoirs publics français[193], présidée par Robert Alterman, vice-président délégué de l'Union, la mission de l'UFIE comprend 25 membres, représentant les industries du cuir, du textile, des produits alimentaires et des liqueurs. Pendant la semaine passée outre-Rhin, les membres de la mission séjournent essentiellement à Francfort[194]. Ils y rencontrent des personnalités françaises issues des services d'occupation[195] et des personnalités allemandes qui représentent les administrations économiques de la République fédérale (Ludwig

---

191 Bührer, W., « Wegbereiter der Verständigung. Deutsch-französische Industriellekontakte 1947-1955 », in *op. cit.*, p. 77-81.

192 Mission économique en Allemagne, 23 au 29 octobre 1949, supplément au bulletin bi-mensuel n° 315 de l'Union française des industries exportatrices, 10 décembre 1949, 28 p., AOFAA, C. 3250, p. 1.

193 L'envoi de la mission de l'UIFE est décidé à la suite d'un déjeuner avec Jean Filippi, patron de la DREE. Elle est patronnée par Robert Schuman, Maurice Petsche, ministre des Finances et des Affaires économiques, Hervé Alphand, Jean Filippi, Bernard Lefort et Diemer, conseillers commerciaux à Mayence et Francfort. Marcel Cusenier et Georges Villiers lui apportent leur soutien.

194 La mission passe par Luxembourg, Bad Godesberg, Bonn, Bad Neuenhar, Francfort, Heidelberg et Sarrebrück.

195 La mission rencontre notamment André François-Poncet, Paul Leroy-Beaulieu, conseiller économique du haut-commissaire français en Allemagne, Simon Meyer, adjoint du conseiller économique, Bernard Lefort et Diemer, conseillers commerciaux, André Decamps, consul général, Pierre Arnal, directeur général adjoint de la JEIA, Pierre de Malleray, délégué à Francfort de l'AFREA.

Erhard, le docteur von Maltzan[196], le docteur Lahr[197]) et les milieux économiques (banquiers, présidents de chambres de commerce, directeur de la foire agricole de Francfort)[198].

L'apport de la mission est indéniable. Elle facilite la prise de contacts entre les industriels des deux pays. Elle permet également aux Français de mieux connaître le fonctionnement de l'économie allemande, de comparer le niveau de vie dans les deux pays et de comprendre les attentes des partenaires. Elle donne ensuite l'occasion aux Français et aux Allemands de discuter de problèmes économiques concrets. À Francfort, de longues séances de travail sont consacrées aux moyens d'améliorer le fonctionnement de l'accord de commerce France-Trizone[199]. Les questions de procédure, qu'il s'agisse des déblocages de contingents ou des attributions de licences, sont étudiées. Il apparaît ainsi que les compensations privées, au développement desquelles Français et Allemands sont favorables pour les produits qui ne figurent pas dans l'accord de commerce, butent sur l'hostilité des Américains siégeant à la JEIA. Les discussions portent surtout sur les améliorations à apporter à l'accord de commerce. D'une manière générale, Français et Allemands s'accordent pour demander une augmentation générale des contingents et leur instauration pour toute une série de produits qui ne figurent pas dans l'accord. Les perspectives d'avenir sont également évoquées. La suppression de la JEIA, qui est intervenue, devrait favoriser une libéralisation des échanges qui semble profitable à tous les acteurs. De retour en France, les représentants de l'UFIE sont en mesure de présenter aux pouvoirs publics des recommandations censées favoriser le développement des relations commerciales franco-allemandes. Il est par exemple proposé de mettre un terme au classement en produits de nécessité ou de luxe ou encore produits essentiels ou non essentiels parce que cette « classification devenue artificielle (…) décourage l'effort vers la qualité et réfrène l'essor industriel et commercial ». L'UFIE recommande aussi que « la liberté des échanges [devienne] le principe directeur des relations commerciales entre la France et l'Allemagne » et demande qu'« en vue de maintenir les contacts commerciaux renoués par la mission », toutes facilités soient données aux voyages professionnels des Français comme des Allemands[200].

---

196 Von Maltzan est directeur des relations extérieures au ministère fédéral de l'Économie.

197 Lahr est directeur des services des relations extérieures avec la France et l'Italie.

198 Mission économique en Allemagne, octobre 1949, citée en note 192.

199 Sur ce point, qui ne sera pas développé, Lefèvre, S., *Les relations économiques franco-allemandes*, *op. cit.*, p. 189-193.

200 Mission économique en Allemagne, octobre 1949, citée en note 192.

Au fond, même si elles butent encore sur de nombreuses difficultés, les relations économiques franco-allemandes s'annoncent assez prometteuses à moyen terme. Dans l'immédiat, le dialogue est renoué. Cependant, la création de la République fédérale d'Allemagne ravive les tensions.

IV. La France face à la République fédérale naissante

À partir de l'automne 1949, les rapports entre les Alliés et l'Allemagne changent considérablement. Conformément aux recommandations de Londres de juin 1948, l'Allemagne occidentale devient un État. Le 23 mai 1949, la loi fondamentale pour la République fédérale d'Allemagne est promulguée. Les premières élections législatives ont lieu en août et, le 15 septembre 1949, Konrad Adenauer est élu chancelier. Son gouvernement est formé le 21 septembre, date à laquelle entre en vigueur le statut d'occupation défini par les Trois lors de la conférence de Washington en avril 1949. Les gouvernements militaires sont dissous. Désormais séparées des fonctions militaires, les fonctions civiles des puissantes occupantes reviennent à trois hauts commissaires réunis dans une Haute-Commission alliée. En vertu du statut d'occupation, les compétences de cette dernière, très importantes, limitent la souveraineté de l'Allemagne dans bien des domaines. Les Alliés conservent la haute main sur le désarmement, la démilitarisation, la dénazification, les réparations, le régime de la Ruhr, les affaires étrangères, le commerce extérieur et les questions de devises[201].

Côté français, les premiers mois de la coopération avec le tout nouveau gouvernement allemand sont lourds de menaces et ravivent les craintes. La première inquiétude a trait à la question des réparations, qui reparaît sur le devant de la scène politique et médiatique. En octobre, des négociations s'engagent avec le chancelier Adenauer pour régler définitivement la question. À Paris, l'heure est donc aux bilans. Ils sont assez sombres. Les perspectives d'avenir apparaissent plus inquiétantes encore. Paris s'interroge en effet sur l'évolution de ses relations avec la toute jeune République : l'Allemagne acceptera-t-elle vraiment de participer à l'AIR et à l'OMS et de s'engager dans la coopération européenne ? La déconcentration industrielle a-t-elle encore une chance d'aboutir ? Le relèvement économique allemand ne s'accompagnera-t-il pas de la renaissance de pratiques commerciales agressives et du retour d'une concurrence dangereuse pour l'économie française ?

---

201 Guillen, P., *La question allemande*, *op. cit.*, p. 38-39.

A. La fin des réparations

1. L'état des réparations à la veille de la création de la République fédérale d'Allemagne

Au début de l'année 1949, le comité Humphrey recommande de maintenir en Allemagne 167 des quelque 389 usines qu'il a visitées[202]. Français et Anglo-Américains poursuivent les discussions sur le nombre des usines à démonter dans le cadre des négociations qu'ils mènent au début de l'année 1949, comme cela avait été prévu par les recommandations de Londres. En avril 1949, en marge des accords de Washington, les Alliés arrêtent leur nombre en même temps qu'ils fixent les industries à interdire et qu'ils précisent celles qui seront soumises à limitation[203].

Bien que l'accord du 14 avril allège les dispositions sur les industries interdites et limitées, les Alliés révisent légèrement à la baisse le nombre d'usines à maintenir en Allemagne : seules 159 unités des 167 prévues initialement par le comité Humphrey ne seront pas démontées[204]. Qui plus est, les interdictions de production, qui comprennent le matériel de guerre, l'essence et les lubrifiants synthétiques, les produits chimiques de guerre, le magnésium primaire, le béryllium, les avions et les bâtiments de guerre, conduisent les Alliés à prévoir le démontage supplémentaire de 150 à 200 unités, qui viendraient s'ajouter aux 691 usines prévues dans l'accord du 14 avril 1949[205].

À partir d'avril 1949, ce sont donc près de 900 usines qui devraient être démontées, leur montant correspondant à environ 900 millions de Reichsmarks 1938. Ces démontages équivalent par conséquent – qu'il s'agisse du nombre des usines allemandes à enlever ou de leur valeur – aux listes arrêtées en octobre 1947 (858 usines pour près d'un milliard de Reichsmarks 1938)[206]. Si cette décision de principe correspond aux attentes françaises, sa mise en œuvre bute, comme par le passé, sur l'opposition conjuguée des Américains et des Allemands. La constitution du premier gouvernement allemand, en septembre 1949, qui change la nature des protestations allemandes, en renforce le poids.

---

202 Courrier de Coignard à François-Poncet, 26 octobre 1949, comprenant un « mémorandum sur les démontages et la sécurité », HCRFA, division des réparations-restitutions, 26 octobre 1949, AOFAA, c. 30 d. XE 2-2.

203 Castillon, R., *Les réparations allemandes*, *op. cit.*, p. 135-136.

204 Lefèvre, S., *Les relations économiques franco-allemandes*, *op. cit.*, p. 150-151.

205 *Notes documentaires et études*, n° 1135 bis : « Principaux documents relatifs au statut de l'Allemagne occidentale », La Documentation française, 21 mai 1949, p. 17-27.

206 Castillon, R., *Les réparations allemandes*, *op. cit.*, p. 129 ; p. 136.

2. Les accords du Petersberg

Dès le début d'octobre 1949, Adenauer se fait en effet le relais, auprès des hauts commissaires, des forces vives allemandes qui protestent contre le démontage d'usines qu'elles jugent indispensables à leur économie[207]. Dans plusieurs courriers adressés à la Haute-Commission alliée, Adenauer demande à entamer des pourparlers avec les Trois au sujet des démontages[208]. Pour le chancelier, il s'agit d'abord d'obtenir la suspension du démantèlement de certaines unités (les usines August-Thyssen de Duisburg et Gelsenberg Benzin). Adenauer considère surtout que ces pourparlers sont nécessaires pour préserver l'avenir économique de l'Allemagne et le développement de la coopération européenne. Le chancelier n'hésite d'ailleurs pas à utiliser une sorte de chantage : l'absence d'accords entre les Alliés et l'Allemagne créerait « une atmosphère préjudiciable au développement de l'idée démocratique en Allemagne »[209].

En désaccord sur la question, les Alliés sont divisés quant à la réponse à donner à Adenauer. Les Français sont opposés à l'arrêt des démontages. Robert Schuman s'alarme des conséquences qu'aurait le maintien en Allemagne des usines sidérurgiques devant être démontées : la capacité de production de la sidérurgie allemande atteindrait 17 millions de tonnes[210]. Les Britanniques sont soumis aux pressions des Américains, très favorables à l'arrêt des démontages. Depuis le début du mois d'octobre, un groupe de sénateurs exhorte le secrétaire d'État, Dean Acheson, à obtenir des Britanniques qu'ils stoppent les démontages dans leur zone. De son côté, Norman Collisson, chef de la mission de l'ECA en Allemagne, recommande au département d'État d'obtenir le maintien sur place de toutes les usines, « en particulier [de] celles

---

207 Les ouvriers protestent contre les démontages, ce qui donne lieu à des troubles, notamment à Oberhausen, dans la Ruhr, le 31 août 1949. Au parlement de Bonn, le SPD vote une résolution demandant l'arrêt immédiat des démontages : Castillon, R., *Les réparations allemandes*, *op. cit.*, p. 129, p. 136. Sur la résolution du Bundestag, tél. de François-Poncet à CGAAA, 1er octobre 1949, AOFAA, AAA 49/2.

208 Lettre du chancelier fédéral à la Haute-Commission alliée relative à l'usine Gelsenberg-Benzin, 3 octobre 1949, lettre du chancelier fédéral à la Haute-Commission alliée relative aux opérations de démontage, 4 octobre 1949, lettre du chancelier fédéral à la Haute-Commission alliée relative au démantèlement des forges August Thyssen, 10 octobre 1949, comprenant un mémorandum avec des propositions, AOFAA, AEF 92/8 ; lettre du chancelier fédéral à la Haute-Commission alliée a/s du démontage des usines Gelsenberg-Benzin et August Thyssen, 26 octobre 1949, AOFAA, AAA 49/2.

209 Lettre de Adenauer à la Haute-Commission alliée, 4 octobre 1949, AOFAA, AEF 92/8.

210 Tél. de Schuman aux ambassades de France à Londres et Washington ainsi qu'au haut-commissaire à Bonn, 22 et 25 octobre 1949, AOFAA, c. 153 d. ECO VII A 2 e, et, AOFAA c. 30 d. XE 2-2.

tournées vers la fabrication de biens à l'exportation »[211]. En Allemagne, John McCloy, le haut-commissaire américain, dit, dans des conversations privées, tout le mal qu'il pense des réparations[212].

Après quelques tergiversations et l'envoi d'une fin de non-recevoir à Adenauer[213], les Alliés se réunissent à Paris, les 9 et 10 novembre. Les trois ministres des Affaires étrangères adoptent un projet d'accord sur les réparations. Discuté entre les hauts-commissaires, il donne lieu, le 22 novembre, à la signature des accords du Petersberg. Les Alliés acceptent de rayer de la liste des réparations 19 usines – fabriques d'essence et de caoutchouc synthétiques ; usines sidérurgiques – d'un montant de 300 millions de Reichsmarks 1938. Dans le même temps, les restrictions imposées aux constructions navales allemandes sont allégées. En échange de ces concessions, les Alliés demandent à l'Allemagne de s'amarrer plus solidement à l'Europe de l'Ouest tout en coopérant davantage avec les occupants pour toutes les questions concernant la sécurité. Elle doit ainsi s'engager à entrer au Conseil de l'Europe, ce qui l'amènera à reconnaître l'autonomie sarroise, à accepter le statut international de la Ruhr et à coopérer avec l'AIR et l'OMS. Le gouvernement fédéral devra aussi promulguer des lois de décartellisation et de déconcentration[214].

3. La France et les réparations : un bilan médiocre

Dans la pratique, les accords du Petersberg marquent la fin des réparations. Pour les Français, l'heure est donc aux bilans.

Les réparations allemandes ont indéniablement facilité le redressement économique national. Elles « représentent 30 % des investissements dans l'industrie chimique entre 1945 et 1949, et 22 % des importations de produits de l'industrie mécanique en 1947 »[215]. En 1947 toujours, les réparations dans l'industrie électrique sont équivalentes, en valeur, au matériel similaire acquis à l'étranger. Dans ce domaine, elles ont conduit à une reconstruction plus rapide que ne l'auraient permis les conditions du marché. Réimplantée à Caen, où elle remplace une centrale électrique complètement détruite pendant la guerre, l'usine Gross Kraftwerke de Mannheim est opérationnelle dès 1948 alors que les

---

211 Castillon, R., *Les réparations allemandes*, *op. cit.*, p. 136.

212 Tél. de Bérard à MAE, dans lequel le diplomate rend compte d'un article du journal *Die Welt*, qui paraît en ZBO et dans lequel sont reproduites les déclarations de Mc Cloy, 8 octobre 1949, AOFAA, AEF 92/8.

213 Lettre de J.F. Slater, secrétaire général de la Haute-Commission alliée, à Adenauer a/s du démontage de l'usine Gelsenberg Benzin et des forges August Thyssen, 27 octobre 1949, AOFAA, C. 2872 p. 3 d. 48.

214 Castillon, R., *Les réparations allemandes*, *op. cit.*, p. 136-137.

215 Lefèvre, S., *Les relations économiques franco-allemandes*, *op. cit.*, p. 153.

délais de livraison pour ce type de matériel étaient de deux à trois ans[216]. L'incorporation de biens industriels dans l'économie française permet aussi d'augmenter considérablement certaines productions ou de satisfaire les besoins nationaux. Grâce à la transplantation de trois centrales électriques venant d'usines chimiques, la France parvient à doubler sa production d'engrais azoté. Le transfert de l'atelier de vanadium des Norddeutsche Hütte permet à la France de produire suffisamment de ferro-vanadium, indispensable à la fabrication des aciers spéciaux[217]. À ces différents transferts, il faut ajouter l'apport, difficilement quantifiable, de machines isolées, directement réimplantées dans le tissu industriel français. Les réparations allemandes jouent également un rôle non négligeable dans la mise en œuvre du désarmement de l'Allemagne : près de 40 % des usines démontées ressortissent en effet aux industries de guerre.

Qualitativement appréciable, l'apport des réparations reste par contre négligeable en valeur et en quantité. Au début de 1950, l'Agence interalliée des réparations n'a reçu que 668 usines ou parties d'usines équivalant à un montant d'environ 300 millions de dollars. On est donc loin des 2 000 usines et des 3 milliards de dollars initialement prévus. La part de la France se monte à 2,4 milliards de francs 1938. Comparées aux dommages de guerre, estimés à 1 440 milliards de francs 1938, les réparations allemandes sont donc dérisoires[218].

Encore ce bilan doit-il être noirci puisqu'en octobre 1949, des équipements attribués à la France, dont le montant équivaut à près de 250 millions de francs 1938, se trouvent encore en Allemagne et qu'à la même date une part non négligeable des biens industriels allemands n'a pas trouvé d'acquéreurs français. La Société nationale de vente des surplus, qui a été chargée, à partir de l'été 1946, d'enlever, de stocker et d'écouler en France les machines et les installations industrielles allemandes obtenues au titre des réparations n'a réussi à vendre que 83 000 des 143 000 tonnes de matériel dont elle a la charge. Ce demi-échec doit cependant être nuancé. Les départements militaires ont attribué 275 000 tonnes de biens industriels, soit près 92 % de ceux dont ils assuraient la gestion[219].

---

216 « Rapport de l'assemblée de l'Agence interalliée des réparations aux gouvernements membres avec la lettre de couverture du président de l'assemblée », IARA, juin 1951, AOFAA, C. 4399 d. 75/5 ; « circulaire n° 243 IP a/s de l'utilisation par la France des équipements industriels allemands enlevés au titre des réparations », MAE, service de presse et d'information, 6 septembre 1948, AOFAA, c. 30 d. XE 2-2.

217 « Rapport de IARA, juin 1951, cité en note 216.

218 Castillon, R., *Les réparations allemandes*, *op. cit.*, p. 136-137 ; Lefèvre, S., *Les relations économiques franco-allemandes*, *op. cit.*, p. 153.

219 « Rapport du conseil d'administration de la Société nationale de vente des surplus au 16 octobre 1949 (date de mise en liquidation de la société) », AOFAA, AAA 678/3.

Quoi qu'il en soit, l'opacité du système des réparations, la pluralité des administrations, des services et des acteurs intervenant dans la réimplantation en France des biens industriels allemands et la difficulté à estimer la valeur de certains avantages rendent toute estimation précise impossible. Somme toute, le bilan est en demi-teinte : insuffisantes pour contribuer à une relance véritable de l'économie des pays récipiendaires, les réparations ont en revanche participé d'une façon plus satisfaisante au désarmement de l'Allemagne.

Mais, en ce début d'automne 1949, la sécurité est au cœur des préoccupations françaises. Les prises de position du gouvernement allemand sur l'AIR ou sur l'armement de l'Allemagne préoccupent sérieusement Paris.

B. Des perspectives inquiétantes

Aux yeux du gouvernement français, les motifs d'inquiétude s'accumulent. La déconcentration de l'industrie allemande piétine. L'économie d'outre-Rhin, très compétitive, continue de se développer rapidement. Plus grave encore, la guerre froide fait craindre un réarmement prochain de l'ancien Reich.

1. Une déconcentration à peine amorcée

À l'automne 1949, la déconcentration des entreprises sidérurgiques de la Ruhr reste à faire. En 1947, les Alliés ont promulgué des lois de déconcentration dans chacune de leur zone (loi n° 56 en ZAO, loi n° 78 en ZBO et loi n° 96 en ZFO)[220], mais leurs conceptions divergentes ont empêché tout accord. Les Britanniques plaident en faveur d'une déconcentration limitée. Ils sont favorables au maintien d'une organisation verticale solidement charpentée « qui faciliterait le contrôle de l'État, au cas où la nationalisation souhaitée par les travaillistes se réaliserait »[221]. À l'opposé, les Français privilégient une déconcentration poussée qui fractionnerait les entreprises. Quant aux Américains, ils optent pour l'adoption d'une loi antitrust, comparable à celle en vigueur aux États-Unis[222].

À ces désaccords de principes s'ajoutent les différends entre Alliés quant aux organismes chargés de mettre en œuvre la déconcentration. Les Français voudraient que l'AIR dispose de pouvoirs accrus en la matière, ce que les Américains refusent parce que la déconcentration

---

220 Note sur le « groupe de décartellisation et de déconcentration industrielle (DIDEG) », annexée à une note du secrétariat du comité économique de la Haute-Commission alliée sur le « groupe de décartellisation et de déconcentration industrielle (DIDEG) : formation, attribution et statut légal », 11 octobre 1949, AOFAA, AAA 49/2.

221 Lefèvre, S., *Les relations économiques franco-allemandes*, *op. cit.*, p. 245.

222 *Ibid.*

doit, selon eux, rester de la compétence de la Haute-Commission alliée[223]. Mais, même dans ce cadre, la déconcentration des entreprises sidérurgiques dépend de plusieurs organismes : l'OMS et le groupe de contrôle de l'acier, l'activité de ce dernier n'étant pas encore véritablement effective en octobre 1949. Entre ces deux organismes, les risques de conflits de compétences existent donc. Pour être sûrs que la déconcentration sera effectivement menée, les Alliés décident de créer en octobre un groupe de décartellisation et de déconcentration industrielle (DIDEG), spécialement chargé de la déconcentration de l'IG Farben, de l'industrie cinématographique, des propriétés de l'ancien Reich et des entreprises sidérurgiques. Cependant sa constitution s'amorce seulement en octobre 1949. La déconcentration risque donc d'être à nouveau repoussée[224].

Or, dans le même temps, Paris a d'autres raisons de s'inquiéter. Contrairement aux engagements pris lors des accords sur l'AIR du 28 décembre 1948 et sur le statut de la Ruhr le 28 avril 1949, le chancelier Adenauer remet à plus tard l'entrée de l'Allemagne dans l'Autorité. C'est que

> la dimension symbolique et politique d'un tel geste ne lui [a] pas échappé et elle s'[apparente] pour lui à un acte de soumission à l'occupant et à ses contrôles. De surcroît, l'AIR [est] perçue comme le produit d'une politique française visant à l'affaiblissement économique de l'Allemagne et à l'exploitation, au bénéfice de la France, des richesses de la Ruhr[225].

Bref, Adenauer tente de gagner du temps. Il dépêche à l'AIR, comme cela est son droit, un observateur, tout en sachant que les Alliés préféreraient la désignation d'un véritable représentant. Fin novembre, la signature des accords du Petersberg modifie la situation. En échange de leurs concessions sur les réparations, les Alliés exigent que l'Allemagne accepte le statut de la Ruhr et qu'elle désigne un représentant allemand qui viendra siéger à l'AIR. Adenauer s'efforce de retarder la reconnaissance de l'AIR par l'Allemagne. Mais le 16 décembre, après plusieurs rappels à l'ordre, il finit par nommer un représentant. Toutefois, contrairement aux autres délégués à l'AIR, qui sont des diplomates, le représentant de l'Allemagne, Franz Blücher, est vice-chancelier et ministre de la Coopération économique et des Questions afférentes au plan

---

223 Defrance, C., « La France et l'Autorité Internationale de la Ruhr jusqu'à l'annonce du plan Schuman », in *op. cit.*, p. 134-135.

224 Note sur le DIDEG, cité en note 220 ; note sur les « rapports entre le groupe de décartellisation et de déconcentration industrielle (DIDEG) et les groupes de contrôe du charbon et de l'acier », Haute-Commission alliée, comité économique, proposition du délégué britannique, 25 octobre 1949, AOFAA, AAA 49/2.

225 Defrance, C., « La France et l'Autorité Internationale de la Ruhr jusqu'à l'annonce du plan Schuman », in *op. cit.*, p. 136.

Marshall. Par la nomination d'une personnalité politique, Adenauer espère que les intérêts de l'Allemagne seront mieux défendus : « en nommant un ministre qui, par ses fonctions, [est] aussi membre de l'OECE, le chancelier veut mettre l'accent sur la politique européenne de la Ruhr »[226].

2. Une sidérurgie en pleine expansion

Les manœuvres d'Adenauer confortent les craintes qu'éprouvent les Français vis-à-vis de l'évolution de l'Allemagne. Depuis le milieu de l'année 1949, Paris s'inquiète en effet de la croissance de la production allemande d'acier. En mai, Albert Denis, directeur de la sidérurgie au ministère de l'Industrie et du Commerce, avertit son ministre des conséquences dramatiques que ne manquera pas d'avoir une baisse de la production française d'acier alors que celle de la Ruhr augmente. Si, pour 1949, la production des deux pays s'élève à 9,2 millions de tonnes, les tendances à moyen terme sont très défavorables à la sidérurgie française[227]. D'ailleurs dès le début de l'année 1950, la production allemande dépasse celle de la France.

Ce désavantage se double d'un manque de compétitivité de l'acier français par rapport à l'acier allemand, que le « double prix du charbon » allemand accroît considérablement. Jusqu'en octobre 1949, les industries françaises importatrices de charbon allemand déboursent en effet 8 dollars de plus par tonne que leurs homologues allemandes. La perspective d'une dévaluation du deutsche mark, loin de résoudre le problème, accroîtrait le différentiel qui passerait de 8 à 22 dollars. Bref, les Français considèrent que les pratiques allemandes sont discriminatoires et qu'elles faussent la concurrence au détriment des industries françaises. Les discussions qui s'engagent en décembre au sein de la Haute-Commission alliée pour régler la question du prix du charbon allemand sont houleuses, les demandes françaises butent sur les réticences des Britanniques qui pratiquent, eux aussi, une double tarification du charbon[228]. Quoi qu'il en soit, les désavantages économiques qui semblent devoir découler de l'augmentation de la production allemande d'acier et des pratiques discriminatoires en matière de prix aggravent les crispations.

Les pouvoirs publics craignent, à partir de l'automne 1949, que cette évolution défavorable soit renforcée par les initiatives des milieux sidérurgiques français. Ces derniers semblent vouloir privilégier, comme

---

[226] *Ibid.*, p. 139.

[227] Sur tous ces points, de façon beaucoup plus détaillée, Kipping, M., *La France et les origines de l'Union européenne*, *op. cit.*, p. 118-123.

[228] Pour des explications beaucoup plus circonstanciées sur ces différents aspects, Lefèvre, S., *Les relations économiques franco-allemandes*, *op. cit.*, p. 245.

ils l'envisagent déjà depuis l'été 1948, la conclusion d'accords directs avec les industriels de la Ruhr. Pour la sidérurgie française, ces ententes directes permettraient d'éviter que la libéralisation des échanges, alors en cours dans le cadre de l'OECE, ne se traduise par une concurrence sauvage entre les entreprises des deux pays. En clair, les sidérurgistes français redoutent que, faute d'accords entre industriels, les exportations allemandes déferlent sur le pays. Les sidérurgistes allemands sont plus circonspects. Les accords ne limiteraient-ils pas leur production à un niveau trop bas ? Il leur semble par conséquent préférable d'attendre et de n'entreprendre des négociations avec leurs homologues français que lorsque la production allemande aura fortement augmenté[229]. Quoi qu'il en soit de ces calculs, un organisme de liaison entre les industriels européens, le Conseil des fédérations industrielles d'Europe, est créé en septembre 1949. Grâce à cet organisme, les sidérurgistes français et allemands disposent des structures nécessaires leur permettant de « confronter leurs vues, d'adopter des positions communes et de passer, le cas échéant, au stade des accords directs »[230]. Pour les milieux gouvernementaux français, cette évolution inquiète. Paris craint sans doute qu'à moyen terme le niveau de la production de la Ruhr dépende finalement d'ententes entre industriels. Le discours d'André Philip à l'Assemblée nationale fin novembre 1949 reflète bien les craintes françaises : il y propose la création d'institutions économiques européennes pour éviter « d'être gagné de vitesse par les initiatives privées »[231].

3. Un réarmement inévitable ?

À vrai dire, les inquiétudes de Paris sont compréhensibles. Aux menaces économiques s'ajoute en effet, à l'automne 1949, la perspective d'un réarmement allemand. Depuis le début de l'année 1948, les Américains ne cachent pas qu'ils sont favorables à ce que l'Allemagne contribue à la défense de l'Europe occidentale. Ce point de vue est partagé par certains officiers supérieurs du haut commandement militaire français. Par contre, les responsables politiques français excluent toute possibilité de réarmer l'Allemagne. La signature du Pacte atlantique, en avril 1949, relance la question. Incorporée au bloc occidental, l'Allemagne de

---

[229] Tous ces points sont issus de l'article de Wilkens, A., « L'Europe des ententes ou l'Europe de l'intégration ? Les industries allemande et française et les débuts de la construction européenne (1948-1952) », in Bussière, É., Dumoulin, M. (ed.), *Milieux économiques et intégration européenne en Europe occidentale au XXe siècle*, Arras, Artois Presses Univeristé, 1998, p. 274-278.

[230] *Ibid.*, p. 277.

[231] « Journal officiel, Assemblée nationale, débat parlementaire du 25 novembre 1949, p. 6304-6308 », cité par Wilkens, A., « L'Europe des ententes ou l'Europe de l'intégration ? Les industries allemande et française et les débuts de la construction européenne (1948-1952) », in *op. cit.*, p. 277.

l'Ouest semble devoir, tôt ou tard, être réarmée. Mais pour Robert Schuman, « il n'est pas question de faire participer l'Allemagne au Pacte » et, partant, de la réarmer[232]. Reste que les craintes persistent. En novembre, suite à la signature des accords du Petersberg, Robert Schuman s'emploie à rassurer l'opinion publique : « l'Allemagne de l'Ouest ne sera ni réarmée ni incluse dans le Pacte atlantique ; ce pays désarmé doit rester démilitarisé »[233]. Le débat de politique étrangère qui s'ouvre peu après à l'Assemblée nationale donne l'occasion à différentes formations politiques – la droite nationaliste, le RPF, le PCF – de manifester leur hostilité à tout réarmement allemand. En décembre, c'est au tour des Allemands de mettre en doute le désarmement allemand. Dans une interview accordée à un journal américain, le 3 décembre 1949, Adenauer n'exclut plus la formation d'un contingent allemand intégré à une armée européenne. Rappelé à l'ordre par la Haute-Commission alliée, critiqué de toutes parts, le chancelier revient sur ses déclarations[234]. Côté français, les craintes n'en persistent pas moins.

[232] Ce paragraphe est entièrement dû à Poidevin, R., *Robert Schuman homme d'État (1886-1963)*, *op. cit.*, p. 306-309, ici p. 307.

[233] *Ibid.*, p. 307.

[234] *Ibid.*, p. 307-308.

Conclusion de la quatrième partie

La période qui va des recommandations de Londres à la création de la République fédérale d'Allemagne et qui marque l'ancrage à l'Ouest de l'Allemagne occidentale est loin de mettre fin aux inquiétudes françaises.

En butte aux Anglo-Américains, qui veulent relever à tout prix le niveau de l'économie allemande, la France, dépendante financièrement et militairement des États-Unis, est contrainte de céder sur ses principaux objectifs : l'Allemagne ne sera pas organisée selon les vœux français ; la Ruhr ne sera pas internationalisée ; le relèvement de l'économie allemande ne sera pas subordonné à celui des autres pays européens. À ces reculs s'ajoute l'affirmation progressive de l'Allemagne sur la scène occidentale. Très vite, les Allemands réclament la fin des pratiques discriminatoires à l'encontre de leur pays : ils ne sont pas opposés à une internationalisation de la Ruhr, à condition toutefois que la mesure soit étendue aux autres bassins européens ; ils veulent aussi participer activement aux organismes de contrôle prévus par les Alliés. Par ailleurs, la renaissance d'une économie allemande compétitive et, par conséquent, dangereuse pour la France est patente dès 1948. Enfin, les Allemands et les Américains s'associent sur la question des réparations et prônent, contrairement aux Français, leur arrêt rapide. Face à cette évolution, la France tente d'imposer sa conception de l'Allemagne future. De ce point de vue, les négociations que Paris mène avec ses Alliés sur la fusion des zones sont révélatrices. À cette occasion, la France essaie de préserver l'indépendance de la ZFO pour continuer à en tirer certains avantages et rêve d'exercer une influence accrue sur la Bizone. Les espoirs français sont déçus. En d'autres termes, entre le printemps et l'automne 1948, Paris prend, plus encore que par le passé, la mesure de son impuissance. Proposer rapidement une nouvelle politique s'impose.

Fondée sur l'intégration économique de l'Allemagne occidentale dans un cadre européen, cette nouvelle politique doit permettre, dans le cadre d'un ensemble européen, de contrôler le relèvement allemand. Dans ce domaine, les espoirs français ne sont que partiellement atteints. D'une manière générale, le redressement allemand s'opère en effet plus rapidement que ne le souhaiterait Paris. Mais, pour la première fois depuis la Libération, la France obtient la création d'un organisme international, ayant des pouvoirs de surveillance sur les industries du bassin de la Ruhr, et la constitution de plusieurs organismes tripartites censés contrôler l'évolution des principales branches industrielles allemandes et le désarmement économique de l'ancien Reich. Certes, la place faite aux Français dans ces organismes et l'activité réelle de ces derniers ne sont pas toujours à la hauteur des attentes. Par ailleurs, la création de la République fédérale ravive les inquiétudes et les craintes de Paris vis-à-vis de cette Allemagne renaissante s'accumulent : c'est en partie à cause de Bonn que les réparations s'achèvent trop tôt ; dans le même temps, la déconcentration des industries allemandes piétine ; de surcroît, le chancelier rechigne à honorer ses engagements et à faire participer l'Allemagne à l'AIR ; l'économie allemande, plus compétitive que l'économie française, produit davantage et pratique une politique économique discriminatoire ; à l'automne, la question du réarmement allemand assombrit l'horizon des rapports franco-allemands.

Pour autant, ces rapports sont entrés, depuis 1948, dans une nouvelle dynamique. L'arrivée au Quai d'Orsay de Robert Schuman confirme et accélère les évolutions en cours. Son style tranche avec celui de son prédécesseur. Certaines initiatives du nouveau ministre, qu'il s'agisse de son voyage en Allemagne ou de la nomination d'André François-Poncet comme conseiller spécial auprès du général Koenig, sont accueillies très favorablement par l'opinion publique allemande. Surtout, la politique du nouveau ministre, mise en place progressivement, remporte des succès. Les liens entre Français et Allemands, autrefois freinés, puis strictement contrôlés par le Quai d'Orsay, sont désormais soutenus. Les voyages et les prises de contacts se multiplient. Sur les deux rives du Rhin se créent des associations visant à faire connaître le pays partenaire et à encourager la reprise des relations économiques. La création de l'AFREA et de la DEFRA symbolise cette nouvelle donne économique qui voit les deux partenaires se rencontrer et échanger sur un pied d'égalité. Dans le domaine économique, l'État accepte aussi de laisser une plus grande marge de manœuvre aux entreprises. Enfin, si la France est toujours opposée à l'internationalisation des bassins sidérurgiques européens, l'idée fait son chemin. Dès l'automne 1948, des hauts fonctionnaires de la direction d'Europe y sont acquis.

Conclusion générale

Cette étude se proposait de porter un nouvel éclairage sur la politique économique de la France vis-à-vis de l'Allemagne après la Deuxième Guerre mondiale. Il convenait en particulier d'analyser les rêves français de puissance et d'essayer de comprendre dans quelle mesure les décideurs français avaient effectivement tenté de les mettre en œuvre. Plus globalement, il s'agissait d'analyser la politique de contrôle mise en œuvre par les Français en Allemagne et d'en étudier les évolutions.

*

* *

Force est d'abord de constater qu'au sortir du conflit, les décideurs français ont nourri des ambitions impérialistes vis-à-vis de l'ancien Reich. Pour de Gaulle notamment, cet impérialisme revêt des formes classiques de domination. Politique et militaire, il vise à assurer à la France le contrôle des territoires allemands frontaliers. À ce premier objectif s'ajoute l'espoir d'arracher les provinces rhénane et badoise à l'attraction allemande et d'y substituer, sur le long terme, l'influence française. D'autres responsables privilégient au contraire un impérialisme économique. La défaite du Reich et sa soumission aux Alliés constituent une chance unique d'inverser les rapports de force économiques franco-allemands et de transformer la France en une grande puissance industrielle. Dans l'immédiat après-guerre, les premiers projets s'articulent autour de la sidérurgie, considérée comme le fondement de la prospérité économique et de la puissance militaire. Par diverses mesures artificielles, il s'agit de favoriser le développement de la sidérurgie française et d'entraver celui de la métallurgie allemande. À partir de 1946, les autres projets d'expansion économique ne sont plus uniquement fondés sur le renversement de la puissance sidérurgique en Europe. Le premier, préparé par André Philip et Gaston Cusin, envisage de faire dépendre la production allemande de produits métallurgiques des livraisons françaises d'acier et de développer l'économie française en Europe grâce au renforcement de ses industries légères et textiles aux dépens des industries allemandes correspondantes. Le second table sur la canalisation de certaines productions industrielles de la ZFO à destination de la France dans le but de conquérir des marchés extérieurs autrefois dominés par l'Allemagne. Mis en œuvre à partir de 1947, le troisième entend obtenir le contrôle de l'économie allemande par l'intermédiaire d'une politique de prises de participations financières dans les entreprises d'outre-Rhin. Étalées sur les deux à trois premières années de l'après-guerre, ces initiatives témoignent bien de la volonté de certains cercles dirigeants de faire de la France une grande puissance industrielle au détriment de l'Allemagne et de placer celle-ci sous sa dépendance.

Reste que ces différents projets ne sont guère mis en pratique. Jamais véritablement affichées, les ambitions politiques de la France vis-à-vis de la Rhénanie butent sur l'attitude des Allemands, dont les aspirations séparatistes, espérées par Paris, s'évanouissent dès l'été 1945. Les Alliés manifestent également leur opposition à toute forme d'annexion. Quant aux ambitions économiques, elles restent la plupart du temps à l'état de projet. Au printemps 1945, Pierre Mendès France ne parvient pas à imposer ses vues au sein du GPRF. Pour celui-ci, en effet, l'impératif de sécurité, qui passe par le détachement de la Ruhr et de la Rhénanie, prime sur les ambitions économiques. Quoi qu'il en soit, les propositions de Pierre Mendès France, partiellement reprises à l'automne 1945 par le Quai d'Orsay, sont très vite écartées par les Britanniques. André Philip et Gaston Cusin n'ont pas plus de succès au printemps 1946. Ils ne réussissent pas à convaincre leurs collègues du gouvernement qu'il serait préférable de renoncer au développement des industries mécaniques, secteur dans lequel la France est mal armée, pour favoriser celui des industries légères qui pourrait facilement être dynamisé. Quant aux espoirs fondés sur la politique des prises de participations, adoptée à partir de la fin de l'année 1946, ils se dissipent rapidement. La faiblesse financière de l'État, le manque d'intérêt des entrepreneurs et des industriels pour des investissements jugés dangereux et les réglementations alliées ont tôt fait de ramener les Français aux réalités. En définitive, seule la politique de canalisations donne des résultats, toutefois limités, puisqu'elle se cantonne à la seule ZFO. Au plus tard en 1948, les illusions ne sont plus permises : le renversement des rapports de force économiques entre les deux pays n'aura pas lieu.

*

* *

En filigrane, cet échec illustre aussi les priorités françaises vis-à-vis de l'Allemagne. L'objectif principal consiste à assurer la sécurité de la France. Toute la politique allemande de Paris s'organise autour de cet impératif, qu'il s'agisse des projets de détachement politique et économique de la Ruhr et de la Rhénanie, des mesures techniques préconisées pour assurer le désarmement industriel de l'Allemagne ou de la forme que devront prendre les réparations pour éviter qu'à la faveur de leur acquittement l'ancien Reich reconstitue son potentiel économique et, partant, sa puissance militaire. La multiplicité des mesures destinées à assurer le désarmement militaire, économique, industriel et moral de l'Allemagne traduit l'obsession des Français pour la sécurité. Ce souci explique que le gouvernement écarte le projet d'André Philip et de Gaston Cusin. En 1946, les Français ne sont pas prêts à accepter que l'Allemagne puisse à nouveau transformer d'importantes quantités d'acier et exporter des machines-outils, symboles de son dynamisme économique et de sa puissance, quand bien même cette solution permettrait à la France de développer considérablement certaines de ses productions industrielles. Il est clair que dans l'après-guerre, le politique et la sécurité priment sur l'économique.

Cette hiérarchisation des objectifs se double, dans la pratique, d'une grande méfiance de l'État vis-à-vis du monde des affaires et des entreprises. Paris refuse d'associer les industriels à l'élaboration de sa politique allemande. Il les écarte de la ZFO. Imprégnés par la tradition colbertiste française et ayant à l'esprit les dérives du monde des affaires sous l'Occupation, les décideurs français considèrent que ce sera à l'État de penser et de mettre en œuvre la politique économique de la France en Allemagne. Dès lors, les projets d'envergure, qui nécessitent la coopération des industriels, sont condamnés. Mendès France bute sur la tiédeur des sidérurgistes qui ne voient guère d'intérêt à s'engager dans une politique à leurs yeux aventureuse et qui s'inquiètent des perspectives de réforme et de modernisation que sous-tend le projet du ministre. De la même façon, les pouvoirs publics peinent à obtenir, malgré une action volontariste, l'engagement des industriels dans une politique ambitieuse de prises de participations financières outre-Rhin. Pendant toute la période étudiée, l'État entretient des rapports ambivalents avec les entrepreneurs : d'un côté, il refuse de leur laisser le libre accès au marché et aux entreprises allemands, de peur qu'ils ne contribuent au relèvement rapide de l'économie d'outre-Rhin ; de l'autre, il les sollicite pour mettre en œuvre sa politique sans véritablement se soucier de leurs intérêts[1]. Lorsqu'à partir de 1947, l'État se rend compte que le monde des affaires sera amené à prendre le relais des services d'occupation dans la défense des intérêts français, c'est à nouveau lui qui prend l'initiative et provoque, en l'espace de deux ans, la création d'associations françaises pour la reprise des relations économiques avec l'Allemagne afin d'en contrôler le développement et les orientations. À partir de 1949 toutefois, l'État laisse plus de marges de manœuvre aux entreprises. S'il est à l'origine de la constitution de l'AFREA, il n'exerce plus de surveillance sur son fonctionnement. Sur une grande partie de la période, les intérêts

1 À titre d'exception, on peut mentionner les actions entreprises par l'État pour protéger les intérêts des propriétaires français de charbonnages dans la Ruhr. Pour Paris, la présence d'intérêts français en Ruhr est évidemment un atout. Sur ce point, voir Lefèvre, S., « Les sidérurgistes français propriétaires de charbonnages dans la Ruhr (1945-1954) », Wilkens, A. (Hrsg.), *Die deutsch-französischen Wirtschaftsbeziehungen 1945-1960*, *op. cit.*, p. 237-247.

divergents de l'État et des entreprises ressortent donc clairement. Il faut attendre les années 1948-1949 pour que le rapprochement entre l'État et les intérêts privés s'opère, le premier accordant aux seconds une liberté d'action accrue.

Acteur central de la politique allemande de la France, l'État est cependant incapable de se doter d'une administration des affaires allemandes cohérente. Certains errements perdurent pendant toute l'occupation. Il manque par exemple un véritable centre d'impulsion à cette politique. Les organismes successifs créés à Paris pour centraliser les affaires allemandes ne sont pas véritablement en mesure de remplir ce rôle. Leur statut – comité, commissariat général – et leur composition interministérielle les réduisent à des instances collégiales aux pouvoirs de décision limités. En Allemagne, l'absence d'un partage clair des prérogatives entre le général Koenig et l'administrateur général Laffon ainsi que le manque de liaison et de concertation entre les différents échelons administratifs rendent difficile l'application d'une politique uniforme. À chaque niveau, les Français ont tendance à mettre en œuvre la politique qui correspond le mieux à leurs intérêts immédiats. Dans le domaine économique, il serait en outre plus juste de parler des politiques des ministères que de la politique de la France. En 1945-1946, le gouvernement ne parvient pas à arrêter les grands principes qui devraient guider l'action de ses représentants en Allemagne et en ZFO. Le manque de directives parisiennes est d'ailleurs très vite dénoncé par certains hauts fonctionnaires, en Allemagne (Jean Filippi, Émile Laffon, René Sergent) comme à Paris (Hervé Alphand).

Cet éclatement de la politique française résulte aussi d'un véritable cloisonnement administratif qui fait prévaloir les « relations verticales » au sein d'une même direction sur les « liaisons horizontales » à un même échelon administratif. Les structures créées en Allemagne, calquées sur le modèle français, ne sont que partiellement adaptées à la politique suivie outre-Rhin. Au manque de personnel dans les cercles et les districts s'oppose le nombre excessif de fonctionnaires à Baden-Baden ou à Berlin. Cette répartition inégale des effectifs reflète l'importance relative accordée aux différents niveaux administratifs et le rôle que chacun d'entre eux est appelé à jouer dans l'élaboration de la politique allemande. Aux échelons supérieurs, qui ne sont guère en contact avec la réalité, revient l'élaboration des directives tandis que les échelons inférieurs sont cantonnés dans des tâches d'exécution.

Pendant toute la période, l'État, faute de moyens, peine enfin à recruter du personnel. En nombre souvent insuffisant, les membres des services d'occupation ne disposent pas toujours des compétences requises. S'ajoutent ici la question de l'épuration administrative et les stratégies mises en place par quelques ministères pour « recycler » leurs fonctionnaires qui se sont compromis sous Vichy. Cependant, si les compétences de certains personnels aux échelons inférieurs de l'administration et les parcours de certains fonctionnaires pendant l'Occupation laissent parfois à désirer, les niveaux supérieurs de l'administration économique sont généralement confiés, comme cela se passe en France, à des hommes de valeur, polytechniciens ou inspecteurs des finances. De plus, c'est à des résistants qu'échoit la majorité des postes clés. Reste que pour ces hommes, le passage en zone constitue davantage une étape, voire une parenthèse dans leur carrière, qu'un but en soi. Se pose ici la question des motivations qui animent les Français s'engageant dans les services d'occupation : au patriotisme et à la volonté de servir des uns s'opposent bien trop souvent la cupidité et le besoin de se faire oublier des autres.

*

* *

C'est en ZFO que se cristallisent les ambivalences de la politique française. Paris y poursuit en effet des objectifs difficilement conciliables.

Sur le plan politique, la France, qui entend éviter la reconstitution d'un Reich centralisé, veut renforcer les Länder et les identités régionales. Cette politique appelle par conséquent une décentralisation de la zone qui suppose le développement des administrations locales et s'oppose à la création d'administrations centrales de zone, qu'elles soient françaises ou allemandes. Dans le même temps, Paris se fixe pour objectif de gérer sa zone avec une grande rigueur. Il est hors de question que la ZFO pèse sur le Trésor. Or la situation économique issue de la guerre – destructions consécutives aux combats, héritage de la politique financière nazie, paralysie de l'économie et des moyens de transport, discrédit du libéralisme au lendemain du conflit – conduit les Français à opter pour une politique économique dirigiste, difficilement praticable sans une forte centralisation des administrations françaises et allemandes. En n'optant véritablement ni pour une politique de décentralisation administrative, ni pour une politique centralisatrice, la France se condamne, en quelque sorte, à ne pas pouvoir mettre réellement en œuvre ses ambitions.

De la même façon, les objectifs de la politique économique française ne sont pas clairement affichés. Une exploitation à court terme du potentiel économique de la ZFO est certes rapidement écartée. Pour autant, les réquisitions illégales perdurent au moins jusqu'à la fin 1945. Paris fait aussi procéder à une campagne massive de prélèvements de machines dans la zone. Dans le même temps, une politique de mise en valeur à moyen et long terme est enclenchée. Pour ce faire, les responsables économiques de la ZFO mettent en œuvre une politique de reconstruction des moyens de communication et de relance des productions les plus utiles à la France. Le redémarrage économique est rapide.

Essentiellement fondé sur l'utilisation des stocks, il ne saurait toutefois être durable. Qui plus est, le manque de directives parisiennes et les volte-face du gouvernement – sur des points aussi cruciaux que les prélèvements ou l'envoi des familles en Allemagne – interdisent aux autorités d'occupation de mettre en œuvre une politique cohérente à moyen terme. D'ailleurs, à partir de 1946, Paris et Baden-Baden s'opposent fréquemment sur la politique à suivre en ZFO. Alors que d'une manière générale les ministères parisiens voient avant tout en celle-ci une source d'approvisionnement privilégiée, les prix des marchandises de la zone consentis à la France restant très avantageux, le gouvernement militaire tient plus largement compte des intérêts économiques de la ZFO et des besoins de sa population. La crise de l'automne 1947 met particulièrement en lumière ces différences d'appréciation et l'ambivalence de la politique économique mise en œuvre par les occupants.

Il apparaît aussi que la politique économique adoptée varie d'une région à l'autre. Dans les provinces que la France entend soumettre à une influence durable – la Sarre, la Rhénanie, le Palatinat –, cette politique semble avoir été beaucoup plus constructive que dans les Länder sur lesquels Paris n'a aucune visée, comme le Wurtemberg et, dans une moindre mesure, le pays de Bade. Leurs ressources sont utilisées au profit de ceux de la zone nord. D'une manière plus générale, la ZFO est au service de la reconstruction et de la relance économique de la Sarre, dont Paris espère le rattachement économique à la France. Cette situation perdure d'ailleurs après l'entrée en vigueur de ce dernier. Bien que la zone constitue indiscutablement le gage de la présence française outre-Rhin et une éventuelle base de départ de l'influence de la France sur le reste de l'Allemagne, son importance reste secondaire, aux yeux des décideurs, par rapport à la question allemande dans son ensemble. Le gouvernement n'hésite pas à sacrifier les intérêts de la zone lorsqu'il pense pouvoir en tirer profit. Dans l'espoir d'augmenter la part des charbons allemands exportés et donc celle des livraisons destinées à la France, les décideurs français minimisent par exemple les besoins en charbon de la zone française.

Le tableau assez sombre qui vient d'être dressé de la politique économique des Français dans leur zone ne doit pas occulter les initiatives visant à favoriser la démocratisation de son économie. Reste que cette démocratisation bute ici très vite sur les intérêts de l'occupant. Le transfert d'importantes compétences économiques aux gouvernements allemands de la zone suppose l'arrêt d'un certain nombre de pratiques peu avouables. La contradiction des objectifs, visant d'une part à tirer de la zone un certain nombre d'avantages économiques, d'autre part à rétrocéder aux Allemands d'importants pouvoirs de décision, explique la lenteur des réformes dans ce domaine. Ce n'est qu'à partir de 1948 qu'elles sont véritablement mises en œuvre. La zone française ne présente alors plus le même intérêt économique. L'amorce de sa fusion avec la Bizone et l'arrivée de l'aide Marshall changent la donne. Le départ de Jean Filippi, nommé à la direction des relations économiques extérieures, symbolise l'arrêt de la politique orientée en fonction des intérêts français. Dès lors, la rétrocession d'importantes prérogatives aux autorités allemandes devient envisageable.

*

* *

À l'échelle de l'Allemagne tout entière, il est frappant de constater que la palette des politiques françaises, telle qu'elle s'est ensuite déployée, est présente avant même la fin du conflit. Les réflexions sur la Ruhr et la rive gauche du Rhin en témoignent. Les projets – courant d'un après-guerre à l'autre – incarnés ici par les décisions du comité de défense nationale d'août 1944, qui prévoient l'occupation militaire indéfinie du territoire allemand jusqu'au Rhin en englobant de larges têtes de pont sur sa rive droite, côtoient des projets centrés sur le contrôle du riche bassin de la Ruhr. Les finalités de ces derniers peuvent varier. René Mayer et Hervé Alphand optent pour des solutions qui intègrent la Ruhr à l'Europe occidentale mais restent discriminatoires à l'égard de l'Allemagne. Pour autant, il ressort de l'examen de leurs projets qu'à leurs yeux le détachement de la Ruhr apparaît comme la seule solution à même de concilier les objectifs français de sécurité et de reconstruction, tout en assurant au peuple allemand des conditions de vie acceptables. Les conceptions de Jean Monnet, selon lesquelles l'internationalisation de la Ruhr devrait être étendue à tous les grands bassins européens, sont assurément plus visionnaires mais prématurées. Tout autre est la philosophie du projet porté par Pierre Mendès France et le ministère de l'Économie nationale. S'ils s'opposent radicalement à tout détachement, leur projet n'en est pas moins profondément impérialiste et vise clairement à profiter de la victoire pour faire de la France la première puissance industrielle et sidérurgique d'Europe.

Il est par ailleurs remarquable d'observer que le tournant de la politique économique française vis-à-vis de l'Allemagne n'intervient pas brutalement en 1948. On assiste bien plutôt, dès 1945 et surtout depuis l'automne 1946, à toute une série d'avancées qui marquent une évolution sensible des positions affirmées au sortir de la guerre. La préparation du projet français de constitution fédérale pour l'Allemagne, la révision des mesures devant assurer son désarmement économique, les projets de réforme de la politique économique française en ZFO et les initiatives des forces publiques en faveur de la reprise des relations économiques avec l'Allemagne en sont les principaux jalons. Bien sûr, les évolutions sont lentes. L'allègement des mesures de désarmement économique reste par exemple limité. Certaines propositions demeurent très ambiguës. La nouvelle politique concernant la Ruhr cumule ainsi de façon quasi contradictoire des propositions d'internationalisation économique dans un cadre européen et la résurgence d'ambitions de domination économique.

Quant à la période qui va du printemps 1948 à l'automne 1949, elle est aussi marquée du sceau d'une certaine ambivalence. Raymond Poidevin a montré combien la volonté d'inscrire la politique allemande de la France dans un cadre européen était en fait porteuse d'une double logique, mêlant intégration et encadrement. Même si le relèvement économique allemand est alors accepté, il s'agit de le contrôler. Les efforts français en vue d'obtenir la constitution d'une Autorité internationale de la Ruhr et d'un Office militaire de sécurité, dotés de larges prérogatives, témoignent de la persistance chez les décideurs français des préoccupations sécuritaires. On mesure toutefois le chemin parcouru. Alors que dans l'immédiat après-guerre, certains décideurs envisagent de renverser la puissance sidérurgique et industrielle européenne au profit de la France, il s'agit désormais de contrôler le relèvement de l'Allemagne et de favoriser la reprise de relations économiques normales. De punitives, les mesures de contrôle acquièrent un caractère intégrateur. Dans le nouveau cadre que constitue l'Europe de l'Ouest, les rapports franco-allemands changent donc de nature. Les prises de contact se multiplient. La volonté d'une relance des relations économiques se traduit par la mise en place de deux organismes, représentatifs des intérêts des milieux industriels et patronaux, dont les membres discutent désormais sur un pied d'égalité.

*

*   *

La précocité des projets de réformes contraste avec leur mise en œuvre tardive et partielle. Comment expliquer ces décalages ? Le rôle des forces profondes semble ici déterminant.

La germanophobie de l'opinion publique interdit toute politique ouvertement constructive. La montée en puissance de la guerre froide ne modifie que très lentement les mentalités. L'image que se font les Français de l'Allemagne et des Allemands reste durablement négative. La menace soviétique, loin d'effacer les préventions françaises à l'égard de l'Allemagne, s'y ajoute. Cet antigermanisme n'est pas circonscrit à certaines couches de la population ; il imprègne tout autant l'homme de la rue que les responsables politiques. Mis à part certains socialistes, rares sont les hommes politiques à ne pas partager la mentalité dominante. Dans ce contexte, la tentative opérée par Félix Gouin en 1946, trop en avance sur l'opinion publique, est battue en brèche. Les hauts fonctionnaires qui, dès 1945, manifestent leur scepticisme vis-à-vis des orientations suivies par le gouvernement ne sont pas davantage entendus. C'est en vain qu'Hervé Alphand prévient Georges Bidault du caractère grossier du plan économique français sur la Ruhr ; c'est en vain que Pierre Ollé-Laprune informe le général Koenig que le détachement de la Ruhr est chimérique ; c'est en vain qu'Émile Laffon dénonce les projets impérialistes français sur la rive gauche du Rhin et critique une politique qui n'ose pas dire son nom. Bref, le poids des représentations que les Français se font de l'Allemagne freine durablement toutes les tentatives de réformes.

La crise économique et financière que traverse la France au sortir de la guerre a les mêmes effets. À partir de 1947, certains décideurs parisiens ne cessent d'affirmer la nécessité de modifier la politique économique de la France vis-à-vis de l'Allemagne. Les déclarations gouvernementales sur les prélèvements sont de ce point de vue exemplaires. Pierre-Olivier Lapie en demande l'arrêt au début de 1947. Un an plus tard, c'est au tour de Pierre Schneiter d'en exiger l'abandon. Rien n'y fait. Les ministères techniques et les services français d'occupation ne voient pas comment procéder à leur arrêt alors que Paris n'est pas en mesure de fournir un ravitaillement suffisant aux forces d'occupation. C'est d'ailleurs pour préserver son indépendance en ZFO et la possibilité qui lui sera ainsi faite de continuer à opérer des prélèvements alimentaires que la France retarde la fusion des zones. Pour le dire autrement, les difficultés économiques et financières que rencontre la France tout au long de la période l'amènent à considérer la zone comme une source complémentaire de richesses. La réforme de la politique économique en ZFO, qui suppose l'introduction de pratiques vertueuses, est donc systématiquement repoussée. Aussi la politique française semble-t-elle incohérente. En réalité, les objectifs politiques ne s'accordent tout simplement pas avec les moyens économiques et financiers dont dispose le pays.

L'évolution de la politique française s'opère par conséquent très souvent sous la pression de contraintes extérieures. La marge de manœuvre des Français est d'autant plus réduite que Paris dépend de Washington, d'un point de vue financier, et de Londres en ce qui concerne les livraisons de charbon de la Ruhr. Qui plus est, les Anglo-Américains n'hésitent pas à faire pression sur la France et à monnayer leur aide à Paris. À partir de 1948, ils sont par ailleurs décidés à poursuivre leur politique en Allemagne quelles que soient les réserves françaises. Bref, la France est progressivement obligée de s'aligner sur les décisions qui sont prises par ses Alliés. C'est particulièrement vrai en ce qui concerne la rétrocession des pouvoirs économiques aux Allemands. Même si les décideurs français regrettent que les Allemands de la Bizone soient investis de trop de responsabilités, ils ne peuvent maintenir en ZFO un système qui n'octroie quasiment aucune prérogative aux gouvernements allemands. Le système d'économie dirigée est également abandonné sous la contrainte des Alliés. La fusion économique partielle des zones appelle en effet sa disparition. Les exemples pourraient être multipliés.

Dans de très nombreux cas de figure, la politique française se trouve ainsi à la remorque des décisions anglo-américaines. Elle est en quelque sorte victime de sa « dynamique de la défensive », Paris limitant ses propositions à des mesures qui visent, pour l'essentiel, à freiner le relèvement de l'Allemagne et qui, surtout, sont systématiquement en retrait par rapport aux initiatives de ses deux autres Alliés. Cette dynamique, on l'a vu, se poursuit même en 1948-1949. De ce point de vue, la proposition de Schuman constitue une rupture décisive puisqu'elle fait à nouveau de Paris un centre d'impulsion.

Pour autant, les relations entre les Français et les Anglo-Américains ne s'inscrivent pas dans une stricte dépendance des premiers vis-à-vis des seconds. Londres et Washington prennent en compte les demandes françaises, notamment en ce qui concerne le charbon et la sécurité. Mais il est frappant de constater que les Anglo-Américains ne donnent jamais entièrement satisfaction aux Français, ce qui leur permet de les maintenir sous leur contrôle. L'exemple du charbon est particulièrement éclairant. Après des mois de négociations, Paris obtient à Moscou la création de la fameuse échelle. Outre que celle-ci ne correspond pas entièrement aux attentes françaises, son entrée en vigueur est subordonnée à un seuil de production qui n'est atteint que quelques mois plus tard. Entre-temps, les Anglo-Américains ont décidé de rétrocéder la gestion des mines aux Allemands. À peine satisfait, Paris se trouve donc confronté à un nouveau danger. À l'automne 1947, il lui faut de plus négocier l'attribution définitive du charbon de la Sarre à la France, chercher à obtenir la reconduction de l'échelle de Moscou pour 1948 et s'assurer que des livraisons suffisantes de coke seront faites à la France. Bref, la satisfaction des besoins français est sans cesse reportée. La politique française vis-à-vis de la Ruhr procède du même scénario. Pendant plus d'un an la France espère obtenir le détachement du bassin. En vain. Après avoir demandé, une nouvelle fois pendant plus d'un an, l'internationalisation des industries de base de la Ruhr, Paris obtient, en juin 1948, la constitution d'une Autorité internationale. Mais il lui faut attendre jusqu'à la fin de l'année pour que cette dernière soit constituée et jusqu'au printemps 1949 pour qu'elle entre en fonction. Encore l'activité de l'AIR est-elle suspendue, à partir de l'automne, à la nomination d'un représentant allemand, que Bonn retarde.

*

* *

Il reste à évoquer brièvement l'idée que les décideurs français se font de la puissance. Au sortir de la guerre, deux conceptions s'affrontent ; mais alors que la plupart d'entre eux prennent la mesure du rôle de l'économie comme facteur décisif de la puissance, c'est, de façon assez paradoxale, une conception plus classique, fondée sur des mesures d'ordre politique et militaire, qui finit par s'imposer, notamment dans les affaires allemandes.

Il est également frappant d'observer que les tenants de la modernisation de l'économie française ne sont pas, à quelques exceptions près – comme Pierre Mendès France –, des défenseurs de la domination économique de la France sur l'Allemagne. La réalisation du plan Monnet ne passe pas par l'abaissement de l'économie allemande. Loin de viser à assurer la supériorité de l'économie française sur sa voisine, ce plan ambitionne bien plutôt de la rendre compétitive à l'échelle internationale et de lui faire rattraper son retard sur les économies anglo-saxonnes.

Soulignons, pour terminer, la concordance entre la perception qu'ont de la puissance française les responsables politiques et l'existence de projets économiques expansionnistes. Par conséquent, dès lors que les décideurs prennent pleinement conscience des réalités de l'après-guerre, les rêves de puissance s'évanouissent.

Sources et bibliographie

I. Archives publiques

A. En France

1. ***Archives diplomatiques du Quai d'Orsay*** *(Ministère des Affaires étrangères, La Courneuve. En abrégé : AMAE)*

Série : GU Guerre (1939-1945)

Sous-série : Londres (Comité national français, juin 1940-juillet 1943) : 172 ; 174 ; 175 ; 181.

Sous-série : Alger (CFLN-GPRF) : 653-655 ; 657 ; 714-717 ; 728-732 ; 1092 ; 1487 ; 1532 ; 1535.

Série : Y internationale (1944-1949) : 40 ; 85-86 ; 89-91 ; 133 ; 357-359 ; 362-374 ; 384 ; 394-399 ; 433-448 ; 650-654 ; 689-690 ; 692.

Série : Direction des Affaires économiques et financières : Affaires allemandes et autrichiennes 1944-1949 : 5 ; 7-9 ; 50-51 ; 58 ; 80 ; 92.

Série : Z Europe (1944-1960)

Sous-série : Allemagne : 82-87 ; 89-90 ; 95-96 ; 802 ; 881.

Série : NU-OI Nations unies – Organisations internationales – Secrétariat des conférences (1945-1959) : 45 ; 81.

Série : PA-AP Papiers d'Agents – Archives Privées

Dejean Maurice (PA-AP 288) : 39-40 ; 60 ; 73 ; 156

Hettier de Boislambert Claude (PA-AP 306) : 1.

Laffon Émile (PA-AP 338) : 9 ; 17.

2. ***Archives de l'occupation française en Allemagne et en Autriche*** *(Ministère des Affaires étrangères, La Courneuve. En abrégé : AOFAA)*

a. Archives des affaires allemandes et autrichiennes

Série : Direction politique (AAA) : 6/3 ; 18/1, 4, et 5 ; 19 ; 22/2 ; 49/2 ; 51/6 ; 53/2-3.

Série : Centre d'études et de documentation (AAA) : 287/3 ; 290/1 et 3 ; 292/1 ; 350/4 ; 351/1 ; 354/4 ; 411/4 ; 412/2 ; 413/2 ; 416/1 ; 419/2 ; 440/2 ; 441/1 et 2 ; 443 ; 447/3 ; 478/2 ; 479-484 ; 485/1 ; 487 ; 490-491 ; 493-494 ; 503 ; 505/2 ; 506-508 ; 510 ; 511/1 ; 548-549 ; 559/3, 4, et 6 ; 585-586 ; 595/2 ; 596/1 ; 597/1 ; 599/1 et 2 ; 620 ; 630 ; 643/3 ; 644-648 ; 650/4 et 5 ; 652 ; 664-674 ; 675/1, 2 et 3 ; 678/3 ; 681/3 ; 682/2 ; 683 ; 687/2 ; 688 ; 696 ; 704 ;

723 ; 724/2 ; 736 ; 737/2 ; 738-739 ; 744 ; 752 ; 761 ; 765 ; 772-773 ; 800 ; 802 ; 803/2 ; 806/1 ; 813 ; 949/1 et 2 ; 953/5 ; 956 ; 963/5 ; 1336/1, 3, 4, 5 et 6 ; 1337/1 et 2 ; 1358/2 et 5 ; 1359/1, 4, 5 et 6 ; 1369/1 et 2 ; 1370 ; 1382 ; 1392 ; 1394 ; 1406/1 et 8 ; 1407/1 ; 1418/2 et 3 ; 1421/2 ; 1440/1, 2 et 3 ; 1442/1, 2 et 5 ; 1444/2 ; 1447/5.

b. Archives des services français d'occupation en Allemagne

b.1. De Baden-Baden à Bonn

Série : Dossiers rapatriés de l'ambassade de France à Bonn

Sous-série : Dossiers politiques : c. 171 d. SC 1-1 ; c. 172 d. SC 4-1 ; c. 29 d. XE et 2-1 ; c. 30 d. XE 2-2 et 2-3 ; c. 36 d. XE 7 ; c. 48 d. XM 2-5 ; c. 49 d. XM 5-1 ; c. 62 d. XP 2-1 ; c. 64 d. XP 3-2 ; c. 80 d. XP 14-9 ; c. 131 d ZF 0 et 0-1 ; c. 132 d. ZF 1-2 et 1-3 ; c. 137 d. ZF 5-2 ; c. 138 d. ZF 5-3 ; d. ZF 5-7 et 6-5 ; c. 151 d. ZZ 2-a et 2-b.

Sous-série : Cabinet civil du commandant en chef français en Allemagne : c. 11 d. POL I B 1, 2, 3, 4, 5 et 5 bis ; c. 29 d. POL II F ; c. 112 d. ECO I A 1, 2 a, 2 b et 2 c/1 ; c. 113 d. ECO I A 2 c/2 ; c. 114 d. ECO I A 3 ; c. 115 d. ECO I A 4/1 et 4/2 ; c. 117 d. ECO I A 6, 7, 8, 9, 10 et 11 ; c. 118 d. ECO I B 1, 2, 3 et 4 a ; c. 119 d. ECO I B 4 c, 4 d, 5, 6 et 7 ; c. 119 d. ECO I C 1 ; c. 120 d. ECO I C 3, 4, 5 a et 5 c ; c. 121 d. ECO I C 6, 8 et 10 ; c. 122 d. ECO I D 1 a, 2 et 3 ; c. 123 d. ECO I D 4, 5, 6, 7 8 ; c. 124 d. ECO I D 9, 10, 11 et 12 ; c. 126 d. ECO II 3, 4, 6 a et 7 a ; c. 127 d. ECO II 7 e, 7 h, 7 i et 9 ; c. 130 d. ECO II 14 ; c. 131 d. ECO II 16 et 17 a ; c. 132 d. ECO II 17 a et 17 a' ; c. 133 d. ECO II 17 b, 17 c et 17 d ; c. 134 d. ECO II 17 e, 17 f, 17 g, 18 et 19, c. 147 d. ECO IV 16 c ; c. 152 d. ECO VII A 1, 2 a, 2 b, 2 c, 2 d et 2 e, c. 153 d. ECO VII A 2 e ; c. 155 d. ECO VII C, c. 156 d. ECO VII D et E ; c. 158 série I d. 7 et d. 9 ; c. 159 série I d. 15 ; c. 160 série II d. 1, d. 2, d. 3 a, d. 3 b, d. 3 c, d. 3 d, d. 3 e et d. 4 ; c. 161 série II d. 7 et d. 8, c. 162 série II d. 20.

Sous-série : Conseiller politique du commandant en chef français en Allemagne : c. 184 d. B I 0 et 3 5 ; c. 185 d. B I 3 11, 12 et 13 ; c. 187 d. B I 4, 5, 6 et 8 ; c. 190 d. B IV 0, 3 0, 4 0, 4 a, 4 b et 4 c ; c. 191 d. B IV 6 0, 6 a et 6 b ; c. 194 d. B VI et d. B VII 4 ; c. 195 d. C II 0, 1 et 4 ; c. 196 d. C III 0 1 ; c. 199 d. C III 2 0, 2 a, 2 e et 2 f ; c. 217 d. G 0 ; c. 221 d. G II 0, 1 et 5.

Sous-série : Dossiers Dobler : c. 228 d. A 2 et 3.

Série : Administrateur général Émile Laffon : C. 3-C. 4 ; C. 18-C. 20.

Série : Affaires économiques et financières

Sous-série : Cabinet et direction (AEF) : 8/1 ; 10/8 et 9 ; 12/1 ; 14/5 ; 44/3 ; 49/5 ; 50/1 ; 53 ; 53/2 ; 80/1, 6, 9-10 ; 91/5 ; 92/6-9 ; 123/2 ; 124/1 et 3 ; 127/3 ; 133/2 ; 134/6 et 7 ; 141 ; 200/2 et 10 ; 204/6 ; C. 1866 ; C. 1872 ; C. 2137 p. 27 d. 1, d. 2, d. 5 ; C. 3250 p. 1.

Sous-série : Direction Filippi (AEF) : 347/3 ; 348/2, 3, 9, 10, 15-17 ; 349/2-4, 8-9 et 11 ; 350/3 a, 3 b et 4 ; 351/1 et 4 ; 352/1, 2 et 4 ; 353/1, 3 et 5 ; 354/1-2 ; 355/1, 3-4 et 6 ; 356/1-3 ; 357/1, 3-6 et 8 ; 358/1.4-1.9, 1.13 bis, 1.15-1.16, 1.18, 2, 5, 6-8 ; 359/1-2 et 9 ; 360/2, 5, 11-13 et 15 ; 361/1-3, 5 et 9 ; 363/3-4 ; 364/2, 4-5, 7 et 9 ; 365/6, 8-9 ; 366/2-3, 7-8 ; 367/3, 6-8 ;

368/1-2 ; 369/1-2 ; 370/1 ; 371/2-3, 6, 16 et 18 ; 374/6 ; 376/4 et 7 ; 381/2, 5 et 8 ; 382/1 ; 383, 384/2, 4 et 7 ; 385/1-2, 4-6 et 8.

Sous-série : Service de la décartellisation et de la déconcentration industrielle : C. 513 d. 6, d. 45 et d. 49 ; C. 522, d. 40 et d. 55.

Sous-série : Direction de la Production industrielle : C. 530 doc. 2 ; C. 535 p. NF 2 et 13 ; C. 1832, p. 6 d. 45 et d. 99, p. 7 d. 58 ; p. 8 d. 65 ; C. 1834 p. 1 d. 4 ; C. 1837 p. 1 d. 10, p. 3 d. 42 ; C. 1839 p. 1 d. 2, p. 3 d. 17, p. 4 d. 19 et 20 ; C. 1848 p. 1 d. 2 et 3, p. 6 d. 29 ; C. 1850 p. 5 d. 30/a-b et 31 ; C. 1857 ; C. 1862 p. 4 d. 19, p. 6 d. 24 et 25 ; C. 1863 p. 1 d. 4, p. 2 d. 8/a et b ; C. 2046 p. 2 d. 11 ; C. 2047 p. 2 d. 64 ; C. 2048 p. 3 d. 68 ; C. 2872 p. 1 d. 10-13 ; C. 2872 p. 2 d. 27, 31 et 33-35, p. 3 d. 37, 44 et 48-53, p. 5 d. 73, 75, p. 6 d. 76, p. 7 d. 87, 94, 95 et 97-98 ; C. 2873 p. 3 d. 9, p. 5 d. 16 ; C. 3061 p. A d. 1 et 6.

Sous-série : Direction des Réparations-Restitutions : C. 2467 d. 99 ; C. 2468 ; C. 4353 d. 72, 78, 80 et 83 ; C. 4354 p. 6 d. 143, p. 7 d. 144.

b.2. À Berlin

Série : Gouvernement militaire français de Berlin : c. 52 ; c. 164 d. G 5 ; c. 172 d. J 17.

Série : Groupe français du Conseil de Contrôle : DAM 2-5 ; DEF 7-13 et 17 ; DPA 21, 24 et 27 ; SA 27 et 28 ; SG 34.

c. Papiers d'agents – Archives privées

Moreau Jean-Charles (APR 2/1 a) : 1.

Grimaud Maurice (APR 6/1 b) : 3-4 bis, 6-29.

3. ***Archives nationales*** *(Centre d'accueil et de recherche des Archives nationales (CARAN), Paris. En abrégé : AN)*

Série F12 : Commerce et industrie : 10042 ; 10096 ; 10103-10105 ; 10110 ; 10118 ; 10320-10321 ; 10644 ; 10777.

Série F60 : Secrétariat général du gouvernement et services du Premier ministre : 166 ; 357 ; 374 ; 413 ; 423 ; 692 ; 899-904 ; 918 ; 925 ; 941 ; 3036/1-2 ; 3053 ; 2763 ; 2764 ; 2772.

Série 72 AJ : Papiers du Comité d'histoire de la Deuxième Guerre mondiale et fonds divers sur la période 1939-1945 : 546/1 et 3.

Série 3 AG : Archives du général de Gaulle 1940-1958 :

Sous-série : 3 AG 4 : le Gouvernement provisoire de la République française : 7 (d. 2) ; 8 (d. 8).

4. ***Centre des archives contemporaines des Archives nationales*** *(Archives nationales, Fontainebleau. En abrégé : AN-CAC)*

Série : Versements du ministère de l'Industrie, de la Poste et des Télécommunications : 771386 art. 48 ; 760335 art. 1 ; 830589 art. 6.

5. Service des archives économiques et financières (Ministère de l'Économie, des Finances et du Budget, Savigny-le-Temple. En abrégé : SAEF)

Série : Fonds Trésor (directions du Mouvement général des fonds, du Trésor et des Finances extérieures) : B 8786 ; B 8789 ; B 8799-B 8802 ; B 8829 ; B 8831 ; B 8837 ; B 8853 ; B 8872 ; B 8875 ; B 8879 ; B 8890 ; B 8894 ; B 33883-B 33884 ; B 33912 ; B 55805.

Série : Fonds Administration extraordinaire du temps de guerre : B 49230-B 49232.

Série : Fonds commerce extérieur (direction des Relations économiques extérieures) : B 47694 ; B 54984 ; B 57024.

Série : Fonds privés : Archives de Gaston Cusin (5 A) : 13 ; 23-26.

6. Service historique de l'Armée de Terre (Château de Vincennes. En abrégé : SHAT)

Série Q : Cabinet militaire du président de la République. Secrétariat général de la Défense nationale

Sous-série 2Q : Conseils de Défense (1943-1958) : 1-5.

Sous-série 4Q : État-major général de la Défense nationale : 11 (dossiers 3 et 6) ; 12 (dossiers 1, 2 et 3) ; 27 (dossier 4) ; 29 (dossier 5) ; 35 (dossier 5) ; 94 (dossiers 2, 3, 4 et 5) ; 98 (dossiers 1, 2, 3 et 4) ; 99 (dossiers 1, 2, 3 et 5) ; 109 (dossier 5).

Série R : Cabinet du ministre de la Défense et organismes rattachés (1945-1969)

Sous-série 1R : Cabinet du ministre de la Défense : secrétariat d'État aux forces armées : 1 (dossier 5).

Sous-série 26R : Délégation ministérielle pour l'Armement : 18 (dossier 2).

Série T : État-Major de l'Armée de Terre

Sous-série 10 T : 2e Bureau : 256 (dossier 1) ; 263 (dossier 2) ; 268 (dossier 4).

Série 1K : Fonds privés

Sous-série : Fonds Koenig (1K 237) : 3 ; 5.

*7. **Archives de la Cour des Comptes** (Cour des Comptes, Paris. En abrégé : ACC)*

Série : Fonds payeurs : 139.

*8. **Archives du Conseil d'État** (Conseil d'État, Paris. En abrégé, ACE)*

Série : Vice-présidence et secrétariat général du Conseil d'État : Correspondance échangée avec les ministères, les administrations, les parlementaires et les particuliers (1874-1980) : 9818/20.

B. En Allemagne

9. ***Bundesarchiv Koblenz*** *(Archives fédérales d'Allemagne, Coblence, En abrégé : BA)*

Bestand Z 7 : Geschäftsstelle der Minister für Landwirtschaft und Ernährung in der französischen Zone (auparavant Zentralauschuss für Ernährung in der französischen Zone) : 442 ; 452 ; 454 ; 457 ; 513.

Bestand Z 8 : Verwaltung für Wirtschaft der Vereinigten Wirtschaftsgebietes (Zentralamt für Wirtschaft in der britischen Zone) : 1305-1307 ; 1947.

Bestand Z 9 : Preisrat für die französische Besatzungszone : 2 ; 35 ; 37 ; 80 ; 312-313 ; 358.

Bestand Z 12 : Büro der Ministerpräsidenten des amerikanischen, britischen und französischen Besatzungsgebietes : 15 ; 20-21 ; 71 ; 74.

Bestand Z 19 : Büro der deutschen Geschäftsstelle des Marshallplanes und des Beauftragten für den Außenhandel der drei Länder der französischen Zone (mit deutschem Koordinierungsausschuß für die ERP-Arbeiten in der französischen Zone) : 8-9 ; 13 ; 26 ; 56.

Bestand Z 35 : Deutsches Büro für Friedensfragen : 297 ; 315-317 ; 349 ; 353 ; 388 ; 391 ; 404-405 ; 427 ; 484 ; 572 ; 575 ; 578 ; 582-583.

Bestand B 102 – Bundesministerium für Wirtschaft (Wirtschaftsministerium) : 1771 ; 1837 Hefte 1 und 2.

Bestand B 103 – Bundesamt für Wirtschaft : 251 ; 548 ; 556.

Bestand B 120 : Institut für Besatzungsfragen : 227 ; 276 ; 318 ; 397 ; 425.

10. Landesarchiv Speyer *(Archives du Land, Spire. En abrégé : LAS)*

Bestand H13 : Bezirksregierung Rheinhessen-Pfalz : 40 ; 146.

Bestand T88 : Verband der pfälzischen Industrie : 12 ; 30 ; 41 ; 221.

Bestand T88/13 Pa : Verband der papiererzeugenden Industrie Pfalz und Rheinhessen : 98.

Bestand V52 : Nachlaß Bögler : 98 ; 121 ; 231 ; 233-234 ; 396 ; 639 ; 664.

11. Landeshauptarchiv Koblenz *(Archives régionales du Land de Rhénanie-Palatinat, Coblence. En abrégé : LHAK)*

Bestand 700,155 : Nachlaß Boden : 26.

Bestand 700,169 : Nachlaß Altmeier : 135-143.

Bestand 860 : Staatskanzlei : 76-80 ; 1004-1012.

Bestand 950 : Wirtschaftsminister : 8979 ; 8988 ; 9508 ; 11310-11311 ; 11316 ; 11319 ; 11933 ; 15436.

*12. **Staatsarchiv Freiburg** (Archives d'État Land du Bade, Fribourg-en-Brisgau. En abrégé : StA FR)*

Bestand C 5/1 : Badische Staatskanzlei : 174 ; 223 ; 226 ; 228 ; 526-527 ; 531 ; 5265 ; 5616 ; 5618-5619 ; 5626 ; 5628 ; 5637 ; 5639 ; 5650 ; 5653-5654 ; 5656-5657 ; 5661.

Bestand C 36/1 : Badisches Ministerium der Wirtschaft und Arbeit, Abteilung I (Verwaltung) : 91-92.

Bestand C 37/1 : Badisches Ministerium der Wirtschqft und Arbeit, Abteilung II (Wirtschaft) : 206/1-2 ; 208 ; 212 ; 332/1 ; 333 ; 724.

*13. **Staatsarchiv Sigmaringen** (Archives d'État du Sud-Wurtemberg et du Hohenzollern, Sigmaringen. En abrégé : StA SIG)*

Bestand Wü 1 : Landtag für Württemberg-Hohenzollern : 6 ; 17.

Bestand Wü 2 : Staatskanzlei Württemberg-Hohenzollern : 3-4 ; 4a ; 5-6 ; 8-9 ; 28 ; 128 ; 350 ; 353 ; 456/2, 6 et 19 ; 1236 ; 1575-1583 ; 1585 ; 1656 ; 1680.

Bestand Wü 6 : Institut für Besatzungsfragen : 14 ; 87 ; 100 ; 106 ; 108.

Bestand Wü 120 : Finanzministerium Württemberg-Hohenzollern : 265 ; 420 ; 474 ; 479.

Bestand Wü 140 : Wirtschaftsministerium Württemberg-Hohenzollern : 2 ; 28 ; 71 ; 112 ; 150 ; 154-155 ; 159 ; 174 ; 243-244 ; 376 ; 573 ; 2696 ; 2731 ; 2738 ; 2739.

II. Archives privées

*14. **Archives de la Chambre de commerce et d'industrie de Paris** (Département central des archives de la CCIP, Paris. En abrégé : ACCIP)*

Série VI : Production et Commerce (VI-6.50) : (4) ; (5).

Série IX : Archives de l'Assemblée des Présidents des Chambres de Commerce (IX-2.00) : (64) ; (90) ; (95)-(96) ; (99) ; (104)-(105) ; (109)-(111) ; (115)-(116).

*15. **Wirtschaftsarchiv Baden-Württemberg** (Chateau de Stuttgart-Hohenheim. En abrégé : WABW)*

Bestand A2 : Industrie- und Handelskammer Villingen : 107.

Bestand A4 : Industrie- und Handelskammer Lahr : 138-139 ; 146 ; 202-203 ; 206-207.

Bestand A7 : Industrie- und Handelskammer Reutlingen : 417-422.

Bestand A8 : Industrie- und Handelskammer Schopfheim : 1145.

16. Fondation Jean Monnet pour l'Europe
(Ferme de Dorigny, Lausanne. En abrégé : FJME)

Archives de Jean Monnet

Fonds AME : L'action de Jean Monnet pendant la Seconde Guerre mondiale : 56 ; 56/2 ; 57 ; 57/1.

Fonds AMF : Plan de modernisation et d'équipement de la France (plan Monnet) : 0/5 ; 1/6 ; 1/8 ; 2/1-4 ; 4/1-3 ; 5/2, 8-10 ; 7/2-3 ; 10/1, 3 ; 12/1 ; 14/0-1, 6 et 8 ; 17 ; 22/2-5.

Archives de Robert Marjolin (ARM)

Le plan de modernisation et d'équipement : 2/1-3.

L'Organisation européenne de coopération économique (OECE) : 3/3 ; 4/5 ; 6/1 ; 7/1.

III. Sources orales

Archives de l'occupation française en Allemagne et en Autriche *(Archives du ministère des Affaires étrangères, La Courneuve. En abrégé : AOFAA)*

Témoignages recueillis par Sandrine Einhorn-Heiser et Claude Lorentz, inventoriés dans le Fonds des archives orales (AOR) :

AOR 13/1 : Bolotte, Pierre, chef du cabinet civil d'Émile Laffon, entretien du 17 novembre 1997 (durée : 1h45)

AOR 14/1 : Grimaud, Maurice, directeur de cabinet d'Émile Laffon, entretien du 18 novembre 1997 (durée : 2h00)

AOR 17/1 : Denis, Albert, directeur de la Sidérurgie au ministère de la Production industrielle, entretien du 20 novembre 1997 (durée : 0h40)

AOR 19/1 : Mattéoli, Jean, chargé de mission au cabinet d'Émile Laffon, entretien du 9 janvier 1998 (durée : 0h40)

AOR 21/1a : Wirth, Robert, entretien du 9 juin 1998 (durée : 1h00)

AOR 27/1 : Fouchier, Jean-Pierre, administrateur-séquestre de l'IG-Farben, entretien du 9 décembre 1998 (durée : 1h00)

AOR 28/1 : Rodocanachi, André, entretien du 9 décembre 1998 (durée : 0h55)

Fondation Jean Monnet pour l'Europe *(Ferme de Dorigny, Lausanne. En abrégé : FJME)*

Entretiens réalisés pour la Fondation Jean Monnet pour l'Europe par Antoine Marès et Roger Massip :

Alphand, Hervé, interviewé par Roger Massip le 17 juin 1981, 6 p.

Clappier, Bernard, interviewé par Roger Massip le 11 novembre 1980, 8 p. + 2 p. de mise au point.

Couve de Murville, Maurice, interviewé par Antoine Marès le 16 janvier 1984, 17 p.

Delouvrier, Paul, interviewé par Antoine Marès le 3 juin 1981, 29 p.

Frenay, Henri, interviewé par Antoine Marès le 2 décembre 1983, 13 p.

Hirsch, Étienne, interviewé par Antoine Marès le 2 juillet 1980, 18 p.

Marjolin, Robert, interviewé par Antoine Marès le 24 novembre 1981, 13 p.

Pleven, René, interviewé par Roger Massip et Antoine Marès le 27 mars 1980, 12 p.

Service des archives économiques et financières *(ministère de l'Économie, des Finances et du Budget, Savigny-le-Temple. En abrégé : SAEF)*

Compte rendu sténographié in extenso *de la réunion du 12 décembre 1977, présidée par Jean Bouvier, entre des historiens du Comité d'histoire de la Deuxième Guerre mondiale et Gaston Cusin* : M. Gaston CUSIN, *Les services de l'économie nationale 1944-1948*, 53 p.

Comité pour l'histoire économique et financière de la France (Hôtel de la Monnaie, 11 Quai de Conti, Paris. En abrégé CHEFF) :

Alphand, Hervé, interviewé par Anne Rasmussen : entretien n° 2, 10 janvier 1989 (cassette n° 2) ; entretien n° 3, 24 janvier 1989 (cassette n° 3).

Chalendar, Jacques de, interviewé par Nelly de Feligonde : entretien n° 2, 9 octobre 1990.

Filippi, Jean, interviewé par Aude Terray : entretien n° 7, 25 avril 1989 (cassette n° 8) ; entretien n° 8, 3 mai 1989 (cassette n° 9).

Hyafil, Marc, interviewé par Laure Quennouëlle : entretien n° 3, 12 mai 1992 (cassette n° 4).

Larre, René, interviewé par Sophie Cœuré : entretien n° 2, 6 juin 1990 (cassette n° 2).

Le Portz, Yves, interviewé par Clémence Rouvier : entretien n° 3, 12 mars 1991 (cassettes n° 5 et 6) ; entretien n° 4, 26 mars 1991 (cassette n° 7).

Leroy-Beaulieu, Paul, interviewé par Agathe Georges-Picot : entretien n° 5, 16 mars 1989.

IV. Sources imprimées

A. Archives publiées

Blum, L., *L'œuvre de Léon Blum*, tome 6 : *Naissance de la Quatrième République ; la vie du parti et la doctrine socialiste (1945-1947)*, et tome 7 : *La fin des alliances ; la troisième force ; politique européenne ; pour la justice (1947-1950)*, Paris, Albin Michel, 1958 et 1963.

Bossuat, G., *D'Alger à Rome (1943-1957). Choix de documents*, Louvain-la-neuve, UCL/CIACO, 1989.

Brommer, P. (Hrsg.), *Quellen zur Geschichte von Rheinland-Pfalz während der französischen Besatzung, März 1945 bis August 1949*, Mainz, Kommission des Landtages für die Geschichte des Landes Rheinland-Pfalz, 1985.

Colliard, C.-A., *Droit international et histoire diplomatique. Documents choisis*, 3e édition, Paris, Éditions Montchrestien, 1955.

Documents diplomatiques français (DDF) 1944, *1945*, *1946*, Paris, Imprimerie nationale, 1996-2000, 5 volumes, et *1946*, *1947*, Bruxelles, P.I.E.-Peter Lang, 2003-2009, 5 volumes.

Documents français relatifs à l'Allemagne (août 1945-février 1947), Paris, Imprimerie Nationale, 1947.

Dumoulin, M., Bussière, É. (ed.), *Les cercles économiques et l'Europe au XXe siècle. Recueil de textes*, Paris, Louvain-la-Neuve, Collège Érasme, 1992.

Gaulle, Ch. de, *Discours et messages 1940-1946*, Paris, Berger-Levrault, 1946.

Gaulle, Ch. de, *Lettres, notes et carnets*, *Juin 1943-Mai 1945*, et *Mai 1945-Juin 1951*, Paris, Plon, 1983 et 1984.

Jean Monnet-Robert Schuman. Correspondance 1947-1953, Lausanne, Fondation Jean Monnet pour l'Europe et Centre de recherches européennes, 1986.

Lefebvre, D. (ed.), *Guy Mollet. Textes choisis. Le socialiste et le républicain 1945-1975*, Paris, Bruno Leprince Éditeur, 1995.

Lefort, B. (ed.), *Une Europe inédite. Documents des archives Jean Monnet*, Villeneuve d'Ascq, Presses universitaires du Septentrion, 2001.

Lipgens, W. (ed.), *Documents on the History of European Integration*, vol. 2 : *Plans for European Union in Great Britain and in Exile 1939-1945*, Berlin, New York, Walter de Gruyter, 1986.

Michel, H., Mirkine-Guetzévitch, B. (ed.), *Les idées politiques et sociales de la Résistance (documents clandestins – 1940-1944)*, Paris, PUF, 1954.

Présidence du gouvernement, Commissariat général du plan de modernisation et d'équipement (ed.), *Documents relatifs à la Première Session du Conseil du Plan (16-19 mars 1946)*, Paris, Imprimerie nationale, 1946.

Rieben, H. (ed.), *Des guerres européennes à l'union de l'Europe*, Lausanne, Fondation Jean Monnet pour l'Europe et Centre de recherches européennes, 1987.

Ruhl, K.-J. (Hrsg.), *Neubeginn und Restauration. Dokumente zur Vorgeschichte der Bundesrepublik Deutschland 1945-1949*, 3. Auflage, München, Deutscher Taschenbuch Verlag, 1989.

Schwarz, H.-P., Pommerin, R. (Hrsg.), *Akten zur Auswärtigen Politik der Bundesrepublik Deutschland*, Band 1 : *Adenauer und die Hohen Kommissare 1949-1951*, München, R. Oldenburg Verlag, 1989.

Steininger, R., *Die Ruhrfrage 1945/46 und die Entstehung des Landes Nordrhein-Westfalen. Britische, französische und amerikanische Akten*, Düsseldorf, Droste Verlag, 1988.

B. Publications des services français d'occupation en Allemagne

CCFA (ed.), *Recueil de documentation économique*, septembre 1948.

CCFA (ed.), *La Zone Française d'Occupation*, janvier 1948.

Direction de l'Information (ed.), *La Revue de la Zone Française*, revue bimensuelle, 7 numéros publiés de novembre 1945 à mai 1946.

Direction de l'Information (ed.), *La France en Allemagne*, 10 numéros publiés de juillet 1946 à octobre 1948.

Direction de l'Information (ed.), *Réalités Allemandes*, 12 numéros publiés de janvier 1949 à décembre 1949.

Direction de l'Information, Service de documentation (ed.), *Synthèse des réalisations de la zone française du 1er au 31 mars 1946*, sans date.

Direction des PTT du GMZFO (ed.), *Annuaire téléphonique du Gouvernement Militaire de Baden et des services CCFA et CSTO*, mai 1947.

GMZFO, Centre de documentation (ed.), *Activité économique. Zone française d'occupation*, Baden-Baden, Imprimerie de la Section Cartographie du GMZFO, février 1946.

GMZFO, Centre de documentation (ed.), *Zone française d'occupation en Allemagne. Résultats de six mois d'activité*, mars 1946.

GMZFO, DGAA, Services des études générales et de la communication, (ed.), *Liste des Communes de la Zone Française d'Occupation*, Baden-Baden, août 1945.

GMZFO, DGEF (ed.) *Annuaire téléphonique de la Direction Générale de l'Économie et des Finances*, Baden-Baden, Imprimerie Nationale, sans date.

GMZFO, DGEF (ed.), *Annuaire téléphonique Économie et Finances*, édition mise à jour, Baden-Baden, novembre 1946.

Noiret (Général Roger), *Organisation générale de l'administration de l'Allemagne*, conférence donnée à l'École supérieure de guerre, 5 décembre 1947.

Tarragon (colonel de), *Le gouvernement militaire en Allemagne*, conférence faite à Fribourg aux officiers supérieurs de la 36e division d'infanterie, 29 octobre 1945.

C. Périodiques publiés entre 1944 et 1955

Agence interalliée des Réparations (ed.), *Rapport du secrétaire général pour les années 1946-1949*, Bruxelles, Agence interalliée des Réparations, 1947-1950.

L'Année Politique. Revue chronologique des principaux faits politiques, économiques et sociaux de la France (1944/45-1949), Paris, Éditions du Grand Siècle, 1946-1950.

Notes documentaires et Études, Paris, Éditions de la Documentation française : n° 255, n° 261, n° 414, n° 546, n° 686, n° 737, n° 771, n° 855, n° 868, n° 991, n° 1054, n° 1055, n° 1083, n° 1135, 1946-1949.

V. Mémoires et témoignages

Alphand, H., *L'étonnement d'être. Journal 1939-1973*, Paris, Fayard, 1973.

Auriol, V., *Journal du septennat 1947-1954*, tome premier : *1947*, tome II : *1948*, et tome III : *1949*, Paris, Armand Colin, 1970, 1974 et 1977.

Auriol, V., *Mon septennat 1947-1954*, Paris, Gallimard, 1970.

Bidault, G., *D'une résistance à l'autre*, Paris, Les Presses du Siècle, 1965.

Bloch, M., *L'étrange défaite. Témoignage écrit en 1940*, Paris, Gallimard, 1990.

Bloch-Lainé, F., Gruson, C., *Hauts fonctionnaires sous l'Occupation*, Paris, Odile Jacob, 1996.

Boris, G., *Servir la République. Textes et témoignages*, Paris, Julliard, 1963.

Cassin, R., *Les hommes partis de rien. Le réveil de la France abattue (1940-1941)*, Paris, Plon, 1974.

Chauvel, J., *Commentaire*, tome II : *D'Alger à Berne (1944-1952)*, Paris, Fayard, 1972.

Denis, P. (alias P. Rauzan), *Souvenirs de la France Libre*, Paris, Berger-Levrault, 1947.

Dumaine, J., *Quai d'Orsay 1945-1951*, Paris, Julliard, 1955.

Émile Laffon, Loos, Les P.F. de Léonard Danel, 1959.

Fouchier, J. de, *Le goût de l'improbable*, Paris, Fayard, 1984.

Franck, L., *697 ministres. Souvenirs d'un directeur général des prix 1947-1962*, Paris, Comité pour l'histoire économique et financière de la France, 1990.

Frenay, H., *La nuit finira. Mémoires de Résistances (1940-1945)*, Paris, Laffont, 1973.

Froment-Meurice, H., *Vu du Quai 1945-1983*, Paris, Fayard, 1998.

Gaulle, Ch. de, *Mémoires de guerre*, tome 2 : *L'unité, 1942-1944*, et tome 3 : *Le salut, 1944-1946*, Paris, Plon, 1956 et 1959.

Goetze, R., Carré de Malberg, N., *Entretiens avec Roger Goetze, haut fonctionnaire des Finances. Rivoli – Alger – Rivoli 1937-1958*, Paris, Comité pour l'histoire économique et financière de la France, 1997.

Grimaud, M., « Communication sur les niveaux et responsabilités décisionnels », prononcée à l'occasion d'une table ronde organisée à l'Institut universitaire européen, Florence, 1990.

Guy, C., *En écoutant de Gaulle. Journal 1946-1949*, Paris, Grasset, 1996.

Hettier de Boislambert, C., *Les fers de l'espoir*, Paris, Plon, 1978.

Hirsch, E., *Ainsi va la vie*, Lausanne, Fondation Jean Monnet pour l'Europe et Centre de recherches européennes, 1988.

Joxe, L., *Victoires sur la nuit 1940-1946*, Paris, Flammarion, 1981.

Langenhove, F. van, *La sécurité de la Belgique. Contribution à l'histoire de la période 1940-1950*, Bruxelles, Éditions de l'Université de Bruxelles, 1971.

Lapie, P.-O., *De Léon Blum à de Gaulle. Le caractère et le pouvoir*, Paris, Fayard, 1971.

Lazard, D., *Tenir le cap dans l'imprévisible. Souvenirs de Simon Lazard (1901-...)*, Neuilly, Didier Lazard Éditeur, 1989.

Mendès France, P., *Œuvres complètes*, tome II : *Une politique de l'économie 1943-1954*, Paris, Gallimard, 1985.

Marjolin, R., *Le travail d'une vie. Mémoires 1911-1986*, Paris, Laffont, 1986.

Massigli, R., *Une comédie des erreurs 1943-1956. Souvenirs et réflexions sur une étape de la construction européenne*, Paris, Plon, 1978.

Mayer, D. (ed.), *René Mayer. Études, témoignages, documents*, Paris, PUF, 1983.

Monnet, J., *Mémoires*, Paris, Fayard, 1976.

Navarre, H., *Le temps des vérités*, Paris, Plon, 1979.

Palewski, G., *Mémoires d'action 1924-1974*, Paris, Plon, 1988.

Pierre-Bloch, J., *Alger, capitale de la France en guerre 1942-1944*, Paris, Éditions Universal, 1989.

Queuille, H., *Journal de guerre. Londres – Alger avril 1943-juillet 1944*, Paris, Plon, 1995.

Rovan, J., « Le deuxième après-guerre en France et en Allemagne : un témoignage », Mieck (Ilja), Guillen (Pierre) (Hrsg.), *Nachkriegsgesellschaften in Deutschland und Frankreich im 20. Jahrhundert. Sociétés d'après-guerre en France et en Allemagne au 20e siècle*, München, R. Oldenbourg, 1998, p. 13-23.

Rueff, J., *Œuvres complètes*, tome I : *De l'aube au crépuscule. Autobiographie*, Paris, Plon, 1977.

Soustelle, J., *Envers et contre tout*, tome I : *De Londres à Alger. Souvenirs et documents sur la France libre 1940-1942*, Paris, Laffont, 1947.

Valensi, C., *Un témoin sur l'autre rive. Washington 1943-1949*, Paris, Comité pour l'histoire économique et financière de la France, 1994.

VI. Études contemporaines (1945-1955)

Arnold, J.M., *Le commerce extérieur de la Zone Française d'Occupation en Allemagne de 1945 à 1950*, Mémoire du Centre d'Études Germaniques, Strasbourg, 1950.

Castillon, R., *Les réparations allemandes, deux expériences, 1919-1932 et 1945-1952. Essai d'étude comparée*, thèse de doctorat, Université de Strasbourg, 1951 (révisée en 1952), Baden-Baden, P.U.F., 1953.

Coignard, M., *Texte de la conférence faite le 15 avril 1949 devant le Centre d'études germaniques de Strasbourg sur l'actualité des réparations restitutions*, sans lieu, sans date.

Cousin, R., *Le commerce extérieur de la Zone Française d'Occupation en Allemagne (1945-1948)*, thèse de doctorat en sciences économiques, Paris, 1952.

Dumont, J. (ed.), *Le Rhin, Nil de l'Occident*, Paris, Les Ordres de Chevalerie, 1946.

Laufenburger, H., « Les nouveaux aspects des réparations allemandes », in *Revue de Défense Nationale*, mai 1946, p. 607-622.

Marjolin, R., « Les perspectives de l'économie française dans l'économie mondiale », in *Politique étrangère*, n° 3, 1946, p. 263-277.

Morin, E., *Allemagne notre souci*, Paris, Éditions Hier et Aujourd'hui, 1947.

Morin, E., *L'an zéro de L'Allemagne*, Paris, Éditions de la Cité universelle, 1946.

Piètre, A., *L'économie allemande contemporaine (Allemagne occidentale) 1945-1952*, Paris, M. Th. Génin, 1952.

Virally, M., *L'administration internationale de l'Allemagne du 8 mai 1945 au 24 avril 1947*, Baden-Baden, Régie autonome des publications officielles, 1948.

Vermeil, E., *L'Allemagne dans l'Europe de demain*, conférence prononcée sous les auspices des conférences des ambassadeurs et de « Rhénanie, Ruhr et Tyrol », Fédération nationale des anciens des territoires occupés, Paris, Les grandes éditions françaises, 1947.

Vermeil, E. (dir.), *Études économiques allemandes*, Paris, Armand Colin, 1951.

Vermeil, E. *et al.*, *Quelques aspects du problème allemand*, Paris, Paul Hartmann Éditeur, 1945.

VII. Bibliographie

L'extrême abondance de la littérature sur l'histoire de la France et de l'Allemagne après 1945 comme sur celle des relations internationales nous a conduit à ne proposer ici qu'une bibliographie très sélective, organisée autour de trois thèmes : les relations franco-allemandes ; la politique allemande de la France ; la politique d'occupation de la France en Allemagne. Une bibliographie plus complète est consultable dans notre thèse, p. 690-725.

A. Histoire des relations franco-allemandes

1. Études portant sur plusieurs périodes

a. Présentations d'ensemble

Baechler, Ch., Müller, K.-J. (Hrsg.), *Les tiers dans les relations franco allemandes. Dritte in den deutsch-französischen Beziehungen*, München, R. Oldenbourg Verlag, 1996.

Dupeux, L., Hudemann, R., Knipping, F. (Hrsg.), *Eliten in Deutschland und Frankreich im 19. und 20. Jahrhundert. Strukturen und Beziehungen, Band 2. Élites en France et en Allemagne aux XIXe et XXe siècles. Structures et relations, volume 2*, München, R. Oldenbourg, 1996.

Germond, C., Türk, H. (ed.), *A History of Franco-German Relations in Europe. From « Hereditary Enemies » to Partners*, New York, Palgrave MacMillan, 2008.

Grosser, A., « France-Allemagne : 1936-1986 », in *Politique étrangère*, n° 1, 1986, p. 247-255.

Grunewald, M., Schlobach, J. (ed.), *Médiations/Vermittlungen. Aspects des relations franco-allemandes du XVII*[e] *siècle à nos jours. Aspekte des deutsch-französischen Beziehungen vom 17. Jahrhundert bis zur Gegenwart*, Berne, Peter Lang, 1992.

Hudemann, R., Soutou, G.-H. (Hrsg.), *Eliten in Deutschland und Frankreich im 19. und 20. Jahrhundert. Strukturen und Beziehungen, Band 1. Élites en France et en Allemagne aux XIX*[e] *et XX*[e] *siècles. Structures et relations, volume 1*, München, R. Oldenbourg, 1994.

Hüttenberger, P., Molitor, H. (Hrsg.), *Franzosen und Deutsche am Rhein : 1789-1918-1945*, Essen, Klartext, 1989.

Kaelbe, H., *Nachbarn am Rhein. Entfremdung und Annäherung der französischen und deutschen Gesellschaft seit 1880*, München, Beck, 1991.

Knipping, F., Weisenfeld, E. (Hrsg.), *Eine ungewöhnliche Geschichte : Deutschland – Frankreich seit 1870*, Bonn, Europa Union Verlag, 1988.

Krebs, G. (dir.), *Sept décennies de relations franco-allemandes 1918-1988 : hommage à Joseph Rovan*, Asnières, Publications de l'Institut d'Allemand d'Asnières, 1989.

Leenhardt, J., Picht, R. (dir.), *Au jardin des malentendus. Le commerce franco-allemand des idées*, nouvelle édition augmentée et actualisée, Arles, Actes Sud, 1997.

Metzger, Ch., Kaelble, H. (Hrsg.), *Deutschland – Frankreich – Nordamerika : Transfers, Imaginationen, Beziehungen*, Stuttgart, Franz Steiner verlag, 2006.

Mieck, I., Guillen, P. (Hrsg.), *Nachkriegsgesellschaften in Deutschland und Frankreich im 20. Jahrhundert. Sociétés d'après-guerre en France et en Allemagne au 20*[e] *siècle*, München, R. Oldenbourg, 1998.

Mieck, I., Guillen, P. (Hrsg.), *Deutschland – Frankreich – Russland. Begegnungen und Konfrontationen. La France et l'Allemagne face à la Russie*, München, R. Oldenburg Verlag, 2000.

Morizet, J., Möller, H. (dir.), *Allemagne-France. Lieux et mémoire d'une histoire commune*, Paris, Albin Michel, 1995.

Poidevin, P., *Péripéties franco-allemandes. Du milieu du XIX*[e] *siècle aux années 1950. Recueil d'articles*, Berne, Peter Lang, 1995.

Poidevin, R., Bariéty, J., *Les relations franco-allemandes 1815-1975*, 2e édition, Paris, PUF, 1977.

Schuker, S A. (Hrsg.), *Deutschland und Frankreich. Vom Konflikt zur Aussöhnung. Die Gestaltung der westeuropäischen Sicherheit 1914-1963*, München, R. Oldenburg Verlag, 2000.

Shamir, H. (ed.), *France and Germany in an age of crisis (1900-1960). Studies in memory of Charles Bloch*, Leiden, E.J. Brills, 1990.

b. Relations économiques et financières

Berger, F., « Les relations entre les sidérurgies fraçaise et allemande de 1870 à la CECA », in Eck, J.-F., Schirmann, S. (ed.), *Aspects des relations économiques franco-allemandes au XXe siècle, Revue d'Allemagne et des pays de langue allemande*, n° 2, 2007, p. 163-200.

Cohen, Y., Manfrass, K. (Hrsg.), *Frankreich und Deutschland. Forschung, Technologie und industrielle Entwicklung im 19. und 20. Jahrhundert*, München, Beck, 1990.

Eck, J.-F., Schirmann, S. (ed.), « Aspects des relations économiques franco-allemandes au XXe siècle », in *Revue d'Allemagne et des pays de langue allemande*, n° 2, 2007, p. 147-291.

Eck, J.-F., Martens, S., Schirmann, S. (dir.), *L'économie, l'argent et les hommes. Les relations franco-allemandes de 1871 à nos jours*, Paris, Comité pour l'histoire économique et financière de la France, 2009.

Frank, R., « L'Allemagne dans le commerce français, ou la tendance séculaire à l'entente franco-allemande (1910-1965) », in Shamir, H. (ed.), *France and Germany in an age of crisis (1900-1960), op. cit.*, p. 30-42.

Petzina, D., « Von der Konfrontation zur Integration. Die Schwerindustrie in den deutsch-französischen Wirtschaftsbeziehungen 1900-1950 », dans Hüttenberger, P., Molitor, H. (Hrsg.), *Franzosen und Deutsche am Rhein, op. cit.*, p. 161-182.

Poidevin, R. (ed.), « Les relations économiques franco-allemandes au XXe siècle », in *Revue d'Allemagne et des pays de langue allemande*, n° 4, octobre-décembre 1993, p. 465-615.

Poidevin, R. (ed.), « Problèmes économiques franco-allemands », in *Revue d'Allemagne et des pays de langue allemande*, n° 1, janvier-mars 1991, p. 1-86.

Rieben, H., *Des ententes de maîtres de forges au Plan Schuman*, Lausanne, Centre de recherches européennes, 1970.

2. Études portant sur l'après 1945

a. Présentations d'ensemble

Deutsch-Französisches Institut Ludwigsburg et Dokumente/Documents (hrsg.), *1948-1963-1993. Deutschland – Frankreich. Ein neues Kapitel ihrer Geschichte. France – Allemagne. Un nouveau chapitre de leur histoire. Chronologie – Documentation*, Bonn Europa Union Verlag, 1993.

Höpel, Th., Tiemann, D. (Hrsg.), *1945 – 50 Jahre danach. Aspekte und Perspektiven im deutsch-französischen Beziehungsfeld*, Leipzig, Leipziger Universitätsverlag, 1996.

Jurt, J. (Hrsg.), *Von der Besatzungszeit zur deutsch-französischen Kooperation. De la période d'occupation à la coopération franco-allemande*, Freiburg im Breisgau, Rombach, 1993.

Lappenküper, U., *Die deutsch-französischen Bezieheungen 1949-1963. Von der « Erbfeindschaft » zur « Entente élémentaire »*, München, R. Oldenburg, 2001, 2 volumes.

Manfrass, K, Rioux, J.-P. (dir.), *France-Allemagne 1944-1947*, Cahier n° 13-14 de l'IHTP, décembre 1989-janvier 1990.

Schaeffer, P.J., *L'Alsace et l'Allemagne 1945-1949*, Metz, Centre de recherche relations internationales de l'Université de Metz, 1976.

Ziebura, G., *Die deutsch-französischen Beziehungen seit 1945. Mythen und Realitäten*, überarbeitete und aktualisierte Neuausgabe, Stuttgart, Klett-Cotta, 1997.

b. Plan Schuman

Gerbet, P., *La genèse du Plan Schuman. Des origines à la déclaration du 9 mai 1950*, Lausanne, Centre de recherches européennes, 1962.

Hahn, C.H., *Der Schuman-Plan. Eine Untersuchung im besonderen Hinblick auf die deutsch-französische Stahlindustrie*, München, R. Oldenbourg, 1952.

Kipping, M., *Zwischen Kartellen und Konkurrenz. Der Schuman-Plan und die Ursprünge der europäischen Einigung 1944-1952*, Berlin, Duncker & Humblot, 1996.

Lappenküpper, U., « Der Schuman-Plan. Mühsamer Durchbruch zur deutsch-französischen Verständigung », in *Vierteljahrshefte für Zeitgeschichte*, n° 42, 1994, p. 403-435.

Schwabe, K. (Hrsg.), *Die Anfänge des Schuman-Plans, 1950/51. The Beginnings of the Schuman-Plan. Contributions to the Symposium in Aachen, May 28-30, 1986*, Baden-Baden/Nomos, Milano/Giuffré, Paris/LGDJ, Bruxelles/Bruylant, 1988.

Wilkens, A. (dir.), *Le Plan Schuman dans l'histoire. Intérêts nationaux et projet européen*, Bruxelles, Bruylant, 2004.

c. Relations franco-allemandes et construction européenne

Berger, F., « Les sidérurgistes français et allemands face à l'Europe : convergences et divergences de conception et d'intérêts 1932-1952 », in *Revue d'histoire de l'intégration européenne*, n° 2, 1997, p. 35-52.

Berger, F., « Les patrons de l'acier en France et en Allemagne face à l'Europe (1930-1960) », in Bussière, É. Dumoulin, M. (ed.), *Milieux économiques et intégration européenne en Europe occidentale au XXe siècle*, Arras, Artois Presses Université, 1998, p. 179-195.

Bitsch, M.-Th. (dir.), *Le couple France-Allemagne et les institutions européennes*, Bruxelles, Bruylant, 2001.

Gillingham, J., *Coal, steel, and the rebith of Europe, 1945-1955. The Germans and French from Ruhr conflict to economic community*, Cambridge, Cambridge University Press, 1991.

Kolboom, I., Weisenfeld, E. (Hrsg.), *Frankreich in Europa. Ein deutsch-französischer Rundblick*, Bonn, Europa Union Verlag, 1993.

Picht, R., Wessels, W. (Hrsg.), *Motor für Europa ? Deutsch-französischer Bilateralismus und europäische Integration. Le couple franco-allemand et l'intégration européenne*, Bonn, Europa Union Verlag, 1990.

Wilkens, A., « L'Europe des ententes ou l'Europe de l'intégration ? Les industries française et allemande et les débuts de la construction européenne (1948-1952) », in Bussière, É., Dumoulin, M. (ed.), *Milieux économiques et intégration européenne en Europe occidentale au XXe siècle*, Arras, Artois Presses Université, 1998, p. 267-283.

Wilkens, A. (Hrsg.), *Interessen verbinden. Jean Monnet und die europäische Integration der Bundesrepublik Deutschland*, Bonn, Bouvier Verlag, 1999.

d. Relations économiques et financières

Berger, F., *Les relations économiques de la République française avec la République fédérale d'Allemagne sous statut d'occupation (8 mai 1949-5 mai 1955)*, mémoire de maîtrise (dir. René Girault), Université Paris-I, 1991.

Bossuat, G., « Les conceptions françaises des relations économiques avec l'Allemagne (1943-1960) – Détruire, supporter, coopérer : le Quay d'Orsay et le Ministère des Finances entre l'illusion et la résignation », in Wilkens, A. (Hrsg.), *Die deutsch-französischen Wirtschaftsbeziehungen 1945-1960. Les relations économiques franco-allemandes 1945-1960*, Sigmaringen, Jan Thorbecke Verlag, 1997, p. 25-62.

Bührer, W., « Wegbereiter der Verständigung : deutsch-französische Industriellenkontakte 1947-1955 », in *Revue d'Allemagne et des pays de langue allemande*, n° 1, 1991, p. 73-86

Eck, J.-F., « Acteurs et problèmes des relations économiques et financières franco-allemandes après 1945 », in Eck, J.-F., Schirmann, S. (ed.), « Aspects des relations économiques franco-allemandes au XXe siècle », *op. cit.*, p. 149-162.

Eck, J.-F., « Les contacts entre groupes de l'industrie chimique français et allemands de 1945 à la fin des années 1960. Entre compétition et coopération », in Dumoulin, M. (ed.), *Réseaux économiques et construction européenne. Economic Networks and European Integration*, Bruxelles, P.I.E.-Peter Lang, 2004, p. 217-234.

Eck, J.-F., « Pechiney en Allemagne de 1945 à la fin des années 1960 », in *Cahiers d'histoire de l'aluminium*, n° 28, 2001, p. 23-42.

Eck, J.-F., « Le rôle de la technologie dans les relations entre les entreprises françaises et l'Allemagne de 1945 à 1960 », in Chassagne, S. (ed.), « Autour de Pierre Cayez », in *Cahiers du Centre Pierre Léon d'histoire économique et sociale*, n° 3, 2003, p. 81-101.

Hudemann, R., « Wirtschaftsbeziehungen im deutsch-franzöischen Verhältnis der Nachkriegsperiode : Stand und Perspektive der Forschung », in Wilkens, A. (Hrsg.), *Die deutsch-französischen Wirtschaftsbeziehungen*, *op. cit.*, p. 309-320.

Lefèvre, S., *Les relations économiques franco-allemandes de 1945 à 1955. De l'occupation à la coopération*, Paris, Comité pour l'histoire économique et financière de la France, 1998.

Lefèvre, S., « Vers le rapprochement des économies française et allemande (1945-1955) », in *Relations internationales*, n° 93, 1998, p. 85-97.

Poidevin, R., « Les conditions d'une difficile reprise des relations économiques après 1945 », Wilkens, A. (Hrsg.), *Die deutsch-französischen Wirtschaftsbeziehungen, op. cit.*, p. 19-24.

Scholtz, W. (Hrsg.), *Aspekte der deutsch-französischen Wirtschaftsbeziehungen (1945-1957)*, Leipzig, Leipziger Universitätsverlag, 1993.

Wilkens, A., « Verständigung von Wirtschaft zur Wirtschaft. Interessenausgleich zwischen deutscher und französischer Industrie 1947-1955 », in Wilkens, A. (Hrsg.), *Die deutsch-französischen Wirtschaftsbeziehungen, op. cit.*, p. 189-223.

Wilkens (Andreas) (Hrsg.), *Die deutsch-französischen Wirtschaftsbeziehungen 1945-1960. Les relations économiques franco-allemandes 1945-1960*, Sigmaringen, Jan Thorbecke Verlag, 1997.

e. Relations militaires et stratégiques

Albrecht, U., « Rüstungsfragen im deutsch-französischem Verhältnis (1945-1960) », in Wilkens, A. (Hrsg.), *Die deutsch-französischen Wirtschaftsbeziehungen, op. cit.*, p. 135-168.

Bossuat, G., « Les armements dans les relations franco-allemandes (1945-1963). Les nationalismes à l'épreuve des temps nouveaux », in *Revue d'Allemagne et des pays de langue allemande*, n° 4, 1993, p. 601-615.

Bossuat, G., « Les armements dans les relations franco-allemandes (1945-1963). Les nationalismes à l'épreuve des temps nouveaux », in Centre des hautes Études de l'Armement (ed.), *Histoire de l'armement en France de 1914 à 1962. Institutions, industries, innovations, relations internationales*, Paris, Addim, 1994, p. 149-202.

Echternkamp, J., Martens, S., Romer, J.-Ch. (dir.), « Les relations franco-allemandes en matière d'armement au XXe siècle. De la rivalité à la coopération », in *Cahiers du Centre d'études d'histoire de la Défense*, n° 33, 2008.

Soutou, G.-H., *L'alliance incertaine. Les rapports politico-stratégiques franco-allemands, 1954-1996*, Paris, Fayard, 1996.

Villain, J., « L'apport des scientifiques allemands aux programmes de recherche relatifs aux fusées et avions à réaction à partir de 1945 », in Centre d'études d'histoire de la défense (ed.), *La France face aux problèmes d'armement 1945-1950*, Bruxelles, Complexe, 1996, p. 97-126.

B. Politique allemande de la France

1. Présentation d'ensemble

Albertini, R. von, « Die französische Deutschlandpolitik 1945-1955 », in *Schweizer Monatshefte*, 35. Jahrgang, Zürich, Oktober 1955, p. 364-376.

Auerbach, H., « Que faire de l'Allemagne ? Diskussionsbeiträge französischer Deutschlandexperten 1944-1950 », in Manfrass, K., Rioux, J.-P. (dir.), *France-Allemagne 1944-1947*, *op. cit.*, p. 289-299.

Buffet, C., *Mourir pour Berlin. La France et l'Allemagne 1945-1949*, Paris, Armand Colin, 1991.

Bock, H.-M., « Zur Perzeption der frühen Bundesrepublik Deutschland in der französischen Diplomatie : die Bonner Monatsberichte des Hochkommissars André François-Poncet 1949 bis 1955 », in *Francia. Forschungen zur Westeuropäischen Geschichte*, Band 3, 1987, p. 579-678.

Cuttoli-Uhel, C. de, « La politique allemande de la France (1945-1948). Symbole de son impuissance ? », in Girault, R., Frank, R. (dir.), *La puissance française en question ! 1945-1949*, Paris, Publications de la Sorbonne, 1988, p. 93-111.

Hänsch K., « Französische Aussenpolitik und Deutsche Frage : Nachkriegszeit und politische Kontinuität », in Manfrass, K., Rioux, J.-P. (dir.), *France-Allemagne 1944-1947*, *op. cit.*, p. 137-147.

Hudemann, R., « Weichenstellungen in der französischen Deutschlandpolitik nach dem Zweiten Weltkrieg », in Weber, J. (Hrsg.), *Die Republik der fünfziger Jahre. Adenauers Deutschlandpolitik auf dem Prüfstand*, München, Olzog Verlag, 1989, p. 130-138.

Hudemann, R., « Revanche ou partenariat ? À propos des nouvelles orientations de la recherche sur la politique française à l'égard de l'Allemagne après 1945 », in Krebs, G., Schneilin, G. (dir.), *L'Allemagne 1945-1955. De la capitulation à la division*, Asnières, Publication de l'Institut d'Allemand, 1996, p. 127-152.

Hudemann, R., « Reparationsgut oder Partner ? Zum Wandel in der Forschung über Frankreichs Deutschlandpolitik nach 1945 », in *Aus Politik und Zeitgeschichte*, Band 6, 1997, p. 31-40.

Hüser, D., *Frankreichs « doppelte Deutschlandpolitik ». Dynamik aus der Defensive – Planen, Entscheiden, Umsetzen in gesellschaftlichen und wirtschaftlichen, innen- und aussenpolitischen Krisenzeiten 1944-1950*, Berlin, Duncker & Humblot, 1996.

Institut Français de Stuttgart (ed.), *Die französische Deutschlandpolitik zwischen 1945 und 1949*, Tübingen, Attempto, 1987.

Kessel, M., *Westeuropa und die deutsche Teilung. Englische und französische Deutschlandpolitik auf den Aussenministerkonferenzen von 1945 bis 1947*, München, R. Oldenbourg Verlag, 1989.

Kessel, M., « "L'empêcheur de la danse en ronde" : französische Deutschlandpolitik 1945-1947 », in Martens, S. (Hrsg.), *Vom « Erbfeind » zum « Erneuerer »*, *op. cit.*, p. 65-85.

Kiersch, G., « Die französische Deutschlandpolitik 1945-1949 », in Scharf, C., Schröder, H.-J. (Hrsg.), *Politische und ökonomishe Stabilisierung Westdeutschlands 1945-1949. Fünf Beiträge zur Deutschlandpolitik der westlichen Alliierten*, Wiesbaden, F. Steiner, 1977, p. 61-76.

Knipping, F., « Que faire de l'Allemagne ? Die französische Deutschlandpolitik 1945-1950 », in Knipping, F., Weisenfeld, E. (Hrsg.), *Eine ungewöhnliche Geschichte : Deutschland-Frankreich seit 1870*, *op. cit.*, p. 141-155.

Korff, A., *Le revirement de la politique française à l'égard de l'Allemagne entre 1945 et 1950*, thèse de doctorat, Ambilly-Annemasse, Imprimerie Franco-Suisse, 1965.

Loth, W., « Die französische Deutschlandpolitik und die Anfänge des Ost-West-Konflikts », in Manfrass, K., Rioux, J.-P. (dir.), *France-Allemagne 1944-1947*, *op. cit.*, p. 83-96.

Manfrass, K., Rioux, J.-P. (dir.), *France-Allemagne 1944-1947*, Cahier n° 13-14 de l'Institut d'histoire du temps présent, décembre 1989-janvier 1990.

Martens, S., « Zwischen Demokratisierung und Ausbeutung. Aspekte und Motive der französischen Deutschlandpolitik nach dem Zweiten Weltkrieg », in Martens, S. (Hrsg.), *Vom « Erbfeind » zum « Erneuerer »*, *op. cit.*, p. 9-17.

Martens, S. (Hrsg.), *Vom « Erbfeind » zum « Erneuerer ». Aspekte und Motive der französischen Deutschlandpolitik nach dem Zweiten Weltkrieg*, Sigmaringen, Thorbecke, 1993.

Poidevin, R., « Die französische Deutschlandpolitik 1943-1949 », in Scharf, C., Schröder, H.-J. (ed.), *Die Deutschlandpolitik Frankreichs und die französische Zone 1945-1949*, *op. cit.*, p. 15-26.

Poidevin, R., « La politique allemande de la France en 1945 », in Vaïsse, M. (dir.), *8 mai 1945 : la victoire en Europe*, 2e éd., Bruxelles, Complexe, 1994, p. 221-238.

Rioux, J.-P., « France, 1945 : l'ambition allemande et ses moyens », in Manfrass, K., Rioux, J.-P. (dir.), *France-Allemagne 1944-1947*, *op. cit.*, p. 37-46.

Rollet, H., « L'intervention de la France dans la question allemande vue par les trois autres Grands », in Manfrass, K., Rioux, J.-P. (dir.), *France-Allemagne 1944-1947*, *op. cit.*, p. 119-136.

Scharf, C., Schröder, H.-J. (Hrsg.), *Die Deutschlandpolitik Frankreichs und die französische Zone*, Wiesbaden, Franz Steiner Verlag, 1983.

2. La nouvelle politique allemande de la France

Auerbach, H., « Die europäische Wende der französichen Deutschlandpolitik 1947/48 », in Herbst, L., Bührer, W., Sowade, H. (Hrsg.), *Vom Marshallplan zur EWG. Die Eingliederung der Bundesrepublik Deutschland in die westliche Welt*, München, R. Oldenbourg Verlag, 1990, p. 577-591.

Poidevin, R., « La nouvelle politique allemande de la France (juin 1948-avril 1949) », in *Enjeux et puissances. Pour une histoire des relations internationales au XXe siècle. Mélanges en l'honneur de Jean-Baptiste Duroselle*, Publications de la Sorbonne, Paris, 1986, p. 203-216.

Wilkens, A., « Von der Besetzung zur westeuropäischen Integration. Die französische Deutschlandpolitik der Nachkriegszeit (1945-1950) », in *Historische Mitteilungen*, Heft 1, 1991, p. 1-21.

3. La France et la question allemande

Bariéty, J., « Die deutsche Frage aus Französischer Sicht, 1945-1955 », in Loth, W. (Hrsg.), *Die deutsche Frage in der Nachkriegszeit*, Berlin, Akademie Verlag, 1994, p. 172-194.

Fritsch-Bournazel (R.), « Frankreich und die "deutsche Frage" 1945-1949 », in *Die Deutschlandfrage und die Anfänge des Ost-West-Konflikts 1945-1949. Studien zur Deutschlandfrage*, Berlin, Duncker & Humblot, 1984, p. 85-95.

Loth, W., « Die Franzosen und die deutsche Frage 1945-1949 », in Scharf, C., Schröder, H.-J. (ed.), *Die Deutschlanpolitik Frankreichs und die französische Zone 1945-1949*, *op. cit.*, p. 27-48.

Loth, W., « Die deutsche Frage in französischer Perspektive », in Herbst, L. (ed.), *Westdeutschland 1945-1955. Unterwerfung, Kontrolle, Integration*, München, R. Oldenbourg, 1986, p. 37-49.

Maelstaf, G., *Que faire de l'Allemagne ? Les responsables français, le statut international de l'Allemagne et le problème de l'unité allemande (1945-1955)*, Paris, Direction des Archives, Ministère des Affaires étrangères, 1999.

Poidevin, R., « Frankreich und die Deutsche Frage 1943-1949 », in Becker, J., Hillgruber, A. (Hrsg.), *Die Deutsche Frage im 19. und 20. Jahrhundert*, München, Vögel, 1983, p. 405-420.

Soutou, G.-H., « Frankreich und die Deutschlandfrage 1943 bis 1945 », in Volkmann, H.-E. (Hrsg.), *Ende des Dritten Reiches – Ende des Zweiten Weltkriegs. Eine perspektivische Rückschau*, München, Piper, 1995, p. 75-116.

Weisenfeld, E., *Quelle Allemagne pour la France ? La politique étrangère française et l'unité allemande depuis 1944*, Paris, Armand Colin, 1989.

4. La France face au danger allemand

Fritsch-Bournazel, R., « Die Wende in der französischen Nachkriegspolitik 1945-1949 : Die deutsche Gefahr verliert die Priorität », in Institut Français de Stuttgart (ed.), *Die französische Deutschlandpolitik*, *op. cit.*, p. 7-25.

Lacroix-Riz, A., « La France face à la menace militaire allemande au début de l'ère atlantique : une alliance redoutée, fondée sur le réarmement allemand, 1947-1950 », in *Francia. Forschungen zur westeuropäischen Geschichte*, Band 3, 1989, p. 49-71.

Lacroix-Riz, A., « Sécurité française et menace militaire allemande avant la conclusion des alliances occidentales : les déchirements du choix entre Moscou et Washington (1945-1947) », in *Relations internationales*, n° 51, 1987, p. 289-312.

Poidevin, R., « La France devant le danger allemand (1944-1952) », in Hilldebrand, K., Pommerin, R. (Hrsg.), *Deutsche Frage und europäisches Gleichgewicht*, Köln, Wien, Böhlau Verlag, 1985, p. 253-267.

Poidevin, R., « La France devant le danger allemand (1944-1952) », in *Revue d'Allemagne et des pays de langue allemande*, numéro spécial, 1991, p. 37-48.

Soutou, G.-H., « France and the German Rearmament Problem 1945-1955 », in Ahmann, R., Birke, A.M., Howard, M. (ed.), *The Quest for Stability. Problems of West European Security 1918-1957*, Oxford, Oxford University Press, 1993, p. 487-512.

5. La France, la politique de décentralisation et la question des administrations centrales allemandes

Deuerlein, E., « Frankreichs Obstruktion deutscher Zentralverwaltungen 1945 », in *Deutschland Archiv*, 4. Jahrgang, 1971, p. 466-491.

Hudemann, R., « La France et le Conseil de Contrôle Interallié en Allemagne (1945-1947) », in *Revue d'Allemagne et des pays de langue allemande*, n° 2, 1989, p. 235-256.

Hudemann, R., « Zentralismus und Dezentralisierung in der französischen Deutschland- und Besatzungspolitik 1945-1947 », in Becker, W. (Hrsg.), *Die Kapitulation von 1945 und der Neubeginn in Deutschland*, Köln, Wien, Böhlau, 1987, p. 181-209.

Hüser, D., « Frankreich und die Potsdamer Konferenz. Die deutsche Einheit in französischer Perspektive », in Timmermann, H. (Hrsg.), *Potsdam 1945. Konferenz, Vorgeschichte, Verlauf und Folgen für Deutschland, Europa und die Welt*, Berlin, Duncker & Humblot, 1997, p. 59-85.

Rollet, H., « Les vetos français au Conseil de Contrôle interallié et l'unité allemande (1945-1948) », in *Revue d'histoire diplomatique*, n° 1-2, 1987, p. 99-114.

Soutou (Georges-Henri), « Potsdam, l'unité allemande et les ambiguïtés de la politique américaine vues par la diplomatie française », in Catala, M. (ed.), *Histoires d'Europe et d'Amérique. Le monde atlantique contemporain. Mélanges offerts à Yves-Henri Nouailhat*, Nantes, Ouest Éditions, 1999, p. 305-318.

6. La France et la Ruhr

Bührer, W., « Die französische Ruhrpolitik und das Comeback der westdeutschen Schwerindustriellen 1945-1952 », in Hüttenberger, H., Molitor, H. (Hrsg.), *Franzosen und Deutsche am Rhein*, *op. cit.*, p. 27-46.

Bührer, W., « Frankreich und das Ruhrgebiet – Mythos und Realität », in Wilkens, A. (Hrsg.), *Die deutsch-französischen Wirtschaftsbeziehungen 1945-1960*, *op. cit.*, p. 225-236.

Defrance, C., « La France et l'Autorité Internationale de la Ruhr jusqu'à l'annonce du Plan Schuman », in Wilkens, A. (dir.), *Le Plan Schuman dans l'Histoire. Intérêts nationaux et projet européen*, *op. cit.*, p. 123-145.

Gillingham, J., « Die französische Ruhrpolitik und die Ursprünge des Schuman-Plans. Eine Neubewertung », in *Vierteljahreshefte für Zeitgeschichte*, n° 1, 1987, p. 1-24.

Knipping, F., « La Ruhr entre la France et l'Allemagne (1850-1950) », in Morizet, J., Möller, H. (dir.), *Allemagne-France, op. cit.*, p. 153-165.

Lefèvre, S., « Les sidérurgistes français propriétaires de charbonnages dans la Ruhr (1945-1954) », in Wilkens, A. (Hrsg.), *Die deutsch-französischen Wirtschaftsbeziehungen 1945-1960, op. cit.*, p. 237-247.

Poidevin, R., « Frankreich und die Ruhrfrage 1945-1951 », in *Historische Zeitschrift*, Band 228, 1979, p. 317-334.

7. La France et la Rhénanie

Hüser, D., « Das Rheinland in der französischen Deutschlandpolitik. Realität und Rhetorik der Abtrennungsforderung 1943-1948 », in Koops, T., Vogt, M. (Hrsg.), *Das Rheinland in zwei Nachkriegszeiten, op. cit.*, p. 103-128.

Koops, T., Vogt, M. (Hrsg.), *Das Rheinland in zwei Nachkriegszeiten 1919-1930 und 1945-1949*, Koblenz, Selbstverlag des Bundesarchivs, 1995, 222 p.

Krautkrämer, E., « Das Rhénanieprojekt und die Frage der territorialen Gestaltung der französsischen Besatzungszone », in Jurt, J. (Hrsg.), *Von der Besatzungszeit zur deutsch-französischen Kooperation, op. cit.*, p. 61-87.

Soutou, G.-H., « La politique française à l'égard de la Rhénanie 1944-1947 », in Hüttenberger, P., Molitor, H. (Hrsg.), *Franzosen und Deutsche am Rhein : 1789-1918-1945*, Essen, Klartext, 1989, p. 47-66.

Wünschel, H.-J., « Die Teilungspläne der Alliierten und die Forderung Frankreichs nach Abtrennung des linken Rheinufers 1943-1947 », in *Jahrbuch für Westdeutsche Landesgeschichte*, n° 5, 1979, p. 357-372.

8. La France et l'économie allemande

Bitsch, M.-Th., « Un facteur de sécurité de l'Europe : le désarmement économique de l'Allemagne, 1945-1946 », in *Revue d'Allemagne et des pays de langue allemande*, numéro spécial, 1991, p. 27-35.

Bitsch, M.-Th., « Un rêve français : le désarmement économique de l'Allemagne (1944-1947) », in *Relations internationales*, n° 51, 1987, p. 313-329.

Eck, J.-F., *Les entreprises françaises face à l'Allemagne de 1945 à la fin des années 1960*, Paris, Comité pour l'histoire économique et financière de la France, 2003.

Eck, J.-F., « L'implantation industrielle française en Allemagne fédérale, de 1945 au début des années 1960 : une ambition renouvelée ? », in *Vingtième siècle. Revue d'histoire*, n° 51, 1996, p. 85-111.

Heinen, A., « Saarkohle für Frankreich. Thesen zur französischen Saarpolitik (1945-1950) », in *Revue d'Allemagne et des pays de langue allemande*, n° 4, 1993, p. 545-552.

Libera, M., « Un rêve de puissance ? La France et l'acier allemand (1942-1945) », in *Francia. Forschungen zur westeuropäischen Geschichte*, Band 3, 2006, p. 48-69.

Libera, M., « France and the German Economy 1945-48 : An Imperialist Policy ? », in Germond, C., Türk, H. (ed.), *A History of Franco-German Relations in Europe. From « Hereditary Enemies » to Partners*, *op. cit.*, p. 137-147.

Poidevin, R., « La France et le charbon allemand au lendemain de la Deuxième Guerre mondiale », in *Relations internationales*, n° 44, 1985, p. 365-377.

Poidevin, R., « La France et le problème du relèvement économique de l'Allemagne en 1947 », in Manfrass, K., Rioux, J.-P. (ed.), *France-Allemagne 1944-1947*, *op. cit.*, p. 201-213.

Poidevin, R., « Plan Marshall et problème allemand : les inquiétudes françaises (1947-1948) », in Girault, R., Lévy-Leboyer, M. (dir.), *Le plan Marshall et le relèvement économique de l'Europe*, Paris, Comité pour l'histoire économique et financière de la France, 1993, p. 87-96.

9. Les décideurs français et l'Allemagne

Bled, J.-P., « Le général de Gaulle et l'Allemagne pendant la traversée du désert (1946-1958) », in *Revue d'Allemagne et des pays de langue allemande*, n° 4, 1990, p. 513-523.

Buffet, C., « De Gaulle et Berlin. Une certaine idée de l'Allemagne », in *Revue d'Allemagne et des pays de langue allemande*, n° 4, 1990, p. 525-538.

Dankert, J., « Deutschlandpolitische Vorstellungen de Gaulles », in *Zeitschrift für Geschichtswissenschaft*, 1991, Heft 3, p. 211-230.

Gruner, W.D., « La place de l'Allemagne dans l'Europe d'après-guerre selon Jean Monnet (1943-1950) », in Bossuat, G., Wilkens, A. (dir.), *Jean Monnet, l'Europe et les chemins de la paix*, Paris, Publications de la Sorbonne, 1999, p. 113-146.

Guillen, P., « Pierre Mendès France et l'Allemagne », in Girault, R. (dir.), *Pierre Mendès France et le rôle de la France dans le monde*, Grenoble, Presses universitaires de Grenoble, 1991, p. 39-54.

Hudemann, R., « Le Général Koenig. Commandant en chef français en Allemagne (1945-1949) », in *Revue historique des armées*, n° 227, 2002, p. 85-95.

Hüser, D., « Charles de Gaulle, Georges Bidault, Robert Schuman et l'Allemagne 1944-1950. Conceptions – actions – perceptions », in *Francia. Forschungen zur westeuropäischen Geschichte*, Band 3, 1996, p. 49-73.

Linsel, K., *Charles de Gaulle und Deutschland 1914-1969*, Sigmaringen, Jan Thorbecke Verlag, 1997.

Loth, W., Picht, R. (Hrsg.), *De Gaulle, Deutschland und Europa*, Opladen, Leske + Budrich, 1991.

Maillard, P., *De Gaulle et l'Allemagne. Le rêve inachevé*, Paris, Plon, 1990.

Marcowitz, R., « Grundzüge der Deutschland-Politik de Gaulles und Bidaults von Herbst 1944 bis Frühjahr 1947 », in *Historische Mitteilungen*, Heft 2, 1988, p. 117-134.

Orlow, D., « Sozialistische Deutschlandpolitik : SFIO, SPD und die Zukunft Deutschlands 1945-1950 », in *Francia. Forschungen zur Westeuropäischen Geschichte*, Band 3, 1999, p. 19-48.

Poidevin, R., « Robert Schumans Deutschland- und Europapolitik zwischen Tradition und Neuorientierung », in *Schriften der Philosophischen Fachbereiche der Universität Augsburg*, n° 3, 1976, p. 5-21.

Poidevin, R., « Le facteur Europe dans la politique allemande de Robert Schuman (été 1948-printemps 1949) », in Poidevin, R. (dir.), *Histoire des débuts de la construction européenne, mars 1948-mai 1950*, Bruxelles/Bruylant, Milano/Giuffrè, Paris/LGDJ, Baden-Baden/Nomos Verlag, 1986, p. 311-326.

Schreiner, R., *Bidault, der MRP und die französische Deutschlandpolitik, 1944-1948*, Frankfurt am Main, Peter Lang, 1985.

10. L'opinion publique française et l'image de l'Allemagne

Hüser, D., « Frankreich, Deutschland und die französische Öffentlichkeit 1944-1950 : innenpolitische Aspekte deutschlandpolitischer Maximalpositionen », in Martens, S. (Hrsg.), *Vom « Erbfeind » zum « Erneuerer », op. cit.*, p. 19-64.

Loth, W., « Französische Deutschlandbilder nach dem Zweiten Weltkrieg », in Grunewald, M., Schlobach, J. (ed.), *Médiations/Vermittlungen. Aspects des relations franco-allemandes du XVIIe siècle à nos jours, op. cit.*, p. 343-353.

C. La politique d'occupation de la France en Allemagne

1. Questions sur l'occupation, l'historiographie et les perspectives de recherche

Burrin, Ph., « Entre guerre et paix : l'occupation militaire », in Porret, M., Fayet, J.-F., Fluckiger, C. (dir.), *Guerres et paix. Mélanges offerts à Jean-Claude Favez*, Chêne-Bourg, Genève, Georg, 2000, p. 257-266.

Houll-Commun, P., « La politique d'occupation française en Allemagne et la zone d'occupation française (1945-1949). État des recherches », in *Bulletin d'information de la Mission historique française en Allemagne*, n° 10, 1985, p. 40-56.

Haggenmacher, P., « L'occupation militaire en droit international : Genèse et profil d'une institution juridique », in *Relations internationales*, n° 79, 1994, p. 285-301.

Hudemann, R., « Neue Erkenntnisse über die Besatzungszonen », in *Revue d'Allemagne et des pays de langue allemande*, n° 3, 1989, p. 385-394.

Hudemann, R., « L'occupation française après 1945 et les relations franco-allemandes », in Vincent, M.-B. (dir.), *La dénazification*, Paris, Perrin, 2008, p. 189-210.

Hudemann, R., « L'occupation française en Allemagne. Problèmes généraux et perspectives de recherches », in Ménudier, H. (dir.), *L'Allemagne occupée 1945-1949*, Bruxelles, Complexe, 1990, p. 221-242.

Hudemann, R., « Wirkungen französischer Besatzungspolitik : Forschungsprobleme und Ansätze zur einer Bilanz », in Herbst, L. (Hrsg.), *Westdeutschland 1945-1955. Unterwerfung, Kontrolle, Integration*, München, R. Oldenbourg, 1986, p. 167-181.

Hudemann, R., « Frankreichs Besatzungspolitik in Deutschland : Hindernis oder Auftakt der deutsch-französischen Kooperation », in Jurt, J. (Hrsg.), *Von der Besatzungszeit zur deutsch-französischen Kooperation*, *op. cit.*, p. 237-254.

2. Généralités sur la politique d'occupation

Grange, B., *Émile Laffon et la zone d'occupation française en Allemagne (1945-1947)*, Mémoire de maîtrise (direction René Girault), Université de Paris I, 1993.

Hartmann, C., « Die politische und wirtschaftliche Entwicklung Frankreichs im Zweiten Weltkrieg : Grundlage und Voraussetzung für die frühe französische Besatzungspolitik in Südwestdeutschland », in Schwarzmaier, H. (Hrsg.), *Landesgeschichte und Zeitgeschichte : Kriegsende 1945 und demokratischer Neubeginn am Oberrhein*, Karlsruhe, Braun, 1980, p. 179-192.

Henke, K.-D. « Aspekte französischer Besatzungspolitik in Deutschland nach dem Zweiten Weltkrieg », in Benz, W. (Hrsg.), *Miscellanea. Festschrift für Helmut Krausnick zum 75. Geburtstag*, Stuttgart, Deutsche Verlags-Anstalt, 1980, p. 169-191.

Henke, K.-D., « Politik der Widersprüche. Zur Charakteristik der französischen Militärregierung in Deutschland nach dem Zweiten Weltkrieg », in Scharf, C., Schröder, H.-J. (Hrsg.), *Die Deutschlandpolitik Frankreichs und die französische Zone 1945-1949*, *op. cit.*, p. 49-89.

Hillel, M., *L'occupation française en Allemagne (1945-1949)*, Paris, Balland, 1983.

Hudemann, R., « La zone française d'occupation sous le premier gouvernement du Général de Gaulle (mai 1945 à janvier 1946) », in *Études Gaulliennes*, n° 23/24, 1978, p. 25-37.

Hudemann, R., « Französische Besatzungszone 1945-1952 », in *Neue Politische Literatur*, n° 3, 1981, p. 325-360.

Hudemann, R., « Grundprobleme der französischen Besatzung in Deutschland », in Institut Français de Stuttgart (ed.), *Die französische Deutschlandpolitik zwischen 1945 und 1949*, *op. cit.*, p. 27-40.

Hudemann, R., « De Gaulle und der Wiederaufbau in der französischen Besatzungszone nach 1945 », in Loth, W., Picht, R. (Hrsg.), *De Gaulle, Deutschland und Europa*, Opladen, Leske + Budrich, 1991, p. 153-167.

Hudemann, R., « Die französische Besatzung in Deutschland nach 1945 », in Gruner, W.D., Müller, K.-J. (Hrsg.), *Über Frankreich nach Europa : Frankreich in Geschichte und Gegenwart*, Hamburg, Krämer, 1996, p. 443-473.

Konstanzer, E., « Weisungen der französischer Militärregierung 1946-1949 », in *Viertelsjahreshefte für Zeitgeschichte*, 1970, p. 205-237.

Lattard, A., « À propos de l'occupation française en Allemagne 1945/1949. Le conflit Laffon-Koenig », in Krebs, G. (dir.), *Sept décennies de relations franco-allemandes 1918-1988. Hommage à Joseph Rovan, op. cit.*, p. 227-262.

Libera, M., « Les "lendemains de guerre" en zone française d'occupation (1945-1949). Un temps de rupture ? », in Pernot, F., Toureille, V. (dir.), *Lendemains de guerre... De l'Antiquité au monde contemporain : les hommes, l'espace et le récit, l'économie et le politique*, Bruxelles, P.I.E. Peter Lang, 2010, p. 341-350.

Willis, F.R., *The French in Germany 1945-1949*, Stanford, Stanford University Press, 1962.

3. Comparaison des deux après-guerres

Bariéty, J., « Les occupations françaises en Allemagne après les deux guerres mondiales », in *Relations Internationales*, n° 79, automne 1994, p. 319-334.

Hudemann, R., « Frankreichs Besatzungspolitik nach dem 1. und 2. Weltkrieg », in Duchhardt, H. (Hrsg.), *In Europas Mitte : Deutschland und seine Nachbarn*, Bonn, Europa Union Verlag, 1988, p. 144-151.

Hudemann, R., « Vom Nutzen der Revolution. 1789 und der Wandel in Frankreichs Deutschlandpolitik nach den beiden Weltkriegen », in Deutsch-Französisches Institut (ed.), *Frankreich-Jahrbuch 1989. Politik, Wirtschaft, Gesellschaft, Geschichte*, Kultur, Opladen, Leske + Budrich 1989, p. 169-181.

4. Questions économiques

a. Les réparations et les restitutions

Buffet, C., « L'affaire Borsig 1945-1950. Un exemple de la politique française des réparations », in *Revue d'Allemagne et des pays de langue allemande*, n° 1, 1991, p. 55-71.

Libera, M., « Le sort des biens neutres en Allemagne. Le cas des usines suisses d'aluminium en zone française d'occupation (1945-1955) », in Libera, M., Wassenberg, B. (dir.), *L'Europe au cœur. Études pour Marie-Thérèse Bitsch*, Bruxelles, P.I.E. Peter Lang, 2009, p. 99-115.

Lorentz, C., « La France et les restitutions allemandes au lendemain de la Seconde Guerre mondiale », in *Francia. Forschungen zur westeuropäischen Geschichte*, Band 3, 1992, p. 187-192.

Lorentz, C., « La France et les restitutions allemandes au lendemain de la Seconde Guerre mondiale », in Scholz, W. (Hrsg.), *Aspekte der deutsch-französischen Wirtschaftsbeziehungen (1945-1957), op. cit.*, p. 8-17.

Lorentz, C., *La France et les restitutions allemandes au lendemain de la Seconde Guerre mondiale (1943-1954)*, Paris, Direction des Archives et de la Documentation, Ministère des Affaires étrangères, 1998.

Lorentz, C., « La France et les restitutions allemandes (1945-1947) », Jurt, J. (Hrsg.), *Von der Besatzungszeit zur deutsch-französischen Kooperation*, *op. cit.*, p. 121-137.

Lorentz, C., « La France et la question des restitutions allemandes au lendemain de la Seconde Guerre mondiale », in *Guerres mondiales et conflits contemporains*, n° 189, 1998, p. 109-121.

Lorentz, C., « La question des restitutions allemandes dans les projets de conventions d'armistice alliés et français 1943-1945 », in *Revue d'Allemagne et des pays de langue allemande*, n° 4, 1993, p. 523-534.

Ludmann-Obier, M.-F., « Les prélèvements unilatéraux en zone française d'occupation (1945-1946) », in Jurt, J. (Hrsg.), *Von der Besatzungszeit zur deutsch-französischen Kooperation, op. cit.*, p. 110-120.

Ohlauser, K., *Demontage und Neuordnung der Friedrichshafener Industrie 1945 bis 1949. Die Beispiele Luftschiffbau Zeppelin, Maybach Motorenbau, Zahnradfabrik Friedrichshafen und Dornier*, Wissenschaftliche Zulassungsarbeit für das Lehramt an Gymnasien, Universität Konstanz, (Leitung von Prof. Dr. Lothar Burchardt).

b. La politique économique et financière de la France en ZFO

Abelshauser, W., « Die Rekonstuktion der westdeutschen Wirtschaft und die Rolle der Besatzungspolitik », in Scharf, C., Schröder, H.-J. (Hrsg.), *Politische und ökonomische Stabilisierung Westdeutschlands 1945-1949*, Wiesbaden, F. Steiner, 1977, p. 1-17.

Abelshauser, W., « Wirtschaft und Besatzungspolitik in der Französischen Zone 1945-1949 », in Scharf, C., Schröder, H.-J. (Hrsg.), *Die Deutschlandpolitik Frankreichs und die Französische Zone 1945-1949*, *op. cit.*, p. 111-139.

Hudemann, R., « Fragen zur Wirtschaftsgeschichte der französischen Besatzungszone », in *Zeitschrift für württembergische Landesgeschichte*, 46. Jahrgang, Stuttgart, 1987, p. 403-407.

Lefevre, S., « La politique française de prises de participations financières dans sa zone d'occupation (1945-1949) », in Scholz, W. (ed.), *Aspekte der deutsch-französischen Wirtschaftsbeziehungen (1945-1957)*, *op. cit.*, p. 18-29.

Libera, M., « Sous le signe de l'ambivalence : la politique économique de la France dans sa zone d'occupation en Allemagne (1945-1947) », in Eck, J.-F., Martens, S., Schirmann, S. (dir.), *L'économie, l'argent et les hommes*, *op. cit.*, p. 241-266.

Manz, M., *Stagnation und Aufschwung in der französischen Besatzungszone von 1945-1949*, (Rer. pol. Diss., Mannheim, 1968), St Katharinen, Scripta Mercaturae Verlag, 1985, 130 p.

c. La politique industrielle et technologique de la France en ZFO

Boelcke, W.A., « Industrie und Technologie in der französischen Besatzungszone », in Manfrass, K., Rioux, J.-P. (ed.), *France-Allemagne 1944-1947*, *op. cit.*, p. 177-200.

Kugeler, C., *L'industrie sidérurgique dans la Zone Française d'Occupation*, mémoire de maîtrise (dir. Pierre Ayçoberry), Université Srasbourg II, 1988.

Laufer, R., *Industrie und Energiewirtschaft im Land Baden 1945-1952. Südbaden unter französischer Besatzung*, Freiburg im Breisgau, München, Verlag Karl Alber, 1979.

Laufer, R., « Die südbadische Industrie unter französischer Besatzung 1945-1949 », Scharf, C., Schröder, H.-J. (Hrsg.), *Die Deutschlandpolitik Frankreichs und die Französische Zone 1945-1949*, *op. cit.*, p. 141-153.

Ludmann-Obier, M.-F., *Le Contrôle de l'Industrie Chimique en Zone Française d'Occupation en Allemagne (1945-1949)*, thèse de doctorat (dir. Raymond Poidevin), Université Strasbourg III, 1986.

Ludmann-Obier, M.-F., « Die Kontrolle der deutschen chemischen Industrie in der französischen Besatzungszone (1945-1949) », in Institut Français de Stuttgart (ed.), *Die französische Deutschlandpolitik zwischen 1945 und 1949*, *op. cit.*, p. 89-101.

Ludmann-Obier, M.-F., « Le problème de la propriété industrielle en Allemagne après la Deuxième Guerre mondiale », in *Revue d'Allemagne et des pays de langue allemande*, n° 1, janvier-mars 1991, p. 41-53.

d. Le contrôle de la recherche scientifique

Bar-Zohar, M., *La chasse aux cerveaux allemands (1944-1960)*, Paris, Fayard, 1965.

Bohnekamp, D., « Les ingénieurs allemands dans l'industrie française d'armement entre 1945 et 1950 », in *Revue d'Allemagne et des pays de langue allemande*, n° 1, 2002, p. 29-44.

Defrance, C., « La mission du CNRS en Allemagne (1945-1950). Entre exploitation et contrôle du potentiel scinetifique allemand », in *Revue pour l'histoire du CNRS*, n° 5, 2001 [En ligne] mis en ligne le 20 juin 2007, consulté le 30 juillet 2007. URL : http://histoire-cnrs.revues.org/3372.

Ludmann-Obier, M.-F., « Un aspect de la chasse aux cerveaux. Les transferts de techniciens allemands en France 1945-1949 », in *Relations internationales*, n° 47, 1986, p. 195-208.

Ludmann-Obier, M.-F., « Le contrôle de la recherche scientifique en Zone Française d'Occupation en Allemagne (1945-1949) », in *Revue d'Allemagne et des pays de langue allemande*, n° 4, 1988, p. 397-414.

Ludmann-Obier, M.-F., « La mission du CNRS en Allemagne (1945 1950) », in *Cahiers pour l'histoire du CNRS*, n° 3, 1989, p. 73-84.

Nouzille, V., Huwart, O., « Comment la France a recruté les savants de Hitler », in *L'Express*, 20 mai 1999, p. 123-140.

Pernot, F., « L'occupation en Allemagne : un double enjeu scientifique et technique pour la France et l'armée de l'Air », in *Revue historique des armées*, n° 199, 1995, p. 76-87.

e. Les questions de ravitaillement, de marché noir et de marchés parallèles

Boelcke, W.A., *Der Schwarzmarkt 1945-1948. Vom Überleben nach dem Kriege*, Braunschweig, Westermann, 1986.

Hudemann, R., « Die Struktur der Schwarzen Märkte in der Nachkriegszeit. Zur Bedeutung der Währungs- und Wirtschaftsordnungsreform in den deutschen Westzonen 1948/49 », in *Wissenschaftliche Zeitschrift der Humboldt-Universität zu Berlin, Referat Geistes- und Sozialwissenschaft*, Band 40, n° 7, 1991, p. 87-92.

Hüser, D., « Ventres creux, mentalités collectives et relations internationales – la faim dans les relations franco-allemandes d'après-guerre », in Liechtenhan, F.-D. (dir.), *Europe 1946. Entre le deuil et l'espoir*, Bruxelles, Complexe, 1996, p. 141-164.

Rothenberger, K.-H., *Die Hungerjahre nach dem Zweiten Weltkrieg. Ernährungs- und Landwirtschaft in Rheinland-Pfalz 1945-1950*, Boppard am Rhein, Harald Boldt Verlag, 1980.

Werner, W., « Die Versorgung der Bevölkerung nach 1945 », in Koops, T., Vogt, M. (Hrsg.), *Das Rheinland in zwei Nachkriegszeiten*, *op. cit.*, 1995, p. 209-218.

5. Questions de société

a. La dénazification

Grohnert, R., *Die Entnazifizierung in Baden 1945-1949. Konzeptionen und Praxis der « Epuration » am Beispiel eines Landes der französischen Besatzungszone*, Stuttgart, W. Kohlhammer Verlag, 1991.

Henke, K.-D., *Politische Säuberung unter französischer Besatzung. Die Entnazifizierung in Württemberg-Hohenzollern*, Stuttgart, Deutsche Verlags-Anstalt, 1981.

Möhler, R., *Entnazifizierung in Rheinland-Pfalz und im Saarland unter französischer Besatzung 1945 bis 1952*, Mainz, v. Hase & Koehler, 1992.

Rauh-Kühne, C., « Die Unternehmer und die Entnazifizierung der Wirtschaft in Württemberg-Hohenzollern », in Rauh-Kühne, C., Ruck, M. (Hrsg.), *Regionale Eliten zwischen Diktatur und Demokratie : Baden und Württemberg 1930-1952*, München, R. Oldenbourg Verlag, 1993, p. 305-331.

Solchany, J., *Comprendre le nazisme dans l'Allemagne des années zéro (1945-1949)*, Paris, PUF, 1997.

Wahl, A., *La seconde histoire du nazisme dans l'Allemagne fédérale depuis 1945*, Paris, Armand Colin, 2006.

b. La politique sociale et syndicale de la France en ZFO

Hecker, W., *Der Gewerkschaftsbund Süd-Württemberg-Hohenzollern. Zur Gewerkschaftsbewegung in der französischen Besatzungszone 1945-1949*, Marburg, Verlag Arbeiterbewegung und Gesellschaftswissenschaft, 1988.

Hudemann, R., « Anfänge der Wiedergutmachung. Französische Besatzungszone 1945-1952 », in « Sozialpolitik im Vergleich », Sonderdruck aus *Geschichte und Gesellschaft*, Heft 2, 1987, p. 181-216.

Hudemann, R., *Sozialpolitik im deutschen Südwesten zwischen Tradition und Neuordnung 1945-1953. Sozialverischerung und Kriegsopferversorgung im Rahmen französischer Besatzungspolitik*, Mainz, v. Hase & Koehler, 1988.

Lattard, A., *Syndicalisme ouvrier et syndicalisme patronal allemands sous l'occupation française (1945-1949) : l'exemple de la Rhénanie-Palatinat*, thèse de doctorat de 3e cycle (direction Pierre-Paul Sagave), Université Paris X, 1983.

Unser, M., *Der badische Gewerkschaftsbund. Zur Geschichte des Wiederaufbaus der Gewerkschaftsbewegung im französisch besetzen Südbaden*, Marburg, Verlag Arbeiterbewegung und Gesellschaftswissenschaft, 1989.

c. L'opinion publique allemande en ZFO

Bock, H. M., « Tradition und Topik des populären Frankreich-Klischees in Deutschland von 1925 bis 1955 », in *Francia. Forschungen zur westeuropäischen Geschichte*, Band 3, 1986, p. 475-508.

Hudemann, R., « L'occupant français et la population allemande après les deux guerres mondiales », in *Relations internationales*, n° 80, 1994, p. 471-489.

Martens, S., « L'image des occupants français en Allemagne (1945-1949) : "ennemis héréditaires" ou réformateurs ? », in Frank, R. (dir.), *Images et imaginaire dans les relations internationales depuis 1938*, Cahier n° 28 de l'IHTP, 1994, p. 49-59.

Steinert, M.G., « Zwischen Gestern und Morgen. Volksmeinung und öffenttliche Meinung in der französischen Besatzungszone, 1945-1947, im Spiegel französischer Quellen », in Manfrass, K., Rioux, J.-P. (dir.), *France-Allemagne 1944-1947*, *op. cit.*, p. 47-80.

Wolfrum, E., « "Jammert im Leid der Besiegte, so ist auch der Sieger verloren". Kollektive Alltagserfahrungen in der französischen Besatzungszone nach 1945 », in Jurt, J. (Hrsg.), *Die Franzosenzeit im Lande Baden von 1945 bis heute. Zeitzeugnisse und Forschungsergebnisse*, *op. cit.*, p. 21-38.

Wolfrum, E., « Das Bild der "düsteren Franzosenzeit". Alltagsnot, Meinungsklima und Demokratisierungspolitik in der französischen Besatzungszone nach 1945 », in Martens, S. (Hrsg.), *Vom « Erbfeind » zum « Erneuerer »*, *op. cit.*, p. 87-113.

Wolfrum, E., « Die Besatzungsherrschaft der Franzosen 1945 bis 1949 in der Errinnerung der Deutschen », in *Geschichte in Wissenschaft und Unterricht*, Heft 10, 1995, p. 567-582.

6. Études régionales

Brommer, P., « Aspekte zur französischen Besatzungspolitik im Rheinland 1945-1949 », in Koops, T., Vogt, M. (Hrsg.), *Das Rheinland in zwei Nachkriegszeiten 1919-1930 und 1945-1949*, Koblenz, Selbstverlag des Bundesarchivs, 1995, p. 129-145.

Freymond, J., *Le conflit sarrois 1945-1955*, Bruxelles, Éditions de l'Institut de sociologie Solvay, 1955.

Gögler, M., Richter, G. (Hrsg.), *Das Land Württemberg-Hohenzollern 1945-1952. Darstellungen und Errinerungen*, Sigmaringen, Jan Thorbecke Verlag, 1982.

Haungs, P. (Hrsg.), *40 Jahre Rheinland-Pfalz. Eine politische Landeskunde*, Mainz, Verlag H. Schmidt, 1986.

Heinen, A., *Saarjahre. Politik und Wirtschaft im Saarland 1945-1955*, Stuttgart, Franz Steiner Verlag, 1996.

Heyen, F.-J. (Hrsg.), *Rheinland-Pfalz entsteht. Beiträge zu den Anfängen des Landes Rheinland-Pfalz in Koblenz 1945-1951*, Boppard am Rhein, Harald Boldt Verlag, 1984.

Hudemann, R., Jellonnek, B., Rauls, B. (Hrsg.), *Grenz-Fall : Das Saarland zwischen Frankreich und Deutschland 1945-1960*, St Ingbert, Röhrig Universitätsverlag, 1997.

Hudemann, R., Heinen, A., in Zusammenarbeit mit Großmann, J. und Hahn, M., *Das Saarland zwischen Frankreich, Deutschland und Europa 1945-1957. Ein Quellen- und Arbeitsbuch*, Sarrbrücken, Kommission für Saarländische Landesgeschichte und Volksforschung, 2007.

Jurt, J. (Hrsg.), *Die Franzosenzeit im Lande Baden von 1945 bis heute. Zeitzeugnisse und Forschungsergebnisse. La présence française dans le pays de Bade de 1945 à nos jours. Témoignages et résultats de recherche*, Freiburg im Breisgau, Rombach, 1992, 165 p.

Küppers, H., *Staatsaufbau zwischen Bruch und Tradition. Geschichte des Landes Rheinland-Pfalz 1946-1955*, Mainz, v. Hase & Koehler Verlag, 1990.

Küppers, H., « Wollte Frankreich das Saarland annektieren ? », in *Jahrbuch für Westdeutsche Landesgeschichte*, n° 9, 1983, p. 345-356.

Lucas, S., *Wittlich : 1945-1949. Étude d'un cercle de Rhénanie-Palatinat sous l'occupation française*, mémoire de maîtrise (dir. Pierre Ayçoberry), Université Strasbourg II, 1988.

Nüske, G.F., « Württemberg-Hohenzollern als Land der französischen Besatzungszone in Deutschland 1945-1982. Bemerkungen zur Politik der Besatzungsmächte in Südwestdeutschland », in *Zeitschrift für Hohenzollerische Geschichte*, Band 18, 1982, p. 179-278, Band 19, 1983, p. 103-194.

Poidevin, R., Hudemann, R. (Hrsg.), *Die Saar 1945-1955. Ein Problem der europäischen Geschichte. La Sarre 1945-1955. Un problème de l'histoire de l'Europe*, München, R. Oldenburg Verlag, 1992.

Wolfrum, E., Fässler, P., Grohnert, R., *Krisenjahre und Aufbruchzeit. Alltag und Politik im französisch besetzen Baden 1945-1949*, München, R. Oldenbourg Verlag, 1996.

Table des cartes et tableaux

Carte 1 : La définition de la frontière militaire de l'Ouest européen selon l'état-major de la défense nationale (août 1944) 84
Carte 2 : Le projet de région rhéno-westphalienne retenu par Hervé Alphand et la direction des affaires économiques du Quai d'Orsay (novembre 1944). 92
Carte 3 : La Ruhr dans les projets d'Hervé Alphand (novembre 1944) et de la direction politique du Quai d'Orsay (février 1945) 124
Carte 4 : La Ruhr et la Rhénanie selon la direction politique du Quai d'Orsay (février 1945) 127
Carte 5 : La zone française d'occupation en Allemagne selon les instructions du général de Gaulle (1er février 1945). 135
Carte 6 : Les zones françaises d'occupation en Allemagne et en Autriche (juillet 1945) 138
Tableau 1 : Bilan de la campagne des prélèvements unilatéraux en ZFO en 1945-1946. 227
Tableau 2 : Ravitaillement de la population allemande de la ZFO en 1945-1946 229
Tableau 3 : Taux de marche des grands secteurs industriels de la ZFO Par rapport à 1938 et besoins français 292
Tableau 4 : Échelle mobile de Moscou sur le charbon allemand 378
Tableau 5 : Comparaison entre les propositions françaises de clé de répartition et l'échelle de Moscou 379
Tableau 6 : Dépenses au titre de l'occupation française en Allemagne en 1946 et 1947 443
Tableau 7 : Les effectifs de l'administration française en Allemagne. 444
Tableau 8 : Effectifs de la direction générale de l'économie et des finances du GMZFO aux dates des 12 juin 1947 et 1er mars 1948 447

Tableau 9 : Évolution de la production de certaines branches industrielles de la ZFO par rapport à 1938. 472
Tableau 10 : Les prélèvements opérés par les Français sur les ressources agricoles de la ZFO..475
Tableau 11 : Allocations et livraisons de charbon à la ZFO pendant l'année 1947 477
Tableau 12 : Part du charbon de la ZFO attribuée à l'industrie en 1947 478
Tableau 13 : Comparaison des prix de l'acier français en Allemagne et en France en août 1949...516

Index des noms de personnes

Seul a été pris en compte le texte principal. Les mentions à des personnages historiques – Racine, Turenne, Louis XIV, etc. – n'ont pas été retenues. Les numéros en gras renvoient à une notice biographique figurant dans l'une des notes infrapaginales de la page indiquée.

A

Acheson, Dean, 578
Adenauer, Konrad, 418, 510, 576, 578, 579, 582, 583, 585
Aicard, Basile, 274
Albrecht, Karl, 573
Allard, André, **454**
Alphand, Hervé, 44, 46, 49, 51, 53, 60, 71, 74, 86, 87, 89, 93, 95, 99, 100, 103, 105, 107, 116, 123, 139, 156, 157, 175, 230, 234, 252, 258, 259, 260, 376, 385, 392, 408, 409, 431, 432, 531, 544, 592, 595, 597
Alterman, Robert, 574
Altmeier, Peter, 524
Arnal, Pierre, 502
Arnold, Karl, 509, 510, 511, 513, 542
Aron, Raymond, 74
Attlee, Clement Richard, 376, 377, 378
Auriol, Vincent, 357, 364, 377, 390, 393, 394, 432, 505

B

Baade, Fritz, 524
Bainville, Jacques, 323
Baraduc, Pierre, 44, 60, 108, 110
Baron von Lesner, Dr, 511
Basdevant, Jean, 49
Beaurepaire, Claude, 483
Bech, Joseph, 74
Benet, Jacques, 324
Bérard, Armand, 255, 530
Bernanos, Georges, 73
Bernard, D., 426, 427
Berthelot, Marcel, 49, 230, 298, 318, 319, 455
Betzen, Dr, 420, 421, 422
Bevin, Ernest, 251, 261, 262, 263, 279, 373, 380, 389, 391, 399, 404
Bidault, Georges, 264, 357, 362, 365, 368, 373, 385, 389, 390, 391, 392, 394, 395, 432, 451, 462, 502, 541, 597
Blondel, Jean-François, 51, 53
Blücher, Franz, 582
Blum, Léon, 345, 364, 368, 375, 376, 377, 432, 436, 470, 488
Blum-Picard, Laurent, 45, 49, 51, 53, 58, 60, 107, 108, 109, 122
Boden, Wilhelm, 420, 421
Boegner, Jean-Marc, 49, 110, 120
Bolotte, Pierre, 324
Bonnet, Henri, 131, 132, 391, 506, 532
Bourbon-Busset, François de, **310**
Bourdan, Pierre, 357
Bouthillier, Yves, 313
Boysson, Robert de, **311**, 568
Briand, Aristide, 89
Brüning, Heinrich, 74
Bureau, Albert, 564
Burin des Roziers, Étienne, 49
Busemann, 573
Byrnes, James, 262, 264, 269, 380, 387, 404, 433, 544

C

Caffery, Jefferson, 391

Carbonnel, Éric de, 252
Cassin, René, 46
Catroux, Georges, 133, 258, 259
Cérou, André, 310, 454
Chalendar, Jacques de, 195, 196
Chambrun, Gilbert de, 351
Chardonnet, Jean, 49, 252
Chauvel, Jean, 44, 49, 59, 60, 502
Chemidlin, Paul, 426
Chodron de Courcel, Geoffroy, 44, 252, 366, 367, 368
Chomereau de Saint-André, Yves de, **310**
Churchill, Winston, 131, 184, 274
Clay, Lucius D., 262, 272, 276, 277, 388, 389, 396, 400, 512, 513, 555
Clayton, William, 276, 390, 391, 395
Clémentin, lieutenant-colonel, 252
Closon, François-Louis, 74
Cohen, Ben, 258
Coignard, Marcel, **311**
Collisson, Norman, 578
Coquebert de Neuville, Jacques, **311**
Coste, Philippe, **310**, 312, 314
Coulet, François, 44, 49, 60
Coulondre, Robert, 283
Couve de Murville, Maurice, 45, 252, 255, 258, 503, 544
Cusenier, Marcel, 567, 568, 569, 571
Cusin, Gaston, 32, 178, 179, 589, 590, 591

D

Dautry, Raoul, 169
Debré, Jacques, 51
Debré, Michel, 546
Dejardin, René, 454
Dejean, Maurice, 42, 43, 44, 46, 49, 50, 57, 58, 60, 64, 87, 111, 120, 123, 142, 263, 298
Denis, Albert, 583
Denis, Pierre, 45, 50
Devinat, Paul, 511
Diethelm, André, 45
Dobler, Edmond, 452, **454**
Douglas, Lewis W., 396, 531
Draper, William, 262
Duclos, Jacques, 361
Dulles, John Foster, 74
Dunn, James, 262
Duprat, André (voir aussi Monnier, André), 50, 52
Duval, André, 51

E

Eden, Anthony, 132
Eisenhower, Dwight David, 134, 136, 276
Erhard, Ludwig, 575

F

Filippi, Jean, 194, 195, 196, 230, 231, 234, 301, 304, 310, 312, **313**, 424, 447, 452, 468, 484, 487, 502, 592, 595
Foch, Ferdinand, 83, 117
Fouchier, Jean-Pierre, 333, 334
Fouques-Duparc, Jacques, 49
Francfort, Pierre, 252
François-Poncet, André, 544, 572, 573, 574, 588

G

Gaulle, Charles de, 13, 23, 30, 32, 39, 41, 42, 44, 51, 55, 57, 60, 62, 63, 64, 65, 66, 71, 80, 103, 105, 106, 107, 109, 114, 116, 122, 123, 127, 128, 129, 130, 131, 132, 133, 134, 136, 137, 139, 142, 151, 154, 157, 184, 190, 192, 193, 194, 197, 198, 199, 200, 201, 202, 203, 204, 232, 235, 274, 298, 299, 321, 322, 325, 326, 356, 359, 360, 361, 365, 401, 589
Giaccobi, Pierre, 45
Girard de Charbonnière, Guy, 43
Giraud, Henri, 43
Glasser, Georges, **311**
Goetze, Roger, 45
Goislart de Montsabert, Joseph, 301
Gouin, Félix, 51, 326, 366, 367, 368, 596
Grandpierre, André, 419

Grandval, Gilbert, 248, **302**, 329
Grappin, Pierre, 324
Gregh, Didier, 45
Grimaud, Maurice, 32, **323**
Gromand, Roger, **452**
Gros, André, 51, 107
Grosser, Alfred, 356
Grumbach, Salomon, 312, 364
Guérin, Hubert, 44
Guidollet, Georges, 324
Guindey, Guillaume, 45, 49, 60

H

Halff, Maurice, 248
Harriman, Averell, 391
Harvey, Oliver, 190
Henseler, maire de Dortmund, 510
Herriot, Édouard, 357, 363, 505
Hettier de Boislambert, Claude, **302**, 420, 422
Hitler, Adolf, 284, 350, 351, 505
Hoffman, Paul G., 528, 529
Hoppenot, Henri, 113
Humbert, Roger, 452, 554

I

Ickes, Harold, 275

J

Jaudon, Pierre, 568
Jeandet (commandant), 49, 118
Jouve, Géraud, 511
Juin, Alphonse, 65, 122, 134, 319, 407

K

Kayser, Jacques, 107
Kémoularia, Claude de, 324
Kennan, George, 74
Koeltz, Louis-Marie, 47, 49, 60, 65, 118, **300**, 306, 320
Koenig, Pierre-Marie, 32, 157, 193, 194, 196, 203, 204, 226, 230, 236, 247, 249, 263, 300, 301, 302, 304, 310, 319, 320, **321**, 323, 324, 325, 326, 327, 330, 331, 375, 380, 424, 427, 428, 439, 440, 441, 448, 450, 451, 454, 460, 462, 465, 469, 471, 480, 487, 517, 525, 536, 544, 555, 557, 566, 568, 572, 588, 592, 597

L

Labarthe, Antoine, 74
Lacoste, Robert, 45, 60, 61, 447
Laffon, Émile, 32, 218, 222, 223, 230, 232, 233, 247, 248, 249, 301, 302, 304, 321, 322, 323, 324, 325, 327, 329, 428, 439, 441, 445, 447, 451, 454, 466, 467, 468, 471, 482, 483, 592, 597
Lageat, Jean, 50, 52
Lahr, Dr, 575
Lais, Eduard, **488**
Laloy, Jean, 509, 541
Lamarle, Albert, 44, 110
Lapie, Pierre-Olivier, 62, 357, 455, 470, 488, 597
Largentaye, Jean de, 45
Larre, René, 310
Lassalle, Pierre, 49, 118, 120
Lebelle, André, 424, 426, 427, 428, 442, 448, 450
Leboullenger, Henri, **310**
Lefort, Bernard, 452, 566
Leibbrandt, Friedrich, 485, 487, 488
Leibbrandt, plan, 484, 485, 486, 487
Leroy-Beaulicu, Paul, **452**
Leusse, Pierre de, 501, 544
Lévy, Jean, 51, 53
Lion, Pierre, 308
Lovett, Robert, 391

M

Maisonneuve, Pierre, 53
Malcor, Henri, 187
Maltzan, Vollrath, Freiherr von, 575
Marchal, commandant, 164
Margerie, Bernard de, 483
Maritain, Jacques, 73
Marjolin, Robert, 45, 49, 60, 87, 284

Marshall, aide, 35, 383, 385, 386, 463, 502, 515, 520, 552, 595
Marshall, George Catlett, 378, 384, 389, 391, 392, 396, 399, 529
Martin, Marcel, 324
Martonne, Emmanuel de, 89, 90
Marx, Jules, 572, 574
Massigli, René, 43, 44, 58, 64, 104, 105, 131, 132, 261, 378, 391, 393, 396, 400, 502
Mattéoli, Jean, 324, 454
Matthews, Freeman, 261, 262
Maurras, Charles, 323
Mayer, Daniel, 364
Mayer, René, 45, 64, 71, 78, 79, 80, 95, 100, 103, 105, 106, 107, 185, 326, 363, 567, 595
Mayer, Tony, 51
McCloy, John, 74, 276, 579
Meary, professeur, 49, 90, 91
Mendès France, Pierre, 32, 45, 55, 56, 60, 62, 71, 93, 94, 95, 96, 97, 98, 99, 100, 122, 141, 143, 147, 151, 171, 172
Meyer, Aloyse, 419
Mitzakis, Michel, 487
Moch, Jules, 186, 364
Molotov, Vyatcheslav, 258, 259, 260, 262, 263
Monier, René, 482, 483, 484
Monnet, Jean, 13, 14, 45, 53, 64, 68, 71, 72, 73, 74, 75, 76, 77, 78, 79, 80, 81, 95, 100, 101, 103, 105, 106, 107, 181, 182, 183, 185, 188, 275, 276, 277, 383, 385, 386, 390, 392, 393, 394, 395, 396, 514, 595
Monnier, André, 50
Montgomery, Bernard, 275
Morrison, Herbert, 113
Mosely, Philip, 131
Murphy, Robert, 262, 264

N

Nathan, Roger, 425
Navarre, Henri, 320, 323
Nichols (ambassadeur), 262
Noiret, Roger, **300**, 440

O

Ollé-Laprune, Pierre, 157, **323**, 432, 454, 597

P

Pagès, Pierre, 51, 53
Papon, Maurice, 312
Paris, Jacques-Camille, 43, 501, 544
Parisot, Georges, 281, 375
Parodi, Alexandre, 322
Paul, Marcel, 279
Pétain, Philippe, 314
Pezet, Ernest, 511
Pfeiffer, ancien maire de Düsseldorf, 510
Pferdmenges, Robert, 418
Pflimlin, Pierre, 362
Philip, André, 178, 179, 433, 471, 543, 584, 589, 590, 591
Plas, René, 448, 450
Pleven, René, 45, 60
Poher, Alain, 569

Q

Queuille, Henri, 62, 88

R

Ramadier, Paul, 369, 391, 395, 451
Rebuffel, capitaine de vaisseau, 252
Renner, Viktor, 525
Reynaud, Paul, 324
Richard, Jean, 49, 170
Rippert, Jean, 324
Rivau, Jean du, 356
Robertson, Brian, 262, 267, 272, 388, 389, 400, 512, 513, 560
Romains, Jules, 73
Roosevelt, Franklin Delano, 131, 133
Rostow, Walter, 257
Rovan, Joseph, 356
Rueff, Jacques, 252, 283, 286, 308, 310

S

Sabatier, Maurice, 312, 452
Savary, Alain, 468
Schmid, Carlo, 572
Schneiter, Pierre, 462, 463, 465, 520, 541, 542, 545, 597
Schumacher, Kurt, 509
Schuman, Robert, 14, 15, 362, 383, 495, 514, 520, 530, 531, 536, 537, 543, 544, 556, 567, 578, 585, 588, 598
Schumann, Maurice, 74, 362
Schweitzer, Pierre-Paul, 252
Sergent, René, 49, 231, **310**, 592
Single, Pierre, 419
Sokolovsky, Vassili, 272
Sorre, Max, 89
Spaak, Paul-Henri, 57, 58, 74, 87, 104
Sproll, Mgr, 523
Staline, Joseph, 132, 133
Stehlin, lieutenant-colonel, 252
Strang, William, 262

T

Tarbé de Saint-Hardouin, Jacques, 149, 192, 196, 262, 320, 325, 326, 393, 447, 452, 460, 566
Tardieu, André, 83
Thoenissen, Max, 419
Truman, Harry S., 184, 274, 276, 384

V

Valabrègue, Jean, 514
Viénot, Pierre, 50
Villiers, Georges, 567, 568, 569, 572

W

Waley, David, 253, 254, 255
Welles, Sumner, 74
Werner, Dr, 421
Winant, John, 131
Wirth, Robert, 567
Wolfrom, Jean, 49
Wormser, Olivier, 252
Wurm, Mgr, 523
Wurster, Dr Carl, 333, 334

« Enjeux internationaux »

L'étude des relations internationales, tout particulièrement dans le champ historique, est issue d'une histoire diplomatique largement rénovée à travers la prise en compte des forces profondes telles que les a jadis définies Pierre Renouvin. Elle place les États et ceux qui sont chargés de définir et de mettre en œuvre leur politique, au cœur de la vie internationale. Selon cette conception, les États conduisent leur action en jouant sur la palette des moyens les plus divers sur lesquels ils peuvent s'appuyer, tels que l'économie ou la culture, et qui agissent ou interagissent les uns par rapport aux autres.

La démultiplication des champs d'analyse de la vie internationale se développe ainsi tout au long du XXe siècle, mais est l'objet d'un nouveau regard en ces temps de mondialisation. Cette dernière, contemporaine du développement des analyses néo-libérales depuis les années 1980, témoigne tout à la fois de la prise de conscience de la démultiplication des acteurs en présence – ONG, entreprises multinationales par exemple – et de la large autonomie d'action de ces multiples acteurs.

La collection se veut représentative de ces perspectives renouvelées et de leur impact sur les recherches actuelles. Sans abandonner l'étude des relations internationales centrées sur les États, elle cherche à mieux appréhender la diversité des segments qui composent le champ international et le mode de relations entre ces derniers : de l'enjeu que constitue le sport à celui de l'usage de la mémoire coloniale. Elle s'adresse ainsi aux universitaires et analystes souhaitant interroger les grandes thématiques du siècle dernier au service d'une réflexion sur le présent.

Directeurs de collection

M. Éric BUSSIÈRE, *Professeur à l'Université de Paris IV-Sorbonne*

M. Michel DUMOULIN, *Professeur à l'Université catholique de Louvain (UCL), responsable du Groupe d'études d'histoire de l'Europe contemporaine*

Mme Geneviève DUCHENNE, *Docteur en histoire de l'UCL, chercheur qualifiée de l'UCL*

M. Sylvain SCHIRMANN, *Professeur d'histoire contemporaine, directeur de l'Institut d'études politiques de Strasbourg*

Mme Émilie WILLAERT, *Docteur en histoire contemporaine*

Titres parus

N° 1 – Catherine LANNEAU, *L'inconnue française. La France et les Belges francophones (1944-1945)*, 2008, ISBN 978-90-5201-397-8

N° 2 – Frédéric DESSBERG, *Le triangle impossible. Les relations franco-soviétiques et le facteur polonais dans les questions de sécurité en Europe (1924-1935)*, 2009, ISBN 978-90-5201-466-1

N° 3 – Agnès TACHIN, *Amie et rivale. La Grande-Bretagne dans l'imaginaire français à l'époque gaullienne*, 2009, ISBN 978-90-5201-495-1

N° 4 – Isabelle DAVION, *Mon voisin, cet ennemi. La politique de sécurité française face aux relations polono-tchécoslovaques entre 1919 et 1939*, 2009, ISBN 978-90-5201-496-8

N° 5 – Claire LAUX, François-Joseph RUGGIU & Pierre SINGARAVÉLOU (dir./eds.), *Au sommet de l'Empire. Les élites européennes dans les colonies (XVIe-XXe siècle) / At the Top of the Empire. European Elites in the Colonies (16th-20th Century)*, 2009, ISBN 978-90-5201-536-1

N° 6 – Frédéric CLAVERT, *Hjalmar Schacht, financier et diplomate (1930-1950)*, 2009, ISBN 978-90-5201-542-2

N° 7 – Robert JABLON, Laure QUENNOUËLLE-CORRE et André STRAUS, *Politique et finance à travers l'Europe du XXe siècle. Entretiens avec Robert Jablon*, 2009, ISBN 978-90-5201-543-9

N° 8 – Alain BELTRAN (ed.), *A Comparative History of National Oil Company*, 2010, ISBN 978-90-5201-575-0

N° 9 – Sarah MOHAMED-GAILLARD, *L'Archipel de la puissance ? La politique de la France dans le Pacifique Sud de 1946 à 1998*, 2010, ISBN 978-90-5201-589-7

N° 10 – Marie-Anne MATARD-BONUCCI, Anne DULPHY, Robert FRANK et Pascal ORY (dir.), *Les relations culturelles internationales au vingtième siècle. De la diplomatie culturelle à l'acculturation*, 2010, ISBN 978-90-5201-661-0

N° 11 – Yves-Marie PÉRÉON, *L'image de la France dans la presse américaine, 1936-1947*, 2011, ISBN 978-90-5201-664-1

N° 12 – Léonard LABORIE, *L'Europe mise en réseaux. La France et la coopération internationale dans les postes et les télécommunications (années 1850-années 1950)*, 2010, ISBN 978-90-5201-679-5

N° 13 – Catherine HOREL (dir.), *1908, la crise de Bosnie cent ans après*, 2011, ISBN 978-90-5201-700-6

N° 14 – Alain BELTRAN (ed.), *Oil Producing Countries and Oil Companies. From the Nineteenth Century to the Twenty-First Century*, 2011, ISBN 978-90-5201-711-2

N° 15 – Frédéric DESSBERG et Éric SCHNAKENBOURG (dir), *Les horizons de la politique extérieure française. Régions périphériques et espaces seconds dans la stratégie diplomatique et militaire de la France (XVIe-XXe siécles)*, 2011, ISBN 978-90-5201-717-4

N° 16 – Alya AGLAN, Olivier FEIERTAG et Dzovinar KÉVONIAN (dir.), *Humaniser le travail. Régimes économiques, régimes politiques et Organisations internationale du travail (1929-1969)*, 2011, ISBN 978-90-5201-740-2

N° 17 – Pierre JOURNOUD & Cécile MENÉTREY-MONCHAU (dir./eds.), *Vietnam, 1968-1976. La sortie de guerre / Vietnam, 1968-1976. Exiting a War*, 2011, ISBN 978-90-5201-744-0

N° 18 – Louis CLERC, *La Finlande et l'Europe du Nord dans la diplomatie française. Relations bilatérales et intérêt national dans les considérations finlandaises et nordiques des diplomates et militaires français, 1917-1940*, 2011, ISBN 978-90-5201-750-1

N° 19 – Yann DECORZANT, *La Société des Nations et la naissance d'une conception de la régulation économique internationale*, 2011, ISBN 978-90-5201-751-8

N° 20 – Lorenz PLASSMANN, *Comme dans une nuit de Pâques ? Les relations franco-grecques 1944-1981*, 2012, ISBN 978-90-5201-769-3

N° 21 – Alain BELTRAN (dir./ed.), *Le pétrole et la guerre / Oil and War*, 2012, ISBN 978-90-5201-770-9

N° 22 – Valentine LOMELLINI, Les relations dangereuses. *The French Left and the human rights issue in the Soviet bloc*, 2012, ISBN 978-90-5201-843-0

N° 23– Martial LIBERA, *Un rêve de puissance. La France et le contrôle de l'économie allemande (1942-1949)*, 2012, ISBN 978-90-5201-859-1